Kusch · Rosenthal · Jung Mathematik Band 4: Integralrechnung

Mathematik

Band 4: Integralrechnung

Integralrechnung und Einführung in die Differentialgleichungen
mit rund 1000 Übungsaufgaben, 400 ausgerechneten Beispielen
sowie systematischer Integraltafel mit 500 Integral-Lösungen.

Von
Lothar Kusch
Hans-Joachim Rosenthal
Heinz Jung

Fünfte, neubearbeitete Auflage

Cornelsen
GIRARDET

Bestellnummer 826231
5. Auflage
Druck 6 5 4 3 / 93 92 91 90

Vertrieb: Cornelsen Verlagsgesellschaft, Bielefeld
Satz und Druck: Brühlsche Universitätsdruckerei, Gießen
Bindearbeiten: Fritzsche/Ludwig, Berlin

ISBN 3-590-82623-1

Vorwort

Die jetzt vorliegende völlige Neubearbeitung von Band 4 „Integralrechnung“ baut weiterhin auf den bekannten und bewährten Lehrbüchern „Mathematik, Band 1: Arithmetik“, „Band 2: Geometrie“ und „Band 3: Differentialrechnung“ auf. In Verbindung mit „Band 3: Differentialrechnung“ werden Lerninhalte der Höheren Mathematik behandelt, die Ingenieure und Angehörige anderer technischer Berufe für ihre Arbeit benötigen.

Demzufolge wenden sich die Bände „Differentialrechnung“ und „Integralrechnung“ bevorzugt an Studenten von Fachhochschulen, technischen Hochschulen und Universitäten. Wesentliche Inhalte sind aber auch Gegenstand des Mathematikunterrichtes in der Sekundarstufe II der Gymnasien und der beruflichen Schulen, wo die Bücher als Lehrbuch und Repetitorium weite Verbreitung gefunden haben.

Dieses Buch ist ein methodisches Lehrbuch, das dem Benutzer die Möglichkeit zum Lernen, zur Wiederholung und zum Üben bietet. Der Lernerfolg läßt sich durch den Einsatz des Lösungsbuches mit ausführlichen Lösungswegen für die über 1000 Übungsaufgaben, vor allem beim Selbstunterricht, wesentlich verbessern. Das Buch füllt insofern eine Lücke im Angebot mathematischer Lehrbücher, als didaktisch vielfach bewährte Formen der Darstellung und der Verarbeitung von Lerninhalten angewendet werden. Dadurch ist es möglich, allen Benutzern Probleme der Höheren Mathematik in einer besonders erfolgversprechenden, anschaulichen und verständlichen Weise nahezubringen. Die Gliederung der Lerninhalte in Informationseinheiten und Übungseinheiten entspricht modernen pädagogischen Vorstellungen.

Mit über 400 ausgerechneten Beispielen und 1000 Übungsaufgaben werden die behandelten Lerninhalte erläutert und vertieft. Über mathematische, physikalische und technische Anwendungen werden Bezüge zum Beruf hergestellt. Das wird durch eine systematische Integraltafel mit über 500 Lösungen von Integralen unterstützt.

Die Verfasser haben sich um eine einfache und verständliche Ausdrucksweise bemüht. Sie freuen sich, die 5. Auflage dieses Bandes als Neubearbeitung vorlegen zu können und bedanken sich für die vielen Hinweise, die sie aus Leserkreisen erhalten haben, mit der Bitte um Kritik und Anregungen auch in Zukunft.

Lothar Kusch
Hans-Joachim Rosenthal
Heinz Jung

Inhalt

Im Gegensatz zur Differentialrechnung, die in der heute bekannten Form von Leibniz und Newton entwickelt wurde, ist die Integralrechnung schon den griechischen Mathematikern bekannt gewesen.

Archimedes (287 bis 212 v. Chr.) konnte bereits Flächen berechnen, die durch gekrümmte Linien begrenzt waren. Ebenso gelang ihm die Bestimmung von Volumina und Schwerpunkten. Berühmt sind seine Berechnungen des Parabelsegmentes, des Kreises und der Kugel.

Durch die Entwicklung der Differentialrechnung und der engen Beziehung zur Integralrechnung wurden die Methoden der Integralrechnung erweitert und vervollkommnet.

1. Das bestimmte Integral

1.1 Das bestimmte Integral als Grenzwert

Historisch gesehen ist es die Aufgabe der Integralrechnung, Flächeninhalte krummlinig begrenzter Flächen zu berechnen.

Aus der Berechnung der Fläche folgen andere Anwendungen und Methoden wie die Berechnung von Bogenlängen, Volumina, Schwerpunkten, Trägheitsmomenten u.a.

Die Fläche A ist begrenzt von dem Graphen der Funktion $f=\langle x \mapsto f(x)\rangle$, der x-Achse und den beiden Geraden durch $x=a$ und $x=b$. Die Integralrechnung ermöglicht die Berechnung solcher Flächeninhalte.

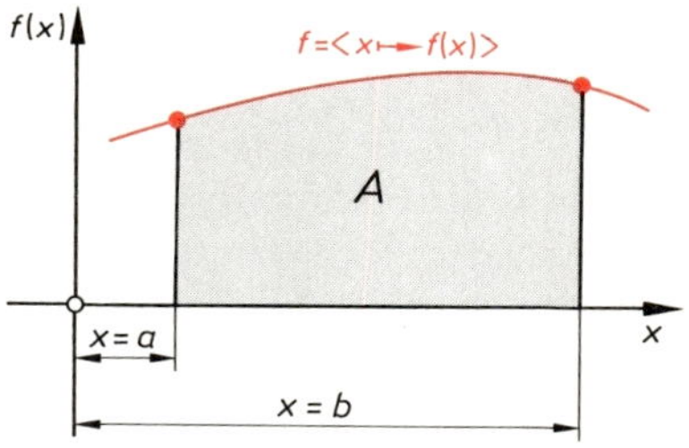

Das Verfahren der Flächenberechnung durch Integration läßt sich an einem methodischen Beispiel erläutern. Man teilt die gesuchte Fläche A im Intervall $[a,b]$ in möglichst viele gleichbreite Flächenstreifen auf. Die entstehenden Rechtecke haben alle die gleiche Breite Δx und die Länge $f(x)$. Addiert man jeweils die Flächenstreifen, so erhält man die Näherungsflächen $\underline{A}$ (Untersumme) und $\overline{A}$ (Obersumme).

Die gesuchte Fläche A liegt zwischen den beiden Näherungsflächen, nämlich der Untersumme $\underline{A}$ und der Obersumme $\overline{A}$, das heißt $\underline{A} < A < \overline{A}$.

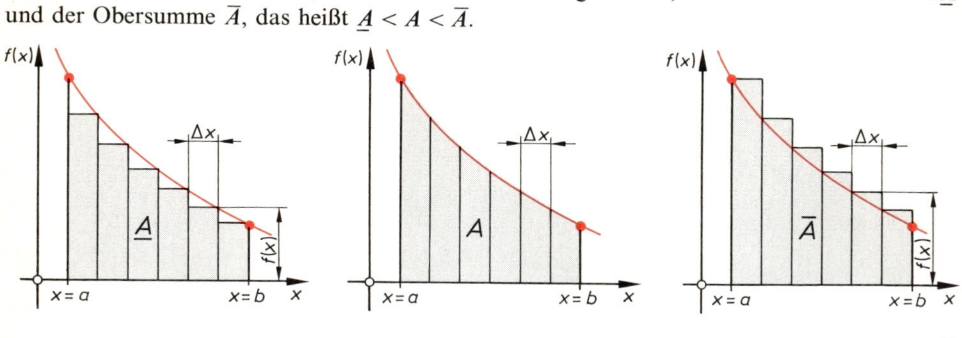

Erhöht man bei der Einteilung des Intervalls $[a, b]$ die Zahl der Rechtecke, so wird die Annäherung an die gesuchte Fläche A durch die Näherungsflächen $\underline{A}$ und $\overline{A}$ immer besser.

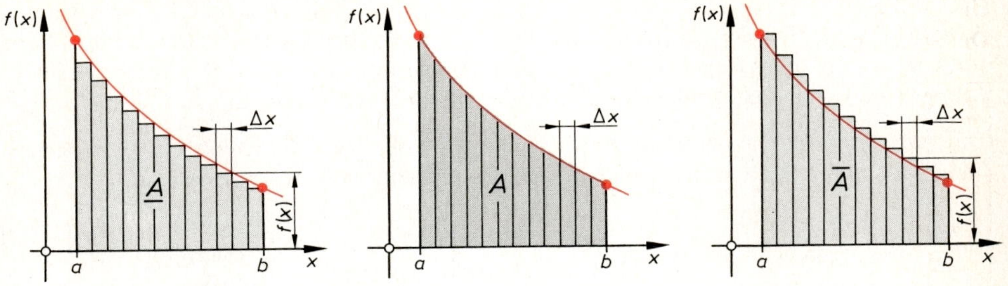

Läßt man die Zahl der Flächenstreifen in einem bestimmten Intervall über alle Grenzen wachsen, so nähern sich die Untersumme $\underline{A}$ und die Obersumme $\overline{A}$ immer mehr der gesuchten Fläche A.

Die Fläche A kann als Summe unendlich vieler Flächenstreifen im Intervall $[a, b]$ aufgefaßt werden. Sie wird als „bestimmtes Integral in den Grenzen a und b" bezeichnet und $[I]_a^b$ geschrieben.

Das bestimmte Integral $[I]_a^b$ ist gleichzeitig die Maßzahl für den Inhalt der gesuchten Fläche A.

Im Beispiel wird die Fläche A begrenzt durch die Geraden $x=a$; $x=b$; $f(x)=0$ und durch den Graphen der Funktion $f=\langle x \mapsto f(x)\rangle$.

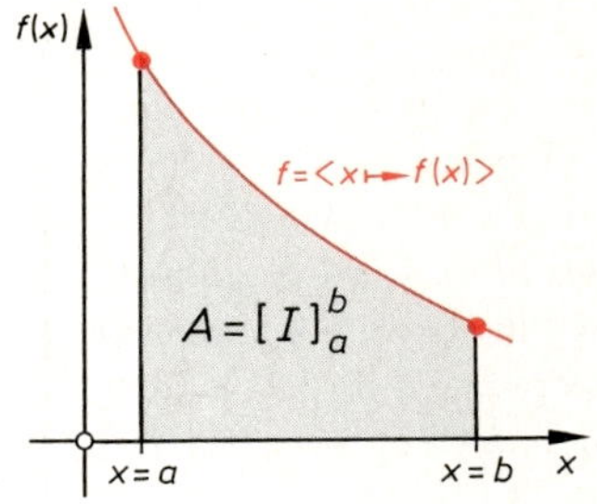

Merke:

> Zerlegt man eine Fläche A unter dem Graphen einer Funktion innerhalb eines Intervalls $[a, b]$ in gleiche Flächenstreifen, so lassen sich eine Obersumme $\overline{A}$ und eine Untersumme $\underline{A}$ dieser Flächenstreifen bilden. Ist die Funktion im Intervall $[a, b]$ monoton, so liegt die Fläche A zwischen der Obersumme und der Untersumme, d.h. $\underline{A} < A < \overline{A}$.

Problem: Berechnen Sie den Flächeninhalt eines Dreiecks mit $l=b=10$ Längeneinheiten näherungsweise durch Einteilung in Flächenstreifen.

Der Flächeninhalt des Dreiecks wird zunächst mit der Formel $A=\frac{l \cdot b}{2}$ ermittelt, um das Ergebnis der Näherungsrechnung zu überprüfen.

$$A_\Delta = \frac{l \cdot b}{2} \quad \blacktriangleright \quad l=10;\ b=10$$

$$= \frac{10 \cdot 10}{2} = \underline{\underline{50 \text{ Flächeneinheiten}}}$$

Man erhält eine Näherung für den gesuchten Flächeninhalt, wenn man das Intervall [0 ; 10] in z. B. 10 gleiche Abschnitte mit der Breite $\Delta x = 1$ einteilt und dann die Obersumme $\overline{A} = S$ sowie die Untersumme $\underline{A} = s$ aus den rechteckigen Flächenstreifen bildet. Die gesuchte Fläche des Dreiecks liegt offenbar zwischen S und s.

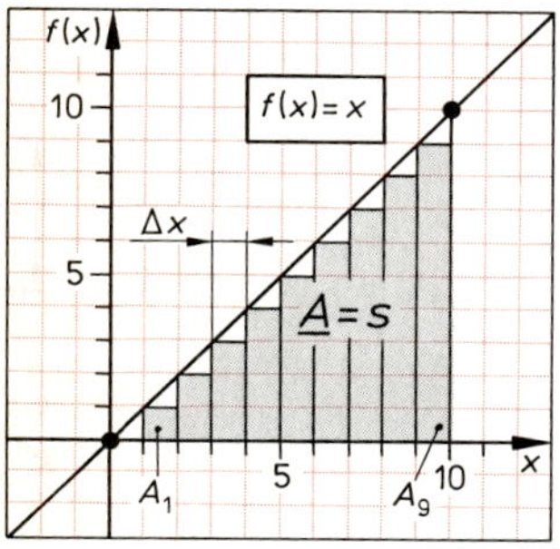

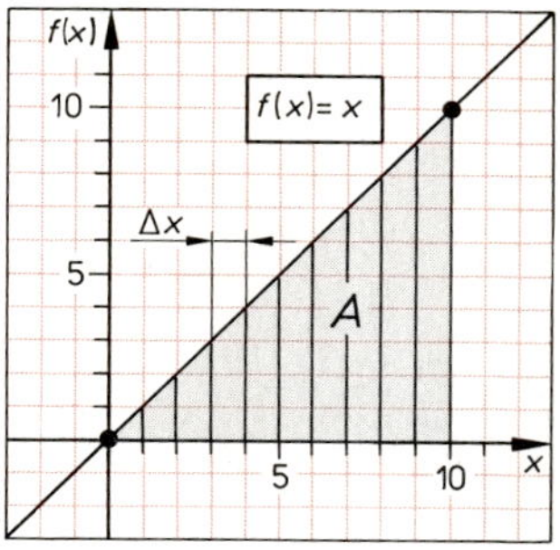

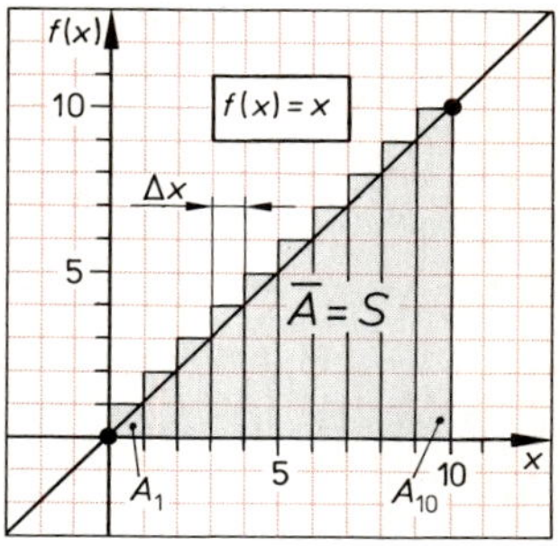

Die Untersumme s erhält man durch Addition der Rechteckflächen unterhalb des Graphen, die Obersumme S ergibt sich durch Addieren der größeren Rechteckflächen.

$$s = \underline{A}_1 + \underline{A}_2 + \underline{A}_3 + \underline{A}_4 + \underline{A}_5 + \underline{A}_6 + \underline{A}_7 + \underline{A}_8 + \underline{A}_9$$
$$= 1 + 2 + 3 + 4 + 5 + 6 + 7 + 8 + 9$$
$$= \underline{\underline{45 \text{ Flächeneinheiten}}}$$

$$S = \overline{A}_1 + \overline{A}_2 + \overline{A}_3 + \overline{A}_4 + \overline{A}_5 + \overline{A}_6 + \overline{A}_7 + \overline{A}_8 + \overline{A}_9 + \overline{A}_{10}$$
$$= 1 + 2 + 3 + 4 + 5 + 6 + 7 + 8 + 9 + 10$$
$$= \underline{\underline{55 \text{ Flächeneinheiten}}}$$

Die gesuchte Fläche A liegt zwischen Untersumme s und Obersumme S.

$$\Rightarrow 45 < A < 55 \Rightarrow s < A < S$$

Man verallgemeinert, indem man das Intervall [0 ; 10] in n gleiche Abschnitte mit der Breite $\Delta x = \frac{10}{n}$ teilt und aus den entstehenden Rechteckflächen die Obersumme S_n sowie die Untersumme s_n bildet.

$$S_n = f(x_1) \cdot \Delta x + f(x_2) \cdot \Delta x + f(x_3) \cdot \Delta x + \ldots + f(x_n) \cdot \Delta x$$
$$= \Delta x [f(x_1) + f(x_2) + f(x_3) + \ldots + f(x_n)]$$

Die einzelnen Rechtecke haben jeweils die Breite Δx und die entsprechende Länge $f(x)$. Da in diesem Beispiel $f(x) = x$ ist, folgt $f(x_1) = x_1$ und $x_1 = \Delta x$, $x_2 = 2 \cdot \Delta x$ usw.

▶ $f(x) = x \Rightarrow f(x_1) = x_1 ;\ x_1 = \Delta x$

$$f(x_2) = x_2 ;\ x_2 = x_1 + \Delta x = 2 \cdot \Delta x$$
$$f(x_3) = x_3 ;\ x_3 = x_1 + 2 \cdot \Delta x = 3 \cdot \Delta x$$
$$f(x_n) = x_n ;\ x_n = n \cdot \Delta x$$

Nach Ausklammern von Δx erhält man ein Produkt aus $(\Delta x)^2$ und der Reihe der natürlichen Zahlen im Intervall $[1, n]$.

$$S_n = \Delta x [\Delta x + 2 \cdot \Delta x + 3 \cdot \Delta x + \ldots + n \cdot \Delta x]$$
$$= (\Delta x)^2 \cdot (1 + 2 + 3 + 4 + 5 + \ldots + n)$$

Die Gleichung für die Summe der natürlichen Zahlen im Intervall [1 ; n] ist bekannt und lautet:

$$\sum_{k=1}^{n} k = \frac{n(n+1)}{2} = 1+2+3+4+5+\ldots+n$$

Nach Einsetzen und Kürzen ergibt sich die Obersumme $S_n = \bar{A}$.

Die Gleichung für die Untersumme $s_n = \underline{A}$ wird entsprechend entwickelt, indem man die einzelnen Rechteckflächen mit der Breite Δx und der Länge $f(x)$ addiert. Nach Ausklammern von Δx ergibt sich hier ein Produkt aus $(\Delta x)^2$ und der Reihe der natürlichen Zahlen im Intervall [1 ; $n-1$]. Die Gleichung dieser Reihe lautet:

$$\sum_{k=1}^{n-1} k = \frac{(n-1)(n-1+1)}{2}$$

$$= \frac{n(n-1)}{2}$$

$$= 1+2+3+4+5+\ldots+n-1$$

Der Grenzwert der Obersumme S_n und der Grenzwert der Untersumme s_n sind gleich. Da ihr Wert 50 beträgt, ist die gesuchte Dreiecksfläche 50 Flächeneinheiten groß.

$$\blacktriangleright \Delta x = \frac{10}{n} \Rightarrow (\Delta x)^2 = \frac{100}{n^2}$$

$$\blacktriangleright 1+2+3+4+5+\ldots+n = \frac{n(n+1)}{2}$$

$$S_n = \frac{100}{n^2} \cdot \frac{n(n+1)}{2}$$

$$= \underline{\underline{50\left(1+\frac{1}{n}\right)}}$$

$$s_n = f(x_1)\cdot\Delta x + f(x_2)\cdot\Delta x + f(x_3)\cdot\Delta x + \ldots + f(x_{n-1})\cdot\Delta x$$

$$= \Delta x\,[f(x_1)+f(x_2)+f(x_3)+\ldots+f(x_{n-1})]$$

$$\blacktriangleright f(x) = x \Rightarrow f(x_1) = x_1;\; x_1 = \Delta x$$

$$f(x_2) = x_2;\; x_2 = x_1 + \Delta x = 2\cdot\Delta x$$

$$f(x_{n-1}) = x_{n-1};\; x_{n-1} = (n-1)\cdot\Delta x$$

$$s_n = \Delta x\,[\Delta x + 2\cdot\Delta x + 3\cdot\Delta x + \ldots + (n-1)\cdot\Delta x]$$

$$= (\Delta x)^2\cdot(1+2+3+4+5+\ldots+n-1)$$

$$= \frac{100}{n^2}\cdot\frac{n(n-1)}{2}$$

$$= \underline{\underline{50\left(1-\frac{1}{n}\right)}}$$

$$\lim_{n\to\infty} S_n = \lim_{n\to\infty} 50\left(1+\frac{1}{n}\right) = \underline{\underline{50}}$$

$$\lim_{n\to\infty} s_n = \lim_{n\to\infty} 50\left(1-\frac{1}{n}\right) = \underline{\underline{50}}$$

$$\Rightarrow \lim_{n\to\infty} S_n \geq A \geq \lim_{n\to\infty} s_n$$

$$\Rightarrow A = \underline{\underline{50 \text{ Flächeneinheiten}}}$$

Problem: Berechnen Sie den Flächeninhalt der Fläche A, die durch die Graphen der Funktionen $f=\langle x \mapsto x\rangle$, $g=\langle x \mapsto a\rangle$, $h=\langle x \mapsto b\rangle$ sowie die x-Achse begrenzt wird und verallgemeinern Sie.

Der Inhalt der Trapezfläche im Intervall [a , b] läßt sich natürlich elementar mit der Formel für die Flächenberechnung ermitteln.

$$A = \frac{l_1+l_2}{2}\cdot h \;\blacktriangleright\; l_1 = a;\; l_2 = b;\; h = b-a$$

$$= \frac{a+b}{2}\cdot(b-a) = \frac{1}{2}\,(b^2-a^2)$$

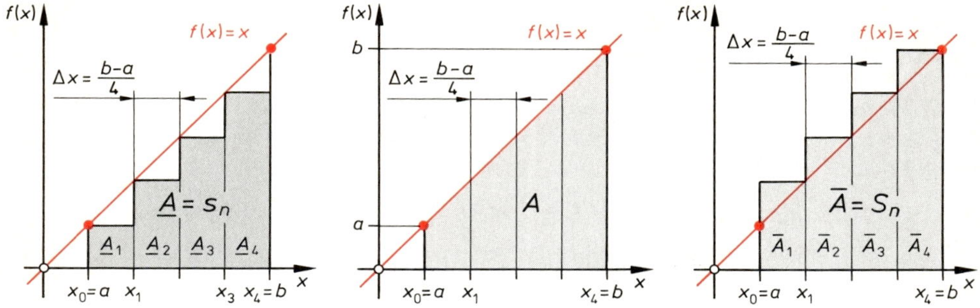

Für eine näherungsweise Berechnung der Trapezfläche A wird das Intervall $[a, b]$ in vier Teilintervalle mit der Breite $\Delta x = \dfrac{b-a}{4}$ eingeteilt.

$$\begin{aligned} s &= \underline{A}_1 + \underline{A}_2 + \underline{A}_3 + \underline{A}_4 \\ &= f(x_0)\cdot\Delta x + f(x_1)\cdot\Delta x + f(x_2)\cdot\Delta x + f(x_3)\cdot\Delta x \\ &= \Delta x\,[f(x_0)+f(x_1)+f(x_2)+f(x_3)] \end{aligned}$$

Die sich ergebenden Rechtecke haben jeweils die Breite Δx und die entsprechende Länge $f(x)$.

Da im Beispiel $f(x)=x$ und $x_0=a$ ist, folgt

$$f(x_0) = a,$$
$$f(x_1) = a + \Delta x,$$
$$f(x_2) = a + 2\cdot\Delta x, \ldots,$$
$$f(x_n) = a + n\cdot\Delta x.$$

$$\blacktriangleright f(x)=x \Rightarrow f(x_0)=x_0\,;\ x_0=a$$
$$f(x_1)=x_1\,;\ x_1=x_0+\Delta x=a+\Delta x$$
$$f(x_2)=x_2\,;\ x_2=x_0+2\cdot\Delta x=a+2\cdot\Delta x$$
$$f(x_3)=x_3\,;\ x_3=x_0+3\cdot\Delta x=a+3\cdot\Delta x$$
$$f(x_4)=x_4\,;\ x_4=x_0+4\cdot\Delta x=a+4\cdot\Delta x=b$$
$$f(x_n)=x_n\,;\ x_n=x_0+n\cdot\Delta x=a+n\cdot\Delta x$$

Damit läßt sich eine Gleichung für die Untersumme s und für die Obersumme S aufstellen, wenn man die Terme für $f(x_0)$, $f(x_1)$, usw. in die Gleichungen für s bzw. S einsetzt.

$$\begin{aligned} s &= \Delta x\,[a+(a+\Delta x)+(a+2\cdot\Delta x)+(a+3\cdot\Delta x)] \\ &= \Delta x(4a+6\cdot\Delta x) \ \blacktriangleright\ \Delta x=\frac{b-a}{4} \\ &= \frac{b-a}{4}\left(4a+6\cdot\frac{b-a}{4}\right) \ \blacktriangleright\ a=2;\ b=10 \\ &= \underline{\underline{40 \text{ Flächeneinheiten}}} \end{aligned}$$

$$\begin{aligned} S &= \bar{A}_1 + \bar{A}_2 + \bar{A}_3 + \bar{A}_4 \\ &= f(x_1)\cdot\Delta x + f(x_2)\cdot\Delta x + f(x_3)\cdot\Delta x + f(x_4)\cdot\Delta x \\ &= \Delta x\,[(a+\Delta x)+(a+2\cdot\Delta x)+(a+3\cdot\Delta x)+b] \\ &= \Delta x(3a+b+6\cdot\Delta x) \ \blacktriangleright\ \Delta x=\frac{b-a}{4} \\ &= \frac{b-a}{4}\left(3a+b+6\cdot\frac{b-a}{4}\right) \ \blacktriangleright\ a=2;\ b=10 \\ &= \underline{\underline{56 \text{ Flächeneinheiten}}} \end{aligned}$$

Setzt man in die beiden Gleichungen für s bzw. S z.B. die Werte $a=2$ und $b=10$ ein, so erhält man mit $s=40$ Flächeneinheiten und $S=56$ Flächeneinheiten Grenzen, zwischen denen der gesuchte Flächeninhalt liegt, d.h. $40 < A < 56$.

$$\Rightarrow 40 < A < 56 \Rightarrow s < A < S.$$

Zur Verallgemeinerung teilt man das Intervall $[a, b]$ in n Flächenstreifen mit der Breite $\Delta x = \frac{b-a}{n}$ und bildet die Untersumme s_n durch Addition von $f(x_0) \cdot \Delta x$ bis $f(x_{n-1}) \cdot \Delta x$.

Nach Multiplizieren mit Δx kommt in jedem Summanden das Produkt $a \cdot \Delta x$ vor, und zwar $(n-1)+1 = n$-mal, so daß diese Glieder zu $n \cdot a \cdot \Delta x$ zusammengefaßt werden können. Es verbleibt $(\Delta x)^2 \cdot (1+2+3+4+\ldots+n-1)$.

$$\begin{aligned} s_n &= f(x_0) \cdot \Delta x + f(x_1) \cdot \Delta x + f(x_2) \cdot \Delta x + \ldots + f(x_{n-1}) \cdot \Delta x \\ &= a \cdot \Delta x + (a+\Delta x) \cdot \Delta x + (a+2 \cdot \Delta x) \cdot \Delta x + \ldots + [a+(n-1) \cdot \Delta x] \cdot \Delta x \\ &= a \cdot \Delta x + a \cdot \Delta x + (\Delta x)^2 + a \cdot \Delta x + 2 \cdot (\Delta x)^2 + \ldots + a \cdot \Delta x + (n-1) \cdot (\Delta x)^2 \\ &= n \cdot a \cdot \Delta x + (\Delta x)^2 \cdot (1+2+3+4+5+\ldots+n-1) \end{aligned}$$

Wie im vorigen Beispiel kann man für die Summe der natürlichen Zahlen im Intervall $(1, n-1)$ schreiben:

$$\sum_{k=1}^{n-1} k = \frac{n(n-1)}{2} = 1+2+3+4+5+\ldots+n-1$$

$$\blacktriangleright\ \Delta x = \frac{b-a}{n} \Rightarrow (\Delta x)^2 = \frac{(b-a)^2}{n^2}$$

$$\blacktriangleright\ 1+2+3+4+5+\ldots+n-1 = \frac{n(n-1)}{2}$$

$$\begin{aligned} s_n &= n \cdot a \cdot \frac{b-a}{n} + \frac{(b-a)^2}{n^2} \cdot \frac{n(n-1)}{2} \\ &= a(b-a) + \frac{1}{2}(b-a)^2 \cdot \left(1 - \frac{1}{n}\right) \end{aligned}$$

Nach Einsetzen und Vereinfachen ergibt sich die Untersumme s_n als Grenzwert mit:

$$\lim_{n \to \infty} s_n = \frac{1}{2}(b^2 - a^2)$$

$$\begin{aligned} \lim_{n \to \infty} s_n &= \lim_{n \to \infty} \left[a(b-a) + \frac{1}{2}(b-a)^2 \cdot \left(1 - \frac{1}{n}\right) \right] \\ &= a(b-a) + \frac{1}{2}(b-a)^2 \\ &= \underline{\underline{\frac{1}{2}(b^2 - a^2)}} \end{aligned}$$

Die Obersumme S_n wird in gleicher Weise durch Addition der Flächen von $f(x_1) \cdot \Delta x$ bis $f(x_n) \cdot \Delta x$ entwickelt. Nach Multiplizieren mit Δx kommt in jedem Summanden das Produkt $a \cdot \Delta x$ n-mal vor. Diese Glieder können zu $n \cdot a \cdot \Delta x$ zusammengefaßt werden. Es verbleibt $(\Delta x)^2 \cdot (1+2+3+4+\ldots+n)$. Wie im vorigen Beispiel kann man für die Summe der natürlichen Zahlen im Intervall $(1, n)$ schreiben:

$$\sum_{k=1}^{n} k = \frac{n(n+1)}{2} = 1+2+3+4+5+\ldots+n$$

$$\begin{aligned} S_n &= f(x_1) \cdot \Delta x + f(x_2) \cdot \Delta x + \ldots + f(x_n) \cdot \Delta x \\ &= (a+\Delta x) \cdot \Delta x + (a+2 \cdot \Delta x) \cdot \Delta x + \ldots + (a+n \cdot \Delta x) \cdot \Delta x \\ &= a \cdot \Delta x + (\Delta x)^2 + a \cdot \Delta x + 2 \cdot (\Delta x)^2 + \ldots + a \cdot \Delta x + n \cdot (\Delta x)^2 \\ &= n \cdot a \cdot \Delta x + (\Delta x)^2 \cdot (1+2+3+4+\ldots+n) \end{aligned}$$

$$\blacktriangleright\ \Delta x = \frac{b-a}{n} \Rightarrow (\Delta x)^2 = \frac{(b-a)^2}{n^2}$$

$$\blacktriangleright\ 1+2+3+4+5+\ldots+n = \frac{n(n+1)}{2}$$

Nach Einsetzen und Vereinfachen ergibt sich die Obersumme S_n als Grenzwert mit:

$$\lim_{n \to \infty} S_n = \frac{1}{2}(b^2 - a^2)$$

$$S_n = n \cdot a \cdot \frac{b-a}{n} + \frac{(b-a)^2}{n^2} \cdot \frac{n(n+1)}{2}$$

$$= a(b-a) + \frac{1}{2}(b-a)^2 \cdot \left(1 + \frac{1}{n}\right)$$

$$\lim_{n \to \infty} S_n = \lim_{n \to \infty} \left[a(b-a) + \frac{1}{2}(b-a)^2 \cdot \left(1 + \frac{1}{n}\right)\right]$$

$$= a(b-a) + \frac{1}{2}(b-a)^2$$

$$= \underline{\underline{\frac{1}{2}(b^2 - a^2)}}$$

Da beide Grenzwerte gleich sind, ist damit die Gleichung zur Berechnung der Trapezfläche bestimmt. Sie stimmt mit der elementar ermittelten Formel überein.

$$\Rightarrow \lim_{n \to \infty} s_n \leq A \leq \lim_{n \to \infty} S_n \Rightarrow A = \frac{1}{2}(b^2 - a^2)$$

Nach Einsetzen der Werte für a und b ergibt sich der Inhalt der Trapezfläche mit 48 Flächeneinheiten.

$$A = \frac{1}{2}(b^2 - a^2) \blacktriangleright a = 2;\ b = 10$$

$$= \underline{\underline{48 \text{ Flächeneinheiten}}}$$

Merke:

Die Zerlegung der Fläche A unter dem Graphen einer Funktion $f = \langle x \mapsto f(x) \rangle$ innerhalb eines Intervalls $[a, b]$ in n Flächenstreifen mit der Breite $\Delta x = \frac{b-a}{n}$ führt zu der Untersumme $s_n = \sum_{k=0}^{n-1} f(x_k) \cdot \Delta x$ und der Obersumme $S_n = \sum_{k=1}^{n} f(x_k) \cdot \Delta x$.

Haben die Untersumme s_n und die Obersumme S_n den gleichen Grenzwert, so entspricht dieser Grenzwert der Fläche A.

$$\lim_{n \to \infty} s_n = A = \lim_{n \to \infty} S_n$$

Dieser Grenzwert gibt die Flächenmaßzahl unter dem Graphen der Funktion $f = \langle x \mapsto f(x) \rangle$ im Intervall $[a, b]$ an und heißt: „*Bestimmtes Integral der Funktion f im Intervall [a, b]*“

Schreibweise: $\lim_{n \to \infty} \sum_{k=1}^{n} f(x_k) \cdot \Delta x = [I]_a^b = \int_a^b f(x)\,\mathrm{d}x$

gelesen: „Integral über $f(x)\,\mathrm{d}x$ von a bis b“

Den Rechenvorgang bezeichnet man als *Integration* oder *Integrieren*. Die Intervallgrenzen a und b nennt man auch *Integrationsgrenzen*. Der Term $f(x)$ heißt *Integrand* und die zugehörige Funktion $f = \langle x \mapsto f(x) \rangle$ *Integrandfunktion*. Die Variable x heißt *Integrationsvariable*.

Die Integrationsvariable kann beliebig bezeichnet werden.

$$\int_a^b f(x)\,\mathrm{d}x = \int_a^b f(t)\,\mathrm{d}t = \int_a^b f(u)\,\mathrm{d}u.$$

Das Integralzeichen kann man nach Leibniz als stilisiertes Summenzeichen auffassen.

Bildlich heißt Integrieren also, die Fläche unter dem Graphen einer Funktion $f = \langle x \mapsto f(x) \rangle$ in einem Intervall $[a, b]$ in unendlich viele Flächenstreifen mit der unendlich kleinen Breite dx und der jeweils zugehörigen Länge $f(x)$ zu zerlegen und diese Flächenstreifen zu addieren. Die Summe aller Flächenstreifen ergibt die Gesamtfläche unter dem Graphen.

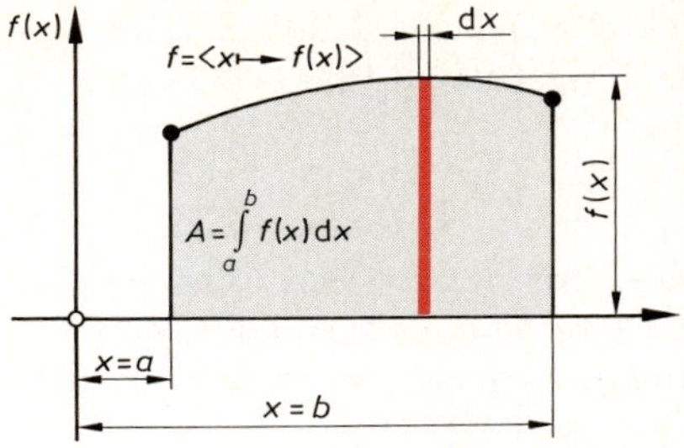

Vor dem Integrieren muß geprüft werden, ob und gegebenenfalls unter welchen Bedingungen eine Funktion integrierbar ist.

Dazu muß jeweils das Intervall betrachtet werden, in dem integriert werden soll.

Integrieren heißt, den gemeinsamen Grenzwert der Obersumme und Untersumme von Flächenstreifen in einem Intervall zu bestimmen. Ein gemeinsamer Grenzwert von Ober- und Untersumme ist jedoch nur dann möglich, wenn die Funktion im Intervall stetig ist.

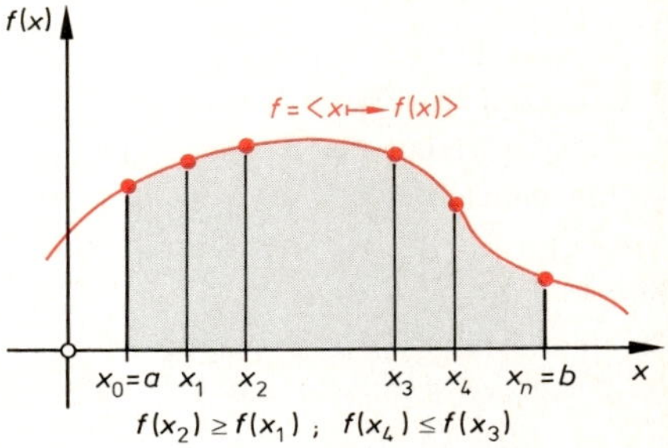

Merke:

> Eine Funktion ist in einem Intervall $[a\ , b]$ integrierbar, wenn sie in diesem Intervall stetig ist.

Eine Funktion ist in einem Intervall gegebenenfalls auch dann integrierbar, wenn sie in diesem Intervall nicht stetig ist.

Die Stetigkeit ist nämlich eine hinreichende, aber keine notwendige Bedingung für Integrierbarkeit.

Es gibt auch nichtstetige Funktionen, die integrierbar sind. Beispielsweise ist die nebenstehend abgebildete Funktion mit der Unstetigkeitsstelle x_k integrierbar. Anschaulich kann man sagen, daß das Intervall, in dem die Unstetigkeitsstelle x_k liegt, im Grenzübergang mit seiner Länge gegen Null strebt und nichts zur Unter- bzw. Obersumme beiträgt.

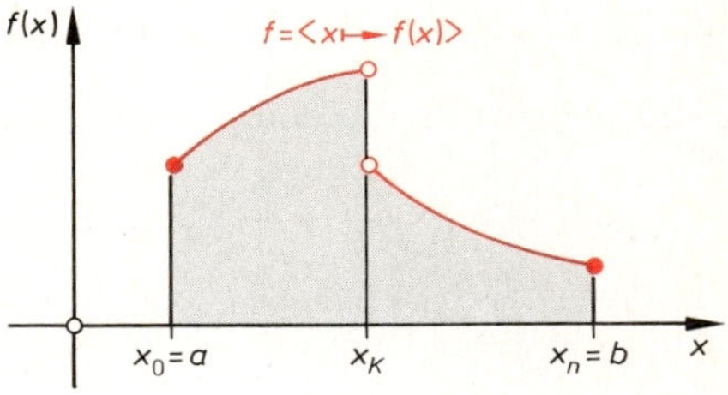

Diese Überlegung bleibt bestehen, wenn endlich viele solcher Unstetigkeitsstellen vorliegen, eine Funktion also abschnittsweise stetig ist. Sie gilt nicht mehr an Unendlichkeitsstellen, da sich dann im Intervall, in dem die Unendlichkeitsstelle liegt, kein Maximum bzw. Minimum angeben läßt. Die Funktion ist an diesen Stellen nicht beschränkt.

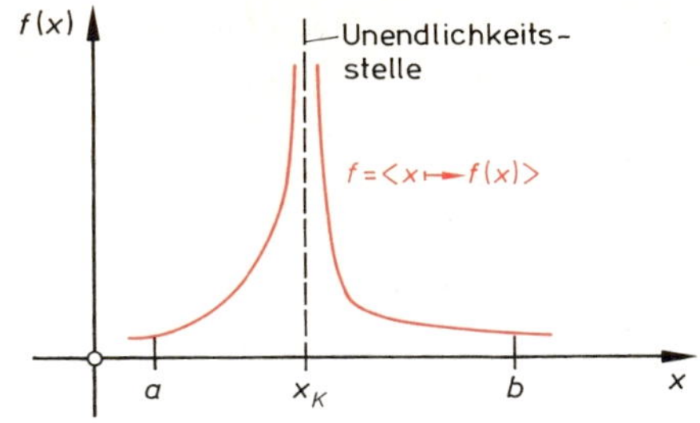

Merke:

> Jede in einem Intervall $[a, b]$ abschnittsweise stetige Funktion ist in diesem Intervall integrierbar.

Beispiel: Berechnen Sie den Inhalt der Fläche, die durch die Funktionen $f = \langle x \mapsto x^2 \rangle$, die senkrechte Gerade durch $x = a$ und die x-Achse begrenzt wird.

Die Funktion ist integrierbar, da sie im Intervall $[0, a]$ stetig ist. Das Intervall $[0, a]$ wird in n gleiche Abschnitte mit der Breite Δx zerlegt. Zwischen der Untersumme s_n und der Obersumme S_n liegt die gesuchte Fläche A.

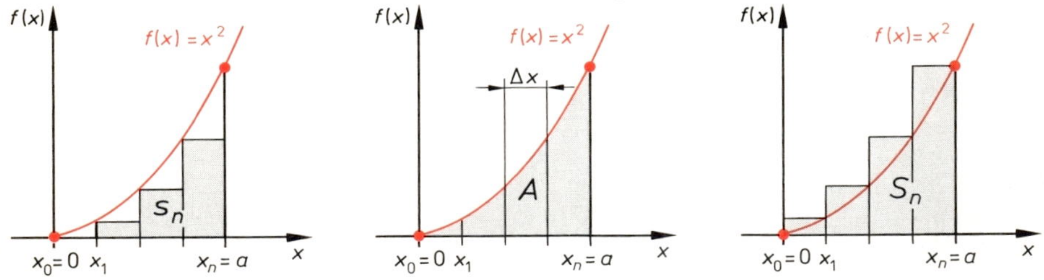

Zur Berechnung der Untersumme s_n und der Obersumme S_n bildet man jeweils die Summe aller rechteckigen Flächenstreifen mit der Breite Δx und der entsprechenden Länge $f(x)$. Aus $f(x) = x^2$ folgt $f(x_1) = x_1^2$, und aus $x_1 = \Delta x$ folgt $x_2 = x_1 + \Delta x$ bzw. $2 \cdot \Delta x$ usw. Nach Multiplizieren und Ausklammern erhält man ein Produkt aus $(\Delta x)^3$ und der Summe der Quadratzahlen von 1^2 bis $(n-1)^2$.

$$s_n = f(x_1) \cdot \Delta x + f(x_2) \cdot \Delta x + \ldots + f(x_{n-1}) \cdot \Delta x$$

$$\blacktriangleright\ f(x) = x^2 \Rightarrow f(x_1) = x_1^2 \ \blacktriangleright\ x_1 = \Delta x \Rightarrow x_1^2 = (\Delta x)^2$$

$$f(x_2) = x_2^2; \quad x_2 = x_1 + \Delta x = 2 \cdot \Delta x \Rightarrow x_2^2 = 2^2 \cdot (\Delta x)^2$$

$$f(x_3) = x_3^2; \quad x_3 = x_1 + 2 \cdot \Delta x = 3 \cdot \Delta x \Rightarrow x_3^2 = 3^2 \cdot (\Delta x)^2$$

$$f(x_{n-1}) = x_{n-1}^2; \, x_{n-1} = x_1 + (n-1) \cdot \Delta x \Rightarrow x_{n-1}^2 = (n-1)^2 \cdot (\Delta x)^2$$

$$s_n = x_1^2 \cdot \Delta x \quad + x_2^2 \cdot \Delta x \quad + \ldots + x_{n-1}^2 \cdot \Delta x$$

$$= (\Delta x)^2 \cdot \Delta x + 2^2 \cdot (\Delta x)^2 \cdot \Delta x + \ldots + (n-1)^2 \cdot (\Delta x)^2 \cdot \Delta x$$

$$= (\Delta x)^3 \cdot [1^2 + 2^2 + 3^2 + 4^2 + \ldots + (n-1)^2]$$

Diese Reihe ist bekannt und lautet:

$$\sum_{k=1}^{n-1} k^2 = \frac{1}{6}\, n(n-1)\,(2n-1)$$

► $\Delta x = \frac{a-0}{n} = \frac{a}{n} \Rightarrow (\Delta x)^3 = \frac{a^3}{n^3}$

► $1^2+2^2+3^2+4^2+\ldots+(n-1)^2 = \frac{1}{6}n(n-1)\,(2n-1)$

$$s_n = \frac{a^3}{n^3}\cdot\frac{n}{6}\,(n-1)\,(2n-1)$$

$$= \frac{a^3}{6}\left(1-\frac{1}{n}\right)\left(2-\frac{1}{n}\right)$$

Nach Einsetzen und Bilden des Grenzwertes erhält man die Untersumme $s_n = \frac{a^3}{3}$.

$$\lim_{n\to\infty} s_n = \lim_{n\to\infty} \frac{a^3}{6}\left(1-\frac{1}{n}\right)\left(2-\frac{1}{n}\right) = \underline{\underline{\frac{a^3}{3}}}$$

Die Gleichung für die Obersumme S_n wird entsprechend entwickelt. Auch hier folgt aus der Funktion $f = \langle x \mapsto x^2 \rangle$ der Funktionswert $f(x) = x^2$.

$$S_n = f(x_1)\cdot\Delta x + f(x_2)\cdot\Delta x + \ldots + f(x_n)\cdot\Delta x$$

$$= x_1^2\cdot\Delta x + x_2^2\cdot\Delta x + \ldots + x_n^2\cdot\Delta x$$

$$= (\Delta x)^2\cdot\Delta x + 2^2\cdot(\Delta x)^2\cdot\Delta x + \ldots + n^2\cdot(\Delta x)^2\cdot\Delta x$$

$$= (\Delta x)^3\cdot(1^2+2^2+3^2+4^2+\ldots+n^2)$$

Aus der Summenformel für die Quadratzahlen ergibt sich für $k = n$:

$$\sum_{k=1}^{n} k^2 = \frac{1}{6}\, n(n+1)\,(2n+1)$$

► $1^2+2^2+3^2+4^2+\ldots+n^2 = \frac{1}{6}\, n(n+1)\,(2n+1)$

► $(\Delta x)^3 = \frac{a^3}{n^3}$

$$S_n = \frac{a^3}{n^3}\cdot\frac{n}{6}\,(n+1)\,(2n+1)$$

$$= \frac{a^3}{6}\left(1+\frac{1}{n}\right)\left(2+\frac{1}{n}\right)$$

Nach Einsetzen und Vereinfachen zeigt sich nach dem Grenzübergang, daß auch $S_n = \frac{a^3}{3}$ beträgt.

$$\lim_{n\to\infty} S_n = \lim_{n\to\infty} \frac{a^3}{6}\left(1+\frac{1}{n}\right)\left(2+\frac{1}{n}\right)$$

$$= \underline{\underline{\frac{a^3}{3}}}$$

Da die Grenzwerte $\lim\limits_{n\to\infty} s_n$ und $\lim\limits_{n\to\infty} S_n$ gleich sind, handelt es sich bei $A = \frac{a^3}{3}$ um das gesuchte Integral.

$$\Rightarrow \lim_{n\to\infty} s_n \leq A \leq \lim_{n\to\infty} S_n \Rightarrow A = \frac{a^3}{3}$$

$$[A]_0^a = [I]_0^a = \int_0^a x^2\,\mathrm{d}x = \underline{\underline{\frac{a^3}{3}}}$$

Beispiel: Integrieren Sie die Funktion $f = \langle x \mapsto x^3 \rangle$ in den Grenzen 0 bis a.

Man geht wie bei dem vorigen Beispiel vor und bildet die Summe aller rechteckigen Flächenstreifen mit der Länge $f(x)$ und der Breite Δx. Für $f(x) = x^3$ ergibt sich dann die nebenstehende Reihe für s_n.

$$s_n = f(x_1) \cdot \Delta x + f(x_2) \cdot \Delta x + \ldots + f(x_{n-1}) \cdot \Delta x$$
$$= x_1^3 \cdot \Delta x + x_2^3 \cdot \Delta x + \ldots + x_{n-1}^3 \cdot \Delta x$$
$$= \sum_{k=1}^{n-1} (k \cdot \Delta x)^3 \cdot \Delta x$$
$$= (\Delta x)^4 \cdot \sum_{k=1}^{n-1} k^3 \quad \blacktriangleright \Delta x = \frac{a}{n} \Rightarrow (\Delta x)^4 = \frac{a^4}{n^4}$$

Nach Vereinfachung kann man die bekannte Summe für die Kubikzahlen von 1^3 bis k^3 einsetzen, nämlich:

$$\sum_{k=1}^{n} k^3 = \left[\frac{n(n+1)}{2}\right]^2$$
$$\Rightarrow \sum_{k=1}^{n-1} k^3 = \left[\frac{n(n-1)}{2}\right]^2$$

$$\blacktriangleright \sum_{k=1}^{n-1} k^3 = \left[\frac{n(n-1)}{2}\right]^2$$

$$= \frac{a^4}{n^4}\left[\frac{n(n-1)}{2}\right]^2$$
$$= \frac{a^4}{4}\left(1 - \frac{1}{n}\right)^2$$

Der Grenzwert der Untersumme s_n beträgt $\frac{a^4}{4}$. Er soll mit dem Grenzwert der Obersumme S_n verglichen werden.

$$\lim_{n \to \infty} s_n = \lim_{n \to \infty} \frac{a^4}{4}\left(1 - \frac{1}{n}\right)^2$$
$$= \underline{\underline{\frac{a^4}{4}}}$$

Die Obersumme und ihr Grenzwert werden analog berechnet, jedoch muß hier von $k=1$ bis $k=n$ addiert werden.

$$S_n = \sum_{k=1}^{n} (k \cdot \Delta x)^3 \cdot \Delta x \quad \blacktriangleright \Delta x = \frac{a}{n} \Rightarrow (\Delta x)^4 = \frac{a^4}{n^4}$$

$$\blacktriangleright \sum_{k=1}^{n} k^3 = \left[\frac{n(n+1)}{2}\right]^2$$

$$= \frac{a^4}{n^4}\left[\frac{n(n+1)}{2}\right]^2$$
$$= \frac{a^4}{4}\left(1 + \frac{1}{n}\right)^2$$

$$\lim_{n \to \infty} S_n = \lim_{n \to \infty} \frac{a^4}{4}\left(1 + \frac{1}{n}\right)^2$$
$$= \underline{\underline{\frac{a^4}{4}}}$$

Da beide Grenzwerte übereinstimmen, handelt es sich um das gesuchte Integral.

$$s_n = S_n = [A]_0^a = \int_0^a x^3 \, dx = \underline{\underline{\frac{a^4}{4}}}$$

1.2 Die Integration als Umkehrung der Differentiation

Das bestimmte Integral einer stetigen Funktion $f = \langle x \mapsto f(x) \rangle$ im Intervall $[a,b]$ wurde mit dem Symbol $\int_a^b f(x)\,dx$ bezeichnet. Die Integrationsgrenzen a und b waren dabei Variable, für die man reelle Zahlen einsetzen kann. Im vorigen Kapitel wurde die nebenstehende Trapezfläche unter dem Graphen der Funktion $f = \langle x \mapsto f(x) \rangle$ für $f(x) = x$ mit Hilfe der Grenzwerte von Ober- und Untersumme bestimmt.

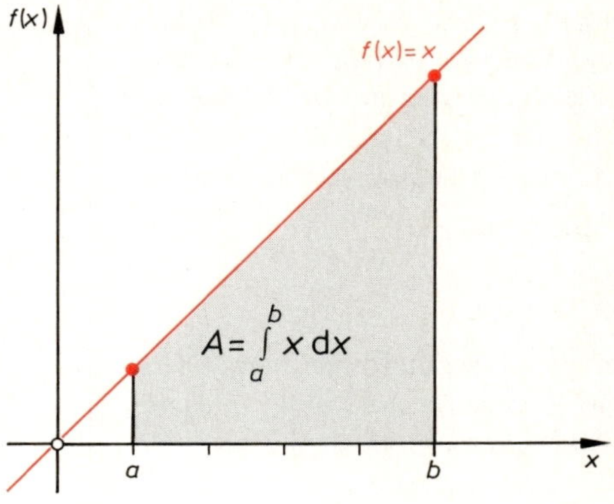

Setzt man in den Term $\frac{1}{2}(b^2 - a^2)$ für a und b reelle Zahlen ein, so erhält man die gesuchte Fläche, d.h. das bestimmte Integral z.B. in den Grenzen $a = 1$ bis $b = 5$ stellt sich als Zahlenwert dar.

$$A = \int_a^b x\,dx = \frac{1}{2}(b^2 - a^2) \blacktriangleright a = 1;\ b = 5$$

$$= \frac{1}{2}(5^2 - 1^2)$$

$$= 12 \text{ Flächeneinheiten}$$

Der Wert eines bestimmten Integrals hängt also bei gegebener Funktion vom Integrationsintervall, d.h. von den Integrationsgrenzen a und b ab.

Faßt man die obere Intervallgrenze b als Variable auf und bezeichnet sie mit x, so kann man den Flächeninhalt in Abhängigkeit von x, d.h. als Funktion von x darstellen.

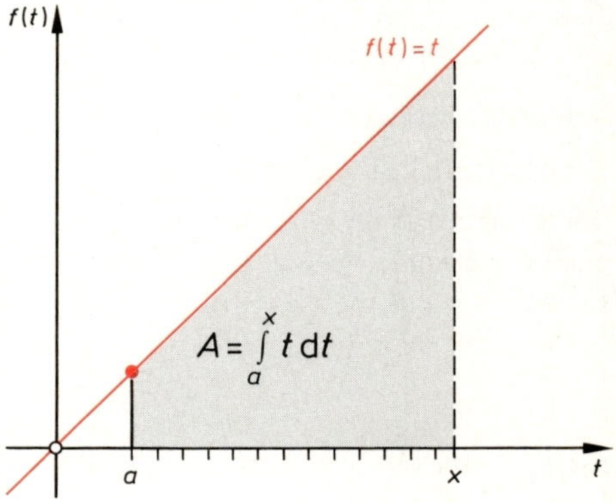

Die Bezeichnung der Integrationsvariablen kann frei gewählt werden. Um Verwechslungen zu vermeiden, wählt man z.B. t anstelle von x.

$$A = \int_a^x f(t)\,dt = \int_a^x t\,dt \quad \text{für} \quad f(t) = t$$

$$= \frac{1}{2}(x^2 - a^2)$$

Durch die variable Obergrenze x wird das Integral $\int_a^x f(t)\,dt$ zum Funktionsterm.

Da die Funktion auch von der unteren Grenze a abhängt, fügt man a als Index hinzu.

$$\int_a^x f(t)\,dt = I(x) = I_a(x)$$

Die zum Term $I_a(x)$ gehörende Funktion I_a bezeichnet man als *Integralfunktion* zur Funktion $f = \langle t \mapsto f(t) \rangle$. Die Funktion $f = \langle t \mapsto f(t) \rangle$ ist die Integrandfunktion zum Integranden $f(t)$.

$$I_a = \langle x \mapsto I_a(x) \rangle$$
$$= \langle x \mapsto \int_a^x f(t)\,\mathrm{d}t \rangle$$

Da man zu jeder Integrandfunktion $f = \langle t \mapsto f(t) \rangle$ für die untere Grenze $a \in \mathbb{R}$ beliebige Zahlenwerte wählen kann, gibt es zu einer Integrandfunktion beliebig viele Integralfunktionen

$$I_a = \langle x \mapsto \int_a^x f(t)\,\mathrm{d}t \rangle.$$

$$A = \int_a^x t\,\mathrm{d}t = \frac{1}{2}(x^2 - a^2)$$

z.B. $a_1 = 2 \Rightarrow A_1 = \frac{1}{2}(x^2 - 4)$

$a_2 = -7 \Rightarrow A_2 = \frac{1}{2}(x^2 - 49)$

$a_3 = 12 \Rightarrow A_3 = \frac{1}{2}(x^2 - 144)$

An der unteren Integrationsgrenze $x = a$ wird der Funktionswert $I_a(a)$ der Integralfunktion I_a gleich Null.

$$I_a(a) = \int_a^a t\,\mathrm{d}t = \frac{1}{2}(a^2 - a^2)$$
$$= \underline{\underline{0}}$$

An der oberen Integrationsgrenze $x = b$ wird der Funktionswert $I_a(b)$ der Integralfunktion I_a gleich der Fläche A unter dem Graphen der Integrandfunktion $f = \langle t \mapsto f(t) \rangle$ im Intervall $[a, b]$.

$$I_a(b) = \int_a^b t\,\mathrm{d}t = \frac{1}{2}(b^2 - a^2)$$
$$= \underline{\underline{A}}$$

Anmerkung: Der Index a in I_a kann weggelassen werden, wenn eine Verwechslung nicht möglich ist.

Merke:

Zu jeder im Intervall $[a, x]$ integrierbaren Funktion $f = \langle t \mapsto f(t) \rangle$, der sogenannten *Integrandfunktion*, existiert eine Funktion $I_a = \langle x \mapsto \int_a^x f(t)\,\mathrm{d}t \rangle$, die als *Integralfunktion* bezeichnet wird.

Die Integralfunktion I_a gibt den Flächeninhalt unter dem Graphen der Integrandfunktion f in Abhängigkeit von der oberen Integrationsgrenze an.

Da $a \in \mathbb{R}$ beliebig gewählt werden kann, gibt es zu jeder *Integrandfunktion* unendlich viele, verschiedene *Integralfunktionen*.

Beispiele: Ermitteln Sie die Integralfunktionen für folgende Integrandfunktionen:

1. $f=\langle t \mapsto t^2 \rangle$, $[a, x]$ für $a_1=3$; $a_2=\sqrt[3]{4}$

2. $f=\langle t \mapsto t^3 \rangle$, $[a, x]$ für $a_1=0{,}5$; $a_2=\sqrt{5}$

1. Der Funktionsterm $I_a(x)=I(x)$ zur Integralfunktion I wird aus der Integrandfunktion $f=\langle t \mapsto t^2 \rangle$ entwickelt. Für $a_1 = 3$ ist dieser Term $\frac{x^3}{3} - 9$. Damit ist I_1 ermittelt.

$$f=\langle t \mapsto t^2 \rangle \Rightarrow I(x)=\int_a^x t^2\,dt=\frac{1}{3}(x^3-a^3)$$

$$a_1=3 \blacktriangleright I_1(x)=\int_3^x t^2\,dt=\frac{1}{3}(x^3-3^3)$$

$$=\underline{\underline{\frac{x^3}{3}-9}}$$

$$\Rightarrow \underline{\underline{I_1=\left\langle x \mapsto \frac{x^3}{3}-9 \right\rangle}}$$

Für $a_2=\sqrt[3]{4}$ lautet der Term $\frac{1}{3}(x^3-4)$ und führt zu der Integralfunktion I_2.

$$a_2=\sqrt[3]{4} \blacktriangleright I_2(x)=\int_{\sqrt[3]{4}}^x t^2\,dt=\frac{1}{3}[x^3-(\sqrt[3]{4})^3]$$

$$=\underline{\underline{\frac{1}{3}(x^3-4)}}$$

$$\Rightarrow \underline{\underline{I_2=\left\langle x \mapsto \frac{1}{3}(x^3-4) \right\rangle}}$$

2. Aus der Integrandfunktion

$$f=\langle t \mapsto t^3 \rangle$$

folgt der Funktionsterm $I(x)$ der Integralfunktion I.

$$f=\langle t \mapsto t^3 \rangle \Rightarrow I(x)=\int_a^x t^3\,dt=\frac{1}{4}(x^4-a^4)$$

$$a_1=0{,}5 \blacktriangleright I_1(x)=\int_{0{,}5}^x t^3\,dt=\frac{1}{4}(x^4-0{,}5^4)$$

$$=\frac{1}{4}(x^4-0{,}0625)$$

Aus dem Funktionsterm $I(x)$ werden die beiden gesuchten Integralfunktionen für $a_1=0{,}5$ und $a_2=\sqrt{5}$ berechnet.

$$\Rightarrow \underline{\underline{I_1=\left\langle x \mapsto \frac{1}{4}(x^4-0{,}0625) \right\rangle}}$$

$$a_2=\sqrt{5} \blacktriangleright I_2(x)=\int_{\sqrt{5}}^x t^3\,dt=\frac{1}{4}[x^4-(\sqrt{5})^4]$$

$$=\frac{1}{4}(x^4-25)$$

$$\Rightarrow \underline{\underline{I_2=\left\langle x \mapsto \frac{1}{4}(x^4-25) \right\rangle}}$$

Beispiel: Berechnen Sie die obere Integrationsgrenze x in der Gleichung $\int_1^x t\,dt = 4$.

Die Lösung des Integrals $\int_1^x t\,dt$ ist aus vorangegangenen Aufgaben bekannt. Mit der Gleichsetzungsmethode erhält man eine quadratische Gleichung, die auf die beiden Lösungen führt.

$$\int_1^x t\,dt = 4; \int_1^x t\,dt = \frac{1}{2}(x^2 - 1)$$

$$\Rightarrow \frac{1}{2}(x^2 - 1) = 4$$

$$\Rightarrow x = 3 \vee x = -3$$

Problem: Wie groß ist der Flächenzuwachs ΔA unter dem Graphen der Funktion $f = \langle t \mapsto f(t) \rangle$ im Intervall $[a, x]$, wenn die obere Grenze um Δx vergrößert wird? Vergleichen Sie die entstehenden Flächen.

Die Funktion $f = \langle t \mapsto f(t) \rangle$ ist eine lineare Funktion, die Fläche unter dem Graphen im Intervall $[a, x]$ stellt ein Trapez dar.

Im vorigen Kapitel wurde die Größe dieser Fläche durch Bildung der Grenzwerte von Ober- und Untersumme mit $A = \frac{1}{2}(x^2 - a^2)$ bestimmt.

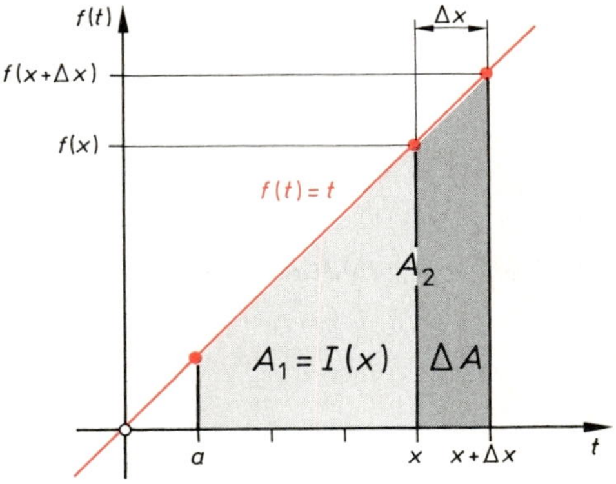

Der gesuchte Flächenzuwachs ΔA ergibt sich aus der Differenz der Flächenmaßzahlen des großen Trapezes A_2 und des kleinen Trapezes A_1.

$$\Delta A = A_2 - A_1 \blacktriangleright A_2 = \int_a^{x+\Delta x} f(t)\,dt$$

$$\blacktriangleright A_1 = \int_a^x f(t)\,dt$$

$$\Delta A = \int_a^{x+\Delta x} f(t)\,dt - \int_a^x f(t)\,dt$$

Die Flächen A_1 und A_2 lassen sich als Funktionswerte $I(x + \Delta x)$ bzw. $I(x)$ darstellen.

$$= I(x + \Delta x) - I(x) \blacktriangleright I(x) = A = \frac{1}{2}(x^2 - a^2)$$

Setzt man die entsprechende Gleichung für die Trapezfläche mit

$$I(x) = A = \frac{1}{2}(x^2 - a^2)$$

ein, so erhält man nach Subtraktion den gesuchten Flächenzuwachs ΔA.

$$= \frac{1}{2}[(x + \Delta x)^2 - a^2] - \frac{1}{2}(x^2 - a^2)$$

$$= \frac{1}{2}[(x + \Delta x)^2 - x^2]$$

$$= \int_x^{x+\Delta x} f(t)\,dt$$

Man kann ΔA aber auch auffassen als Fläche unter dem Graphen der Funktion f im Intervall $[x, x+\Delta x]$ und erhält dann sofort das gleiche Ergebnis.

$$\Delta A = I(x+\Delta x) - I(x)$$
$$= \Delta I(x)$$
$$= \int_x^{x+\Delta x} f(t)\,\mathrm{d}t$$

Der Flächenzuwachs $\Delta A = \Delta I(x)$ liegt zwischen dem Flächeninhalt des großen Rechtecks $f(x+\Delta x)\cdot\Delta x$ und dem des kleinen Rechtecks $f(x)\cdot\Delta x$.

$$f(x)\cdot\Delta x \le \Delta I(x) \le f(x+\Delta x)\cdot\Delta x$$
$$f(x)\cdot\Delta x \le \int_x^{x+\Delta x} f(t)\,\mathrm{d}t \le f(x+\Delta x)\cdot\Delta x$$

Dividiert man die Ungleichung durch Δx, so kann man die Grenzwerte für $f(x)$, $f(x+\Delta x)$ und $\frac{\Delta I(x)}{\Delta x}$ bilden, da f im Intervall stetig ist.

$$\frac{f(x)\cdot\Delta x}{\Delta x} \le \frac{\Delta I(x)}{\Delta x} \le \frac{f(x+\Delta x)\cdot\Delta x}{\Delta x}$$
$$f(x) \le \frac{\Delta I(x)}{\Delta x} \le f(x+\Delta x)$$

Der Grenzwert von $\frac{\Delta I(x)}{\Delta x}$ ist der Differentialquotient, d.h. die erste Ableitung $I'(x)$ der Integralfunktion I.

$$\lim_{\Delta x\to 0} f(x) \le \lim_{\Delta x\to 0} \frac{\Delta I(x)}{\Delta x} \le \lim_{\Delta x\to 0} f(x+\Delta x)$$

► $\lim_{\Delta x\to 0} f(x) = f(x)$

► $\lim_{\Delta x\to 0} \frac{\Delta I(x)}{\Delta x} = \lim_{\Delta x\to 0} \frac{I(x+\Delta x)-I(x)}{\Delta x} = I'(x)$

Die Auflösung der Ungleichung zeigt, daß die erste Ableitung der Integralfunktion I' gleich der Integrandfunktion f ist.

► $\lim_{\Delta x\to 0} f(x+\Delta x) = f(x)$

$$\Rightarrow f(x) \le I'(x) \le f(x) \Rightarrow I' = f$$

Merke:

Ist eine Funktion f im Intervall $[a, b]$ stetig, so kann man jede zugehörige Integralfunktion I mit dem Funktionswert $I(x) = \int_a^x f(t)\,\mathrm{d}t$ im Intervall $[a, b]$ differenzieren für $x \in [a, b]$.

$$I'(x) = f(x) \Leftrightarrow \left[\int_a^x f(t)\,\mathrm{d}t\right]' = f(x)$$

Die Integration kann also als Umkehrung der Differentiation aufgefaßt werden (1. Hauptsatz der Differential- und Integralrechnung).

Beispiele: Gilt für die Integrale $\int_7^x t^3\,\mathrm{d}t$ und $\int_{-2}^x t\,\mathrm{d}t$ die Beziehung $I'(x)=f(x)$?

1. Man bildet zur stetigen Funktion $f=\langle x \mapsto x^3\rangle$ die Integralfunktion $I=\left\langle x \mapsto \frac{1}{4}(x^4-7^4)\right\rangle$ und differenziert diese. Dabei erhält man wieder $f(x)$.

$$I(x)=\int_7^x t^3\,\mathrm{d}t \Rightarrow f(x)=x^3$$

$$=\underline{\underline{\frac{1}{4}(x^4-7^4)}}$$

$$I'(x)=\frac{1}{4}(4x^3-0)$$

$$=\underline{\underline{x^3}}$$

$$\Rightarrow I'(x)=f(x)$$

2. Zur stetigen Funktion $f=\langle x \mapsto x\rangle$ wird die Integralfunktion

$$I=\left\langle x \mapsto \frac{1}{2}[x^2-(-2)^2]\right\rangle$$

gebildet. $I(x)$ wird differenziert, man erhält wieder $f(x)$.

$$I(x)=\int_{-2}^x t\,\mathrm{d}t \Rightarrow f(x)=x$$

$$=\underline{\underline{\frac{1}{2}[x^2-(-2)^2]}}$$

$$I'(x)=\frac{1}{2}(2x-0)$$

$$=\underline{\underline{x}}$$

$$\Rightarrow I'(x)=f(x)$$

Problem: Lösen Sie die folgenden Integrale, bilden Sie die erste Ableitung der Lösungen und verallgemeinern Sie:

$$I_0(x)=\int_0^x t^3\,\mathrm{d}t; \quad I_1(x)=\int_1^x t^3\,\mathrm{d}t; \quad I_{-2}(x)=\int_{-2}^x t^3\,\mathrm{d}t; \quad I_a(x)=\int_a^x t^3\,\mathrm{d}t.$$

Es wurde bereits gezeigt, daß zu einer Integrandfunktion f (z.B. $f=\langle t \mapsto t^3\rangle$) beliebig viele Integralfunktionen I $\left(\text{z.B. } I=\left\langle x \mapsto \int_a^x t^3\,\mathrm{d}t\right\rangle\right)$ gehören, da die untere Grenze a im allgemeinen beliebig gewählt werden kann.

Die Funktionswerte der Integralfunktionen unterscheiden sich offensichtlich nur durch eine additive Komponente c $\left(\text{z.B. } c=0,\ c=-\frac{1}{4},\ c=-4,\ c=-\frac{a^4}{4}\right)$, die beim Differenzieren Null wird.

$$I_0(x)=\int_0^x t^3\,\mathrm{d}t=\frac{x^4}{4} \Rightarrow I_0'(x)=x^3$$

$$I_1(x)=\int_1^x t^3\,\mathrm{d}t=\frac{x^4}{4}-\frac{1}{4} \Rightarrow I_1'(x)=x^3$$

$$I_{-2}(x)=\int_{-2}^x t^3\,\mathrm{d}t=\frac{x^4}{4}-4 \Rightarrow I_{-2}'(x)=x^3$$

$$I_a(x)=\int_a^x t^3\,\mathrm{d}t=\frac{x^4}{4}-\frac{a^4}{4} \Rightarrow I_a'(x)=x^3$$

Alle Differentialquotienten ergeben nämlich x^3, d.h. sie sind gleich und entsprechen der Integrandfunktion f.

$$I'_0(x) = I'_1(x) = I'_{-2}(x) = I'_a(x) = x^3 = f(x)$$

$$\Rightarrow I(x) = \frac{x^4}{4} + c \Rightarrow I'(x) = x^3 = f(x)$$

Es gibt also zu jeder beliebigen Integralfunktion I mit $I(x)$ eine Funktion F, deren Funktionsterm eine Summe aus $I(x)$ und der Konstanten c ist.

$$I(x) + c = F(x);\ c \in \mathbb{R}$$

$$F'(x) = I'(x) = f(x)$$

Diese Funktion F mit $I(x)+c$ wird als Stammfunktion der Integralfunktion I bezeichnet.

$F = \langle x \mapsto I(x) + c \rangle$ ▶ Stammfunktion

Merke:

> Eine Funktion F wird als *Stammfunktion* zu einer Funktion f bezeichnet, wenn ihre erste Ableitung F' die Funktion f ergibt, d.h. wenn $F' = f$ ist.

Problem: Entwickeln Sie zu der Funktion $f = \langle x \mapsto x^2 \rangle$ mehrere Stammfunktionen, und zeigen Sie den Zusammenhang $F' = f$.

Zu der Funktion $f = \langle x \mapsto x^2 \rangle$ lassen sich beliebig viele Stammfunktionen F mit $F(x)$ finden, die durch Differentiation wieder auf diese Funktion f führen. Aus dem Ergebnis der Differentiation kann man die Stammfunktion nicht mehr erkennen.

$$f = \langle x \mapsto x^2 \rangle \quad \Rightarrow f(x) = x^2$$

$$\Rightarrow F_1(x) = \frac{x^3}{3} + 7 \quad \Rightarrow F'_1(x) = x^2 = f(x)$$

$$F_2(x) = \frac{x^3}{3} - \frac{a^3}{3} \quad \Rightarrow F'_2(x) = x^2 = f(x)$$

$$F(x) = \frac{x^3}{3} + c \quad \Rightarrow F'(x) = x^2 = f(x)$$

Die Funktion $f = \langle x \mapsto x^2 \rangle$ hat offensichtlich beliebig viele Stammfunktionen F, deren erste Ableitung F' wieder f ergibt. Die Stammfunktionen $F_1, F_2, \ldots, F$ unterscheiden sich demnach nur durch eine additive Konstante c, die bei der Bildung der ersten Ableitung Null ergibt, so daß $f_1 = f_2 \ldots = f$ wird.

Die geometrische Bedeutung dieses Zusammenhanges ergibt sich beispielhaft aus der grafischen Darstellung einiger Stammfunktionen F und ihrer ersten Ableitungen $F' = f$.

Die Konstante verschiebt den Graphen der Funktion in Richtung der $f(x)$-Achse. Alle Graphen haben unabhängig von den Konstanten die gleiche Steigung.

$$F'(x) = f(x) = 2x$$

So ist z.B. für $x = 1$

$$f_1(1) = f_2(1) = f_3(1) = 2$$

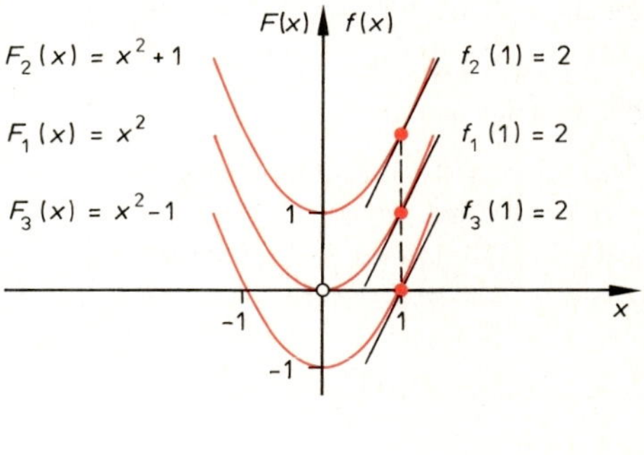

Zum Graphen der Funktion

$$f = \langle x \mapsto 2x \rangle$$

gehören unendlich viele Graphen der Stammfunktionen

$$F = \langle x \mapsto x^2 + c \rangle.$$

Sie alle ergeben Parabeln, die in Richtung der $f(x)$-Achse verschoben sind. Alle Graphen haben in den Punkten mit einem festen x_0-Wert dieselbe Steigung $F'(x_0) = f(x_0) = 2x_0$. Zeichnet man diese Steigung in alle Punkte der $x, f(x)$ Ebene ein, so erhält man das zu $F'(x) = f(x) = 2x$ gehörige *Richtungsfeld.*

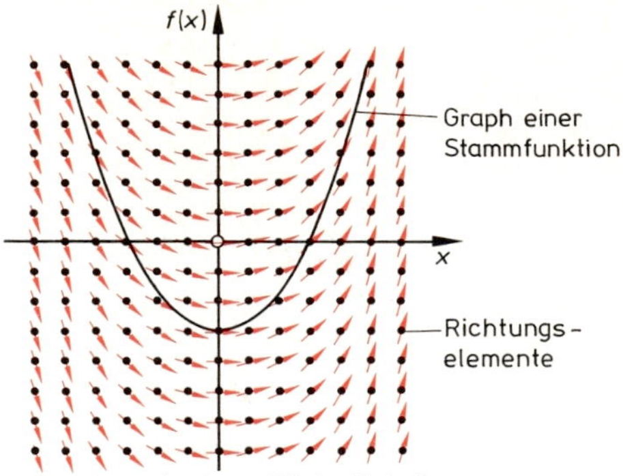

Richtungsfeld zu $F'(x) = f(x) = 2x$

Bisher wurden bestimmte Integrale, d.h. die Fläche unter dem Graphen einer Funktion durch Bildung der Ober- und Untersummen sowie der Grenzwerte berechnet.

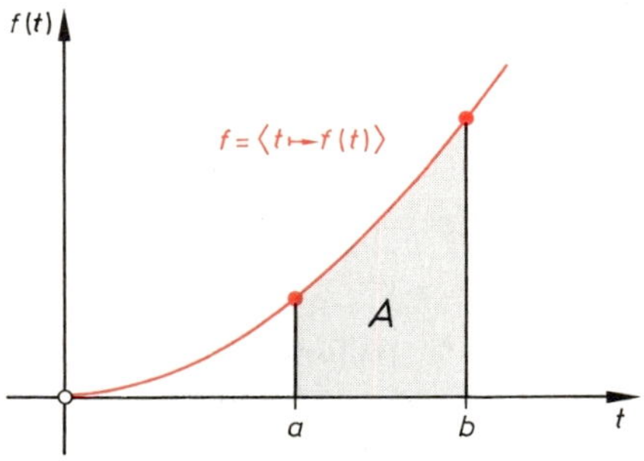

Dieses Verfahren macht einen großen Rechenaufwand notwendig. Bestimmte Integrale lassen sich einfacher berechnen, wenn man davon ausgeht, daß man eine Stammfunktion kennt. Dies ist sehr oft der Fall, in anderen Fällen ist die Berechnung einfach.

$$f(x) = x \Rightarrow I_a(x) = \int_a^x t\,\mathrm{d}t = \frac{x^2}{2} - \frac{a^2}{2} = F(x)$$

$$F'(x) = x = f(x)$$

Jede Integralfunktion I einer stetigen Integrandfunktion f ist also eine Stammfunktion zu dieser Integrandfunktion.

Daraus kann man jedoch keineswegs schließen, daß auch jede Stammfunktion eine Integralfunktion ist.

$$I_a(x) = \int_a^x t\,\mathrm{d}t = \frac{x^2}{2} - \frac{a^2}{2}; \; a \in \mathbb{R}$$

$$\Rightarrow \frac{a^2}{2} \geq 0; \; a \in \mathbb{R}$$

Im Beispiel führt nur $\frac{a^2}{2} \geq 0$ auf den Funktionsterm $\frac{x^2}{2} - \frac{a^2}{2}$.

So wäre z.B. $\frac{x^2}{2} + 2$ durchaus ein Term der Stammfunktion, er erfüllt aber für keinen Wert von a die Integralfunktion.

$$\frac{x^2}{2} + 2 = \frac{x^2}{2} - \frac{a^2}{2}$$

$$\Rightarrow 2 = -\frac{a^2}{2}$$

$$a^2 = -4 \Rightarrow a \notin \mathbb{R}$$

Merke:

Jede Integralfunktion I mit $I(x)$ einer stetigen Funktion f mit $f(x)$ ist eine Stammfunktion. Da sich nicht jede beliebige reelle Zahl als additive Konstante c ergeben kann, ist nicht jede Stammfunktion auch eine Integralfunktion.

Kennt man also eine beliebige Stammfunktion F mit $F(x)$, so erhält man eine zugehörige Integralfunktion I mit

$$I(x) = F(x) + c, \quad c \in \mathbb{R}.$$

$$I(x) = \int_a^x f(t)\,dt \Rightarrow I'(x) = f(x)$$
$$= F(x) + c;\ c \in \mathbb{R}$$

Für $x = a$ wird $I(a) = F(a) + c$ gleich Null, so daß man $c = -F(a)$ berechnen kann.

$$I(a) = \int_a^a f(t)\,dt = F(a) + c$$
$$\Rightarrow F(a) + c = 0$$
$$c = -F(a)$$

Ebenso läßt sich für $x = b$ die Integralfunktion I mit $I(b) = F(b) + c$ bestimmen. Setzt man hier $c = -F(a)$, so erhält man eine Gleichung zur Berechnung des Flächeninhaltes unter dem Graphen der Funktion mit Hilfe einer Stammfunktion.

$$I(b) = \int_a^b f(t)\,dt$$
$$= F(b) + c \blacktriangleright c = -F(a)$$
$$= F(b) - F(a)$$
$$\Rightarrow \int_a^b f(x)\,dx = F(b) - F(a)$$

Merke:

Ist eine Funktion f mit $f(x)$ im Intervall $[a, b]$ stetig und ist F mit $F(x)$ eine Stammfunktion in diesem Intervall, so gilt:

$$\int_a^b f(x)\,dx = F(b) - F(a)$$

Falls die Stammfunktion F bekannt ist, so kann man den Wert des bestimmten Integrals und damit die Fläche unter dem Graphen der Funktion f in den Grenzen $x = a$ bis $x = b$ bestimmen. Dieser Sachverhalt wird dann häufig geschrieben:

$$\int_a^b f(x)\,dx = [F(x)]_a^b$$ (gelesen: „$F(x)$ in den Grenzen von a bis b“)

Diese Aussage bezeichnet man auch als *zweiten* Hauptsatz der Differential- und Integralrechnung.

Beispiele: Berechnen Sie die bestimmten Integrale $\int_2^5 x^2\,dx$, $\int_3^7 x^3\,dx$ und $\int_{-\sqrt{2}}^{\sqrt{5}} x\,dx$.

1. Zur Berechnung des bestimmten Integrals $I(x)$ ermittelt man die Stammfunktion F mit $F(x)=\frac{x^3}{3}+c$. Mit $b=5$ und $a=2$ läßt sich das bestimmte Integral $I(x)=F(b)-F(a)$ berechnen, sein Wert ist $I(x)=39$.

$$I(x)=\int_2^5 x^2\,dx=[F(x)]_2^5 \blacktriangleright I(x)=F(b)-F(a)$$
$$=F(5)-F(2) \blacktriangleright F(x)=\frac{x^3}{3}+c$$
$$\Rightarrow F(5)-F(2)=\frac{5^3}{3}+c-\left(\frac{2^3}{3}+c\right)$$
$$=\frac{125}{3}-\frac{8}{3}$$
$$=\underline{\underline{39}}$$

2. Zur Berechnung des bestimmten Integrals ermittelt man die Stammfunktion F mit $F(x)=\frac{x^4}{4}+c$. Nach Einsetzen von $b=7$ und $a=3$ läßt sich das bestimmte Integral $I(x)=F(b)-F(a)$ berechnen, sein Wert ist $I(x)=580$.

$$I(x)=\int_3^7 x^3\,dx=[F(x)]_3^7$$
$$=F(7)-F(3) \blacktriangleright F(x)=\frac{x^4}{4}+c$$
$$\Rightarrow [F(x)]_3^7=\frac{7^4}{4}+c-\left(\frac{3^4}{4}+c\right)$$
$$=\frac{2401}{4}-\frac{81}{4}$$
$$=\underline{\underline{580}}$$

3. Auch hier ist aus vorangegangenen Rechnungen der Funktionsterm der Stammfunktion F mit $F(x)=\frac{x^2}{2}+c$ bekannt.
Nach Einsetzen von $a=-\sqrt{2}$ und $b=\sqrt{5}$ erhält man den gesuchten Wert des bestimmten Integrals.

$$I(x)=\int_{-\sqrt{2}}^{\sqrt{5}} x\,dx=[F(x)]_{-\sqrt{2}}^{\sqrt{5}}$$
$$=F(\sqrt{5})-F(-\sqrt{2}) \blacktriangleright F(x)=\frac{x^2}{2}+c$$
$$\Rightarrow [F(x)]_{-\sqrt{2}}^{\sqrt{5}}=\frac{(\sqrt{5})^2}{2}+c-\left[\frac{(-\sqrt{2})^2}{2}+c\right]$$
$$=\frac{5}{2}-1$$
$$=\underline{\underline{\frac{3}{2}}}$$

1.3 Eigenschaften des bestimmten Integrals

Problem: Lösen Sie die Integrale $\int_a^b f(x)\,\mathrm{d}x$ und $\int_b^a f(x)\,\mathrm{d}x$ und vergleichen Sie die Ergebnisse.

Beide Integrale werden aufgelöst.

$$\int_a^b f(x)\,\mathrm{d}x = [F(x)]_a^b = F(b) - F(a)$$

$$\int_b^a f(x)\,\mathrm{d}x = [F(x)]_b^a = F(a) - F(b)$$

Multipliziert man $\int_b^a f(x)\,\mathrm{d}x = F(a) - F(b)$ mit (-1), so erhält man auf der rechten Seite $F(b) - F(a)$.

$$-\int_b^a f(x)\,\mathrm{d}x = -[F(a) - F(b)]$$

$$= F(b) - F(a)$$

$$= \int_a^b f(x)\,\mathrm{d}x$$

Aus der Gleichheit der rechten Seiten folgt die Lösung.

$$\Rightarrow -\int_b^a f(x)\,\mathrm{d}x = \int_a^b f(x)\,\mathrm{d}x$$

Merke:

> Ist die Funktion f im Intervall $[a, b]$ integrierbar, so ist es zur Lösung des Integrals nicht erforderlich, daß $a < b$ ist, denn es gilt:
>
> $$\int_a^b f(x)\,\mathrm{d}x = -\int_b^a f(x)\,\mathrm{d}x$$

Beispiel: Berechnen Sie den Flächeninhalt unter dem Graphen der Funktion $f = \langle x \mapsto \cos x \rangle$ in den Intervallen $\left[0, \frac{\pi}{2}\right]$ und $\left[\frac{\pi}{2}, 0\right]$.

$\int \cos x\,\mathrm{d}x = \sin x + c$, denn die erste Ableitung von $F(x) = \sin x + c$ ist gleich $F'(x) = \cos x$.

$$A_1 = \int_0^{\frac{\pi}{2}} \cos x\,\mathrm{d}x = [\sin x]_0^{\frac{\pi}{2}} = \sin \frac{\pi}{2} - \sin 0$$

$$= \underline{\underline{1}}$$

$$A_2 = \int_{\frac{\pi}{2}}^{0} \cos x\,\mathrm{d}x = -\int_0^{\frac{\pi}{2}} \cos x\,\mathrm{d}x = \underline{\underline{-1}}$$

Problem:

Berechnen Sie das Integral $\int_a^b f(x)\,\mathrm{d}x$ unter der Voraussetzung, daß die Funktion f an der Stelle $x = c$ eine Unstetigkeitsstelle hat mit $a < c < b$ und in den Intervallen $[a, c]$ sowie $[c, b]$ integrierbar ist.

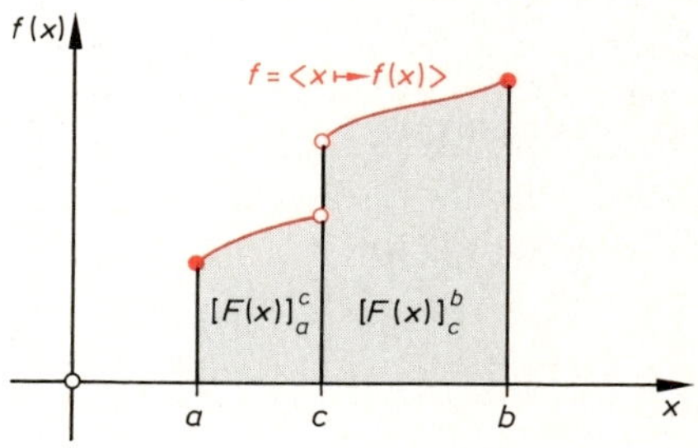

Man berechnet die beiden Integrale im Bereich der Intervalle $[a, c]$ und $[c, b]$, d.h. ohne die Unstetigkeitsstelle zu überspringen. Die Addition der Integrale führt auf das gleiche Ergebnis wie bei der Integration im Intervall $[a, b]$.

$$\int_a^c f(x)\,\mathrm{d}x = F(c) - F(a)$$

$$\int_c^b f(x)\,\mathrm{d}x = F(b) - F(c)$$

$$\int_a^c f(x)\,\mathrm{d}x + \int_c^b f(x)\,\mathrm{d}x = F(c) - F(a) + F(b) - F(c)$$

$$= F(b) - F(a)$$

$$= \underline{\underline{\int_a^b f(x)\,\mathrm{d}x}}$$

Merke:

Ist eine Funktion f in den Intervallen $[a, c]$ und $[c, b]$ integrierbar, so ist sie es auch im Intervall $[a, b]$ und es gilt:

$$\int_a^c f(x)\,\mathrm{d}x + \int_c^b f(x)\,\mathrm{d}x = \int_a^b f(x)\,\mathrm{d}x$$

Beispiel: Integrieren Sie die Funktion $f = \langle x \mapsto x^2 \rangle$ in den Intervallen $[0, 2]$, $[2, 3]$ und $[0, 3]$.

Die Integration im Intervall $[0, 3]$ führt auf die Summe der Teilergebnisse in den Intervallen $[0, 2]$ und $[2, 3]$.

$$\int_0^2 x^2\,\mathrm{d}x = \left[\frac{x^3}{3}\right]_0^2 = \frac{2^3}{3} - \frac{0^3}{3} = \underline{\underline{\frac{8}{3}}}$$

$$\int_2^3 x^2\,\mathrm{d}x = \left[\frac{x^3}{3}\right]_2^3 = \frac{3^3}{3} - \frac{2^3}{3} = \underline{\underline{\frac{19}{3}}}$$

$$\int_0^2 x^2\,\mathrm{d}x + \int_2^3 x^2\,\mathrm{d}x = \frac{8}{3} + \frac{19}{3} = \underline{\underline{9}}$$

$$\int_0^3 x^2\,\mathrm{d}x = \left[\frac{x^3}{3}\right]_0^3 = \frac{3^3}{3} - \frac{0^3}{3} = \underline{\underline{9}}$$

Problem: Vergleichen Sie die Ergebnisse der Integrale $\int_a^b k \cdot f(x)\,\mathrm{d}x$ und $k \cdot \int_a^b f(x)\,\mathrm{d}x$ miteinander.

Löst man beide Integrale und klammert den konstanten Faktor k aus, so zeigt das Ergebnis, daß konstante Faktoren keinen Einfluß auf die Integration haben und somit vor das Integralzeichen geschrieben werden können.

$$k \cdot \int_a^b f(x)\,\mathrm{d}x = k \cdot [F(b) - F(a)]$$

$$\int_a^b k \cdot f(x)\,\mathrm{d}x = k \cdot F(b) - k \cdot F(a)$$

$$= k\,[F(b) - F(a)]$$

$$\blacktriangleright\ F(b) - F(a) = \int_a^b f(x)\,\mathrm{d}x$$

$$\Rightarrow \int_a^b k \cdot f(x)\,\mathrm{d}x = \underline{\underline{k \cdot \int_a^b f(x)\,\mathrm{d}x}}$$

Merke:

Ist eine Funktion f, die einen konstanten Faktor enthält, im Intervall $[a, b]$ integrierbar, so kann dieser Faktor vor das Integral geschrieben werden.

$$\int_a^b k \cdot f(x)\,dx = k \cdot \int_a^b f(x)\,dx$$

Beispiel: Vergleichen Sie die Lösungen der Integrale $\int_1^5 3x\,dx$ und $3 \cdot \int_1^5 x\,dx$.

Die Ergebnisse beider Aufgaben sind gleich, womit die Richtigkeit der abgeleiteten Konstantenregel bestätigt wird.

$$\int_1^5 3x\,dx = \left[\frac{3x^2}{2}\right]_1^5 = \frac{3 \cdot 25}{2} - \frac{3 \cdot 1}{2} = \underline{\underline{36}}$$

$$3 \cdot \int_1^5 x\,dx = 3 \cdot \left[\frac{x^2}{2}\right]_1^5 = 3\left(\frac{25}{2} - \frac{1}{2}\right) = \underline{\underline{36}}$$

Problem: Entwickeln Sie eine Lösungsvorschrift für $\int_a^b [f(x) + g(x)]\,dx$.

Die Lösung ergibt, daß das Integral einer Summe gleich der Summe der Integrale der einzelnen Summanden ist.

$$\begin{aligned}\int_a^b [f(x) + g(x)]\,dx &= [F(b) + G(b)] - [F(a) + G(a)] \\ &= [F(b) - F(a)] + [G(b) - G(a)] \\ &= \underline{\underline{\int_a^b f(x)\,dx + \int_a^b g(x)\,dx}}\end{aligned}$$

Merke:

Eine Summe von Funktionen wird integriert, indem man jeden Summanden einzeln integriert. Voraussetzung ist die Integrierbarkeit im Intervall $[a, b]$.

$$\int_a^b [f(x) + g(x) - h(x)]\,dx = \int_a^b f(x)\,dx + \int_a^b g(x)\,dx - \int_a^b h(x)\,dx$$

Beispiele: Berechnen Sie die bestimmten Integrale $\int_{-2}^3 (16x^3 + 6x^2)\,dx$ und $\int_1^4 \frac{x^5 - 4x^3}{x^2}\,dx$.

1. Unter Berücksichtigung der beiden obigen Sätze bestimmt man eine Stammfunktion von f und setzt für die Variable x die obere und untere Grenze ein.

$$\begin{aligned}\int_{-2}^3 (16x^3 + 6x^2)\,dx &= 16 \cdot \int_{-2}^3 x^3\,dx + 6 \cdot \int_{-2}^3 x^2\,dx \\ &= 16 \cdot \left[\frac{x^4}{4}\right]_{-2}^3 + 6 \cdot \left[\frac{x^3}{3}\right]_{-2}^3 \\ &= 16\left[\frac{3^4}{4} - \frac{(-2)^4}{4}\right] + 6\left[\frac{3^3}{3} - \frac{(-2)^3}{3}\right] \\ &= \quad 260 \quad + \quad 70 \\ &= \underline{\underline{330}}\end{aligned}$$

2. Durch Kürzen ergibt sich ein vereinfachter Funktionsterm $f(x)$.

$$f(x)=\frac{x^5-4x^3}{x^2}=x^3-4x$$

$$\int_1^4 \frac{x^5-4x^3}{x^2}\,dx=\int_1^4 (x^3-4x)\,dx$$

Man teilt in zwei Integrale auf und ermittelt für jedes der beiden Integrale einen Funktionsterm der Stammfunktion F. Für die Variable x setzt man die obere und untere Grenze ein.

$$=\int_1^4 x^3\,dx-4\cdot\int_1^4 x\,dx$$

$$=\left[\frac{x^4}{4}\right]_1^4-4\left[\frac{x^2}{2}\right]_1^4$$

$$=\left(\frac{4^4}{4}-\frac{1^4}{4}\right)-4\left(\frac{4^2}{2}-\frac{1^2}{2}\right)$$

$$=\frac{255}{4}-\frac{120}{4}$$

$$=\underline{\underline{\frac{135}{4}}}$$

Übungen

1. Das bestimmte Integral

1.1 Das bestimmte Integral als Grenzwert

Berechnen Sie – soweit notwendig – mit Hilfe von Ober- und Untersummen jeweils die Fläche unter den Graphen der Funktionen f.

1. $f=\langle x\mapsto 10 \mid x\in[0,4]\rangle$

2. $f=\langle x\mapsto 2x \mid x\in[0,3]\rangle$

3. $f=\langle x\mapsto 3x^2 \mid x\in[1,4]\rangle$

4. $f=\left\langle x\mapsto \frac{1}{3}x^3 \mid x\in[1,2]\right\rangle$

5. $f=\langle x\mapsto 4 \mid x\in[2,7]\rangle$

6. $f=\langle x\mapsto -7 \mid x\in[-3,5]\rangle$

7. $f=\langle x\mapsto 3x \mid x\in[0,10]\rangle$

8. $f=\left\langle x\mapsto \frac{x}{6} \mid x\in[-4,4]\right\rangle$

9. $f=\langle x\mapsto -5x \mid x\in[-2,3]\rangle$

10. $f=\left\langle x\mapsto -\frac{3}{4}x \mid x\in[-8,2]\right\rangle$

11. $f=\langle x\mapsto 3x+2 \mid x\in[-1,1]\rangle$

12. $f=\left\langle x\mapsto \frac{x}{2}-8 \mid x\in[-3,6]\right\rangle$

1.2 Die Integration als Umkehrung der Differentiation

Ermitteln Sie zu der Funktion $f=\langle x\mapsto f(x)\rangle$ jeweils eine Integral- und eine Stammfunktion.

1. $f(x)=4x$

2. $f(x)=2x+4$

3. $f(x)=x^4$

4. $f(x)=ax^2+bx-d$

5. $f(x)=7x^2+7$

6. $f(x)=5$

7. $f(x)=\frac{2}{3}x+b$

8. $f(x)=abx^4$

9. $f(x)=3x^6$

10. $f(x)=2x^4+a^2b$ **11.** $f(x)=5-3x^2$ **12.** $f(x)=e^x$

13. $f(x)=\sin x$ **14.** $f(x)=2+\cos x$ **15.** $f(x)=4-e^x$

1.3 Eigenschaften des bestimmten Integrals

Berechnen Sie:

1. $\int_{-2}^{3} 3\,dx$ und $-\int_{3}^{-2} 3\,dx$

2. $\int_{0}^{4} x^2\,dx$ und $\int_{4}^{0} (-x^2)\,dx$

3. $\int_{0}^{2} 5x\,dx$ und $\int_{2}^{3} 5x\,dx$ und $\int_{0}^{3} 5x\,dx$

4. $\int_{0}^{7} 7x^3\,dx-\int_{0}^{7} 6x^3\,dx$

5. $\int_{1}^{2} \frac{x^2}{3}\,dx$

6. $\int_{-1}^{0} x\,dx$

7. $\int_{-2}^{4} 2\,dx$

8. $\int_{-6}^{6} x^3\,dx$

9. $\int_{-2}^{2} (3x+3)\,dx$

10. $\int_{2}^{3} (6x^2-x^3)\,dx$

11. $\int_{-1}^{3} (3-4x-x^2)\,dx$

12. $\int_{-\sqrt{3}}^{\sqrt{3}} (4x^3-3x^5)\,dx$

13. $\int_{\sqrt{3}}^{\sqrt{6}} \left(\frac{x^4}{4}-x^2\right)dx$

14. $\int_{-1}^{4} \frac{x^3-x}{4}\,dx$

15. $\int_{-2}^{-0,5} \left(\frac{1}{2}x^2-\frac{2}{x^3}\right)dx$

16. $\int_{1}^{4} \frac{4-2x}{x^3}\,dx$

17. $\int_{0,5}^{1} \left(x+\frac{x^2}{2}-\frac{3}{2x^2}\right)dx$

18. $\int_{1}^{3} \frac{2\sqrt{x}}{x}\,dx$

19. $\int_{2}^{4} \left(\frac{2}{\sqrt{x}}+2x\right)dx$

Bestimmen Sie die Nullstellen der Funktion f und berechnen Sie das bestimmte Integral zwischen den äußeren Nullstellen.

20. $f=\langle x \mapsto 2x^2-4\rangle$

21. $f=\langle x \mapsto \frac{1}{4}x^3-x\rangle$

22. $f=\langle x \mapsto x^3-2x^2+1\rangle$

23. $f=\langle x \mapsto 0,25x^3+0,3^2-0,5x\rangle$

2. Das unbestimmte Integral

2.1 Stammfunktionen – Grundintegrale

Es wurde gezeigt, daß es zu jeder Integrandfunktion f unendlich viele Integralfunktionen $I = \langle x \mapsto \int_a^x f(t)\,\mathrm{d}t \rangle$ und unendlich viele Stammfunktionen $F = \langle x \mapsto I(x) + c \rangle$ gibt. Dabei war für eine stetige Integrandfunktion f die Integralfunktion gleichzeitig auch Stammfunktion, aber nicht jede Stammfunktion war auch eine Integralfunktion.

Folgende Definition ist nun üblich und für den weiteren Aufbau der Integralrechnung hilfreich:

Merke:

> Ist f eine im Intervall $[a, b]$ integrierbare Funktion, so bezeichnet man die Menge aller Stammfunktionen F dieser Funktion f als unbestimmtes Integral. Man schreibt dafür symbolisch:
>
> $$\int f(x)\,\mathrm{d}x = \{F | F'(x) = f(x)\}$$
>
> In der Praxis arbeitet man mit einem Repräsentanten aus der obigen Menge und schreibt dafür nicht ganz korrekt:
>
> $$\int f(x)\,\mathrm{d}x = F(x) + c.$$

Für alle Funktionen, die durch Ableitung von sogenannten Grundfunktionen gefunden wurden, können die zugehörigen Stammfunktionen sofort angegeben werden. Diese Stammfunktionen nennt man Grundintegrale.

Grundintegrale von algebraischen Funktionen

Problem: Lösen Sie die nachstehenden unbestimmten Integrale, kontrollieren Sie das Ergebnis durch Differentiation und verallgemeinern Sie das Ergebnis.

1. $\int x\,\mathrm{d}x$

$$\int x\,\mathrm{d}x = \underline{\underline{\frac{x^2}{2} + c}}$$

Probe: $f(x) = \frac{x^2}{2} + c \Rightarrow f'(x) = x$

2. $\int x^2\,\mathrm{d}x$

$$\int x^2\,\mathrm{d}x = \underline{\underline{\frac{x^3}{3} + c}}$$

Probe: $f(x) = \frac{x^3}{3} + c \Rightarrow f'(x) = x^2$

3. $\int x^3\,\mathrm{d}x$

$$\int x^3\,\mathrm{d}x = \underline{\underline{\frac{x^4}{4} + c}}$$

Probe: $f(x) = \frac{x^4}{4} + c \Rightarrow f'(x) = x^3$

4. $\int x^n \, \mathrm{d}x$

$$\int x^n \, \mathrm{d}x = \underline{\underline{\frac{x^{n+1}}{n+1} + c}}$$

$$\text{Probe: } f(x) = \frac{x^{n+1}}{n+1} + c$$

$$\Rightarrow f'(x) = (n+1)\,\frac{x^{n+1-1}}{n+1} = x^n$$

Problem: Integrieren Sie die Funktion $f = \left\langle x \mapsto \frac{1}{x} \right\rangle$ mit Hilfe der abgeleiteten Regel.

Die obige Regel gilt nicht für $n = -1$.

$$\int \frac{1}{x} \, \mathrm{d}x = \int x^{-1} \, \mathrm{d}x$$

$$= \frac{x^{-1+1}}{-1+1} + c$$

$$= \frac{x^0}{0} + c \blacktriangleright \text{Keine Lösung}$$

Merke:

$$\int x^n \, \mathrm{d}x = \frac{x^{n+1}}{n+1} + c; \quad n \in \mathbb{R} \setminus \{-1\}$$

Beispiele: Lösen Sie die folgenden unbestimmten Integrale unter Verwendung der vorstehenden Regel.

1. $\int x^7 \, \mathrm{d}x$

$$\int x^7 \, \mathrm{d}x = \underline{\underline{\frac{x^8}{8} + c}}$$

2. $\int x^{b+1} \, \mathrm{d}x$

$$\int x^{b+1} \, \mathrm{d}x = \underline{\underline{\frac{x^{b+2}}{b+2} + c}}$$

3. $\int \sqrt{x} \, \mathrm{d}x$

$$\int \sqrt{x} \, \mathrm{d}x = \int x^{\frac{1}{2}} \, \mathrm{d}x = \frac{x^{\frac{3}{2}}}{\frac{3}{2}} + c$$

$$= \frac{2}{3} \sqrt{x^3} + c$$

$$= \underline{\underline{\frac{2x}{3} \sqrt{x} + c}}$$

4. $\int \sqrt[6]{x^5}\,dx$

$$\int \sqrt[6]{x^5}\,dx = \int x^{\frac{5}{6}}\,dx = \frac{x^{\frac{11}{6}}}{\frac{11}{6}} + c$$

$$= \frac{6}{11}\sqrt[6]{x^{11}} + c$$

$$= \frac{6x}{11}\sqrt[6]{x^5} + c$$

5. $\int \frac{1}{x^6}\,dx$

$$\int \frac{1}{x^6}\,dx = \int x^{-6}\,dx = \frac{x^{-5}}{-5} + c$$

$$= -\frac{1}{5x^5} + c$$

6. $\int \frac{1}{\sqrt[3]{x}}\,dx$

$$\int \frac{1}{\sqrt[3]{x}}\,dx = \int x^{-\frac{1}{3}}\,dx = \frac{x^{\frac{2}{3}}}{\frac{2}{3}} + c$$

$$= \frac{3}{2}\sqrt[3]{x^2} + c$$

7. $\int x^2 \sqrt[3]{x}\,dx$

$$\int x^2 \sqrt[3]{x}\,dx = \int x^2 \cdot x^{\frac{1}{3}}\,dx$$

$$= \int x^{\frac{7}{3}}\,dx$$

$$= \frac{x^{\frac{10}{3}}}{\frac{10}{3}} + c$$

$$= \frac{3x^3}{10}\sqrt[3]{x} + c$$

8. $\int \frac{x^4 \sqrt{x}}{\sqrt[3]{x^2}}\,dx$

$$\int \frac{x^4 \sqrt{x}}{\sqrt[3]{x^2}}\,dx = \int x^4 \cdot x^{\frac{1}{2}} \cdot x^{-\frac{2}{3}}\,dx$$

$$= \int x^{\frac{23}{6}}\,dx$$

$$= \frac{x^{\frac{29}{6}}}{\frac{29}{6}} + c$$

$$= \frac{6x^4}{29}\sqrt[6]{x^5} + c$$

9. $\int \frac{\sqrt{x \cdot \sqrt{x}}}{\sqrt{x}} \, dx$

$$\int \frac{\sqrt{x \cdot \sqrt{x}}}{\sqrt{x}} \, dx = \int x^{\frac{1}{2}} \cdot x^{\frac{1}{4}} \cdot x^{-\frac{1}{2}} \, dx$$
$$= \int x^{\frac{1}{4}} \, dx$$
$$= \frac{x^{\frac{5}{4}}}{\frac{5}{4}} + c$$
$$= \frac{4x}{5} \sqrt[4]{x} + c$$

10. $\int \frac{x \sqrt[3]{x^2}}{\sqrt[6]{x^5 \sqrt[4]{x^3}}} \, dx$

$$\int \frac{x \sqrt[3]{x^2}}{\sqrt[6]{x^5 \sqrt[4]{x^3}}} \, dx = \int x \cdot x^{\frac{2}{3}} \cdot x^{-\frac{5}{6}} \cdot x^{-\frac{3}{24}} \, dx$$
$$= \int x^{\frac{17}{24}} \, dx$$
$$= \frac{24x}{41} \sqrt[24]{x^{17}} + c$$

Die nachfolgenden Grundintegrale ergeben sich aus Ableitungen der transzendenten Funktionen. Die Probe bestätigt die Richtigkeit.

Exponentialfunktionen

$$\int e^x dx = e^x + c$$

Probe: $f(x) = e^x + c \Rightarrow f'(x) = e^x$

$$\int a^x \, dx = \frac{a^x}{\ln|a|} + c$$

Probe: $f(x) = \frac{a^x}{\ln|a|} + c \Rightarrow f'(x) = \frac{a^x \cdot \ln|a|}{\ln|a|} = a^x$

Logarithmusfunktion

$$\int \frac{1}{x} \, dx = \ln|x| + c$$

Probe: $f(x) = \ln|x| + c \Rightarrow f'(x) = \frac{1}{x}$

Damit erklärt sich die Unmöglichkeit der Lösung mit der Formel für algebraische Potenzfunktionen, die ja für alle Exponenten außer $n = -1$ gilt.

Trigonometrische Funktionen

$$\int \sin x \, dx = -\cos x + c$$

Probe: $f(x) = -\cos x + c \Rightarrow f'(x) = \sin x$

$$\int \cos x \, dx = \sin x + c$$

Probe: $f(x) = \sin x + c \Rightarrow f'(x) = \cos x$

$$\int \frac{1}{\cos^2 x} \, dx = \tan x + c$$

Probe: $f(x) = \tan x + c \Rightarrow f'(x) = \frac{1}{\cos^2 x}$

$$\int \frac{1}{\sin^2 x} \, dx = -\cot x + c$$

Probe: $f(x) = -\cot x + c \Rightarrow f'(x) = \frac{1}{\sin^2 x}$

Zyclometrische Funktionen – Arkusfunktionen

$$\int \frac{1}{\sqrt{1-x^2}} \, dx = \begin{cases} \operatorname{Arcsin} x + c_1 \\ -\operatorname{Arccos} x + c_2 \end{cases}$$

Probe: $\left.\begin{array}{l} f(x) = \operatorname{Arcsin} x + c_1 \\ f(x) = -\operatorname{Arccos} x + c_2 \end{array}\right\} \Rightarrow f'(x) = \frac{1}{\sqrt{1-x^2}}$

$$\int \frac{1}{1+x^2} \, dx = \begin{cases} \operatorname{Arctan} x + c_1 \\ -\operatorname{Arccot} x + c_2 \end{cases}$$

Probe: $\left.\begin{array}{l} f(x) = \operatorname{Arctan} x + c_1 \\ f(x) = -\operatorname{Arccot} x + c_2 \end{array}\right\} \Rightarrow f'(x) = \frac{1}{1+x^2}$

Hyperbelfunktionen

$$\int \sinh x \, dx = \cosh x + c$$

Probe: $f(x) = \cosh x + c \Rightarrow f'(x) = \sinh x$

$$\int \cosh x \, dx = \sinh x + c$$

Probe: $f(x) = \sinh x + c \Rightarrow f'(x) = \cosh x$

$$\int \frac{1}{\cosh^2 x} \, dx = \tanh x + c$$

Probe: $f(x) = \tanh x + c \Rightarrow f'(x) = \frac{1}{\cosh^2 x}$

$$\int \frac{1}{\sinh^2 x} \, dx = -\coth x + c$$

Probe: $f(x) = -\coth x + c \Rightarrow f'(x) = \frac{1}{\sinh^2 x}$

Areahyperbelfunktionen

$$\int \frac{1}{\sqrt{x^2+1}}\,dx = \operatorname{Arsinh} x + c$$

Probe: $f(x) = \operatorname{Arsinh} x + c \Rightarrow f'(x) = \frac{1}{\sqrt{x^2+1}}$

$$\int \frac{1}{\sqrt{x^2-1}}\,dx = \operatorname{Arcosh} x + c$$

Probe: $f(x) = \operatorname{Arcosh} x + c \Rightarrow f'(x) = \frac{1}{\sqrt{x^2-1}}$

$$\int \frac{1}{1-x^2}\,dx = \begin{cases} \operatorname{Artanh} x + c_1 \\ \operatorname{Arcoth} x + c_2 \end{cases}$$

Probe: $\left.\begin{array}{l} f(x) = \operatorname{Artanh} x + c_1 \\ f(x) = \operatorname{Arcoth} x + c_2 \end{array}\right\} \Rightarrow f'(x) = \frac{1}{1-x^2}$

2.2 Integration von Funktionen mit konstantem Faktor

Die Integrationsregel für bestimmte Integrale mit einem konstanten Faktor gilt auch für unbestimmte Integrale.

Merke:

Ein konstanter Faktor kann vor das Integralzeichen gesetzt werden. Er bleibt beim Integrieren erhalten.

$$\int k \cdot f(x)\,dx = k \cdot \int f(x)\,dx$$

Beispiele:

1. $\int 7x^5\,dx$

$$\int 7x^5\,dx = 7 \cdot \int x^5\,dx = \underline{\underline{\frac{7x^6}{6} + c}}$$

2. $\int a \cdot e^x\,dx$

$$\int a \cdot e^x\,dx = a \cdot \int e^x\,dx = \underline{\underline{a \cdot e^x + c}}$$

3. $\int -\sin x\,dx$

$$\int -\sin x\,dx = -\int \sin x\,dx = -(-\cos x) + c = \underline{\underline{\cos x + c}}$$

4. $\displaystyle\int \frac{dx}{-x^2}$

$$\int \frac{dx}{-x^2} = -\int x^{-2}\,dx = -\frac{x^{-1}}{-1}+c = \frac{1}{x}+c$$

5. $\displaystyle\int \frac{4a^2}{3\cdot\sin^2 x}\,dx$

$$\int \frac{4a^2}{3\cdot\sin^2 x}\,dx = \frac{4a^2}{3}\int \frac{dx}{\sin^2 x} = -\frac{4a^2}{3}\cot x + c$$

6. $\displaystyle\int \frac{\sqrt[3]{27x}}{\sqrt[3]{a^6x^4}}\,dx$

$$\int \frac{3\sqrt[3]{x}}{a^2\sqrt[3]{x^4}}\,dx = \frac{3}{a^2}\int x^{\frac{1}{3}}\cdot x^{-\frac{4}{3}}\,dx = \frac{3}{a^2}\int x^{-1}\,dx = \frac{3}{a^2}\ln|x|+c$$

7. $\displaystyle\int \frac{4\cdot\tan^2 x}{b^2\cdot\sin^2 x}\,dx$

Die Lösung ergibt sich aus der Beziehung

$$\tan x = \frac{\sin x}{\cos x}.$$

$$\int \frac{4\cdot\tan^2 x}{b^2\cdot\sin^2 x}\,dx = \frac{4}{b^2}\int \frac{\sin^2 x}{\cos^2 x\cdot\sin^2 x}\,dx = \frac{4}{b^2}\int \frac{dx}{\cos^2 x} = \frac{4}{b^2}\tan x + c$$

8. $\displaystyle\int \sqrt{\frac{4-4x}{16(1+x)\,(1-x)^2}}\,dx$

Durch Umstellung läßt sich das Integral auf das Grundintegral

$$\int \frac{1}{\sqrt{1-x^2}}\,dx = \operatorname{Arcsin} x + c$$

zurückführen.

$$\int \sqrt{\frac{4-4x}{16(1+x)\,(1-x)^2}}\,dx = \int \sqrt{\frac{4(1-x)}{16(1+x)\,(1-x)^2}}\,dx = \frac{1}{2}\int \sqrt{\frac{1}{(1-x)\,(1+x)}}\,dx = \frac{1}{2}\int \frac{1}{\sqrt{1-x^2}}\,dx = \frac{1}{2}\operatorname{Arcsin} x + c$$

9. $\int \frac{6a^4x}{a^2x+a^2x^3}\,dx$

Die Aufgabe läßt sich auf das Grundintegral

$$\int \frac{1}{1+x^2}\,dx$$

reduzieren.

$$\int \frac{6a^4x}{a^2x+a^2x^3}\,dx = \int \frac{6a^4x}{a^2x(1+x^2)}\,dx$$
$$= 6a^2 \cdot \int \frac{dx}{1+x^2}$$
$$= 6a^2 \cdot \text{Arctan}\, x + c$$

10. $\int \frac{1-x}{4x^3-4x^2-4x+4}\,dx$

Der Term unter dem Bruchstrich läßt sich zu zwei Klammern zusammenfassen. Nach Kürzen und Umformen mit Hilfe der binomischen Formeln ergibt sich das Grundintegral:

$$\int \frac{1}{1-x^2}\,dx = \text{Artanh}\, x + c$$

$$\int \frac{1-x}{4x^3-4x^2-4x+4}\,dx = \frac{1}{4}\int \frac{1-x}{x^3-x^2-x+1}\,dx$$
$$= \frac{1}{4}\int \frac{1-x}{(1+x)\,(1-x)^2}\,dx$$
$$= \frac{1}{4}\int \frac{dx}{1-x^2}$$
$$= \frac{1}{4}\,\text{Artanh}\, x + c$$
$$= \frac{1}{8}\ln\left|\frac{1+x}{1-x}\right| + c$$

2.3 Integration algebraischer Summen

Die Regel für die Lösung bestimmter Integrale, deren Integrandfunktion eine Summe ist, wurde bereits abgeleitet. Sie gilt analog auch für unbestimmte Integrale.

Merke:

Eine algebraische Summe wird integriert, indem man jedes Glied einzeln integriert. Die einzelnen Integrationskonstanten $c_1, c_2, c_3 \ldots$ können zu einer Konstanten c zusammengefaßt werden.

$$\int [f_1(x) \pm f_2(x) \pm f_3(x) \pm \ldots]\,dx = \int f_1(x)\,dx \pm \int f_2(x)\,dx \pm \int f_3(x)\,dx \pm \ldots$$

Beispiele:

1. $\int (6x^3+3x^5)\,dx$

$$\int (6x^3+3x^5)\,dx = 6 \cdot \int x^3\,dx + 3 \cdot \int x^5\,dx$$
$$= 6 \cdot \frac{x^4}{4} + c_1 + 3 \cdot \frac{x^6}{6} + c_2 \quad \blacktriangleright\ c_1 + c_2 = c$$
$$= \frac{3}{2}x^4 + \frac{1}{2}x^6 + c$$

2. $\int (x^5 - a^5)\,dx$

$$\int (x^5 - a^5)\,dx = \int x^5\,dx - a^5 \cdot \int dx$$
$$= \frac{x^6}{6} + c_1 - a^5 x + c_2 \blacktriangleright c_1 + c_2 = c$$
$$= \underline{\underline{\frac{x^6}{6} - a^5 x + c}}$$

3. $\int \left(\sqrt{x} - \frac{2}{\sqrt[3]{x^2}} + \frac{3}{x^4}\right) dx$

Die Wurzelschreibweise ist umzustellen auf Bruchpotenzschreibweise.

$c_1 + c_2 + c_3 = c$

$$\int \left(\sqrt{x} - \frac{2}{\sqrt[3]{x^2}} + \frac{3}{x^4}\right) dx =$$
$$= \int x^{\frac{1}{2}}\,dx - 2 \cdot \int x^{-\frac{2}{3}}\,dx + 3 \cdot \int x^{-4}\,dx$$
$$= \frac{x^{\frac{3}{2}}}{\frac{3}{2}} + c_1 - \frac{2 \cdot x^{\frac{1}{3}}}{\frac{1}{3}} + c_2 + \frac{3 \cdot x^{-3}}{-3} + c_3$$
$$= \underline{\underline{\frac{2x}{3}\sqrt{x} - 6\sqrt[3]{x} - \frac{1}{x^3} + c}}$$

4. $\int \frac{dx}{(\sin x \cdot \cos x)^2}$

Es ist $\sin^2 x + \cos^2 x = 1$. Da sich ein Bruch durch Multiplikation mit 1 nicht verändert, wird der Zähler multipliziert mit $(\sin^2 x + \cos^2 x)$. Jetzt läßt sich der Bruch in zwei Summanden zerlegen, die einzeln integriert werden können.

$$\int \frac{dx}{(\sin x \cdot \cos x)^2} =$$
$$= \int \frac{\sin^2 x + \cos^2 x}{\sin^2 x \cdot \cos^2 x}\,dx$$
$$= \int \frac{\sin^2 x}{\sin^2 x \cdot \cos^2 x}\,dx + \int \frac{\cos^2 x}{\sin^2 x \cdot \cos^2 x}\,dx$$
$$= \int \frac{1}{\cos^2 x}\,dx + \int \frac{1}{\sin^2 x}\,dx$$
$$= \underline{\underline{\tan x - \cot x + c}}$$

5. $\int \frac{x+1}{x}\,dx$

$$\int \frac{x+1}{x}\,dx = \int \frac{x}{x}\,dx + \int \frac{1}{x}\,dx$$
$$= \underline{\underline{x + \ln|x| + c}}$$

6. $\int a^2\,dx + \int a^2 \cdot \tan^2 x\,dx$

Durch Zusammenfassung zu einer Summe ergibt sich ein leicht lösbares Grundintegral.

$$\int a^2\,dx + \int a^2 \cdot \tan^2 x\,dx =$$
$$= a^2 \cdot \int (1 + \tan^2 x)\,dx$$
$$= \underline{\underline{a^2 \cdot \tan x + c}}$$

7. $\int \frac{(\sqrt{x}-1)^2}{\sqrt{x}}\,dx$

Das Integral kann durch Auflösen des Bruches in drei Integrale zerlegt werden.

$$\int \frac{(\sqrt{x}-1)^2}{\sqrt{x}}\,dx = \int \frac{x-2\sqrt{x}+1}{\sqrt{x}}\,dx = \int \frac{x}{\sqrt{x}}\,dx - 2\cdot\int dx + \int \frac{dx}{\sqrt{x}} = \int x\cdot x^{-\frac{1}{2}}\,dx - 2\cdot\int dx + \int x^{-\frac{1}{2}}\,dx = \underline{\underline{\frac{2}{3}x\sqrt{x}-2x+2\sqrt{x}+c}}$$

8. $\int \frac{\sqrt{1+\cot^2 x}}{\sin x}\,dx$

Aus der goniometrischen Beziehung

$$\sin x = \frac{1}{\sqrt{1+\cot^2 x}}$$

ergibt sich ein Grundintegral.

$$\int \frac{\sqrt{1+\cot^2 x}}{\sin x}\,dx = \int \frac{dx}{\sin x \dfrac{1}{\sqrt{1+\cot^2 x}}} = \int \frac{dx}{\sin^2 x} = \underline{\underline{-\cot x + c}}$$

9. $\int \frac{(1+x^2)+(1-x^2)}{1-x^4}\,dx$

Mit Hilfe der binomischen Formeln läßt sich der Nenner umwandeln.

$$1-x^4 = (1+x^2)\,(1-x^2)$$

Der Bruch läßt sich in zwei Teilbrüche zerlegen, die je ein Grundintegral darstellen.

$$\int \frac{(1+x^2)+(1-x^2)}{1-x^4}\,dx = \int \frac{1+x^2}{1-x^4}\,dx + \int \frac{1-x^2}{1-x^4}\,dx = \int \frac{1}{1-x^2}\,dx + \int \frac{1}{1+x^2}\,dx = \operatorname{Artanh} x + \operatorname{Arctan} x + c = \underline{\underline{\frac{1}{2}\ln\left|\frac{1+x}{1-x}\right| + \operatorname{Arctan} x + c}}$$

10. $\int \frac{4\cdot e^{2x+2}}{8\cdot e^{x+2}}\,dx - \frac{1}{2}\int \frac{e^{2x+2}}{e^{3x+2}}\,dx$

Die Potenzen in Zähler und Nenner lassen sich zu einem Ausdruck umwandeln.

Es ist dann zweckmäßig beide Integrale zusammenzufassen, da sich ein einfaches Grundintegral ergibt, nämlich

$$\int \sinh x\,dx$$

$$\int \frac{4\cdot e^{2x+2}}{8\cdot e^{x+2}}\,dx - \frac{1}{2}\int \frac{e^{2x+2}}{e^{3x+2}}\,dx = \frac{1}{2}\int e^{2x+2-x-2}\,dx - \frac{1}{2}\int e^{2x+2-3x-2}\,dx = \frac{1}{2}\int e^{x}\,dx - \frac{1}{2}\int e^{-x}\,dx = \int \frac{e^{x}-e^{-x}}{2}\,dx = \int \sinh x\,dx = \underline{\underline{\cosh x + c}}$$

2.4 Integration durch Substitution

Die bisher behandelten Integrale lassen sich durch eine zweckmäßige algebraische Umformung auf Grundintegrale zurückführen. Dieser Lösungsweg versagt jedoch in den meisten Fällen. So ist die Integration vieler Funktionen im Gegensatz zur Differentiation sehr schwierig, oft ist sogar eine geschlossene Lösung unmöglich. Es lassen sich aber viele Integrale in Gruppen einordnen und nach einer für diese Gruppe geeigneten Methode lösen. Eine dieser Methoden ist die Lösung eines Integrals durch Substitution. So können manche Integrale durch die Einführung einer neuen Variablen (Substitution) auf schon bekannte Grundintegrale zurückgeführt und dann gelöst werden. Zur Vereinfachung der Lösungen werden nachfolgend einige Lösungsformeln für bestimmte Integraltypen entwickelt.

Problem: Lösen Sie das unbestimmte Integral $\int (a_0 + a_1 x)\,dx$ einmal nach der Summenformel, zum anderen durch die Einführung einer neuen Variablen $a_0 + a_1 x = z$, und vergleichen Sie die beiden Ergebnisse.

Nach der Summenformel erhält man als Lösung $a_0 x + \frac{a_1}{2} x^2 + c$.

$$\int (a_0 + a_1 x)\,dx = a_0 \cdot \int dx + a_1 \cdot \int x\,dx$$
$$= a_0 x + \frac{a_1}{2} x^2 + c$$

Bei Einführung der neuen Veränderlichen $a_0 + a_1 x = z$ kann das Integral nur dann gelöst werden, wenn auch dx durch dz substituiert wird.

$$\int (a_0 + a_1 x)\,dx = ?$$
$$\blacktriangleright\ a_0 + a_1 x = z \Rightarrow \int z\,dx = ?$$

Den Wert für dx erhält man durch Differentiation der neuen Veränderlichen z und Umstellen nach dx.

$$a_0 + a_1 x = z \Rightarrow \frac{dz}{dx} = a_1 \Rightarrow dx = \frac{1}{a_1}\,dz$$

Man setzt $a_0 + a_1 x = z$ sowie $dx = \frac{1}{a_1}\,dz$ in das Integral ein und erhält so ein lösbares Grundintegral.

Nach Auflösung wird für z bzw. z^2 der ursprüngliche Wert eingesetzt.

Beide Lösungsgänge führen auf das gleiche Ergebnis. Zwar unterscheiden sich die Integrationskonstanten c und c_1 voneinander, dies ist aber kein Widerspruch, da beim unbestimmten Integral zu jeder Integralfunktion unendlich viele Integrandfunktionen möglich sind, die sich nur durch die Integrationskonstante unterscheiden.

$$\int (a_0 + a_1 x)\,dx = \frac{1}{a_1} \int z\,dz$$
$$= \frac{1}{2a_1} z^2 + c_1 \ \blacktriangleright\ z^2 = (a_0 + a_1 x)^2$$
$$= \frac{1}{2a_1} (a_0 + a_1 x)^2 + c_1$$
$$= \frac{a_0^2}{2a_1} + a_0 x + \frac{a_1 x^2}{2} + c_1 \ \blacktriangleright\ \frac{a_0^2}{2a_1} + c_1 = c$$
$$= a_0 x + \frac{a_1}{2} x^2 + c$$

Die Probe durch Differentiation bestätigt die Richtigkeit, denn sie führt in beiden Fällen auf die gleiche Integrandfunktion.

Die Zusammenfassung der Konstanten zu $\frac{a_0^2}{2a_1}+c_1=c$ hat keinen Einfluß auf das Ergebnis.

Probe:

$$F(x)=\frac{a_0^2}{2a_1}+a_0x+\frac{a_1x^2}{2}+c_1$$

$$\Rightarrow F'(x)=\ 0\ +\ x\ +\ a_1x\ +0$$

$$=\underline{\underline{a_0\ +a_1x}}$$

Problem: Verallgemeinern Sie den Substitutionsvorgang am Beispiel des unbestimmten Integrals $\int \sin(2x)\,\mathrm{d}x$.

Läßt sich $\int f(x)\,\mathrm{d}x$ nicht mit Hilfe einer bekannten elementaren Funktion direkt ausrechnen, so kann das Integral dennoch oft durch eine geeignete Substitution gelöst werden. Man substituiert in solchen Fällen $\varphi(x)$ durch z und $\mathrm{d}x$ durch $\frac{\mathrm{d}z}{\varphi'(x)}$, integriert nach z und drückt schließlich z wieder durch x aus (Umkehrung der Kettenregel der Differentialrechnung).
Aus der Lösung ist zu ersehen, daß eine Substitution nur dann zum Ziel führt, wenn der Funktionsterm $\varphi'(x)$ eine Konstante ist, sie kann dann vor das Integralzeichen gesetzt werden (1. Beispiel) bzw. wenn der Funktionsterm $\varphi'(x)$ im Integrand derart enthalten ist, daß er sich kürzen läßt (2. Beispiel).

$$\int \sin(2x)\,\mathrm{d}x=?$$

$$2x=z \Rightarrow \frac{\mathrm{d}z}{\mathrm{d}x}=2 \Rightarrow \mathrm{d}x=\frac{\mathrm{d}z}{2}$$

$$\int \sin(2x)\,\mathrm{d}x=\frac{1}{2}\int \sin z\,\mathrm{d}z$$

$$=\frac{1}{2}\,[-\cos z+c] \blacktriangleright z=2x$$

$$=\underline{\underline{-\frac{1}{2}\cos(2x)+c}}$$

allgemein: $\int f[\varphi(x)]\,\mathrm{d}x=?$

$$\varphi(x)=z \Rightarrow \frac{\mathrm{d}z}{\mathrm{d}x}=\varphi'(x) \Rightarrow \mathrm{d}x=\frac{\mathrm{d}z}{\varphi'(x)}$$

$$\int f[\varphi(x)]\,\mathrm{d}x=\int f(z)\,\frac{\mathrm{d}z}{\varphi'(x)}$$

1. Beispiel: $\int \frac{1}{1+4x}\,\mathrm{d}x=?$

Die Funktionsgleichung $\varphi(x)=1+4x$ ergibt differenziert $\varphi'(x)=4$. Da keine Variable mehr vorhanden ist, wird $\varphi'(x)$ zu einem konstanten Faktor.

$$\int \frac{1}{1+4x}\,\mathrm{d}x=\int \frac{\mathrm{d}x}{\varphi(x)} \blacktriangleright \varphi(x)=1+4x$$

$$1+4x=z \Rightarrow \frac{\mathrm{d}z}{\mathrm{d}x}=4 \Rightarrow \mathrm{d}x=\frac{1}{4}\mathrm{d}z$$

$$\int \frac{1}{1+4x}\,\mathrm{d}x=\frac{1}{4}\int \frac{1}{z}\mathrm{d}z$$

$$=\frac{1}{4}\ln|z|+c \blacktriangleright z=1+4x$$

$$=\underline{\underline{\frac{1}{4}\ln|1+4x|+c}}$$

2. Beispiel: $\int \frac{x}{1+4x^2}\,dx = ?$

Bei der Differentiation der Funktionsgleichung $\varphi(x) = 1 - 4x^2$ bleibt eine Variable x im Ergebnis $\varphi'(x) = 8x$. Dies ist keine Konstante und kann somit nicht vor das Integral gesetzt werden. Die Lösung ist nur möglich, weil sich die Variable zufällig kürzen läßt.

$$\int \frac{x}{1+4x^2}\,dx = ?$$

$$1+4x^2 = z \Rightarrow \frac{dz}{dx} = 8x \Rightarrow dx = \frac{dz}{8x}$$

$$\int \frac{x}{1+4x^2}\,dx = \int \frac{x}{z} \cdot \frac{dz}{8x}$$

$$= \frac{1}{8} \int \frac{dz}{z}$$

$$= \frac{1}{8} \ln|z| + c \blacktriangleright z = 1 - 4x^2$$

$$= \frac{1}{8} \ln(1+4x^2) + c$$

Merke:

$$\int f[\varphi(x)]\,dx = \int f(z) \frac{dz}{\varphi'(x)} \quad \text{für} \quad \varphi(x) = z;\ dx = \frac{dz}{\varphi'(x)}$$

Beispiele: Berechnen Sie die folgenden unbestimmten Integrale durch Substitution des Arguments.

1. $\int e^{-2x}\,dx$

$$-2x = z \Rightarrow \frac{dz}{dx} = -2 \Rightarrow dx = -\frac{1}{2}dz$$

$$\int e^{-2x}\,dx = -\frac{1}{2}\int e^z\,dz$$

$$= -\frac{1}{2} e^z + c \blacktriangleright z = -2x$$

$$= -\frac{1}{2} e^{-2x} + c$$

2. $\int e^{a+bx}\,dx$

$$a+bx = z \Rightarrow \frac{dz}{dx} = b \Rightarrow dx = \frac{1}{b}dz$$

$$\int e^{a+bx}\,dx = \frac{1}{b}\int e^z\,dz$$

$$= \frac{1}{b} e^z + c \blacktriangleright z = a+bx$$

$$= \frac{1}{b} e^{a+bx} + c$$

3. $\int \frac{8}{e^{4x-3}}\,dx \mathrel{\hat{=}} \int e^{a+bx}\,dx$

Dieses Integral entspricht dem des vorigen Beispiels, so daß nur für $a = 3$ und $b = -4$ eingesetzt werden muß.

$$\int \frac{8}{e^{4x-3}}\,dx = 8 \cdot \int e^{3-4x}\,dx$$

$$= \frac{8}{-4} e^z + c \blacktriangleright z = 3 - 4x$$

$$= -2 \cdot e^{3-4x} + c$$

4. $\int \sin(a+bx)\,dx$

$$a+bx=z \Rightarrow \frac{dz}{dx}=b \Rightarrow dx=\frac{1}{b}dz$$

$$\int \sin(a+bx)\,dx=\frac{1}{b}\int \sin z\,dz$$

$$=-\frac{1}{b}\cos z+c \blacktriangleright z=a+bx$$

$$=-\frac{1}{b}\cos(a+bx)+c$$

5. $\int 3\cdot\sin(2x+8)\,dx \mathrel{\widehat{=}} \int \sin(a+bx)\,dx$

$a=8;\quad b=2$

$$3\cdot\int \sin(2x+8)\,dx=-\frac{3}{2}\cos(8+2x)+c$$

6. $\int \cos(a+bx)\,dx$

$$a+bx=z \Rightarrow \frac{dz}{dx}=b \Rightarrow dx=\frac{1}{b}dz$$

$$\int \cos(a+bx)\,dx=\frac{1}{b}\int \cos z\,dz$$

$$=\frac{1}{b}\sin z+c \blacktriangleright z=a+bx$$

$$=\frac{1}{b}\sin(a+bx)+c$$

7. $\int \frac{2\cdot\tan(4x)}{\sin(4x)\cdot\cos(4x)}dx$

$$\blacktriangleright \tan(4x)=\frac{\sin(4x)}{\cos(4x)}$$

$$4x=z \Rightarrow \frac{dz}{dx}=4 \Rightarrow dx=\frac{1}{4}dz$$

$$\int \frac{2\cdot\tan(4x)}{\sin(4x)\cdot\cos(4x)}\,dx=2\cdot\frac{1}{4}\int\frac{dz}{\cos^2 z}$$

$$=\frac{1}{2}\tan z+c \blacktriangleright z=4x$$

$$=\frac{1}{2}\tan(4x)+c$$

8. $\int \frac{dx}{\cos^2(a+bx)}$

$$a+bx=z \Rightarrow \frac{dz}{dx}=b \Rightarrow dx=\frac{1}{b}dz$$

$$\int \frac{dx}{\cos^2(a+bx)}=\frac{1}{b}\int\frac{dz}{\cos^2 z}$$

$$=\frac{1}{b}\tan z+c \blacktriangleright z=a+bx$$

$$=\frac{1}{b}\tan(a+bx)+c$$

9. $\int \frac{dx}{\sin^2(a+bx)}$

$$a+bx=z \Rightarrow \frac{dz}{dx}=b \Rightarrow dx=\frac{1}{b}dz$$

$$\int \frac{dx}{\sin^2(a+bx)}=\frac{1}{b}\int\frac{dz}{\sin^2 z}$$

$$=-\frac{1}{b}\cot z+c \blacktriangleright z=a+bx$$

$$=-\frac{1}{b}\cot(a+bx)+c$$

10. $\int \sinh(4x-5)\,\mathrm{d}x$

$4x-5=z \Rightarrow \frac{\mathrm{d}z}{\mathrm{d}x}=4 \Rightarrow \mathrm{d}x=\frac{1}{4}\mathrm{d}z$

$$\int \sinh(4x-5)\,\mathrm{d}x=\frac{1}{4}\int \sinh z\,\mathrm{d}z$$

$$=\frac{1}{4}\cosh z+c \blacktriangleright z=4x-5$$

$$=\frac{1}{4}\cosh(4x-5)+c$$

11. $\int x\cdot\cosh(x^2-1)\,\mathrm{d}x$

$x^2-1=z \Rightarrow \frac{\mathrm{d}z}{\mathrm{d}x}=2x \Rightarrow \mathrm{d}x=\frac{1}{2}\cdot\frac{\mathrm{d}z}{x}$

$$\int x\cdot\cosh(x^2-1)\,\mathrm{d}x=\frac{1}{2}\int\frac{x\cdot\cosh z}{x}\mathrm{d}z$$

$$=\frac{1}{2}\sinh z+c \blacktriangleright z=x^2-1$$

$$=\frac{1}{2}\sinh(x^2-1)+c$$

12. $\int\frac{\mathrm{d}x}{\sinh^2(4x-2)}$

$4x-2=z \Rightarrow \frac{\mathrm{d}z}{\mathrm{d}x}=4 \Rightarrow \mathrm{d}x=\frac{1}{4}\mathrm{d}z$

$$\int\frac{\mathrm{d}x}{\sinh^2(4x-2)}=\frac{1}{4}\int\frac{\mathrm{d}z}{\sinh^2 z}$$

$$=-\frac{1}{4}\coth z+c \blacktriangleright z=4x-2$$

$$=-\frac{1}{4}\coth(4x-2)+c$$

13. $\int\frac{\mathrm{d}x}{\cosh^2(a+bx)}$

$a+bx=z \Rightarrow \frac{\mathrm{d}z}{\mathrm{d}x}=b \Rightarrow \mathrm{d}x=\frac{1}{b}\mathrm{d}z$

$$\int\frac{\mathrm{d}x}{\cosh^2(a+bx)}=\frac{1}{b}\int\frac{\mathrm{d}z}{\cosh^2 z}$$

$$=\frac{1}{b}\tanh z+c \blacktriangleright z=a+bx$$

$$=\frac{1}{b}\tanh(a+bx)+c$$

14. $\int\cos^2(x+1)\,\mathrm{d}x-\int\sin^2(x+1)\,\mathrm{d}x$

Die Integrale lassen sich zusammenfassen, weil $\cos^2 x-\sin^2 x=\cos(2x)$.

$2(x+1)=z \Rightarrow \frac{\mathrm{d}z}{\mathrm{d}x}=2 \Rightarrow \mathrm{d}x=\frac{1}{2}\,\mathrm{d}z$

$$\int\cos^2(x+1)\,\mathrm{d}x-\int\sin^2(x+1)\,\mathrm{d}x=$$

$$=\int\cos[2(x+1)]\,\mathrm{d}x$$

$$=\frac{1}{2}\int\cos z\,\mathrm{d}z$$

$$=\frac{1}{2}\sin z+c \blacktriangleright z=2x+2$$

$$=\frac{1}{2}\sin(2x+2)+c$$

Problem: Berechnen Sie $\int \cos^2 x \, dx$ durch Umformung des Terms $\cos^2 x$ in $\cos(2x)$.

Aus den Gleichungen I und II läßt sich die quadratische Form auf die lineare Form des doppelten Arguments umformen.

$$\left.\begin{array}{ll} \text{I.} & \cos^2 x + \sin^2 x = 1 \\ \text{II.} & \cos^2 x - \sin^2 x = \cos(2x) \end{array}\right\} +$$

$$2 \cdot \cos^2 x + 0 \quad = 1 + \cos(2x)$$

$$\cos^2 x = \frac{1}{2}\,[1 + \cos(2x)]$$

Die Summe $1 + \cos(2x)$ wird gliedweise integriert, wobei $2x = z$ substituiert wird. Daraus folgt

$$\frac{dz}{dx} = 2 \Rightarrow dx = \frac{1}{2}\,dz$$

$$\int \cos^2 x \, dx = \int \frac{1}{2}\,[1 + \cos(2x)]\,dx$$

$$= \frac{1}{2}\int dx + \frac{1}{2}\int \cos(2x)\,dx$$

$$= \frac{1}{2}x + c_1 + \frac{1}{4}\int \cos z \, dz$$

$$= \frac{1}{2}x + c_1 + \frac{1}{4}\sin z + c_2 \blacktriangleright z = 2x$$

Die Konstanten c_1 und c_2 werden zu einer einzigen Konstanten c zusammengefaßt.

$$= \frac{1}{2}\,x + \frac{1}{4}\sin(2x) + c$$

Problem: Berechnen Sie $\int \sinh^2 x \, dx$ durch Umformung des Terms $\sinh^2 x$ in $\cosh(2x)$.

Die Gleichungen I und II werden durch Subtraktion vereinfacht.

$$\left.\begin{array}{l} \text{I. } \cosh^2 x + \sinh^2 x = \cosh(2x) \\ \text{II. } \cosh^2 x - \sinh^2 x = 1 \end{array}\right\} -$$

$$2 \cdot \sinh^2 x = \cosh(2x) - 1$$

$$\sinh^2 x = \frac{1}{2}\,[\cosh(2x) - 1]$$

Die Summe wird gliedweise integriert unter Berücksichtigung der Substitution $2x = z$ beim ersten Glied.

$$\int \sinh^2 x \, dx = \frac{1}{2}\int [\cosh(2x) - 1]\,dx$$

$$= \frac{1}{2}\int \cosh(2x)\,dx - \frac{1}{2}\int dx$$

$$= \frac{1}{2} \cdot \frac{1}{2}\int \cosh z \, dz - \frac{1}{2}\int dx$$

$$= \frac{1}{4}\sinh z - \frac{1}{2}\,x + c \blacktriangleright z = 2x$$

$$2x = z \Rightarrow \frac{dz}{dx} = \quad \Rightarrow dx = \frac{1}{2}\,dz$$

$$= \frac{1}{4}\sinh(2x) - \frac{1}{2}\,x + c$$

Merke:

Integrale vom Typ $\int \sin^2 x\,dx$, $\int \cos^2 x\,dx$, $\int \sinh^2 x\,dx$ und $\int \cosh^2 x\,dx$ lassen sich durch Umformung der quadratischen in die lineare Form des doppelten Arguments lösen.

$$\int \sin^2 (a+bx)\,dx = -\frac{1}{4b} \sin [2(a+bx)] + \frac{x}{2} + c$$

$$\int \cos^2 (a+bx)\,dx = \frac{1}{4b} \sin [2(a+bx)] + \frac{x}{2} + c$$

$$\int \sinh^2 (a+bx)\,dx = \frac{1}{4b} \sinh [2(a+bx)] - \frac{x}{2} + c$$

$$\int \cosh^2 (a+bx)\,dx = \frac{1}{4b} \sinh [2(a+bx)] + \frac{x}{2} + c$$

Beispiele:

1. $\int \cos^2 (5\varphi+3)\,d\varphi$

$a=3; \quad b=5$

$$\int \cos^2 (5\varphi+3)\,d\varphi = \frac{1}{20} \sin (6+10\varphi) + \frac{\varphi}{2} + c$$

2. $\int \sinh^2 (\omega t-\pi)\,dt$

$a=-\pi; \quad b=\omega$

$$\int \sinh^2 (\omega t-\pi)\,dt = \frac{1}{4\omega} \sinh [2(\omega t-\pi)] - \frac{t}{2} + c$$

3. $\int 4 \cdot \sin^2 (-3x)\,dx$

$a=0; \quad b=-3$

$$4 \cdot \int \sin^2 (-3x)\,dx = \frac{1}{3} \sin (-6x) - 2x + c$$

Problem: Berechnen Sie $\int \sin x \cdot \cos x\,dx$ mit Hilfe der Substitution $\sin x = z$ und verallgemeinern Sie.

Der Integrand ist das Produkt der Funktionsgleichung $f(x) = \sin x$ und ihrer Ableitung $f'(x) = \cos x$.

$$\sin x = z \Rightarrow \frac{dz}{dx} = \cos x \Rightarrow dx = \frac{dz}{\cos x}$$

$$\int \sin x \cdot \cos x\,dx = \int \frac{z \cdot \cos x}{\cos x}\,dz$$

$$= \frac{z^2}{2} + c \blacktriangleright z^2 = \sin^2 x$$

$$= \frac{1}{2} \sin^2 x + c$$

$$f(x) = z \Rightarrow \frac{dz}{dx} = f'(x) \Rightarrow dx = \frac{dz}{f'(x)}$$

Zur Verallgemeinerung wählt man als Integrand das Produkt $f(x) \cdot f'(x)$ und setzt $f(x) = z$.

$$\int f(x) \cdot f'(x)\,dx = \int \frac{z \cdot f'(x)}{f'(x)}\,dz$$

$$= \frac{z^2}{2} + c \blacktriangleright z^2 = [f(x)]^2$$

$$= \frac{1}{2}\,[f(x)]^2 + c$$

Merke:

$$\int f(x) \cdot f'(x)\,dx = \frac{1}{2}\,[f(x)]^2 + c$$

Beispiele:

1. $\int \frac{\ln x}{x}\,dx$

$f(x) = \ln x \Rightarrow f'(x) = \frac{1}{x}$

$$\int \frac{\ln x}{x}\,dx = \int f(x) \cdot f'(x)\,dx = \frac{1}{2} \ln^2 |x| + c$$

2. $6 \cdot \int x(3x^2 + 8)\,dx$

$f(x) = 3x^2 + 8 \Rightarrow f'(x) = 6x$

$$6 \cdot \int x(3x^2 + 8)\,dx = \int 6x(3x^2 + 8)\,dx = \frac{1}{2}\,(3x^2 + 8)^2 + c$$

3. $\int \frac{\operatorname{Arctan} x}{1 + x^2}\,dx$

$f(x) = \operatorname{Arctan} x \Rightarrow f'(x) = \frac{1}{1+x^2}$

$$\int \frac{\operatorname{Arctan} x}{1 + x^2}\,dx = \frac{1}{2} \operatorname{Arctan}^2 x + c$$

4. $2 \cdot \int x \cdot e^{2x^2}\,dx$

$f(x) = e^{x^2} \Rightarrow f'(x) = 2x \cdot e^{x^2}$

$$2 \cdot \int x \cdot e^{2x^2}\,dx = \int 2x \cdot e^{x^2} \cdot e^{x^2}\,dx = \frac{1}{2}\,e^{2x^2} + c$$

5. $\ln 4 \cdot \int 4^{2x}\,dx$

$f(x) = 4^x \Rightarrow f'(x) = 4^x \cdot \ln 4$

$$\ln 4 \cdot \int 4^{2x}\,dx = \int 4^x \cdot 4^x \cdot \ln 4\,dx = \frac{1}{2} \cdot 4^{2x} + c$$

6. $-\int \frac{\cot x}{\sin^2 x}\,dx$

$f(x) = \cot x \Rightarrow f'(x) = \frac{1}{-\sin^2 x}$

$$-\int \frac{\cot x}{\sin^2 x}\,dx = \int \frac{\cot x}{-\sin^2 x}\,dx$$
$$= \frac{1}{2}\cot^2 x + c$$

Problem: Lösen Sie $\int \frac{2x}{1+x^2}\,dx$ durch Substitution des Nenners. Setzen Sie $1 + x^2 = z$, und verallgemeinern Sie das Ergebnis.

Der Integrand $\frac{2x}{1+x^2}$ ist der Quotient aus $f'(x) = 2x$ und $f(x) = 1 + x^2$, d.h. aus Ableitung und Funktion.

$$1 + x^2 = z \Rightarrow \frac{dz}{dx} = 2x \Rightarrow dx = \frac{dz}{2x}$$

$$\int \frac{2x}{1+x^2}\,dx = \int \frac{2x}{z \cdot 2x}\,dz$$
$$= \ln z + c \blacktriangleright z = 1 + x^2$$
$$= \ln(1 + x^2) + c$$

Das Problem wird allgemein formuliert und $f(x) = z$ gesetzt.

$$f(x) = z \Rightarrow \frac{dz}{dx} = f'(x) \Rightarrow dx = \frac{dz}{f'(x)}$$

$$\int \frac{f'(x)}{f(x)}\,dx = \int \frac{f'(x)}{f'(x)\cdot z}\,dz$$
$$= \int \frac{dz}{z}$$
$$= \ln z + c \blacktriangleright z = f(x)$$
$$= \ln|f(x)| + c$$

Merke:

$$\int \frac{f'(x)}{f(x)}\,dx = \ln|f(x)| + c$$

Beispiele:

1. $\int \frac{x+1}{x^2+2x+7}\,dx$

Durch Ausklammern wird umgewandelt in die Form $\frac{f'(x)}{f(x)}$.

$f(x) = x^2 + 2x + 7 \Rightarrow f'(x) = 2x + 2$

$$\int \frac{x+1}{x^2+2x+7}\,dx = \frac{1}{2}\int \frac{2x+2}{x^2+2x+7}\,dx$$
$$= \frac{1}{2}\ln|x^2 + 2x + 7| + c$$

2. $\int \frac{3x^2}{9x^3+18}\,dx$

Durch Ausklammern wird umgewandelt in die Form $\frac{f'(x)}{f(x)}$.

$f(x) = x^3 + 2 \Rightarrow f'(x) = 3x^2$

$$\int \frac{3x^2}{9x^3+18}\,dx = \frac{1}{9}\int \frac{3x^2}{x^3+2}\,dx$$
$$= \frac{1}{9}\ln|x^3+2| + c$$

3. $\int \tan x\,dx$

$f(x) = \cos x \Rightarrow f'(x) = -\sin x$

$$\int \tan x\,dx = -\int \frac{-\sin x}{\cos x}\,dx$$
$$= -\ln|\cos x| + c$$

4. $2\cdot\int \cot(2x)\,dx$

$f(x) = \sin(2x) \Rightarrow f'(x) = 2\cdot\cos(2x)$

$$2\cdot\int \cot(2x)\,dx = \int \frac{2\cdot\cos(2x)}{\sin(2x)}\,dx$$
$$= \ln|\sin(2x)| + c$$

5. $\int \frac{dx}{\sin x\cdot\cos x}$

Durch Erweitern mit $\cos x$ wird umgewandelt in die Form $\frac{f'(x)}{f(x)}$.

$f(x) = \frac{\sin x}{\cos x} = \tan x \Rightarrow f'(x) = \frac{1}{\cos^2 x}$

$$\int \frac{dx}{\sin x\cdot\cos x} = \int \frac{dx}{\frac{\sin x}{\cos x}\cdot\cos^2 x}$$
$$= \int \frac{\frac{1}{\cos^2 x}}{\tan x}\,dx$$
$$= \ln|\tan x| + c$$

6. $\int \frac{x^2}{a-6x^3}\,dx$

$f(x) = a - 6x^3 \Rightarrow f'(x) = -18x^2$

$$\int \frac{x^2}{a-6x^3}\,dx = -\frac{1}{18}\int \frac{-18x^2}{a-6x^3}\,dx$$
$$= -\frac{1}{18}\ln|a-6x^3| + c$$

7. $\int \frac{dx}{x\cdot\ln x}$

$f(x) = \ln x \Rightarrow f'(x) = \frac{1}{x}$

$$\int \frac{dx}{x\cdot\ln x} = \int \frac{\frac{1}{x}}{\ln x}\,dx$$
$$= \ln(\ln|x|) + c$$

8. $\int \frac{dx}{\sin(ax)}$

Man substituiert $ax = 2z$. Daraus folgt:

$$z = \frac{a}{2}x \Rightarrow \frac{dz}{dx} = \frac{a}{2} \Rightarrow dx = \frac{2}{a}\,dz$$

$$\int \frac{dx}{\sin(ax)} = \frac{2}{a}\int \frac{dz}{\sin(2z)} \quad ▶ \sin(2z) = 2\cdot\sin z\cdot\cos z$$
$$= \frac{2}{a}\int \frac{dz}{2\cdot\sin z\cdot\cos z}$$
$$= \frac{1}{a}\int \frac{dz}{\frac{\sin z}{\cos z}\cdot\cos^2 z}$$

Der Integrand läßt sich auf die Form $\frac{f'(x)}{f(x)}$ bringen, wodurch das Integral leicht lösbar wird.

$$\int \frac{dx}{\sin(ax)} = \frac{1}{a} \int \frac{\frac{1}{\cos^2 z}}{\tan z}\, dz$$

$$= \frac{1}{a} \ln|\tan z| + c \blacktriangleright z = \frac{ax}{2}$$

$$= \underline{\underline{\frac{1}{a} \ln \left|\tan \frac{ax}{2}\right| + c}}$$

9. $\int \frac{dx}{\cos(ax)}$

Diese Aufgabe läßt sich durch Umwandlung der Funktion

$$f = \langle x \mapsto \cos(ax) \rangle$$

in ihre Komplementärfunktion

$$f = \left\langle x \mapsto \sin\left(\frac{\pi}{2} - ax\right)\right\rangle$$

lösen.
Man substituiert wie folgt:

$$z = \frac{\pi}{2} - ax \Rightarrow \frac{dz}{dx} - a \Rightarrow dx = -\frac{1}{a}\, dz$$

Der Lösungsgang des Integrals $\int \frac{dx}{\sin x}$ wurde bereits vorstehend beschrieben.

$$\int \frac{dx}{\cos(ax)} = \int \frac{dx}{\sin\left(\frac{\pi}{2} - ax\right)} \blacktriangleright \frac{\pi}{2} - ax = z$$

$$= -\frac{1}{a} \int \frac{dz}{\sin z}$$

$$= -\frac{1}{a} \ln \left|\tan \frac{z}{2}\right| + c \blacktriangleright z = \frac{\pi}{2} - ax$$

$$= \underline{\underline{-\frac{1}{a} \ln \left|\tan\left(\frac{\pi}{4} - \frac{ax}{2}\right)\right| + c}}$$

$$= \underline{\underline{\frac{1}{a} \ln \left|\cot\left(\frac{\pi}{4} - \frac{ax}{2}\right)\right| + c}}$$

Merke:

$$\int \tan(ax)\, dx = \int \frac{1}{\cot(ax)}\, dx = -\frac{1}{a} \ln|\cos(ax)| + c$$

$$\int \cot(ax)\, dx = \int \frac{1}{\tan(ax)}\, dx = \frac{1}{a} \ln|\sin(ax)| + c$$

$$\int \frac{1}{\sin(ax)}\, dx = \frac{1}{a} \ln \left|\tan \frac{ax}{2}\right| + c$$

$$\int \frac{1}{\cos(ax)}\, dx = \frac{1}{a} \ln \left|\cot\left(\frac{\pi}{4} - \frac{ax}{2}\right)\right| + c$$

In den nachfolgenden Problemen und Beispielen sollen mit Hilfe von Substitutionen einige häufig gebrauchte Integralformen entwickelt werden.

Problem: Entwickeln Sie das Integral $\int (a + bx)^n \, dx$, und kontrollieren Sie das Ergebnis durch die nachfolgenden Zahlenbeispiele.

Man substituiert $a + bx = z$ und erhält die bekannte Form $\int z^n \, dz$.

$$a + bx = z \Rightarrow \frac{dz}{dx} = b \Rightarrow dx = \frac{1}{b} \, dz$$

Die entwickelte Formel kann nicht für $n = -1$ gelten, da das Grundintegral $\int \frac{1}{z} \, dz = \int z^{-1} \, dz$ als Ergebnis $\ln |z| + c$ hat.

$$\int (a + bx)^n \, dx = \frac{1}{b} \int z^n \, dz$$

$$= \frac{1}{b} \cdot \frac{z^{n+1}}{n+1} + c \blacktriangleright z = a + bx$$

$$= \frac{1}{b} \cdot \frac{(a + bx)^{n+1}}{n+1} + c$$

Merke:

$$\int (a + bx)^n \, dx = \frac{1}{b} \cdot \frac{(a + bx)^{n+1}}{n+1} + c; \quad n \neq -1$$

Beispiele:

1. $\int (3 - 5x)^7 \, dx$

$a = 3; \quad b = -5; \quad n = 7$

$$\int (3 - 5x)^7 \, dx = \frac{1}{-5} \cdot \frac{(3 - 5x)^8}{8} + c$$

$$= \frac{(3 - 5x)^8}{-40} + c$$

Die Kontrollrechnung mit Hilfe der Substitution $3 - 5x = z$ zeigt, daß das Ergebnis durch Einsetzen der entsprechenden Koeffizienten stimmt.

$$3 - 5x = z \Rightarrow \frac{dz}{dx} = -5 \Rightarrow dx = \frac{1}{-5} \, dz$$

$$\int (3 - 5x)^7 \, dx = \frac{1}{-5} \int z^7 \, dz$$

$$= \frac{1}{-5} \cdot \frac{z^8}{8} + c \blacktriangleright z = 3 - 5x$$

$$= \frac{(3 - 5x)^8}{-40} + c$$

2. $\int \sqrt[4]{(1-x)^5}\,dx$

$a = 1; \quad b = -1; \quad n = \frac{5}{4}$

oder Substitution:

$1 - x = z \Rightarrow \frac{dz}{dx} = -1 \Rightarrow dx = -dz$

$$\int \sqrt[4]{(1-x)^5}\,dx = \int (1-x)^{\frac{5}{4}}\,dx$$
$$= \frac{1}{-1} \cdot \frac{(1-x)^{\frac{9}{4}}}{\frac{9}{4}} + c$$
$$= -\frac{4}{9}\sqrt[4]{(1-x)^9} + c$$
$$= -\frac{4}{9}(1-x)^2\sqrt[4]{1-x} + c$$

3. $\int \frac{4}{(5+8x)^2}\,dx$

$a = 5; \quad b = 8; \quad n = -2$

oder Substitution:

$5 + 8x = z \Rightarrow \frac{dz}{dx} = 8 \Rightarrow dx = \frac{1}{8}\,dz$

$$\int \frac{4}{(5+8x)^2}\,dx = 4 \cdot \int (5+8x)^{-2}\,dx$$
$$= \frac{4}{8} \cdot \frac{(5+8x)^{-1}}{-1} + c$$
$$= \frac{-1}{2(5+8x)} + c$$

4. $\int \frac{3}{\sqrt[3]{4-3x}}\,dx$

$a = 4; \quad b = -3; \quad n = -\frac{1}{3}$

oder Substitution:

$4 - 3x = z \Rightarrow \frac{dz}{dx} = -3 \Rightarrow dx = -\frac{1}{3}\,dz$

$$\int \frac{3}{\sqrt[3]{4-3x}}\,dx = 3 \cdot \int (4-3x)^{-\frac{1}{3}}\,dx$$
$$= \frac{3}{-3} \cdot \frac{(4-3x)^{\frac{2}{3}}}{\frac{2}{3}} + c$$
$$= -\frac{3}{2}\sqrt[3]{(4-3x)^2} + c$$

5. $\int \frac{5x}{\sqrt[3]{x^5 - 4x^4 + 4x^3}}\,dx$

Man führt das Integral auf die entwickelte Formel zurück, indem man unter der Wurzel x^3 ausklammert, teilweise die Wurzel zieht und x kürzt. Der Term unter der Wurzel läßt sich dann mit Hilfe der binomischen Formel vereinfachen.

$a = -2; \quad b = 1; \quad n = -\frac{2}{3}$

oder Substitution:

$x - 2 = z \Rightarrow \frac{dz}{dx} = 1 \Rightarrow dx = dz$

$$\int \frac{5x\,dx}{\sqrt[3]{x^5 - 4x^4 + 4x^3}} = 5 \cdot \int \frac{x\,dx}{x\sqrt[3]{x^2 - 4x + 4}}$$
$$= 5 \cdot \int \frac{dx}{\sqrt[3]{(x-2)^2}}$$
$$= 5 \cdot \int (x-2)^{-\frac{2}{3}}\,dx$$
$$= \frac{5}{1} \cdot \frac{(x-2)^{\frac{1}{3}}}{\frac{1}{3}} + c$$
$$= 15\sqrt[3]{x-2} + c$$

6. $\int \frac{\sqrt{4x+3}}{4x+3}\,dx$

Durch algebraische Umformung läßt sich das Integral leicht auf eine durch die Formel lösbare Form bringen.

$a = 3; \quad b = 4; \quad n = -\frac{1}{2}$

oder Substitution:

$$4x + 3 = z \Rightarrow \frac{dz}{dx} = 4 \Rightarrow dx = \frac{1}{4}\,dz$$

$$\int \frac{\sqrt{4x+3}}{4x+3}\,dx = \int (4x+3)^{\frac{1}{2}}(4x+3)^{-1}\,dx$$

$$= \int (4x+3)^{-\frac{1}{2}}\,dx$$

$$= \frac{1}{4} \cdot \frac{(4x+3)^{\frac{1}{2}}}{\frac{1}{2}} + c$$

$$= \frac{1}{2}\sqrt{4x+3} + c$$

7. $\int x^2 \sqrt[3]{\frac{x^2-4}{2x^6-x^7}}\,dx$

Man bringt x^2 unter die Wurzel als x^6. Im Nenner läßt sich x^6 ausklammern und kürzen. Aus $2 - x$ entsteht durch Ausklammern von -1 der Term $-(x-2)$. Dieser kann gekürzt werden, weil gilt:

$$x^2 - 4 = (x+2)(x-2).$$

$a = 2; \quad b = 1; \quad n = \frac{1}{3}$

oder Substitution:

$$x + 2 = z \Rightarrow \frac{dz}{dx} = 1 \Rightarrow dx = dz$$

$$\int x^2 \sqrt[3]{\frac{x^2-4}{2x^6-x^7}}\,dx = \int \sqrt[3]{\frac{x^6(x^2-4)}{x^6(2-x)}}\,dx$$

$$= \int \sqrt[3]{\frac{(x-2)(x+2)}{-(x-2)}}\,dx$$

$$= -\int \sqrt[3]{x+2}\,dx$$

$$= -\int (x+2)^{\frac{1}{3}}\,dx$$

$$= -\frac{(x+2)^{\frac{4}{3}}}{\frac{4}{3}} + c$$

$$= -\frac{3}{4}(x+2)\sqrt[3]{x+2} + c$$

Problem: Entwickeln Sie die allgemeine Lösungsformel für das Integral $\int \frac{dx}{a+bx}$.

Man substituiert:

$$a + bx = z \Rightarrow \frac{dz}{dx} = b \Rightarrow dx = \frac{1}{b}\,dz$$

Das Integral $\int \frac{dz}{z}$ wurde bereits gelöst.

$$\int \frac{dx}{a+bx} = \frac{1}{b}\int \frac{dz}{z}$$

$$= \frac{1}{b}\ln z + c \blacktriangleright z = a + bx$$

$$= \frac{1}{b}\ln|a+bx| + c$$

Merke:

$$\int \frac{dx}{a+bx} = \frac{1}{b}\ln|a+bx| + c$$

Beispiele:

1. $\int \frac{8}{2+3x}\,dx$ ▶ $a = 2;\quad b = 3$

$$\int \frac{8}{2+3x}\,dx = \underline{\underline{\frac{8}{3}\ln|2+3x| + c}}$$

2. $\int \frac{3+2x}{4x^2-9}\,dx$ ▶ $a = -3;\quad b = 2$

$$\int \frac{3+2x}{4x^2-9}\,dx = \int \frac{2x+3}{(2x+3)(2x-3)}\,dx$$
$$= \int \frac{dx}{2x-3}$$
$$= \underline{\underline{\frac{1}{2}\ln|2x-3| + c}}$$

Problem: Entwickeln Sie allgemeine Lösungsformeln für die Integrale:

1. $\int x^m (a + bx^{m+1})^n\,dx$ **2.** $\int \frac{x^m}{a + bx^{m+1}}\,dx$

Aus der Beziehung $\int f[\varphi(x)]\,dx = \int f[z] \cdot \frac{dz}{\varphi'(x)}$ ergibt sich neben der Möglichkeit $\varphi'(x) =$ konstant ein Lösungsweg, bei dem $\varphi'(x)$ durch Kürzen wegfällt. Dazu ist es notwendig, daß die Potenz der Variablen in $\varphi(x)$ um 1 höher ist, als die Variable, die neben $f[\varphi(x)]$ vorhanden ist und gekürzt werden soll.

1. Man substituiert $a + bx^{m+1} = z$

$$\Rightarrow \frac{dz}{dx} = b \cdot (m+1) \cdot x^{m+1-1}$$

$$\Rightarrow dx = \frac{dz}{b(m+1)x^m}$$

$$\int x^m (a + bx^{m+1})^n\,dx = \frac{1}{b(m+1)} \int \frac{x^m z^n}{x^m}\,dz$$
$$= \frac{1}{b(m+1)} \cdot \frac{z^{n+1}}{n+1} + c$$
$$= \underline{\underline{\frac{(a+bx^{m+1})^{n+1}}{b(m+1)(n+1)} + c;\ n \neq -1}}$$

2. Die Lösung läßt sich analog entwickeln. Sie führt auf das Grundintegral $\int \frac{1}{x}\,dx = \ln|x| + c$. Man substituiert:

$$a + bx^{m+1} = z \Rightarrow \frac{dz}{dx} = b \cdot (m+1) \cdot x^m$$

$$\Rightarrow dx = \frac{dz}{b(m+1)x^m}$$

$$\int \frac{x^m}{a+bx^{m+1}}\,dx = \frac{1}{b(m+1)} \int \frac{x^m}{x^m z}\,dz$$
$$= \frac{1}{b(m+1)} \ln z + c$$
$$= \underline{\underline{\frac{1}{b(m+1)} \ln|a + bx^{m+1}| + c}}$$

Merke:

$$\int x^m (a+bx^{m+1})^n \, dx = \frac{(a+bx^{m+1})^{n+1}}{b(m+1)(n+1)} + c; \quad n \neq -1$$

$$\int \frac{x^m}{a+bx^{m+1}} \, dx = \frac{1}{b(m+1)} \ln |a+bx^{m+1}| + c$$

Beispiele:

1. $\int \frac{x^3}{(4-6x^4)^2} \, dx$

$a = 4; \quad b = -6; \quad n = -2; \quad m = 3$

oder Substitution:

$4 - 6x^4 = z \Rightarrow \frac{dz}{dx} = -24x^3$

$\Rightarrow dx = \frac{dz}{-24x^3}$

$$\int \frac{x^3}{(4-6x^4)^2} \, dx = \frac{(4-6x^4)^{-2+1}}{-6(3+1)(-2+1)} + c$$

$$= \frac{(4-6x^4)^{-1}}{24} + c$$

$$= \frac{1}{48(2-3x^4)} + c$$

2. $\int \frac{x^2}{5x^3 - 15} \, dx$

$a = -15; \quad b = 5; \quad m = 2$

oder Substitution:

$5x^3 - 15 = z \Rightarrow \frac{dz}{dx} = 15x^2$

$\Rightarrow dx = \frac{dz}{15x^2}$

$$\int \frac{x^2}{5x^3 - 15} \, dx = \frac{1}{5(2+1)} \ln |5x^3 - 15| + c$$

$$= \frac{1}{15} \ln |5x^3 - 15| + c$$

3. $\int x \sqrt{1-x^2} \, dx$

$a = 1; b = -1; n = \frac{1}{2}; m = 1$

oder Substitution:

$1 - x^2 = z \Rightarrow \frac{dz}{dx} = -2x$

$\Rightarrow dx = \frac{dz}{-2x}$

$$\int x \sqrt{1-x^2} \, dx = \int x (1-x^2)^{\frac{1}{2}} \, dx$$

$$= \frac{(1-x^2)^{\frac{3}{2}}}{-1 \cdot 2 \cdot \frac{3}{2}} + c$$

$$= -\frac{1}{3} (1-x^2) \sqrt{1-x^2} + c$$

4. $\displaystyle\int \frac{x}{\sqrt{x^2-1}}\,dx$

$a = -1;\ b = 1;\ n = -\frac{1}{2};\ m = 1$

oder Substitution:

$x^2 - 1 = z \Rightarrow \frac{dz}{dx} = 2x \Rightarrow dx = \frac{dz}{2x}$

$$\int \frac{x}{\sqrt{x^2-1}}\,dx = \int x(x^2-1)^{-\frac{1}{2}}\,dx$$

$$= \frac{(x^2-1)^{\frac{1}{2}}}{1\cdot 2\cdot \frac{1}{2}} + c$$

$$= \underline{\underline{\sqrt{x^2-1} + c}}$$

5. $\displaystyle\int \frac{dx}{\sqrt{8x^3-4x^4}}$

$a = -4;\ b = 8;\ n = -\frac{1}{2};\ m = -2$

oder Substitution:

$8x^3 - 4x^4 = z \Rightarrow \frac{dz}{dx} = -\frac{8}{x^2}$

$\Rightarrow dx = \frac{x^2}{-8}\,dz$

$$\int \frac{dx}{\sqrt{8x^3-4x^4}} = \int \frac{dx}{x^2\sqrt{\frac{8}{x}-4}}$$

$$= \int x^{-2}(8x^{-1}-4)^{-\frac{1}{2}}\,dx$$

$$= \frac{(8x^{-1}-4)^{\frac{1}{2}}}{8\cdot(-1)\cdot\frac{1}{2}} + c$$

$$= \underline{\underline{-\frac{1}{4}\sqrt{\frac{8}{x}-4} + c}}$$

6. $\displaystyle\int \frac{\sqrt{x}}{6+\sqrt{4x^3}}\,dx$

$a = 6;\ b = 2;\ m = \frac{1}{2}$

oder Substitution:

$6 + \sqrt{4x^3} = z \Rightarrow \frac{dz}{dx} = 2\cdot\frac{3}{2}\sqrt{x}$

$\Rightarrow dx = \frac{dz}{3\sqrt{x}}$

$$\int \frac{\sqrt{x}}{6+\sqrt{4x^3}}\,dx = \int \frac{x^{\frac{1}{2}}}{6+2x^{\frac{3}{2}}}\,dx$$

$$= \frac{1}{2\left(\frac{1}{2}+1\right)} \ln|6+\sqrt{4x^3}| + c$$

$$= \underline{\underline{\frac{1}{3}\ln|6+2\sqrt{x^3}| + c}}$$

7. $\displaystyle\int \frac{\sqrt[3]{x^2}}{(6-5\sqrt[3]{x^5})^2}\,dx$

$a = 6;\ b = -5;\ n = -2;\ m = \frac{2}{3}$

oder Substitution:

$6 - 5\sqrt[3]{x^5} = z \Rightarrow \frac{dz}{dx} = -\frac{25}{3}\sqrt[3]{x^2}$

$\Rightarrow dx = \frac{-3}{25\sqrt[3]{x^2}}\,dz$

$$\int \frac{\sqrt[3]{x^2}}{(6-5\sqrt[3]{x^5})^2}\,dx = \int x^{\frac{2}{3}}(6-5x^{\frac{5}{3}})^{-2}\,dx$$

$$= \frac{(6-5\sqrt[3]{x^5})^{-1}}{(-5)\cdot\frac{5}{3}\cdot(-1)} + c$$

$$= \underline{\underline{\frac{3}{25(6-5x\sqrt[3]{x^2})} + c}}$$

Problem: Berechnen Sie $\int \frac{dx}{x^2+2x+3}$ durch Umformung des Nenners in die Form $1+z^2$.

Die Umrechnung des Terms x^2+2x+3 in die Form $1+z^2$ gelingt durch Hinzufügen der quadratischen Ergänzung. Dadurch erhält man die Form $(a+b)^2$ entsprechend z^2. Um den Zahlenwert nicht zu verändern, wird die quadratische Ergänzung außerhalb der Klammer wieder subtrahiert. Durch entsprechendes Ausklammern läßt sich dann $1+z^2$ ermitteln.

$$\int \frac{dx}{x^2+2x+3} = ?$$

$$\begin{aligned} x^2+2x+3 &= (x^2+2x+1)-1+3 \\ &= (x+1)^2+2 \\ &= 2\left[\frac{(x+1)^2}{2}+1\right] \\ &= 2\left[\left(\frac{x+1}{\sqrt{2}}\right)^2+1\right] \\ &\mathrel{\hat{=}} 2\,[\quad z^2 \quad +1] \end{aligned}$$

Damit ist das Integral auf ein lösbares Grundintegral zurückgeführt.
Man substituiert:

$$\frac{x+1}{\sqrt{2}} = z \Rightarrow \frac{dz}{dx} = \frac{1}{\sqrt{2}} \Rightarrow dx = \sqrt{2}\,dz$$

$$\begin{aligned} \int \frac{dx}{x^2+2x+3} &= \frac{1}{2}\int \frac{dx}{1+\left(\frac{x+1}{\sqrt{2}}\right)^2} \\ &= \frac{\sqrt{2}}{2}\int \frac{dz}{1+z^2} \\ &= \frac{\sqrt{2}}{2}\operatorname{Arctan} z + c \blacktriangleright z = \frac{x+1}{\sqrt{2}} \\ &= \underline{\underline{\frac{\sqrt{2}}{2}\operatorname{Arctan}\frac{x+1}{\sqrt{2}} + c}} \end{aligned}$$

Problem: Berechnen Sie $\int \frac{dx}{2x^2-x-5}$ durch Umformung des Nenners in die Form $1-z^2$ mittels quadratischer Ergänzung.

$$\int \frac{dx}{2x^2-x-5} = ?$$

Der Nenner $2x^2-x-5$ wird zunächst mit Hilfe der quadratischen Ergänzung in die Form $2\left[\left(x-\frac{1}{4}\right)^2-\frac{41}{16}\right]$ gebracht. Klammert man $\left(-\frac{41}{16}\right)$ aus, setzt dann $\frac{16}{41}=\left(\sqrt{\frac{16}{41}}\right)^2$ und bringt die konstanten Faktoren vor das Integral, so erhält der Nenner die gesuchte Form $1-z^2$.

$$\begin{aligned} 2x^2-x-5 &= 2\left[x^2-\frac{1}{2}x-\frac{5}{2}\right] \\ &= 2\left[x^2-\frac{1}{2}x+\frac{1}{16}-\frac{1}{16}-\frac{5}{2}\right] \\ &= 2\left[\left(x-\frac{1}{4}\right)^2-\frac{41}{16}\right] \\ &= 2\left(-\frac{41}{16}\right)\left[1-\frac{16}{41}\left(x-\frac{1}{4}\right)^2\right] \\ &= -\frac{41}{8}\left\{1-\left[\sqrt{\frac{16}{41}}\left(x-\frac{1}{4}\right)\right]^2\right\} \\ &\mathrel{\hat{=}} -\frac{41}{8}(1-z^2) \end{aligned}$$

Man substituiert:

$$\sqrt{\frac{16}{41}}\left(x-\frac{1}{4}\right)=z \Rightarrow \frac{dz}{dx}=\sqrt{\frac{16}{41}}$$

$$\Rightarrow dx=\sqrt{\frac{41}{16}}\,dz$$

$$\int\frac{dx}{2x^2-x-5}=-\frac{8}{41}\int\frac{dx}{1-\left[\sqrt{\frac{16}{41}}\left(x-\frac{1}{4}\right)\right]^2}$$

$$=-\frac{8}{41}\sqrt{\frac{41}{16}}\cdot\int\frac{dz}{1-z^2}$$

$$=-\frac{2}{41}\sqrt{41}\cdot\operatorname{Artanh} z+c_1$$

$$=-\frac{2\sqrt{41}}{41}\operatorname{Artanh}\left[\sqrt{\frac{16}{41}}\left(x-\frac{1}{4}\right)\right]+c_1$$

$$=-\frac{\sqrt{41}}{41}\ln\left|\frac{1+\sqrt{\frac{16}{41}}\left(x-\frac{1}{4}\right)}{1-\sqrt{\frac{16}{41}}\left(x-\frac{1}{4}\right)}\right|+c_2$$

Die Integranden der beiden vorausgegangenen Aufgaben unterscheiden sich nur durch die Vorzeichen der Koeffizienten. Dadurch können Terme der Form $1 + z^2$ bzw. $1 - z^2$ entstehen, die als Lösung eine Areahyperbelfunktion bzw. eine logarithmische Funktion zur Folge haben.

Problem: Geben Sie für die Typen der beiden vorausgegangenen Aufgaben durch Lösung des unbestimmten Integrals $\int\frac{dx}{a+2bx+cx^2}$ allgemeine Lösungsformeln an.

Durch Addition der quadratischen Ergänzung $\frac{b^2}{c^2}$, Zusammenfassen zur Form $(a+b)^2$ und Ausklammern von $\frac{ac-b^2}{c}$ läßt sich der Integrand auf die Formen $\frac{1}{1+z_1^2}$ bzw. $\frac{1}{1-z_2^2}$ bringen.

$$\int\frac{dx}{a+2bx+cx^2}=?$$

$$a+2bx+cx^2=a+c\left(x^2+\frac{2b}{c}x+\frac{b^2}{c^2}\right)-\frac{b^2}{c}$$

$$=\frac{ac-b^2}{c}+c\left(x+\frac{b}{c}\right)^2$$

$$=\frac{ac-b^2}{c}+\frac{c}{c^2}(cx+b)^2$$

$$=\frac{ac-b^2}{c}\left[1+\left(\frac{b+cx}{\sqrt{ac-b^2}}\right)^2\right]$$

$$\mathrel{\widehat{=}}\frac{ac-b^2}{c}(1\pm z^2)$$

Untersucht man die Diskriminante $ac - b^2$ unter der Wurzel im Term $\frac{b+cx}{\sqrt{ac-b^2}}$, so können drei Fälle unterschieden werden.

1. Fall: $ac > b^2$

Für $ac > b^2$ wird die Diskriminante positiv und demnach auch $z_1^2 > 0$, d.h. die Lösung des Integrals ist eine Arkustangensfunktion.

$$\frac{b + cx}{\sqrt{ac - b^2}} = z_1 \Rightarrow \frac{dz_1}{dx} = \frac{c}{\sqrt{ac - b^2}}$$

$$\Rightarrow dx = \frac{\sqrt{ac - b^2}}{c}\, dz_1$$

$$ac > b^2 \Rightarrow ac - b^2 > 0$$

$$\Rightarrow \left(\frac{b + cx}{\sqrt{ac - b^2}}\right)^2 > 0 \Rightarrow z_1^2 > 0$$

$$\int \frac{dx}{a + 2bx + cx^2} = \frac{c}{ac - b^2} \int \frac{dx}{1 + \left(\frac{b + cx}{\sqrt{ac - b^2}}\right)^2}$$

$$= \frac{c}{ac - b^2} \cdot \frac{\sqrt{ac - b^2}}{c} \int \frac{dz_1}{1 + z_1^2}$$

$$= \frac{1}{\sqrt{ac - b^2}} \operatorname{Arctan} z_1 + c$$

$$= \frac{1}{\sqrt{ac - b^2}} \operatorname{Arctan} \frac{b + cx}{\sqrt{ac - b^2}} + c$$

2. Fall: $ac < b^2$

Ist $ac < b^2$, so wird die Diskriminante negativ und dadurch die Wurzel imaginär. Um dies zu vermeiden, formt man die Diskriminante zu $b^2 - ac$ um. Damit ändert sich auch der Wert für $z_2^2 = -\left(\frac{b + cx}{\sqrt{b^2 - ac}}\right)^2$, der nun kleiner als Null wird. Aus der Substitution wird dx errechnet und eingesetzt:

$$\frac{b + cx}{\sqrt{b^2 - ac}} = z_2 \Rightarrow \frac{dz_2}{dx} = \frac{c}{\sqrt{b^2 - ac}}$$

$$\Rightarrow dx = \frac{\sqrt{b^2 - ac}}{c}\, dz_2$$

Das Integral $\int \frac{dx}{a + 2bx + cx^2}$ wird auf das Grundintegral $\int \frac{dz}{1 - z^2}$ zurückgeführt, dessen Lösung eine Areahyperbelfunktion bzw. eine Logarithmusfunktion ergibt.

$$ac < b^2 \Rightarrow ac - b^2 < 0$$

$$\left(\frac{b + cx}{\sqrt{ac - b^2}}\right)^2 = -\left(\frac{b + cx}{\sqrt{b^2 - ac}}\right)^2 \Rightarrow z_2^2 < 0$$

$$\int \frac{dx}{a + 2bx + cx^2} = \frac{c}{ac - b^2} \int \frac{dx}{1 - \left(\frac{b + cx}{\sqrt{b^2 - ac}}\right)^2}$$

$$= \frac{c}{ac - b^2}\, \frac{\sqrt{b^2 - ac}}{c} \int \frac{dz_2}{1 - z_2^2}$$

$$= -\frac{1}{\sqrt{b^2 - ac}} \operatorname{Artanh} z_2 + c_1$$

$$= -\frac{1}{\sqrt{b^2 - ac}} \operatorname{Artanh} \frac{b + cx}{\sqrt{b^2 - ac}} + c$$

oder:

$$= -\frac{1}{2\sqrt{b^2 - ac}} \ln \left|\frac{1 + z_2}{1 - z_2}\right| + c_2$$

$$= \frac{1}{2\sqrt{b^2 - ac}} \ln \left|\frac{1 - z_2}{1 + z_2}\right| + c_2$$

$$= \frac{1}{2\sqrt{b^2 - ac}} \ln \left|\frac{\sqrt{b^2 - ac} - b - cx}{\sqrt{b^2 - ac} + b + cx}\right| + c_2$$

3. Fall: $ac = b^2$

Bei $ac = b^2$ wird $ac - b^2 = 0$, d.h. im Term

$$a + 2bx + cx^2 = \frac{ac - b^2}{c} + c\left(x + \frac{b}{c}\right)^2$$

wird der Zähler des ersten Summanden und damit der Summand gleich Null. Es entsteht dann ein Integral der Form $\int (a + bx)^n \, dx$, dessen Lösung bereits besprochen wurde.

$$ac = b^2 \Rightarrow ac - b^2 = 0$$

$$\Rightarrow \frac{ac - b^2}{c} + c\left(x + \frac{b}{c}\right)^2 = c\left(x + \frac{b}{c}\right)^2$$

$$= \frac{1}{c}(cx + b)^2$$

$$\Rightarrow \int \frac{dx}{a + 2bx + cx^2} = c \cdot \int \frac{dx}{(cx + b)^2}$$

$$c \cdot \int \frac{dx}{(cx + b)^2} = \underline{\underline{-\frac{1}{b + cx} + c}}$$

Vor der Berechnung eines Integrals der Form $\int \frac{dx}{a + 2bx + cx^2}$ ist also zu prüfen, ob einer der folgenden Fälle vorliegt:

- $ac > b^2$ oder
- $ac < b^2$ oder
- $ac = b^2$

Danach ist die entsprechende Formel anzuwenden.

Merke:

$$\int \frac{dx}{a + 2bx + cx^2} = \frac{1}{\sqrt{ac - b^2}} \operatorname{Arctan} \frac{b + cx}{\sqrt{ac - b^2}} + c \quad \blacktriangleright ac > b^2$$

$$\int \frac{dx}{a + 2bx + cx^2} = \begin{cases} = -\frac{1}{\sqrt{b^2 - ac}} \operatorname{Artanh} \frac{b + cx}{\sqrt{b^2 - ac}} + c_1 & \blacktriangleright ac < b^2 \\ = \frac{1}{2\sqrt{b^2 - ac}} \ln \left| \frac{\sqrt{b^2 - ac} - b - cx}{\sqrt{b^2 - ac} + b + cx} \right| + c_2 & \blacktriangleright ac < b^2 \end{cases}$$

$$\int \frac{dx}{a + 2bx + cx^2} = -\frac{1}{b + cx} + c \quad \blacktriangleright ac = b^2$$

Beispiele: Lösen Sie die nachstehenden Integrale unter Anwendung der vorher entwickelten Formeln.

1. $\int \frac{dx}{6+2x+x^2}$

$a = 6;\ 2b = 2 \Rightarrow b = 1;\ c = 1$

$\left.\begin{aligned} ac &= 6 \\ b^2 &= 1 \end{aligned}\right\} \Rightarrow ac > b^2$

$$\int \frac{dx}{6+2x+x^2} = \frac{1}{\sqrt{6-1}} \operatorname{Arctan} \frac{1+x}{\sqrt{6-1}} + c$$

$$= \frac{\sqrt{5}}{5} \operatorname{Arctan}\left[\frac{\sqrt{5}}{5}(1+x)\right] + c_1$$

Bei Lösung durch Substitution erhält man das gleiche Resultat.

$$x^2 + 2x + 6 = (x+1)^2 + 5$$

$$= 5\left\{1 + \frac{1}{5}(x+1)^2\right\}$$

$$= 5\left\{1 + \left[\sqrt{\frac{1}{5}}(x+1)\right]^2\right\}$$

$$= 5(1+z^2)$$

$$\sqrt{\frac{1}{5}}(x+1) = z \Rightarrow \frac{dz}{dx} = \frac{1}{\sqrt{5}}$$

$$\Rightarrow dx = \sqrt{5}\,dz$$

$$\int \frac{dx}{6+2x+x^2} = \int \frac{dx}{5\left\{1 + \left[\sqrt{\frac{1}{5}}(x+1)\right]^2\right\}}$$

$$= \frac{1}{5}\int \frac{dx}{1 + \left[\sqrt{\frac{1}{5}}(x+1)\right]^2}$$

$$= \frac{\sqrt{5}}{5}\int \frac{dz}{1+z^2}$$

$$= \frac{\sqrt{5}}{5} \operatorname{Arctan} z + c_1$$

$$= \frac{\sqrt{5}}{5} \operatorname{Arctan}\left[\sqrt{\frac{1}{5}}(x+1)\right] + c_1$$

2. $\int \frac{dx}{10x^2 - 12x + 5}$

$a = 5;\ 2b = -12;\ c = 10$

$b = -6;$

$\left.\begin{aligned} ac &= 50 \\ b^2 &= 36 \end{aligned}\right\} \Rightarrow ac > b^2$

$$\int \frac{dx}{10x^2 - 12x + 5} =$$

$$= \frac{1}{\sqrt{50-36}} \operatorname{Arctan} \frac{-6+10x}{\sqrt{50-36}} + c_1$$

$$= \frac{\sqrt{14}}{14} \operatorname{Arctan}\left[\frac{\sqrt{14}}{14}(10x-6)\right] + c_1$$

3. $\int \frac{20\,dx}{5x^2 + 10x + 3}$

$a = 3;\ 2b = 10;\ c = 5$

$b = 5;$

$\left.\begin{aligned} ac &= 15 \\ b^2 &= 25 \end{aligned}\right\} \Rightarrow ac < b^2$

$$\int \frac{20\,dx}{5x^2 + 10x + 3} =$$

$$= -\frac{20}{\sqrt{25-15}} \operatorname{Artanh} \frac{5+5x}{\sqrt{25-15}} + c_1$$

$$= -2\sqrt{10} \cdot \operatorname{Artanh}\left[\frac{\sqrt{10}}{2}(1+x)\right] + c_1$$

$$= \sqrt{10} \cdot \ln \left|\frac{\sqrt{10} - 5(1+x)}{\sqrt{10} + 5(1+x)}\right| + c_2$$

4. $\int \frac{dx}{7x^2 - 20x - 3}$

$a = -3;\ 2b = -20;\ c = 7$

$b = -10$

$\left.\begin{aligned} ac &= -21 \\ b^2 &= 100 \end{aligned}\right\} \Rightarrow ac < b^2$

$$\int \frac{dx}{7x^2 - 20x - 3} =$$

$$= -\frac{1}{\sqrt{100 - (-21)}} \operatorname{Artanh} \frac{-10 + 7x}{\sqrt{100 - (-21)}} + c_1$$

$$= -\frac{1}{11} \operatorname{Artanh} \frac{7x - 10}{11} + c_1$$

$$= \frac{1}{22} \ln \left| \frac{21 - 7x}{1 + 7x} \right| + c_2$$

5. $\int \frac{dx}{x^2 + 4x + 4}$

$a = 4;\ 2b = 4;\ c = 1$

$b = 2$

$\left.\begin{aligned} ac &= 4 \\ b^2 &= 4 \end{aligned}\right\} \Rightarrow ac = b^2$

$$\int \frac{dx}{x^2 + 4x + 4} = -\frac{1}{2 + x} + c$$

oder:

$$\int \frac{dx}{x^2 + 4x + 4} = \int \frac{dx}{(x + 2)^2}$$

$$= \int (x + 2)^{-2}\, dx$$

$$= -\frac{1}{x + 2} + c_1$$

Problem: Entwickeln Sie eine allgemeine Lösungsformel zum Integral $\int \frac{dx}{a + bx^2}$ mit Hilfe der Substitutionsmethode.

Durch Ausklammern läßt sich der Integrand auf die Form $\frac{1}{1 + z^2}$ bringen. Die Lösung führt damit auf eine Arcusfunktion.

Man substituiert:

$$\sqrt{\frac{b}{a}} \cdot x = z \Rightarrow \frac{dz}{dx} = \sqrt{\frac{b}{a}} \Rightarrow dx = \sqrt{\frac{a}{b}}\, dz$$

$$\int \frac{dx}{a + bx^2} = ?$$

$$a + bx^2 = a\left(1 + \frac{b}{a} x^2\right)$$

$$= a\left[1 + \left(\sqrt{\frac{b}{a}} \cdot x\right)^2\right]$$

$$\mathrel{\widehat{=}} a(1 + z^2)$$

$$\int \frac{dx}{a + bx^2} = \frac{1}{a} \sqrt{\frac{a}{b}} \cdot \int \frac{dz}{1 + z^2}$$

$$= \frac{\sqrt{a}}{a\sqrt{b}} \operatorname{Arctan} z + c$$

Um negative Radikanden zu vermeiden, muß die Bedingung $ab > 0$ erfüllt werden.

$$= \frac{1}{\sqrt{ab}} \operatorname{Arctan}\left(\sqrt{\frac{b}{a}} \cdot x\right) + c$$

Merke:

$$\int \frac{dx}{a + bx^2} = \frac{1}{\sqrt{ab}} \text{ Arctan}\left(\sqrt{\frac{b}{a}} \cdot x\right) + c \quad \blacktriangleright ab > 0$$

Beispiele:

1. $\int \frac{8\,dx}{9x^2 + 4}$

$a = 4;\ b = 9;\ ab = 36 \Rightarrow ab > 0$

oder Substitution:

$$\sqrt{\frac{9}{4}} \cdot x = z \Rightarrow \frac{dz}{dx} = \sqrt{\frac{9}{4}} \Rightarrow dx = \frac{2}{3}\,dz$$

$$\int \frac{8\,dx}{9x^2 + 4} = \frac{8}{\sqrt{4 \cdot 9}} \text{ Arctan}\left(\sqrt{\frac{9}{4}} \cdot x\right) + c$$

$$= \frac{4}{3} \text{ Arctan} \frac{3x}{2} + c$$

2. $\int \frac{dx}{-10 - 3x^2}$

$a = 10;\ b = 3;\ ab = 30 \Rightarrow ab > 0$

$$\int \frac{dx}{-10 - 3x^2} = -\int \frac{dx}{10 + 3x^2}$$

$$= -\frac{\sqrt{30}}{30} \text{ Arctan}\left(\sqrt{\frac{3}{10}} \cdot x\right) + c$$

Problem: Geben Sie eine allgemeine Lösung für das Integral $\int \frac{dx}{a - bx^2}$ an.

Mit Hilfe des Ausklammerns und der Substitution von $\sqrt{\frac{b}{a}} \cdot x$ läßt sich der Integrand auf die Form $\frac{1}{1 - z^2}$ reduzieren.

Man substituiert:

$$\sqrt{\frac{b}{a}} \cdot x = z \Rightarrow \frac{dz}{dx} = \sqrt{\frac{b}{a}} \Rightarrow dx = \sqrt{\frac{a}{b}}\,dz$$

$$\int \frac{dx}{a - bx^2} = ?$$

$$a - bx^2 = a\left(1 - \frac{b}{a}x^2\right)$$

$$= a\left[1 - \left(\sqrt{\frac{b}{a}} \cdot x\right)^2\right]$$

$$\mathrel{\widehat{=}} a(1 - z^2)$$

$$\int \frac{dx}{a - bx^2} = \frac{1}{a}\sqrt{\frac{a}{b}} \cdot \int \frac{dz}{1 - z^2}$$

$$= \frac{1}{\sqrt{ab}} \text{ Artanh}\left(\sqrt{\frac{b}{a}} \cdot x\right) + c_1$$

$$= \frac{1}{2\sqrt{ab}} \ln \left| \frac{1 + \sqrt{\frac{b}{a}} \cdot x}{1 - \sqrt{\frac{b}{a}} \cdot x} \right| + c_2$$

Die Lösung dieses Integrals ist eine Areahyperbelfunktion bzw. eine Logarithmusfunktion. Sie kann nur gelten für $ab > 0$, da sonst nicht definierte negative Radikanden entstehen.

Merke:

$$\int \frac{dx}{a - bx^2} = \begin{cases} \dfrac{1}{\sqrt{ab}} \operatorname{Artanh}\left(\sqrt{\dfrac{b}{a}} \cdot x\right) + c_1 & \blacktriangleright ab > 0 \\[2ex] \dfrac{1}{2\sqrt{ab}} \ln \left|\dfrac{\sqrt{ab} + bx}{\sqrt{ab} - bx}\right| + c_2 & \blacktriangleright ab > 0 \end{cases}$$

Beispiele: Lösen Sie die nachstehenden Integrale unter Benutzung der entwickelten Formeln.

1. $\displaystyle\int \frac{5\,dx}{12x^2 - 7}$

$a = 7;\ b = 12;\ ab = 84 \Rightarrow ab > 0$

oder Substitution:

$$\sqrt{\frac{12}{7}} \cdot x = z \Rightarrow \frac{dz}{dx} = \sqrt{\frac{12}{7}}$$

$$\Rightarrow dx = \sqrt{\frac{7}{12}}\, dz$$

$$\int \frac{5\,dx}{12x^2 - 7} = -5 \int \frac{dx}{7 - 12x^2}$$

$$= \frac{-5}{\sqrt{7 \cdot 12}} \operatorname{Artanh}\left(\sqrt{\frac{12}{7}} \cdot x\right) + c_1$$

$$= \frac{-5\sqrt{21}}{42} \operatorname{Artanh} \frac{2\,x\,\sqrt{21}}{7} + c_1$$

$$= \frac{-5\sqrt{21}}{84} \ln \left|\frac{\sqrt{21} + 6x}{\sqrt{21} - 6x}\right| + c_2$$

2. $\displaystyle\int \frac{8\,dx}{9 - 16x^2}$

$a = 9;\ b = 16;\ ab = 144 \Rightarrow ab > 0$

oder Substitution:

$$\sqrt{\frac{16}{9}} \cdot x = z \Rightarrow \frac{dz}{dx} = \frac{4}{3} \Rightarrow dx = \frac{3}{4}\, dz$$

$$\int \frac{8\,dx}{9 - 16x^2} = \frac{8}{\sqrt{9 \cdot 16}} \cdot \operatorname{Artanh}\left(\sqrt{\frac{16}{9}} \cdot x\right) + c_1$$

$$= \frac{2}{3} \operatorname{Artanh} \frac{4x}{3} + c_1$$

$$= \frac{1}{3} \ln \left|\frac{3 + 4x}{3 - 4x}\right| + c_2$$

Problem: Formen Sie das Integral $\displaystyle\int \frac{\alpha + \beta x}{a + 2bx + cx^2}\, dx$ so um, daß der Zähler gleich der ersten Ableitung des Nenners wird, und entwickeln Sie daraus eine allgemeine Lösungsformel.

Der Integrand soll auf die Form $\frac{f'(x)}{f(x)}$ gebracht werden. Lautet der Nenner des Bruches $a + 2bx + cx^2 = f(x)$, so müßte der Zähler $f'(x) = 2b + 2cx$ heißen, d.h. der Term $\alpha + \beta x$ muß durch Ausklammern entsprechend umgewandelt werden. Nebenstehend sind die einzelnen Schritte des Ausklammerns dargestellt, die dazu führen, daß der Zähler aus den beiden Summanden $\frac{\beta}{2c}(2cx + 2b) = \frac{\beta}{2c}[f'(x)]$ und $\frac{\alpha c - \beta b}{c}$ besteht.

$$\int \frac{\alpha + \beta x}{a + 2bx + cx^2}\,\mathrm{d}x = ?$$

$$\beta x + \alpha = \frac{\beta}{2c}\left(2cx + \frac{2c\alpha}{\beta}\right)$$

$$= \frac{\beta}{2c}\left(2cx + 2b - 2b + \frac{2c\alpha}{\beta}\right)$$

$$= \frac{\beta}{2c}\left[(2cx + 2b) + \left(\frac{2c\alpha}{\beta} - 2b\right)\right]$$

$$= \frac{\beta}{2c}(2cx + 2b) + \frac{\beta}{2c}\left(\frac{2c\alpha}{\beta} - 2b\right)$$

$$= \frac{\beta}{2c}(2cx + 2b) + \frac{\alpha c - \beta b}{c}$$

$$\int \frac{\alpha + \beta x}{a + 2bx + cx^2}\,\mathrm{d}x =$$

$$= \int \frac{\frac{\beta}{2c}(2cx + 2b) + \frac{\alpha c - \beta b}{c}}{a + 2bx + cx^2}\,\mathrm{d}x$$

Damit läßt sich die Aufgabe in zwei Integrale I_1 und I_2 zerlegen, die man getrennt lösen kann.

$$= \frac{\beta}{2c}\int \frac{2cx + 2b}{a + 2bx + cx^2}\,\mathrm{d}x + \frac{\alpha c - \beta b}{c}\int \frac{\mathrm{d}x}{a + 2bx + cx^2}$$

$$= \qquad I_1 \qquad + \qquad I_2$$

Beide Integrale wurden schon allgemein gelöst, so daß die Lösung nicht näher beschrieben werden muß.

$$I_1 = \frac{\beta}{2c}\int \frac{f'(x)}{f(x)}\,\mathrm{d}x$$

$$= \frac{\beta}{2c}\cdot \ln|f(x)| + c_1 \quad \blacktriangleright f(x) = a + 2bx + cx^2$$

$$= \frac{\beta}{2c}\ln|a + 2bx + cx^2| + c_1$$

Während das Integral I_1 nur eine Lösung hat, da es der einfachen Form $\frac{f'(x)}{f(x)}$ entspricht, sind beim Integral I_2 drei verschiedene Lösungen möglich, die davon abhängig sind, ob gilt:

- $ac > b^2$,
- $ac < b^2$,
- $ac = b^2$.

$$I_2 = \frac{\alpha c - \beta b}{c}\int \frac{\mathrm{d}x}{a + 2bx + cx^2}$$

für $ac > b^2$ gilt:

$$I_2 = \frac{\alpha c - \beta b}{c\sqrt{ac - b^2}}\,\mathrm{Arctan}\,\frac{b + cx}{\sqrt{ac - b^2}} + c_2$$

Integrale vom Typ $\int \frac{\alpha + \beta x}{a + 2bx + cx^2}\,\mathrm{d}x$ werden gelöst, indem man wie folgt vorgeht:

1. Zähler so umformen, daß die 1. Ableitung im Nenner auftritt.
2. Integral teilen
3. Teilintegrale einzeln integrieren

für $ac < b^2$ gilt:

$$I_2 = \frac{\beta b - \alpha c}{c\sqrt{b^2 - ac}}\,\text{Artanh}\,\frac{b + cx}{\sqrt{b^2 - ac}} + c_3$$

$$= \frac{\alpha c - \beta b}{2c\sqrt{b^2 - ac}}\ln\left|\frac{\sqrt{b^2 - ac} - b - cx}{\sqrt{b^2 - ac} + b + cx}\right| + c_4$$

für $ac = b^2$ gilt:

$$I_2 = \frac{\beta b - \alpha c}{bc + c^2 x} + c_5$$

Merke:

$$\int \frac{\alpha + \beta x}{a + 2bx + cx^2}\,\mathrm{d}x = \frac{\beta}{2c}\ln|a + 2bx + cx^2| + \frac{\alpha c - \beta b}{c}\int \frac{\mathrm{d}x}{a + 2bx + cx^2} + c_1$$

Beispiele: Lösen Sie die nachstehenden Integrale durch Anwendung der Lösungsformel bzw. durch eine Umformung, bei der der Zähler gleich der ersten Ableitung des Nenners wird.

1. $\int \frac{7 - 4x}{75 - 60x + 12x^2}\,\mathrm{d}x$

$\alpha = 7$

$\beta = -4$

$a = 75$

$2b = -60 \Rightarrow b = -30 \Rightarrow b^2 = 900$

$c = 12$

$ac = 75 \cdot 12 = 900$

$\Rightarrow ac = b^2$

$$\int \frac{7 - 4x}{75 - 60x + 12x^2}\,\mathrm{d}x =$$

$$= \frac{\beta}{2c}\ln[a + 2bx + cx^2] + \frac{\beta b - \alpha c}{bc + c^2 x} + c_1$$

$$= \frac{-4}{2 \cdot 12}\ln|75 - 60x + 12x^2| + \frac{-4 \cdot (-30) - 7 \cdot 12}{-30 \cdot 12 + 12^2 \cdot x} + c_1$$

$$= -\frac{1}{6}\ln|3(25 - 20x + 4x^2)| + \frac{1}{4x - 10} + c_1$$

$$= -\frac{1}{6}\ln|3(5 - 2x)^2| + \frac{1}{4x - 10} + c_1$$

2. $\int \frac{3x - 7}{x^2 + 4x + 5}\,\mathrm{d}x$

Die Umformung des Zählers führt zur Auflösung des gegebenen Integrals. $I_1 = a\int \frac{f'(x)}{f(x)}\,\mathrm{d}x = a \cdot \ln|f(x)|$; I_2 wird auf die Form $\int \frac{\mathrm{d}z}{1 + z^2}$ gebracht.

c_1 und c_2 werden zu c zusammengefaßt.

$$\int \frac{3x - 7}{x^2 + 4x + 5}\,\mathrm{d}x =$$

$$= \int \frac{\frac{3}{2}(2x + 4) - 13}{x^2 + 4x + 5}\,\mathrm{d}x$$

$$= \frac{3}{2}\int \frac{2x + 4}{x^2 + 4x + 5}\,\mathrm{d}x - 13 \cdot \int \frac{\mathrm{d}x}{x^2 + 4x + 5}$$

$$= \frac{3}{2}\ln|x^2 + 4x + 5| + c_1 - 13 \cdot \int \frac{\mathrm{d}x}{1 + (x + 2)^2}$$

$$= \frac{3}{2}\ln|x^2 + 4x + 5| - 13 \cdot \text{Arctan}\,(x + 2) + c$$

Oder bei Anwendung der entwickelten Lösungsformel:

$$\int \frac{\alpha + \beta x}{a + 2bx + cx^2}\,\mathrm{d}x = \frac{\beta}{2c}\ln|a + 2bx + cx^2| + \frac{\alpha c - \beta b}{c\sqrt{ac - b^2}}\,\mathrm{Arctan}\,\frac{b + cx}{\sqrt{ac - b^2}} + c_1$$

$(\alpha = -7;\ \beta = 3;\ a = 5;\ 2b = 4 \Rightarrow b = 2 \Rightarrow b^2 = 4;\ c = 1;\ ac = 5 \cdot 1 = 5) \Rightarrow ac > b^2$

$$\int \frac{3x - 7}{x^2 + 4x + 5}\,\mathrm{d}x = \underline{\underline{\frac{3}{2}\ln|x^2 + 4x + 5| - 13 \cdot \mathrm{Arctan}\,(x + 2) + c_1}}$$

3. $\displaystyle\int \frac{x + 5}{2x^2 + x - 1}\,\mathrm{d}x$

$$\int \frac{x + 5}{2x^2 + x - 1}\,\mathrm{d}x =$$

$$= \int \frac{\frac{1}{4}(4x + 1) - \frac{1}{4} + 5}{2x^2 + x - 1}\,\mathrm{d}x$$

$$= \int \frac{\frac{1}{4}(4x + 1) + \frac{19}{4}}{2x^2 + x - 1}\,\mathrm{d}x$$

$$= \frac{1}{4}\int \frac{4x + 1}{2x^2 + x - 1}\,\mathrm{d}x + \frac{19}{4}\int \frac{\mathrm{d}x}{2x^2 + x - 1}$$

$$= \qquad I_1 \qquad + \qquad I_2$$

Die Umformung führt zu den beiden Integralen I_1 und I_2. Beide werden getrennt gelöst. Dabei wird I_2 über die quadratische Ergänzung auf die Form $\displaystyle\int \frac{\mathrm{d}z}{1 - z^2}$ gebracht.

$$I_1 = \frac{1}{4}\ln|2x^2 + x - 1| + c_1$$

$$I_2 = \frac{19}{4}\int \frac{\mathrm{d}x}{2\left[x^2 + \frac{1}{2}x - \frac{1}{2}\right]}$$

$$= \frac{19}{8}\int \frac{\mathrm{d}x}{\left(x + \frac{1}{4}\right)^2 - \frac{9}{16}}$$

$$= \frac{19}{8}\int \frac{\mathrm{d}x}{\left(-\frac{9}{16}\right)\left\{1 - \left[\frac{4}{3}\left(x + \frac{1}{4}\right)\right]^2\right\}}$$

$$= -\frac{19}{8} \cdot \frac{16}{9} \cdot \frac{3}{4}\,\mathrm{Artanh}\left[\frac{4}{3}\left(x + \frac{1}{4}\right)\right] + c_2$$

$$= -\frac{19}{6}\,\mathrm{Artanh}\left[\frac{4}{3}\left(x + \frac{1}{4}\right)\right] + c_2$$

Das Endergebnis ergibt sich schließlich aus der Addition von I_1 und I_2. Die Konstanten c_1 und c_2 werden zu c zusammengefaßt.

$$\int \frac{x+5}{2x^2+x-1}\,dx = \qquad I_1 \qquad + \qquad I_2$$

$$= \frac{1}{4}\ln|2x^2+x-1| - \frac{19}{6}\,\text{Artanh}\,\frac{4x+1}{3} + c$$

Wendet man die Lösungsformel an, so ist:

$$\alpha = 5;\ \beta = 1;\ a = -1;\ 2b = 1 \Rightarrow b = \frac{1}{2} \Rightarrow b^2 = \frac{1}{4};\ c = 2;\ ac = -2 \Rightarrow ac < b^2$$

Nach Einsetzen der Koeffizienten erhält man das gleiche Ergebnis in zwei Versionen:

$$\int \frac{x+5}{2x^2+x-1}\,dx = \frac{1}{2\cdot 2}\ln|2x^2+x-1| + \frac{1\cdot 0{,}5 - 5\cdot 2}{2\cdot\sqrt{0{,}5^2-(-2)}}\,\text{Artanh}\,\frac{0{,}5+2x}{\sqrt{0{,}5^2-(-2)}} + c_1$$

$$= \frac{1}{4}\ln|2x^2+x-1| - \frac{19}{6}\,\text{Artanh}\,\frac{4x+1}{3} + c_1 \qquad \text{oder}$$

$$= \frac{1}{4}\ln|2x^2+x-1| + \frac{19}{12}\ln\left|\frac{1-2x}{2+2x}\right| + c_2$$

Mit bestimmten Substitutionen lassen sich weitere Integrale lösen, indem man durch Heranziehung eines geeigneten Funktionentransformators die im Integrand stehenden Funktionen „rational macht", d.h. sie auf rationale Funktionen zurückführt.

Beispiele:

1. $\displaystyle\int \frac{dx}{\sin x}$

Drückt man $\sin x$ durch $\tan\frac{x}{2}$ aus und substituiert dann $\tan\frac{x}{2} = z$, so

gilt: $\displaystyle\sin x = \frac{2\cdot\tan\frac{x}{2}}{1+\tan^2\frac{x}{2}}$ ▶ $\tan\frac{x}{2} = z$

$$= \frac{2z}{1+z^2}$$

Aus $\tan\frac{x}{2} = z$ folgt $\frac{x}{2} = \text{Arctan}\,z$.

$$\Rightarrow x = 2\cdot\text{Arctan}\,z \Rightarrow \frac{dx}{dz} = \frac{2}{1+z^2}$$

$$\Rightarrow dx = \frac{2\,dz}{1+z^2}$$

$$\int \frac{dx}{\sin x} = \int \frac{dx}{\dfrac{2\cdot\tan\frac{x}{2}}{1+\tan^2\frac{x}{2}}}$$

$$= \int \frac{\dfrac{2\,dz}{1+z^2}}{\dfrac{2z}{1+z^2}}$$

$$= \int \frac{dz}{z}$$

$= \ln z + c$ ▶ $z = \tan\frac{x}{2}$

$$= \ln\left|\tan\frac{x}{2}\right| + c$$

2. $\int \frac{dx}{\cosh x}$

$$\cosh x = \frac{1}{2}(e^x + e^{-x}) \blacktriangleright e^x = z$$

$$= \frac{1}{2}\left(z + \frac{1}{z}\right)$$

$$e^x = z \Leftrightarrow x = \ln z$$

$$x = \ln z \Rightarrow \frac{dx}{dz} = \frac{1}{z} \Rightarrow dx = \frac{dz}{z}$$

$$\int \frac{dx}{\cosh x} = \int \frac{\frac{1}{z}\,dz}{\frac{1}{2}\left(z + \frac{1}{z}\right)}$$

$$= 2 \cdot \int \frac{dz}{z\left(z + \frac{1}{z}\right)}$$

$$= 2 \cdot \int \frac{dz}{1 + z^2}$$

$$= 2 \cdot \operatorname{Arctan} z + c \blacktriangleright z = e^x$$

$$= \underline{\underline{2 \cdot \operatorname{Arctan} e^x + c}}$$

3. $\int \frac{x^2}{\sqrt{(1-x)^3}}\,dx$

Man substituiert

$$\sqrt{1-x} = z \Rightarrow \sqrt{(1-x)^3} = z^3$$

$$\sqrt{1-x} = z \Rightarrow 1 - x = z^2$$

$$x = 1 - z^2$$

$$x^2 = (1 - z^2)^2$$

$$x = 1 - z^2 \Rightarrow \frac{dx}{dz} = -2z$$

$$\Rightarrow dx = -2z\,dz$$

Der Integrand wird durch Division in eine algebraische Summe aus drei Integralen verwandelt, die man einzeln integriert.

Für z wird schließlich wieder der Ausgangswert eingesetzt.

$$\int \frac{x^2}{\sqrt{(1-x)^3}}\,dx =$$

$$= \int \frac{(1-z^2)^2(-2z)}{z^3}\,dz$$

$$= -2 \cdot \int \frac{1 - 2z^2 + z^4}{z^2}\,dz$$

$$= -2 \cdot \left[\int \frac{dz}{z^2} - 2 \cdot \int dz + \int z^2\,dz\right]$$

$$= -2 \cdot \left[\frac{-1}{z} - 2z + \frac{z^3}{3}\right] + c$$

$$= \frac{2}{z} + 4z - \frac{2}{3}z^3 + c \blacktriangleright z = \sqrt{1-x}$$

$$= \frac{2}{\sqrt{1-x}} + 4\sqrt{1-x} - \frac{2}{3}\sqrt{(1-x)^3} + c$$

$$= 2\sqrt{1-x}\left(\frac{1}{1-x} + 2 - \frac{1-x}{3}\right) + c$$

$$= \underline{\underline{\frac{2\sqrt{1-x}}{3(x-1)}(x^2 + 4x - 8) + c}}$$

4. $\int \frac{4}{\cos(2x)}\,dx$

Man substituiert zunächst:

$$2x = t \Rightarrow x = \frac{t}{2} \Rightarrow \frac{dx}{dt} = \frac{1}{2} \Rightarrow dx = \frac{1}{2}\,dt$$

$$\int \frac{4}{\cos(2x)}\,dx = \frac{4}{2}\int \frac{dt}{\cos t}$$

Drückt man $\cos t$ durch $\tan\frac{t}{2}$ aus und substituiert $\tan\frac{t}{2} = z$, so gilt:

$$\cos t = \frac{1 - \tan^2\frac{t}{2}}{1 + \tan^2\frac{t}{2}} = \frac{1 - z^2}{1 + z^2}$$

Aus $\tan\frac{t}{2} = z$ folgt $\frac{t}{2} = \operatorname{Arctan} z$

$$\Rightarrow t = 2 \cdot \operatorname{Arctan} z \Rightarrow \frac{dt}{dz} = \frac{2}{1 + z^2}$$

$$\Rightarrow dt = \frac{2\,dz}{1 + z^2}$$

Das Endergebnis erhält man durch Wiedereinsetzen von $z = \tan\frac{t}{2}$ und von $t = 2x$.

$$\int \frac{4}{\cos(2x)}\,dx = 2 \cdot \int \frac{dt}{\dfrac{1 - \tan^2\frac{t}{2}}{1 + \tan^2\frac{t}{2}}}$$

$$= 2 \cdot \int \frac{\dfrac{2\,dz}{1 + z^2}}{\dfrac{1 - z^2}{1 + z^2}}$$

$$= 4 \cdot \int \frac{dz}{1 - z^2}$$

$$= 4 \cdot \operatorname{Artanh} z + c_1$$

$$= 4 \cdot \frac{1}{2} \ln \left|\frac{1 + z}{1 - z}\right| + c_2 \blacktriangleright z = \tan\frac{t}{2}$$

$$= 2 \cdot \ln \left|\frac{1 + \tan\frac{t}{2}}{1 - \tan\frac{t}{2}}\right| + c_2 \blacktriangleright t = 2x$$

$$= 2 \cdot \ln \left|\frac{1 + \tan x}{1 - \tan x}\right| + c_2$$

Problem: Entwickeln Sie allgemeine Lösungsformeln zu den nachstehenden unbestimmten Integralen durch die Einführung einer neuen Funktion.

1. $\int \sqrt{x^2 + a^2}\,dx$

Man substituiert:

$$x = a \cdot \sinh z \Rightarrow x^2 = a^2 \cdot \sinh^2 z$$

Aus $\cosh^2 z - \sinh^2 z = 1$ erhält man $\sinh^2 z = \cosh^2 z - 1$ und setzt ein.

$$x^2 = a^2 \cdot \sinh^2 z$$

$$x^2 = a^2 (\cosh^2 z - 1)$$

$$x^2 + a^2 = a^2 \cdot \cosh^2 z$$

$$\sqrt{x^2 + a^2} = a \cdot \cosh z$$

$$x = a \cdot \sinh z \Rightarrow \frac{dx}{dz} = a \cdot \cosh z$$

$$\Rightarrow dx = a \cdot \cosh z\,dz$$

$$\int \sqrt{x^2 + a^2}\,dx = \int a \cdot \cosh z \cdot a \cdot \cosh z\,dz$$

$$= a^2 \cdot \int \cosh^2 z\,dz$$

$$= a^2 \left[\frac{1}{2} z + \frac{1}{4} \sinh(2z)\right] + c_1$$

$$= \frac{a^2}{2}\left[z + \frac{\sinh(2z)}{2}\right] + c_1$$

$$= \frac{a^2}{2}\left[z + \frac{2 \cdot \sinh z \cdot \cosh z}{2}\right] + c_1$$

Im Resultat wird die Substitution wieder rückgängig gemacht:

$$\sinh z = \frac{x}{a} \Rightarrow z = \operatorname{Arsinh} \frac{x}{a}$$

$$\cosh z = \frac{1}{a} \sqrt{x^2 + a^2}$$

$$\int \sqrt{x^2 + a^2}\, dx = \frac{a^2}{2} [z + \sinh z \cdot \cosh z] + c_1$$

$$= \frac{a^2}{2} \left[\operatorname{Arsinh} \frac{x}{a} + \frac{x}{a} \cdot \frac{1}{a} \sqrt{x^2 + a^2} \right] + c_1$$

$$= \frac{a^2}{2} \operatorname{Arsinh} \frac{x}{a} + \frac{x}{2} \sqrt{x^2 + a^2} + c_1$$

$$= \frac{a^2}{2} \ln |x + \sqrt{x^2 + a^2}| + \frac{x}{2} \sqrt{x^2 + a^2} +$$

2. $\int \sqrt{x^2 - a^2}\, dx$

Man substituiert $x = a \cdot \cosh z$. Durch die nachstehenden Umformungen läßt sich der Integrand $\sqrt{x^2 - a^2}$ auf eine lösbare Form bringen.

Aus $\cosh^2 z - \sinh^2 z = 1$

$$\cosh^2 z = 1 + \sinh^2 z$$

und $x = a \cdot \cosh z$

$$x^2 = a^2 \cdot \cosh^2 z$$

wird: $x^2 = a^2 (1 + \sinh^2 z)$

$$x^2 = a^2 + a^2 \cdot \sinh^2 z$$

$$x^2 - a^2 = a^2 \cdot \sinh^2 z$$

$\sqrt{x^2 - a^2} = a \cdot \sinh z$ ▶ Integrand

$$x = a \cdot \cosh z \Rightarrow \frac{dx}{dz} = a \cdot \sinh z$$

$$\Rightarrow dx = a \cdot \sinh z\, dz$$

Die Lösung des Integrals $\int \sinh^2 z\, dz$ wurde bereits beschrieben.

$$\int \sqrt{x^2 - a^2}\, dx = \int a \cdot \sinh z \cdot a \cdot \sinh z\, dz$$

$$= a^2 \cdot \int \sinh^2 z\, dz$$

$$= a^2 \left[\frac{1}{4} \sinh(2z) - \frac{1}{2} z \right] + c_1$$

$$= \frac{a^2}{2} \left[\frac{1}{2} \cdot 2 \cdot \sinh z \cdot \cosh z - z \right] + c_1$$

▶ $\cosh z = \dfrac{x}{a}$

▶ $\dfrac{x}{a} = \cosh z \Rightarrow z = \operatorname{Arcosh} \dfrac{x}{a}$

▶ $\sqrt{x^2 - a^2} = a \cdot \sinh z \Rightarrow \sinh z = \dfrac{1}{a} \sqrt{x^2 - a^2}$

$$\int \sqrt{x^2 - a^2}\, dx =$$

$$= \frac{a^2}{2} \left[\frac{1}{a} \sqrt{x^2 - a^2} \cdot \frac{x}{a} - \operatorname{Arcosh} \frac{x}{a} \right] +$$

$$= \frac{x}{2} \sqrt{x^2 - a^2} - \frac{a^2}{2} \operatorname{Arcosh} \frac{x}{a} + c_1$$

$$= \frac{x}{2} \sqrt{x^2 - a^2} - \frac{a^2}{2} \ln |x + \sqrt{x^2 - a^2}| +$$

3. $\int \sqrt{a^2 - x^2}\, \mathrm{d}x$

Mit Hilfe trigonometrischer Umwandlungen läßt sich das gesuchte Integral auf eine bereits gelöste Form bringen.

Als Grundlage dient die Substitution

$$x = a \cdot \sin z \Rightarrow z = \operatorname{Arcsin} \frac{x}{a}$$

$$x = a \cdot \sin z \Rightarrow \frac{\mathrm{d}x}{\mathrm{d}z} = a \cdot \cos z$$

$$\Rightarrow \mathrm{d}x = a \cdot \cos z \, \mathrm{d}z$$

Es ist $\sin^2 z + \cos^2 z = 1$

$$\sin^2 z = 1 - \cos^2 z$$

und $x = a \cdot \sin z \Rightarrow x^2 = a^2 \cdot \sin^2 z$

Nach Einsetzen folgt:

$$x^2 = a^2 (1 - \cos^2 z)$$
$$a^2 - x^2 = a^2 \cdot \cos^2 z$$
$$\sqrt{a^2 - x^2} = a \cdot \cos z$$

$$\int \sqrt{a^2 - x^2}\, \mathrm{d}x = \int a \cdot \cos z \cdot a \cdot \cos z \, \mathrm{d}z$$
$$= a^2 \cdot \int \cos^2 z \, \mathrm{d}z$$
$$= a^2 \left[\frac{1}{4} \sin(2z) + \frac{1}{2} z\right] + c$$
$$= \frac{a^2}{2} \left[\frac{1}{2} \cdot 2 \cdot \sin z \cdot \cos z + z\right] + c$$

► $\sin z = \frac{x}{a} \Rightarrow z = \operatorname{Arcsin} \frac{x}{a}$

► $\cos z = \frac{1}{a} \sqrt{a^2 - x^2}$

$$\int \sqrt{a^2 - x^2}\, \mathrm{d}x =$$
$$= \frac{a^2}{2} \left[\frac{x}{a} \cdot \frac{1}{a} \sqrt{a^2 - x^2} + \operatorname{Arcsin} \frac{x}{a}\right] + c$$
$$= \underline{\underline{\frac{x}{2} \sqrt{a^2 - x^2} + \frac{a^2}{2} \operatorname{Arcsin} \frac{x}{a} + c}}$$

Merke:

$$\int \sqrt{a^2 - x^2}\, \mathrm{d}x = \frac{x}{2} \sqrt{a^2 - x^2} + \frac{a^2}{2} \operatorname{Arcsin} \frac{x}{a} + c$$

$$\int \sqrt{x^2 + a^2}\, \mathrm{d}x = \begin{cases} = \frac{x}{2} \sqrt{x^2 + a^2} + \frac{a^2}{2} \operatorname{Arsinh} \frac{x}{a} + c_1 \\ = \frac{x}{2} \sqrt{x^2 + a^2} + \frac{a^2}{2} \ln \left|x + \sqrt{x^2 + a^2}\right| + c_2 \end{cases}$$

$$\int \sqrt{x^2 - a^2}\, \mathrm{d}x = \begin{cases} = \frac{x}{2} \sqrt{x^2 - a^2} - \frac{a^2}{2} \operatorname{Arcosh} \frac{x}{a} + c_1 \\ = \frac{x}{2} \sqrt{x^2 - a^2} - \frac{a^2}{2} \ln \left|x + \sqrt{x^2 - a^2}\right| + c_2 \end{cases}$$

Merke:

Integrale der Form $\int f(x; \sqrt{\pm x^2 \pm a^2})\,\mathrm{d}x$ können oft durch geeignete Substitutionen auf einfachere Integrale zurückgeführt werden. Man substituiert zweckmäßig wie folgt:

- $\int f(x; \sqrt{a^2 - x^2})\,\mathrm{d}x$ ► $x = a \cdot \sin z$; $\sqrt{a^2 - x^2} = a \cdot \cos z$
- $\int f(x; \sqrt{x^2 + a^2})\,\mathrm{d}x$ ► $x = a \cdot \sinh z$; $\sqrt{x^2 + a^2} = a \cdot \cosh z$
- $\int f(x; \sqrt{x^2 - a^2})\,\mathrm{d}x$ ► $x = a \cdot \cosh z$; $\sqrt{x^2 - a^2} = a \cdot \sinh z$

Beispiele: Lösen Sie die nachstehenden Integrale mit Hilfe der entwickelten Lösungsformeln nach Umwandlung auf eine Form $\int \sqrt{a^2 - x^2}\,\mathrm{d}x$.

1. $\int 4\sqrt{6 - 5x^2}\,\mathrm{d}x$

Der Integrand wird durch geeignetes Ausklammern auf die Form $\sqrt{a^2 - x^2}$ gebracht. Dann wird:

$$a^2 = \frac{6}{5} \Rightarrow a = \sqrt{\frac{6}{5}}$$

$$\Rightarrow a^2 = \left(\sqrt{\frac{6}{5}}\right)^2$$

$$\int 4\sqrt{6 - 5x^2}\,\mathrm{d}x =$$

$$= 4 \cdot \int \sqrt{5\left(\frac{6}{5} - x^2\right)}\,\mathrm{d}x$$

$$= 4\sqrt{5} \cdot \int \sqrt{\frac{6}{5} - x^2}\,\mathrm{d}x$$

$$= 4\sqrt{5} \cdot \int \sqrt{\left(\sqrt{\frac{6}{5}}\right)^2 - x^2}\,\mathrm{d}x$$

$$= 4\sqrt{5} \cdot \left[\frac{x}{2}\sqrt{\frac{6}{5} - x^2} + \frac{6}{2 \cdot 5}\,\mathrm{Arcsin}\,\frac{5x}{\sqrt{30}}\right] + c$$

$$= 2x\sqrt{6 - 5x^2} + \frac{12\sqrt{5}}{5}\,\mathrm{Arcsin}\,\frac{x\sqrt{30}}{6} + c$$

2. $\int \sqrt{\frac{3}{2}x^2 + 4}\,\mathrm{d}x$

Der Integrand läßt sich auf die Form $\sqrt{x^2 + a^2}$ bringen.

$$a^2 = \frac{8}{3} \Rightarrow a = \sqrt{\frac{8}{3}}$$

$$\int \sqrt{\frac{3}{2}x^2 + 4}\,\mathrm{d}x =$$

$$= \int \sqrt{\frac{3}{2}\left(x^2 + \frac{8}{3}\right)}\,\mathrm{d}x$$

$$= \sqrt{\frac{3}{2}} \cdot \int \sqrt{x^2 + \frac{8}{3}}\,\mathrm{d}x$$

$$= \frac{\sqrt{6}}{4}\,x\sqrt{x^2 + \frac{8}{3}} + \frac{2\sqrt{6}}{3}\ln\left|x + \sqrt{x^2 + \frac{8}{3}}\right| + c$$

3. $\int \frac{\sqrt{4x^4 - 1}}{\sqrt{8x^2 + 4}}\,dx$

Mit Hilfe der binomischen Formeln und durch Ausklammern läßt sich der Integrand auf die Form $\sqrt{x^2 - a^2}$ reduzieren und das Integral somit lösen.

$$a^2 = \frac{1}{2} \Rightarrow a = \sqrt{\frac{1}{2}} = \frac{\sqrt{2}}{2}$$

$$\int \frac{\sqrt{4x^4 - 1}}{\sqrt{8x^2 + 4}}\,dx =$$

$$= \int \frac{\sqrt{(2x^2 + 1)(2x^2 - 1)}}{2\sqrt{2x^2 + 1}}\,dx$$

$$= \frac{1}{2} \int \sqrt{2x^2 - 1}\,dx$$

$$= \frac{1}{2} \int \sqrt{2\left(x^2 - \frac{1}{2}\right)}\,dx$$

$$= \frac{\sqrt{2}}{4}\, x \sqrt{x^2 - \frac{1}{2}} - \frac{\sqrt{2}}{8} \ln \left| x + \sqrt{x^2 - \frac{1}{2}} \right| + c$$

4. $\int \frac{\sqrt{a^2 - x^2}}{x}\,dx$

Man substituiert:

$$x = a \cdot \sin z \Rightarrow \frac{dx}{dz} = a \cdot \cos z$$
$$\Rightarrow dx = a \cdot \cos z\, dz$$

$$x = a \cdot \sin z \Rightarrow x^2 = a^2 \cdot \sin^2 z$$

▶ $\sin^2 z = 1 - \cos^2 z$

$$\Rightarrow x^2 = a^2(1 - \cos^2 z)$$
$$= a^2 - a^2 \cdot \cos^2 z$$

$$\Rightarrow \sqrt{a^2 - x^2} = a \cdot \cos z$$

Setzt man diese Werte in den Integranden ein, so wird das Integral auf zwei bereits gelöste Formen zurückgeführt.

Nach der Integration wird $a \cdot \cos z$ wieder ersetzt, wobei folgende trigonometrische Umformung benutzt wird:

$$\tan \frac{z}{2} = \sqrt{\frac{1 - \cos z}{1 + \cos z}} = \sqrt{\frac{a - a \cdot \cos z}{a + a \cdot \cos z}}$$

Durch Erweitern mit $a - \sqrt{a^2 - x^2}$ läßt sich das Ergebnis vereinfachen.

$$\int \frac{\sqrt{a^2 - x^2}}{x}\,dx =$$

$$= \int \frac{a \cdot \cos z \cdot a \cdot \cos z}{a \cdot \sin z}\,dz$$

$$= a \cdot \int \frac{\cos^2 z}{\sin z}\,dz$$

$$= a \cdot \int \frac{1 - \sin^2 z}{\sin z}\,dz$$

$$= a \cdot \int \frac{dz}{\sin z} - a \cdot \int \sin z\, dz$$

$$= a \cdot \ln \left| \tan \frac{z}{2} \right| + a \cdot \cos z + c$$

$$= a \cdot \ln \left| \sqrt{\frac{1 - \cos z}{1 + \cos z}} \right| + a \cdot \cos z + c$$

$$= a \cdot \ln \left| \sqrt{\frac{a - \sqrt{a^2 - x^2}}{a + \sqrt{a^2 - x^2}}} \right| + \sqrt{a^2 - x^2} + c$$

$$= a \cdot \ln \left| \sqrt{\frac{(a - \sqrt{a^2 - x^2})^2}{x^2}} \right| + \sqrt{a^2 - x^2} + c$$

$$= a \cdot \ln \left| \frac{a - \sqrt{a^2 - x^2}}{x} \right| + \sqrt{a^2 - x^2} + c$$

5. $\int \frac{\sqrt{a^2 - x^2}}{x^2}\,dx$

Durch die Substitution $x = a \cdot \sin z$ läßt sich das Integral auf eine bekannte Lösung zurückführen.

$$x = a \cdot \sin z \Rightarrow z = \text{Arcsin}\,\frac{x}{a}$$

$$x^2 = a^2 \cdot \sin^2 z$$

$$\frac{dx}{dz} = a \cdot \cos z \Rightarrow dx = a \cdot \cos z\,dz$$

$$\sqrt{a^2 - x^2} = a \cdot \cos z$$

In der Lösung werden die Substitutionen wieder rückgängig gemacht, und zwar:

$$\cos z = \frac{\sqrt{a^2 - x^2}}{a}\,;\ \sin z = \frac{x}{a}$$

$$\begin{aligned}\int \frac{\sqrt{a^2 - x^2}}{x^2}\,dx &= \int \frac{a \cdot \cos z \cdot a \cdot \cos z}{a^2 \cdot \sin^2 z}\,dz\\ &= \int \frac{\cos^2 z}{\sin^2 z}\,dz\\ &= \int \frac{1 - \sin^2 z}{\sin^2 z}\,dz\\ &= \int \frac{1}{\sin^2 z}\,dz - \int dz\\ &= -\cot z - z + c\\ &= -\frac{\cos z}{\sin z} - z + c\\ &= \underline{\underline{-\frac{\sqrt{a^2 - x^2}}{x} - \text{Arcsin}\,\frac{x}{a} + c}}\end{aligned}$$

6. $\int \frac{\sqrt{x^2 - a^2}}{x^2}\,dx$

Substitution: $x = a \cdot \cosh z$

Daraus folgt: $z = \text{Arcosh}\,\frac{x}{a}$

$$dx = a \cdot \sinh z\,dz$$

$$x^2 = a^2 \cdot \cosh^2 z$$

$$\sqrt{x^2 - a^2} = a \cdot \sinh z$$

Diese Werte werden eingesetzt, das Integral wird auf zwei schon bekannte Integrale zurückgeführt.
Die entsprechenden Terme für z lauten:

$$\sinh z = \frac{\sqrt{x^2 - a^2}}{a}$$

$$\cosh z = \frac{x}{a} \Rightarrow z = \text{Arcosh}\,\frac{x}{a}$$

$$\begin{aligned}\int \frac{\sqrt{x^2 - a^2}}{x^2}\,dx &= \int \frac{a \cdot \sinh z \cdot a \cdot \sinh z}{a^2 \cdot \cosh^2 z}\,dz\\ &= \int \frac{\sinh^2 z}{\cosh^2 z}\,dz\\ &= \int \frac{\cosh^2 z - 1}{\cosh^2 z}\,dz\\ &= \int dz - \int \frac{dz}{\cosh^2 z}\\ &= z - \tanh z + c\\ &= z - \frac{\sinh z}{\cosh z} + c\\ &= \underline{\underline{\text{Arcosh}\,\frac{x}{a} - \frac{\sqrt{x^2 - a^2}}{x} + c}}\end{aligned}$$

Problem: Lösen Sie Integrale der allgemeinen Form $\int \sqrt{ax^2 + 2bx + c}\,\mathrm{d}x$ durch Zurückführung des Integranden auf die Form $\sqrt{\pm a^2 \pm z^2}$ mit Hilfe der quadratischen Ergänzung.

1. $\int \sqrt{2x^2 + 3x + 6}\,\mathrm{d}x$

$$\int \sqrt{2x^2 + 3x + 6}\,\mathrm{d}x = ?$$

$$2x^2 + 3x + 6 = 2\left(x^2 + \frac{3}{2}x + 3\right)$$

$$= 2\left[x^2 + \frac{3}{2}x + \left(\frac{3}{4}\right)^2 - \left(\frac{3}{4}\right)^2 + 3\right]$$

$$= 2\left[\left(x + \frac{3}{4}\right)^2 + \frac{39}{16}\right]$$

Man substituiert:

$$x + \frac{3}{4} = z \Rightarrow \frac{\mathrm{d}z}{\mathrm{d}x} = 1 \Rightarrow \mathrm{d}x = \mathrm{d}z$$

Das Integral $\sqrt{2} \cdot \int \sqrt{z^2 + \frac{39}{16}}\,\mathrm{d}z$ entspricht dem Typ $\int \sqrt{x^2 + a^2}\,\mathrm{d}x$, dessen Lösung bereits entwickelt wurde.

$$\int \sqrt{2x^2 + 3x + 6}\,\mathrm{d}x = \int \sqrt{2\left(z^2 + \frac{39}{16}\right)}\,\mathrm{d}z$$

$$= \sqrt{2} \cdot \int \sqrt{z^2 + \frac{39}{16}}\,\mathrm{d}z$$

$$= \frac{z\sqrt{2}}{2}\sqrt{z^2 + \frac{39}{16}} + \frac{39\sqrt{2}}{2 \cdot 16} \ln\left|z + \sqrt{z^2 + \frac{39}{16}}\right| + c$$

$$= \left(\frac{x}{2} + \frac{3}{8}\right)\sqrt{2x^2 + 3x + 6} + \frac{39\sqrt{2}}{32} \ln\left|x + \frac{3}{4} + \sqrt{x^2 + \frac{3}{2}x + 3}\right| + c$$

2. $\int \sqrt{x^2 - 2x - 3}\,\mathrm{d}x$

Umformung des Radikanden:

$$x^2 - 2x - 3 = x^2 - 2x + 1 - 1 - 3$$
$$= (x - 2x + 1) - 4$$
$$= (x - 1)^2 - 4$$
$$\mathrel{\hat{=}} z^2 - a^2$$

$$\int \sqrt{x^2 - 2x - 3}\,\mathrm{d}x = \int \sqrt{(x - 1)^2 - 4}\,\mathrm{d}x$$

$$x - 1 = z \Rightarrow \frac{\mathrm{d}z}{\mathrm{d}x} = 1 \Rightarrow \mathrm{d}x = \mathrm{d}z$$

$$\int \sqrt{x^2 - 2x - 3}\,\mathrm{d}x = \int \sqrt{z^2 - 4}\,\mathrm{d}z$$

$$\mathrel{\hat{=}} \int \sqrt{z^2 - a^2}\,\mathrm{d}z$$

$$\int \sqrt{x^2 - 2x - 3}\,\mathrm{d}x = \frac{z}{2}\sqrt{z^2 - 4} - \frac{4}{2}\ln|z + \sqrt{z^2 - 4}| + c \blacktriangleright z = x - 1$$

$$= \frac{x - 1}{2}\sqrt{x^2 - 2x - 3} - 2 \cdot \ln|x - 1 + \sqrt{x^2 - 2x - 3}| + c$$

3. $\int \sqrt{32-12x-2x^2}\,\mathrm{d}x$

Umformung des Radikanden:

$$32-12x-2x^2 = 2(16-6x-x^2)$$
$$= 2(16+3^2-3^2-6x-x^2)$$
$$= 2[25-(3+x)^2]$$
$$\mathrel{\widehat{=}} 2(a^2-z^2)$$

Die Lösung des Typs $\int \sqrt{a^2-x^2}\,\mathrm{d}x$ wurde bereits beschrieben.

$$\int \sqrt{32-12x-2x^2}\,\mathrm{d}x = \int \sqrt{2[25-(3+x)^2]}\,\mathrm{d}x$$
$$= \sqrt{2}\cdot \int \sqrt{25-(3+x)^2}\,\mathrm{d}x$$

$$3+x=z \Rightarrow \frac{\mathrm{d}z}{\mathrm{d}x}=1 \Rightarrow \mathrm{d}x=\mathrm{d}z$$

$$\int \sqrt{32-12x-2x^2}\,\mathrm{d}x = \sqrt{2}\cdot \int \sqrt{25-z^2}\,\mathrm{d}z$$
$$\mathrel{\widehat{=}} \int \sqrt{a^2-x^2}\,\mathrm{d}x$$

$$\int \sqrt{32-12x-2x^2}\,\mathrm{d}x = \sqrt{2}\left[\frac{z}{2}\sqrt{25-z^2}+\frac{25}{2}\operatorname{Arcsin}\frac{z}{5}\right]+c \blacktriangleright z=x+3$$
$$= \frac{3+x}{2}\sqrt{32-12x-2x^2}+\frac{25\sqrt{2}}{2}\operatorname{Arcsin}\frac{3+x}{5}+c$$

Merke:

Integrale vom Typ $\int \sqrt{ax^2+2bx+c}\,\mathrm{d}x$ können durch Addition und Subtraktion der quadratischen Ergänzung im Radikanden stets auf einen der Fälle

- $\int \sqrt{z^2+a^2}\,\mathrm{d}z$,
- $\int \sqrt{z^2-a^2}\,\mathrm{d}z$,
- $\int \sqrt{a^2-z^2}\,\mathrm{d}z$

zurückgeführt werden, deren Lösung bereits entwickelt wurde.

Problem: Lösen Sie die nachstehenden unbestimmten Integrale durch Zurückführung auf bekannte Grundintegrale.

1. $\int \frac{\mathrm{d}x}{\sqrt{a^2-x^2}}$

Man substituiert:

$$\frac{x}{a}=z \Rightarrow \frac{\mathrm{d}z}{\mathrm{d}x}=\frac{1}{a} \Rightarrow \mathrm{d}x=a\,\mathrm{d}z$$

$$\int \frac{\mathrm{d}x}{\sqrt{a^2-x^2}} = \int \frac{\mathrm{d}x}{\sqrt{a^2\left[1-\left(\frac{x}{a}\right)^2\right]}}$$
$$= \frac{1}{a}\int \frac{\mathrm{d}x}{\sqrt{1-\left(\frac{x}{a}\right)^2}}$$
$$= \int \frac{\mathrm{d}z}{\sqrt{1-z^2}}$$
$$= \operatorname{Arcsin} z + c \blacktriangleright z=\frac{x}{a}$$
$$= \operatorname{Arcsin}\frac{x}{a}+c$$

2. $\int \frac{dx}{\sqrt{x^2 \pm a^2}}$

Beide Integrale werden durch Ausklammern und Substitution auf die Form $\int \frac{dz}{\sqrt{z^2 \pm 1}}$ gebracht, die als Grundintegrale bereits besprochen worden sind.

$$\int \frac{dx}{\sqrt{x^2 \pm a^2}} = \int \frac{dx}{\sqrt{a^2\left[\left(\frac{x}{a}\right)^2 \pm 1\right]}}$$

$$= \frac{1}{a} \int \frac{dx}{\sqrt{\left(\frac{x}{a}\right)^2 \pm 1}}$$

$$= \int \frac{dz}{\sqrt{z^2 \pm 1}} \blacktriangleright z = \frac{x}{a}$$

In beiden Fällen lautet die Substitution:

$$\frac{x}{a} = z \Rightarrow \frac{dz}{dx} = \frac{1}{a} \Rightarrow dx = a\,dz$$

$$\int \frac{dx}{\sqrt{x^2 + a^2}} = \underline{\underline{\operatorname{Arsinh} \frac{x}{a} + c_1}}$$

$$\int \frac{dx}{\sqrt{x^2 - a^2}} = \underline{\underline{\operatorname{Arcosh} \frac{x}{a} + c_2}}$$

$$\int \frac{dx}{\sqrt{x^2 \pm a^2}} = \ln\left|\frac{x}{a} + \sqrt{\frac{x^2}{a^2} \pm 1}\right| + c_3$$

$$= \ln\left|\frac{1}{a}\left(x + \sqrt{x^2 \pm a^2}\right)\right| + c_3$$

$$= \ln\left|x + \sqrt{x^2 \pm a^2}\right| - \ln a + c_3$$

Die Konstanten $-\ln a$ und c_3 werden zu c_4 zusammengefaßt.

$$= \underline{\underline{\ln\left|x + \sqrt{x^2 \pm a^2}\right| + c_4}}$$

Merke:

$$\int \frac{dx}{\sqrt{x^2 + a^2}} = \ln\left|x + \sqrt{x^2 + a^2}\right| + c_1 = \operatorname{Arsinh} \frac{x}{a} + c_2$$

$$\int \frac{dx}{\sqrt{x^2 - a^2}} = \ln\left|x + \sqrt{x^2 - a^2}\right| + c_1 = \operatorname{Arcosh} \frac{x}{a} + c_2$$

$$\int \frac{dx}{\sqrt{a^2 - x^2}} = \operatorname{Arcsin} \frac{x}{a} + c$$

Merke:

Integrale der allgemeinen Form $\int f\left(x; \frac{1}{\sqrt{\pm x^2 \pm a^2}}\right) \mathrm{d}x$ können oft durch die nachstehenden Substitutionen auf einfachere Integrale zurückgeführt werden.

- $\int f\left(x; \frac{1}{\sqrt{a^2 - x^2}}\right) \mathrm{d}x$ ► $x = a \cdot \sin z$; $\sqrt{a^2 - x^2} = a \cdot \cos z$
- $\int f\left(x; \frac{1}{\sqrt{x^2 + a^2}}\right) \mathrm{d}x$ ► $x = a \cdot \sinh z$; $\sqrt{x^2 + a^2} = a \cdot \cosh z$
- $\int f\left(x; \frac{1}{\sqrt{x^2 - a^2}}\right) \mathrm{d}x$ ► $x = a \cdot \cosh z$; $\sqrt{x^2 - a^2} = a \cdot \sinh z$

Beispiele: Berechnen Sie die folgenden unbestimmten Integrale unter Verwendung der vorstehenden Lösungsformeln.

1. $\int \frac{4\,\mathrm{d}x}{\sqrt{8 - 6x^2}}$

$$a^2 = \frac{4}{3} \Rightarrow a = \sqrt{\frac{4}{3}} = \frac{2}{\sqrt{3}}$$

$$\int \frac{4\,\mathrm{d}x}{\sqrt{8 - 6x^2}} = 4 \cdot \int \frac{\mathrm{d}x}{\sqrt{6\left(\frac{8}{6} - x^2\right)}}$$

$$= \frac{4}{\sqrt{6}} \int \frac{\mathrm{d}x}{\sqrt{\frac{4}{3} - x^2}}$$

$$= \frac{2\sqrt{6}}{3} \operatorname{Arcsin} \frac{x\sqrt{3}}{2} + c$$

2. $\int \frac{\mathrm{d}x}{x^2\sqrt{x^2 - a^2}}$

Substitution:

$$x = a \cdot \cosh z \Rightarrow \frac{\mathrm{d}x}{\mathrm{d}z} = a \cdot \sinh z$$

$$\Rightarrow \mathrm{d}x = a \cdot \sinh z\,\mathrm{d}z$$

$$x^2 = a^2 \cdot \cosh^2 z$$

$$x^2 = a^2(1 + \sinh^2 z)$$

$$\sqrt{x^2 - a^2} = a \cdot \sinh z$$

Im Ergebnis werden $\sinh z$ und $\cosh z$ wieder ersetzt.

$$\int \frac{\mathrm{d}x}{x^2\sqrt{x^2 - a^2}} = \int \frac{a \cdot \sinh z\,\mathrm{d}z}{a^2 \cdot \cosh^2 z \cdot a \cdot \sinh z}$$

$$= \frac{1}{a^2} \int \frac{\mathrm{d}z}{\cosh^2 z}$$

$$= \frac{1}{a^2} \tanh z + c$$

$$= \frac{1}{a^2} \cdot \frac{\sinh z}{\cosh z} + c$$

$$= \frac{\sqrt{x^2 - a^2}}{a^2 x} + c$$

3. $\int \frac{\sqrt{3}\,dx}{\sqrt{12x^2+3}}$

$a^2 = \frac{1}{4} \Rightarrow a = \frac{1}{2}$

$$\int \frac{\sqrt{3}\,dx}{\sqrt{12x^2+3}} = \sqrt{3} \cdot \int \frac{dx}{\sqrt{12\left(x^2+\frac{1}{4}\right)}}$$

$$= \frac{\sqrt{3}}{\sqrt{12}} \int \frac{dx}{\sqrt{x^2+\frac{1}{4}}}$$

$$= \underline{\underline{\frac{1}{2} \ln \left| x + \sqrt{x^2+\frac{1}{4}} \right| + c}}$$

4. $\int \frac{x^2\,dx}{\sqrt{x^2+a^2}}$

$x = a \cdot \sinh z \Leftrightarrow z = \operatorname{Arsinh} \frac{x}{a}$

$x = a \cdot \sinh z \Rightarrow \frac{dx}{dz} = a \cdot \cosh z$

$\Rightarrow dx = a \cdot \cosh z\,dz$

$x^2 = a^2 \cdot \sinh^2 z$

$x^2 = a^2 \cdot (\cosh^2 z - 1)$

$\sqrt{x^2+a^2} = a \cdot \cosh z$

$$\int \frac{x^2\,dx}{\sqrt{x^2+a^2}} = \int \frac{a^2 \cdot \sinh^2 z \cdot a \cdot \cosh z\,dz}{a \cdot \cosh z}$$

$$= a^2 \cdot \int \sinh^2 z\,dz$$

$$= a^2 \left(\frac{\sinh z \cdot \cosh z}{2} - \frac{z}{2} \right) + c$$

$$= \frac{a \cdot \sinh z \cdot a \cdot \cosh z}{2} - \frac{a^2 \cdot z}{2} + c$$

$$= \underline{\underline{\frac{x}{2} \sqrt{x^2+a^2} - \frac{a^2}{2} \operatorname{Arsinh} \frac{x}{a} + c}}$$

5. $\int \frac{dx}{x\sqrt{a^2-x^2}}$

Substitution:

$x = a \cdot \sin z \Rightarrow \frac{dx}{dz} = a \cdot \cos z$

$\Rightarrow dx = a \cdot \cos z\,dz$

$x^2 = a^2 \cdot \sin^2 z$

$x^2 = a^2 (1 - \cos^2 z)$

$\sqrt{a^2-x^2} = a \cdot \cos z$

Das Endergebnis läßt sich vereinfachen mit Hilfe der Beziehungen:

$\tan \frac{z}{2} = \sqrt{\frac{1-\cos z}{1+\cos z}}$

$\sqrt{1-\cos^2 z} = \sin z$

$$\int \frac{dx}{x\sqrt{a^2-x^2}} = \int \frac{a \cdot \cos z\,dz}{a \cdot \sin z \cdot a \cdot \cos z}$$

$$= \frac{1}{a} \int \frac{dz}{\sin z}$$

$$= \frac{1}{a} \ln \left| \tan \frac{z}{2} \right| + c$$

$$= \frac{1}{a} \ln \left| \frac{\sqrt{1-\cos z}}{\sqrt{1+\cos z}} \right| + c$$

$$= \frac{1}{a} \ln \left| \frac{\sqrt{(1-\cos z)^2}}{\sqrt{1-\cos^2 z}} \right| + c$$

$$= \frac{1}{a} \ln \left| \frac{1-\cos z}{\sin z} \right| + c$$

$$= \underline{\underline{\frac{1}{a} \ln \left| \frac{a-\sqrt{a^2-x^2}}{x} \right| + c}}$$

6. $\int \frac{x\,dx}{\sqrt{a^2 - x^2}}$

$$x = a \cdot \sin z \Rightarrow \frac{dx}{dz} = a \cdot \cos z$$

$$\Rightarrow dx = a \cdot \cos z\,dz$$

$$x^2 = a^2 \sin^2 z$$

$$x^2 = a^2 (1 - \cos^2 z)$$

$$\sqrt{a^2 - x^2} = a \cdot \cos z$$

$$\int \frac{x\,dx}{\sqrt{a^2 - x^2}} = \int \frac{a \cdot \sin z \cdot a \cdot \cos z\,dz}{a \cdot \cos z}$$

$$= a \cdot \int \sin z\,dz$$

$$= -a \cdot \cos z + c$$

$$= \underline{\underline{-\sqrt{a^2 - x^2} + c}}$$

Problem: Lösen Sie die unbestimmten Integrale des allgemeinen Typs $\int \frac{dx}{\sqrt{ax^2 + 2bx + c}}$ durch Reduktion des Integranden auf die Form $\frac{1}{\sqrt{\pm x^2 \pm a^2}}$ mit Hilfe der quadratischen Ergänzung.

1. $\int \frac{dx}{\sqrt{4x^2 - 4x + 1}}$

Man setzt $x - \frac{1}{2} = z$ und erhält ein Integral der Form $\int \frac{1}{z}\,dz = \ln z + c$

$$\int \frac{dx}{\sqrt{4x^2 - 4x + 1}} = \int \frac{dx}{\sqrt{4\left(x - \frac{1}{2}\right)^2}}$$

$$= \int \frac{dx}{2\left(x - \frac{1}{2}\right)}$$

$$= \underline{\underline{\frac{1}{2} \ln \left|x - \frac{1}{2}\right| + c}}$$

2. $\int \frac{dx}{\sqrt{4x^2 + 8x + 12}}$

Die Lösung führt auf das Integral

$$\int \frac{dx}{\sqrt{x^2 + a^2}} = \ln\left|x + \sqrt{x^2 + a^2}\right| + c$$

dessen Lösungsweg bereits aufgezeigt wurde.

Substitution:

$$x + 1 = z \Rightarrow \frac{dz}{dx} = 1 \Rightarrow dx = dz$$

$$2 = a^2 \Rightarrow \sqrt{2} = a$$

$$\int \frac{dx}{\sqrt{4x^2 + 8x + 12}} = \int \frac{dx}{\sqrt{4(x^2 + 2x + 3)}}$$

$$= \frac{1}{2} \int \frac{dx}{\sqrt{x^2 + 2x + 1 - 1 + 3}}$$

$$= \frac{1}{2} \int \frac{dx}{\sqrt{(x + 1)^2 + 2}}$$

$$= \frac{1}{2} \int \frac{dx}{\sqrt{z^2 + a^2}}$$

$$= \underline{\underline{\frac{1}{2} \ln\left|x + 1 + \sqrt{x^2 + 2x + 3}\right| + c}}$$

3. $\displaystyle\int \frac{dx}{\sqrt{2-4x-x^2}}$

Die Umformung führt auf das Grundintegral

$$\int \frac{dx}{\sqrt{a^2-x^2}} = \operatorname{Arcsin}\frac{x}{a} + c$$

Substitution:

$$x+2=z \Rightarrow \frac{dz}{dx} = 1 \Rightarrow dx = dz$$

$$6 = a^2 \Rightarrow \sqrt{6} = a$$

$$\int \frac{dx}{\sqrt{2-4x-x^2}} = \int \frac{dx}{\sqrt{2-(x^2+4x+4-4)}}$$
$$= \int \frac{dx}{\sqrt{2-(x+2)^2+4}}$$
$$= \int \frac{dx}{\sqrt{6-(x+2)^2}}$$
$$= \int \frac{dz}{\sqrt{6-z^2}}$$
$$= \operatorname{Arcsin}\frac{z}{\sqrt{6}} + c$$
$$= \operatorname{Arcsin}\frac{x+2}{\sqrt{6}} + c$$

4. $\displaystyle\int \frac{dx}{\sqrt{2x^2-4x-10}}$

Die Umformung führt zurück auf das Grundintegral

$$\int \frac{dx}{\sqrt{x^2-a^2}} = \ln|x+\sqrt{x^2-a^2}| + c$$

Substitution:

$$x-1=z \Rightarrow \frac{dz}{dx} = 1 \Rightarrow dx = dz$$

$$6 = a^2 \Rightarrow \sqrt{6} = a$$

$$\int \frac{dx}{\sqrt{2x^2-4x-10}} = \int \frac{dx}{\sqrt{2(x^2-2x-5)}}$$
$$= \frac{1}{\sqrt{2}} \int \frac{dx}{\sqrt{x^2-2x+1-1-5}}$$
$$= \frac{\sqrt{2}}{2} \int \frac{dx}{\sqrt{(x-1)^2-6}}$$
$$= \frac{\sqrt{2}}{2} \int \frac{dz}{\sqrt{z^2-6}}$$
$$= \frac{\sqrt{2}}{2} \ln|z+\sqrt{z^2-6}| + c$$
$$= \frac{\sqrt{2}}{2} \ln|x-1+\sqrt{x^2-2x-5}| + c$$

Merke:

Integrale vom Typ $\displaystyle\int \frac{dx}{\sqrt{ax^2+2bx+c}}$ können durch Addition und Subtraktion der quadratischen Ergänzung im Radikanden stets auf eine der folgenden Normalformen gebracht werden, deren Lösungen bereits vorher entwickelt wurden:

- $\displaystyle\int \frac{dz}{\sqrt{z^2+a^2}}$
- $\displaystyle\int \frac{dz}{\sqrt{z^2-a^2}}$
- $\displaystyle\int \frac{dz}{\sqrt{a^2-z^2}}$

[illegible]gration

Viele Integrale, bei den[illegible]ode nicht anwenden läßt, können durch geeignete Zerlegung de[illegible]en und anschließende Integration gelöst werden.

Aus der Differentialrech[illegible] duktregel bekannt, die einen Lösungsweg zur Differentiation eines Produktes $u(x) \cdot v(x)$ angibt.
Kehrt man die Produktregel der Differentialrechnung um, indem man beide Seiten der differenzierten Funktionsgleichung integriert, so läßt sich eine Gleichung entwickeln, die eine partielle (teilweise) Integration ihrer Glieder ermöglicht.

$$[illegible] = u(x) \cdot v(x) \Rightarrow f'(x) = [u(x) \cdot v(x)]'$$

$$[u(x) \cdot v(x)]' = u(x) \cdot v'(x) + u'(x) \cdot v(x)$$

$$\int [u(x) \cdot v(x)]' \,\mathrm{d}x = \int [u(x) \cdot v'(x) + u'(x) \cdot v(x)] \,\mathrm{d}x$$

$$u(x) \cdot v(x) = \int u(x) \cdot v'(x) \,\mathrm{d}x + \int u'(x) \cdot v(x) \,\mathrm{d}x$$

$$\int u(x) \cdot v'(x) \,\mathrm{d}x = u(x) \cdot v(x) - \int u'(x) \cdot v(x) \,\mathrm{d}x$$

Merke:

Für zwei im Intervall $[a, b]$ differenzierbare Funktionen $u = \langle u \mapsto u(x) \rangle$ und $v = \langle v \mapsto v(x) \rangle$ gilt folgende Integrationsregel:

$$\int_a^b u(x) \cdot v'(x) \,\mathrm{d}x = u(x) \cdot v(x) - \int_a^b u'(x) \cdot v(x) \,\mathrm{d}x$$

Anmerkung: Durch die entwickelte Formel kann man also ein Integral $\int u(x) \cdot v'(x) \,\mathrm{d}x$ in ein Integral $\int u'(x) \cdot v(x) \,\mathrm{d}x$ umwandeln. Die Anwendung dieser Lösungsformel hat jedoch nur dann Sinn, wenn das neu entstehende Integral $\int u'(x) \cdot v(x) \,\mathrm{d}x$ leichter lösbar ist, als das Ausgangsintegral $\int u(x) \cdot v'(x) \,\mathrm{d}x$. Welchen Faktor man gleich $u(x)$ und welchen man gleich $v'(x)$ setzt, muß ausprobiert werden.
Man bezeichnet diese Lösungsmethode als partielle (teilweise) Integration bzw. als Produktintegration.

Beispiel: Überprüfen Sie die Lösungsformel für die partielle Integration am Integral $\int x^7 \,\mathrm{d}x$ durch Zerlegung des Integranden in die Faktoren x^3 und x^4.

Man zerlegt $f(x) = x^7$ in ein Produkt $x^3 \cdot x^4$ entsprechend $u(x) \cdot v'(x)$, d. h. man setzt $u(x) = x^3$ und $v'(x) = x^4$.

$$\int u(x) \cdot v'(x) \,\mathrm{d}x = u(x) \cdot v(x) - \int u'(x) \cdot v(x) \,\mathrm{d}x$$

$$\int x^7 \,\mathrm{d}x = \int x^3 \cdot x^4 \,\mathrm{d}x = \int u(x) \cdot v'(x) \,\mathrm{d}x$$

Aus $u(x) = x^3$ läßt sich durch Differenzieren $u'(x) = 3x^2$ bilden, aus $v'(x) = x^4$ erhält man $v(x) = \frac{x^5}{5} + c_1$ durch Integration.

$$u(x) = x^3 \Rightarrow u'(x) = 3x^2$$

$$v'(x) = x^4 \Rightarrow v(x) = \int x^4 \, dx = \frac{x^5}{5} + c_1$$

Da jetzt alle Terme für die Lösungsformel, nämlich $u(x)$, $u'(x)$, $v(x)$ und $v'(x)$ vorliegen, kann eingesetzt und ausgerechnet werden. Die Ausrechnung führt nach Zusammenfassung der Integrationskonstanten c_2 und c_3 zu dem gleichen Ergebnis wie bei der direkten Lösung, nämlich auf:

$$\int x^7 \, dx = \frac{x^8}{8} + c$$

$$\int u(x) \cdot v'(x) \, dx = u(x) \cdot v(x) - \int u'(x) \cdot v(x) \, dx$$

$$\int x^3 \cdot x^4 \, dx = x^3 \cdot \left(\frac{x^5}{5} + c_1\right) - \int 3x^2 \cdot \left(\frac{x^5}{5} + c_1\right) dx$$

$$= \frac{x^8}{5} + x^3 \cdot c_1 - \int \left(\frac{3}{5} x^7 + 3x^2 \cdot c_1\right) dx$$

$$= \frac{x^8}{5} + x^3 \cdot c_1 - \frac{3}{5} \cdot \frac{x^8}{8} + c_2 - 3c_1 \frac{x^3}{3} + c_3$$

$$= \frac{1}{5} x^8 - \frac{3}{40} x^8 + c_2 + c_3 \blacktriangleright c_2 + c_3 = c$$

$$= \underline{\underline{\frac{x^8}{8} + c}}$$

Beispiel: Lösen Sie das Integral $\int x \cdot \sin x \, dx$ mit Hilfe der Methode der partiellen Integration.

Man wählt $x = u(x)$ und $\sin x = v'(x)$ und berechnet $u'(x)$ sowie $v(x)$. Damit sind alle Terme der Lösungsformel bestimmt und können eingesetzt werden.

Die Integrationskonstanten werden zusammengefaßt mit $c = c_2 - c_3$.

$$\int x \cdot \sin x \, dx = \int u(x) \cdot v'(x) \, dx$$

$$u(x) = x \Rightarrow u'(x) = 1$$

$$v'(x) = \sin x \Rightarrow v(x) = \int \sin x \, dx = -\cos x + c_1$$

$$\int u(x) \cdot v'(x) \, dx = u(x) \cdot v(x) - \int u'(x) \cdot v(x) \, dx$$

$$\int x \cdot \sin x \, dx = x \cdot (-\cos x + c_1) - \int 1 \cdot (-\cos x + c_1) \, dx$$

$$= -x \cdot \cos x + c_1 \cdot x + \sin x + c_2 - (c_1 \cdot x + c_3)$$

$$= -x \cdot \cos x + \sin x + c_1 x - c_1 x + c_2 - c_3 \blacktriangleright c_2 - c_3 = c$$

$$= \underline{\underline{-x \cdot \cos x + \sin x + c}}$$

Beispiele: Lösen Sie die nachfolgenden Integrale durch partielle Integration unter Verwendung der abgeleiteten Lösungsformel.

1. $\int \ln x \, dx$

$$\int \ln x \, dx = \int u(x) \cdot v'(x) \, dx$$

$$u(x) = \ln x \Rightarrow u'(x) = \frac{1}{x}$$

$$v'(x) = 1 \Rightarrow v(x) = \int dx = x + c_1$$

$$\int u(x) \cdot v'(x) \, dx = u(x) \cdot v(x) - \int u'(x) \cdot v(x) \, dx$$

$$\int \ln x \cdot 1 \, dx = \ln x \cdot (x + c_1) - \int \frac{1}{x} \cdot (x + c_1) \, dx$$

$$= x \cdot \ln x + c_1 \cdot \ln x - \int dx - c_1 \cdot \int \frac{dx}{x}$$

Das Integral $\int \frac{dx}{x} = \ln x + c_3$ ist ein früher gelöstes Grundintegral. Die Konstanten werden mit $-c_2 - c_3 = c$ zusammengefaßt.

$$= x \cdot \ln x + c_1 \cdot \ln x - (x + c_2) - (c_1 \cdot \ln x + c_3)$$

$$= x \cdot \ln x - x + c$$

$$= \underline{\underline{x(\ln x - 1) + c}}$$

2. $\int \operatorname{Arctan} x \, dx$

$$\int \operatorname{Arctan} x \, dx = \int u(x) \cdot v'(x) \, dx$$

$$u(x) = \operatorname{Arctan} x \Rightarrow u'(x) = \frac{1}{1 + x^2}$$

$$v'(x) = 1 \Rightarrow v(x) = \int dx = x + c_1$$

$$\int \operatorname{Arctan} x \, dx = \operatorname{Arctan} x \cdot (x + c_1) - \int \frac{x + c_1}{1 + x^2} \, dx$$

$$= x \operatorname{Arctan} x + c_1 \operatorname{Arctan} x - \int \frac{x}{1 + x^2} \, dx - c_1 \int \frac{dx}{1 + x^2}$$

Das Integral $\int \frac{x \, dx}{1 + x^2}$ wurde bereits gelöst:

$$\int \frac{x \, dx}{1 + x^2} = \frac{1}{2} \int \frac{2x \, dx}{1 + x^2} = \frac{1}{2} \int \frac{f'(x)}{f(x)} \, dx$$

$$= \frac{1}{2} \ln |f(x)| + c_2$$

$$= \frac{1}{2} \ln (1 + x^2) + c_2$$

$$= x \operatorname{Arctan} x + c_1 \operatorname{Arctan} x - \left[\frac{1}{2} \ln (1 + x^2) + c_2\right] + \\ - (c_1 \cdot \operatorname{Arctan} x + c_3)$$

Man faßt die Integrationskonstanten zusammen, und zwar:

$$-c_2 - c_3 = c$$

$$= \underline{\underline{x \cdot \operatorname{Arctan} x - \frac{1}{2} \ln (1 + x^2) + c}}$$

3. $\int x \cdot \cos x \,\mathrm{d}x$

$$\int x \cdot \cos x \,\mathrm{d}x = \int u(x) \cdot v'(x) \,\mathrm{d}x$$

Würde man umgekehrt $u(x) = \cos x$ und $v'(x) = x$ setzen, so entstünde ein schwierigeres Integral als das gegebene.

$$u(x) = x \Rightarrow u'(x) = 1$$

$$v'(x) = \cos x \Rightarrow v(x) = \int \cos x \,\mathrm{d}x = \sin x + c_1$$

$$\int \sin x \,\mathrm{d}x = -\cos x + c_2$$

$$\int x \cdot \cos x \,\mathrm{d}x = x \cdot (\sin x + c_1) - \int 1 \cdot (\sin x + c_1) \,\mathrm{d}x$$

$$= x \cdot \sin x + c_1 \cdot x - \int \sin x \,\mathrm{d}x - c_1 \cdot \int \mathrm{d}x$$

Zur Vereinfachung bildet man:

$$-c_2 - c_3 = c$$

$$= x \cdot \sin x + c_1 x - (-\cos x + c_2) - (c_1 x + c_3)$$

$$= \underline{\underline{x \cdot \sin x + \cos x + c}}$$

4. $\int x^3 \cdot \ln x \,\mathrm{d}x$

$$\int x^3 \cdot \ln x \,\mathrm{d}x = \int u(x) \cdot v'(x) \,\mathrm{d}x$$

$$u(x) = \ln x \Rightarrow u'(x) = \frac{1}{x}$$

$$v'(x) = x^3 \Rightarrow v(x) = \int x^3 \,\mathrm{d}x = \frac{x^4}{4} + c_1$$

$$\int x^3 \cdot \ln x \,\mathrm{d}x = \ln x \cdot \left(\frac{x^4}{4} + c_1\right) - \int \frac{1}{x} \cdot \left(\frac{x^4}{4} + c_1\right) \mathrm{d}x$$

$$= \frac{x^4}{4} \ln x + c_1 \cdot \ln x - \int \frac{x^3}{4} \,\mathrm{d}x - c_1 \cdot \int \frac{\mathrm{d}x}{x}$$

Die Terme $c_1 \cdot \ln x - c_1 \cdot \ln x$ ergeben Null.

Die Integrationskonstanten werden zusammengefaßt: $c = -c_2 - c_3$

$$= \frac{x^4}{4} \ln x + c_1 \cdot \ln x - \left(\frac{x^4}{16} + c_2\right) - (c_1 \cdot \ln x + c_3)$$

$$= \frac{x^4}{4} \ln x - \frac{x^4}{16} + c$$

$$= \underline{\underline{\frac{x^4}{4} \left(\ln |x| - \frac{1}{4}\right) + c}}$$

5. $\int x \cdot e^x \, dx$

$$\int x \cdot e^x \, dx = \int u(x) \cdot v'(x) \, dx$$

$u(x) = x \Rightarrow u'(x) = 1$

$v'(x) = e^x \Rightarrow v(x) = \int e^x \, dx = e^x + c_1$

$$= x \cdot (e^x + c_1) - \int 1 \cdot (e^x + c_1) dx$$

$$= x \cdot e^x + c_1 \cdot x - \int e^x \, dx - c_1 \cdot \int dx$$

$$= x \cdot e^x + c_1 \cdot x - (e^x + c_2) - (c_1 \cdot x + c_3)$$

$- c_2 - c_3 = c$

$$= x \cdot e^x - e^x + c$$

$$= \underline{\underline{e^x (x - 1) + c}}$$

6. $\int \text{Arcsin}\, x \, dx$

$$\int \text{Arcsin}\, x \, dx = \int u(x) \cdot v'(x) \, dx$$

$$u(x) = \text{Arcsin}\, x \Rightarrow u'(x) = \frac{1}{\sqrt{1 - x^2}}\,; \; v'(x) = 1 \Rightarrow v(x) = \int dx = x + c_1$$

$$\int \text{Arcsin}\, x \, dx = \text{Arcsin}\, x \cdot (x + c_1) - \int \frac{x + c_1}{\sqrt{1 - x^2}} \, dx$$

$$= x \cdot \text{Arcsin}\, x + c_1 \cdot \text{Arcsin}\, x - \int \frac{x \, dx}{\sqrt{1 - x^2}} - c_1 \cdot \int \frac{dx}{\sqrt{1 - x^2}}$$

$$= x \cdot \text{Arcsin}\, x + c_1 \cdot \text{Arcsin}\, x - (-\sqrt{1 - x^2} + c_2) - (c_1 \cdot \text{Arcsin}\, x + c_3)$$

$$= \underline{\underline{x \cdot \text{Arcsin}\, x + \sqrt{1 - x^2} + c}}$$

Beispiel: Berechnen Sie $\int \frac{x^3}{e^x} \, dx = \int x^3 \cdot e^{-x} \, dx$ durch wiederholte Anwendung der partiellen Integration und differenzieren Sie die Lösung als Probe.

1. Schritt

$$\int x^3 \cdot e^{-x} \, dx = \int u_1(x) \cdot v_1'(x) \, dx$$

$$u_1(x) = x^3 \Rightarrow u_1'(x) = 3x^2; \; v_1'(x) = e^{-x} \Rightarrow v_1(x) = \int e^{-x} \, dx = -e^{-x} + c_1$$

$$\int x^3 \cdot e^{-x} \, dx = x^3 \cdot (-e^{-x} + c_1) - \int 3x^2 \cdot (-e^{-x} + c_1) \, dx$$

$$= -x^3 \cdot e^{-x} + c_1 \cdot x^3 - \int -3x^2 \cdot e^{-x} \, dx - 3c_1 \cdot \int x^2 \, dx$$

$$\int x^3 \cdot e^{-x}\,dx = -x^3 \cdot e^{-x} + c_1 \cdot x^3 + 3 \cdot \int x^2 \cdot e^{-x}\,dx - c_1 \cdot x^3 - c_2$$

$$= \underline{-x^3 \cdot e^{-x} + 3 \cdot \int x^2 \cdot e^{-x}\,dx - c_2}$$

Wendet man die partielle Integration auf das zu lösende Integral an, so verbleibt das Integral $\int x^2 \cdot e^{-x}\,dx$. Dieses Integral wird in einem zweiten Schritt als neue Aufgabe betrachtet und soll ebenfalls mit Hilfe der partiellen Integration gelöst werden.

2. Schritt $\quad \int x^2 \cdot e^{-x}\,dx = \int u_2(x) \cdot v_2'(x)\,dx$

$$u_2(x) = x^2 \Rightarrow u_2'(x) = 2x;\; v_2'(x) = e^{-x} \Rightarrow v_2(x) = \int e^{-x}\,dx = -e^{-x} + c_3$$

$$\int x^2 \cdot e^{-x}\,dx = x^2 \cdot (-e^{-x} + c_3) - \int 2x \cdot (-e^{-x} + c_3)\,dx$$

$$= -x^2 \cdot e^{-x} + c_3 \cdot x^2 + 2 \cdot \int x \cdot e^{-x}\,dx - 2c_3 \cdot \int x\,dx$$

$$= -x^2 \cdot e^{-x} + c_3 \cdot x^2 + 2 \cdot \int x \cdot e^{-x}\,dx - c_3 \cdot x^2 - c_4$$

$$= \underline{-x^2 \cdot e^{-x} + 2 \cdot \int x \cdot e^{-x}\,dx - c_4}$$

Die partielle Integration von $\int x^2 \cdot e^{-x}\,dx$ führt auch noch nicht zur endgültigen Lösung. Man sieht jedoch, daß sich der Term x^3 im ersten Schritt auf x^2 und im zweiten Schritt auf x reduziert hat. Es ist daher zu vermuten, daß in einem dritten Schritt eine Lösung möglich ist.

3. Schritt $\quad \Big| \int x \cdot e^{-x}\,dx = \int u_3(x) \cdot v_3'(x)\,dx$

$$u_3(x) = x \Rightarrow u_3'(x) = 1;\; v_3'(x) = e^{-x} \Rightarrow v_3(x) = \int e^{-x}\,dx = -e^{-x} + c_5$$

$$\int x \cdot e^{-x}\,dx = x \cdot (-e^{-x} + c_5) - \int 1 \cdot (-e^{-x} + c_5)\,dx$$

$$= -x \cdot e^{-x} + c_5 \cdot x + \int e^{-x}\,dx - c_5 \cdot \int dx$$

$$= -x \cdot e^{-x} + c_5 \cdot x + (-e^{-x} + c_6) - c_5 \cdot x - c_7$$

$$= \underline{-x \cdot e^{-x} - e^{-x} + c_6 - c_7}$$

Die Teilergebnisse werden zusammengefaßt und ergeben, wenn man den gemeinsamen Faktor $(-e^{-x})$ ausklammert, eine übersichtliche Lösung.
Die Integrationskonstante c ist die Zusammenfassung aller Konstanten der Teilintegrationen und lautet $c = -c_2 - 3c_4 + 6c_6 - 6c_7$

$$\begin{aligned}
\int x^3 \cdot e^{-x}\,dx &= -x^3 \cdot e^{-x} - c_2 + 3 \cdot \int x^2 \cdot e^{-x}\,dx \\
&= -x^3 \cdot e^{-x} - c_2 + 3 \cdot (-x^2 \cdot e^{-x} + 2 \cdot \int x \cdot e^{-x}\,dx - c_4) \\
&= -x^3 \cdot e^{-x} - c_2 - 3x^2 \cdot e^{-x} - 3c_4 + 6 \cdot \int x \cdot e^{-x}\,dx \\
&= -x^3 \cdot e^{-x} - 3x^2 \cdot e^{-x} - c_2 - 3c_4 + 6 \cdot (-x \cdot e^{-x} - e^{-x} + c_6 - c_7) \\
&= -x^3 \cdot e^{-x} - 3x^2 \cdot e^{-x} - 6x \cdot e^{-x} - 6 \cdot e^{-x} - c_2 - 3c_4 + 6c_6 - 6c_7 \\
&= \underline{\underline{-e^{-x} \cdot (x^3 + 3x^2 + 6x + 6) + c}}
\end{aligned}$$

Zur Durchführung der Probe differenziert man die Lösung mit Hilfe der Produktregel.

Probe:

$$\begin{aligned}
f(x) &= -e^{-x} \cdot (x^3 + 3x^2 + 6x + 6) + c \\
&= u(x) \cdot v(x) \\
f'(x) &= e^{-x} \cdot (x^3 + 3x^2 + 6x + 6) + \\
&\quad - e^{-x} \cdot (3x^2 + 6x + 6) \\
&= \underline{\underline{e^{-x} \cdot x^3}}
\end{aligned}$$

Die Lösung ist richtig, denn die Probe führt auf den Integranden.

Beispiel: Berechnen Sie $\int x^2 \cdot \sin(3x)\,dx$ durch wiederholte Anwendung der partiellen Integration.

In einer ersten Integrationsstufe läßt sich der Faktor x^2 auf x reduzieren, so daß aus dem Term $x^2 \cdot \sin(3x)$ der Term $x \cdot \cos(3x)$ entsteht.

$$\int x^2 \cdot \sin(3x)\,dx = \int u_1(x) \cdot v_1'(x)\,dx$$

$$u_1(x) = x^2 \Rightarrow u_1'(x) = 2x; \quad v_1'(x) = \sin(3x) \Rightarrow v_1(x) = \int \sin(3x)\,dx = -\frac{1}{3}\cos(3x) + c_1$$

$$\int x^2 \cdot \sin(3x)\,dx = x^2 \cdot \left[-\frac{1}{3}\cos(3x) + c_1\right] - \int 2x \cdot \left[-\frac{1}{3}\cos(3x) + c_1\right] dx$$

$$= -\frac{x^2}{3}\cos(3x) + c_1 \cdot x^2 + \frac{2}{3}\int x \cdot \cos(3x)\,dx - 2c_1 \cdot \int x\,dx$$

$$= -\frac{x^2}{3}\cos(3x) + \frac{2}{3}\int x \cdot \cos(3x)\,dx - c_2$$

Auf dieses Produkt $x \cdot \cos(3x)$ wird das Verfahren nochmals angewandt. Das Ergebnis der zweiten Produktintegration wird schließlich in die Ausgangszeile eingesetzt.

$$\int x \cdot \cos(3x)\,dx = \int u_2(x) \cdot v_2'(x)\,dx$$

$$u_2(x) = x \Rightarrow u_2'(x) = 1$$

$$v_2'(x) = \cos(3x) \Rightarrow v_2(x) = \int \cos(3x)\,dx$$

$$= \frac{1}{3}\sin(3x) + c_3$$

$$\int x \cdot \cos(3x)\,dx =$$

$$= x \cdot \left[\frac{1}{3}\sin(3x) + c_3\right] - \int 1 \cdot \left[\frac{1}{3}\sin(3x) + c_3\right] dx$$

$$= \frac{x}{3}\sin(3x) + c_3 x - \frac{1}{3}\int \sin(3x)\,dx - c_3 \int dx$$

$$= \frac{x}{3}\sin(3x) + \frac{1}{9}\cos(3x) - c_4$$

Gegebenenfalls muß die partielle Integration bei ähnlichen Aufgaben so oft angewandt werden, bis ein lösbares Integral übrig bleibt.

Das Gesamtergebnis erhält man durch die Zusammenfassung der beiden Teillösungen.

$$\int x^2 \cdot \sin(3x)\,dx = -\frac{x^2}{3}\cos(3x) + \frac{2}{3}\int x \cdot \cos(3x)\,dx - c_2$$

$$= -\frac{x^2}{3}\cos(3x) + \frac{2}{3}\left[\frac{x}{3}\sin(3x) + \frac{1}{9}\cos(3x) - c_4\right] - c_2$$

$$= -\frac{x^2}{3}\cos(3x) + \frac{2x}{9}\sin(3x) + \frac{2}{27}\cos(3x) - \frac{2}{3}c_4 - c_2 \quad \blacktriangleright -\frac{2}{3}c_4 - c_2 = c$$

$$= -\frac{x^2}{3}\cos(3x) + \frac{2x}{9}\sin(3x) + \frac{2}{27}\cos(3x) + c$$

Problem: Berechnen Sie das Integral $\int \frac{\ln x}{x}\, dx$ mit der Methode der partiellen Integration.

Die partielle Integration ergibt auf der rechten Seite der Gleichung erneut das Ausgangsintegral, das gelöst werden sollte.

$$\int \ln x \cdot \frac{1}{x}\, dx = \int u(x) \cdot v'(x)\, dx$$

$$u(x) = \ln x \Rightarrow u'(x) = \frac{1}{x}$$

$$v'(x) = \frac{1}{x} \quad \Rightarrow v(x) \;= \int \frac{dx}{x} = \ln x + c_1$$

$$\int \ln x \cdot \frac{1}{x}\, dx =$$

$$= \ln x (\ln x + c_1) - \int \frac{1}{x} (\ln x + c_1)\, dx$$

Man bringt $-\int \ln x \cdot \frac{1}{x}\, dx$ auf die linke Seite der Gleichung und erhält dort $2 \cdot \int \ln x \cdot \frac{1}{x}\, dx$. Die Lösung erhält man nach Division durch 2 und Zusammenfassung der Konstanten, d.h. $-\frac{c_2}{2} = c$.

$$= \ln^2 x + c_1 \cdot \ln x - \int \ln x \cdot \frac{1}{x}\, dx - c_1 \cdot \int \frac{dx}{x}$$

$$2 \cdot \int \ln x \cdot \frac{1}{x}\, dx = \ln^2 x + c_1 \cdot \ln x - c_1 \cdot \ln x - c_2$$

$$\int \ln x \cdot \frac{1}{x} \cdot dx = \underline{\underline{\frac{1}{2} \ln^2 x + c}}$$

Merke:

> Führt die Lösungsformel der partiellen Integration zu einer Gleichung, die das zu lösende Integral erneut enthält, so ergibt sich die Lösung durch algebraische Umformung.

Beispiele:

1. $I = \int \cos^2 x\, dx$

$$\int \cos^2 x\, dx = \int \cos x \cdot \cos x\, dx = \int u(x) \cdot v'(x)\, dx$$

$$u(x) \;= \cos x \Rightarrow u'(x) = -\sin x$$

$$v'(x) = \cos x \Rightarrow v(x) \;= \int \cos x\, dx = \sin x + c_1$$

Die partielle Integration führt zu dem Integral $\int \sin^2 x\, dx$, das umgeformt wird.

$$\int \cos^2 x\, dx = I = \cos x \cdot (\sin x + c_1) - \int -\sin x \cdot (\sin x + c_1)\, dx$$

$$= \cos x \sin x + c_1 \cdot \cos x + \int \sin^2 x\, dx + c_1 \cdot \int \sin x\, dx$$

Setzt man $\sin^2 x = 1 - \cos^2 x$, so erhält man auch auf der rechten Seite das gegebene Integral $I = \int \cos^2 x \, dx$.

$$\int \cos^2 x \, dx = I = \cos x \sin x + c_1 \cdot \cos x + \int (1 - \cos^2 x) \, dx - c_1 \cdot \cos x + c_2$$

$$= \cos x \sin x + \int dx - \int \cos^2 x \, dx + c_2$$

$$= \cos x \sin x + x + c_3 - I + c_2$$

Bringt man I auf die linke Seite, so ergibt sich die Lösung, indem man die Gleichung durch 2 teilt.

Man vereinfacht durch:

$$\frac{1}{2} \cdot \frac{1}{2} \cdot 2 \cos x \sin x = \frac{1}{4} \sin(2x);$$

$$2 \cdot I = \cos x \sin x + x + c_2 + c_3 \quad \blacktriangleright \frac{c_2}{2} + \frac{c_3}{2} = c$$

$$I = \frac{1}{2} \cos x \sin x + \frac{x}{2} + c$$

$$\underline{\underline{\int \cos^2 x \, dx = \frac{1}{4} \sin(2x) + \frac{x}{2} + c}}$$

2. $I = \int \cosh x \cos x \, dx$

Die Produktintegration muß zweimal angewandt werden. Dann tritt wieder das Integral auf, das zu berechnen ist.

$$I = \int \cosh x \cos x \, dx = \int u_1(x) \cdot v_1'(x) \, dx$$

$$u_1(x) = \cosh x \Rightarrow u_1'(x) = \sinh x$$

$$v_1'(x) = \cos x \Rightarrow v_1(x) = \int \cos x \, dx = \sin x + c_1$$

$$\int \cosh x \cos x \, dx = I = \cosh x (\sin x + c_1) - \int \sinh x \cdot (\sin x + c_1) \, dx$$

$$= \cosh x \sin x + c_1 \cdot \cosh x - \int \sinh x \sin x \, dx - c_1 \cdot \int \sinh x \, dx$$

$$= \cosh x \sin x + c_1 \cdot \cosh x - \int \sinh x \sin x \, dx - c_1 \cdot \cosh x - c_2$$

$$\underline{= \cosh x \sin x - \int \sinh x \sin x \, dx - c_2}$$

Auf das verbleibende Integral wird erneut die Produktintegration angewendet.

$$\int \sinh x \cdot \sin x \, dx = \int u_2(x) \cdot v_2'(x)$$

$$u_2(x) = \sinh x \Rightarrow u_2'(x) = \cosh x; \quad v_2'(x) = \sin x \Rightarrow v_2(x) = \int \sin x \, dx = -\cos x + c_3$$

$$\int \sinh x \cdot \sin x \, dx = \sinh x \cdot (-\cos x + c_3) - \int \cosh x \cdot (-\cos x + c_3) \, dx$$

$$= -\sinh x \cos x + c_3 \cdot \sinh x - \int -\cosh x \cos x \, dx - c_3 \cdot \sinh x - c_4$$

$$= -\sinh x \cos x + I - c_4$$

Man setzt nun in das Ergebnis der ersten Produktintegration die o.a. Lösung für $\int \sinh x \cdot \sin x \, dx$ ein.

Die Integrationskonstanten werden zusammengefaßt: $\frac{c_4}{2} - \frac{c_2}{2} = c$

Die Auflösung der Gleichung nach I führt zu dem gesuchten Ergebnis.

$$I = \cosh x \sin x - \int \sinh x \sin x \, dx - c_2$$
$$= \cosh x \sin x - (-\sinh x \cos x + I - c_4) - c_2$$
$$= \cosh x \sin x + \sinh x \cos x - I + c_4 - c_2$$
$$2 \cdot I = \cosh x \sin x + \sinh x \cos x + c_4 - c_2$$
$$I = \frac{1}{2} (\cosh x \sin x + \sinh x \cos x) + c$$

3. $I = \int \frac{\ln^2 x}{x} \, dx$

$$I = \int \frac{\ln^2 x}{x} \, dx = \int \ln x \cdot \frac{\ln x}{x} \, dx = \int u(x) \cdot v'(x) \, dx$$

Das Teilintegral $\int \frac{\ln x}{x} \, dx$ entspricht der Form

$$\int f(x) \cdot f'(x) \, dx = \frac{1}{2} [f(x)]^2 + c.$$

$$u(x) = \ln x \Rightarrow u'(x) = \frac{1}{x}$$

$$v'(x) = \frac{\ln x}{x} \Rightarrow v(x) = \int \frac{\ln x}{x} \, dx = \frac{1}{2} \ln^2 x + c_1$$

Bei Anwendung der partiellen Integration ergibt sich für $\int u'(x) \cdot v(x) \, dx$ die Hälfte des Ausgangsintegrals.

$$I = \ln x \cdot \left(\frac{1}{2} \ln^2 x + c_1\right) - \int \frac{1}{x} \left(\frac{1}{2} \ln^2 x + c_1\right) dx$$
$$= \frac{1}{2} \ln^3 x + c_1 \cdot \ln x - \frac{1}{2} \int \frac{\ln^2 x}{x} \, dx - c_1 \cdot \int \frac{dx}{x}$$
$$= \frac{1}{2} \ln^3 x + c_1 \cdot \ln x - \frac{1}{2} I - c_1 \cdot \ln x - c_2$$

Nach Umformung erhält man auf einer Seite der Gleichung $\frac{3}{2} I$ und nach Multiplikation mit $\frac{2}{3}$ das gesuchte I.

$$\frac{3}{2} I = \frac{1}{2} \ln^3 x - c_2 \quad ▶ \quad -\frac{2}{3} c_2 = c$$

$$I = \int \frac{\ln^2 x}{x} \, dx = \frac{1}{3} \ln^3 |x| + c$$

4. $I = \int \cos(3x) \cdot e^{-2x} \, dx$

$$I = \int \cos(3x) \cdot e^{-2x} \, dx = \int u(x) \cdot v'(x) \, dx$$

Durch zweimalige Produktintegration erhält man eine Gleichung für das gesuchte Integral.

$$u(x) = \cos(3x) \Rightarrow u'(x) = -3 \cdot \sin(3x)$$

$$v'(x) = e^{-2x} \Rightarrow v(x) = \int e^{-2x} \, dx = -\frac{1}{2} e^{-2x} + c_1$$

$$I = \cos(3x) \cdot \left(-\frac{1}{2} e^{-2x} + c_1\right) - \int -3 \cdot \sin(3x) \cdot \left(-\frac{1}{2} e^{-2x} + c_1\right) dx$$
$$= -\cos(3x) \cdot \frac{1}{2} e^{-2x} + c_1 \cdot \cos(3x) - \frac{3}{2} \int \sin(3x) \cdot e^{-2x} \, dx + 3c_1 \cdot \int \sin(3x) \, dx$$
$$= -\cos(3x) \cdot \frac{1}{2} e^{-2x} - \frac{3}{2} \int \sin(3x) \cdot e^{-2x} \, dx + c_2 + c_1 \cdot \cos(3x) - c_1 \cdot \cos(3x)$$

Auf das verbleibende Integral wird erneut die Methode der partiellen Integration angewendet.

$$\int \sin(3x)\cdot e^{-2x}\,dx = \int u_2(x)\cdot v_2'(x)\,dx$$

$$u_2(x) = \sin(3x) \Rightarrow u_2'(x) = 3\cdot\cos(3x)$$

$$v_2'(x) = e^{-2x} \Rightarrow v_2(x) = \int e^{-2x}\,dx = -\frac{1}{2}e^{-2x} + c_3$$

$$\begin{aligned}\int \sin(3x)\cdot e^{-2x}\,dx &= \sin(3x)\cdot\left(-\frac{1}{2}e^{-2x} + c_3\right) - \int 3\cdot\cos(3x)\cdot\left(-\frac{1}{2}e^{-2x} + c_3\right)dx \\ &= -\sin(3x)\cdot\frac{1}{2}e^{-2x} + c_3\cdot\sin(3x) + \frac{3}{2}\int\cos(3x)\cdot e^{-2x}\,dx - 3c_3\cdot\int\cos(3x)\,dx \\ &= -\sin(3x)\cdot\frac{1}{2}e^{-2x} + c_3\cdot\sin(3x) + \qquad \frac{3}{2}I \qquad - c_3\cdot\sin(3x) - c_4 \\ &= -\sin(3x)\cdot\frac{1}{2}e^{-2x} + \frac{3}{2}I - c_4\end{aligned}$$

In der Gleichung für I wird für das Integral $\int \sin(3x)\cdot e^{-2x}\,dx$ der oben berechnete Term eingesetzt. Die Gleichung wird nach I aufgelöst und mit $\frac{4}{13}$ multipliziert, nachdem man den gemeinsamen Faktor $-\frac{1}{2}e^{-2x}$ auf der rechten Seite ausgeklammert hat.

$$\begin{aligned}I &= -\cos(3x)\cdot\frac{1}{2}e^{-2x} - \frac{3}{2}\int\sin(3x)\cdot e^{-2x}\,dx + c_2 \\ &= -\cos(3x)\cdot\frac{1}{2}e^{-2x} - \frac{3}{2}\left[-\sin(3x)\cdot\frac{1}{2}e^{-2x} + \frac{3}{2}I - c_4\right] + c_2 \\ &= -\frac{1}{2}\cos(3x)\cdot e^{-2x} + \frac{3}{4}\sin(3x)\cdot e^{-2x} - \frac{9}{4}I + \frac{3}{2}c_4 + c_2 \\ \frac{13}{4}I &= -\frac{1}{2}e^{-2x}\left[\cos(3x) - \frac{3}{2}\sin(3x)\right] + c_2 + \frac{3}{2}c_4 \qquad \blacktriangleright \frac{4}{13}\left(c_2 + \frac{3}{2}c_4\right) = c \\ I &= \underline{\underline{-\frac{2}{13}e^{-2x}\left[\cos(3x) - \frac{3}{2}\sin(3x)\right] + c}}\end{aligned}$$

5. $I = \int \frac{x^2\,dx}{\sqrt{a^2+x^2}} = \int x\cdot\frac{x}{\sqrt{a^2+x^2}}\,dx$

$$I = \int x\cdot\frac{x}{\sqrt{a^2+x^2}}\,dx = \int u(x)\cdot v'(x)\,dx$$

$$u(x) = x \Rightarrow u'(x) = 1$$

Der Term für $v'(x)$ wird durch Substitution integriert, indem man $a^2 + x^2 = z$ setzt.

$$v'(x) = \frac{x}{\sqrt{a^2+x^2}} \Rightarrow v(x) = \int\frac{x\,dx}{\sqrt{a^2+x^2}} = \sqrt{a^2+x^2} + c_1$$

Erweitert man $\int \sqrt{a^2+x^2}\,dx$ mit $\sqrt{a^2+x^2}$ und zerlegt den Bruch

$$\frac{a^2+x^2}{\sqrt{a^2+x^2}} \text{ in } \frac{a^2}{\sqrt{a^2+x^2}} + \frac{x^2}{\sqrt{a^2+x^2}},$$

so gewinnt man $\int \frac{a^2}{\sqrt{a^2+x^2}}\,dx$, das auf das Grundintegral

$$\int \frac{dx}{\sqrt{a^2+x^2}} = \ln|x+\sqrt{a^2+x^2}| + c$$

zurückführbar ist sowie das Ausgangsintegral $I = \int \frac{x^2\,dx}{\sqrt{a^2+x^2}}$.

Die Gleichung wird nun nach I aufgelöst und führt zu dem gesuchten Ergebnis.

$$I = x\cdot(\sqrt{a^2+x^2}+c_1) - \int 1\cdot(\sqrt{a^2+x^2}+c_1)\,dx$$

$$= x\sqrt{a^2+x^2} + c_1\cdot x - \int \sqrt{a^2+x^2}\,dx - c_1\cdot\int dx$$

$$= x\sqrt{a^2+x^2} + c_1\cdot x - \int \frac{a^2+x^2}{\sqrt{a^2+x^2}}\,dx - c_1\cdot x + c_2$$

$$= x\sqrt{a^2+x^2} - \int \frac{a^2\,dx}{\sqrt{a^2+x^2}} - \int \frac{x^2\,dx}{\sqrt{a^2+x^2}} + c_2$$

$$= x\sqrt{a^2+x^2} - a^2\cdot\int \frac{dx}{\sqrt{a^2+x^2}} - \quad I \quad + c_2$$

$$2\cdot I = x\sqrt{a^2+x^2} - a^2\cdot\ln|x+\sqrt{a^2+x^2}| - c_3 + c_2$$

$$I = \frac{x}{2}\sqrt{a^2+x^2} - \frac{a^2}{2}\ln|x+\sqrt{a^2+x^2}| + c$$

Problem: Die Integrale $\int \cos^m x\,dx$ und $\int \sin^m x\,dx$ sind mit Hilfe der partiellen Integration auf leichter zu lösende Integrale zurückzuführen.

$$I_m = \int \cos^m x\,dx = \int \cos^{m-1} x\cdot\cos x\,dx \quad \blacktriangleright \quad I_m = \int \cos^{m-1} x\cdot\cos x\,dx = \int u(x)\cdot v'(x)\,dx$$

$$u(x) = \cos^{m-1} x \Rightarrow u'(x) = (m-1)\cdot\cos^{m-2} x\cdot(-\sin x)$$

$$v'(x) = \cos x \Rightarrow v(x) = \int \cos x\,dx = \sin x + c_1$$

Die partielle Integration führt zu dem Integral $\int \cos^{m-2} x\cdot\sin^2 x\,dx$, in dem man $\sin^2 x = 1-\cos^2 x$ setzt. So erhält man auch auf der rechten Seite das gegebene Integral I_m.

$$I = \quad u(x) \quad\cdot\quad v(x) \quad - \int \quad u'(x) \quad\cdot\quad v(x)\,dx$$

$$I_m = \cos^{m-1} x\cdot(\sin x + c_1) - \int (m-1)\cdot\cos^{m-2} x\cdot(-\sin x)\cdot(\sin x + c_1)\,dx$$

$$= \cos^{m-1} x\cdot\sin x + c_1\cdot\cos^{m-1} x + (m-1)\int \cos^{m-2} x\cdot\sin^2 x\,dx +$$

$$+ c_1(m-1)\int \cos^{m-2} x\cdot\sin x\,dx$$

Man löst die Gleichung nach I_m auf. Wegen $c_1(m-1)\int \cos^{m-2} x \cdot \sin x \, dx = -c_1 \cdot \cos^{m-1} x + c_2$ ergeben die Terme, die die Konstante c_1 enthalten, Null. I_m ist damit zurückgeführt auf ein ähnliches Integral $I_{m-2} = \int \cos^{m-2} x \, dx$, in dem der Wert des Parameters m um 2 niedriger ist.

$$I_m = \cos^{m-1} x \cdot \sin x + (m-1) \int \cos^{m-2} x \cdot \sin^2 x \, dx + c_2$$

$$= \cos^{m-1} x \cdot \sin x + (m-1) \int \cos^{m-2} x \cdot (1 - \cos^2 x) \, dx + c_2$$

$$= \cos^{m-1} x \cdot \sin x + (m-1) \int \cos^{m-2} x \, dx - (m-1) \cdot I_m + c_2$$

$$I_m + (m-1) \cdot I_m = \cos^{m-1} x \cdot \sin x + (m-1) \cdot I_{m-2} + c_2$$

$$I_m + m \cdot I_m - I_m = \cos^{m-1} x \cdot \sin x + (m-1) \cdot I_{m-2} + c_2 \blacktriangleright \frac{c_2}{m} = c$$

$$\underline{\underline{I_m = \frac{1}{m} \cos^{m-1} x \cdot \sin x + \frac{m-1}{m} I_{m-2} + c}}$$

Das Integral $\int \sin^m x \, dx$ wird analog zur vorstehenden Aufgabe gelöst, indem man $\int \sin^m x \, dx = \int \sin^{m-1} x \cdot \sin x \, dx$ setzt und die Regeln der partiellen Integration anwendet.

$$I_m = \int \sin^m x \, dx = \int \sin^{m-1} x \cdot \sin x \, dx = \int u(x) \cdot v'(x) \, dx$$

$$u(x) = \sin^{m-1} x \Rightarrow u'(x) = (m-1) \cdot \sin^{m-2} x \cdot \cos x$$

$$v'(x) = \sin x \Rightarrow v(x) = \int \sin x \, dx = -\cos x + c_1$$

$$I = u(x) \cdot v(x) - \int u'(x) \cdot v(x) \, dx$$

$$I_m = \sin^{m-1} x \cdot (-\cos x + c_1) - \int (m-1) \cdot \sin^{m-2} x \cdot \cos x \cdot (-\cos x + c_1) \, dx$$

$$= -\sin^{m-1} x \cdot \cos x + c_1 \cdot \sin^{m-1} x + (m-1) \cdot \int \sin^{m-2} x \cdot \cos^2 x \, dx -$$

$$+ c_1 \cdot (m-1) \cdot \int \sin^{m-2} x \cdot \cos x \, dx \blacktriangleright \cos^2 x = 1 - \sin^2 x$$

$$= -\sin^{m-1} x \cdot \cos x + (m-1) \cdot \int \sin^{m-2} x \cdot (1 - \sin^2 x) \, dx + c_2 \blacktriangleright \sin^{m-2} x \cdot \sin^2 x = \sin^m x$$

$$= -\sin^{m-1} x \cdot \cos x + (m-1) \cdot \int \sin^{m-2} x \, dx - (m-1) \cdot \int \sin^m x \, dx + c_2$$

$$I_m = -\sin^{m-1} x \cdot \cos x + (m-1) \cdot I_{m-2} - (m-1) \cdot I_m + c_2$$

$$I_m + (m-1) \cdot I_m = -\sin^{m-1} x \cdot \cos x + (m-1) \cdot I_{m-2} + c_2$$

$$I_m + m \cdot I_m - I_m = -\sin^{m-1} x \cdot \cos x + (m-1) \cdot I_{m-2} + c_2 \blacktriangleright \frac{c_2}{m} = c$$

$$I_m = -\frac{1}{m} \sin^{m-1} x \cdot \cos x + \frac{m-1}{m} I_{m-2} + c$$

Merke:

Bei den vorstehenden Integrationen führt man ein Integral I_m mit Hilfe der partiellen Integration auf ein leichter zu lösendes Integral – z. B. I_{m-2} – zurück. Die in gewissen Fällen gewonnenen Formeln heißen „Rekursionsformeln" oder auch „Reduktionsformeln"

$$\int \sin^m x \, dx = -\frac{1}{m} \sin^{m-1} x \cdot \cos x + \frac{m-1}{m} \int \sin^{m-2} x \, dx + c; \; m \in \mathbb{N}$$

$$\int \cos^m x \, dx = \frac{1}{m} \cos^{m-1} x \cdot \sin x + \frac{m-1}{m} \int \cos^{m-2} x \, dx + c; \; m \in \mathbb{N}$$

Beispiel: Berechnen Sie $\int \cos^8 x \, dx$ mit der Rekursionsformel für $\int \cos^m x \, dx$.

In diesem Fall ist $m = 8$. Das Integral I_8 wird mit der Rekursionsformel auf I_6, I_6 auf I_4 und I_4 schließlich auf I_2 zurückgeführt.

$$I_8 = \int \cos^8 x \, dx = \int \cos^m x \, dx \blacktriangleright m = 8$$

$$= \frac{1}{8} \cos^7 x \cdot \sin x + \frac{7}{8} I_6 + c_1$$

$$I_6 = \frac{1}{6} \cos^5 x \cdot \sin x + \frac{5}{6} I_4 + c_2$$

$$I_4 = \frac{1}{4} \cos^3 x \cdot \sin x + \frac{3}{4} I_2 + c_3$$

$$I_2 = \frac{1}{2} \cos x \cdot \sin x + \frac{1}{2} x + c_4$$

Die Terme für I_6, I_4 und I_2 werden rückläufig in die Gleichung für I_8 eingesetzt. Dabei ist es übersichtlicher, die Brüche nicht auszumultiplizieren. Alle Konstanten werden zu c zusammengefaßt.

$$I_8 = \frac{1}{8} \cos^7 x \cdot \sin x + \frac{7 \cdot 1}{8 \cdot 6} \cos^5 x \cdot \sin x + \frac{7 \cdot 5 \cdot 1}{8 \cdot 6 \cdot 4} \cos^3 x \cdot \sin x + \frac{7 \cdot 5 \cdot 3 \cdot 1}{8 \cdot 6 \cdot 4 \cdot 2} \cos x \cdot \sin x + \frac{7 \cdot 5 \cdot 3 \cdot 1}{8 \cdot 6 \cdot 4 \cdot 2} x + c$$

Beispiel: Lösen Sie das Integral $\int \sin^2 x \, \mathrm{d}x$ mit Hilfe der Rekursionsformel für $\int \sin^m x \, \mathrm{d}x$.

$$\int \sin^m x \, \mathrm{d}x = -\frac{1}{m} \sin^{m-1} x \cdot \cos x + \frac{m-1}{m} \int \sin^{m-2} x \, \mathrm{d}x + c$$

Die Rekursionsformel liefert das gleiche Ergebnis, das auch bereits durch die Substitutionsmethode gewonnen wurde.

$$I_2 = \int \sin^2 x \, \mathrm{d}x = \int \sin^m x \, \mathrm{d}x \blacktriangleright m = 2$$

$$= -\frac{1}{2} \sin^{2-1} x \cdot \cos x + \frac{2-1}{2} \int \sin^{2-2} x \, \mathrm{d}x + c_1$$

$$= -\frac{1}{2} \sin x \cdot \cos x + \frac{1}{2} \int 1 \, \mathrm{d}x + c_1$$

$$= -\frac{1}{2} \sin x \cdot \cos x + \frac{1}{2} x + c_1 + c_2 \blacktriangleright c_1 + c_2 = c$$

$$= \underline{\underline{-\frac{1}{4} \sin(2x) + \frac{1}{2} x + c}}$$

Problem: Berechnen Sie $\int \sin^5 x \, \mathrm{d}x$ mit Hilfe einer partiellen Integration.

Das Integral $\int \sin^5 x \, \mathrm{d}x$ läßt sich mit Hilfe der Rekursionsformel für $\int \sin^m x \, \mathrm{d}x$ lösen. Dabei wird das Integral I_5 in zwei Stufen bis auf I_1 reduziert.

Allgemein gilt: $\int \sin^m x \, \mathrm{d}x = -\frac{1}{m} \sin^{m-1} x \cdot \cos x + \frac{m-1}{m} \int \sin^{m-2} x \, \mathrm{d}x + c; \; m \in \mathbb{N}$

$$\int \sin^5 x \, \mathrm{d}x = -\frac{1}{5} \sin^4 x \cdot \cos x \quad + \frac{4}{5} \int \sin^3 x \, \mathrm{d}x + c_1$$

$$\frac{4}{5} \int \sin^3 x \, \mathrm{d}x = \frac{4}{5} \left[-\frac{1}{3} \sin^2 x \cdot \cos x + \frac{2}{3} \int \sin x \, \mathrm{d}x + c_2 \right]$$

$$= -\frac{4}{15} \sin^2 x \cdot \cos x + \frac{8}{15} \int \sin x \, \mathrm{d}x + c_2$$

$$\frac{8}{15} \int \sin x \, \mathrm{d}x = -\frac{8}{15} \cos x + c_3$$

Die Ergebnisse der drei Teillösungen werden zusammengefaßt. $c_1 + c_2 + c_3 = c$

$$\int \sin^5 x \, \mathrm{d}x = \underline{\underline{-\frac{1}{5} \sin^4 x \cdot \cos x - \frac{4}{15} \sin^2 x \cdot \cos x - \frac{8}{15} \cos x + c}}$$

Integrale der Form $\int \sin^m x \, \mathrm{d}x$ bzw. $\int \cos^m x \, \mathrm{d}x$ lassen sich statt durch partielle Integration auch durch Substitution lösen, wenn m eine ungerade Zahl ist. Die Lösung durch Substitution ist dabei in der Regel einfacher.

Zur Lösung durch Substitution bildet man aus $\sin^5 x$ das Produkt $\sin^4 x \cdot \sin x$. Anschließend wird $\sin^4 x$ mit Hilfe der Beziehung $\sin^2 x = 1 - \cos^2 x$ umgewandelt und $\cos x = z$ substituiert.

$$\int \sin^5 x \, \mathrm{d}x = \int \sin^4 x \cdot \sin x \, \mathrm{d}x$$

$$= \int (1 - \cos^2 x)^2 \cdot \sin x \, \mathrm{d}x$$

$$\cos x = z \Rightarrow \frac{\mathrm{d}z}{\mathrm{d}x} = -\sin x \Rightarrow \mathrm{d}x = \frac{\mathrm{d}z}{-\sin x}$$

Das nach Kürzen von $\sin x$ entstehende Integral kann in 3 Teilintegrale der Form $\int z^m \, \mathrm{d}z = \frac{z^{m+1}}{m+1} + c$ zerlegt und einfach gelöst werden.

$$\int \sin^5 x \, \mathrm{d}x = \int \frac{(1 - z^2)^2 \cdot \sin x \, \mathrm{d}z}{-\sin x}$$

$$= -\int (1 - z^2)^2 \, \mathrm{d}z$$

$$= -\int (1 - 2z^2 + z^4) \, \mathrm{d}z$$

$$= -\int \mathrm{d}z + 2 \cdot \int z^2 \, \mathrm{d}z - \int z^4 \, \mathrm{d}z$$

Setzt man in der durch partielle Integration gefundenen Lösung

$$\sin^2 x = 1 - \cos^2 x,$$

so erhält man gleichlautende Ergebnisse, was die Richtigkeit beider Rechnungsgänge beweist.

$$= -z + \frac{2}{3} z^3 - \frac{z^5}{5} + c \blacktriangleright z = \cos x$$

$$= -\cos x + \frac{2}{3} \cos^3 x - \frac{1}{5} \cos^5 x + c$$

Merke:

Integrale der Form $I_m = \int \sin^m x \, \mathrm{d}x$ und $I_m = \int \cos^m x \, \mathrm{d}x$, in denen $m = 2n + 1$; $n \in \mathbb{N}$, also eine ungerade Zahl ist, löst man zweckmäßig durch Substitution.

Beispiel: Berechnen Sie das Integral $I_5 = \int \cos^5 x \, \mathrm{d}x$ durch Substitution.

Der Term $\cos^5 x$ wird zerlegt in $\cos^4 x \cdot \cos x$. Man setzt $\sin x = z$ und für $\cos^4 x$ den Wert $(1 - \sin^2 x)^2$. Diesen Ausdruck multipliziert man aus und erhält eine Summe als Integrand, da $\cos x$ gekürzt wird.

Man substituiert:

$$\sin x = z \Rightarrow \frac{\mathrm{d}z}{\mathrm{d}x} = \cos x \Rightarrow \mathrm{d}x = \frac{\mathrm{d}z}{\cos x}$$

$$\int \cos^5 x \, \mathrm{d}x = \int (1 - \sin^2 x)^2 \cdot \cos x \, \mathrm{d}x$$

$$= \int (1 - z^2)^2 \, \mathrm{d}z$$

$$= z - \frac{2}{3} z^3 + \frac{1}{5} z^5 + c \blacktriangleright z = \sin x$$

$$= \sin x - \frac{2}{3} \sin^3 x + \frac{1}{5} \sin^5 x + c$$

Problem: Führen Sie das unbestimmte Integral $\int \frac{x^m}{\sqrt{a^2+x^2}}\,dx$ über die Produktintegration auf ein leichter zu lösendes Integral zurück.

Es wird die Lösungsformel der partiellen Integration angewendet.

$$I_m = \int \frac{x^m\,dx}{\sqrt{a^2+x^2}} = \int x^{m-1} \cdot \frac{x}{\sqrt{a^2+x^2}}\,dx$$

$$= \int u(x)\cdot v'(x)\,dx$$

$$= u(x)\cdot v(x) - \int u'(x)\cdot v(x)\,dx$$

Dazu zerlegt man $x^m = x^{m-1}\cdot x$ und setzt $u(x) = x^{m-1}$ sowie $v'(x) = \frac{x}{\sqrt{a^2+x^2}}$.

$$u(x) = x^{m-1} \Rightarrow u'(x) = (m-1)x^{m-2}$$

Das Integral $\int \frac{x\,dx}{\sqrt{a^2+x^2}}$ wurde bereits früher durch Substitution gelöst.

$$v'(x) = \frac{x}{\sqrt{a^2+x^2}} \Rightarrow v(x) = \int \frac{x\,dx}{\sqrt{a^2+x^2}}$$

$$= \sqrt{a^2+x^2} + c_1$$

Nach Einsetzen von $u(x)$, $v(x)$, $u'(x)$ und $v'(x)$ in die Lösungsformel läßt sich I_m berechnen, das durch Erweitern von $\int x^{m-2}\cdot\sqrt{a^2+x^2}\,dx$ mit $\sqrt{a^2+x^2}$ vereinfacht wird.

$$I_m = x^{m-1}\cdot(\sqrt{a^2+x^2} + c_1) - \int (m-1)\cdot x^{m-2}\cdot(\sqrt{a^2+x^2} + c_1)\,dx$$

$$= x^{m-1}\cdot\sqrt{a^2+x^2} + c_1\cdot x^{m-1} - (m-1)\int x^{m-2}\cdot\sqrt{a^2+x^2}\,dx - c_1(m-1)\int x^{m-2}\,dx$$

► $-c_1(m-1)\int x^{m-2}\,dx = -c_1\cdot x^{m-1} + c_2$

$$I_m = x^{m-1}\cdot\sqrt{a^2+x^2} - (m-1)\int \frac{x^{m-2}\cdot(a^2+x^2)}{\sqrt{a^2+x^2}}\,dx + c_2$$

$$= x^{m-1}\cdot\sqrt{a^2+x^2} - a^2(m-1)\int \frac{x^{m-2}}{\sqrt{a^2+x^2}}\,dx - (m-1)\int \frac{x^m}{\sqrt{a^2+x^2}}\,dx + c_2$$

$$I_m = x^{m-1}\cdot\sqrt{a^2+x^2} - a^2(m-1)\cdot I_{m-2} - (m-1)\cdot I_m + c_2$$

$$I_m + (m-1)\cdot I_m = x^{m-1}\cdot\sqrt{a^2+x^2} - a^2(m-1)\cdot I_{m-2} + c_2$$

$$m\cdot I_m = x^{m-1}\cdot\sqrt{a^2+x^2} - a^2(m-1)\cdot I_{m-2} + c_2$$

► $\frac{c_2}{m} = c$

$$\underline{\underline{I_m = \frac{1}{m}\,x^{m-1}\cdot\sqrt{a^2+x^2} - \frac{a^2(m-1)}{m}\,I_{m-2} + c}}$$

Durch das vorstehende Lösungsverfahren wird das Ausgangsintegral $I_m = \int \frac{x^m}{\sqrt{a^2 + x^2}} \mathrm{d}x$ auf ein [im Exponenten um $m - 2$ reduziertes] Integral $I_{m-2} = \int \frac{x^{m-2}}{\sqrt{a^2 + x^2}} \mathrm{d}x$ zurückgeführt.

Merke:

$$\int \frac{x^m}{\sqrt{a^2+x^2}} \mathrm{d}x = \frac{x^{m-1}}{m} \sqrt{a^2+x^2} - \frac{a^2(m-1)}{m} \int \frac{x^{m-2}}{\sqrt{a^2+x^2}} \mathrm{d}x + c; \; m \in \mathbb{N}; \; m \geq 2$$

Anmerkung: Die entwickelte Formel kann als Rekursionsformel bezeichnet werden, da das zu lösende Integral im Exponenten um 2 zurückgeführt wird. Viele ähnliche Integrale können so gelöst werden, daß man stufenweise den Exponenten bis auf $m = 0$ reduziert.
Aufgaben, in denen m eine ungerade Zahl ist, löst man zweckmäßiger durch Substitution, indem man die Wurzel gleich z setzt.
In gleicher Weise lassen sich entsprechende Rekursionsformeln für folgende Integrale entwickeln:

- $\int \frac{x^m}{\sqrt{x^2 - a^2}} \mathrm{d}x$
- $\int \frac{x^m}{\sqrt{a^2 - x^2}} \mathrm{d}x$
- $\int x^m \sqrt{x^2 \pm a^2} \, \mathrm{d}x$
- $\int x^m \sqrt{a^2 - x^2} \, \mathrm{d}x$

Beispiele: Lösen Sie die nachstehenden Integrale mit Hilfe einer Rekursionsformel oder durch Substitution.

1. $\int \frac{x^2 \, \mathrm{d}x}{\sqrt{a^2+x^2}}$ ► $\int \frac{x^m}{\sqrt{a^2+x^2}} \mathrm{d}x = \frac{x^{m-1}}{m} \sqrt{a^2+x^2} - \frac{a^2(m-1)}{m} \int \frac{x^{m-2}}{\sqrt{a^2+x^2}} \mathrm{d}x + c$

Durch Anwendung der Rekursionsformel wird der Exponent bei x^2 um 2 auf x^0 reduziert. Damit wird $x^0 = 1$, und es entsteht ein bereits bekanntes Integral.

$$I_2 = \int \frac{x^2 \, \mathrm{d}x}{\sqrt{a^2+x^2}} \mathrel{\widehat{=}} \int \frac{x^m \, \mathrm{d}x}{\sqrt{a^2+x^2}} \quad ► \; m = 2$$

$$= \frac{1}{2} x \sqrt{a^2+x^2} - \frac{a^2}{2} \int \frac{\mathrm{d}x}{\sqrt{a^2+x^2}} + c_1$$

$c_1 - c_2 = c$

$$► \int \frac{\mathrm{d}x}{\sqrt{a^2+x^2}} = \ln|x + \sqrt{a^2+x^2}| + c_2$$

$$I_2 = \frac{1}{2} x \sqrt{a^2+x^2} - \frac{a^2}{2} \ln|x + \sqrt{a^2+x^2}| + c$$

2. $\int \frac{x^3\,dx}{\sqrt{x^2-a^2}}$

$\int \frac{x^3\,dx}{\sqrt{x^2-a^2}} \mathrel{\hat=} \int \frac{x^m\,dx}{\sqrt{x^2-a^2}}$ ▶ $m = 3$

Da der Exponent eine ungerade Zahl ist, empfiehlt sich eine Lösung durch Substitution.

$\sqrt{x^2-a^2} = z \Rightarrow x^2 = z^2 + a^2$

$\frac{dz}{dx} = \frac{2x}{2\sqrt{x^2-a^2}} = \frac{x}{z} \Rightarrow dx = \frac{z}{x}\,dz$

$$I_3 = \int \frac{x^2 \cdot x}{\sqrt{x^2-a^2}}\,dx$$

$$= \int \frac{(z^2+a^2)\cdot x}{z} \cdot \frac{z}{x}\,dz$$

$$= \int (z^2+a^2)\,dz$$

$$= \int z^2\,dz + \int a^2\,dz$$

$$= \frac{z^3}{3} + a^2 \cdot z + c \blacktriangleright z = \sqrt{x^2-a^2}$$

$$= \frac{1}{3}(x^2-a^2)\sqrt{x^2-a^2} + a^2\sqrt{x^2-a^2} + c$$

Man vereinfacht durch Ausklammern von $\sqrt{x^2-a^2}$.

$$= \underline{\underline{\frac{1}{3}\sqrt{x^2-a^2}\,(x^2+2a^2) + c}}$$

3. $\int x^5\sqrt{a^2-x^2}\,dx$

$$I_5 = \int x^5\sqrt{a^2-x^2}\,dx$$

▶ $m = 5 \Rightarrow$ Lösung durch Substitution

$\sqrt{a^2-x^2} = z \Rightarrow x^2 = a^2 - z^2$

$\Rightarrow x^4 = (a^2-z^2)^2$

$= a^4 - 2a^2z^2 + z^4$

$\frac{dz}{dx} = \frac{-2x}{2\sqrt{a^2-x^2}}$

$\Rightarrow dx = -\frac{\sqrt{a^2-x^2}}{x}\,dz = -\frac{z}{x}\,dz$

Setzt man obige Werte ein, so erhält man drei lösbare Integrale.

$$I_5 = \int x^4 \cdot x \cdot \sqrt{a^2-x^2}\,dx$$

$$= -\int \frac{(a^4 - 2a^2z^2 + z^4)\cdot x \cdot z \cdot z}{x}\,dz$$

$$= \int (2a^2z^4 - a^4z^2 - z^6)\,dz$$

$$= 2a^2 \cdot \int z^4\,dz - a^4 \cdot \int z^2\,dz - \int z^6\,dz$$

$$= 2a^2\,\frac{z^5}{5} - a^4 \cdot \frac{z^3}{3} - \frac{z^7}{7} + c \blacktriangleright z = \sqrt{a^2-x^2}$$

$$\Rightarrow \int x^5\sqrt{a^2+x^2}\,dx = \underline{\underline{\frac{2}{5}a^2(\sqrt{a^2-x^2})^5 - \frac{a^4}{3}(\sqrt{a^2-x^2})^3 - \frac{1}{7}(\sqrt{a^2-x^2})^7 + c}}$$

2.6 Integration durch Partialbruchzerlegung

Die Methode der Integration durch Partialbruchzerlegung wird zur Integration echt gebrochener, rationaler Funktionen $\int f(x)\,\mathrm{d}x = \int \frac{p_m(x)}{q_n(x)}\,\mathrm{d}x$ angewendet, denn Integrale, deren Integrand ein echter Bruch ist, lassen sich nur selten mit Hilfe von Substitutionen lösen.

Dabei muß man zwei Gruppen unterscheiden, nämlich:

- Integrale mit echt gebrochenem Integrand, d.h. der Nenner ist von höherem Grade als der Zähler,
- Integrale mit unecht gebrochenem Integrand, d.h. der Zähler des Bruches ist von höherem Grade als der Nenner ($m > n$).

  Unechte Brüche lassen sich durch Division stets in einen echten Bruch und einen ganzahligen Term zerlegen und somit auf den Fall $m < n$ zurückführen.
- Haben Zähler und Nenner den gleichen Grad ($m = n$), so läßt sich der Integrand ebenfalls durch Division in einen ganzzahligen Term und einen echten Bruch verwandeln.

Beispiele:

$$I = \int \frac{x+2}{3x^2+4x+1}\,\mathrm{d}x \mathrel{\hat{=}} \int \frac{p_m(x)}{q_n(x)}\,\mathrm{d}x \Rightarrow m < n$$

$$I = \int \frac{x^3-x^2+1}{x^2+1}\,\mathrm{d}x \mathrel{\hat{=}} \int \frac{p_m(x)}{q_n(x)}\,\mathrm{d}x \Rightarrow m > n$$

$$= \int \left(x - 1 + \frac{2-x}{1+x^2}\right)\mathrm{d}x$$

$$= \int x\,\mathrm{d}x - \int \mathrm{d}x + \int \frac{2-x}{1+x^2}\,\mathrm{d}x \Rightarrow m < n$$

$$I = \int \frac{x^2-4x+3}{x^2+2x}\,\mathrm{d}x \mathrel{\hat{=}} \int \frac{p_m(x)}{q_n(x)}\,\mathrm{d}x \Rightarrow m = n$$

$$= \int \left(1 + \frac{3-6x}{x^2+2x}\right)\mathrm{d}x$$

$$= \int \mathrm{d}x + \int \frac{3-6x}{x^2+2x}\,\mathrm{d}x \Rightarrow m < n$$

Bei der Partialbruchzerlegung wird ein echter Bruch $\frac{p_m(x)}{q_n(x)}$ so umgewandelt, daß die entstehenden Partialbrüche (Teilbrüche) eine Integration möglich machen.

Das erreicht man durch eine Umwandlung des Bruches $\frac{p_m(x)}{q_n(x)}$ in die Form:

$$\frac{p_m(x)}{q_n(x)} = \frac{A_1}{x-x_1} + \frac{A_2}{x-x_2} + \frac{A_3}{x-x_3} + \ldots + \frac{A_n}{x-x_n}$$

Diese Umwandlung geht aus von der Zerlegung des Nenners $q(x)$ in seine Linearfaktoren $q(x) = (x-x_1)\cdot(x-x_2)\cdot(x-x_3)\cdot\ldots\cdot(x-x_n)$.

Zur Bestimmung der Linearfaktoren sowie der Zähler $A_1, A_2 \ldots A_n$ unterscheidet man verschiedene Fälle und Verfahren.

1. Fall: Der Nenner $q(x)$ läßt sich in verschiedene und reelle Linearfaktoren zerlegen.

Problem: Lösen Sie das Integral $\int \frac{x+2}{x^2-5x+6}\,dx$ nach Zerlegung des Bruches $\frac{p(x)}{q(x)} = \frac{x+2}{x^2-5x+6}$ in zwei Partialbrüche.

1. Schritt: **Zerlegung des Nenners $q(x)$ in Linearfaktoren**

Zur Bestimmung der Linearfaktoren setzt man den Nenner $q(x)$ gleich Null und erhält so eine Bestimmungsgleichung zweiten Grades.

$$q(x) = x^2 - 5x + 6 = 0$$

$$x_1 = \frac{5}{2} + \sqrt{\frac{25}{4} - 6} = 3; \quad x_2 = \frac{5}{2} - \sqrt{\frac{25}{4} - 6} = 2$$

Die Lösungen können nach dem Satz von Viëta als Produkt reeller Linearfaktoren geschrieben werden.

$$\begin{aligned} q(x) &= x^2 - 5x + 6 \\ &= (x - x_1)\cdot(x - x_2) \\ &= (x-3)\cdot(x-2) \end{aligned}$$

Damit ist auch der Definitionsbereich bestimmt.

$$\frac{p(x)}{q(x)} = \frac{x+2}{(x-3)(x-2)}; \; D(f) = \mathbb{R}\setminus\{2,3\}$$

2. Schritt: **Zerlegung von $\frac{p(x)}{q(x)}$ in Partialbrüche**

Man zerlegt den Bruch in zwei Partialbrüche mit den Zählern A_1 und A_2 entsprechend der Zahl der Linearfaktoren.

$$\frac{p(x)}{q(x)} = \frac{x+2}{(x-3)(x-2)} = \frac{A_1}{(x-3)} + \frac{A_2}{(x-2)}$$

3. Schritt: **Bestimmung der Zähler $A_1, A_2, \ldots, A_n$**

Die Bestimmung der Zähler kann durch *Koeffizientenvergleich* oder durch *Nullsetzen eines Linearfaktors* erfolgen. Beide Verfahren werden nachfolgend demonstriert.

● **Bestimmung der Zähler A_1 und A_2 durch Koeffizientenvergleich**

Durch Erweitern mit $(x-3)\cdot(x-2)$ läßt sich der Nenner beseitigen.

$$\frac{x+2}{(x-3)(x-2)} = \frac{A_1}{x-3} + \frac{A_2}{x-2}$$

Die Klammern werden ausmultipliziert, dann wird x ausgeklammert und für 1 wird der Wert x^0 gesetzt.

$$\begin{aligned} x+2 &= A_1(x-2) + A_2(x-3) \\ x+2 &= A_1x - 2A_1 + A_2x - 3A_2 \\ 1\cdot x + 2\cdot 1 &= (A_1 + A_2)\cdot x - (2A_1 + 3A_2)\cdot 1 \\ 1\cdot x^1 + 2\cdot x^0 &= (A_1 + A_2)\cdot x^1 - (2A_1 + 3A_2)\cdot x^0 \end{aligned}$$

Soll die Gleichung stimmen, so müssen die Koeffizienten gleicher Potenzen, d.h. die Koeffizienten von x^1 – links 1; rechts $(A_1 + A_2)$ – und die Koeffizienten von x^0 – links 2; rechts $-(2A_1 + 3A_2)$ – gleich sein.

$$\begin{aligned} 1\cdot x^1 &= (A_1 + A_2)\cdot x^1 \\ \Rightarrow \quad 1 &= A_1 + A_2 \\ 2\cdot x^0 &= -(2A_1 + 3A_2)\cdot x^0 \\ \Rightarrow \quad 2 &= -(2A_1 + 3A_2) \end{aligned}$$

Gleichung I ergibt sich aus dem Koeffizientenvergleich der Koeffizienten bei x^1, Gleichung II aus dem Koeffizientenvergleich der Koeffizienten bei x^0.
Man erhält somit zwei Gleichungen, aus denen die Zähler A_1 und A_2 zu berechnen sind.

$$\begin{aligned} \text{I:} \quad 1 &= A_1 + A_2 \quad |\cdot 2 \\ \text{II:} \quad 2 &= -(2A_1 + 3A_2) \end{aligned}$$

$$\left.\begin{aligned} \text{I:} \quad 2 &= 2A_1 + 2A_2 \\ \text{II:} \quad 2 &= -2A_1 - 3A_2 \end{aligned}\right\} +$$

$$4 = -A_2$$

$$A_2 = \underline{\underline{-4}} \Rightarrow 1 = A_1 + A_2$$

$$1 = A_1 - 4$$

$$A_1 = \underline{\underline{5}}$$

Probe:

Die Probe bestätigt die Ergebnisse.

$$x + 2 = 5(x-2) - 4(x-3)$$
$$x + 2 = 5x - 10 - 4x + 12$$
$$\underline{\underline{x + 2 = x + 2}}$$

- **Bestimmung der Zähler A_1 und A_2 durch Nullsetzen eines Linearfaktors**

Man setzt die beiden Linearfaktoren der Gleichung, nämlich $x - 3$ und $x - 2$, nacheinander gleich Null, rechnet jeweils x aus und setzt die Werte für x nacheinander ein.

$$\frac{x+2}{(x-3)(x-2)} = \frac{A_1}{x-3} + \frac{A_2}{x-2}$$

$$\Rightarrow \qquad x + 2 = A_1(x-2) + A_2(x-3)$$

$$x - 3 = 0 \Rightarrow x = 3$$

$$x = 3 \Rightarrow 3 + 2 = A_1(3-2) + A_2 \cdot 0$$

$$A_1 = \underline{\underline{5}}$$

Aus den entstehenden beiden Gleichungen läßt sich A_1 und A_2 bestimmen.
Die berechneten Werte stimmen mit den Lösungen der Methode des Koeffizientenvergleichs überein.

$$x - 2 = 0 \Rightarrow x = 2$$

$$x = 2 \Rightarrow 2 + 2 = A_1 \cdot 0 + A_2(2-3)$$

$$A_2 = \underline{\underline{-4}}$$

4. Schritt: **Einsetzen der berechneten Werte für $A_1, A_2, \ldots, A_n$ in die Partialbrüche**

Die Entwicklung zeigt, daß man das Integral $\int \frac{x+2}{x^2-5x+6}\,\mathrm{d}x$ in zwei leicht lösbare Integrale

$$\int \frac{5}{x-3}\,\mathrm{d}x - \int \frac{4}{x-2}\,\mathrm{d}x$$

umwandeln kann.

$$\frac{p(x)}{q(x)} = \frac{x+2}{x^2-5x+6} = \frac{5}{x-3} - \frac{4}{x-2}$$

Probe:
$$\frac{p(x)}{q(x)} = \frac{5}{x-3} - \frac{4}{x-2}$$
$$= \frac{5(x-2) - 4(x-3)}{(x-3)(x-2)}$$
$$= \frac{5x - 10 - 4x + 12}{(x-3)(x-2)}$$
$$= \frac{x+2}{x^2-5x+6}$$

5. Schritt: **Integrieren der gebildeten Teilintegrale**

Die Partialbruchzerlegung des Integranden führt zur Aufteilung in 2 Integrale. Beide lassen sich durch Substitution leicht lösen.

$$\int \frac{x+2}{x^2-5x+6}\,\mathrm{d}x = \int \left[\frac{5}{x-3} - \frac{4}{x-2}\right] \mathrm{d}x$$
$$= 5 \cdot \int \frac{\mathrm{d}x}{x-3} - 4 \cdot \int \frac{\mathrm{d}x}{x-2}$$
$$= 5 \cdot \ln|x-3| - 4 \cdot \ln|x-2| + c$$
$$= \underline{\underline{\ln\left|\frac{(x-3)^5}{(x-2)^4}\right| + c}}$$

Beispiele: Berechnen Sie die folgenden Integrale durch Partialbruchzerlegung:

1. $\displaystyle\int \frac{7x+8}{x^2+x-2}\,\mathrm{d}x$

$$\frac{p(x)}{q(x)} = \frac{7x+8}{x^2+x-2}\,; \; D(f) = \mathbb{R}\backslash\{-2, 1\}$$

1. Schritt:

Zerlegung des Nenners $q(x)$ in Linearfaktoren

$$\Rightarrow q(x) = x^2 + x - 2 = 0$$
$$\Rightarrow x_1 = -\frac{1}{2} + \sqrt{\frac{1}{4} + 2} = 1$$
$$x_2 = -\frac{1}{2} - \sqrt{\frac{1}{4} + 2} = -2$$
$$q(x) = (x - x_1) \cdot (x - x_2)$$
$$= (x-1) \cdot (x+2)$$

2. Schritt:

Zerlegung von $\dfrac{p(x)}{q(x)}$ in Partialbrüche

$$\frac{p(x)}{q(x)} = \frac{7x+8}{(x-1)(x+2)}$$
$$= \frac{A_1}{x-1} + \frac{A_2}{x+2}$$

3. Schritt:

Bestimmung der Zähler A_1 und A_2

$$\frac{7x+8}{(x-1)(x+2)} = \frac{A_1}{x-1} + \frac{A_2}{x+2}$$

In diesem Falle werden A_1 und A_2 durch Koeffizientenvergleich ermittelt.

$$7x + 8 = A_1(x+2) + A_2(x-1)$$
$$7x + 8 = A_1 x + 2A_1 + A_2 x - A_2$$
$$7 \cdot x^1 + 8 \cdot x^0 = (A_1 + A_2) \cdot x^1 + (2A_1 - A_2) \cdot x^0$$
$$\left.\begin{array}{ll} \text{I:} & 7 = A_1 + A_2 \\ \text{II:} & 8 = 2A_1 - A_2 \end{array}\right\} +$$
$$15 = 3A_1 + 0$$
$$\Rightarrow A_1 = \underline{5}\;; \quad A_2 = \underline{2}$$

4. Schritt:

Einsetzen der berechneten Werte für A_1 und A_2 in die Partialbrüche.

$$\frac{p(x)}{q(x)} = \frac{5}{x-1} + \frac{2}{x+2}$$

5. Schritt:

Integrieren der entstandenen Teilintegrale.

$$\int \frac{7x+8}{x^2+x-2}\,\mathrm{d}x = 5 \cdot \int \frac{\mathrm{d}x}{x-1} + 2 \cdot \int \frac{\mathrm{d}x}{x+2}$$

$$= \underline{\underline{5 \cdot \ln|x-1| + 2 \cdot \ln|x+2| + c}}$$

2. $\int \frac{\mathrm{d}x}{x^2-9}$

$$\frac{p(x)}{q(x)} = \frac{1}{x^2-9}; \quad D(f) = \mathbb{R}\backslash\{-3, 3\}$$

$$= \frac{1}{(x+3)(x-3)}$$

$$\int \frac{\mathrm{d}x}{x^2-9} = \int \frac{\mathrm{d}x}{(x+3)(x-3)}$$

Der Integrand ist echt gebrochen. A_1 und A_2 werden durch Lösung der Gleichungen I und II bestimmt, die sich aus dem Koeffizientenvergleich ergeben.

$$\frac{p(x)}{q(x)} = \frac{1}{(x+3)(x-3)} = \frac{A_1}{x+3} + \frac{A_2}{x-3}$$

$$1 = A_1(x-3) + A_2(x+3)$$

$$1 = A_1 x - 3A_1 + A_2 x + 3A_2$$

$$0 \cdot x^1 + 1 \cdot x^0 = (A_1 + A_2) \cdot x^1 + (-3A_1 + 3A_2) \cdot x^0$$

$$\begin{array}{l} \text{I:} \quad 0 = A_1 + A_2 \\ \text{II:} \quad 1 = -3A_1 + 3A_2 \end{array} \Rightarrow A_1 = \underline{-\frac{1}{6}}; \quad A_2 = \underline{\frac{1}{6}}$$

Die Integration der Teilbrüche erfolgt durch Substitution. Das Integral ließe sich auch durch direkte Substitution lösen.

$$\int \frac{\mathrm{d}x}{x^2-9} = -\frac{1}{6}\int \frac{\mathrm{d}x}{x+3} + \frac{1}{6}\int \frac{\mathrm{d}x}{x-3}$$

$$= \underline{\underline{\frac{1}{6} \ln\left|\frac{x-3}{x+3}\right| + c}}$$

3. $\int \frac{\mathrm{d}x}{a^2-x^2}$

$$\frac{p(x)}{q(x)} = \frac{1}{a^2-x^2} \Rightarrow q(x) = a^2 - x^2$$

$$= (a+x)(a-x)$$

Der Nenner wird in Linearfaktoren zerlegt.

Die Koeffizienten gleicher Potenzen von x auf beiden Seiten des Zählers werden verglichen (links ist x^1 nicht vorhanden!).

$$\frac{1}{(a+x)(a-x)} = \frac{A_1}{a+x} + \frac{A_2}{a-x}$$

$$1 = A_1(a-x) + A_2(a+x)$$

$$0 \cdot x^1 + 1 \cdot x^0 = (A_2 - A_1) \cdot x^1 + (a \cdot A_1 + a \cdot A_2) \cdot x^0$$

Aus dem Koeffizientenvergleich werden die Gleichungen I und II gewonnen. Aus diesen wird A_1 und A_2 berechnet.

$$\Rightarrow \text{I:} \quad A_2 - A_1 = 0 \Rightarrow A_2 = A_1$$
$$\text{II:} \ a \cdot A_1 + a \cdot A_2 = 1 \blacktriangleright \ A_2 = A_1$$
$$\Rightarrow a \cdot A_1 + a \cdot A_1 = 1$$
$$2a \cdot A_1 = 1$$
$$\Rightarrow A_1 = \frac{1}{2a}; \quad A_2 = \frac{1}{2a}$$

Die errechneten Größen werden eingesetzt.

Durch die Partialbruchzerlegung läßt sich das Integral als Summe zweier Integrale ausdrücken, die durch Substitution integrierbar sind.

$$\int \frac{\mathrm{d}x}{(a+x)(a-x)} = \int \frac{\mathrm{d}x}{2a(a+x)} + \int \frac{\mathrm{d}x}{2a(a-x)}$$
$$= \frac{1}{2a} \int \frac{\mathrm{d}x}{a+x} + \frac{1}{2a} \int \frac{\mathrm{d}x}{a-x}$$
$$= \frac{1}{2a} \ln|a+x| - \frac{1}{2a} \ln|a-x| + c$$
$$= \underline{\underline{\frac{1}{2a} \ln\left|\frac{a+x}{a-x}\right| + c}}$$

4. $\displaystyle\int \frac{2x^3 - 2x^2 - 4x - 5}{x^2 - x - 2}\,\mathrm{d}x$

$$\frac{p(x)}{q(x)} = \frac{2x^3 - 2x^2 - 4x - 5}{x^2 - x - 2} \blacktriangleright \text{unechter Bruch}$$

Ist der Zähler von höherem Grade als der Nenner, so dividiert man Zähler durch Nenner. Man erhält so einen ganzen und einen echt gebrochenen Term.

$$(2x^3 - 2x^2 - 4x - 5):(x^2 - x - 2) = 2x - \frac{5}{x^2 - x - 2}; \quad D(f) = \mathbb{R}\setminus\{-1, 2\}$$
$$\underline{2x^3 - 2x^2 - 4x}$$
$$-5 \blacktriangleright \text{Rest}$$

$$\Rightarrow \int \frac{2x^3 - 2x^2 - 4x - 5}{x^2 - x - 2}\,\mathrm{d}x = \int 2x\,\mathrm{d}x - \int \frac{5\,\mathrm{d}x}{x^2 - x - 2}$$
$$= \quad I_1 \quad - \quad I_2$$

I_1 ist ein Grundintegral und kann unmittelbar gelöst werden.

$$I_1 = \int 2x\,\mathrm{d}x = \underline{\underline{x^2 + c_1}}$$

I_2 wird mit Hilfe der Partialbruchzerlegung gelöst.

$$\frac{1}{x^2 - x - 2} = \frac{1}{(x+1)(x-2)} = \frac{A_1}{x+1} + \frac{A_2}{x-2}$$

$$I_2 = \int \frac{5\,\mathrm{d}x}{x^2 - x - 2}$$
$$= 5 \cdot \int \frac{\mathrm{d}x}{(x+1)(x-2)}$$
$$= 5 \cdot \int \frac{A_1\,\mathrm{d}x}{x+1} + 5 \cdot \int \frac{A_2\,\mathrm{d}x}{x-2}$$

$$1 = A_1(x-2) + A_2(x+1)$$

$$0 \cdot x^1 + 1 \cdot x^0 = (A_1 + A_2) \cdot x^1 + (A_2 - 2A_1) \cdot x^0$$

$$\Rightarrow \left.\begin{array}{ll} \text{I:} & A_1 + A_2 = 0 \\ \text{II:} & -2A_1 + A_2 = 1 \end{array}\right\} -$$

$$3A_1 + 0 = -1$$

$$\Rightarrow A_1 = -\frac{1}{3}; \; A_2 = \frac{1}{3}$$

$$I_2 = 5A_1 \cdot \int \frac{dx}{x+1} + 5A_2 \cdot \int \frac{dx}{x-2}$$

$$= -\frac{5}{3} \int \frac{dx}{x+1} + \frac{5}{3} \int \frac{dx}{x-2}$$

$$= -\frac{5}{3} \ln|x+1| + \frac{5}{3} \ln|x-2| + c_2$$

$$= \underline{\underline{\frac{5}{3} \ln \left|\frac{x-2}{x+1}\right| + c_2}}$$

Die Werte werden in die Integranden eingesetzt und die Integrale I_1 und I_2 zusammengefaßt.

$$c_1 - c_2 = c$$

$$\int \frac{2x^3 - 2x^2 - 4x - 5}{x^2 - x - 2} dx = I_1 - I_2$$

$$= \underline{\underline{x^2 - \frac{5}{3} \ln \left|\frac{x-2}{x+1}\right| + c}}$$

5. $\displaystyle\int \frac{2x^3 + x^2 + 1}{(4 - x^2)x^2} dx$

$$\frac{p(x)}{q(x)} = \frac{2x^3 + x^2 + 1}{(4 - x^2)x^2}; \quad D(f) = \mathbb{R} \setminus \{-2, 0, 2\}$$

$$= \frac{2x^3 + x^2 + 1}{(2 + x) \cdot (2 - x)x^2}$$

Der Integrand ist echt gebrochen und wird in drei Partialbrüche zerlegt.

$$\frac{p(x)}{q(x)} = \frac{A_1}{2+x} + \frac{A_2}{2-x} + \frac{A_3}{x^2}$$

Die Zähler der drei Partialbrüche werden durch Koeffizientenvergleich bestimmt

$$2 \cdot x^3 + 1 \cdot x^2 + 1 \cdot x^0 = A_1(2-x)x^2 + A_2(2+x)x^2 + A_3(4 - x^2)$$

$$= A_1 \cdot 2x^2 - A_1 \cdot x^3 + A_2 \cdot 2x^2 + A_2 \cdot x^3 + A_3 \cdot 4 - A_3 \cdot x^2$$

$$= (A_2 - A_1) \cdot x^3 + (2A_1 + 2A_2 - A_3) \cdot x^2 + 4A_3 \cdot x^0$$

Die Gleichungen I, II und III ergeben sich aus dem Koeffizientenvergleich.

A_3 ergibt sich unmittelbar, A_1 wird aus II berechnet, indem A_3 aus III und A_2 aus I eingesetzt wird.

$$\text{I:} \; 2 = A_2 - A_1$$

$$\text{II:} \; 1 = 2A_1 + 2A_2 - A_3$$

$$\text{III:} \; 1 = 4A_3 \Rightarrow A_3 = \frac{1}{4} \blacktriangleright \text{einsetzen in II}$$

$$\text{I:} \; A_2 = A_1 + 2 \blacktriangleright \text{einsetzen in II}$$

$$\text{II:} \; 1 = 2A_1 + 2(A_1 + 2) - \frac{1}{4}$$

$$\Rightarrow \quad \underline{A_1 = -\frac{11}{16}}; \quad \underline{A_2 = \frac{21}{16}}; \quad \underline{A_3 = \frac{1}{4}}$$

Die Integration der Partialbrüche gelingt unmittelbar durch Substitution

$$\int\left[\frac{A_1}{2+x}+\frac{A_2}{2-x}+\frac{A_3}{x^2}\right]\mathrm{d}x = -\frac{11}{16}\int\frac{\mathrm{d}x}{2+x}+\frac{21}{16}\int\frac{\mathrm{d}x}{2-x}+\frac{1}{4}\int\frac{\mathrm{d}x}{x^2}$$

$$= -\frac{11}{16}\ln|2+x| - \frac{21}{16}\ln|2-x| - \frac{1}{4x} + c$$

2. Fall: Der Nenner $q(x)$ läßt sich in gleiche und reelle Linearfaktoren zerlegen

Problem: Lösen Sie das Integral $\int \frac{7-2x}{x^2-6x+9}\,\mathrm{d}x$ nach Zerlegung in Partialbrüche.

1. Schritt: **Zerlegung des Nenners $q(x)$ in Linearfaktoren**

Zur Bestimmung der Linearfaktoren wird der Nenner $q(x)$ gleich Null gesetzt und die entstehende quadratische Gleichung aufgelöst. Da der Radikand Null wird, ergibt sich nur eine Lösung.
Der Nenner kann nach Viëta als Produkt von Linearfaktoren geschrieben werden.

$$q(x) = x^2 - 6x + 9 = 0$$

$$x_1 = 3 + \sqrt{9-9} = 3\,; \quad x_2 = 3 - \sqrt{9-9} = 3$$

$$\Rightarrow q(x) = x^2 - 6x + 9 = (x-x_1)(x-x_2) = (x-3)(x-3)$$

2. Schritt: **Zerlegung des Bruches $\frac{p(x)}{q(x)}$ in Partialbrüche**

Falls bei der Zerlegung des Nenners $q(x)$ Linearfaktoren doppelt oder mehrfach auftreten, so wird ein Linearfaktor quadriert.

$$\frac{p(x)}{q(x)} = \frac{7-2x}{(x-3)(x-3)}\,; \quad D(f) = \mathbb{R}\backslash\{3\}$$

$$= \frac{A_1}{(x-3)} + \frac{A_2}{(x-3)^2}$$

3. Schritt: **Bestimmung der Zähler $A_1, A_2, \ldots, A_n$**

Der Koeffizientenvergleich führt auch hier am schnellsten zum Ergebnis.
Die beiden Zähler A_1 und A_2 ergeben sich nach Auflösen der Gleichungen I und II.

$$\frac{7-2x}{(x-3)(x-3)} = \frac{A_1}{(x-3)} + \frac{A_2}{(x-3)^2}$$

$$7-2x = A_1(x-3) + A_2 = A_1\cdot x - 3A_1 + A_2$$

$$7\cdot x^0 - 2\cdot x^1 = (A_2 - 3A_1)\cdot x^0 + A_1\cdot x^1$$

$$\Rightarrow \text{I: } 7 = A_2 - 3A_1\,; \quad \text{II: } -2 = A_1$$

$$\Rightarrow A_1 = \underline{-2}\,; \quad A_2 = \underline{1}$$

4. Schritt: **Einsetzen der berechneten Werte für $A_1, A_2, \ldots, A_n$**

Durch Einsetzen der für A_1 und A_2 ermittelten Werte läßt sich der Integrand in zwei Terme zerlegen.

$$\frac{p(x)}{q(x)} = \frac{7-2x}{x^2-6x+9} = \frac{A_1}{(x-3)} + \frac{A_2}{(x-3)^2}$$

$$= \frac{-2}{(x-3)} + \frac{1}{(x-3)^2}$$

5. Schritt: **Integrieren der gebildeten Teilintegrale**

Beide Integrale sind durch Substitution leicht lösbar.

$$\int \frac{7-2x}{x^2-6x+9}\,\mathrm{d}x = \int \frac{-2}{(x-3)}\,\mathrm{d}x + \int \frac{\mathrm{d}x}{(x-3)^2}$$

$$= -2 \cdot \ln|x-3| - \frac{1}{x-3} + c$$

Beispiele: Lösen Sie die folgenden Integrale durch Partialbruchzerlegung:

1. $\int \frac{6-x}{(x+2)^2}\,\mathrm{d}x$

Die Linearfaktoren des Nenners sind gleich. Über den Koeffizientenvergleich werden die Zähler A_1 und A_2 der Partialbrüche berechnet und die entsprechenden Werte eingesetzt.

$$\frac{p(x)}{q(x)} = \frac{6-x}{(x+2)^2}; \quad D(f) = \mathbb{R}\backslash\{-2\}$$

$$\frac{6-x}{(x+2)^2} = \frac{A_1}{(x+2)} + \frac{A_2}{(x+2)^2}$$

$$6-x = A_1(x+2) + A_2$$

$$6 \cdot x^0 - 1 \cdot x^1 = (2A_1 + A_2) \cdot x^0 + A_1 \cdot x^1$$

$$\Rightarrow \begin{cases} \text{I:} & 6 = 2A_1 + A_2 \\ \text{II:} & -1 = A_1 \blacktriangleright \text{ einsetzen in } I \end{cases}$$

$$\Rightarrow A_1 = \underline{-1}; \quad A_2 = \underline{8}$$

Durch die Partialbruchzerlegung läßt sich das zu lösende Integral als Summe zweier Integrale ausdrücken.

$$\int \frac{6-x}{(x+2)^2}\,\mathrm{d}x = \int \frac{8}{(x+2)^2}\,\mathrm{d}x - \int \frac{\mathrm{d}x}{x+2}$$

$$= \quad I_1 \quad - \quad I_2$$

I_1 und I_2 werden nach der Substitutionsmethode gelöst.

$$I_1 = 8 \cdot \int \frac{\mathrm{d}x}{(x+2)^2} \blacktriangleright x+2 = z$$

$$= -\frac{8}{x+2} + c_1$$

$$I_2 = \int \frac{\mathrm{d}x}{x+2} \blacktriangleright x+2 = z$$

$$= \ln|x+2| + c_2$$

Die Konstanten c_1 und c_2 lassen sich zu einer Konstanten c zusammenfassen.

$$\int \frac{6-x}{(x+2)^2}\,\mathrm{d}x = -\frac{8}{x+2} - \ln|x+2| + c$$

2. $\int \frac{x^2 - x - 1}{x^2 - 2x + 1}\,dx;\ D(f) = \mathbb{R}\setminus\{1\}$

Der Integrand ist unecht gebrochen und muß zerlegt werden.

$\frac{p(x)}{q(x)} = \frac{x^2 - x - 1}{x^2 - 2x + 1}$ ▶ unecht gebrochen

$(x^2 - x - 1) : (x^2 - 2x + 1) = 1 + \frac{x-2}{(x-1)^2}$

$\underline{x^2 - 2x + 1}$

Rest: $+x - 2$

$$\int \frac{x^2 - x - 1}{x^2 - 2x + 1}\,dx = \int dx + \int \frac{x-2}{(x-1)^2}\,dx$$
$$= I_1 + I_2$$

Durch Division erhält man I_1, das unmittelbar gelöst werden kann.

$$I_1 = \int dx = \underline{\underline{x + c_1}}$$

Das Restintegral I_2 wird mittels Partialbruchzerlegung integriert.
Die Linearfaktoren des Nenners sind gleich, ein Faktor muß daher quadriert werden.
Der Koeffizientenvergleich führt zur Berechnung von A_1 und A_2, wodurch sich I_2 als Summe zweier Integrale ausdrücken läßt. Beide lassen sich leicht lösen.

$$I_2 = \int \frac{x-2}{(x-1)^2}\,dx = \int \frac{A_1}{(x-1)^2}\,dx + \int \frac{A_2}{x-1}\,dx$$

$$x - 2 = A_1 + A_2(x-1)$$
$$1 \cdot x^1 - 2 \cdot x^0 = A_2 \cdot x^1 + (A_1 - A_2) \cdot x^0$$
$$\Rightarrow \begin{cases} \text{I}: & A_1 - A_2 = -2 \\ \text{II}: & A_2 = 1 \end{cases}$$
$$\Rightarrow A_1 = \underline{-1};\ A_2 = \underline{1}$$

$$I_2 = -\int \frac{dx}{(x-1)^2} + \int \frac{dx}{x-1}$$
$$= \underline{\underline{\frac{1}{x-1} + \ln|x-1| + c_2}}$$

Alle Konstanten werden zu c zusammengefaßt.

$$\int \frac{x^2 - x - 1}{x^2 - 2x + 1}\,dx = \underline{\underline{x + \frac{1}{x-1} + \ln|x-1| + c}}$$

3. $\int \frac{7x + 5}{(2x+4)(x-1)^2}\,dx$

$$\frac{p(x)}{q(x)} = \frac{7x+5}{(2x+4)(x-1)^2};\quad D(f) = \mathbb{R}\setminus\{1, -2\}$$
$$= \frac{7x+5}{(2x+4)(x-1)(x-1)}$$

Der gegebene Integrand ist echt gebrochen. Daher kann die Partialbruchzerlegung sofort angesetzt werden.

$$\int \frac{7x+5}{(2x+4)(x-1)(x-1)}\,dx =$$
$$= \int \frac{A_1}{2x+4}\,dx + \int \frac{A_2}{(x-1)}\,dx + \int \frac{A_3}{(x-1)^2}\,dx$$

Die Bestimmung von A_1, A_2 und A_3 erfolgt durch Koeffizientenvergleich. Da im Zähler des Integranden die 2. Potenz fehlt, sind die Koeffizienten bei x^2 gleich 0 zu setzen.

$$\frac{7x+5}{(2x+4)(x-1)(x-1)} = \frac{A_1}{2x+4} + \frac{A_2}{x-1} + \frac{A_3}{(x-1)^2}$$

$$7x+5 = A_1(x-1)^2 + A_2(2x+4)(x-1) + A_3(2x+4)$$

$$7x+5 = A_1x^2 - 2A_1x + A_1 + 2A_2x^2 + 2A_2x - 4A_2 + 2A_3x + 4A_3$$

$$0\cdot x^2 + 7\cdot x^1 + 5\cdot x^0 = (A_1 + 2A_2)\cdot x^2 + (-2A_1 + 2A_2 + 2A_3)\cdot x^1 + (A_1 - 4A_2 + 4A_3)\cdot x^0$$

Aus dem Koeffizientenvergleich ergeben sich die Gleichungen I, II und III, aus denen A_1, A_2 und A_3 ermittelt werden.

$$\Rightarrow \begin{cases} \text{I}: 0 = A_1 + 2A_2 \\ \text{II}: 7 = -2A_1 + 2A_2 + 2A_3 \\ \text{III}: 5 = A_1 - 4A_2 + 4A_3 \end{cases}$$

$$\Rightarrow A_1 = -1;\ A_2 = \frac{1}{2};\ A_3 = 2$$

Die Integration der Teilbrüche erfolgt durch Substitution. Alle Konstanten werden zusammengefaßt.

$$\int \frac{7x+5}{(2x+4)(x-1)^2}\,\mathrm{d}x = -\int \frac{\mathrm{d}x}{2x+4} + \frac{1}{2}\int \frac{\mathrm{d}x}{x-1} + 2\int \frac{\mathrm{d}x}{(x-1)^2}$$

$$= -\frac{1}{2}\ln|2x+4| + \frac{1}{2}\ln|x-1| - \frac{2}{x-1} + c$$

3. Fall: Der Nenner $q(x)$ läßt sich in komplexe Linearfaktoren zerlegen

Problem: Lösen Sie das Integral $\int \frac{x+4}{x^2-4x+13}\,\mathrm{d}x$ nach Zerlegung des Integranden in Partialbrüche.

1. Schritt: **Zerlegung des Nenners $q(x)$ in Linearfaktoren**

Der Radikand ist kleiner als Null, die Lösungen der quadratischen Gleichung somit komplex.

$$q(x) = x^2 - 4x + 13 = 0$$

$$x_1 = 2 + \sqrt{4-13} \quad \vee \quad x_2 = 2 - \sqrt{4-13}$$

$$= 2 + \sqrt{-9} \qquad = 2 - \sqrt{-9}$$

$$= \underline{2 + 3i} \qquad = \underline{2 - 3i}$$

Die Zerlegung führt auf komplexe Linearfaktoren.

$$q(x) = x^2 - 4x + 13 = (x - x_1)\cdot(x - x_2) = [x - (2+3i)]\cdot[x - (2-3i)]$$

2. Schritt: **Zerlegung von $\frac{p(x)}{q(x)}$ in Partialbrüche**

Man zerlegt den Bruch in zwei Partialbrüche mit den Zählern A_1 und A_2.

$$\frac{p(x)}{q(x)} = \frac{x+4}{(x-2-3i)(x-2+3i)} = \frac{A_1}{x-2-3i} + \frac{A_2}{x-2+3i}$$

3. Schritt: **Bestimmung der Zähler $A_1, A_2, \ldots, A_n$**

Die Nenner werden durch Multiplikation der Gleichung mit dem Hauptnenner beseitigt.

$$\frac{x+4}{(x-2-3i)(x-2+3i)} = \frac{A_1}{x-2-3i} + \frac{A_2}{x-2+3i}$$

$$x+4 = A_1(x-2+3i) + A_2(x-2-3i)$$

Nach der in der Einleitung dieses Kapitels beschriebenen 2. Methode setzt man nacheinander die Teilnenner $x-2-3i$ und $x-2+3i$ gleich Null, rechnet jeweils x aus und setzt die Werte für x, $x=2+3i$ und $x=2-3i$, in die Ausgangsgleichung ein.

Es ergeben sich die Werte für A_1 und A_2 und damit die Zähler der Teilbrüche.

$x-2+3i=0 \Rightarrow x=2-3i$ ▶ einsetzen

$$\Rightarrow 2-3i+4 = A_1 \cdot 0 + A_2(2-3i-2-3i)$$
$$6-3i = -6i \cdot A_2$$
$$A_2 = \frac{i-2}{2i}$$

$x-2-3i=0 \Rightarrow x=2+3i$ ▶ einsetzen

$$\Rightarrow 2+3i+4 = A_1(2+3i-2+3i) + A_2 \cdot 0$$
$$3i+6 = 6i \cdot A_1$$
$$A_1 = \frac{i+2}{2i}$$

4. Schritt: **Einsetzen der berechneten Werte für $A_1, A_2, \ldots, A_n$ in die Partialbrüche**

Die Zerlegung des Bruches führt auf zwei Partialbrüche, deren Integrale einfach lösbar sind.

$$\frac{p(x)}{q(x)} = \frac{A_1}{x-2-3i} + \frac{A_2}{x-2+3i}$$
$$= \frac{i+2}{2i(x-2-3i)} + \frac{i-2}{2i(x-2+3i)}$$

5. Schritt: **Integrieren der gebildeten Teilintegrale**

$$\int \frac{x+4}{x^2-4x+13}\,\mathrm{d}x = \int \frac{(i+2)}{2i(x-2-3i)}\,\mathrm{d}x + \int \frac{(i-2)}{2i(x-2+3i)}\,\mathrm{d}x$$

$$x-2-3i = z \Rightarrow \frac{\mathrm{d}z}{\mathrm{d}x} = 1 \Rightarrow \mathrm{d}x = \mathrm{d}z$$

$$\int \frac{(i+2)}{2i(x-2-3i)}\,\mathrm{d}x = \frac{i+2}{2i}\int\frac{\mathrm{d}z}{z}$$
$$= \frac{i+2}{2i}\ln|x-2-3i| + c_1$$

$$x-2+3i = z \Rightarrow \frac{\mathrm{d}z}{\mathrm{d}x} = 1 \Rightarrow \mathrm{d}x = \mathrm{d}z$$

$$\int \frac{(i-2)}{2i(x-2+3i)}\,\mathrm{d}x = \frac{i-2}{2i}\int\frac{\mathrm{d}z}{z}$$
$$= \frac{i-2}{2i}\ln|x-2+3i| + c_2$$

Die Summe der beiden Teilintegrale ergibt die Gesamtlösung, die sich mit Hilfe der logarithmischen Gesetze noch vereinfacht darstellen läßt.
Die Lösung besteht somit aus einem reellen und einem imaginären Teil.

$$\int \frac{x+4}{x^2-4x+13}\,\mathrm{d}x = \frac{i+2}{2i}\ln|x-2-3i| + \frac{i-2}{2i}\ln|x-2+3i| + c$$

$$= \left(\frac{1}{2}+\frac{1}{i}\right)\ln|x-2-3i| + \left(\frac{1}{2}-\frac{1}{i}\right)\ln|x-2+3i| + c$$

$$= \frac{1}{2}\ln|x-2-3i| + \frac{1}{2}\ln|x-2+3i| + \frac{1}{i}\ln|x-2-3i| - \frac{1}{i}\ln|x-2+3i| + c$$

$$= \frac{1}{2}\ln|(x-2-3i)(x-2+3i)| + \frac{1}{i}\ln\left|\frac{x-2-3i}{x-2+3i}\right| + c$$

$$= \underline{\underline{\frac{1}{2}\ln|x^2-4x+13| - i\cdot\ln\left|\frac{x-2-3i}{x-2+3i}\right| + c}}$$

Beispiel: Berechnen Sie $\int \frac{\mathrm{d}x}{1+x^2}$ durch Partialbruchzerlegung, und vergleichen Sie das Ergebnis mit der durch Substitution gefundenen Lösung!

Hier gelingt die Partialbruchzerlegung durch Einführung der imaginären Zahleneinheit

$$i^2 = -1 \Rightarrow 1 = -i^2.$$

$$\int \frac{\mathrm{d}x}{x^2+1} = \int \frac{\mathrm{d}x}{x^2-i^2}$$

$$\Rightarrow \frac{1}{x^2-i^2} = \frac{A_1}{x+i} + \frac{A_2}{x-i}$$

$$1 = A_1(x-i) + A_2(x+i)$$

$x - i = 0 \Rightarrow x = i$ ▶ einsetzen

$$\Rightarrow 1 = A_1\cdot 0 + A_2\cdot 2i \Rightarrow A_2 = \frac{1}{2i}$$

$x + i = 0 \Rightarrow x = -i$ ▶ einsetzen

$$\Rightarrow 1 = A_1\cdot(-2i) + A_2\cdot 0 \Rightarrow A_1 = -\frac{1}{2i}$$

$$\int \frac{\mathrm{d}x}{x^2+1} = -\frac{1}{2i}\int\frac{\mathrm{d}x}{x+i} + \frac{1}{2i}\int\frac{\mathrm{d}x}{x-i}$$

$$= \underline{\underline{\frac{1}{2i}\ln\left|\frac{x-i}{x+i}\right| + c_1}} = \underline{\underline{\text{Arctan}\,x + c_2}}$$

Im Kapitel Integration durch Substitution wurde bereits gelöst:

$$\int \frac{\mathrm{d}x}{1+x^2} = \text{Arctan}\,x.$$

In der zweiten (komplexen) Lösung liegt kein Widerspruch. Die Richtigkeit läßt sich bei Heranziehung der Eulerschen Identität nachweisen.

Merke:

Integrale, deren Integrand ein echter Bruch ist, lassen sich durch Partialbruchzerlegung lösen.
Unechte Brüche müssen vor der Anwendung der Methode in einen ganzen und einen echt gebrochenen Term zerlegt werden. Eine Lösung mittels Partialbruchzerlegung ist nur dann sinnvoll, wenn der Grad des Nennerpolynoms gleich oder größer als 3 ist, denn sonst ist eine Lösung durch Substitution einfacher.

2.7 Integration durch Reihen

Neben den bisher behandelten Integralen und deren Integrationsmethoden existieren eine Fülle von Integralen, die mit keiner der bekannten Methoden gelöst werden können. Dazu gehören schon Integrale relativ einfachen Aussehens wie:

- $\int \frac{\sin x}{x}\,\mathrm{d}x$
- $\int \frac{\cos x}{x}\,\mathrm{d}x$
- $\int \sqrt{1+x^3}\,\mathrm{d}x$
- $\int \mathrm{e}^{-x^2}\,\mathrm{d}x$
- $\int \frac{\sin x}{\sqrt{x}}\,\mathrm{d}x$

Eine Lösung dieser Formen läßt sich oft finden, wenn man den Integranden in eine unendliche, konvergente Reihe verwandelt und die Reihe gliedweise integriert.

Problem: Lösen Sie das Integral $\int \cos x\,\mathrm{d}x$ einmal auf bekannte Weise, einmal dadurch, daß Sie die Integrandfunktion durch eine Potenzreihe ersetzen und diese dann mit der Summenformel integrieren. Vergleichen Sie die beiden Ergebnisse.

Die Lösung des Grundintegrals und die Reihe für $\cos x$ sind bekannt.

$$\int \cos x\,\mathrm{d}x = \sin x + c_1$$

$$\cos x = 1 - \frac{x^2}{2!} + \frac{x^4}{4!} - \frac{x^6}{6!} \pm \ldots$$

Integriert man die Gleichung auf beiden Seiten, so erhält man eine neue Reihe. Diese Reihe ist als Reihe der Sinusfunktion bekannt.
Durch gliedweise Integration einer konvergenten Potenzreihe ergibt sich also eine neue konvergente Potenzreihe.

$$\int \cos x\,\mathrm{d}x = \int \left[1 - \frac{x^2}{2!} + \frac{x^4}{4!} - \frac{x^6}{6!} \pm \ldots\right]\mathrm{d}x$$

$$\sin x + c_1 = x - \frac{x^3}{3\cdot 2!} + \frac{x^5}{5\cdot 4!} - \frac{x^7}{7\cdot 6!} \pm \ldots + c_2$$

$$= x - \frac{x^3}{3!} + \frac{x^5}{5!} - \frac{x^7}{7!} \pm \ldots + c_2$$

Zur Berechnung der Integrationskonstanten werden beide Gleichungen gleichgesetzt. Für den Fall $x = 0$ werden alle Glieder außer c_1 und c_2 gleich Null, so daß die Konstanten c_1 und c_2 gleich sind und damit fortfallen.

$$\sin 0 + c_1 = 0 - \frac{0}{3!} + \frac{0}{5!} - \frac{0}{7!} \pm \ldots + c_2$$

$$\Rightarrow c_1 = c_2$$

$$\Rightarrow \sin x = x - \frac{x^3}{3!} + \frac{x^5}{5!} - \frac{x^7}{7!} \pm \ldots$$

Merke:

> Ist ein Integral mit üblichen Methoden nicht zu lösen, so kann man in vielen Fällen den Integranden zu einer Potenzreihe entwickeln und diese Reihe dann gliedweise integrieren. Dies ist jedoch nur dann erlaubt, wenn die Potenzreihe im Integrationsintervall konvergent ist.
>
> $$\int f(x)\,\mathrm{d}x = \int (a_0 + a_1x + a_2x^2 + a_3x^3 + \ldots)\,\mathrm{d}x = a_0x + \frac{a_1}{2}x^2 + \frac{a_2}{3}x^3 + \frac{a_3}{4}x^4 + \ldots + c$$

Beispiel: Entwickeln Sie eine Reihe für $f(x) = \ln|x+1|$ durch Integration der in einer Reihe entwickelten Ableitung $f'(x) = \frac{1}{1+x}$.

$$f(x) = \ln|x+1| \Rightarrow f'(x) = \frac{1}{1+x} \quad \Rightarrow f(x) = \int \frac{dx}{1+x} = \underline{\underline{\ln|1+x| + c_1}}$$

$\frac{1}{1+x}$ wird durch Division zu einer Potenzreihe entwickelt und dann integriert.

$$1:(1+x) = 1 - x + x^2 \mp \ldots$$

$$\begin{array}{l} 1+x \\ \hline -x \\ -x-x^2 \\ \hline +x^2 \\ +x^2+x^3 \\ \hline -x^3 \end{array}$$

$$\int \frac{dx}{1+x} = \int (1 - x + x^2 - x^3 \pm \ldots)\,dx$$

Zur Berechnung der Integrationskonstanten werden beide Gleichungen gleichgesetzt.

$$\ln|1+x| + c_1 = \underline{\underline{x - \frac{x^2}{2} + \frac{x^3}{3} - \frac{x^4}{4} \pm \ldots + c_2}}$$

Da $\ln 1 = 0$ ist, ergibt sich für $x = 0$ entsprechend $\ln(1+0) = 0$, so daß die Konstanten c_1 und c_2 gleich sind und damit fortfallen.

$$\text{für } x = 0 \Rightarrow \ln 1 + c_1 = c_2$$

$$\underline{\underline{c_1 = c_2}}$$

Man kann mit dieser Reihe alle natürlichen Logarithmen berechnen.

$$\Rightarrow \ln|1+x| = \underline{\underline{x - \frac{x^2}{2} + \frac{x^3}{3} - \frac{x^4}{4} \pm \ldots}}$$

Beispiel: Berechnen Sie das Integral $\int \frac{dx}{\sqrt{1+x^3}}$ nach Umwandlung des Integranden in eine Potenzreihe.

Der Integrand wird mit Hilfe der Reihe für das Binom $(1+z)^m$ mit $z = x^3$ und $m = -\frac{1}{2}$ in eine Potenzreihe entwickelt und dann gliedweise integriert.

$$\frac{1}{\sqrt{1+x^3}} = 1 - \frac{1}{2}x^3 + \frac{3}{2^3}x^6 - \frac{5}{2^4}x^9 \pm \ldots$$

$$\int \frac{1}{\sqrt{1+x^3}} =$$

$$= \int dx - \frac{1}{2}\int x^3\,dx + \frac{3}{2^3}\int x^6\,dx - \frac{5}{2^4}\int x^9\,dx +$$

$$= \underline{\underline{x - \frac{1}{2}\cdot\frac{x^4}{4} + \frac{3}{2^3}\cdot\frac{x^7}{7} - \frac{5}{2^4}\cdot\frac{x^{10}}{10} \pm \ldots + c}}$$

Beispiel: Entwickeln Sie die Funktion f mit $f(x) = \operatorname{Arctan} x$ in einer Potenzreihe. Setzen Sie $x = 1$, und berechnen Sie auf diese Weise $\frac{\pi}{4}$.

$$f(x) = \operatorname{Arctan} x \Rightarrow f'(x) = \frac{1}{1+x^2} \Rightarrow f(x) = \int \frac{dx}{1+x^2} = \operatorname{Arctan} x + c_1$$

Die Reihe für $\frac{1}{1+x^2}$ ist bekannt:

$$\frac{1}{1+x^2} = 1 - x^2 + x^4 - x^6 \pm \ldots$$

Für $x = 0$ wird $c_1 = c_2$, da alle anderen Glieder Null ergeben.

Diese Reihe für $\frac{\pi}{4}$ wurde 1673 von Leibnitz entwickelt.

$$\int \frac{dx}{1+x^2} = \int (1 - x^2 + x^4 - x^6 \pm \ldots)\,dx$$

$$\operatorname{Arctan} x + c_1 = \left(x - \frac{x^3}{3} + \frac{x^5}{5} - \frac{x^7}{7} \pm \ldots\right) + c_2$$

$$\Rightarrow \operatorname{Arctan} x = x - \frac{x^3}{3} + \frac{x^5}{5} - \frac{x^7}{7} \pm \ldots$$

$$\operatorname{Arctan} 1 = \frac{\pi}{4} = 1 - \frac{1}{3} + \frac{1}{5} - \frac{1}{7} \pm \ldots$$

Beispiel: Lösen Sie das sogenannte Gaußsche Fehlerintegral $\Phi(x) = \int e^{-x^2}\,dx$ nach vorausgegangener Reihenentwicklung.

Die Reihe für e^{-x^2} ist bekannt

$$e^{-x^2} = 1 - \frac{x^2}{1!} + \frac{x^4}{2!} - \frac{x^6}{3!} + \frac{x^8}{4!} - \frac{x^{10}}{5!} \pm \ldots$$

Nach Integration auf beiden Seiten der Gleichung ergibt sich die Lösung des mit normalen Methoden nicht lösbaren Integrals in Form einer Reihe.

$$\Phi(x) = \int e^{-x^2}\,dx = \int dx - \int \frac{x^2\,dx}{1!} + \int \frac{x^4\,dx}{2!} - \int \frac{x^6\,dx}{3!} + \int \frac{x^8\,dx}{4!} - \int \frac{x^{10}\,dx}{5!} \pm \ldots$$

$$\Phi(x) = x - \frac{x^3}{3 \cdot 1!} + \frac{x^5}{5 \cdot 2!} - \frac{x^7}{7 \cdot 3!} + \frac{x^9}{9 \cdot 4!} - \frac{x^{11}}{11 \cdot 5!} \pm \ldots + c$$

Beispiel: Lösen Sie das als Integralsinus bezeichnete unbestimmte Integral $\operatorname{Si}(x) = \int \frac{\sin x}{x}\,dx$.

$$\sin x = x - \frac{x^3}{3!} + \frac{x^5}{5!} - \frac{x^7}{7!} \pm \ldots \Rightarrow \frac{\sin x}{x} = 1 - \frac{x^2}{3!} + \frac{x^4}{5!} - \frac{x^6}{7!} \pm \ldots$$

Das Integral $\int \frac{\sin x}{x}\,dx$ ist mit anderen Methoden nicht lösbar.

$$\int \frac{\sin x}{x}\,dx = \int dx - \int \frac{x^2\,dx}{3!} + \int \frac{x^4\,dx}{5!} - \int \frac{x^6\,dx}{7!} \pm \ldots$$

$$\operatorname{Si}(x) = x - \frac{x^3}{3 \cdot 3!} + \frac{x^5}{5 \cdot 5!} - \frac{x^7}{7 \cdot 7!} \pm \ldots + c$$

Übungen

2. Das unbestimmte Integral

2.1 Stammfunktionen – Grundintegrale

Geben Sie zu den folgenden Funktionsgleichungen jeweils zwei verschiedene Stammfunktionen F_1 und F_2 an, und zeigen Sie, daß dafür die Beziehung $F_1' = F_2' = f$ gilt.

1. $f(x) = \frac{x^4}{4}$ **2.** $f(x) = \frac{x^n}{n}$ **3.** $f(x) = \sqrt{x}$

4. $f(x) = \frac{2}{3} x\sqrt{x}$ **5.** $f(x) = \frac{a}{b} \sqrt[a]{x^b}$ **6.** $f(x) = \frac{\sqrt[3]{x^a}}{\sqrt[6]{x^{3a}}}$

Lösen Sie die Integrale, deren Integrand lautet:

7. $f(x) = \mathrm{e}^x$ **8.** $f(x) = b^x$ **9.** $f(x) = 10^x$

10. $f(x) = \frac{1}{x}$ **11.** $f(x) = \log_b a$ **12.** $f(x) = \log_4 10$

13. $f(x) = \sin x$ **14.** $f(x) = \cos x$ **15.** $f(x) = \frac{1}{\cos^2 x}$

16. $f(x) = \frac{1}{1 + x^2}$ **17.** $f(x) = \frac{1}{\sin^2 x}$ **18.** $f(x) = \frac{m}{n \cdot \sin x}$

19. $f(x) = \frac{1}{\sqrt{1 - x^2}}$ **20.** $f(x) = \sinh x$ **21.** $f(x) = \cosh x$

22. $f(x) = \frac{1}{x^2 - 1}$ **23.** $f(x) = \frac{1}{\sinh^2 x}$ **24.** $f(x) = \frac{1}{\sqrt{x^2 + 1}}$

25. $f(x) = \frac{1}{1 - x^2}$ **26.** $f(x) = \frac{1}{\sqrt{x^2 - 1}}$ **27.** $f(x) = \frac{1}{\cosh^2 x}$

Lösen Sie die Integrale:

28. $\int x^{a+3b}\,\mathrm{d}x$ **29.** $\int \frac{x^a}{x^b}\,\mathrm{d}x$ **30.** $\int \frac{x^{-1}}{x^5}\,\mathrm{d}x$

31. $\int \frac{\sqrt[3]{x}}{x}\,\mathrm{d}x$ **32.** $\int x\sqrt{x^{-1}}\,\mathrm{d}x$ **33.** $\int \frac{x^4}{x^{\frac{2}{3}}}\,\mathrm{d}x$

34. $\int \frac{\sqrt{x^a}}{x^{a+2}}\,\mathrm{d}x$ **35.** $\int \sqrt{x^2\sqrt{x^a\sqrt{x}}}\,\mathrm{d}x$ **36.** $\int \frac{x^2\sqrt[4]{x}}{x^{-3}\sqrt{x^3}}\,\mathrm{d}x$

37. $\int x^3 \sqrt{x^{\frac{1}{3}}}\, dx$

38. $\int \sqrt{x\sqrt{x\sqrt{x}}}\, dx$

39. $\int \frac{x^{\frac{1}{2}} \sqrt[3]{x^2}}{\sqrt{x^3} \sqrt[6]{x^5}}\, dx$

40. $\int \frac{x^{a+b} \sqrt[a+b]{x^a}}{\sqrt[a+b]{x^b}}\, dx$

41. $\int \frac{x^{-2}}{x^{-1}}\, dx$

42. $\int 4^x\, dx$

Beweisen Sie die folgenden Formeln durch Differentiation der rechten Seite:

43. $\int \operatorname{Arccos} x\, dx = x \cdot \operatorname{Arccos} x - \sqrt{1 - x^2}$

44. $\int \operatorname{Arcosh} x\, dx = x \cdot \operatorname{Arcosh} x - \sqrt{x^2 - 1}$

45. $\int \operatorname{Arccot} x\, dx = x \cdot \operatorname{Arccot} x + \frac{1}{2} \ln(1 + x^2)$

46. $\int \operatorname{Arcoth} x\, dx = x \cdot \operatorname{Arcoth} x + \frac{1}{2} \ln(x^2 - 1)$

2.2 Integration von Funktionen mit konstantem Faktor

Lösen Sie die folgenden Integrale:

1. $\int 4x^3\, dx$

2. $\int 5\sqrt[5]{x^4}\, dx$

3. $-\int \sin x\, dx$

4. $\int 8x^3\, dx$

5. $\int 10\sqrt[6]{x^5}\, dx$

6. $5 \cdot \int \cos x\, dx$

7. $\int 9x^7\, dx$

8. $\int \frac{5}{\sqrt{x}}\, dx$

9. $B \cdot \int \frac{dx}{\cos^2 x}$

10. $\int \alpha x^{\beta}\, dx$

11. $\int \frac{4}{\sqrt[3]{x^2}}\, dx$

12. $\int \frac{dx}{3 \cdot \sin^2 x}$

13. $\int \frac{b}{a} x^{\frac{a}{b}}\, dx$

14. $\int \frac{5}{\sqrt[4]{x^3}}\, dx$

15. $\int e \cdot e^x\, dx$

16. $\int \frac{x}{b}\, dx$

17. $\int \frac{2}{3\sqrt{x}}\, dx$

18. $\int 4 \cdot \sinh x\, dx$

19. $\int \frac{b}{x^3}\, dx$

20. $\int \frac{3}{4\sqrt[3]{x}}\, dx$

21. $\frac{1}{10} \int \cosh x\, dx$

22. $\int \frac{3}{4x^6}\, dx$

23. $\int 3 \cdot \sin x\, dx$

24. $5 \cdot \int \frac{dx}{\cos^2 x}$

25. $\int 2\sqrt{x}\,\mathrm{d}x$

26. $2 \cdot \int \cos x\,\mathrm{d}x$

27. $\int \frac{5}{\sin^2 x}\,\mathrm{d}x$

28. $\int 5\sqrt[3]{x}\,\mathrm{d}x$

29. $\frac{1}{2}\int \sin x\,\mathrm{d}x$

30. $\int \frac{3}{7(1+x^2)}\,\mathrm{d}x$

31. $\int 8\sqrt[4]{x}\,\mathrm{d}x$

32. $\int \frac{1}{3}\cos x\,\mathrm{d}x$

33. $10 \cdot \int 10^x\,\mathrm{d}x$

34. $\int a\sqrt[p]{x}\,\mathrm{d}x$

35. $\int -3\cos x\,\mathrm{d}x$

36. $\int a^x b^x\,\mathrm{d}x$

37. $\int 2\sqrt[3]{x^2}\,\mathrm{d}x$

38. $\int -5\sin x\,\mathrm{d}x$

39. $\int \frac{2\sqrt{x}}{x}\,\mathrm{d}x$

40. $\int 5\sqrt[4]{x^2}\,\mathrm{d}x$

41. $-\frac{1}{2}\int \cos x\,\mathrm{d}x$

42. $\int \frac{2}{\sqrt{1-x^2}}\,\mathrm{d}x$

43. $\int 3\sqrt[5]{x^3}\,\mathrm{d}x$

44. $-\int \frac{1}{3}\sin x\,\mathrm{d}x$

45. $\int \frac{2}{\sqrt{1+x}\cdot\sqrt{1-x}}\,\mathrm{d}x$

46. $\frac{1}{2}\int \frac{\mathrm{d}x}{1-\sin^2 x}$

47. $\int \frac{7}{8\cdot\cos^2 x}\,\mathrm{d}x$

48. $\int \frac{a^2}{1+x^2}\,\mathrm{d}x$

49. $\int \frac{10^x}{10}\,\mathrm{d}x$

50. $\int \frac{\mathrm{d}x}{\cos x\sqrt{1-\sin^2 x}}$

51. $\int \frac{a\sqrt{x}\cdot\sqrt[b]{x}}{b\sqrt[3]{x^2}\cdot\sqrt[a]{x^2}}\,\mathrm{d}x$

2.3 Integration algebraischer Summen

Lösen Sie die folgenden Integrale:

1. $\int (3-x)\,\mathrm{d}x$

2. $\int (x^3-2x^4)\,\mathrm{d}x$

3. $\int (a^2-x^2)\,\mathrm{d}x$

4. $\int (2-t)^3\,\mathrm{d}t$

5. $\int \left(\frac{x^2}{a}-\frac{a}{x^2}\right)\mathrm{d}x$

6. $\int (a_0+a_1\cdot z+a_2\cdot z^2)\,\mathrm{d}z$

7. $\int (v+3)(v-3)\,\mathrm{d}v$

8. $\int \left(\sqrt{x}+\frac{1}{\sqrt{x}}\right)\mathrm{d}x$

9. $\int \left(\sqrt{\frac{x}{a}}\pm\sqrt{\frac{a}{x}}\right)\mathrm{d}x$

10. $\int (x^2-b)\sqrt[3]{x}\,\mathrm{d}x$

11. $\int \frac{2x^4+4x^3+8x^2}{2x^2}\,\mathrm{d}x$

12. $\int \frac{x^3-x^2-x-2}{x\sqrt{x}}\,\mathrm{d}x$

13. $\int (\sqrt{x}+x)^2\,\mathrm{d}x$

14. $\int (\sqrt[3]{x}-\sqrt[4]{x})^3\,\mathrm{d}x$

15. $\int (\sqrt{x}+x)(\sqrt{x}-x)\,\mathrm{d}x$

16. $\int \left(a_0+\frac{a_1}{x}+\frac{a_2}{x^2}\right)\mathrm{d}x$

17. $\int \left(a_0\cdot 5^x+5a_1\cdot x^4+\frac{a^2}{x^2}\right)\mathrm{d}x$

18. $\int \left(x^3-7\sqrt{x}-\frac{11}{\sqrt[3]{x^5}}\right)\mathrm{d}x$

19. $\int (3x^5 + \cos x - e^x)\,dx$ 20. $\int \frac{(x^2-1)^2}{x}\,dx$ 21. $\int \frac{(\sqrt{x}-1)^2}{\sqrt{x}}\,dx$

22. $\int (a + b\sqrt[4]{x})^3\,dx$ 23. $\int (4\sqrt{x\sqrt{x}} + 3x\sqrt{\sqrt{x}})\,dx$ 24. $\int \frac{\sqrt{x} + x^3 + \sqrt[3]{x}}{\sqrt[3]{x^2}}\,dx$

25. $\int \frac{x^{\frac{1}{2}} + x^{\frac{1}{3}} + x^{\frac{1}{4}}}{\sqrt{x}}\,dx$ 26. $\int \frac{\sqrt{x} - \sqrt{\sqrt[3]{x^2}}}{\sqrt{x\sqrt{x}}}\,dx$ 27. $\int \frac{x\sqrt{x} - x^{-\frac{2}{3}}}{x^{-\frac{1}{2}}}\,dx$

28. $\int \frac{\sqrt{x} + \sqrt[3]{x^2} + \sqrt[4]{x} + \sqrt[5]{x}}{\sqrt[3]{x}}\,dx$ 29. $\int \left(2^x + \frac{3}{\cos^2 x} + \frac{a}{\sqrt[3]{x}} + 1\right)dx$

30. $\int \frac{a^2 - x^2}{x + a}\,dx$ 31. $\int \frac{4x^2 + 4x + 1}{4x + 2}\,dx$ 32. $\int \frac{3 - x^2}{x - \sqrt{3}}\,dx$

33. $\int \frac{\cos(2x)}{\cos^2 x - \frac{1}{2}}\,dx$ 34. $\int \left(2 \cdot \sin^2 \frac{x}{2} - 1\right)dx$ 35. $\int \sin^2 x\,dx + \int \cos^2 x\,dx$

36. $\int \frac{\tan x}{\sin(2x)}\,dx$ 37. $\int \frac{1 + \tan^2 x}{\tan^2 x}\,dx$ 38. $\int dx + \int \tan^2 x\,dx$

39. $\int 3 \cdot \sin^2 x \cdot \cos x\,dx$ 40. $\int (4 \cdot \cosh x + \sin x)\,dx$ 41. $\int \frac{\sqrt{1 - x^2}}{1 - x^2}\,dx$

42. $\int \frac{1 - x^2}{1 - x^4}\,dx$ 43. $\int \frac{\sqrt{(1+x)(1-x)}}{(1+x)(1-x)}\,dx$ 44. $\int e^x\,dx - \int e^{-x}\,dx$

45. $\int \left(\frac{1}{1 - x^2} + \frac{1}{x^2 + 1}\right)dx$ 46. $\int \frac{2}{x^4 - 1}\,dx$ 47. $\int \left(\frac{1}{\sqrt{x^2 + 1}} - \frac{1}{\sqrt{x^2 - 1}}\right)dx$

48. $\int \left(\frac{6}{\sqrt{4x^2 - 4}} + \sqrt{4x}\right)dx$ 49. $\int \frac{\cosh^2 x + \sinh^2 x}{(\cosh x \cdot \sinh x)^2}\,dx$ 50. $\int \frac{\sqrt{x^2 + 1} + \sqrt{x^2 - 1}}{\sqrt{x^4 - 1}}\,dx$

2.4 Integration durch Substitution

Lösen Sie die folgenden Integrale durch Substitution:

- Integrale des Typs $\int e^z\,dz$ mit $z = f(x)$

1. $\int e^{-x}\,dx$ 2. $\int e^{7x+2}\,dx$ 3. $\int e^{cx+a}\,dx$

4. $\int \frac{dx}{e^{-2x-3}}$ 5. $\int \frac{e^{3x-4}}{e^{x+2}}\,dx$ 6. $\int \frac{a \cdot e^{-cx}}{c \cdot e^{x+a}}\,dx$

7. $\int \frac{x \cdot e^{x^2+x}}{e^{x+1}}\,dx$ 8. $\int \frac{e^{(2x+4)^2}}{e^{4x^2-4}}\,dx$ 9. $\int \frac{\sqrt{e^{2x-4}}}{e^{2x+2}}\,dx$

- Integrale der Typen $\int \sin z \, \mathrm{d}z$, $\int \cos z \, \mathrm{d}z$, $\int \sinh z \, \mathrm{d}z$, $\int \cosh z \, \mathrm{d}z$ mit $z = f(x)$

10. $\int \sin(6x) \, \mathrm{d}x$ **11.** $\int \sin(3x-2) \, \mathrm{d}x$ **12.** $\int (x+1) \sin(x^2+2x) \, \mathrm{d}x$

13. $\int x \cdot \sin(x^2-1) \, \mathrm{d}x$ **14.** $\int x \cdot \sin \frac{6x^4-2x^2}{x^2} \, \mathrm{d}x$ **15.** $\int 4x \cdot \sin \frac{2+x^2}{4} \, \mathrm{d}x$

16. $\int \tan(2x) \cdot \cos(2x) \, \mathrm{d}x$ **17.** $\int \sqrt{1-\cos^2(3x+1)} \, \mathrm{d}x$ **18.** $\int 2 \cdot \sin(x+1) \cdot \cos(x+1) \, \mathrm{d}x$

19. $\int \cos(3x-4) \, \mathrm{d}x$ **20.** $\int x \cdot \cos(x^2-1) \, \mathrm{d}x$ **21.** $\int \mathrm{e}^x \cdot \cos(2\mathrm{e}^x-1) \, \mathrm{d}x$

22. $\int \frac{\sqrt{x}}{2x} \cos\sqrt{x} \, \mathrm{d}x$ **23.** $\int x^2 \cdot \cos x^3 \, \mathrm{d}x$ **24.** $\int [\cos^2(x-1) - \sin^2(x-1)] \, \mathrm{d}x$

25. $\int \left[4 - \frac{1}{2}\sin^2(2x)\right] \mathrm{d}x$ **26.** $\int x\sqrt{1-\sin^2 x^2} \, \mathrm{d}x$ **27.** $\int \frac{\cot(x-1)}{\sqrt{1+\cot^2(x-1)}} \, \mathrm{d}x$

28. $\int \sinh(2x-3) \, \mathrm{d}x$ **29.** $\int x^2 \cdot \sinh(x^3-4) \, \mathrm{d}x$ **30.** $\int x \cdot \sinh \frac{x^4-1}{x^2+1} \, \mathrm{d}x$

31. $\int \frac{1}{x^2} \cosh\left(1+\frac{1}{x}\right) \mathrm{d}x$ **32.** $\int (x+1) \cosh(2x+2)^2 \, \mathrm{d}x$ **33.** $\int \cosh(3ab+cx) \, \mathrm{d}x$

- Integrale der Form $\int \frac{\mathrm{d}z}{\cos^2 z}$, $\int \frac{\mathrm{d}z}{\sin^2 z}$, $\int \frac{\mathrm{d}z}{\cosh^2 z}$, $\int \frac{\mathrm{d}z}{\sinh^2 z}$ mit $z = f(x)$

34. $\int \frac{\mathrm{d}x}{\cos^2(3x-9)}$ **35.** $\int \frac{\mathrm{d}x}{1-\sin^2(4x+1)}$ **36.** $\int \frac{\mathrm{d}x}{\cos(2x+1)+1}$

37. $\int \frac{\tan^2(x+1)}{\sin^2(x+1)} \, \mathrm{d}x$ **38.** $\int \frac{\cos^2(a+bx)}{\tan^2(a+bx)} \, \mathrm{d}x$ **39.** $\int \frac{\mathrm{d}x}{\cos^2(ax) - \cos(2ax)}$

40. $\int \frac{\mathrm{d}x}{x^2 \cdot \cosh^2\left(1+\frac{2}{x}\right)}$ **41.** $\int \frac{\mathrm{d}x}{\cosh^2(x-a)}$ **42.** $\int \frac{x}{\cosh^2(x^2+4)} \, \mathrm{d}x$

43. $\int \frac{x^2}{\sinh^2(x^3+2a)} \, \mathrm{d}x$ **44.** $\int \frac{\mathrm{d}x}{\sinh^2(abx+c)}$ **45.** $\int \frac{\mathrm{d}x}{x^4 \cdot \sinh^2 \frac{x^3+4}{x^3}}$

- Integrale der Form $\int \sin^2 z \, dz$, $\int \cos^2 z \, dz$, $\int \sinh^2 z \, dz$, $\int \cosh^2 z \, dz$ mit $z = f(x)$

46. $\int \sin^2 (8x - 2)\, dx$ **47.** $\int \sin^2 (3 - x)\, dx$ **48.** $\int \sin^2 \frac{9x^2 - 4}{3x + 2}\, dx$

49. $\int [1 - \cos^2 (a + x)]\, dx$ **50.** $\int [\cos^2 (4x) - \cos (8x)]\, dx$ **51.** $\int \sin^2 \frac{16 - 16x + 4x^2}{2x - 4}\, dx$

52. $\int \cos^2 (a + bx)\, dx$ **53.** $\int \cos^2 (2x + 5)\, dx$ **54.** $\int x \cdot \cos^2 (x^2 - 1)\, dx$

55. $\int \frac{1}{x^3} \cos^2 \frac{x^2 + 1}{x^2}\, dx$ **56.** $\int [4 - 4 \cdot \sin^2 (x - a)]\, dx$ **57.** $\int [\cos (2x + 2) + 1]\, dx$

58. $\int \sinh^2 (7x - a)\, dx$ **59.** $\int x^2 \cdot \sinh^2 (x^3 - 1)\, dx$ **60.** $\int \cosh^2 (a - 2x)\, dx - \int dx$

61. $\int \cosh^2 (x + 12)\, dx$ **62.** $\int \coth^2 (2x) \cdot \sinh^2 (2x)\, dx$ **63.** $\int x \cdot \cosh^2 [(a + x)(a - x)]\, dx$

- Integrale der Form $\int f(x) \cdot f'(x)\, dx$; $\int \frac{f'(x)}{f(x)}\, dx$

64. $\int \frac{2x + 3}{x^2 + 3x + a}\, dx$ **65.** $\int \frac{3x^2 - 10x + 6}{x^3 - 5x^2 + 6x - 8}\, dx$ **66.** $\int \frac{5x^4 + 12x^2}{x^5 + 4x^3 - 1}\, dx$

67. $\int \frac{x^2}{x^3 - 1}\, dx$ **68.** $\int \frac{2x + 1{,}5}{2x^2 + 3x - 5}\, dx$ **69.** $\int \frac{10x - 40x^3}{\frac{1}{2} x^2 - x^4 + 6}\, dx$

70. $\int \frac{3}{x \cdot \ln x}\, dx$ **71.** $\int \sin (2x) \cdot \cos (2x)\, dx$ **72.** $\int \frac{\operatorname{Arcsin} x}{\sqrt{1 - x^2}}\, dx$

73. $\int \frac{dx}{\sin x \cdot \cos x}$ **74.** $\int \frac{\sin x}{\cos^3 x}\, dx$ **75.** $\int \frac{\tan x}{\cos^2 x}\, dx$

76. $\int \frac{\operatorname{Arsinh} x}{\sqrt{1 + x^2}}\, dx$ **77.** $\int \frac{\operatorname{Arctan} x}{1 + x^2}\, dx$ **78.** $\int \frac{\ln (2x - 4)}{x - 2}\, dx$

79. $\int \frac{\tan (x + 1)}{\cos^2 (x + 1)}\, dx$ **80.** $\int a^{4x} \cdot \ln a\, dx$ **81.** $\int \frac{\operatorname{Arccot} x}{1 + x^2}\, dx$

82. $\int \tan (2a + x)\, dx$ **83.** $\int a \cdot \cot (b + ax)\, dx$ **84.** $\int \frac{x}{(2x - 4)(2x + 4)}\, dx$

85. $\int \frac{a}{\sin (2ax + b)}\, dx$ **86.** $\int \frac{4}{\cos (4x)}\, dx$ **87.** $\int \frac{\tan (x + 1)}{\sin (x + 1)}\, dx$

● Integrale der Form $\int (a+bx)^n\,\mathrm{d}x$, $\int x^m(a+bx^{m+1})^n\,\mathrm{d}x$; $n \neq -1$

88. $\int (3x-5)^4\,\mathrm{d}x$

89. $\int \frac{\mathrm{d}x}{(x-a)^4}$

90. $\int \frac{(4x-2)^2}{(2x-1)^5}\,\mathrm{d}x$

91. $\int \sqrt{3x-5}\,\mathrm{d}x$

92. $\int \sqrt{a+bx}\,\mathrm{d}x$

93. $\int \frac{4}{\sqrt{2x+3}}\,\mathrm{d}x$

94. $\int \frac{\mathrm{d}x}{\sqrt{(2x-4)^5}}$

95. $\int \frac{\mathrm{d}x}{\sqrt{a+bx}}$

96. $\int \frac{2}{(3+4x)^7}\,\mathrm{d}x$

97. $\int \frac{\sqrt[3]{4x-16}}{(x-4)^3}\,\mathrm{d}x$

98. $\int \frac{x}{\sqrt{x^3-4x^2}}\,\mathrm{d}x$

99. $\int \frac{\sqrt[5]{(4x+2)^7}}{8x+4}\,\mathrm{d}x$

100. $\int \frac{\mathrm{d}x}{\left(8x-\frac{1}{2}\right)^6}$

101. $\int \frac{\sqrt[5]{(x-1)^{\frac{1}{3}}}}{(3x-3)^4}\,\mathrm{d}x$

102. $\int \frac{\sqrt{\sqrt{(3x-2)^3}}}{(9x-6)^{\frac{1}{7}}}\,\mathrm{d}x$

103. $\int \sqrt{\left(\frac{x^2-1}{1-x}\right)^5}\,\mathrm{d}x$

104. $\int \frac{x^3\sqrt{x+a}}{\sqrt[3]{x^8(x^2+a)}}\,\mathrm{d}x$

105. $\int \frac{x-1}{x^3+7x^2+8x-16}\,\mathrm{d}x$

106. $\int \frac{x}{\sqrt{9-x^2}}\,\mathrm{d}x$

107. $\int \frac{x}{\sqrt{1+x^2}}\,\mathrm{d}x$

108. $\int \frac{x}{\sqrt{x^2+a^2}}\,\mathrm{d}x$

109. $\int \frac{x^2}{(a^3x^3-b^3)^4}\,\mathrm{d}x$

110. $\int \frac{x}{(x^2+a^2)^3}\,\mathrm{d}x$

111. $\int \frac{x}{\sqrt{ax^2+b}}\,\mathrm{d}x$

112. $\int \frac{x^3}{\sqrt{5+x^4}}\,\mathrm{d}x$

113. $\int x^2\sqrt{5-6x^3}\,\mathrm{d}x$

114. $\int x\sqrt{1+x^2}\,\mathrm{d}x$

115. $\int \frac{\left(\frac{a}{x}+2b\right)^2}{x^2}\,\mathrm{d}x$

116. $\int \frac{\sqrt{\left(4-\frac{3}{x^2}\right)^3}}{x^3}\,\mathrm{d}x$

117. $\int \frac{\sqrt{x}}{(a+\sqrt{x^3})^2}\,\mathrm{d}x$

118. $\int x^2\sqrt[3]{x^3-1}\,\mathrm{d}x$

119. $\int \sqrt[3]{x^2}\,(a+x\cdot\sqrt[3]{x^2})^3\,\mathrm{d}x$

120. $\int \frac{\mathrm{d}x}{x^3\left(2+\frac{3}{x^2}\right)^3}$

121. $\int \frac{x^5}{\sqrt{x^2-x^7}}\,\mathrm{d}x$

122. $\int x\sqrt[5]{(a^2-x^2)^3}\,\mathrm{d}x$

123. $\int \frac{1}{x^2}\sqrt[3]{\left(\frac{1}{x}+b\right)^2}\,\mathrm{d}x$

- Integrale der Form $\int \frac{dx}{a+bx}$, $\int \frac{x^m}{a+bx^{m+1}}\,dx$

124. $\int \frac{a}{3x-b}\,dx$ **125.** $\int \frac{a+bx}{(2a+2bx)^2}\,dx$ **126.** $\int \frac{a-x}{x^2-a^2}\,dx$

127. $\int \frac{x}{a^2x^2-x}\,dx$ **128.** $\int \frac{x^2(x-1)}{x^4-x^2}\,dx$ **129.** $\int \frac{\sqrt{64x}}{\sqrt{4x^3}+\sqrt{9x}}\,dx$

130. $\int \frac{x^3}{24-7x^4}\,dx$ **131.** $\int \frac{x^{-2}}{4-\frac{1}{x}}\,dx$ **132.** $\int \frac{\sqrt{x}}{2-\sqrt{x^3}}\,dx$

133. $\int \frac{x^{\frac{1}{5}}}{a+4x\sqrt[5]{x}}\,dx$ **134.** $\int \frac{x}{(a-x)(x+a)}\,dx$ **135.** $\int \frac{18-27x}{\sqrt{(3x-2)^4}}\,dx$

136. $\int \frac{\sqrt{x}}{\sqrt{4x^3}-\sqrt{16x}}\,dx$ **137.** $\int \frac{4a^2+16ax+16x^2}{(a+2x)^3}\,dx$ **138.** $\int \frac{dx}{\sqrt[3]{x^2}\,(c-b\sqrt[3]{x})}$

- Integrale der Form $\int \frac{dx}{a+2bx+cx^2}$, $\int \frac{\alpha+\beta x}{a+2bx+cx^2}\,dx$

139. $\int \frac{dx}{2x^2+14x-12}$ **140.** $\int \frac{dx}{8x-3-2x^2}$ **141.** $\int \frac{dx}{x^2+6x+15}$

142. $\int \frac{2}{9x^2+6x+4}\,dx$ **143.** $\int \frac{3}{13-4x+3x^2}\,dx$ **144.** $\int \frac{8}{0{,}5x^2+5x+13}\,dx$

145. $\int \frac{ab}{12x-2x^2-18}\,dx$ **146.** $\int \frac{a}{b-cx^2+ax}\,dx$ **147.** $\int \frac{dx}{4b^2x^2-16abx+16a^2}$

148. $\int \frac{dx}{5+6x^2}$ **149.** $\int \frac{2}{3x^2+4}\,dx$ **150.** $\int \frac{4}{25-2x^2}\,dx$

151. $\int \frac{2}{6x^2-3x}\,dx$ **152.** $\int \frac{dx}{14-3x^2}$ **153.** $\int \frac{dx}{x^2+6x}$

154. $\int \frac{dx}{2x-3x^2}$ **155.** $\int \frac{x}{4x^3-\frac{x}{2}}\,dx$ **156.** $\int \frac{3x^2}{(3x)^2-16x^4}\,dx$

157. $\int \frac{2x-3}{x^2-2x+2}\,dx$ **158.** $\int \frac{5x+3}{2x^2-x+1}\,dx$ **159.** $\int \frac{ax+b}{x^2+c}\,dx$

160. $\int \frac{x-2}{x^2-4x+4}\,dx$ **161.** $\int \frac{1-2x}{4x-4x^2-1}\,dx$ **162.** $\int \frac{3+4x}{3x+2+x^2}\,dx$

163. $\int \frac{4x+x^2}{3x^3-2x^2+x}\,dx$ **164.** $\int \frac{\sqrt{x^3}-\sqrt{x}}{4\sqrt{x^3}-x^2\sqrt{x}+3\sqrt{x}}\,dx$ **165.** $\int \frac{3-16x}{8x^2+2x-15}\,dx$

● Integrale der Form $\int\sqrt{z^2 - a^2}\,\mathrm{d}z$, $\int\sqrt{a^2 \pm z^2}\,\mathrm{d}z$ mit $z = f(x)$

166. $\int\sqrt{3x^2 - 16}\,\mathrm{d}x$

167. $\int\sqrt{\frac{x^2}{2} - 13}\,\mathrm{d}x$

168. $\int\sqrt{44 + \left(\frac{x}{3}\right)^2}\,\mathrm{d}x$

169. $\int\sqrt{12 - 3x^2}\,\mathrm{d}x$

170. $\int\sqrt{\frac{x^4 - 16}{4x^2 + 16}}\,\mathrm{d}x$

171. $\int\frac{\sqrt{5 - x^2}}{x}\,\mathrm{d}x$

172. $\int\frac{\sqrt{20 + x^2}}{x^2}\,\mathrm{d}x$

173. $\int\frac{\sqrt{3x^2 - 4}}{x^2}\,\mathrm{d}x$

174. $\int\frac{\sqrt{27x^2 - 3}}{x}\,\mathrm{d}x$

175. $\int x^2\sqrt{2 - x^2}\,\mathrm{d}x$

176. $\int\frac{\sqrt{7x^2 - 1}}{x^3}\,\mathrm{d}x$

177. $\int\frac{\sqrt{12 - x^2}}{x^2}\,\mathrm{d}x$

178. $\int\sqrt{x^2 + 2x + 3}\,\mathrm{d}x$

179. $\int\sqrt{5x^2 + x + 10}\,\mathrm{d}x$

180. $\int\sqrt{x^2 + 6x - 9}\,\mathrm{d}x$

181. $\int\sqrt{x^2 - 4x - 5}\,\mathrm{d}x$

182. $\int\sqrt{6 - x - 3x^2}\,\mathrm{d}x$

183. $\int\sqrt{8x^2 - 6x + 3}\,\mathrm{d}x$

184. $\int x\sqrt{x^2 + 4x + 3}\,\mathrm{d}x$

185. $\int\frac{\sqrt{x^2 - 2x + 1}}{x^2}\,\mathrm{d}x$

186. $\int\frac{\sqrt{1 - 2x - x^2}}{(x + 1)^2}\,\mathrm{d}x$

● Integrale der Form $\int\frac{\mathrm{d}z}{\sqrt{z^2 - a^2}}$, $\int\frac{\mathrm{d}z}{\sqrt{a^2 \pm z^2}}$ mit $z = f(x)$

187. $\int\frac{\mathrm{d}x}{\sqrt{x^2 - 7}}$

188. $\int\frac{\mathrm{d}x}{\sqrt{8x^2 + 20}}$

189. $\int\frac{\mathrm{d}x}{\sqrt{10 - 2x^2}}$

190. $\int\frac{x^2}{\sqrt{13 - x^2}}\,\mathrm{d}x$

191. $\int\frac{\mathrm{d}x}{x^2\sqrt{x^2 - 1}}$

192. $\int\frac{x}{\sqrt{2x^2 + 4}}\,\mathrm{d}x$

193. $\int\frac{4x}{\sqrt{20 - 2x^2}}\,\mathrm{d}x$

194. $\int\frac{3x^2}{\sqrt{x^2 - b}}\,\mathrm{d}x$

195. $\int\frac{3}{x\sqrt{ax^2 + 4}}\,\mathrm{d}x$

196. $\int\frac{13x^2}{\sqrt{3 + 3x^2}}\,\mathrm{d}x$

197. $\int\frac{\mathrm{d}x}{x\sqrt{a^2 - x^2}}$

198. $\int\frac{\mathrm{d}x}{x^2\sqrt{8 - \frac{x^2}{2}}}$

199. $\int\frac{\mathrm{d}x}{\sqrt{\frac{1}{2} - x - \frac{x^2}{2}}}$

200. $\int\frac{3}{\sqrt{6 - 2x - x^2}}\,\mathrm{d}x$

201. $\int\frac{a}{\sqrt{2x^2 - 3x - 1}}\,\mathrm{d}x$

202. $\int\frac{2}{\sqrt{6 - 4x + x^2}}\,\mathrm{d}x$

203. $\int\frac{4}{\sqrt{3x^2 + 4x + 5}}\,\mathrm{d}x$

204. $\int\frac{\mathrm{d}x}{\sqrt{x^2 + 7x - 8}}$

2.5 Partielle Integration

Lösen Sie die folgenden Integrale:

1. $\int x^2 \cdot \sin x \, dx$ **2.** $\int x^3 \cdot \sin x \, dx$ **3.** $\int x^2 \cdot \cos x \, dx$

4. $\int x^3 \cdot \cos x \, dx$ **5.** $\int x \cdot \sin(2x) \, dx$ **6.** $\int x \cdot \cos(2x) \, dx$

7. $\int x^2 \cdot \sin(ax) \, dx$ **8.** $\int x^2 \cdot \cos(ax) \, dx$ **9.** $\int x^2 \cdot e^x \, dx$

10. $\int x^3 \cdot e^x \, dx$ **11.** $\int x \cdot e^{2x} \, dx$ **12.** $\int x \cdot e^{-3x} \, dx$

13. $\int x \cdot \ln x \, dx$ **14.** $\int x^2 \cdot \ln x \, dx$ **15.** $\int x^4 \cdot \ln x \, dx$

16. $\int \sqrt[3]{x^5} \cdot \ln x \, dx$ **17.** $\int x \cdot \sinh x \, dx$ **18.** $\int x^4 \cdot \cosh x \, dx$

19. $\int x^4 \cdot \cosh(ax) \, dx$ **20.** $\int x^4 \cdot \sinh x \, dx$ **21.** $\int t^2 \cdot \sinh(\omega t) \, dt$

22. $\int \operatorname{Arcsin} x \, dx$ **23.** $\int \operatorname{Arccot} x \, dx$ **24.** $\int \operatorname{Arccos} x \, dx$

25. $\int \operatorname{Arcoth} x \, dx$ **26.** $\int x^n \cdot \ln x \, dx$ **27.** $\int \frac{\ln x}{x^2} \, dx$

28. $\int \frac{\ln x}{x^4} \, dx$ **29.** $\int \frac{\ln(ax)}{x} \, dx$ **30.** $\int \frac{\ln^2 x}{x} \, dx$

31. $\int \frac{\ln^2(ax)}{x} \, dx$ **32.** $\int \frac{\ln(ax)}{bx} \, dx$ **33.** $\int \frac{\ln^2(ax)}{bx} \, dx$

34. $\int \cos^2(2x) \, dx$ **35.** $\int \sin^2 x \, dx$ **36.** $\int \sin^2(\omega t) \, dt$

37. $\int \cos^2(\omega t) \, dt$ **38.** $\int \cosh x \cdot \sin x \, dx$ **39.** $\int \sinh x \cdot \sin x \, dx$

40. $\int \sinh x \cdot \cos x \, dx$ **41.** $\int e^x \cdot \cos x \, dx$ **42.** $\int e^x \cdot \sin x \, dx$

43. $\int e^x \cdot \sinh(2x) \, dx$ **44.** $\int e^x \cdot \cosh(2x) \, dx$ **45.** $\int e^{ax} \cdot \sinh(bx) \, dx$

46. $\int e^{bx} \cdot \cosh(ax) \, dx$ **47.** $\int e^{-3x} \cdot \cosh \frac{x}{3} \, dx$ **48.** $\int \sin(2x) \cdot \sinh(3x) \, dx$

49. $\int \cosh(3x) \cdot \sin(2x) \, dx$ **50.** $\int \cos(3x) \cdot \sinh(6x) \, dx$ **51.** $\int \cos(5x) \cdot \sinh(0{,}2x) \, dx$

52. $\int \frac{x^2}{\sqrt{a^2 - x^2}}\,dx$

53. $\int \frac{x^2}{\sqrt{x^2 - a^2}}\,dx$

54. $\int \frac{x^4}{\sqrt{9 + x^2}}\,dx$

55. $\int \frac{x^2}{\sqrt{3 + 4x^2}}\,dx$

56. $\int \frac{x^4}{\sqrt{x^2 - 6}}\,dx$

57. $\int \frac{x^6}{\sqrt{b^2 - x^2}}\,dx$

58. $\int \sin^5 x\,dx$

59. $\int \frac{\sin^3 x}{\tan^3 x}\,dx$

60. $\int \cos^3 x\,dx$

61. $\int \cos^3 (ax)\,dx$

62. $\int b \cdot \sin^3 (ax)\,dx$

63. $\int \sin^7 x\,dx$

64. Lösen Sie $\int \sin x \cdot \cos x\,dx$ partiell auf zwei Wegen.
Setzen Sie hierzu
- $\sin x = u(x)$; $\cos x = v'(x)$
- $\cos x = u(x)$; $\sin x = v'(x)$.

Differenzieren Sie die beiden gefundenen Lösungen. Wie läßt sich das Ergebnis erklären?

65. Welche Aufgabe hat eine Rekursionsformel?

66. Geben Sie I_{m-4} für $I_m = \int \cos^m x\,dx$ an.

67. Geben Sie I_8 für $I_m = \int x^m \sqrt{x^2 - a^2}\,dx$ an.

Stellen Sie Rekursionsformeln für folgende Integrale auf:

68. $\int \sin^m x\,dx$

69. $\int \sinh^m x\,dx$

70. $\int \cosh^m x\,dx$

71. $\int \frac{x^m}{\sqrt{a^2 - x^2}}\,dx$

72. $\int \frac{x^m}{\sqrt{x^2 - a^2}}\,dx$

73. $\int \frac{x^m}{\sqrt{x^2 + a^2}}\,dx$

74. $\int x^m \sqrt{a^2 + x^2}\,dx$

75. $\int x^m \sqrt{a^2 - x^2}\,dx$

76. $\int x^m \sqrt{x^2 - a^2}\,dx$

77. Berechnen Sie mit Hilfe von Rekursionsformeln für die Aufgaben 68. bis 76 die Integrale I_2, I_4, I_6, I_8 und I_{10}.

2.6 Integration durch Partialbruchzerlegung

Lösen Sie die folgenden Integrale durch Zerlegung in Teilbrüche:

1. $\int \frac{dx}{x^2 - 16}$

2. $\int \frac{dx}{x^4 - 25}$

3. $\int \frac{dx}{x^2 - a^2}$

4. $\int \frac{dx}{(x-2)(x+1)}$

5. $\int \frac{dx}{(x+2)(x-3)}$

6. $\int \frac{dx}{(x-a)(x-b)}$

7. $\int \frac{dx}{(2x^2+3)(5-x)}$

8. $\int \frac{3 - 2x^2}{(x-3)^2 (x-1)}\,dx$

9. $\int \frac{4 + x^3}{(1-x^2)(1+x)^2}\,dx$

10. $\int \frac{6+4x}{x^2+x}\,\mathrm{d}x$ 11. $\int \frac{2x+3}{x^2-5x+6}\,\mathrm{d}x$ 12. $\int \frac{x+3}{x^2-x-2}\,\mathrm{d}x$

13. $\int \frac{2x+3}{x^2+2x-63}\,\mathrm{d}x$ 14. $\int \frac{7-x}{x^2+6x-91}\,\mathrm{d}x$ 15. $\int \frac{2x+3}{4x^2-x+8}\,\mathrm{d}x$

16. $\int \frac{\mathrm{d}x}{x^2-40x+111}$ 17. $\int \frac{2x^2-5ax+5a^2}{x^2-6ax+5a^2}\,\mathrm{d}x$ 18. $\int \frac{4+2x}{15x^2+21-44x}\,\mathrm{d}x$

19. $\int \frac{x^4-x^3+3x}{x^2(x+2)(x-3)}\,\mathrm{d}x$ 20. $\int \frac{\mathrm{d}x}{x^2+a^2}$ 21. $\int \frac{\mathrm{d}x}{x^2-5}$

22. $\int \frac{x+4}{x^2-2}\,\mathrm{d}x$ 23. $\int \frac{7x+8}{x^2+x-2}\,\mathrm{d}x$ 24. $\int \frac{4x+1}{(x-2)(x+1)}\,\mathrm{d}x$

25. $\int \frac{\mathrm{d}x}{x^2+9x+8}$ 26. $\int \frac{\mathrm{d}x}{x^2-7x+12}$ 27. $\int \frac{5+2x^2}{4x^2+x^3}\,\mathrm{d}x$

28. $\int \frac{x^2}{1-x^2}\,\mathrm{d}x$ 29. $\int \frac{\mathrm{d}x}{1+x^3}$ 30. $\int \frac{\mathrm{d}x}{(x+1)(x^2-x+1)}$

31. $\int \frac{2x+6}{2x^2+3x+1}\,\mathrm{d}x$ 32. $\int \frac{x^2-2x+3}{x^2-3x+2}\,\mathrm{d}x$ 33. $\int \frac{x^2}{(x^2-1)(x+2)}\,\mathrm{d}x$

34. $\int \frac{\mathrm{d}x}{x^2(x-1)}$ 35. $\int \frac{x+2}{x^3-4x^2+4x}\,\mathrm{d}x$ 36. $\int \frac{\mathrm{d}x}{x^3-1}$

37. $\int \frac{\mathrm{d}x}{1-x^3}$ 38. $\int \frac{\mathrm{d}x}{(x^2+5x+6)(x+1)}$ 39. $\int \frac{2x+12}{3-x^2}\,\mathrm{d}x$

40. $\int \frac{10+4x}{4-x^2}\,\mathrm{d}x$ 41. $\int \frac{1+x}{x^2-3x+4}\,\mathrm{d}x$ 42. $\int \frac{3x-2}{x-3+x^2}\,\mathrm{d}x$

43. $\int \frac{x^4-x^3-9x^2-26x-11}{x^2-4x-2}\,\mathrm{d}x$ 44. $\int \frac{x^4-x^3-5x^2-41x-19}{x^2+3x+9}\,\mathrm{d}x$

45. $\int \frac{\cos x}{\sin^2 x+10\cdot\sin x+9}\,\mathrm{d}x$ 46. $\int \frac{(2\cdot\sin x+5)\cdot\cos x}{2\cdot\sin^2 x+3\cdot\sin x+1}\,\mathrm{d}x$

2.7 Integration durch Reihen

1. Entwickeln Sie den Integralsinus $\mathrm{Si}(x)=\int \frac{\sin x}{x}\,\mathrm{d}x$ durch gliedweise Integration der durch x dividierten Reihe für sin x.

Integrieren Sie die folgenden Funktionen nach Entwicklung in eine Reihe:

2. $\int \frac{\cos x}{x}\,\mathrm{d}x$ 3. $\int \frac{\ln|1+x|}{x}\,\mathrm{d}x$ 4. $\int \mathrm{e}^{-x^2}\,\mathrm{d}x$

5. $\int \frac{\ln(1+z^2)}{z^2}\,\mathrm{d}z$ 6. $\int \frac{\mathrm{e}^x}{x}\,\mathrm{d}x$ 7. $\int \frac{\mathrm{e}^{-x}}{x}\,\mathrm{d}x$

8. $\int \frac{\ln|1-x|}{x}\,\mathrm{d}x$ 9. $\int \sin x\,\mathrm{d}x$ 10. $\int \cos x\,\mathrm{d}x$

11. $\int \frac{\mathrm{e}^{-ix}}{x}\,\mathrm{d}x$ 12. $\int \frac{a^x}{x}\,\mathrm{d}x$ 13. $\int \frac{\tan x}{x}\,\mathrm{d}x$

14. $\int \frac{\mathrm{d}z}{\sqrt{1+z^4}}$ 15. $\int \frac{\mathrm{d}z}{\sqrt{1-z^3}}$ 16. $\int \sqrt[3]{1+x^5}\,\mathrm{d}x$

17. Aus dem Zusammenhang $\int \frac{\mathrm{d}x}{1-x} = -\ln|1-x|$ ist für $+\ln|1-x|$ eine Potenzreihe zu entwickeln.

Für die folgenden Funktionsgleichungen sind Potenzreihen durch Integration der aus den ersten Ableitungen entwickelten Reihen zu gewinnen:

18. $f(x) = \operatorname{Arcsin} x$ 19. $f(x) = \operatorname{Arsinh} x$ 20. $f(x) = \operatorname{Arccos} x$ 21. $f(x) = \operatorname{Artanh} x$

3. Anwendungen der Integralrechnung

Im Kapitel 1 wurde das bestimmte Integral als Flächenmaßzahl der Fläche zwischen dem Funktionsgraphen und der x-Achse innerhalb bestimmter Grenzen definiert. In diesem Kapitel soll dies nun zunächst für ebene Flächen weiter vertieft und anschließend auf andere Bereiche, wie z. B. die Berechnung von Volumen, erweitert werden.

3.1 Flächeninhalt ebener Flächen

Nach dem zweiten Hauptsatz der Differential- und Integralrechnung kann man das bestimmte Integral als Fläche ohne Grenzwertprozeß berechnen.
Je nach Verlauf der Graphen der Integrandfunktionen lassen sich sechs Fälle unterscheiden.

● **Flächen oberhalb der x-Achse**

Problem: Berechnen Sie den Flächeninhalt zwischen der x-Achse und dem Graphen der Funktion $f = \langle x \mapsto x^2 + 1 \rangle$ im Intervall $[-1, 3]$.

Die zu berechnende Fläche im Intervall $[-1, 3]$ liegt vollständig oberhalb der x-Achse, d.h. die gesamte Fläche ist positiv. Negative x-Werte haben also keinen Einfluß auf das Vorzeichen der Fläche.

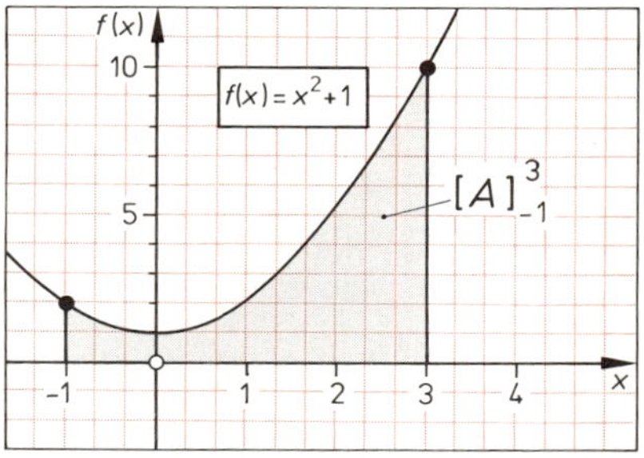

$$[A]_{-1}^{3} = \int_{-1}^{3} (x^2 + 1)\,dx$$

$$= \left[\frac{1}{3}x^3 + x\right]_{-1}^{3}$$

$$= \left[\frac{1}{3}\cdot 3^3 + 3\right] - \left[\frac{1}{3}\cdot(-1)^3 + (-1)\right]$$

$$= \frac{40}{3} \text{ Flächeneinheiten}$$

Die Maßzahl bedeutet Flächeneinheiten, da ein konkreter Maßstab der Achsen nicht gegeben ist.

Ist f eine im Intervall $[a, b]$ stetige Funktion und sind die Funktionswerte von f in $[a, b]$ positiv ($f(x) > 0$), so berechnet man den Flächeninhalt des Flächenstückes, das vom Graphen von f, der x-Achse und den Parallelen zur $f(x)$-Achse durch die Stellen $x = a$ und $x = b$ begrenzt wird, durch Integration.

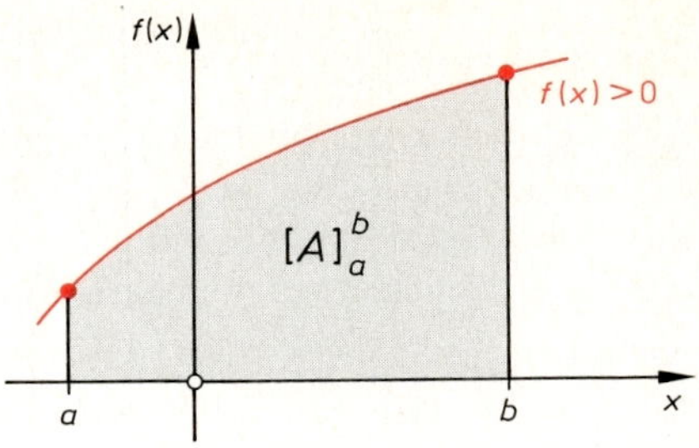

Merke:

$$[A]_a^b = \int_a^b f(x)\,\mathrm{d}x = [F(x)]_a^b = F(b) - F(a)$$

Beispiel: Berechnen Sie den Flächeninhalt des Flächenstückes, das vom Graphen der Funktion $f = \left\langle x \longmapsto \frac{1}{2}x^2 - 2x + 3 \right\rangle$, der x-Achse und den Parallelen zur $f(x)$-Achse an den Stellen $x_1 = -1$ und $x_2 = 3$ begrenzt wird.

Das zu berechnende Flächenstück liegt oberhalb der x-Achse.

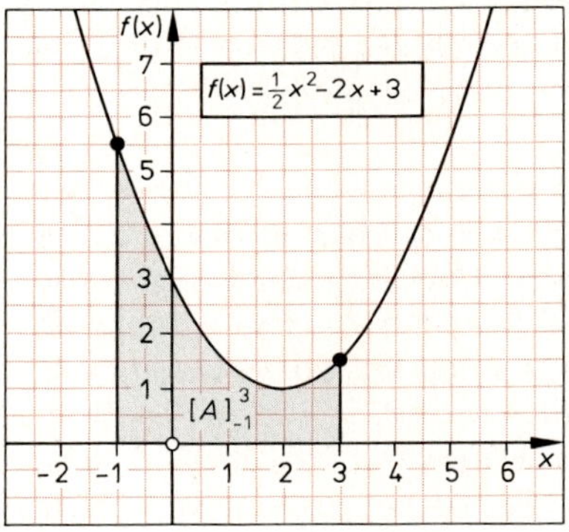

Man erhält den Flächeninhalt A durch Bestimmung einer Stammfunktion von f und durch Einsetzen der oberen Grenze 3 sowie der unteren Grenze -1.

$$[A]_{-1}^3 = \int_{-1}^3 \left(\frac{x^2}{2} - 2x + 3\right) \mathrm{d}x$$

$$= \left[\frac{x^3}{6} - x^2 + 3x\right]_{-1}^3$$

$$= \frac{27}{6} - 9 + 9 - \left(-\frac{1}{6} - 1 - 3\right)$$

$$= \frac{27}{6} - \left(-\frac{25}{6}\right)$$

$$= \frac{52}{6} \text{ Flächeneinheiten}$$

● **Flächen unterhalb der x-Achse**

Problem: Berechnen Sie für die Funktion $f = \langle x \mapsto -(x^2+1)\rangle$ den Flächeninhalt zwischen der x-Achse und dem Graphen der Funktion im Intervall $[-1, 3]$.

Die zu berechnende Fläche liegt hierbei unterhalb der x-Achse. Vergleicht man die Flächen zwischen Graph und x-Achse bei den Funktionen

$$f = \langle x \mapsto x^2 + 1\rangle$$

und

$$f = \langle x \mapsto -(x^2+1)\rangle,$$

so führt das negative Vorzeichen offensichtlich zu einer deckungsgleichen aber „negativen" Fläche.

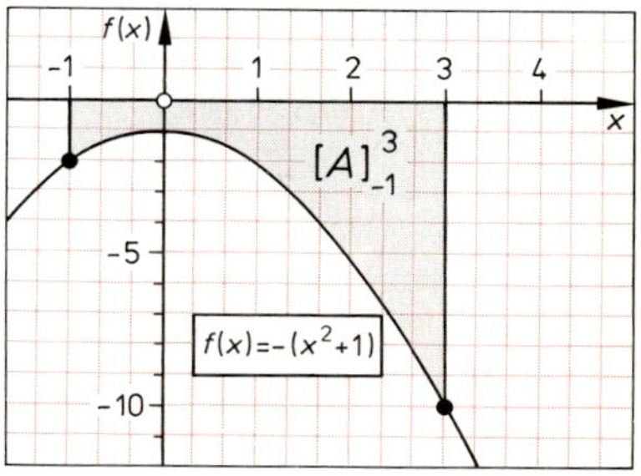

$$\int_{-1}^{3} -(x^2+1)\,\mathrm{d}x = \left[-\frac{1}{3}x^3 - x\right]_{-1}^{3}$$

$$= -\frac{1}{3}\cdot 27 - 3 - \left(\frac{1}{3}+1\right) = -\frac{40}{3}$$

Da negative Flächen nicht definiert sind, schreibt man das Ergebnis als Betrag, um es verwenden zu können.

$$[A]_{-1}^{3} = \left|-\frac{40}{3}\right| = \frac{40}{3}\ \text{Flächeneinheiten}$$

Sind die Funktionswerte einer in $[a, b]$ stetigen Funktion f negativ, $(f(x) < 0)$, so liegt das vom Graphen von f, von der x-Achse und den Parallelen zur $f(x)$-Achse an den Stellen $x = a$ und $x = b$ begrenzte Flächenstück unterhalb der x-Achse. Das bestimmte Integral liefert einen negativen Zahlenwert. Um den Flächeninhalt $[A]_a^b$ eines solchen Flächenstückes angeben zu können, wählt man die Betragsschreibweise.

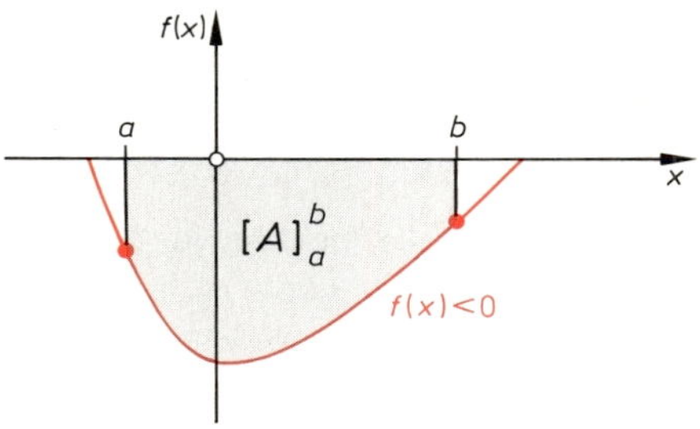

$$[A]_a^b = \int_a^b -f(x)\,\mathrm{d}x = -\int_a^b f(x)\,\mathrm{d}x = \left|\int_a^b f(x)\,\mathrm{d}x\right|$$

Merke:

Unter der Flächenmaßzahl der Fläche unter dem Graphen der Funktion $f = \langle x \mapsto f(x)\rangle$ im Intervall $[a, b]$ versteht man den Betrag des bestimmten Integrals $\int_a^b f(x)\,\mathrm{d}x$.

$$[A]_a^b = \left|\int_a^b f(x)\,\mathrm{d}x\right|$$

Beispiel: Berechnen Sie den Flächeninhalt A der Flächenstücke unterhalb der x-Achse, die vom Graphen der Funktion $f = \langle x \mapsto x^4 - 6x^2 + 5 \rangle$ und der x-Achse zwischen den Nullstellen der Funktion umschlossen wird.

Der Graph der Funktion ist achsensymmetrisch. Nullstellen sind $x_1 = -\sqrt{5}$, $x_2 = -1$, $x_3 = 1$ und $x_4 = \sqrt{5}$, die man durch die Substitution $x^2 = z$ finden kann.

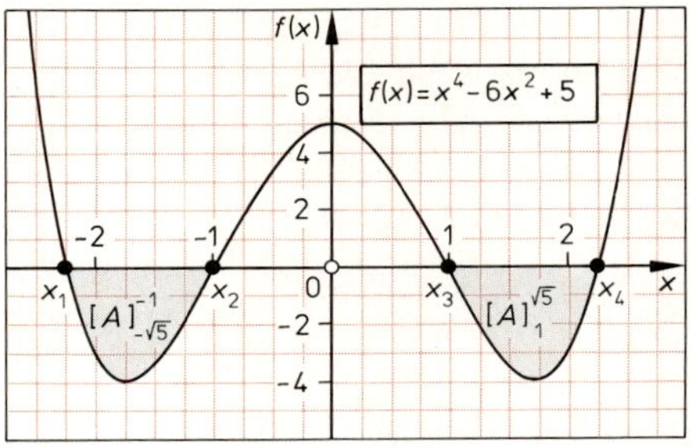

Es genügt, den Zahlenwert einer der beiden unterhalb der x-Achse befindlichen Flächen zu berechnen, da beide Flächen wegen der Achsensymmetrie des Graphen gleichen Inhalt haben. Man erhält A durch Verdoppeln von $[A]_1^{\sqrt{5}}$ mit $A = 6{,}4$.

$$[A]_1^{\sqrt{5}} = \left| \int_1^{\sqrt{5}} (x^4 - 6x^2 + 5)\,\mathrm{d}x \right|$$

$$= \left| \left[\frac{x^5}{5} - 2x^3 + 5x \right]_1^{\sqrt{5}} \right|$$

$$= |0 - 3{,}2|$$

$$= |-3{,}2| = 3{,}2$$

$$A = 2 \cdot [A]_1^{\sqrt{5}} = 2 \cdot 3{,}2 = \underline{\underline{6{,}4}}$$

● **Flächen teilweise oberhalb, teilweise unterhalb der x-Achse**

Problem: Berechnen Sie für die Funktion $f = \langle x \mapsto \sin x \rangle$ die Fläche zwischen der x-Achse und dem Graphen der Funktion im Intervall $[0, 2\pi]$!

Integriert man diese Funktion in den Grenzen 0 bis 2π, so ergibt sich als Flächeninhalt entgegen der Anschauung der Wert Null!

Offensichtlich subtrahieren sich die beiden Flächen oberhalb und unterhalb der x-Achse, denn das Ergebnis der Integration ist Null.

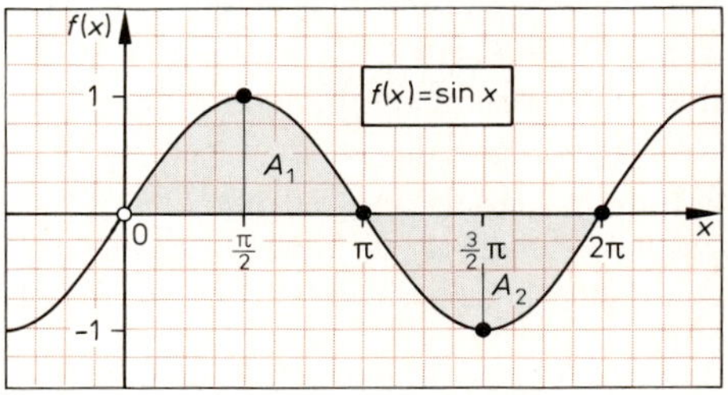

$$[A]_0^{2\pi} = \left| \int_0^{2\pi} \sin x \,\mathrm{d}x \right| = |[-\cos x]_0^{2\pi}|$$

$$= |-[\cos(2\pi) - \cos 0]|$$

$$= |-[1 - 1]|$$

$$= \underline{\underline{0}}$$

Ursache dafür ist wohl die Tatsache, daß die Funktion innerhalb des Intervalls eine Nullstelle besitzt.

$\sin x_0 = 0 \Rightarrow x_0 = \pi \quad \text{in} \quad [0, 2\pi]$

Daher werden nun die Flächenmaßzahlen der beiden Teilflächen rechts und links von der Nullstelle $x = \pi$ gesondert berechnet.

$$[A_1]_0^{\pi} = \int_0^{\pi} \sin x \, dx = [-\cos x]_0^{\pi}$$
$$= -(\cos \pi - \cos 0)$$
$$= -(-1-1)$$
$$= \underline{\underline{2}}$$

$$[A_2]_{\pi}^{2\pi} = \int_{\pi}^{2\pi} \sin x \, dx = [-\cos x]_{\pi}^{2\pi}$$
$$= -[\cos(2\pi) - \cos \pi]$$
$$= -[\quad 1 \quad -(-1)]$$
$$= \underline{\underline{-2}}$$

Wegen $A = A_1 + (A_2) = 2 + (-2) = 0$ erklärt sich das zunächst merkwürdige Resultat. Sinnvoll ist es daher, die Beträge der Integrale zu addieren.

$$\int_0^{2\pi} \sin x \, dx = \left| \int_0^{\pi} \sin x \, dx \right| + \left| \int_{\pi}^{2\pi} \sin x \, dx \right|$$
$$= |-(\cos \pi - \cos 0)| + |-[\cos(2\pi) - \cos \pi]|$$
$$= \underline{\underline{4}}$$

Problem: Berechnen Sie die Fläche zwischen dem Graphen der Funktion $f = \langle x \mapsto 2x - 2 \rangle$ und der x-Achse in den Grenzen $x = 0$ und $x = 3$, und zwar **a)** elementar sowie **b)** unter Verwendung der Integralrechnung.

a) Aus der Zeichnung bzw. durch die Bestimmung der Nullstelle und Einsetzen der Grenzen lassen sich die Seiten der beiden Dreiecke und damit ihre Flächeninhalte berechnen.

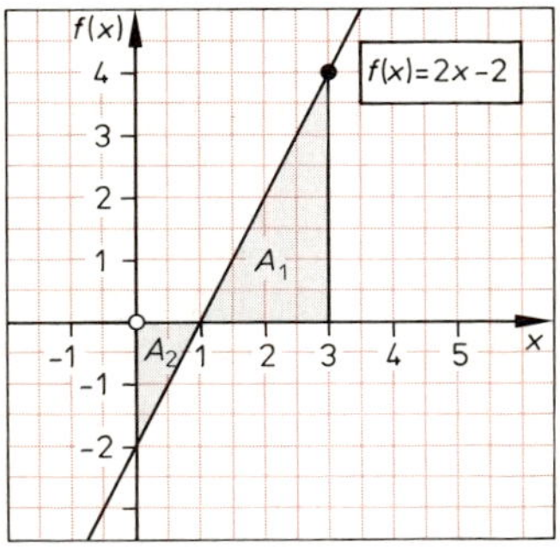

Die Summe der beiden Flächeninhalte ist gleich dem Inhalt der Fläche über dem Graphen von $x = 0$ bis $x = 1$ und unter dem Graphen von $x = 1$ bis $x = 3$.

$$A = A_1 + A_2$$
$$= \frac{l_1 \cdot b_1}{2} + \frac{l_2 \cdot b_2}{2} \quad \blacktriangleright l_1 = 2;\ b_1 = 4$$
$$\blacktriangleright l_2 = 2;\ b_2 = 1$$
$$= \frac{2 \cdot 4}{2} + \frac{2 \cdot 1}{2}$$
$$= \underline{\underline{5}}$$

b) Integriert man ohne Berücksichtigung der Nullstellen von 0 bis 3, so erhält man einen Wert, der nicht mit der arithmetisch ermittelten Lösung übereinstimmt.

$$\left|\int_0^3 (2x-2)\,\mathrm{d}x\right| = \left|\left[\frac{2x^2}{2} - 2x\right]_2^3\right|$$

$$= |(3^2 - 2\cdot 3) - (2^2 - 2\cdot 2)|$$

$$= 3 \blacktriangleright \text{ falsche Lösung}$$

Integriert man die Funktion

$$f = \langle x \longmapsto 2x - 2\rangle$$

jedoch in zwei Intervallen, indem man neue Grenzen einführt, und zwar von $x = 0$ bis zur Nullstelle $x = 1$ und von $x = 1$ bis $x = 3$, so erhält man zwei Inhalte von Flächen, die jeweils nur auf einer Seite der x-Achse liegen. Die Addition ergibt die Gesamtfläche $A = 5$.

$$[A]_0^3 = \left|\int_0^1 (2x-2)\,\mathrm{d}x\right| + \left|\int_1^3 (2x-2)\,\mathrm{d}x\right|$$

$$= |[x^2 - 2x)]_0^1| + |[x^2 - 2x]_1^3|$$

$$= |(-1)| + |(9-6) - (1-2)|$$

$$= \quad 1 \quad + \quad 4$$

$$= \underline{\underline{5}}$$

Liegt das vom Graphen, der x-Achse sowie $x = a$ und $x = b$ begrenzte Flächenstück einer im Intervall $[a, b]$ stetigen Funktion teilweise unterhalb und teilweise oberhalb der x-Achse, d.h. hat die Funktion im Intervall $[a, b]$ mindestens eine Nullstelle, so sind die Flächen, die unter- bzw. oberhalb der x-Achse liegen, getrennt zu berechnen und dann ist zu addieren.

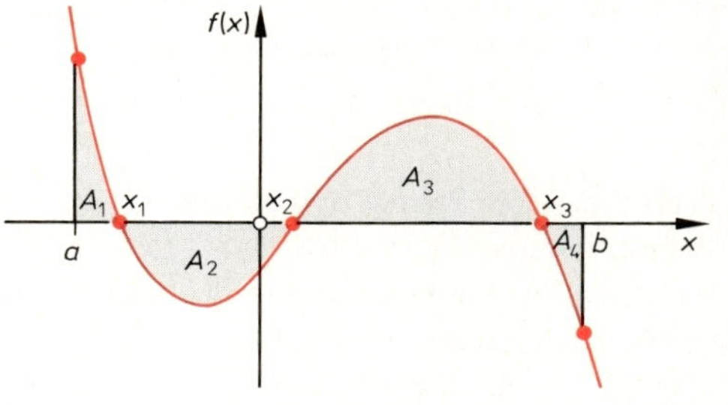

$$[A]_a^b = A_1 + A_2 + A_3 + A_4$$

$$= [A_1]_a^{x_1} + [A_2]_{x_1}^{x_2} + [A_3]_{x_2}^{x_3} + [A_4]_{x_3}^{b}$$

Merke:

Vor der Flächenberechnung mit bestimmten Integralen muß die Integrandfunktion zunächst auf Nullstellen im Integrationsintervall untersucht werden. Die gesuchte Flächenmaßzahl ergibt sich dann aus der Summe der Beträge der Maßzahlen der Teilflächen.

$$[A]_a^b = \left|\int_a^{x_1} f(x)\,\mathrm{d}x\right| + \left|\int_{x_1}^{x_2} f(x)\,\mathrm{d}x\right| + \left|\int_{x_2}^{x_3} f(x)\,\mathrm{d}x\right| + \left|\int_{x_3}^{b} f(x)\,\mathrm{d}x\right|$$

Beispiel: Berechnen Sie den Flächeninhalt der Fläche, die vom Graphen der Funktion $f = \langle x \mapsto x^2 - 2x - 3 \rangle$, der x-Achse, der $f(x)$-Achse und der Parallelen zur $f(x)$-Achse an der Stelle $x = 4$ eingeschlossen wird.

Die Funktion f wird zunächst auf Nullstellen untersucht, um die Integrationsbereiche zu finden.

Da sich die Fläche A_1 unterhalb und die Fläche A_2 oberhalb der x-Achse befindet, müssen die Inhalte der Flächen A_1 und A_2 getrennt berechnet werden.

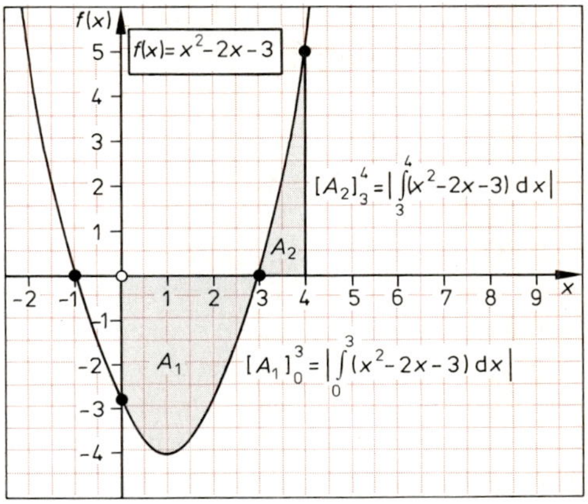

Die Fläche wird als bestimmtes Integral der Funktion $f = \langle x \mapsto x^2 - 2x - 3 \rangle$ mit den Grenzen $x = 0$ und $x = 4$ ausgedrückt.

$$[A]_0^4 = \left| \int_0^4 (x^2 - 2x - 3)\,dx \right|$$

$$= \left| \left[\frac{x^3}{3} - x^2 - 3x \right]_0^4 \right|$$

$$= \left| -\frac{20}{3} \right| = \frac{20}{3}$$ ▶ falsche Lösung

Richtig:
Die Funktion wird auf Nullstellen untersucht. Es ergeben sich Nullstellen bei $x_1 = 3$ und $x_2 = -1$.
Die Nullstelle $x_2 = -1$ bleibt unberücksichtigt, da sie außerhalb der gesuchten Fläche liegt.
Damit sind die Teilgrenzen des Integrals bestimmt, nämlich $x = 0$ und $x = 3$ sowie $x = 3$ und $x = 4$.

$$0 = x^2 - 2x - 3$$

$$x_1 = 1 + \sqrt{1 + 3} = \underline{\underline{3}} \vee x_2 = 1 - \sqrt{1 + 3} = \underline{\underline{-1}}$$

Zu den beiden Integralen ermittelt man eine Stammfunktion und setzt die entsprechenden Grenzen ein. Die Summe der absoluten Zahlenwerte ergibt die Maßzahl der Gesamtfläche.

$$[A]_0^4 = [A]_0^3 + [A]_3^4$$

$$= \left| \int_0^3 (x^2 - 2x - 3)\,dx \right| + \left| \int_3^4 (x^2 - 2x - 3)\,dx \right|$$

$$= \left| \left[\frac{x^3}{3} - x^2 - 3x \right]_0^3 \right| + \left| \left[\frac{x^3}{3} - x^2 - 3x \right]_3^4 \right|$$

$$= |-9| + \left| \frac{7}{3} \right|$$

$$= \underline{\underline{\frac{34}{3}}}$$

Beispiel: Berechnen Sie den Flächeninhalt der Fläche zwischen der x-Achse und dem Graphen der Funktion $f = \langle x \mapsto 0{,}1x^3 - 0{,}2x^2 - 0{,}5x + 0{,}6\rangle$ im Intervall $[-3{,}5\,;4{,}5]$.

Die Auflösung der Gleichung 3. Grades $0 = 0{,}1x^3 - 0{,}2x^2 - 0{,}5x + 0{,}6$ führt auf die drei Lösungen:

$$x_1 = -2$$
$$x_2 = 1$$
$$x_3 = 3$$

Diese Nullstellen liegen alle innerhalb des Intervalls $[-3{,}5\,;4{,}5]$.

Bei der Berechnung der Gesamtfläche müssen daher folgende Integrationsintervalle berücksichtigt werden:

A_1 ▶ $[-3{,}5;\,-2]$
A_2 ▶ $[-2\,;1]$
A_3 ▶ $[1\,;3]$
A_4 ▶ $[3\,;4{,}5]$

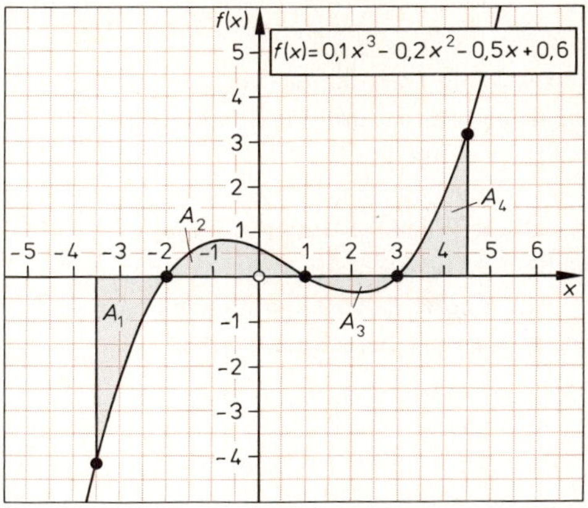

$$[A]_{-3,5}^{4,5} = A_1 + A_2 + A_3 + A_4$$
$$= [A_1]_{-3,5}^{-2} + [A_2]_{-2}^{1} + [A_3]_{1}^{3} + [A_4]_{3}^{4,5}$$

Zunächst wird das Integral allgemein gelöst, um anschließend die Flächen in den vier Intervallen zu berechnen.

$$I = \int (0{,}1x^3 - 0{,}2x^2 - 0{,}5x + 0{,}6)\,\mathrm{d}x$$
$$= \frac{0{,}1}{4}x^4 - \frac{0{,}2}{3}x^3 - \frac{0{,}5}{2}x^2 + 0{,}6x + c$$
$$= \frac{x^4}{40} - \frac{x^3}{15} - \frac{x^2}{4} + 0{,}6x + c$$

Dazu setzt man jeweils die Intervallgrenzen der Flächen $A_1 \ldots A_4$ ein, subtrahiert und bildet dann die Summe $A = A_1 + A_2 + A_3 + A_4$.

$$[A_1]_{-3,5}^{-2} = \left|\left[\frac{x^4}{40} - \frac{x^3}{15} - \frac{x^2}{4} + 0{,}6x\right]_{-3,5}^{-2}\right|$$
$$= \left|\left[\frac{(-2)^4}{40} - \frac{(-2)^3}{15} - \frac{(-2)^2}{4} + 0{,}6\cdot(-2)\right] - \left[\frac{(-3{,}5)^4}{40} - \frac{(-3{,}5)^3}{15} - \frac{(-3{,}5)^2}{4} + 0{,}6\cdot(-3{,}5)\right]\right|$$
$$= |-1{,}266 - 1{,}4474|$$
$$= \underline{2{,}7141}$$

$$[A_2]_{-2}^{1} = |0{,}3083 - (-1{,}2667)| = \underline{1{,}5750}$$
$$[A_3]_{1}^{3} = |-0{,}225 - 0{,}3083| = \underline{0{,}5333}$$
$$[A_4]_{3}^{4,5} = |1{,}8141 - (-0{,}225)| = \underline{2{,}0391}$$
$$[A]_{-3,5}^{4,5} = 2{,}7141 + 1{,}5750 + 0{,}5333 + 2{,}0391$$
$$= \underline{\underline{6{,}8615}}$$

● **Flächen zwischen zwei Funktionsgraphen ohne Schnittpunkt im Intervall.**

Problem: Bestimmen Sie allgemein den Flächeninhalt zwischen den Graphen zweier Funktionen f und g im Intervall $[a, b]$!

Die Fläche zwischen den Graphen ergibt sich offensichtlich als Differenz der Flächen $A_{ACDF} - A_{BCDE}$.
Das ist jedoch nur der Fall, wenn, wie im Beispiel, $f(x)$ an jeder Stelle des Intervalls größer oder gleich $g(x)$ ist. Wäre dies nicht der Fall, so lägen im Intervall Schnittpunkte der Graphen vor.
Vor Anwendung der Formel muß also festgestellt werden, daß keine Schnittpunkte vorhanden sind. Sind keine vorhanden, so ergibt sich die Fläche als Betrag der Differenz.
Sind Schnittpunkte vorhanden, so gelten andere Regeln, die später erläutert werden.

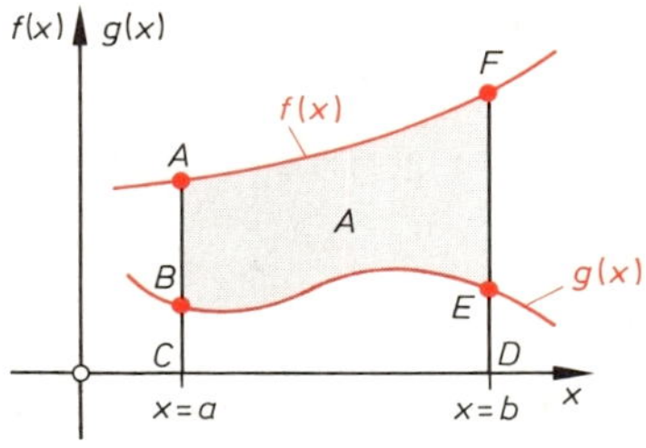

$$A_{ABEF} = A_{ACDF} - A_{BCDE}$$

$$[A]_a^b = \int_a^b f(x)\,dx - \int_a^b g(x)\,dx;\ f(x) \geq g(x) \geq 0$$

$$= \int_a^b [f(x) - g(x)]\,dx$$

Merke:

$$[A]_a^b = \left|\int_a^b [f(x) - g(x)]\,dx\right| \text{ für } f(x) \geq g(x) \vee g(x) \geq f(x)$$

Beispiel: Berechnen Sie die Fläche zwischen den Graphen der Funktionen f und g mit $f(x) = \frac{x}{4} + 2$ und $g(x) = \sqrt{x}$ im Intervall $[1, 6]$!

Durch Gleichsetzen der Funktionsgleichungen $f(x)$ und $g(x)$ wird die Existenz von Schnittpunkten untersucht, um $f(x) \geq g(x) \vee g(x) \geq f(x)$ sicherzustellen. Da die Gleichung keine reelle Lösung hat, existieren auch keine Schnittpunkte. Die Formel darf also angewendet werden.
Die Graphen zeigen anschaulich, daß keine Schnittpunkte vorhanden sind. Zur Lösung des Beispiels müssen die Graphen natürlich nicht gezeichnet werden.

$$f(x) = \frac{x}{4} + 2;\ g(x) = \sqrt{x}$$

$$\frac{x}{4} + 2 = \sqrt{x} \text{ ▶ quadrieren}$$

$$\frac{x^2}{16} + x + 4 = x \Rightarrow x^2 = -64 : \text{keine Lösung}$$

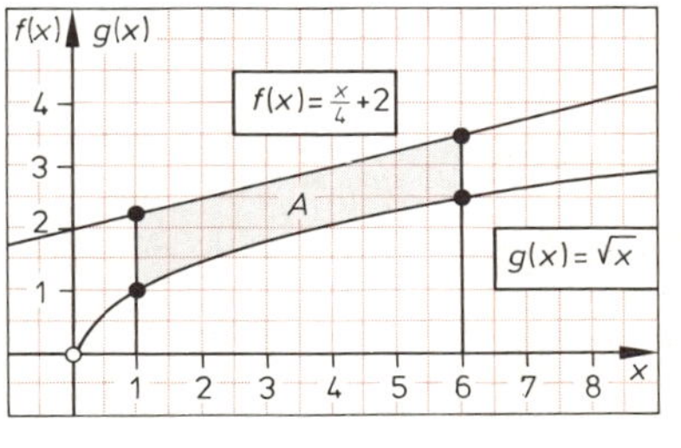

Die beiden bestimmten Integrale für die Fläche unter der Geraden und unter der Parabel werden zusammengefaßt und in den angegebenen Grenzen integriert.

$$[A]_a^b = \left|\int_a^b [f(x) - g(x)]\,\mathrm{d}x\right|$$

$$[A]_1^6 = \left|\int_1^6 \left(\frac{x}{4} + 2 - \sqrt{x}\right)\mathrm{d}x\right|$$

$$= \left|\left[\frac{x^2}{8} + 2x - \frac{2}{3}\,x\sqrt{x}\right]_1^6\right|$$

$$= \left|\left(\frac{36}{8} + 12 - \frac{12}{3}\sqrt{6}\right) - \left(\frac{1}{8} + 2 - \frac{2}{3}\right)\right|$$

$$= \underline{\underline{5{,}244}}$$

Beispiel: Eine Fläche von 21 Flächeneinheiten wird von zwei Graphen mit den Funktionsgleichungen $f(x) = \frac{x}{4} + 3$ und $g(x) = m \cdot x + 2$ in den Grenzen $x = 2$ bis $x = 8$ gebildet. Bestimmen Sie die Steigung m.

Die bekannte Fläche $A = 21$ ergibt sich aus der Differenz der Flächen unter dem Graphen mit $f(x) = \frac{1}{4}\,x + 3$ und dem Graphen mit $g(x) = m \cdot x + 2$ in den Grenzen $x = 2$ bis $x = 8$.

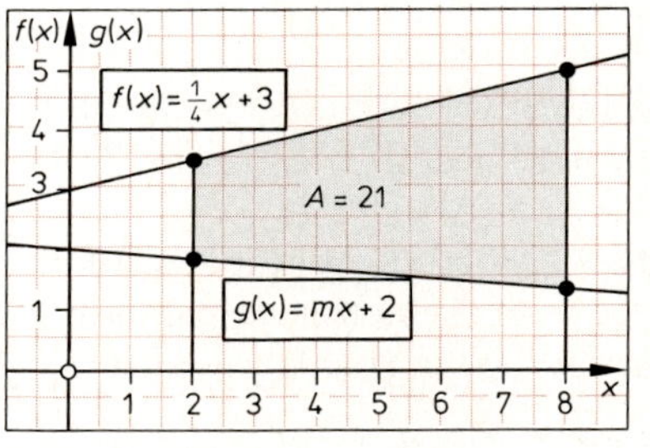

Die Differenz der beiden Funktionsterme wird in den Grenzen 2 bis 8 integriert und das Ergebnis mit dem Wert 21 gleichgesetzt. Durch Umstellen erhält man die gesuchte Steigung m.

Durch Gleichsetzen der Gleichungen für $f(x)$ und $g(x)$ wird überprüft, ob im Integrationsintervall Schnittpunkte vorliegen.

$$\frac{1}{4}\,x + 3 = -\frac{1}{4}\,x + 2$$

$$x = -2$$

$\Rightarrow$ kein Schnittpunkt im Intervall [2, 8].

Die berechnete Steigung $m = -\frac{1}{4}$ wird in die Gleichung für $g(x)$ eingesetzt.

$$[A]_2^8 = \int_2^8 [f(x) - g(x)]\,\mathrm{d}x$$

$$= \int_2^8 \left[\left(\frac{1}{4}\,x + 3\right) - (m \cdot x + 2)\right]\mathrm{d}x$$

$$= \left(\frac{1}{4} - m\right)\int_2^8 x\,\mathrm{d}x + \int_2^8 \mathrm{d}x$$

$$= \left(\frac{1}{4} - m\right)\cdot\left[\frac{x^2}{2}\right]_2^8 + [x]_2^8$$

$$= \left(\frac{1}{4} - m\right)\cdot\left[\frac{64}{2} - \frac{4}{2}\right] + [8 - 2] \blacktriangleright [A]_2^8 = 21$$

$$\Rightarrow 21 = \left(\frac{1}{4} - m\right)\cdot 30 + 6$$

$$m = \underline{\underline{-\frac{1}{4}}}$$

$$\Rightarrow g(x) = -\frac{1}{4}\,x + 2$$

Beispiel: Berechnen Sie die Fläche zwischen den Graphen der Funktionen f und g mit den Funktionsgleichungen $f(x) = \sqrt{x+2}$ und $g(x) = -x+2$ im Intervall $[-1, 1]$!

Zunächst ist festzustellen, ob im Intervall $[-1, 1]$ ein Schnittpunkt vorhanden ist. Die Abbildung zeigt zwar einen Schnittpunkt. Da die Zeichnung zur Lösung der Aufgabe aber nicht erforderlich ist, muß der Schnittpunkt berechnet werden.

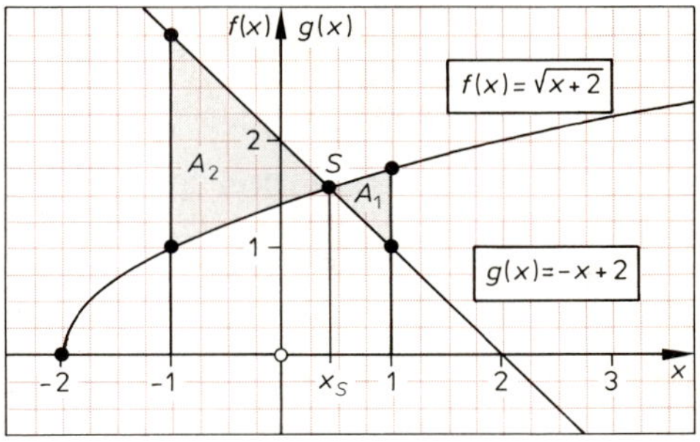

Dazu setzt man beide Funktionsterme gleich, nämlich $f(x) = g(x)$.

$$f(x) = g(x)$$
$$\sqrt{x+2} = -x+2$$
$$x+2 = x^2 - 4x + 4$$
$$0 = x^2 - 5x + 2$$

Bei Wurzelgleichungen müssen die Lösungen durch Einsetzen in die Ausgangsgleichungen überprüft werden. Nur bei $x = 0{,}438$ liegt also ein Schnittpunkt der Graphen vor. Dieser Schnittpunkt liegt im Intervall $[-1, 1]$, d.h. die Integrationsformel $\int\limits_{-1}^{1} [f(x) - g(x)]\,dx$ kann zur Berechnung der Fläche zwischen den Graphen nicht angewendet werden.

$$x_1 = \frac{5}{2} + \sqrt{\frac{25}{4} - 2} = 4{,}56 \quad \blacktriangleright \text{ keine Lösung}$$
$$\vee \; x_2 = \frac{5}{2} - \sqrt{\frac{25}{4} - 2} = 0{,}438 \quad \blacktriangleright \text{ einsetzen}$$
$$g(x) = -x+2 = -0{,}438 + 2 = 1{,}562$$
$$f(x) = \sqrt{x+2} = \sqrt{0{,}438+2} = 1{,}562$$

Schnittpunkt: $S\langle 0{,}438;\ 1{,}562\rangle$

Problem: Berechnen Sie die Flächeninhalte zwischen den Graphen der Funktionen f_1 und g_1 mit $f_1(x) = \frac{1}{2}x + 2$ und $g_1(x) = \frac{1}{8}x + 1$ sowie den Graphen der Funktionen f_2 und g_2 mit $f_2(x) = \frac{1}{2}x - 1$ und $g_2(x) = \frac{1}{8}x - 2$ im Intervall $[1, 5]$.

Die Abbildung zeigt, daß die Fläche A_1 zwischen den Graphen von f_1 und g_1 im Intervall $[1, 5]$ *ganz* oberhalb der x-Achse liegt.
Die Fläche A_2 zwischen den Graphen von f_2 und g_2 im Intervall $[1, 5]$ liegt teilweise unterhalb, teilweise oberhalb der x-Achse.
Es soll nun untersucht werden, ob die Flächenberechnung mit der entwickelten Formel in beiden Fällen zum gleichen Ergebnis führt.

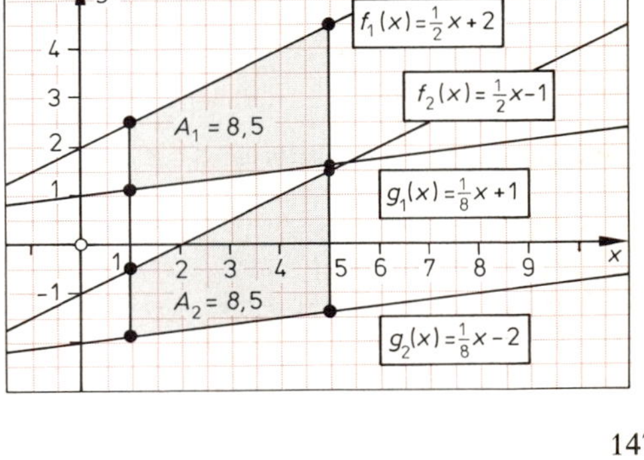

In die entwickelte Formel werden die beiden Funktionsterme $f_1(x) = \frac{1}{2}x + 2$ und $g_1(x) = \frac{1}{8}x + 1$ eingesetzt.

$$[A]_a^b = \left| \int_a^b [f(x) - g(x)]\,dx \right| ; f(x) \geq g(x)$$

$$[A_1]_1^5 = \left| \int_1^5 \left[\left(\frac{1}{2}x + 2\right) - \left(\frac{1}{8}x + 1\right) \right] dx \right|$$

Der Integrand läßt sich vereinfachen auf $f(x) = \left(\frac{3}{8}x + 1\right)$. Nach dem Integrieren und Einsetzen der Grenzen erhält man die Fläche zwischen den Graphen mit $A_1 = 8{,}5$.

$$= \int_1^5 \left(\frac{3}{8}x + 1\right) dx$$

$$= \left[\frac{3}{16}x^2 + x\right]_1^5$$

$$= \left(\frac{3 \cdot 25}{16} + 5\right) - \left(\frac{3}{16} + 1\right) = \underline{\underline{8{,}5}}$$

Setzt man die Funktionsterme

$$f_2(x) = \frac{1}{2}x - 1 \text{ und } g_2(x) = \frac{1}{8}x - 2$$

entsprechend der Fläche A_2 ein, so führt die Zusammenfassung auf den gleichen Integranden $f(x) = \left(\frac{3}{8}x + 1\right)$ und die Integration damit ebenfalls auf $A_2 = 8{,}5$.

$$[A_2]_1^5 = \left| \int_1^5 \left[\left(\frac{1}{2}x - 1\right) - \left(\frac{1}{8}x - 2\right) \right] dx \right|$$

$$= \int_1^5 \left(\frac{3}{8}x + 1\right) dx \Rightarrow A_2 = A_1 = \underline{\underline{8{,}5}}$$

Die Formel $[A]_a^b = \left| \int_a^b [f(x) - g(x)]\,dx \right|$ bleibt gültig. Sie gilt auch, wenn die zu berechnende Fläche ganz unterhalb oder auf beiden Seiten der x-Achse liegt. Durch Übergang zu den Funktionen

$$f = \langle x \longmapsto f(x) + c \rangle$$

und

$$g = \langle x \longmapsto g(x) + c \rangle$$

kann die Fläche so verschoben werden, daß sie ganz oberhalb der x-Achse liegt. Der Flächeninhalt ändert sich dadurch nicht, es ist $A_1 = A_2$.

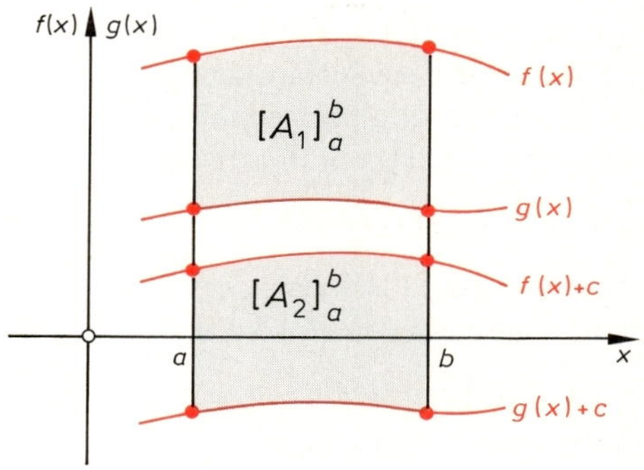

$$[A]_a^b = \left| \int_a^b [f(x) + c - [g(x) + c]]\,dx \right|$$

$$= \left| \int_a^b [f(x) + c - g(x) - c]\,dx \right|$$

$$= \left| \int_a^b [f(x) - g(x)]\,dx \right|$$

Merke:

Bei der Berechnung von Flächen zwischen zwei Funktionsgraphen *ohne* Schnittpunkt im Intervall beeinflußt die Lage der zu berechnenden Fläche im Koordinatensystem nicht das Rechenergebnis.

Beispiel: Bestimmen Sie den Flächeninhalt der Fläche, die zwischen den Graphen der Funktionen $f = \left\langle x \mapsto \frac{x}{4} + 2 \right\rangle$ und $g = \langle x \mapsto -\sqrt{x} \rangle$ sowie den Grenzen $x_1 = 1$ und $x_2 = 6$ liegt.

Wegen $f(x) \geq g(x)$ für $x \in [1, 6]$ kommt die Formel

$$[A]_a^b = \left| \int_a^b [f(x) - g(x)]\,dx \right|$$

zur Anwendung, um den verlangten Flächeninhalt zu berechnen.

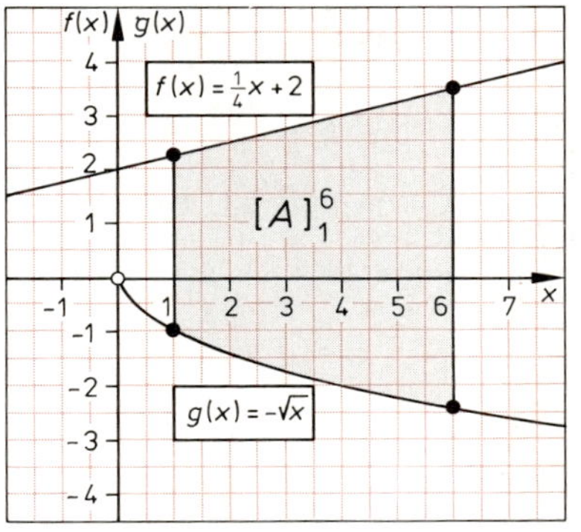

Man setzt die Funktionsterme für $f(x)$ und $g(x)$ ein und integriert in den Grenzen $x_1 = 1$ bis $x_2 = 6$. Da die Integranden positiv sind, kann das Betragszeichen entfallen.

$$[A]_1^6 = \left| \int_1^6 [f(x) - g(x)]\,dx \right|$$

$$= \left| \int_1^6 \left(\frac{x}{4} + 2 - (-\sqrt{x}) \right) dx \right|$$

$$= \int_1^6 \left(\frac{x}{4} + 2 \right) dx + \int_1^6 \sqrt{x}\,dx$$

$$= \left[\frac{1}{8} x^2 + 2x \right]_1^6 + \left[\frac{2}{3} \sqrt{x^3} \right]_1^6$$

$$= (16{,}5 - 2{,}125) + (9{,}798 - 0{,}667)$$

$$= \underline{\underline{23{,}506}}$$

Beispiel: Berechnen Sie die Fläche zwischen den Graphen der Funktionen $f = \langle x \mapsto \sqrt{x} \rangle$ und $g = \langle x \mapsto -\sqrt{x} \rangle$ in den Grenzen $x = 0$ bis $x = 4$.

Beide Funktionen sind Parabeln. Da keine Schnittpunkte im Innern des Intervalls $[0, 4]$ vorhanden sind, kann die Formel

$$[A]_a^b = \left| \int_a^b [f(x) - g(x)]\,dx \right| \blacktriangleright A = A_1 + A_2$$

angewendet werden.

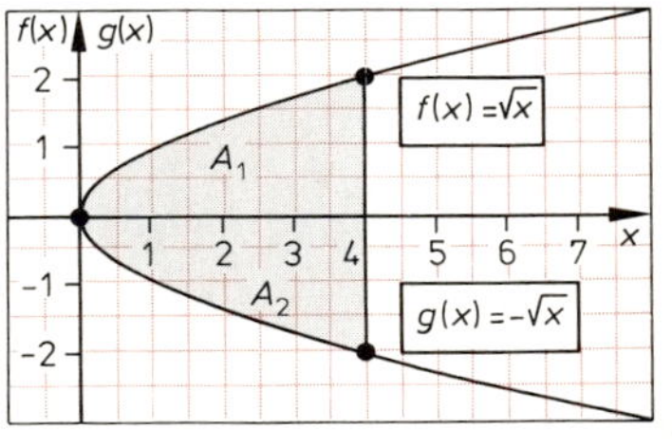

$$[A]_0^4 = \left| \int_0^4 [\sqrt{x} - (-\sqrt{x})]\,dx \right| = \int_0^4 2\sqrt{x}\,dx$$

Die Fläche $A = A_1 + A_2$ im Intervall ergibt sich unmittelbar.

$$= \left[2 \cdot \frac{2}{3} x \cdot \sqrt{x} \right]_0^4 = \underline{\underline{\frac{32}{3}}}$$

Beispiel: Bestimmen Sie den Flächeninhalt eines Kreises mit $d = 4$ cm mit Hilfe der Integralrechnung.

Der Kreis mit dem Durchmesser von 4 cm ($r = 2$ cm) wird durch die Graphen der beiden Funktionen mit

$f(x) = \sqrt{4 - x^2}$ und $g(x) = -\sqrt{4 - x^2}$

gebildet, basierend auf der Kreisgleichung $y^2 = r^2 - x^2$.

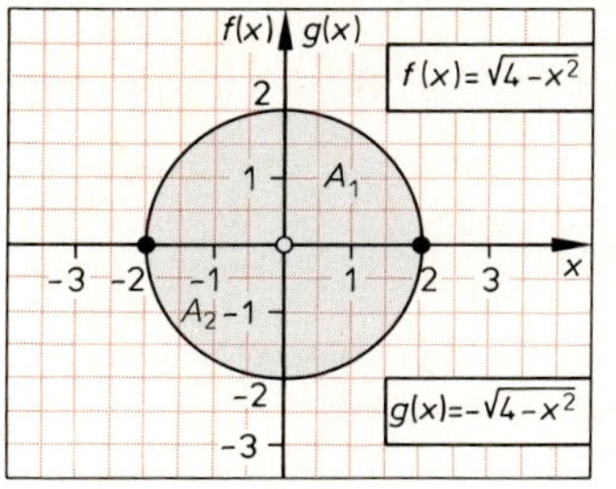

Die Anwendung der Flächenberechnungsformel führt auf ein Integral der Form $\int \sqrt{a^2 - x^2}\,dx$. Dieses Integral wurde bereits gelöst und ergibt:

$$\int \sqrt{a^2 - x^2}\,dx =$$

$$= \frac{x}{2}\sqrt{a^2 - x^2} + \frac{a^2}{2}\,\text{Arcsin}\,\frac{x}{a} + c,$$

Außerdem gilt:

$$\text{Arcsin}\,1 = \frac{\pi}{2}$$

$$\text{Arcsin}\,(-1) = \frac{3\pi}{2}$$

$$[A]_{-2}^{2} = \left|\int_{-2}^{2} [\sqrt{4 - x^2} - (-\sqrt{4 - x^2})]\,dx\right|$$

$$\blacktriangleright A = A_1 + A_2$$

$$= \left|2 \cdot \int_{-2}^{2} \sqrt{4 - x^2}\,dx\right|$$

$$= \left|2 \cdot \left[\frac{x}{2}\sqrt{4 - x^2} + \frac{2^2}{2}\,\text{Arcsin}\,\frac{x}{2}\right]_{-2}^{2}\right|$$

$$= \left|2 \cdot \left[\left(\frac{2}{2} \cdot 0 + 2 \cdot \text{Arcsin}\,1\right) - \right.\right.$$

$$\left.\left. + \left(\frac{-2}{2} \cdot 0 + 2 \cdot \text{Arcsin}\,(-1)\right)\right]\right|$$

$$= \left|2 \cdot \left(2 \cdot \frac{\pi}{2} - 2 \cdot \frac{3\pi}{2}\right)\right|$$

$$= |-4\pi|$$

$$= \underline{\underline{4\pi}} \Rightarrow A = \underline{\underline{12{,}57\ \text{cm}^2}}$$

Natürlich führt die elementare Berechnung des Flächeninhaltes auf das gleiche Ergebnis

$$A = \frac{d^2 \cdot \pi}{4} \blacktriangleright d = 4\ \text{cm}$$

$$= \frac{16\ \text{cm}^2 \cdot \pi}{4}$$

$$= \underline{\underline{12{,}57\ \text{cm}^2}}$$

Beispiel: Berechnen Sie den Flächeninhalt einer Ellipse in den Grenzen $x = -a$ bis $x = a$. Entwickeln Sie eine allgemeingültige Formel.

Aus der Mittelpunktgleichung der Ellipse $\frac{x^2}{a^2} + \frac{y^2}{b^2} = 1$ kann man durch Umstellung zwei Funktionsgleichungen entwickeln, die den beiden Graphen entsprechen, aus denen sich eine Ellipse zusammensetzt.

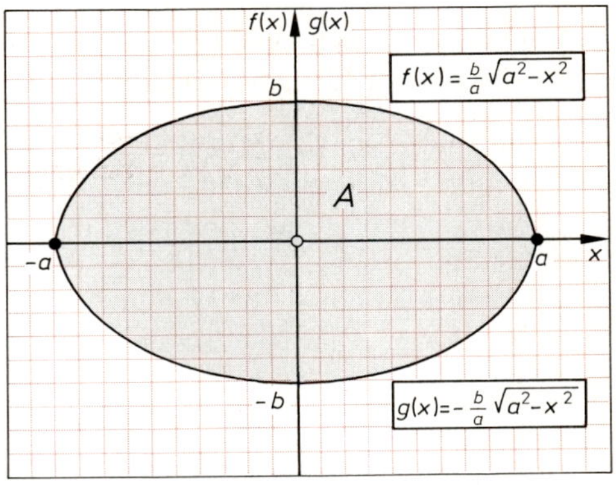

$$\frac{x^2}{a^2} + \frac{y^2}{b^2} = 1 \Rightarrow y^2 = b^2\left(1 - \frac{x^2}{a^2}\right)$$

$$y^2 = \frac{b^2}{a^2}(a^2 - x^2)$$

$$y^2 = \frac{b^2}{a^2}(a^2 - x^2) \Rightarrow y = \pm\frac{b}{a}\sqrt{a^2 - x^2}$$

$$\Rightarrow f = \left\langle x \mapsto \frac{b}{a}\sqrt{a^2 - x^2}\right\rangle$$

$$g = \left\langle x \mapsto -\frac{b}{a}\sqrt{a^2 - x^2}\right\rangle$$

Die gesuchte Fläche liegt zwischen den Graphen der Funktionen f und g und kann mit der Formel für die Flächenberechnung von Flächen zwischen Graphen ermittelt werden.

Das Integral $\int\sqrt{a^2 - x^2}\,\mathrm{d}x$ wurde bereits früher gelöst mit:

$$\int\sqrt{a^2 - x^2}\,\mathrm{d}x =$$

$$= \frac{x}{2}\sqrt{a^2 - x^2} + \frac{a^2}{2}\operatorname{Arcsin}\frac{x}{a} + c$$

Durch Einsetzen der Grenzen $-a$ und a erhält man die gesuchte Formel für den Flächeninhalt der Ellipse mit

$$A = \pi \cdot a \cdot b.$$

$$[A]_{-a}^{a} = \left|\int_{-a}^{a}\left[\frac{b}{a}\sqrt{a^2 - x^2} - \left(-\frac{b}{a}\sqrt{a^2 - x^2}\right)\right]\mathrm{d}x\right|$$

$$= \left|2 \cdot \frac{b}{a}\int_{-a}^{a}\sqrt{a^2 - x^2}\,\mathrm{d}x\right|$$

$$= \left|\frac{2b}{a}\left[\frac{x}{2}\sqrt{a^2 - x^2} + \frac{a^2}{2}\operatorname{Arcsin}\frac{x}{a}\right]_{-a}^{a}\right|$$

$$= \left|\frac{2b}{a}\left[\left(\frac{a}{2}\cdot 0 + \frac{a^2}{2}\operatorname{Arcsin} 1\right) - \right.\right.$$

$$\left.\left. + \left(\frac{-a}{2}\cdot 0 + \frac{a^2}{2}\cdot\operatorname{Arcsin}(-1)\right)\right]\right|$$

$$= \left|\frac{2b}{a}\left(\frac{a^2}{2}\cdot\frac{\pi}{2} - \frac{a^2}{2}\cdot\frac{3\pi}{2}\right)\right|$$

$$= \left|\frac{2b}{a}\left(-\frac{a^2}{2}\cdot\pi\right)\right|$$

$$= \left|-\pi \cdot a \cdot b\right|$$

$$= \underline{\underline{\pi \cdot a \cdot b}} \Rightarrow A_{\text{Ellipse}} = \pi \cdot a \cdot b$$

● Flächen zwischen zwei Funktionsgraphen mit Schnittpunkt im Intervall

Problem: Bestimmen Sie den Inhalt der Fläche zwischen den Graphen der Funktion $f = \langle x \mapsto x \rangle$ und $g = \langle x \mapsto 1 \rangle$ in den Grenzen -1 bis 2, und verallgemeinern Sie das Ergebnis.

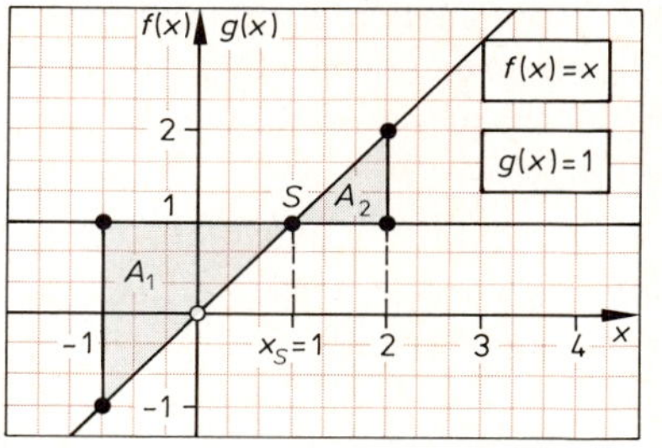

Aus den Graphen ist ersichtlich, daß im Integrationsintervall ein Schnittpunkt liegt. Es ist zu prüfen, ob die bisher verwendete Formel ohne Einschränkung angewendet werden kann. Die konventionelle Rechnung ergibt eine Gesamtfläche von

$$A_1 + A_2 = \frac{2 \cdot 2}{2} + \frac{1 \cdot 1}{2} = 2 + 0{,}5 = \underline{\underline{2{,}5}}$$

Das Ergebnis der Berechnung zeigt, daß die Anwendung der Formel zu einer falschen Lösung führt, da die beiden Flächen A_1 und A_2 sich offensichtlich subtrahieren.

Man darf also nicht über das gesamte Intervall integrieren, wenn im Intervall ein Schnittpunkt liegt.

$$[A]_{-1}^{2} = \left| \int_{-1}^{2} [f(x) - g(x)]\,dx \right| = \left| \int_{-1}^{2} (x-1)\,dx \right| = \left| \left[\frac{x^2}{2} - x \right]_{-1}^{2} \right| = \underline{\underline{1{,}5}}$$

Integriert man jedoch beide Flächen einzeln, d.h. von der unteren Grenze $a = -1$ bis zum Schnittpunkt $x_S = 1$ sowie vom Schnittpunkt $x_S = 1$ bis zur oberen Integrationsgrenze $b = 2$, so erhält man das richtige Ergebnis.

Liegen also Schnittpunkte im Integrationsintervall, so muß man abschnittsweise integrieren.

$$[A]_b^a = \left| \int_a^{x_S} [f(x) - g(x)]\,dx \right| + \left| \int_{x_S}^{b} [f(x) - g(x)]\,dx \right|$$

$$[A]_{-1}^{2} = \left| \int_{-1}^{1} [f(x) - g(x)]\,dx \right| + \left| \int_{1}^{2} [f(x) - g(x)]\,dx \right|$$

$$= \left| \int_{-1}^{1} (x-1)\,dx \right| + \left| \int_{1}^{2} (x-1)\,dx \right|$$

$$= \left| \left[\frac{x^2}{2} - x \right]_{-1}^{1} \right| + \left| \left[\frac{x^2}{2} - x \right]_{1}^{2} \right|$$

$$= \left| -2 \right| + \left| -\frac{1}{2} \right|$$

$$= \underline{\underline{2{,}5}}$$

Merke:

Haben die Graphen von zwei Funktionen f und g im Integrationsintervall $[a, b]$ einen oder mehrere Schnittpunkte x_S miteinander, so muß man abschnittsweise integrieren, und zwar von der unteren Integrationsgrenze a bis zum Schnittpunkt x_S, gegebenenfalls von Schnittpunkt zu Schnittpunkt und schließlich vom letzten Schnittpunkt bis zur oberen Integrationsgrenze b. Die Beträge der Teilflächen werden addiert.

$$[A]_a^b = \left| \int_a^{x_S} [f(x) - g(x)]\,\mathrm{d}x \right| + \left| \int_{x_S}^b [f(x) - g(x)]\,\mathrm{d}x \right|$$

Beispiel: Berechnen Sie die Fläche zwischen den Graphen der Funktionen $f = \langle x \mapsto \sqrt{x+2} \rangle$ und $g = \langle x \mapsto -x+2 \rangle$ im Intervall $[-1, 1]$.

Entsprechend der vorstehenden Regel muß zunächst durch Gleichsetzen der Funktionterme $f(x)$ und $g(x)$ festgestellt werden, ob im Integrationsintervall Schnittpunkte der Graphen liegen.

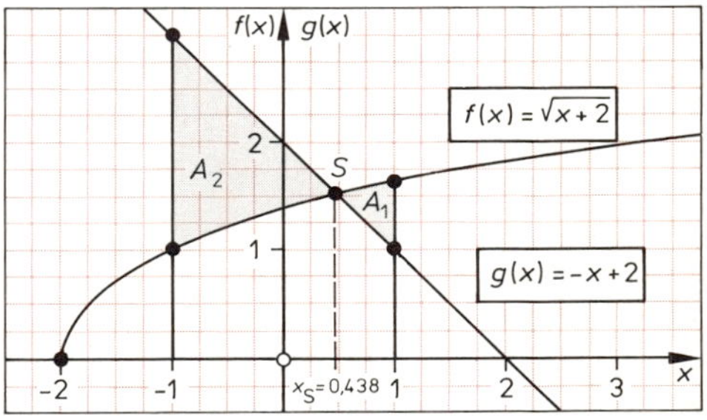

Im Abschnitt „Flächen zwischen zwei Funktionsgraphen ohne Schnittpunkt im Intervall" wurde die gleiche Aufgabe bereits untersucht und ein Schnittpunkt S mit den Koordinaten $x_S = 0{,}438$ und $f(x_S) = 1{,}562$ festgestellt.

Schnittpunkte:

$$f(x) = g(x)$$

$$\sqrt{x+2} = -x+2$$

$$\Rightarrow \quad x_S = 0{,}438\,;\, f(x_S) = 1{,}562$$

Damit liegen die Integrationsgrenzen für die Teilflächen A_1 und A_2 fest, und die Formel kann angewendet werden.

$\Rightarrow$ Integrationsgrenzen: A_2 ► $[-1\,; 0{,}438]$
A_1 ► $[0{,}438\,; 1]$

$$[A]_a^b = \left| \int_a^{x_S} [f(x) - g(x)]\,\mathrm{d}x \right| + \left| \int_{x_S}^b [f(x) - g(x)]\,\mathrm{d}x \right|$$

Man setzt die Funktionsterme $f(x)$ und $g(x)$ in die Lösungsformel ein und erhält drei Teilintegrale, deren Lösungen bekannt sind.

$$\int [f(x) - g(x)]\,\mathrm{d}x = \int [\sqrt{x+2} - (-x+2)]\,\mathrm{d}x$$

$$= \int \sqrt{x+2}\,\mathrm{d}x + \int x\,\mathrm{d}x - 2 \cdot \int \mathrm{d}x$$

$$= \frac{2}{3}\sqrt{(x+2)^3} + \frac{x^2}{2} - 2x + c$$

Durch Einsetzen der Grenzen für die Fläche A_1 [0,438 ; 1] und A_2 [−1 ; 0,438] erhält man die Größe der Teilflächen.

$$[A_1]_{0,438}^{1} = \left| \left[\frac{2}{3} \sqrt{(x+2)^3} + \frac{x^2}{2} - 2x \right]_{0,438}^{1} \right|$$

$$= \underline{0,206}$$

$$[A_2]_{-1}^{0,438} = \left| \left[\frac{2}{3} \sqrt{(x+2)^3} + \frac{x^2}{2} - 2x \right]_{-1}^{0,438} \right|$$

$$= \underline{1,409}$$

Die Summe der beiden Teilflächen A_1 und A_2 ergibt die gesuchte Fläche zwischen den Graphen.

$$[A]_{-1}^{1} = A_1 + A_2 = \underline{\underline{1,615}}$$

● Flächen zwischen zwei Funktionsgraphen mit Schnittpunkten als Integrationsgrenzen

Problem: Berechnen Sie den Flächeninhalt der Fläche, die von den Graphen der Funktionen mit den Funktionsgleichungen $g(x) = \frac{x^2}{2} - 2$ und $f(x) = \frac{x}{3} + \frac{7}{2}$ eingeschlossen wird.

Um die Integrationsgrenzen zu erhalten, in denen die gesuchte Fläche liegt, müssen die Schnittpunkte der Graphen bestimmt werden.

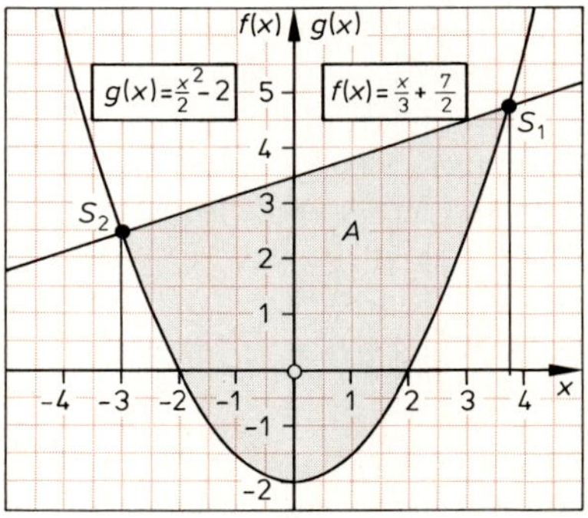

Dies geschieht durch Gleichsetzen der beiden Funktionsterme und Auflösen nach x.

$$g(x) = \frac{x^2}{2} - 2; \quad f(x) = \frac{x}{3} + \frac{7}{2}$$

$$\frac{x^2}{2} - 2 = \frac{x}{3} + \frac{7}{2}$$

Die beiden gefundenen Schnittpunkte liegen bei $x_{S_1} = \frac{11}{3}$ und bei $x_{S_2} = -3$.

$$x^2 - \frac{2}{3}x - 11 = 0$$

Sie entsprechen den gesuchten Integrationsgrenzen.

$$\Rightarrow x_1 = \frac{1}{3} + \sqrt{\frac{1}{9} + \frac{9 \cdot 11}{9}} \vee x_2 = \frac{1}{3} - \sqrt{\frac{1}{9} + \frac{9 \cdot 11}{9}}$$

$$= \frac{11}{3} \qquad\qquad = \underline{-3}$$

Zur Ermittlung des Flächeninhaltes A wird die Differenzfunktion $f - g$ gebildet.

$$[A]_{x_{S_1}}^{x_{S_2}} = \left| \int_{x_{S_1}}^{x_{S_2}} [f(x) - g(x)]\,\mathrm{d}x \right|$$

$$[A]_{-3}^{\frac{11}{3}} = \left| \int_{-3}^{\frac{11}{3}} \left[\left(\frac{x}{3} + \frac{7}{2} \right) - \left(\frac{x^2}{2} - 2 \right) \right] \mathrm{d}x \right|$$

Es ergeben sich drei einfache Grundintegrale, die in den Grenzen $x_{S_2} = -3$ und $x_{S_1} = \frac{11}{3}$ integriert werden.

$$[A]_{-3}^{\frac{11}{3}} = \left|\int\limits_{-3}^{\frac{11}{3}} \left(\frac{x}{3} - \frac{x^2}{2} + \frac{11}{2}\right) dx\right|$$

$$= \left|\left[\frac{x^2}{6} - \frac{x^3}{6} + \frac{11}{2}x\right]_{-3}^{\frac{11}{3}}\right|$$

$$= \left|\left(\frac{121}{54} - \frac{1331}{162} + \frac{121}{6}\right) - \left(\frac{9}{6} + \frac{27}{6} - \frac{33}{2}\right)\right|$$

$$= \underline{\underline{24{,}69}}$$

Verallgemeinert man das Ergebnis, so wird die eingeschlossene Fläche aus der Differenz der Einzelflächen zwischen der x-Achse und den Graphen von f und g berechnet. Die Integrationsgrenzen sind in diesem Fall die Abszissen der Schnittpunkte der Graphen.

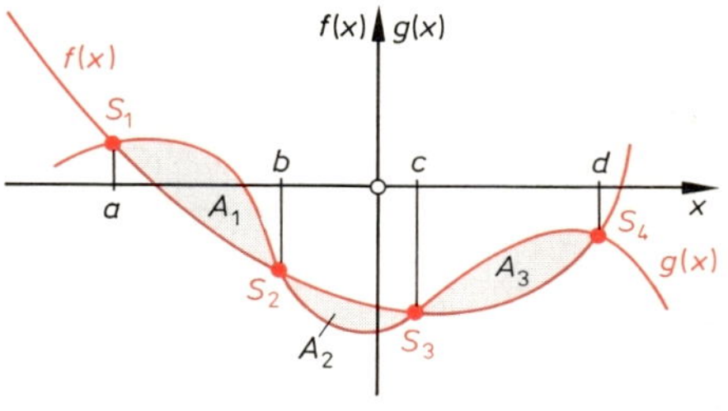

Merke:

Haben die Graphen zweier Funktionen f und g im Integrationsintervall Schnittpunkte miteinander, so darf man nur von Schnittpunkt zu Schnittpunkt integrieren und muß die Beträge der Teilflächen addieren.

$$[A]_a^d = \left|\int\limits_a^b [f(x) - g(x)]\,dx\right| + \left|\int\limits_b^c [f(x) - g(x)]\,dx\right| + \left|\int\limits_c^d [f(x) - g(x)]\,dx\right|$$

Beispiel: Berechnen Sie die Flächen zwischen den Graphen der Funktionen $f = \langle x \mapsto \cos x \rangle$ und $g = \langle x \mapsto \sin x \rangle$ im Intervall $\left[-\frac{\pi}{2}, 2\pi\right]$.

Die gesuchte Fläche zwischen den Graphen ergibt sich durch Integration in den Grenzen $-\frac{\pi}{2}$ und 2π. Vor der Integration muß jedoch zunächst untersucht werden, ob im Intervall Schnittpunkte der Graphen vorhanden sind, da dann abschnittsweise integriert werden muß. Die nebenstehenden Graphen brauchen eigentlich nicht gezeichnet werden, um die Aufgabe zu lösen.

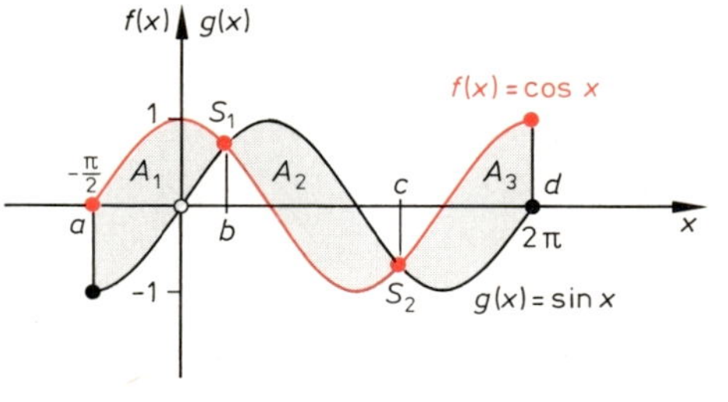

Um festzustellen, ob Schnittpunkte im Integrationsintervall vorliegen, werden die beiden Funktionsgleichungen $f(x) = \cos x$ und $g(x) = \sin x$ gleichgesetzt und der Wert für x ausgerechnet.

$g(x) = f(x) \blacktriangleright f(x) = \cos x; \quad g(x) = \sin x$

$$\sin x = \cos x$$

$$\frac{\sin x}{\cos x} = 1$$

$$\tan x = 1 \Rightarrow x = \text{Arctan}\, 1$$

$$\Rightarrow x_1 = \frac{\pi}{4}; \; x_2 = \frac{5}{4}\pi$$

Im Intervall $\left[-\frac{\pi}{2}, 2\pi\right]$ liegen also zwei Schnittpunkte, nämlich bei $x_1 = \frac{\pi}{4}$ und bei $x_2 = \frac{\pi}{4} + \pi = \frac{5}{4}\pi$.

Damit sind bei der Integration insgesamt drei Intervalle zugrunde zu legen:

$$\left[-\frac{\pi}{2}, \frac{\pi}{4}\right], \left[\frac{\pi}{4}, \frac{5}{4}\pi\right], \left[\frac{5}{4}\pi, 2\pi\right]$$

Die Gesamtfläche im Intervall $\left[-\frac{\pi}{2}, 2\pi\right]$ besteht also aus drei Teilflächen A_1, A_2 und A_3. Das wird durch die Darstellung der beiden Graphen bestätigt.

$$[A]_{-\frac{\pi}{2}}^{2\pi} = [A_1]_{-\frac{\pi}{2}}^{\frac{\pi}{4}} + [A_2]_{\frac{\pi}{4}}^{\frac{5}{4}\pi} + [A_3]_{\frac{5}{4}\pi}^{2\pi}$$

Diese Flächen werden durch Integration der Differenz der Funktionen $(\cos x - \sin x)$ in den jeweiligen Grenzen berechnet.

$$[A_1]_{-\frac{\pi}{2}}^{\frac{\pi}{4}} = \left|\int_{-\frac{\pi}{2}}^{\frac{\pi}{4}} (\cos x - \sin x)\,\mathrm{d}x\right|$$

$$= \left|[\sin x + \cos x]_{-\frac{\pi}{2}}^{\frac{\pi}{4}}\right|$$

$$= \left|\left(\frac{1}{2}\sqrt{2} + \frac{1}{2}\sqrt{2}\right) - (-1 + 0)\right|$$

$$= \underline{1 + \sqrt{2}}$$

$$[A_2]_{\frac{\pi}{4}}^{\frac{5}{4}\pi} = \left|\int_{\frac{\pi}{4}}^{\frac{5}{4}\pi} (\cos x - \sin x)\,\mathrm{d}x\right|$$

$$= \left|[\sin x + \cos x]_{\frac{\pi}{4}}^{\frac{5}{4}\pi}\right|$$

$$= \left|\left(-\frac{1}{2}\sqrt{2} - \frac{1}{2}\sqrt{2}\right) - \left(\frac{1}{2}\sqrt{2} + \frac{1}{2}\sqrt{2}\right)\right|$$

$$= \underline{2\sqrt{2}}$$

$$[A_3]_{\frac{5}{4}\pi}^{2\pi} = \left|\int_{\frac{5}{4}\pi}^{2\pi} (\cos x - \sin x)\,\mathrm{d}x\right|$$

$$= \left|[\sin x + \cos x]_{\frac{5}{4}\pi}^{2\pi}\right|$$

$$= \left|(0 + 1) - \left(-\frac{1}{2}\sqrt{2} - \frac{1}{2}\sqrt{2}\right)\right|$$

$$= \underline{1 + \sqrt{2}}$$

Die Addition der Flächen A_1, A_2 und A_3 ergibt die gesuchte Fläche zwischen den Graphen der beiden Funktionen

$$f = \langle x \mapsto \cos x \rangle \text{ und } g = \langle x \mapsto \sin x \rangle$$

im Intervall $\left[-\frac{\pi}{2}, 2\pi\right]$.

$$\begin{aligned} [A]_{-\frac{\pi}{2}}^{2\pi} &= A_1 + A_2 + A_3 \\ &= 1 + \sqrt{2} + 2\sqrt{2} + 1 + \sqrt{2} \\ &= 2 + 4\sqrt{2} \\ &= \underline{\underline{7{,}66}} \end{aligned}$$

● **Flächen bei Funktionen in Polarkoordinatenschreibweise**

Problem: Ermitteln Sie die Formel für den Flächeninhalt eines Kreises durch Addition von unendlich vielen Kreisausschnitten.

Die Kreisfläche läßt sich als Summe von unendlich vielen Flächenstücken ΔA auffassen.

Ein beliebig kleiner Kreisausschnitt ΔA läßt sich dabei annähernd als rechtwinkliges Dreieck auffassen mit dem Radius r und dem Kreisbogen $\hat{x}$ als Katheten.

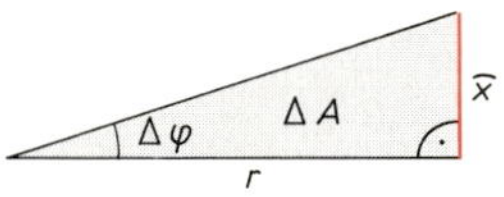

$$\Delta A = \frac{r \cdot \hat{x}}{2}$$

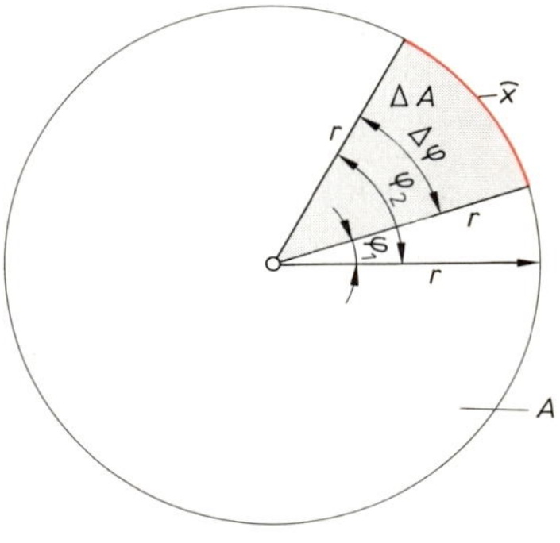

Für den Bogen $\hat{x}$ gilt dabei die Proportion

$$\frac{\text{Teilkreisbogenlänge}}{\text{Vollkreisumfang}} = \frac{\text{Teilwinkel}}{\text{Vollwinkel}}$$

$$\frac{\hat{x}}{2\pi \cdot r} = \frac{\Delta\varphi}{2\pi}$$

Nach Einsetzen von $\hat{x}$ ergibt sich eine Gleichung für ΔA, in der ΔA von der Variablen $\Delta\varphi$ abhängt.

Beim Grenzübergang wird ΔA zu $\mathrm{d}A$ und $\Delta\varphi$ zu $\mathrm{d}\varphi$.

Das Integral im Intervall $[0, 2\pi]$ stellt die gesamte Kreisfläche dar. Dessen Lösung führt auf die bekannte Formel für den Flächeninhalt des Kreises.

$$\Delta A = \frac{r \cdot \hat{x}}{2} \qquad \blacktriangleright \frac{\hat{x}}{2 \cdot \pi \cdot r} = \frac{\Delta\varphi}{2\pi}$$

$$\hat{x} = r \cdot \Delta\varphi$$

$$\Delta A = \frac{r \cdot r \cdot \Delta\varphi}{2} = \frac{r^2}{2} \cdot \Delta\varphi$$

$$\begin{aligned} A &= \int_{\varphi_1}^{\varphi_2} \mathrm{d}A \qquad \blacktriangleright \mathrm{d}A = \frac{r^2}{2}\,\mathrm{d}\varphi \\ &= \frac{r^2}{2} \int_0^{2\pi} \mathrm{d}\varphi \\ &= \frac{r^2}{2}\,[\varphi]_0^{2\pi} \\ &= \frac{r^2}{2}\,[2\pi - 0] \\ &= \underline{\underline{\pi \cdot r^2}} \end{aligned}$$

Problem: Entwickeln Sie eine allgemeine Lösung zur Bestimmung des Flächeninhaltes bei Funktionen in Polarkoordinatenschreibweise.

Als Problem ist die Berechnung der Fläche ΔA für einen bestimmten Winkelbereich $\Delta\varphi$ gegeben, wobei die Funktion in Polarkoordinatenform dargestellt ist. Das Flächenstück ΔA ist begrenzt von den Strecken r und $r_1 = r + \Delta r$ sowie dem Bogenstück PP_1.

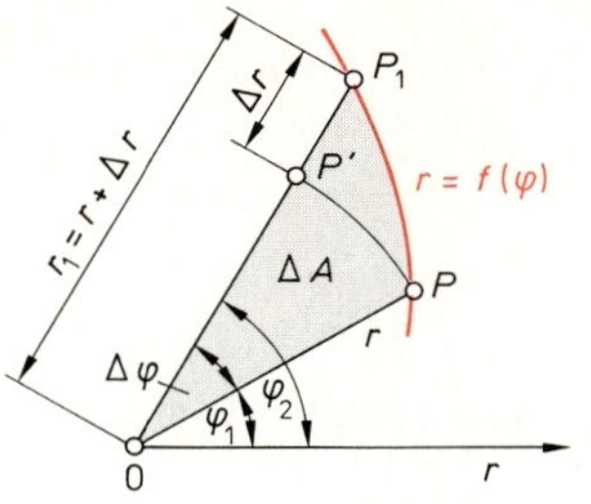

Strebt $\Delta\varphi$ gegen 0, so kann der Bogen PP_1 als Strecke betrachtet werden. Damit wird die Fläche ΔA zu einem Dreieck und kann auf Grund der nachstehenden trigonometrischen Beziehung berechnet werden.

$$A = \frac{1}{2} \cdot a \cdot b \cdot \sin\gamma$$

► $a = r;\ b = r + \Delta r;\ \gamma = \Delta\varphi$

Setzt man die vorstehenden Werte in die Formel ein und erweitert $\sin(\Delta\varphi)$ mit $\Delta\varphi$, so können für $\Delta\varphi \to 0$ und $\Delta r \to 0$ zwei Grenzwerte bestimmt werden. Damit läßt sich die Fläche A durch Integration bestimmen.

$$\Delta A = \Delta OPP_1$$

$$= \frac{1}{2} \cdot r \cdot (r + \Delta r) \cdot \sin(\Delta\varphi)$$

$$= \frac{1}{2} \cdot r \cdot (r + \Delta r) \cdot \frac{\sin(\Delta\varphi)}{\Delta\varphi} \cdot \Delta\varphi$$

► $\lim\limits_{\Delta\varphi \to 0} \frac{\sin(\Delta\varphi)}{\Delta\varphi} = 1$

► $\lim\limits_{\Delta r \to 0} (r + \Delta r) = r$

$$\Rightarrow \mathrm{d}A = \frac{1}{2} \cdot r^2 \,\mathrm{d}\varphi$$

$$\Rightarrow \int\limits_{\varphi_1}^{\varphi_2} \mathrm{d}A = [A]_{\varphi_1}^{\varphi_2} = \underline{\underline{\frac{1}{2} \int\limits_{\varphi_1}^{\varphi_2} r^2 \,\mathrm{d}\varphi}}$$

Merke:

Ist eine Funktion in Polarkoordinatenschreibweise gegeben, d.h. $r = f(\varphi)$, so gilt für die Berechnung des Flächeninhaltes:

$$[A]_{\varphi_1}^{\varphi_2} = \frac{1}{2} \int\limits_{\varphi_1}^{\varphi_2} r^2 \,\mathrm{d}\varphi$$

Beispiel: Bestimmen Sie den Flächeninhalt zwischen $\varphi_1 = \frac{\pi}{4}$ und $\varphi_2 = \frac{\pi}{2}$ für die Funktion $f = \langle \varphi \mapsto 4 \cdot \cos\varphi \rangle$.

In die Lösungsformel wird für r der Term $r = 4 \cdot \cos\varphi$ eingesetzt.

$$f = \langle \varphi \mapsto 4 \cdot \cos\varphi \rangle \Rightarrow r = 4 \cdot \cos\varphi$$

Das Integral $\int \cos^2 x \, dx$ wurde bereits gelöst:

$$\int \cos^2 x \, dx = \frac{x}{2} + \frac{1}{4}\sin(2x) + c$$

Nach Einsetzen der Grenzen ergibt sich die gesuchte Fläche mit $\pi - 2 = 1{,}14$.

$$[A]_{\varphi_1}^{\varphi_2} = \frac{1}{2}\int_{\varphi_1}^{\varphi_2} r^2 \, d\varphi \blacktriangleright r = 4 \cdot \cos\varphi$$
$$r^2 = 16 \cdot \cos^2 \varphi$$

$$[A]_{\frac{\pi}{4}}^{\frac{\pi}{2}} = \frac{1}{2}\int_{\frac{\pi}{4}}^{\frac{\pi}{2}} 16 \cdot \cos^2 \varphi \, d\varphi$$
$$= \frac{1}{2} \cdot 16 \left[\frac{\varphi}{2} + \frac{1}{4}\sin(2\varphi)\right]_{\frac{\pi}{4}}^{\frac{\pi}{2}}$$
$$= (2\pi + 2 \cdot \sin\pi) - \left(\pi + 2 \cdot \sin\frac{\pi}{2}\right)$$
$$= 2\pi + 2 \cdot 0 - \pi - 2 \cdot 1$$
$$= \underline{\underline{1{,}14}}$$

Beispiel: Entwickeln Sie eine Formel für den Flächeninhalt der Kardioide mit der Funktionsgleichung $r = a(1 + \sin\varphi)$, $a \in \mathbb{R}$.

Aus dem Graphen der Funktion sieht man, daß die Kardioide eine geschlossene Linie ist. Sie durchläuft für φ alle Werte von 0 bis 2π, um sich dann zu wiederholen.
Zur Berechnung der Fläche muß also im Intervall $[0, 2\pi]$ integriert werden.

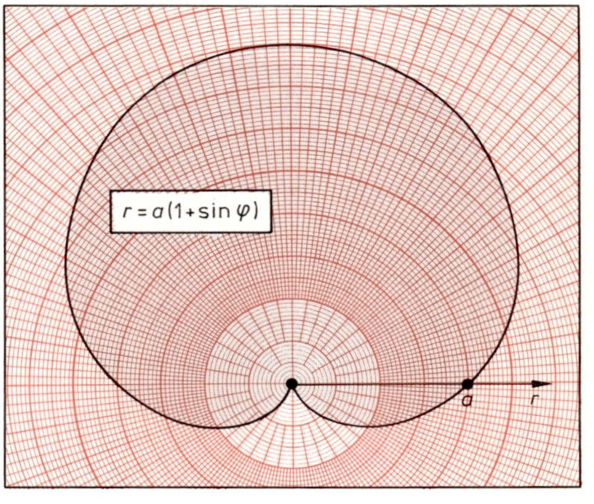

In die allgemeine Lösungsformel werden die Grenzen $\varphi_1 = 0$ und $\varphi_2 = 2\pi$ sowie der Term $r = a(1 + \sin\varphi)$ eingesetzt.
Bei der Auflösung von $(1 + \sin\varphi)^2$ tritt das Integral $\int \sin^2 \varphi \, d\varphi$ auf, das bereits gelöst wurde:

$$\int \sin^2 \varphi \, d\varphi = \frac{\varphi}{2} - \frac{1}{4}\sin(2\varphi) + c$$

Nach Einsetzen der Grenzen ergibt sich die gesuchte Formel.

$$[A]_{\varphi_1}^{\varphi_2} = \frac{1}{2} \cdot \int_{\varphi_1}^{\varphi_2} r^2 \, d\varphi \quad \blacktriangleright \quad r = a(1 + \sin\varphi)$$
$$r^2 = a^2(1 + \sin\varphi)^2$$
$$\blacktriangleright \varphi_1 = 0; \; \varphi_2 = 2\pi$$

$$[A]_0^{2\pi} = \frac{1}{2}\int_0^{2\pi} a^2(1 + \sin\varphi)^2 \, d\varphi$$
$$= \frac{a^2}{2}\int_0^{2\pi} (1 + 2 \cdot \sin\varphi + \sin^2\varphi) \, d\varphi$$
$$= \frac{a^2}{2}\left[\varphi - 2 \cdot \cos\varphi + \frac{\varphi}{2} - \frac{1}{4}\sin(2\varphi)\right]_0^{2\pi}$$
$$= \frac{a^2}{2}\left[(3\pi - 2 - 0) - (0 - 2 - 0)\right]$$
$$= \underline{\underline{\frac{3}{2}\pi \cdot a^2}}$$

3.2 Numerische Integration

In Naturwissenschaft und Technik werden funktionelle Zusammenhänge sehr oft durch Maschinen in Form von Diagrammen aufgezeichnet. Diese Diagramme stellen meistens Superpositionen vieler Funktionen dar, so daß der aufgezeichnete Graph nicht exakt durch einen Funktionsterm angegeben werden kann.

Da jedoch häufig der Flächeninhalt unter einem solchen Graphen ermittelt werden muß, kann dieses Problem nur durch Integration (Summierung von Flächenteilen) gelöst werden. Wegen des fehlenden Integranden kann man jedoch nur eine Näherungslösung auf der Grundlage der registrierten Kurve angeben.

Zur Integration der Funktion, die dem aufgezeichneten Graphen entspricht, hat man „Integrationsmaschinen", sogenannte Planimeter entwickelt, die durch Abtasten der Flächenumrisse deren Inhalt ermitteln. Rechnerisch läßt sich das Problem der näherungsweisen Lösung von Integralen mit Hilfe der Methode der numerischen Integration lösen. Eine zeichnerische Lösung ist ebenfalls möglich und wird im folgenden Kapitel behandelt.

Numerische und graphische Integration können auch bei solchen Integralen angewendet werden, deren Integrand gegeben ist, die aber mit den bekannten Methoden nicht zu lösen sind. Die numerische Integration beruht auf der Addition von Flächenstreifen und läßt sich nach verschiedenen Regeln durchführen, die sich durch die erreichte Genauigkeit unterscheiden.

Computerprogramme zur Integration basieren in der Regel auf der numerischen Integration.

● Rechteckregel

Problem: Integrieren Sie eine Funktion $f = \langle x \mapsto f(x) \rangle$ in den Grenzen $x = a$ und $x = b$ durch Addition von Rechteckflächen.

Das Integrationsintervall $[a, b]$ wird in n gleiche Teile geteilt mit der Breite:

$$h = \frac{b-a}{n}\,; \quad n \in \mathbb{N}^*$$

$x_0, x_1, x_2, x_3, \ldots, x_{n-1}$ nennt man Stützstellen, wobei die Genauigkeit der Berechnung mit der Zahl der Stützstellen steigt. Die Ungenauigkeit entsteht durch die Annäherung eines Kurventeiles durch die parallel zur x-Achse verlaufende Rechteckseite.

An jeder Stützstelle $x_k = a + k \cdot h$ mit $k = 0, 1, 2, 3, \ldots, n-1$ werden die entsprechenden Ordinaten $f(x_k)$ berechnet bzw. aus der Zeichnung abgelesen. Die Fläche A ergibt sich aus der Summe aller Rechteckflächen $A_k = h \cdot f(x_k)$.

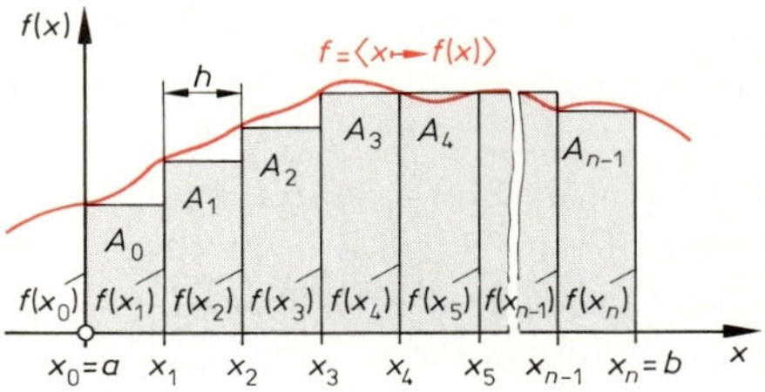

$$[A]_a^b = \int_a^b f(x)\,\mathrm{d}x$$

$$[A]_a^b \approx \sum_{k=0}^{n-1} A_k$$

$$\approx A_0 + A_1 + A_2 + \ldots + A_{n-1}$$

$$\approx h \cdot f(x_0) + h \cdot f(x_1) + h \cdot f(x_2) + \ldots + h \cdot f(x$$

$$\approx h[f(x_0) + f(x_1) + f(x_2) + \ldots + f(x_n-$$

$$\approx h[f(a) + f(a+h) + f(a+2h) + \ldots + f(b-$$

Merke:

Rechteckregel:

$$[A]_{x_0}^{x_n} = \int_{x_0}^{x_n} f(x)\,\mathrm{d}x \approx h[f(x_0) + f(x_1) + f(x_2) + \ldots + f(x_{n-1})]$$

$$[A]_a^b = \int_a^b f(x)\,\mathrm{d}x \approx h[f(a) + f(a+h) + f(a+2h) + \ldots + f(b-h)] \blacktriangleright h = \frac{b-a}{n};\ n \in \mathbb{N}^*$$

Beispiel: Lösen Sie das Integral $\int_1^2 \frac{\mathrm{d}x}{x}$ mit Hilfe der Rechteckregel, und vergleichen Sie diese Näherung mit der exakten Lösung.

Das Intervall $[1, 2]$ wird in $n = 10$ gleiche Abschnitte unterteilt. Damit läßt sich die Breite h eines Flächenstreifens berechnen.

An jeder Stützstelle $x_0, x_1, x_2 \ldots$ werden die zugehörigen Ordinaten $f(x_0)$, $f(x_1)$, $f(x_2) \ldots$ durch Einsetzen in die Funktionsgleichung $f(x) = \frac{1}{x}$ bestimmt.

Selbstverständlich hätte man auch den Graphen der Funktion aufzeichnen und die einzelnen $f(x)$-Werte abmessen können.

$$[A]_1^2 = \int_1^2 \frac{\mathrm{d}x}{x} \approx h[f(x_0) + f(x_1) + f(x_2) + \ldots + f(x_{n-1})]$$

$$n = 10 \Rightarrow h = \frac{b-a}{n} = \frac{2-1}{10} = 0{,}1$$

$$\left.\begin{aligned}
f(x) = \frac{1}{x} \Rightarrow x_0 = 1{,}0 &\Rightarrow f(x_0) = \frac{1}{1} = 1{,}000000 \\
x_1 = 1{,}1 &\Rightarrow f(x_1) = \frac{1}{1{,}1} = 0{,}909091 \\
x_2 = 1{,}2 &\Rightarrow f(x_2) = \frac{1}{1{,}2} = 0{,}833333 \\
x_3 = 1{,}3 &\Rightarrow f(x_3) = \frac{1}{1{,}3} = 0{,}769231 \\
x_4 = 1{,}4 &\Rightarrow f(x_4) = \frac{1}{1{,}4} = 0{,}714286 \\
x_5 = 1{,}5 &\Rightarrow f(x_5) = \frac{1}{1{,}5} = 0{,}666667 \\
x_6 = 1{,}6 &\Rightarrow f(x_6) = \frac{1}{1{,}6} = 0{,}625000 \\
x_7 = 1{,}7 &\Rightarrow f(x_7) = \frac{1}{1{,}7} = 0{,}588235 \\
x_8 = 1{,}8 &\Rightarrow f(x_8) = \frac{1}{1{,}8} = 0{,}555556 \\
x_9 = 1{,}9 &\Rightarrow f(x_9) = \frac{1}{1{,}9} = \underline{0{,}526316}
\end{aligned}\right\} +$$

$$\sum_{k=0}^{9} f(x_k) = \underline{\underline{7{,}187715}}$$

Die berechneten $f(x)$-Werte setzt man in die Rechteckregel ein. Die Summe der Werte von $f(x_0)$ bis $f(x_9)$ multipliziert mit h ergibt den Näherungswert für das Integral $\int_1^2 \frac{dx}{x}$.

$$\int_1^2 \frac{dx}{x} \approx 0{,}1 \cdot \sum_{k=0}^{9} f(x_k)$$

$$\approx 0{,}1 \cdot 7{,}187715$$

$$\approx \underline{\underline{0{,}7187715}} \quad \blacktriangleright \ln 2 = 0{,}693147$$

Integriert man direkt, so erhält man die exakte Lösung.

$$\int_1^2 \frac{dx}{x} = [\ln x]_1^2$$

$$= \ln 2$$

$$= 0{,}693147$$

Die Rechteckregel zeigt bereits eine gute Annäherung. Der Fehler liegt bei ca. 3,7 %.

$$\left|\frac{0{,}718771 - \ln 2}{\ln 2}\right| \cdot 100 = \underline{3{,}7\,\%}$$

● Trapezregel

Problem: Integrieren Sie eine Funktion $f = \langle x \mapsto f(x) \rangle$ in den Grenzen $x = a$ und $x = b$, indem Sie die Fläche in Trapeze aufteilen und diese summieren!

Nach Teilung des Integrationsintervalls $[a, b]$ in n gleiche Teile ergibt sich die Breite h der trapezförmigen Flächenstreifen mit $h = \frac{b-a}{n}$.

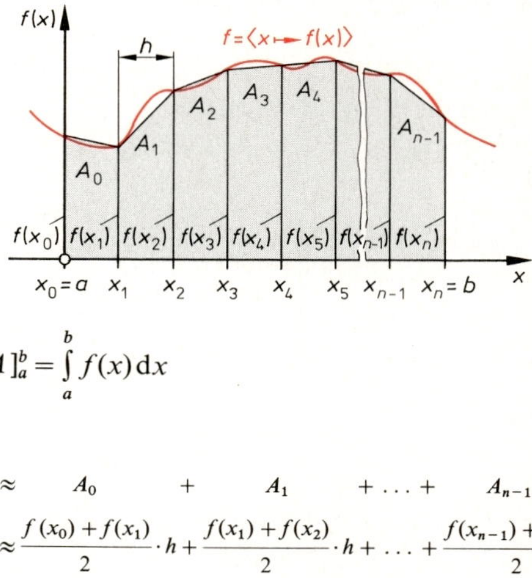

Die Genauigkeit der Annäherung hängt von der Zahl n der Stützstellen ab.

Die Annäherung durch Trapeze ist besser als die durch Rechtecke, da man sich dem Verlauf des Graphen besser anpassen kann.

$$[A]_a^b = \int_a^b f(x)\,dx$$

Die trapezförmigen Flächenstreifen mit der Breite h sowie den Längen $f(x_k)$ und $f(x_{k-1})$ werden addiert.

$$A \approx A_0 + A_1 + \ldots + A_{n-1}$$

$$\approx \frac{f(x_0) + f(x_1)}{2} \cdot h + \frac{f(x_1) + f(x_2)}{2} \cdot h + \ldots + \frac{f(x_{n-1}) + f(x_n)}{2} \cdot h$$

Die Summe ergibt die angenäherte Lösung des Integrals. Durch Ausklammern kann man die Formel vereinfachen.

$$\approx h\left(\frac{f(x_0) + f(x_1)}{2} + \frac{f(x_1) + f(x_2)}{2} + \ldots + \frac{f(x_{n-1}) + f(x_n)}{2}\right)$$

Außerdem lassen sich je zwei Werte zusammenfassen.

$$\approx h\left(\frac{f(x_0)}{2} + \frac{f(x_1)}{2} + \frac{f(x_1)}{2} + \frac{f(x_2)}{2} + \ldots + \frac{f(x_{n-1})}{2} + \frac{f(x_n)}{2}\right)$$

$$\approx h\left(\frac{f(x_0)}{2} + f(x_1) + f(x_2) + \ldots + f(x_{n-1}) + \frac{f(x_n)}{2}\right)$$

Merke:

Trapezregel:

$$[A]_{x_0}^{x_n} = \int_{x_0}^{x_n} f(x)\,\mathrm{d}x \approx h\left[\frac{f(x_0)}{2} + f(x_1) + f(x_2) + \ldots + f(x_{n-1}) + \frac{f(x_n)}{2}\right]$$

$$[A]_a^b = \int_a^b f(x)\,\mathrm{d}x \approx h\left[\frac{f(a)}{2} + f(a+h) + f(a+2h) + \ldots + f(b-h) + \frac{f(b)}{2}\right]$$

$\blacktriangleright\ h = \frac{b-a}{n}$; $n \in \mathbb{N}^*$

Beispiel: Wenden Sie die Trapezregel auf das vorige Beispiel an, und vergleichen Sie die Genauigkeit.

$$[A]_1^2 = \int_1^2 \frac{\mathrm{d}x}{x} \approx h\left[\frac{f(x_0)}{2} + f(x_1) + f(x_2) + \ldots + f(x_{n-1}) + \frac{f(x_n)}{2}\right] \blacktriangleright \int_1^2 \frac{\mathrm{d}x}{x} = \ln 2$$

Die Summe von $f(x_0)$ bis $f(x_{n-1})$ wurde bereits bei der Berechnung mit der Rechteckregel ermittelt. Sie betrug 7,187715.

$$\sum_{k=0}^{9} f(x_k) = 7{,}187715 \blacktriangleright f(x_0) = 1$$

Da im vorliegenden Fall nur die Summe von $f(x_1)$ bis $f(x_9)$ benötigt wird, subtrahiert man $f(x_0) = 1$ wieder.

$$\sum_{k=1}^{9} f(x_k) = 7{,}187715 - 1 = \underline{6{,}187715}$$

$$\frac{f(x_0)}{2} = \frac{1}{2} = \underline{0{,}5}$$

Der Wert für $f(x_n) = f(x_{10})$ wird zusätzlich berechnet.

$$x_{10} = 2 \Rightarrow f(x_{10}) = \frac{1}{2} = 0{,}5$$

$$\frac{f(x_{10})}{2} = \frac{0{,}5}{2} = \underline{0{,}25}$$

Nach Einsetzen der Ergebnisse für $f(x_1)$ bis $f(x_{10})$ in die Trapezregel erhält man die angenäherte Lösung des Integrals bzw. für ln 2.

$$\int_1^2 \frac{\mathrm{d}x}{x} \approx 0{,}1\ (0{,}5 + 6{,}187715 + 0{,}25)$$
$$\approx 0{,}1 \cdot 6{,}937715$$
$$\approx \underline{0{,}693771} \blacktriangleright \ln 2 = 0{,}693147$$

Die Trapezregel gibt eine bessere Näherung als die Rechteckregel. Der Fehler liegt nur noch bei 0,09 %.

$$\left|\frac{0{,}693771 - \ln 2}{\ln 2}\right| \cdot 100 = \underline{0{,}09\,\%}$$

● **Tangentenregel**

Problem: Integrieren Sie eine Funktion $f = \langle x \mapsto f(x) \rangle$ in den Grenzen $x = a$ und $x = b$ dadurch, daß Sie gleich breite Trapeze addieren, deren eine Seite durch Tangenten an den Funktionsgraphen in den Stützstellen gebildet wird.

Das Intervall $[a, b]$ wird wieder in n gleiche Abschnitte unterteilt, wobei n eine gerade natürliche Zahl ist.
Man zeichnet die Tangente an den Graphen in den Punkten, in denen die ungeraden $f(x)$-Ordinaten den Graphen berühren und erhält so die Mittellinie von Trapezen, die eine Breite von $2h$ haben. Die Addition der Flächen entspricht der Integration.

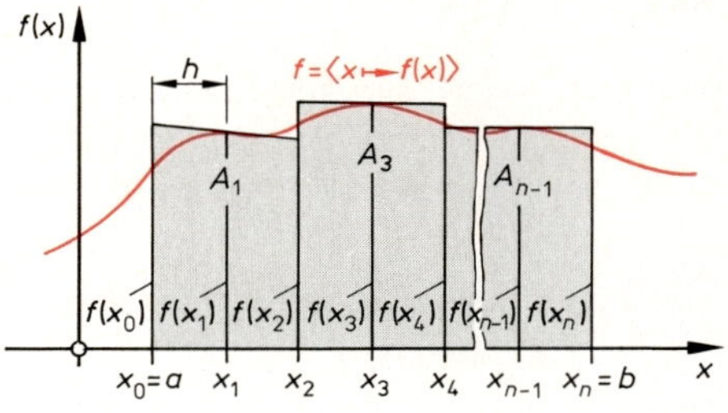

$$A = A_1 + A_3 + \ldots + A_{n-1}$$
$$A \approx f(x_1) \cdot 2h + f(x_3) \cdot 2h + \ldots + f(x_{n-1}) \cdot 2h$$
$$\approx 2h[f(x_1) + f(x_3) + \ldots + f(x_{n-1})]$$

Merke:

Tangentenregel:

$$[A]_{x_0}^{x_n} = \int_{x_0}^{x_n} f(x)\,\mathrm{d}x \approx 2h[f(x_1) + f(x_3) + \ldots + f(x_{n-1})]$$

$$[A]_a^b = \int_a^b f(x)\,\mathrm{d}x \approx 2h[f(a+h) + f(a+3h) + \ldots + f(b-h)]$$

$h = \dfrac{b-a}{n}$; $n \in \mathbb{N}^*$

n gerade

Beispiel: Berechnen Sie mit der Tangentenregel das bestimmte Integral aus den beiden vorangegangenen Beispielen und vergleichen Sie die Genauigkeit der Tangentenregel mit derjenigen der Trapezregel.

$$[A]_1^2 = \int_1^2 \frac{\mathrm{d}x}{x} \approx 2h[f(x_1) + f(x_3) + f(x_5) + f(x_7) + f(x_9)] \blacktriangleright \int_1^2 \frac{\mathrm{d}x}{x} = \ln 2$$

Die Werte für $f(x_1)$, $f(x_3)$, $f(x_5)$, $f(x_7)$ und $f(x_9)$ werden der Berechnung mit der Rechteckregel entnommen.

$$\left.\begin{aligned} x_1 &= 1{,}1 \Rightarrow f(x_1) = 0{,}909091 \\ x_3 &= 1{,}3 \Rightarrow f(x_3) = 0{,}769231 \\ x_5 &= 1{,}5 \Rightarrow f(x_5) = 0{,}666667 \\ x_7 &= 1{,}7 \Rightarrow f(x_7) = 0{,}588235 \\ x_9 &= 1{,}9 \Rightarrow f(x_9) = \underline{0{,}526316} \end{aligned}\right\} +$$
$$3{,}459540$$

Da $n = 10$ ist, erhält man für h wieder 0,1. Die Werte ergeben, in die Tangentenregel eingesetzt, die angenäherte Fläche.

$$A \approx 2 \cdot 0{,}1 \cdot 3{,}45954$$
$$\approx \underline{\underline{0{,}691908}} \blacktriangleright \ln 2 = 0{,}693147$$

Die Annäherung der Tangentenregel ist etwa halb so gut wie die durch die Trapezregel. Sie führt jedoch schneller zum Ziel.

$$\left|\frac{0{,}691908 - \ln 2}{\ln 2}\right| \cdot 100 = \underline{0{,}18\,\%}$$

● **Simpsonsche Regel**

Problem: Integrieren Sie eine Funktion $f = \langle x \mapsto f(x) \rangle$ in den Grenzen $x = a$ und $x = b$ näherungsweise unter Verwendung der Trapez- und der Tangentenregel. Berücksichtigen Sie dabei die höhere Genauigkeit der Trapezregel.

Wendet man Trapezregel und Tangentenregel nacheinander auf eine Funktion an, so ist das eine Ergebnis zu groß, das andere zu klein. Der Mittelwert ergibt eine gute Näherung.

Diese Kombination wird in der sogenannten Simpsonschen Regel realisiert.

Trapezregel:

$$A_{\text{Tr}} \approx h\left[\frac{f(x_0)}{2} + f(x_1) + f(x_2) + \ldots + f(x_{n-1}) + \frac{f(x_n)}{2}\right]$$

Tangentenregel:

$$A_{\text{Ta}} \approx 2h\,[f(x_1) + f(x_3) + \ldots + f(x_{n-1})]$$

Simpsonsche Regel:

$$A_{\text{Si}} \approx \frac{2 \cdot A_{\text{Tr}} + A_{\text{Ta}}}{3}$$

Da die Trapezregel aber eine doppelt so gute Annäherung wie die Tangentenregel ergibt, wird ihr in der Regel von Simpson auch das doppelte Gewicht zugemessen, das heißt, die Simpsonsche Regel ist das arithmetische Mittel aus der doppelten Fläche der Trapezregel und der einfachen Fläche der Tangentenregel. Auch bei der Simpsonschen Regel wird das Intervall zwischen x_0 und x_n in eine gerade Anzahl gleicher Abschnitte zerlegt.

$$A_{\text{Si}} \approx \frac{h}{3} f(x_0) + \frac{2h}{3} f(x_1) + \frac{2h}{3} f(x_2) + \frac{2h}{3} f(x_3) + \ldots + \frac{2h}{3} f(x_{n-1}) + \frac{2h}{3} f(x_n) + \frac{2h}{3} f(x_1) + + \frac{2h}{3} f(x_3) + \ldots + \frac{2h}{3} f(x_{n-1})$$

$$\approx \frac{h}{3}\,[f(x_0) + 4 \cdot f(x_1) + 2 \cdot f(x_2) + 4 \cdot f(x_3) + \ldots + 2 \cdot f(x_{n-2}) + 4 \cdot f(x_{n-1}) + f(x_n)]$$

Merke:

Simpsonsche Regel:

$$[A]_{x_0}^{x_n} = \int_{x_0}^{x_n} f(x)\,\mathrm{d}x \approx \frac{h}{3}\,[f(x_0) + 4 \cdot f(x_1) + 2 \cdot f(x_2) + 4 \cdot f(x_3) + \ldots + 2 \cdot f(x_{n-2}) + 4 \cdot f(x_{n-1}) + f(x_n)]$$

$$[A]_a^b = \int_a^b f(x)\,\mathrm{d}x$$

$$\approx \frac{h}{3}\,[f(a) + 4 \cdot f(a+h) + 2 \cdot f(a+2h) + 4 \cdot f(a+3h) + \ldots + 2 \cdot f(b-2h) + 4 \cdot f(b-h) + f(b)]$$

► $h = \dfrac{b-a}{n}$; $n \in \mathbb{N}^*$

Beispiel: Berechnen Sie das Integral $\int_1^2 \frac{dx}{x}$ mit Hilfe der Simpsonschen Regel unter Verwendung der vorangegangenen Ergebnisse. Was läßt sich über die Genauigkeit der Simpsonschen Regel sagen?

Man übernimmt die Werte, die mit der Trapezregel bzw. mit der Tangentenregel berechnet worden sind und setzt sie in die Simpsonsche Regel ein.

$$A_{Tr} = 0{,}693771$$

$$A_{Ta} = 0{,}691908$$

$$A_{Si} = \frac{2 \cdot A_{Tr} + A_{Ta}}{3}$$

$$= \frac{2 \cdot 0{,}693771 + 0{,}691908}{3}$$

$$= \underline{\underline{0{,}69315}} \blacktriangleright \ln 2 = 0{,}693147$$

Die Simpsonsche Regel ergibt eine sehr gute Annäherung. Im behandelten Beispiel ist der Fehler kleiner als 0,0004 %. Die Simpsonsche Regel ist daher am besten zur numerischen Integration verwendbar.

Diese Methode wird auch in Computerprogrammen angewendet.

$$\left|\frac{0{,}69315 - \ln 2}{\ln 2}\right| \cdot 100 = \underline{0{,}0004\,\%}$$

Beispiel: Lösen Sie das Integral $\int_0^2 (x^2 + 2)\,dx$ mit Hilfe der Simpsonschen Regel, und vergleichen Sie diese Näherung mit dem exakten Wert.

Die Fläche im Intervall [0, 2] wird in $n = 10$ gleichbreite Flächenteile geteilt, jeweils mit der Breite $h = \frac{2-0}{10} = 0{,}2$.

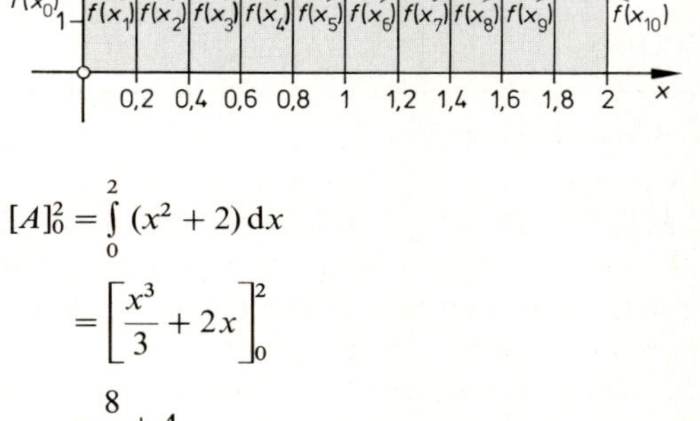

Das exakte Ergebnis erhält man durch herkömmliche Integration im Intervall [0, 2].

$$[A]_0^2 = \int_0^2 (x^2 + 2)\,dx$$

$$= \left[\frac{x^3}{3} + 2x\right]_0^2$$

$$= \frac{8}{3} + 4$$

$$= \underline{\underline{6{,}667}}$$

In einer Wertetafel für die Funktion $f = \langle x \mapsto x^2 + 2 \rangle$ werden für x_0 bis x_{10} die zum Einsetzen notwendigen Werte für $f(x)$ sowie benötigte Vielfache ermittelt.

$x_0 = 0 \Rightarrow f(x_0) = 2{,}00 \qquad f(x_0) = 2{,}00$	$x_6 = 1{,}2 \Rightarrow f(x_6) = 3{,}44 \Rightarrow 2 \cdot f(x_6) = 6{,}88$
$x_1 = 0{,}2 \Rightarrow f(x_1) = 2{,}04 \Rightarrow 4 \cdot f(x_1) = 8{,}16$	$x_7 = 1{,}4 \Rightarrow f(x_7) = 3{,}96 \Rightarrow 4 \cdot f(x_7) = 15{,}84$
$x_2 = 0{,}4 \Rightarrow f(x_2) = 2{,}16 \Rightarrow 2 \cdot f(x_2) = 4{,}32$	$x_8 = 1{,}6 \Rightarrow f(x_8) = 4{,}56 \Rightarrow 2 \cdot f(x_8) = 9{,}12$
$x_3 = 0{,}6 \Rightarrow f(x_3) = 2{,}36 \Rightarrow 4 \cdot f(x_3) = 9{,}44$	$x_9 = 1{,}8 \Rightarrow f(x_9) = 5{,}24 \Rightarrow 4 \cdot f(x_9) = 20{,}96$
$x_4 = 0{,}8 \Rightarrow f(x_4) = 2{,}64 \Rightarrow 2 \cdot f(x_4) = 5{,}28$	$x_{10} = 2 \Rightarrow f(x_{10}) = 6{,}00 \qquad f(x_{10}) = 6{,}00$
$x_5 = 1 \Rightarrow f(x_5) = 3{,}00 \Rightarrow 4 \cdot f(x_5) = 12{,}00$	

Nach Einsetzen der Werte in die Simpsonsche Regel erhält man eine Annäherung für das gesuchte Integral.

$$
\begin{aligned}
[A]_0^2 &= \int_0^2 (x^2 + 2)\,\mathrm{d}x \\
&\approx \frac{h}{3}\,[f(x_0) + 4 \cdot f(x_1) + 2 \cdot f(x_2) + \ldots + 2 \cdot f(x_8) + 4 \cdot f(x_9) + f(x_{10})] \\
&\approx \frac{0{,}2}{3}\,(2 + 8{,}16 + 4{,}32 + 9{,}44 + 5{,}28 + 12 + 6{,}88 + 15{,}84 + 9{,}12 + 20{,}96 + 6) \\
&\approx \frac{0{,}2 \cdot 100}{3} \approx \underline{\underline{6{,}667}}
\end{aligned}
$$

Ein Vergleich mit dem Ergebnis der genauen Integration zeigt volle Übereinstimmung, womit die Brauchbarkeit der Simpsonschen Formel zur näherungsweisen Integration nochmals bewiesen ist.

3.3 Graphische Integration

Im Band 3 „Differentialrechnung" wurde die graphische Differentiation beschrieben, d. h. auf zeichnerischem Wege wurde zu einer Funktion f der Graph der Ableitungsfunktion f' ermittelt. Bei der graphischen Integration geht man den umgekehrten Weg und ermittelt aus einer gezeichneten Funktion f (Integrand) die zugehörige Stammfunktion F. Gleichzeitig läßt sich damit der Flächeninhalt bestimmen.
Die graphische Integration wird besonders dann angewendet, wenn der Graph der Funktion bekannt ist, die Funktionsgleichung aber nicht zu ermitteln ist. Die Methode kann aber auch auf alle anderen rechnerisch nicht integrierbaren Funktionen angewendet werden oder dann, wenn die rechnerische Integration sehr zeitraubend ist.

Problem: Zeichnen Sie den Graphen der Funktion $f = \langle x \mapsto \cos x | [0; \pi] \rangle$, und integrieren Sie diese Funktion graphisch.

Für die zeichnerische Integration empfiehlt sich ein Lösungsgang in drei Schritten:

1. Man zeichnet die Ableitungsfunktion mit $f(x) = \cos x$ in den Grenzen $x = 0$ bis $x = \pi$.

2. Man ersetzt den Graphen der Funktion $f = \langle x \mapsto \cos x \rangle$ durch einen angenäherten Kurvenzug. Es ist darauf zu achten, daß die Fläche unter der „Treppenkurve" möglichst genau der Fläche unter der zu integrierenden Funktion entspricht, d.h. die Flächenstreifen müssen so gewählt werden, daß die beiden durch die Einteilung entstehenden Dreiecke ungefähr gleich sind. Um eine gute Annäherung zu erzielen, sollten die Flächenstreifen an stark gekrümmten Stellen schmaler sein.

3. Die dem Graphen des Integranden entsprechende „Treppenkurve" wird graphisch integriert. Dazu werden die Höhen der Rechtecke auf die $f(x)$-Achse übertragen und mit der Stelle -1 auf der x-Achse verbunden. Die entstehenden Winkel α, β, γ usw. entsprechen den Steigungen, die die Integrationskurve im Bereich des jeweiligen Rechtecks hat.
Der Verlauf des Graphen für $\int_0^{\pi} \cos x \, dx$ ergibt sich aus der Aneinanderreihung der einzelnen Tangenten a, b, c usw. im Bereich des entsprechenden Rechtecks.
Mit der ersten Tangente (α, a) kann in einem beliebigen Punkte P auf der $f(x)$-Achse begonnen werden (hier im Punkte $\langle 0, 0 \rangle$, da die Integrationskonstante c eine Verschiebung des Graphen in Richtung der $f(x)$-Achse erlaubt.

1. Schritt

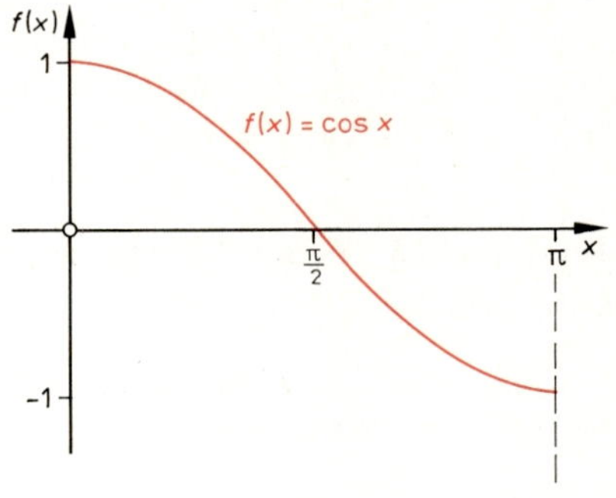

2. Schritt

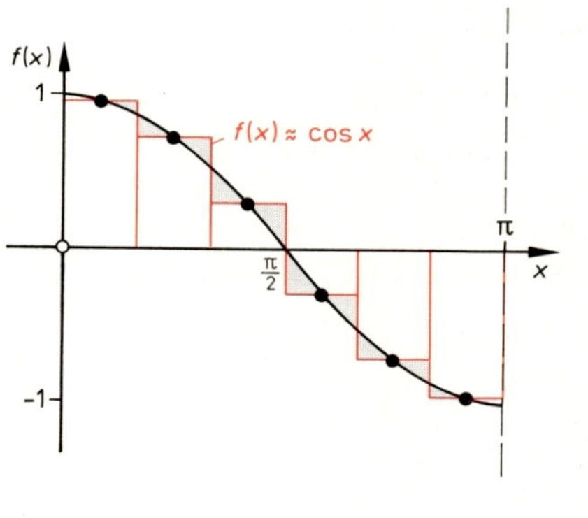

3. Schritt

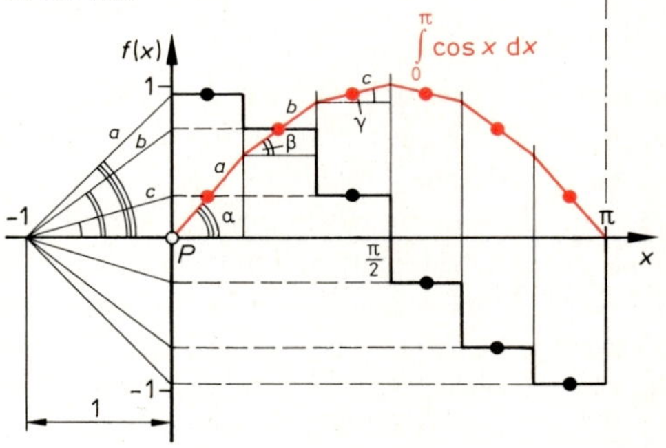

Der Verlauf des Graphen in der graphischen Lösung stimmt mit der exakten Lösung $\sin x + c$ nahezu überein. Die graphische Integration ist relativ schnell durchführbar.

Probe: $\int_0^{\pi} \cos x \, dx = [\sin x]_0^{\pi}$

$= \sin \pi - \sin 0$

$= \underline{\underline{0}}$

Das Prinzip der graphischen Integration beruht auf der Verwandlung des Flächeninhaltes der Rechtecke in eine Strecke und der anschließenden Addition dieser Strecken.
Es läßt sich aus nebenstehendem Bild eine Proportion ableiten.

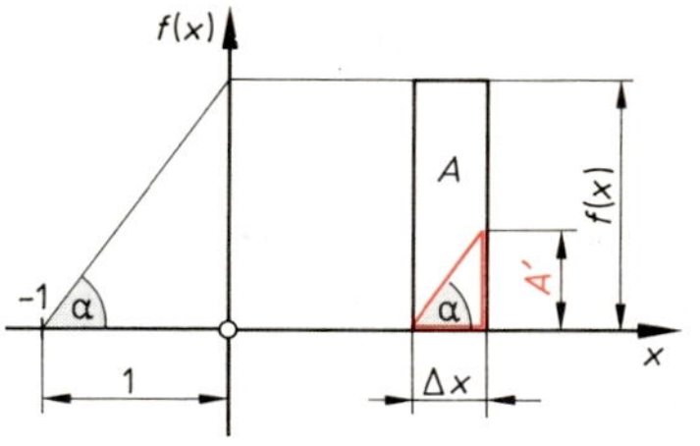

Der Flächeninhalt A des Rechtecks wird also durch die Strecke A' exakt ausgedrückt.

$f(x):1 = A':\Delta x$

$A' = f(x) \cdot \Delta x \quad \blacktriangleright f(x) \cdot \Delta x = A$

$A' = \underline{\underline{A}}$

Bei der graphischen Integration wird nun durch Aneinanderfügen der einzelnen Stücke A' die Gesamtsumme der Flächeninhalte bei der zu integrierenden Funktion bestimmt.

So ist beim Beispiel $\int_0^{\pi} \cos x \, dx$ die Summe der Flächeninhalte gleich 0.

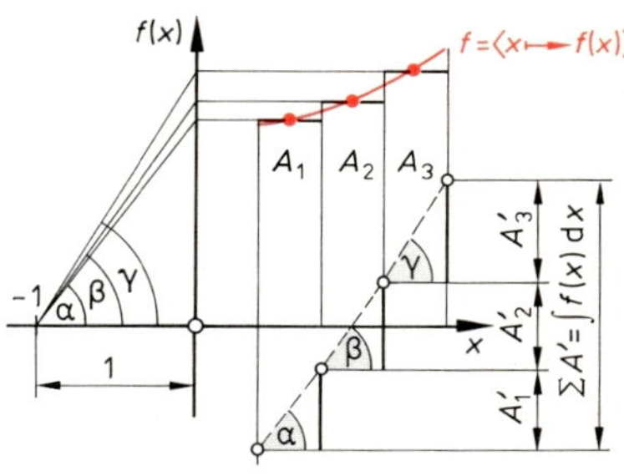

Beispiel: Lösen Sie das Integral $\int_1^3 \left(\frac{3}{4}x + 1\right) dx$ auf graphischem Wege, und kontrollieren Sie diese Lösung mit dem exakten Wert.

1. Die Funktion f mit $f(x) = \frac{3}{4}x + 1$ wird für den Bereich $x = 1$ bis $x = 3$ aufgezeichnet.

2. Man ersetzt die Fläche unter dem Graphen durch vier Rechtecke und überträgt deren Höhe auf die $g(x)$-Achse. Die Verbindungen dieser Punkte mit -1 auf der x-Achse ergeben die Steigungen der Integralkurve in den Bereichen der Rechtecke.

Die Lösung des bestimmten Integrals wird durch die Ordinate $g(x) \approx 5$ an der Stelle $x = 3$ dargestellt.

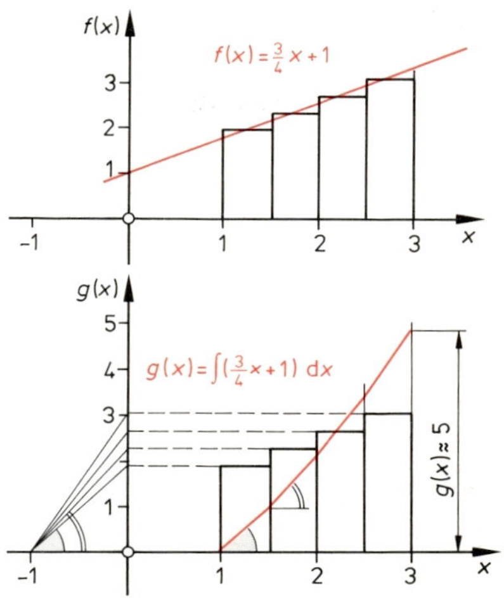

3.4 Uneigentliche Integrale

Problem: Berechnen Sie die Fläche zwischen der x-Achse und dem Graphen der Funktion

$$f = \left\langle x \longmapsto \frac{1}{x^2} \right\rangle \text{ im Intervall } [1, \infty).$$

Das Integrationsintervall $[1, \infty)$ ist nicht abgeschlossen, das heißt, eine wichtige, früher erläuterte Integrationsbedingung, die Abgeschlossenheit des Integrationsintervalls ist nicht erfüllt.

Das Integral $\int\limits_1^\infty \frac{dx}{x^2}$ wäre damit im angegebenen Intervall nicht berechenbar.

Integrale der Formen:

$$\int\limits_a^\infty f(x)\,dx; \quad \int\limits_{-\infty}^b f(x)\,dx; \quad \int\limits_{-\infty}^\infty f(x)\,dx$$

nennt man *uneigentliche Integrale 1. Art.*

Dennoch ist es in bestimmten Fällen möglich, uneigentliche Integrale zu berechnen. Betrachtet man nämlich die Fläche unter dem Graphen der Integrandfunktion $f = \left\langle x \longmapsto \frac{1}{x^2} \right\rangle$ im Intervall $[1, \infty)$, so scheint diese Fläche durchaus begrenzt zu sein, obwohl *eine* Integrationsgrenze ∞ ist.

Das wird deutlich, wenn man der Reihe nach die Flächenteile $[A_1]_1^2$, $[A_2]_1^3$, $[A_3]_1^4, \ldots, [A_{n-1}]_1^n$ betrachtet. Diese Flächenteile sind Glieder einer Folge $\langle a_n \rangle$ mit dem Bildungsgesetz $a_n = 1 - \frac{1}{n}$.

Die Folge hat den Grenzwert $g = 1$ und ist daher konvergent. Dieser Grenzwert stellt die Fläche unter dem Graphen im Intervall $[1, \infty)$ dar und ist damit die Lösung des uneigentlichen Integrals erster Art.

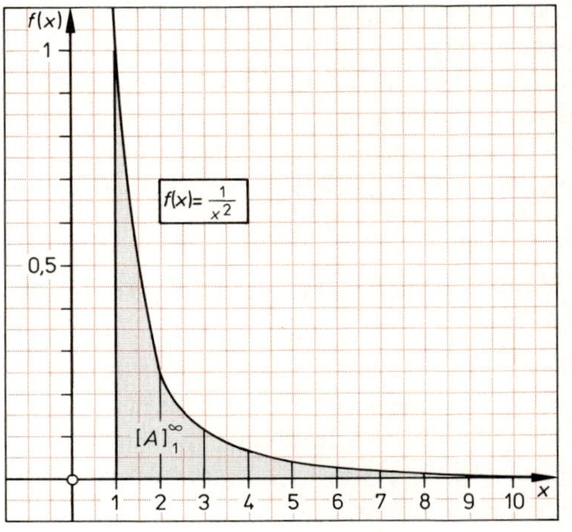

$$[A_1]_1^2 = \int\limits_1^2 \frac{dx}{x^2} = \left[-\frac{1}{x}\right]_1^2 = -\frac{1}{2} + 1 = \frac{1}{2}$$

$$[A_2]_1^3 = \int\limits_1^3 \frac{dx}{x^2} = \left[-\frac{1}{x}\right]_1^3 = -\frac{1}{3} + 1 = \frac{2}{3}$$

$$[A_3]_1^4 = \int\limits_1^4 \frac{dx}{x^2} = \left[-\frac{1}{x}\right]_1^4 = -\frac{1}{4} + 1 = \frac{3}{4}$$

$$\vdots$$

$$[A_{n-1}]_1^n = \int\limits_1^n \frac{dx}{x^2} = \left[-\frac{1}{x}\right]_1^n = -\frac{1}{n} + 1 = 1 - \frac{1}{n};\, n \in \mathbb{N}$$

$$\langle a_n \rangle : [A_1]_1^2, [A_2]_1^3, [A_3]_1^4, [A_4]_1^5, \ldots, [A_{n-1}]_1^n$$

$$\langle a_n \rangle : \frac{1}{2}, \quad \frac{2}{3}, \quad \frac{3}{4}, \quad \frac{4}{5}, \quad \ldots, \quad 1 - \frac{1}{n}$$

$$[A]_1^\infty = \int\limits_1^\infty \frac{dx}{x^2} = \lim_{n \to \infty} \int\limits_1^n \frac{dx}{x^2}$$

$$= \lim_{n \to \infty} \left(1 - \frac{1}{n}\right);\, n \in \mathbb{N}$$

$$= \underline{\underline{1}}$$

Diese Feststellung kann von $n \in \mathbb{N}$ auf $u \in \mathbb{R}$ erweitert werden.

$$\Rightarrow \lim_{u \to \infty} \int_1^u \frac{dx}{x^2} = \lim_{u \to \infty} \left(1 - \frac{1}{u}\right)$$

$$= \underline{\underline{1}}; u \in \mathbb{R}$$

Uneigentliche Integrale, für die ein Grenzwert existiert, heißen auch *konvergente uneigentliche Integrale*.

Merke:

Ist eine Funktion f im abgeschlossenen Intervall $[a, u]$ bzw. $[-u, a]$ integrierbar, so ist der Wert des konvergenten uneigentlichen Integrals 1. Art:

$$\int_a^\infty f(x)\,dx = \lim_{u \to \infty} \int_a^u f(x)\,dx \quad \text{bzw.} \quad \int_{-\infty}^a f(x)\,dx = \lim_{u \to -\infty} \int_u^a f(x)\,dx \Rightarrow \int_{-\infty}^\infty f(x)\,dx = \lim_{u \to \infty} \int_{-u}^u f(x)\,dx$$

Beispiel: Berechnen Sie die Fläche zwischen der x-Achse und dem Graphen der Funktion $f = \left\langle x \mapsto \frac{5}{x^2+1} \right\rangle$ im Intervall $(-\infty, \infty)$.

Der Graph der Funktion

$$f = \left\langle x \mapsto \frac{5}{x^2+1} \right\rangle$$

nähert sich asymptotisch der positiven und der negativen x-Achse. Die Fläche zwischen dem Graphen und der x-Achse ist also nach beiden Seiten unbegrenzt. Wegen der asymptotischen Annäherung an die x-Achse ist die Existenz eines Grenzwertes wahrscheinlich und damit eine Lösung des uneigentlichen Integrals gegebenenfalls möglich.

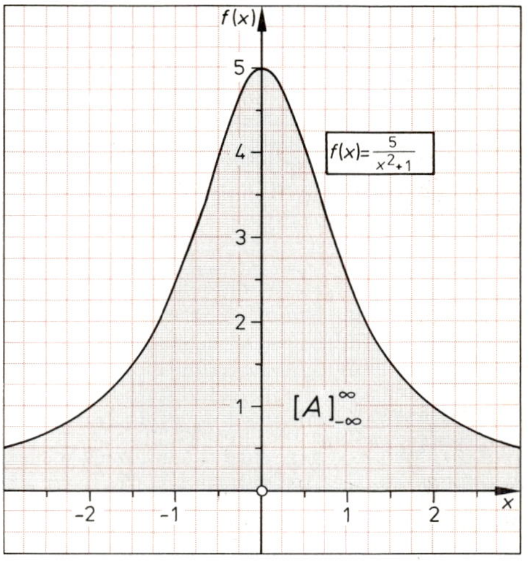

Die Anwendung der gefundenen Regel führt auf ein bereits früher gelöstes Integral.

$$[A]_{-\infty}^{\infty} = \int_{-\infty}^{\infty} \frac{5}{x^2+1}\,dx$$

$$= \lim_{u \to \infty} \int_{-u}^{u} \frac{5}{x^2+1}\,dx$$

$$= \lim_{u \to \infty} [5 \cdot \operatorname{Arctan} x]_{-u}^{u}$$

$$\operatorname{Arctan}(-u) = -\operatorname{Arctan} u$$

$$= 5 \cdot \lim_{u \to \infty} [\operatorname{Arctan} u - \operatorname{Arctan}(-u)]$$

Da ein Grenzwert existiert, liegt ein konvergentes uneigentliches Integral vor.

$$= 5 \cdot \lim_{u \to \infty} (2 \cdot \operatorname{Arctan} u) = \underline{\underline{5 \cdot \pi}}$$

Beispiele: Berechnen Sie die uneigentlichen Integrale erster Art $\int_{-\infty}^{2} e^x \, dx$ und $\int_{4}^{\infty} \sqrt{x} \, dx$.

1. $\int_{-\infty}^{2} e^x \, dx = ?$

Der Verlauf des Graphen im 2. Quadranten zeigt, daß die x-Achse wahrscheinlich Asymptote ist und ein Grenzwert vermutet werden kann.

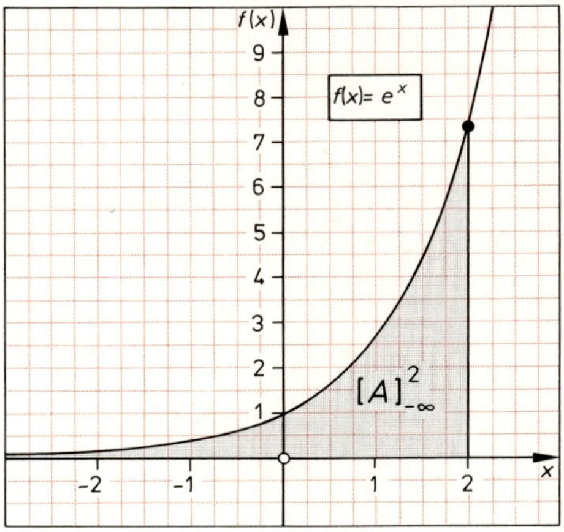

Man bildet den Grenzwert des Integrals im Intervall $[u, 2]$ für u gegen $-\infty$.

Da ein Grenzwert existiert, liegt ein konvergentes uneigentliches Integral vor.

$$\int_{-\infty}^{2} e^x \, dx = \lim_{u \to -\infty} \int_{u}^{2} e^x \, dx$$

$$= \lim_{u \to -\infty} [e^x]_u^2$$

$$= \lim_{u \to -\infty} [e^2 - e^u]$$

$$= e^2 - 0$$

$$= \underline{\underline{7{,}389}}$$

2. $\int_{-\infty}^{2} \sqrt{x} \, dx = ?$

Bei dieser Integrandfunktion zeigt der Verlauf des Graphen, daß die Fläche zwischen x-Achse und Graph mit größer werdendem x ebenfalls immer größer wird.

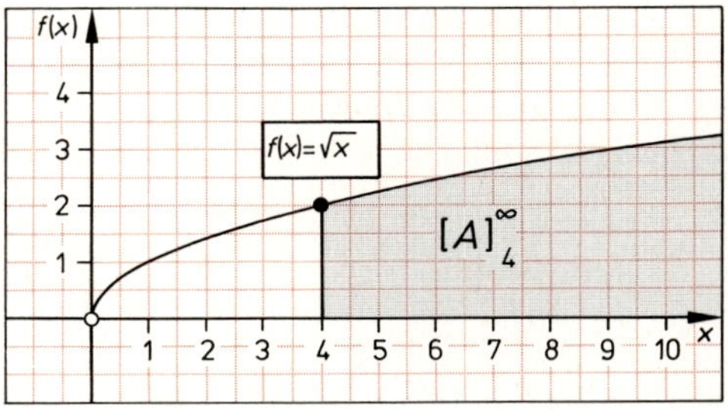

Ein Grenzwert liegt daher, wie auch die Rechnung zeigt, nicht vor. Es handelt sich also um ein divergentes uneigentliches Integral.

$$\int_{4}^{\infty} \sqrt{x} \, dx = \lim_{u \to \infty} \int_{4}^{u} \sqrt{x} \, dx$$

$$= \lim_{u \to \infty} \left[\frac{2}{3} \sqrt{x^3} \right]_4^u$$

$$= \lim_{u \to \infty} \frac{2}{3} [\sqrt{u^3} - \sqrt{4^3}]$$

$$= \underline{\underline{\infty}}$$

Beispiel: Für welche Werte von $s \in \mathbb{R}$ ist das uneigentliche Integral 1. Art $\int_1^\infty \frac{dx}{x^s}$ lösbar?

Man muß drei Fälle unterscheiden, und zwar für $s = 1$, für $s < 1$ und für $s > 1$.

1. Fall: $s = 1$

$$\int_1^\infty \frac{dx}{x^s} \blacktriangleright s = 1$$

Für $s = 1$ liegt ein Grundintegral vor:

$$\int \frac{dx}{x} = \ln x + c$$

$$\int_1^\infty \frac{dx}{x} = \lim_{u \to \infty} \int_1^u \frac{dx}{x}$$

$$= \left[\lim_{u \to \infty} \ln u\right]_1^u$$

$$= \lim_{u \to \infty} (\ln u - \ln 1) \blacktriangleright \ln 1 = 0$$

$$= \lim_{u \to \infty} \ln u$$

$$= \underline{\underline{\infty}}$$

Da für $s = 1$ ein Grenzwert nicht existiert, ist die Fläche A über alle Grenzen groß. Es liegt daher ein divergentes uneigentliches Integral vor.

2. Fall: $s < 1$

$$\int_1^\infty \frac{dx}{x^s} \blacktriangleright s < 1 \Rightarrow 1 - s > 0$$

Für $s < 1$ wird $1 - s > 0$, d.h. man kann in diesem Falle x^{1-s} schreiben.

$$\int_1^\infty \frac{dx}{x^s} = \lim_{u \to \infty} \int_1^u \frac{dx}{x^s}$$

$$= \left[\lim_{u \to \infty} \left(\frac{1}{1-s} \cdot x^{1-s}\right)\right]_1^u$$

$$= \frac{1}{1-s} \lim_{u \to \infty} (u^{1-s} - 1)$$

$$\lim_{u \to \infty} u^{1-s} = \infty \text{ für } 1 - s > 0$$

$$= \frac{1}{1-s} (\infty - 1)$$

$$= \underline{\underline{\infty}}$$

Es liegt wieder kein Grenzwert vor, d.h. die Fläche wird für $s < 1$ unendlich groß, das uneigentliche Integral ist also divergent.

3. Fall: $s > 1$

$$\int_1^\infty \frac{dx}{x^s} \blacktriangleright s > 1 \Rightarrow 1 - s < 0$$

$$\int_1^\infty \frac{dx}{x^s} = \lim_{u \to \infty} \int_1^u \frac{dx}{x^s}$$

Für $s > 1$ wird $1 - s < 0$, d.h.

$$\lim_{u \to \infty} u^{1-s} = 0 \text{ für } 1 - s < 0$$

$$= \frac{1}{1-s} \lim_{u \to \infty} (u^{1-s} - 1)$$

$$= \frac{1}{1-s} (0 - 1)$$

$$= -\frac{1}{1-s}$$

$$= \underline{\underline{\frac{1}{s-1}}} \quad \text{für} \quad s > 1$$

Das uneigentliche Integral 1. Art $\int_1^\infty \frac{dx}{x^s}$ existiert also nur für $s > 1$, d.h. für diesen Fall ist das Integral konvergent.

Problem: Berechnen Sie die Fläche zwischen dem Graphen der Funktion $f = \left\langle x \mapsto \frac{1}{(x+2)^2} \right\rangle$ im Intervall $[-4, -1]$.

Die Integrandfunktion

$$f = \left\langle x \mapsto \frac{1}{(x+2)^2} \right\rangle$$

hat an der Stelle $x = -2$ eine Unendlichkeitsstelle. Die Funktion ist also im Intervall $[-4, -1]$ nicht beschränkt und damit nicht integrierbar.

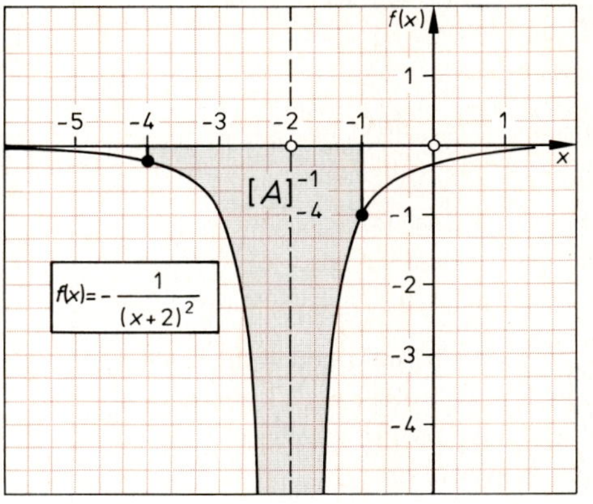

Da die Darstellung des Graphen aber nicht notwendig ist, wird man leicht in den angegebenen Grenzen integrieren, ohne daß man den Fehler sofort bemerkt. Man erhält nämlich eine falsche, scheinbare Lösung, wenn man über die Unendlichkeitsstelle hinweggeht.

$$[A]_{-4}^{-1} = \int_{-4}^{-1} \frac{dx}{(x+2)^2}$$

$$= \left[\frac{-1}{x+2}\right]_{-4}^{-1}$$

$$= -\frac{3}{2}$$ ► falsche, scheinbare Lösung

Integriert man jedoch in den beiden Teilintervallen $[-4, -2]$ und $[-2, -1]$, so erhält man beim Einsetzen der Grenzen *keine* definierte Lösung.

$$[A]_{-4}^{-1} = \int_{-4}^{-2} \frac{dx}{(x+2)^2} + \int_{-2}^{-1} \frac{dx}{(x+2)^2}$$

$$= \left[\frac{-1}{x+2}\right]_{-4}^{-2} + \left[\frac{-1}{x+2}\right]_{-2}^{-1}$$

$$= \left[\frac{-1}{0} - \frac{-1}{-2}\right] + \left[\frac{-1}{1} - \frac{-1}{0}\right]$$

Merke:

Vor der Integration bestimmter Integrale muß geprüft werden, ob im Integrationsintervall Unendlichkeitsstellen liegen. Bestimmte Integrale mit Unendlichkeitsstellen im Integrationsintervall nennt man *uneigentliche Integrale 2. Art*. Deren Lösung erfordert besondere Lösungsmethoden.

Problem: Lösen Sie das bestimmte Integral $\int\limits_{-1}^{1} \frac{\mathrm{d}x}{\sqrt{1-x^2}}$ unter Berücksichtigung von Unendlichkeitsstellen bei $x = -1$ und $x = 1$.

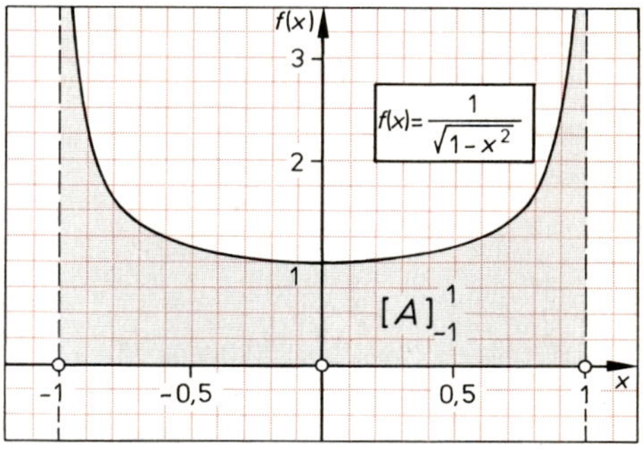

Die Funktion hat Unendlichkeitsstellen (Polstellen) bei $x = 1$ und $x = -1$, d.h. sie ist im Integrationsintervall nicht beschränkt und damit nicht integrierbar. Betrachtet man den Graphen, so scheinen die Polgeraden Asymptoten zu sein. Man könnte also an den Unendlichkeitsstellen (Polstellen) Grenzwerte vermuten. Auch uneigentliche Integrale *zweiter Art* lassen sich unter Umständen lösen. Man verfährt dazu ähnlich wie bei uneigentlichen Integralen *erster Art*, indem man eine Folge von bestimmten Integralen bildet.
Hat diese Folge einen Grenzwert an der Unendlichkeitsstelle – rechtsseitiger bzw. linksseitiger Grenzwert – so kann das uneigentliche Integral 2. Art berechnet werden.
Dazu betrachtet man die Integrandfunktion nicht im Intervall $[-1, 1]$, sondern im integrierbaren, abgeschlossenen Intervall $[-1+\varepsilon, 1-\varepsilon]$, d.h. man geht beliebig nahe an die Polstellen $x = -1$ und $x = 1$ heran. Läßt man $\varepsilon \to 0$ gehen, so erhält man den gesuchten Grenzwert, wenn dieser existiert, und damit auch die Lösung des uneigentlichen Integrals 2. Art.

$$\int\limits_{-1}^{1} \frac{\mathrm{d}x}{\sqrt{1-x^2}} = \lim_{\varepsilon \to 0} \int\limits_{-1+\varepsilon}^{1-\varepsilon} \frac{\mathrm{d}x}{\sqrt{1-x^2}}$$
$$= \lim_{\varepsilon \to 0} [\operatorname{Arcsin} x]_{\varepsilon-1}^{1-\varepsilon}$$
$$= \lim_{\varepsilon \to 0} [\operatorname{Arcsin}(1-\varepsilon) - \operatorname{Arcsin}(\varepsilon - 1)]$$
$$= \operatorname{Arcsin} 1 - \operatorname{Arcsin}(-1)$$
$$= \frac{\pi}{2} - \left(-\frac{\pi}{2}\right)$$
$$= \underline{\underline{\pi}}$$

Merke:

Sind die Integrationsgrenzen eines bestimmten Integrals gleichzeitig Unendlichkeitsstellen (Polstellen), so gilt für den Wert des uneigentlichen Integrals 2. Art:

$$\int\limits_a^b f(x)\,\mathrm{d}x = \lim_{\varepsilon \to 0} \int\limits_{a+\varepsilon}^{b} f(x)\,\mathrm{d}x \quad \text{bzw.} \quad \int\limits_a^b f(x)\,\mathrm{d}x = \int\limits_a^{b-\varepsilon} f(x)\,\mathrm{d}x \quad \text{bzw.} \quad \int\limits_a^b f(x)\,\mathrm{d}x = \int\limits_{a+\varepsilon}^{b-\varepsilon} f(x)\,\mathrm{d}x$$

Hat eine Integrandfunktion innerhalb des Integrationsintervalls $[a, b]$ eine Unendlichkeitsstelle (Polstelle) bei $x = c$ mit $a < c < b$, so muß in zwei Intervallen integriert werden, und zwar in den Intervallen $[a, c]$ und $[c, b]$. Dabei ist jeweils nur dann eine Lösung gegeben, wenn die Stammfunktion bei $x = c$ einen Grenzwert hat.

Beispiele: Berechnen Sie die uneigentlichen Integrale zweiter Art: **1.** $\int\limits_0^4 \frac{dx}{\sqrt{x}}$ **2.** $\int\limits_0^1 \frac{x}{\sqrt{1-x^2}}\,dx$.

1. $\int\limits_0^4 \frac{dx}{\sqrt{x}} \blacktriangleright f = \left\langle x \mapsto \frac{1}{\sqrt{x}} \right\rangle$

▶ Polstelle bei $x = 0$

Die Integrandfunktion

$$f = \left\langle x \mapsto \frac{1}{\sqrt{x}} \right\rangle$$

hat an der Integrationsgrenze $x = 0$ eine Unendlichkeitstelle (Polstelle). Man darf daher nicht im Intervall $[0, 4]$ integrieren, sondern nur im Intervall $[0 + \varepsilon, 4]$ für $0 < \varepsilon < 4$.

Bildet man den Grenzwert für ε gegen 0, so erhält man ein brauchbares Ergebnis, d.h. das uneigentliche Integral zweiter Art ist konvergent.

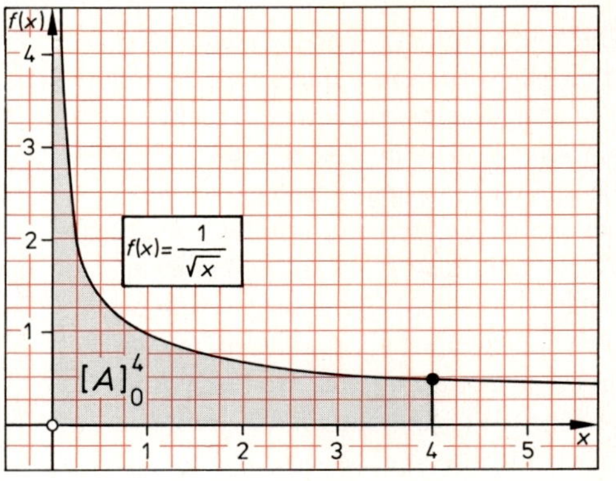

$$\int\limits_0^4 \frac{dx}{\sqrt{x}} = \lim_{\varepsilon \to 0} \int\limits_{0+\varepsilon}^4 \frac{dx}{\sqrt{x}}$$

$$= \left[\lim_{\varepsilon \to 0} (2\sqrt{x})\right]_{0+\varepsilon}^4$$

$$= 2 \cdot \lim_{\varepsilon \to 0} (\sqrt{4} - \sqrt{\varepsilon})$$

$$= 2\sqrt{4}$$

$$= \underline{\underline{4}}$$

2. $\int\limits_0^1 \frac{x}{\sqrt{1-x^2}}\,dx \blacktriangleright f = \left\langle x \mapsto \frac{x}{\sqrt{1-x^2}} \right\rangle$

▶ Polstellen bei $x = -1$ und $x = 1$

Die Integrandfunktion hat zwei Polstellen, von denen aber nur eine Grenze ($x = 1$) im Integrationsintervall $[0, 1]$ liegt. Auch hier muß im Intervall $[0, 1 - \varepsilon]$ integriert werden. Für $\varepsilon \to 0$ ergibt sich 1 als Grenzwert einer Folge der Integrale.

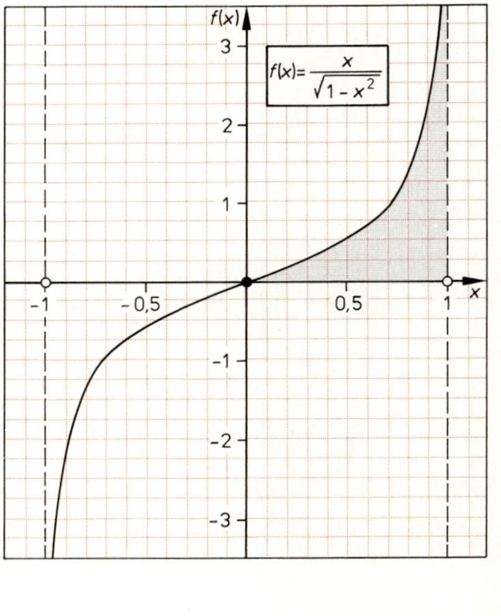

Das Integral $\int \frac{x}{\sqrt{1-x^2}}\,\mathrm{d}x$ wurde bereits früher durch Substitution gelöst mit

$$\int \frac{x}{\sqrt{1-x^2}}\,\mathrm{d}x = -\sqrt{1-x^2} + c$$

$$\int_0^1 \frac{x}{\sqrt{1-x^2}}\,\mathrm{d}x = \lim_{\varepsilon \to 0} \int_0^{1-\varepsilon} \frac{x}{\sqrt{1-x^2}}\,\mathrm{d}x$$

$$= \lim_{\varepsilon \to 0} [-\sqrt{1+x^2}]_0^{1-\varepsilon}$$

$$= \lim_{\varepsilon \to 0} (-\sqrt{1-(1-\varepsilon)^2} + 1)$$

$$= \underline{\underline{1}}$$

Beispiel: Untersuchen Sie, für welche Werte von $s \in \mathbb{R}$ das uneigentliche Integral zweiter Art $\int_0^1 \frac{\mathrm{d}x}{x^s}$ lösbar ist.

Bei der Lösung müssen drei Fälle unterschieden werden, und zwar für $s = 1$, für $s < 1$ und für $s > 1$.

1. Fall: $s = 1$

Für $s = 1$ erhält man ein Grundintegral. Führt man den Grenzübergang $\varepsilon \to 0$ durch so ergibt sich kein Grenzwert, d.h. es liegt ein divergentes uneigentliches Integral 2. Art vor.

$$\int_0^1 \frac{\mathrm{d}x}{x^s} \quad \blacktriangleright s = 1$$

$$\int_0^1 \frac{\mathrm{d}x}{x} = \lim_{\varepsilon \to 0} \int_{0+\varepsilon}^1 \frac{\mathrm{d}x}{x}$$

$$= \lim_{\varepsilon \to 0} [\ln x]_\varepsilon^1$$

$$= \lim_{\varepsilon \to 0} (\ln 1 - \ln \varepsilon)$$

$$= \underline{\underline{\infty}}$$

2. Fall: $s < 1$

Für $s < 1$ wird $1 - s > 0$. Löst man das uneigentliche Integral entsprechend auf, so erhält man für $s < 1$ einen Grenzwert, d.h. das uneigentliche Integral 2. Art konvergiert.

$$\int_0^1 \frac{\mathrm{d}x}{x^s} \quad \blacktriangleright s > 1 \Rightarrow 1 - s < 0$$

$$\int_0^1 \frac{\mathrm{d}x}{x^s} = \lim_{\varepsilon \to 0} \int_{0+\varepsilon}^1 \frac{\mathrm{d}x}{x^s}$$

$$= \lim_{\varepsilon \to 0} \left[\frac{1}{1-s} \cdot x^{1-s}\right]_\varepsilon^1$$

$$= \frac{1}{1-s} \lim_{\varepsilon \to 0} (1^{1-s} - \varepsilon^{1-s})$$

$$= \frac{1}{1-s} (1 - 0)$$

$$= \underline{\underline{\frac{1}{1-s}}} \quad \text{für} \quad s < 1$$

3. Fall: $s > 1$

Für $s > 1$ führt das im zweiten Fall gelöste Integral nicht zu einem Grenzwert, d.h. das uneigentliche bestimmte Integral zweiter Art ist divergent.

$$\int_0^1 \frac{dx}{x^s} \quad \blacktriangleright s > 1 \Rightarrow 1 - s < 0$$

$$\int_0^1 \frac{dx}{x^s} = \lim_{\varepsilon \to 0} \int_{0+\varepsilon}^1 \frac{dx}{x^s}$$

$$= \frac{1}{1-s} \lim_{\varepsilon \to 0} (1^{1-s} - \varepsilon^{1-s})$$

$$= \frac{1}{1-s} (1 - \infty)$$

$$= \underline{\underline{-\infty}} \quad \text{für} \quad s > 1$$

3.5 Bogenlängen

Problem: Entwickeln Sie ein Verfahren zur Berechnung der Länge von Funktionsgraphen mit Hilfe der Integralrechnung.

Zur Berechnung der Bogenlänge betrachtet man ein Bogenteilstück Δl.
Ist dieses Bogenteilstück sehr klein, so kann es als Strecke aufgefaßt werden. Es ist damit Hypotenuse des rechtwinkligen Dreiecks ABC mit den Katheten $\Delta f(x)$ und Δx.

Mit Hilfe des pythagoreischen Lehrsatzes läßt sich der Teilbogen Δl berechnen.

Wird Δx unendlich klein, d.h. $\Delta x \to 0$, so wird das Bogenstück Δl zum Differential dl.

Die Gesamtlänge des Bogens wird dann durch das bestimmte Integral $l = \int_a^b dl$ dargestellt.
Damit wird eine allgemeingültige Lösungsformel für die Berechnung der Bogenlänge eines Funktionsgraphen geschaffen.

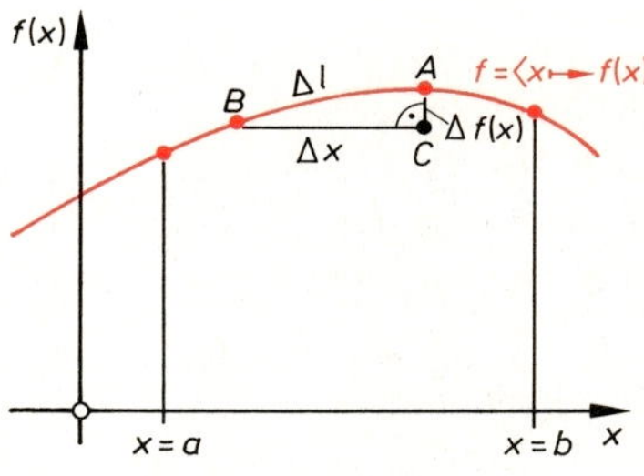

$$\Delta l = \sqrt{(\Delta x)^2 + (\Delta f(x))^2}$$

$$dl = \lim_{\Delta x \to 0} \Delta l = \lim_{\Delta x \to 0} \sqrt{(\Delta x)^2 + (\Delta f(x))^2}$$

$$= \sqrt{(dx)^2 + (df(x))^2}$$

$$= \sqrt{(dx)^2 \cdot \left[1 + \left(\frac{df(x)}{dx}\right)^2\right]}$$

$$= dx \sqrt{1 + \left(\frac{df(x)}{dx}\right)^2} \quad \blacktriangleright \left(\frac{df(x)}{dx}\right)^2 = [f'(x)]^2$$

$$dl = dx \sqrt{1 + [f'(x)]^2}$$

$$\underline{\underline{l = \int_a^b \sqrt{1 + [f'(x)]^2}\, dx}}$$

Merke:

$$\text{Bogenlänge } l = \int_a^b \sqrt{1 + [f'(x)]^2}\, dx$$

Beispiel: Berechnen Sie die Länge der Kettenlinie im Intervall $[-1, 2]$.

Als Kettenlinie wird der Graph der Funktion $f = \langle x \mapsto \cosh x \rangle$ bzw.

$$f = \left\langle x \mapsto \frac{1}{2}(e^x + e^{-x}) \right\rangle$$

bezeichnet. Sie hat die Funktionsgleichung $f(x) = \cosh x$.

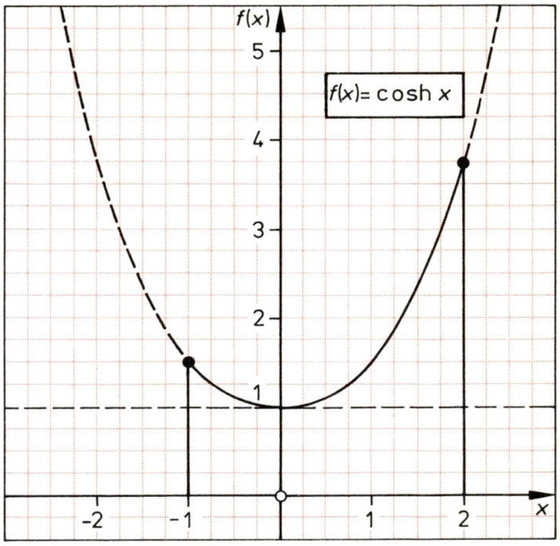

Zur Lösung wird das Quadrat der ersten Ableitung in das Integral für die Berechnung der Bogenlänge eingesetzt.

Der Integrand läßt sich auf Grund der Beziehung $\cosh^2 x - \sinh^2 x = 1$ vereinfachen.

$$\cosh^2 x - \sinh^2 x = 1$$
$$\cosh^2 x = 1 + \sinh^2 x$$
$$\cosh x = \sqrt{1 + \sinh^2 x}$$

Damit wird das Integral auf ein Grundintegral zurückgeführt.

Die Zahlenwerte für $\sinh x$ können aus Tabellen entnommen bzw. aus der Beziehung $\sinh x = \frac{1}{2}(e^x - e^{-x})$ oder mit dem Taschenrechner ermittelt werden.

$$f(x) = \cosh x \Rightarrow f'(x) = \sinh x$$
$$\Rightarrow [f'(x)]^2 = \sinh^2 x$$

$$l = \int_{-1}^{2} \sqrt{1 + [f'(x)]^2}\, dx \blacktriangleright [f'(x)]^2 = \sinh^2 x$$
$$= \int_{-1}^{2} \sqrt{1 + \sinh^2 x}\, dx$$
$$= \int_{-1}^{2} \cosh x\, dx$$
$$= [\sinh x]_{-1}^{2}$$
$$= \sinh 2 - \sinh(-1)$$
$$= 3{,}62686 - (-1{,}17520)$$
$$= \underline{\underline{4{,}80206}}$$

Beispiel: Entwickeln Sie die Formel zur Berechnung des Kreisumfangs l_u mit Hilfe der Integralrechnung unter Verwendung der Kreisgleichung $f(x) = \sqrt{r^2 - x^2}$.

Zur Berechnung des Kreisumfangs wird die erste Ableitung und dann das Quadrat der ersten Ableitung der Kreisgleichung gebildet, um $[f'(x)]^2$ in das bestimmte Integral zur Berechnung der Bogenlänge einzusetzen.

$$f(x) = \sqrt{r^2 - x^2} \blacktriangleright \text{Kreisgleichung}$$
$$\Rightarrow \quad f'(x) = -\frac{x}{\sqrt{r^2 - x^2}}$$
$$\Rightarrow [f'(x)]^2 = \frac{x^2}{r^2 - x^2}$$

Zur Vermeidung der Subtraktion von Längen wird zweckmäßig nur der vierte Teil des Kreisumfangs berechnet, d.h. es muß in den Grenzen von 0 bis r integriert werden.

$$l_u = \int_a^b \sqrt{1 + [f'(x)]^2}\, \mathrm{d}x \blacktriangleright [f'(x)] = \frac{x^2}{r^2 - x^2}$$

$$\frac{1}{4} \cdot l_u = \int_0^r \sqrt{1 + \frac{x^2}{r^2 - x^2}}\, \mathrm{d}x$$

Durch Umwandlung des Radikanden läßt sich der Integrand auf die Form:

$$\int \frac{\mathrm{d}z}{\sqrt{1 - z^2}} = \operatorname{Arcsin} z + c$$

bringen. Dieses Integral wurde bereits gelöst.

$$l_u = 4 \cdot \int_0^r \frac{r}{\sqrt{r^2 - x^2}}\, \mathrm{d}x$$

$$= 4r \cdot \int_0^r \frac{\mathrm{d}x}{\sqrt{1 - \left(\frac{x}{r}\right)^2}}$$

$$= \left[4r \cdot \operatorname{Arcsin} \frac{x}{r}\right]_0^r$$

Nach Einsetzen der Grenzen ergibt sich die Kreisbogenlänge mit

$$l_u = 2 \cdot r \cdot \pi.$$

Damit wird die Richtigkeit der Rechnung bestätigt.

$$= 4r \cdot (\operatorname{Arcsin} 1 - \operatorname{Arcsin} 0)$$

$$= 4r \left(\frac{\pi}{2} - 0 \right)$$

$$= \underline{\underline{2 \cdot r \cdot \pi}}$$

● Längen von Funktionsgraphen, dargestellt in Polarkoordinaten

Zur Bestimmung der Bogenlänge l wird das Bogenstück Δl betrachtet. Die Größe von Δl wächst mit φ, d.h. $l = f(\varphi)$.
Da das Bogenstück Δl sehr klein ist, können $\Delta l = \widehat{PP_1}$ und der Kreisbogen $\widehat{PP'}$ als gerade Strecken angenommen werden.

$$\widehat{PP_1} \approx \overline{PP_1}, \ \widehat{PP'} \approx \overline{PP'}$$

Damit kann das Dreieck $\overline{PP_1P'}$ als rechtwinkliges Dreieck mit den Katheten $\overline{P_1P'}$ und $\overline{PP'}$ sowie der Hypotenuse $\overline{PP_1}$ betrachtet werden.

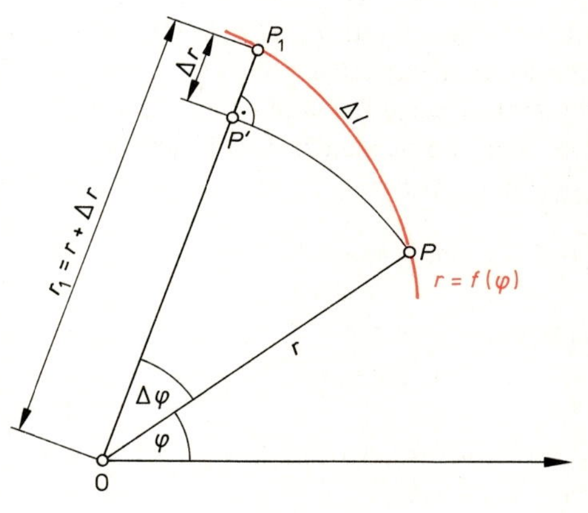

Es kann deshalb der pythagoreische Lehrsatz angewendet und die Strecke $\overline{PP_1}$ berechnet werden.

$$(\overline{PP_1})^2 = (\overline{P_1P'})^2 + (\overline{P'P})^2$$

$$(\Delta l)^2 = (\Delta r)^2 \quad + (r \cdot \Delta\varphi)^2$$

Geht $\Delta\varphi \to 0$, so werden $\Delta\varphi$, Δl und Δr zu Differentialen $\mathrm{d}\varphi$, $\mathrm{d}l$ und $\mathrm{d}r$.

$$\Delta l = \sqrt{(\Delta r)^2 + (r \cdot \Delta\varphi)^2}$$

$$\mathrm{d}l = \sqrt{(\mathrm{d}r)^2 + (r\,\mathrm{d}\varphi)^2}$$

$$= \mathrm{d}\varphi \sqrt{\left(\frac{\mathrm{d}r}{\mathrm{d}\varphi}\right)^2 + r^2}$$

Die Bogenlänge l wird durch das Integral von $\mathrm{d}l$ dargestellt.

$$l = \int_{\varphi_1}^{\varphi_2} \mathrm{d}l = \int_{\varphi_1}^{\varphi_2} \sqrt{\left(\frac{\mathrm{d}r}{\mathrm{d}\varphi}\right)^2 + r^2}\,\mathrm{d}\varphi$$

$$= \int_{\varphi_1}^{\varphi_2} \sqrt{r'^2 + r^2}\,\mathrm{d}\varphi$$

Merke:

$$r = f(\varphi) \blacktriangleright \text{ Bogenlänge } l = \int_{\varphi_1}^{\varphi_2} \sqrt{[f(\varphi)]^2 + [f'(\varphi)]^2}\,\mathrm{d}\varphi = \int_{\varphi_1}^{\varphi_2} \sqrt{r^2 + r'^2}\,\mathrm{d}\varphi$$

Beispiel: Berechnen Sie die Länge der archimedischen Spirale $r = \left\langle \varphi \longmapsto \frac{1}{4}\varphi \right\rangle$ im Intervall $\varphi_1 = \pi$ bis $\varphi_2 = 3\pi$.

Aus der Darstellung des Graphen ist der zu berechnende Abschnitt zwischen $\varphi_1 = \pi$ (180°) und $\varphi_2 = 3\pi$ (540°) als durchgezogene Linie ersichtlich. Im Diagramm ist φ im Winkelmaß angegeben, der Maßstab für r entspricht Teilen oder Vielfachen von π.

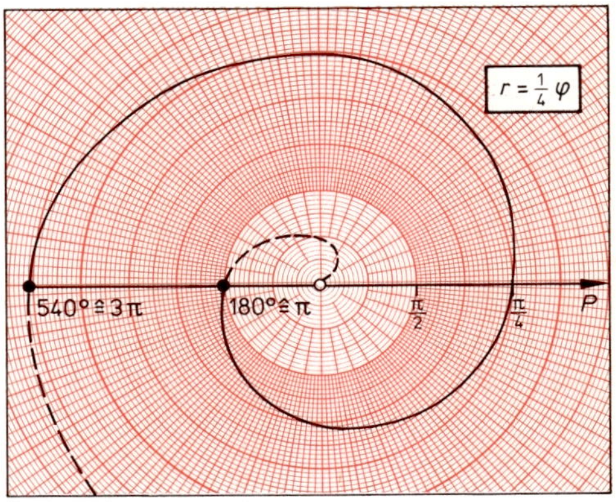

Zur Lösung bildet man die Quadrate von r und r'.

$$l = \int_{\varphi_1}^{\varphi_2} \sqrt{r'^2 + r^2}\,\mathrm{d}\varphi \quad \blacktriangleright \quad r = \frac{1}{4}\varphi \Rightarrow r^2 = \frac{1}{16}\varphi^2$$

$$r' = \frac{1}{4} \quad \Rightarrow r'^2 = \frac{1}{16}$$

Diese werden in die Lösungsformel eingesetzt. Es ergibt sich ein Integral der Form:

$$\int \sqrt{a^2 + x^2}\,\mathrm{d}x =$$

$$= \frac{x}{2}\sqrt{a^2 + x^2} + \frac{a^2}{2}\ln\left(x + \sqrt{a^2 + x^2}\right) + c$$

$$l = \int_{\pi}^{3\pi} \sqrt{\frac{1}{16} + \frac{1}{16}\varphi^2}\,\mathrm{d}\varphi$$

$$= \frac{1}{4}\int_{\pi}^{3\pi} \sqrt{1 + \varphi^2}\,\mathrm{d}\varphi$$

$$= \frac{1}{4}\left[\frac{\varphi}{2}\sqrt{1 + \varphi^2} + \frac{1}{2}\ln\left|\varphi + \sqrt{1 + \varphi^2}\right|\right]_{\pi}^{3\pi}$$

$$= \frac{1}{4}\left(\frac{3}{2}\pi\sqrt{1 + 9\pi^2} + \frac{1}{2}\ln\left|3\pi + \sqrt{1 + 9\pi^2}\right| + {} - \frac{\pi}{2}\sqrt{1 + \pi^2} - \frac{1}{2}\ln\left|\pi + \sqrt{1 + \pi^2}\right|\right)$$

Nach Einsetzen der Grenzen erhält man die Länge der archimedischen Spirale.

$$= \frac{1}{4}(44{,}66 + 1{,}47 - 5{,}18 - 0{,}93)$$

$$= \underline{\underline{10{,}005}}$$

● Länge von Funktionsgraphen, dargestellt in Parameterform

Sind Funktionen bzw. Funktionsgleichungen in Parameterform gegeben, so läßt sich die Bogenlänge ohne Umwandlung bestimmen.

Dazu werden die Teilfunktionen

$$x = f_1(t) \text{ und } y = f_2(t)$$

differenziert, die ersten Ableitungen quadriert und die Gleichungen nach $(\mathrm{d}x)^2$ bzw. $(\mathrm{d}y)^2$ umgestellt.
Nach Einsetzen in die Grundgleichung $\mathrm{d}l = \sqrt{(\mathrm{d}x)^2 + (\mathrm{d}y)^2}$ erhält man eine allgemeine Gleichung für die Berechnung der Bogenlänge.

$$\mathrm{d}l = \sqrt{(\mathrm{d}x)^2 + (\mathrm{d}y)^2}$$

$$x = f_1(t) \Rightarrow \frac{\mathrm{d}x}{\mathrm{d}t} = f_1'(t) \Rightarrow \mathrm{d}x = f_1'(t)\,\mathrm{d}t$$

$$\Rightarrow (\mathrm{d}x)^2 = [f_1'(t)]^2\,(\mathrm{d}t)^2$$

$$y = f_2(t) \Rightarrow \frac{\mathrm{d}y}{\mathrm{d}t} = f_2'(t) \Rightarrow \mathrm{d}y = f_2'(t)\,\mathrm{d}t$$

$$\Rightarrow (\mathrm{d}y)^2 = [f_2'(t)]^2\,(\mathrm{d}t)^2$$

$$\mathrm{d}l = \sqrt{(dt)^2([f_1'(t)]^2 + [f_2'(t)]^2)}$$

$$= \sqrt{[f_1'(t)]^2 + [f_2'(t)]^2}\,\mathrm{d}t$$

$$l = \int_{t_1}^{t_2} \sqrt{[f_1'(t)]^2 + [f_2'(t)]^2}\,\mathrm{d}t$$

Merke:

$$x = f_1(t);\ y = f_2(t) \ \blacktriangleright \ \text{Bogenlänge } l = \int_{t_1}^{t_2} \sqrt{[f_1'(t)]^2 + [f_2'(t)]^2}\,\mathrm{d}t$$

Beispiel: Entwickeln Sie die Gleichung für den Umfang des Kreises, wenn die Gleichung des Kreises in Parameterform vorliegt.

Drückt man die Koordinaten x und y eines Kurvenpunktes P als Funktion einer Hilfsveränderlichen t, die man Parameter nennt, aus, so erhält man eine Parameterdarstellung der Funktion.

$$x = r \cdot \cos t$$

$$y = r \cdot \sin t$$

Im vorliegenden Beispiel wurde als Hilfsveränderliche der Winkel t = Parameter gewählt.

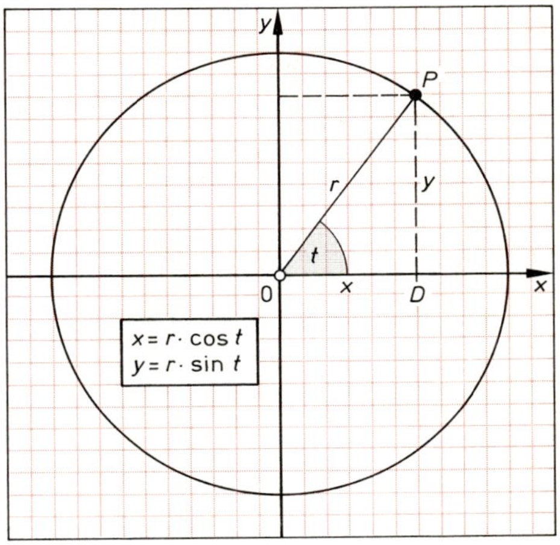

Man bildet die erste Ableitung der beiden Funktionsgleichungen

$$x = f_1(t) = r \cdot \cos t \text{ und}$$

$$y = f_2(t) = r \cdot \sin t\,.$$

$$x = f_1(t) = r \cdot \cos t \Rightarrow f_1'(t) = -r \cdot \sin t$$

$$\Rightarrow [f_1'(t)]^2 = r^2 \cdot \sin^2 t$$

$$y = f_2(t) = r \cdot \sin t \Rightarrow f_2'(t) = r \cdot \cos t$$

$$\Rightarrow [f_2'(t)]^2 = r^2 \cdot \cos^2 t$$

Deren Quadrat wird in die entwickelte Formel zur Berechnung der Bogenlänge eingesetzt.

$$l = \int_{t_1}^{t_2} \sqrt{[f_1'(t)]^2 + [f_2'(t)]^2}\, dt$$

$$= \int_0^{2\pi} \sqrt{r^2 \cdot \sin^2 t + r^2 \cdot \cos^2 t}\, dt$$

Integriert man in den Grenzen $t_1 = 0$ bis $t_2 = 2\pi$ entsprechend einem Vollkreis, so erhält man die gesuchte Formel für den Umfang des Kreises.

$$= r \cdot \int_0^{2\pi} \sqrt{\sin^2 t + \cos^2 t}\, dt \blacktriangleright \sin^2 t + \cos^2 t = 1$$

$$= r \cdot \int_0^{2\pi} dt$$

$$= r \cdot [t]_0^{2\pi}$$

$$= \underline{\underline{2\pi r}}$$

3.6 Volumen

● Volumen geradlinig begrenzter Körper

Problem: Ermitteln Sie das Volumen einer geraden quadratischen Pyramide mit der Grundkante a und der Höhe h unter Anwendung der Integralrechnung.

Man legt die Pyramide parallel zur x-Achse und mit der Spitze in den Koordinatenursprung. Ähnlich wie bei der Berechnung von Flächen kann man das Volumen der Pyramide ermitteln, indem man den Körper in viele Pyramidenstümpfe zerlegt, die alle die Höhe Δx und die Grundfläche A_k haben. Die Summe aller Pyramidenstümpfe bildet dann das Volumen der Pyramide.

Ist Δx sehr klein, so kann ein Pyramidenstumpf als Quader aufgefaßt werden mit der Grundfläche A_k und der Höhe Δx.

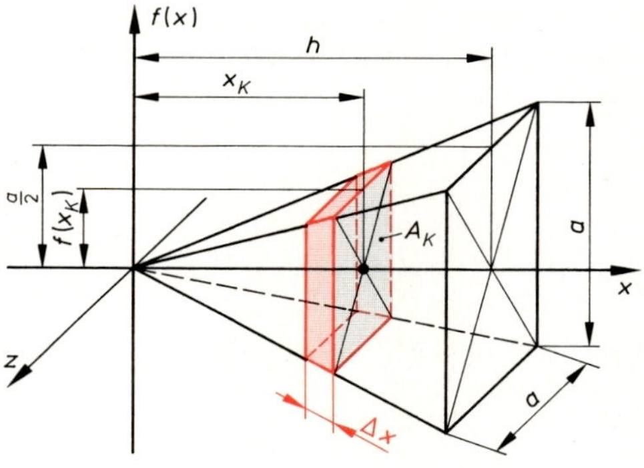

Die Summe aller Quader entspricht dann dem Volumen der Pyramide, wenn man den Grenzwert bildet, d.h. $n \to \infty$ bzw. $\Delta x \to 0$.

Den exakten Beweis führt man analog den vorherigen Ausführungen durch Bildung eines äußeren und eines inneren Hüllkörpers, so daß $V_a \geq V \geq V_i$ ist.

Das gesuchte Volumen V ist dann der Grenzwert sowohl von V_a wie auch von V_i.

$$V = \lim_{n \to \infty} \sum_{k=0}^{n} A_k \Delta x$$

Den gleichen Sachverhalt kann man auch durch ein Integral ausdrücken.

$$= \int_0^h A(x) \cdot dx$$

Damit läßt sich nun eine Funktion bzw. Funktionsgleichung für die Grundfläche $A(x)$ eines Quaders aufstellen. Die Querschnittsfunktion $A = \langle x \mapsto A(x) \rangle$ ist integrierbar.

$$A(x) = [2 \cdot f(x)]^2 \Rightarrow A = \langle x \mapsto [2 \cdot f(x)]^2 \rangle$$

Mit Hilfe der Strahlensätze kann man $f(x_k)$ und damit $f(x)$ bestimmen.

$$\frac{f(x_k)}{x_k} = \frac{\frac{a}{2}}{h} \Rightarrow f(x_k) = \frac{a}{2h} \cdot x_k$$

$$A(x) = \left[2 \cdot \frac{a \cdot x}{2 \cdot h}\right]^2$$

$$= \frac{a^2 x^2}{h^2}$$

Integriert man nun im Intervall $[0, h]$, so erhält man die bekannte Formel für das Volumen einer quadratischen Pyramide.

$$V = \int_0^h \frac{a^2 x^2}{h^2} \, dx = \left[\frac{a^2}{h^2} \cdot \frac{x^3}{3}\right]_0^h$$

$$= \underline{\underline{\frac{1}{3} a^2 h}}$$

Merke:

> Ist eine Querschnittsfunktion $A = \langle x \mapsto A(x)\rangle$ im Intervall $[a, b]$ integrierbar, so ist $V = \int_a^b A(x)\,dx$ das Volumen des zum Querschnitt A gehörenden Körpers.

Beispiel: Berechnen Sie das Volumen eines Würfels der Kantenlänge a mit Hilfe der Integralrechnung.

Aus der Zeichnung ergibt sich $f(x) = \frac{a}{2}$ und damit die Querschnittsfunktion mit

$$A = \langle x \mapsto [2 \cdot f(x)]^2\rangle.$$

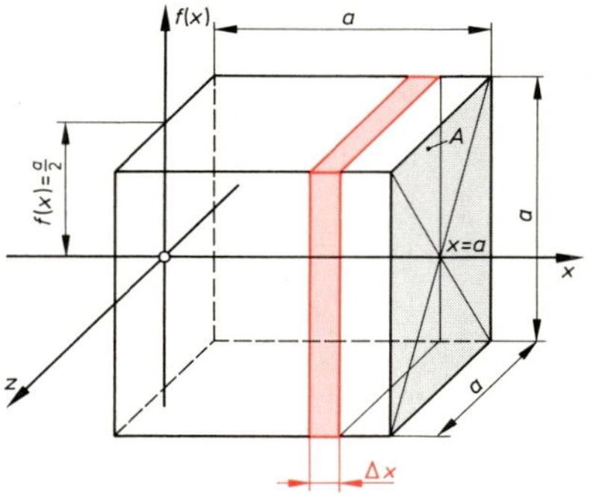

Mit $f(x) = \frac{a}{2}$ erhält man nach Einsetzen eine konstante Querschnittsfunktion mit $A = \langle x \mapsto a^2\rangle$, die in die entwickelte Gleichung für V eingesetzt wird.

$$V = \int_a^b A(x)\,dx \blacktriangleright A(x) = a^2;\ [0, a]$$

$$V = \int_0^a a^2\,dx = [a^2 x]_0^a = \underline{\underline{a^3}}$$

● **Volumen von Rotationskörpern**

Läßt man die Fläche $[A]_a^b$ zwischen dem Graphen einer Funktion $f = \langle x \mapsto f(x)\rangle$ und der x-Achse um die x-Achse rotieren, so beschreibt diese Fläche bei einer Umdrehung von 360° einen Körper, der symmetrisch zur x-Achse liegt. Solche Körper heißen Drehkörper oder Rotationskörper. Volumen und Oberfläche lassen sich mit Hilfe der Integralrechnung berechnen.

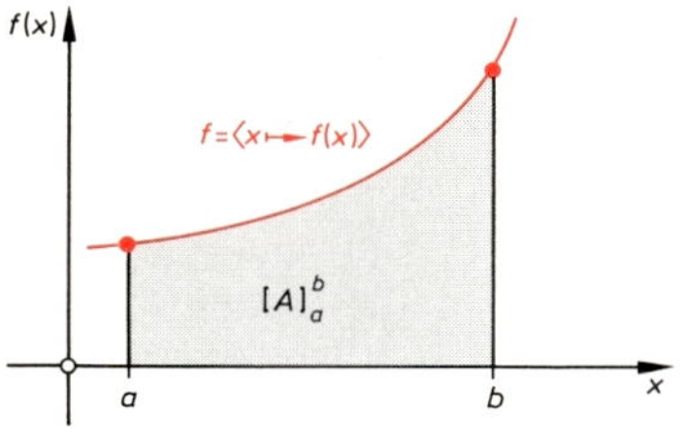

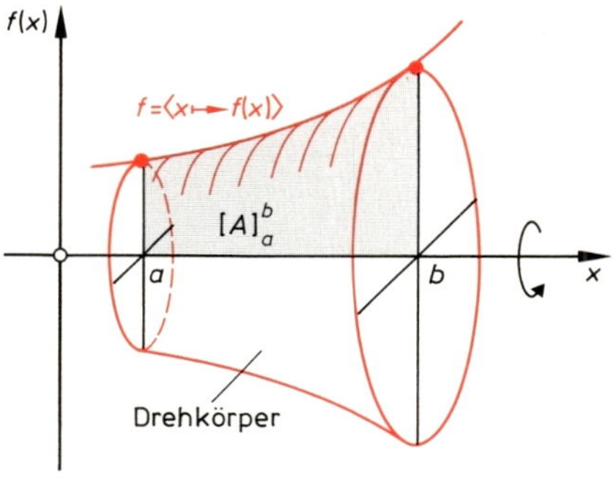

Problem: Berechnen Sie das Volumen eines geraden Kreiskegels mit der Höhe h und dem Grundkreisradius r mit Hilfe der Integralrechnung.

Bei der Lösung der Aufgabe wird von der Lösungsformel für die Berechnung des Volumens bei geradlinig begrenzten Körpern ausgegangen.
Bei Rotationskörpern ist der Querschnitt an jeder Stelle ein Kreis, wobei der Radius des Kreises jeweils die Größe $f(x)$ hat. Entsprechend der Kreisfläche $A = \pi \cdot r^2$ lautet also die Querschnittsfunktion:

$$A = \langle x \mapsto \pi \cdot [f(x)]^2 \rangle \Rightarrow A(x) = \pi \cdot [f(x)]^2$$

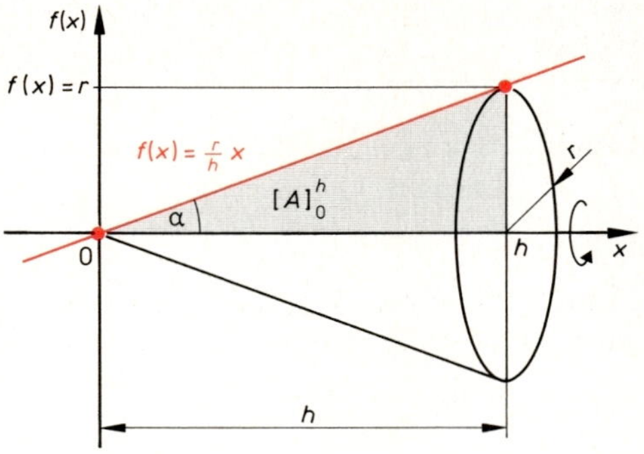

Bildet man jetzt das entsprechende Integral im Intervall $[a, b]$, so erhält man eine allgemeingültige Gleichung für das Volumen von Rotations-Körpern bei Rotation um die x-Achse mit

$$V = \int_a^b A(x)\,dx \blacktriangleright A(x) = \pi \cdot [f(x)]^2$$

$$V_x = \pi \cdot \int_a^b [f(x)]^2\,dx$$

Für den Kegel muß jetzt für $f(x)$ die Gleichung des Graphen eingesetzt werden.
Der Graph ist eine Gerade durch den Nullpunkt des Koordinatensystems mit der Gleichung $f(x) = m \cdot x$.

$$f(x) = m \cdot x \quad \blacktriangleright m = \tan\alpha = \frac{r}{h}$$

$$= \frac{r}{h} \cdot x$$

Setzt man jetzt $f(x) = \frac{r}{h} x$ und integriert im Intervall $[0, h]$, so erhält man die bekannte Formel für das Volumen eines Kegels.

$$V_x = \pi \cdot \int_a^b [f(x)]^2\,dx \blacktriangleright f(x) = \frac{r}{h} x;\ [0, h]$$

$$\Rightarrow [f(x)]^2 = \frac{r^2}{h^2} x^2$$

$$= \frac{\pi r^2}{h^2} \int_0^h x^2\,dx$$

$$= \frac{\pi r^2}{h^2} \left[\frac{x^3}{3}\right]_0^h$$

$$= \frac{1}{3} \pi r^2 h$$

Merke:

Rotiert die Fläche zwischen dem Funktionsgraphen einer Funktion $f = \langle x \mapsto f(x) | [a,b] \rangle$ und der x-Achse um diese x-Achse, so ergibt sich das Volumen des erzeugten Rotationskörpers mit:

- **Funktion in rechtwinkligen Koordinaten**

$$f = \langle x \mapsto f(x) \rangle \Rightarrow \text{Volumen } V_x = \pi \cdot \int_{x=a}^{x=b} [f(x)]^2 \, \mathrm{d}x$$

- **Funktion in Polarkoordinatendarstellung**

$$r = f(\varphi) \Rightarrow \text{Volumen } V_x = \pi \cdot \int_{\varphi_1}^{\varphi_2} [f(\varphi)]^2 \cdot \sin^2 \varphi \cdot [f'(\varphi) \cdot \cos \varphi - f(\varphi) \cdot \sin \varphi] \, \mathrm{d}\varphi$$

- **Funktion in Parameterform**

$$x = f_1(t);\ y = f_2(t) \Rightarrow \text{Volumen } V_x = \pi \cdot \int_{t_1}^{t_2} [f_2(t)]^2 \cdot f_1'(t) \, \mathrm{d}t$$

Problem: Leiten Sie aus der Gleichung für V_x – Rotation um die x-Achse – eine Gleichung ab, mit der das Rotationsvolumen bei Rotation um die y-Achse bestimmt werden kann. Wenden Sie die Lösung auf einen Kegel an.

Ist eine Funktion $f = \langle x \mapsto f(x) \rangle$ im Intervall $[a, b]$ streng monoton und stetig, so existiert auch eine Umkehrfunktion

$f^{-1} = \langle f(x) \mapsto x \rangle$ bzw. $f^{-1} = \langle y \mapsto x \rangle$

im Intervall $[c, d]$ bzw. $[f(a), f(b)]$, die ebenfalls streng monoton und stetig ist. Läßt man die Fläche $[A]_c^d$ zwischen Graph und y-Achse um die y-Achse rotieren, so entsteht ein Rotationskörper, dessen Volumen V_y sich mit der bereits abgeleiteten Formel berechnen läßt, indem man den Funktionsterm $[f(y)]^2$ der Umkehrfunktion f^{-1} einsetzt.

Beim Einsetzen muß dann eine gegebene Funktionsgleichung $y = f(x)$ nach x bzw. x^2 umgestellt werden.

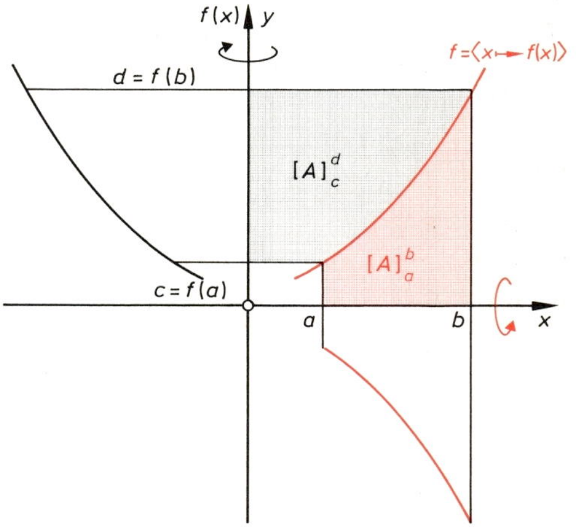

$$V_x = \pi \cdot \int_{x=a}^{x=b} [f(x)]^2 \, \mathrm{d}x \Rightarrow V_y = \pi \cdot \int_{f(a)}^{f(b)} [f(y)]^2 \, \mathrm{d}y$$

$$= \pi \cdot \int_{y=c}^{y=d} x^2 \, \mathrm{d}y$$

Eine solche Umwandlung ist nicht immer möglich. In diesem Falle kann eine Variante benutzt werden, in der $dy = f'(x)\,dx$ gesetzt wird. Es ist zu beachten, daß dann auch die Grenzen transformiert werden müssen.

Diese Erkenntnisse wendet man auf den Kegel an, der durch Rotation der Geraden $f(x) = \frac{h}{r}\,x$ im Intervall $[0, h]$ bzw. $[0, r]$ um die y-Achse entsteht.
Zur Überprüfung der beiden Varianten wird das Volumen des Kegels mit beiden Formeln bestimmt:

$$V_y = \pi \cdot \int_{x=a}^{x=b} x^2 \cdot f'(x)\,dx \text{ und } V_y = \pi \cdot \int_{y=c}^{y=d} x^2\,dy$$

$$y = f(x) \Rightarrow \frac{dy}{dx} = f'(x) \Rightarrow dy = f'(x)\,dx$$

$$V_y = \pi \cdot \int_{y=c}^{y=d} x^2\,dy \blacktriangleright dy = f'(x)\,dx$$

$$\Rightarrow V_y = \pi \cdot \int_{x=a}^{x=b} x^2 \cdot f'(x)\,dx$$

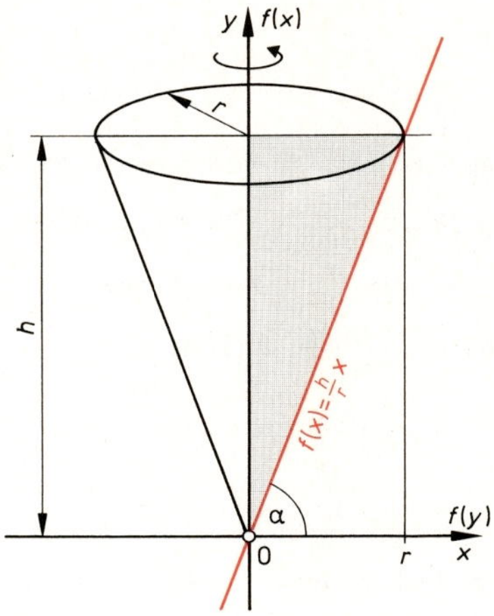

$$V_y = \pi \cdot \int_{x=a}^{x=b} x^2 \cdot f'(x)\,dx \quad \blacktriangleright f(x) = \frac{h}{r}\,x$$

$$\Rightarrow f'(x) = \frac{h}{r}$$

$$\blacktriangleright a = 0,\ b = r$$

$$V_y = \pi \cdot \int_0^r x^2 \cdot \frac{h}{r}\,dx$$

$$= \frac{\pi h}{r}\left[\frac{x^3}{3}\right]_0^r$$

$$= \underline{\underline{\frac{1}{3}\,\pi r^2 h}}$$

$$V_y = \pi \cdot \int_{y=c}^{y=d} x^2\,dy \blacktriangleright y = \frac{h}{r}x \Rightarrow x = \frac{r}{h}y$$

$$x^2 = \frac{r^2}{h^2}\,y^2$$

$$\blacktriangleright c = 0,\ d = h$$

$$V_y = \pi \cdot \int_0^h \frac{r^2}{h^2}\,y^2\,dy$$

$$= \frac{\pi r^2}{h^2}\left[\frac{y^3}{3}\right]_0^h$$

$$= \underline{\underline{\frac{1}{3}\,\pi r^2 h}}$$

Merke:

Rotiert die Fläche zwischen dem Funktionsgraphen einer Funktion $f = \langle x \mapsto f(x)\rangle$ mit $y = f(x)$ und der y-Achse um diese y-Achse, so ergibt sich das Volumen des erzeugten Rotationskörpers mit:

- **Funktion in rechtwinkligen Koordinaten**

$$y = f(x) \Rightarrow \text{Volumen } V_y = \pi \cdot \int_{y=c}^{y=d} x^2\,dy = \pi \cdot \int_{y=c}^{y=d} [f(y)]^2\,dy \text{ bzw. } V_y = \pi \cdot \int_{x=a}^{x=b} x^2 \cdot f'(x)\,dx$$

● **Funktion in Polarkoordinatendarstellung**

$$r = f(\varphi) \Rightarrow \text{Volumen } V_y = \pi \cdot \int_{\varphi_1}^{\varphi_2} [f(\varphi)]^2 \cdot \cos^2 \varphi \cdot [f'(\varphi) \cdot \sin \varphi + f(\varphi) \cdot \cos \varphi] \, d\varphi$$

● **Funktion in Parameterform**

$$x = f_1(t);\ y = f_2(t) \Rightarrow \text{Volumen } V_y = \pi \cdot \int_{t_1}^{t_2} [f_1(t)]^2 \cdot f_2'(t) \, dt$$

Beispiel: Berechnen Sie das Volumen eines Rotationsparaboloids mit $f(x) = y = \frac{1}{4} x^2 + 1$ bei Rotation um die x-Achse im Intervall $[0, 4]$ sowie bei Rotation um die y-Achse im Intervall $y = 1$ bis $y = 5$.

Für die Rotation um die x-Achse gilt:

$$V_x = \pi \cdot \int_{x=a}^{x=b} [f(x)]^2 \, dx$$

Für die Rotation um die y-Achse gilt:

$$V_y = \pi \cdot \int_{y=c}^{y=d} x^2 \, dy = \pi \cdot \int_{x=a}^{x=b} x^2 \cdot f'(x) \, dx$$

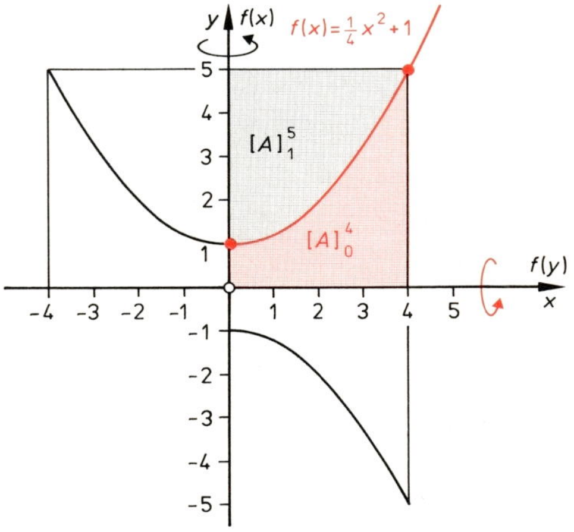

Man bildet aus $f(x)$ den Term $[f(x)]^2$ und setzt ein.
Die Integration in den Grenzen $x = 0$ bis $x = 4$ führt auf das Rotationsvolumen $V_x = 86{,}289$ Raumeinheiten.

$$V_x = \pi \cdot \int_a^b [f(x)]^2 \, dx \blacktriangleright y = f(x) = \frac{1}{4} x^2 + 1$$

$$\Rightarrow [f(x)]^2 = \frac{1}{16} x^4 + \frac{1}{2} x^2 + 1$$

$$\blacktriangleright a = 0,\ b = 4$$

$$= \pi \cdot \int_0^4 \left[\frac{1}{16} x^4 + \frac{1}{2} x^2 + 1 \right] dx$$

$$= \pi \cdot \left[\frac{1}{16} \cdot \frac{x^5}{5} + \frac{1}{2} \cdot \frac{x^3}{3} + x \right]_0^4$$

$$= \underline{\underline{86{,}289}}$$

Das Rotationsvolumen V_y wird mit beiden Lösungsformeln berechnet. Bei

$$V_y = \pi \cdot \int_{x=a}^{x=b} x^2 \cdot f'(x)\,dx$$

wird $f'(x)$ gebildet, und eingesetzt. Die Integration in den Grenzen $x = 0$ bis $x = 4$ ergibt ein Volumen von 100,531 Raumeinheiten.

$$V_y = \pi \cdot \int_a^b x^2 \cdot f'(x)\,dx \blacktriangleright y = f(x) = \frac{1}{4}x^2 + 1$$

$$\Rightarrow f'(x) = \frac{x}{2}$$

$$\blacktriangleright a = 0,\ b = 4$$

$$= \pi \cdot \int_0^4 x^2 \cdot \frac{x}{2}\,dx$$

$$= \frac{\pi}{2}\left[\frac{x^4}{4}\right]_0^4$$

$$= \underline{\underline{100{,}531}}$$

Wendet man die zweite Lösungsformel an, so wird $y = \frac{1}{4}x^2 + 1$ nach x^2 umgestellt und der Term für x^2 dann eingesetzt.
Die Integration in den Grenzen $y = 1$ bis $y = 5$ führt zu dem gleichen Ergebnis.

$$V_y = \pi \cdot \int_c^d x^2\,dy \blacktriangleright y = \frac{1}{4}x^2 + 1$$

$$\Rightarrow x^2 = 4(y-1)$$

$$\blacktriangleright c = 1,\ d = 5$$

$$= \pi \cdot \int_1^5 4(y-1)\,dy$$

$$= 4\pi\left[\frac{y^2}{2} - y\right]_1^5$$

$$= \underline{\underline{100{,}531}}$$

Beispiel: Berechnen Sie das Volumen eines Rotationshyperboloids mit der Funktionsgleichung $f(x) = y = \sqrt{x^2 - 1}$ im Intervall [2,5 ; 4,5] bei Rotation um die x-Achse sowie im Intervall [2 ; 5] bei Rotation um die y-Achse.

Beide Rotationskörper werden mit den entsprechenden Formeln für V_x bzw. V_y berechnet.

$$V_x = \pi \cdot \int_a^b [f(x)]^2\,dx$$

$$V_y = \pi \cdot \int_c^d x^2\,dy$$

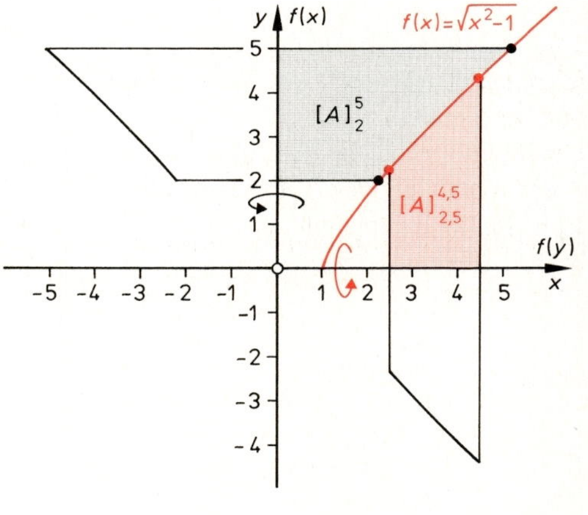

Man quadriert $f(x)$ und setzt $[f(x)]^2$ in die Integrationsformel ein.

$$V_x = \pi \cdot \int_a^b [f(x)]^2 \, dx \blacktriangleright y = f(x) = \sqrt{x^2 - 1}$$

$$[f(x)]^2 = x^2 - 1$$

$$\blacktriangleright a = 2{,}5; \; b = 4{,}5$$

Die Integration in den Grenzen $x = 2{,}5$ bis $x = 4{,}5$ ergibt 72,780 Volumeneinheiten.

$$= \pi \cdot \int_{2,5}^{4,5} (x^2 - 1) \, dx$$

$$= \pi \cdot \left[\frac{x^3}{3} - x \right]_{2,5}^{4,5}$$

$$= \pi \left[\left(\frac{4{,}5^3}{3} - 4{,}5 \right) - \left(\frac{2{,}5^3}{3} - 2{,}5 \right) \right]$$

$$= \underline{\underline{72{,}780}}$$

Aus $y = \sqrt{x^2 - 1}$ wird x^2 durch Quadrieren und Umstellen berechnet.

Nach Einsetzen und Integrieren in den Grenzen $y = 2$ bis $y = 5$ ergibt sich ein Rotationsvolumen von $V_y = 131{,}947$ Volumeneinheiten.

$$V_y = \pi \cdot \int_c^d x^2 \, dy \blacktriangleright y = \sqrt{x^2 - 1}$$

$$y^2 = x^2 - 1$$

$$x^2 = y^2 + 1$$

$$\blacktriangleright c = 2, \; d = 5$$

$$= \pi \cdot \int_2^5 (y^2 + 1) \, dy$$

$$= \pi \cdot \left[\frac{y^3}{3} + y \right]_2^5$$

$$= \underline{\underline{131{,}947}}$$

Beispiel: Entwickeln Sie eine allgemeine Gleichung für das Volumen eines Rotationsellipsoids.

Das Rotationsellipsoid entsteht durch Rotation des Graphen mit der Gleichung

$$f(x) = \frac{b}{a} \sqrt{a^2 - x^2}$$

im Intervall $[-a, a]$ um die x-Achse.

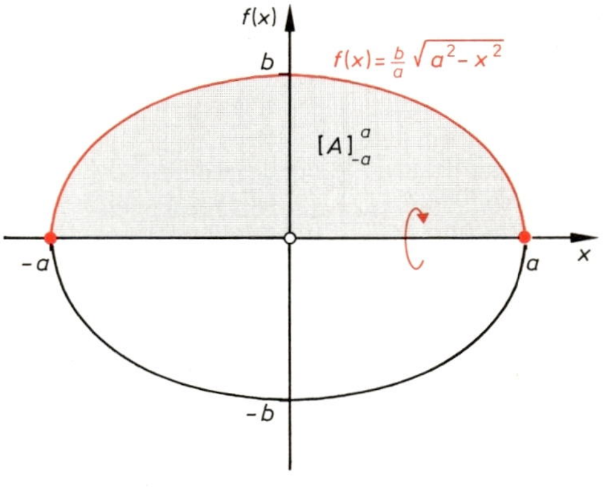

Aus der Mittelpunktsgleichung der Ellipse $\frac{x^2}{a^2} + \frac{y^2}{b^2} = 1$ wird die Funktionsgleichung $f(x) = \frac{b}{a}\sqrt{x^2 - a^2}$ gebildet und daraus der Term für $[f(x)]^2$.

$$V_x = \pi \cdot \int_a^b [f(x)]^2 \, dx \blacktriangleright f(x) = \frac{b}{a}\sqrt{a^2 - x^2}$$

$$[f(x)]^2 = \frac{b^2}{a^2}(a^2 - x^2)$$

$$\blacktriangleright [-a, a]$$

In die Formel für das Rotationsvolumen V_x setzt man $[f(x)]^2$ ein und integriert in den Grenzen $x = -a$ bis $x = a$.

$$= \pi \cdot \int_{-a}^{a} \frac{b^2}{a^2}(a^2 - x^2)\, dx$$

$$= \frac{\pi \cdot b^2}{a^2}\left[a^2 x - \frac{x^3}{3}\right]_{-a}^{a}$$

Man erhält die bekannte Formel für das Volumen des Rotationsellipsoids.

$$= \frac{4}{3}\pi a b^2$$

Beispiel: Berechnen Sie das Fassungsvermögen eines Fasses, das durch die Rotation des Funktionsgraphen $f = \langle y \mapsto ay^2 + b \rangle$ um die y-Achse entsteht, wenn das Faß 1 m hoch ist, sein größter Durchmesser 800 mm und der seiner Deckenflächen 600 mm beträgt.

Die Maße der Zeichnung werden in Dezimeter eingesetzt, um das Volumen in Liter zu erhalten.
Mit diesen Maßen berechnet man zunächst a und b in der Funktionsgleichung $x = ay^2 + b$, denn der Graph geht durch die Punkte $\langle 4, 0 \rangle$ und $\langle 3, 5 \rangle$.

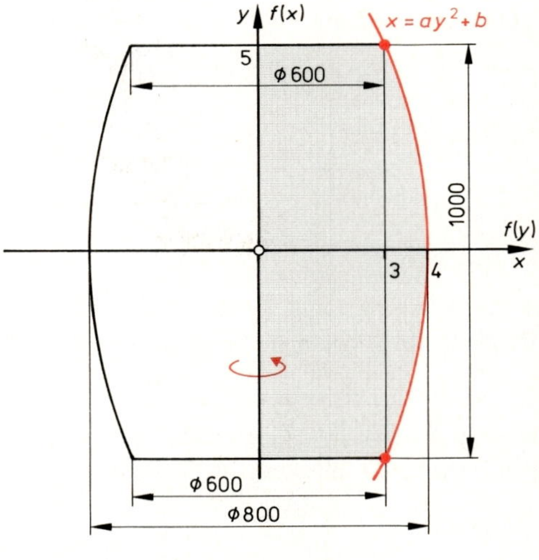

Dazu setzt man die Koordinaten $\langle 4, 0 \rangle$ und $\langle 3, 5 \rangle$ jeweils in die Funktionsgleichung ein und erhält so mit $a = -\frac{1}{25}$ und $b = 4$ die Gleichung

$$x = -\frac{1}{25}y^2 + 4.$$

$$x = ay^2 + b \quad \blacktriangleright x = 4,\ y = 0$$

$$\Rightarrow 4 = a \cdot 0 + b \Rightarrow b = 4$$

$$\Rightarrow x = a \cdot y^2 + 4 \quad \blacktriangleright x = 3,\ y = 5$$

$$\Rightarrow 3 = a \cdot 5^2 + 4 \Rightarrow a = -\frac{1}{25}$$

$$\Rightarrow x = -\frac{1}{25}y^2 + 4$$

Das Rotationsvolumen V_y ergibt sich dann nach Einsetzen der Funktionsgleichung.

$$V_y = \pi \cdot \int_{-5}^{5} x^2 \, dy \quad \blacktriangleright x = -\frac{1}{25} y^2 + 4$$

$$= \pi \cdot \int_{-5}^{5} \left(-\frac{1}{25} y^2 + 4\right)^2 dy$$

$$= \pi \cdot \int_{-5}^{5} \left(\frac{y^4}{625} - \frac{8}{25} y^2 + 16\right) dy$$

$$= \pi \left[\frac{y^5}{625 \cdot 5} - \frac{8}{25 \cdot 3} y^3 + 16 y\right]_{-5}^{5}$$

Nach Ausrechnung findet man das Volumen des Fasses mit 425,162 Liter.

$$= \underline{\underline{425{,}162}}$$

Beispiel: Bestimmen Sie das Volumen des skizzierten Kühlturmes mit der Form eines einschaligen Rotationshyperboloides.

Das Volumen des Kühlturmes entsteht durch Rotation der Hyperbel

$$\frac{x^2}{a^2} - \frac{y^2}{b^2} = 1$$

um die y-Achse. Da die Hyperbel durch eine Relation bestimmt ist, besteht sie aus den Funktionsgraphen von f_1 mit

$$f_1(x) = \frac{b}{a} \sqrt{x^2 - a^2}$$

und von f_2 mit

$$f_2(x) = -\frac{b}{a} \sqrt{x^2 - a^2}.$$

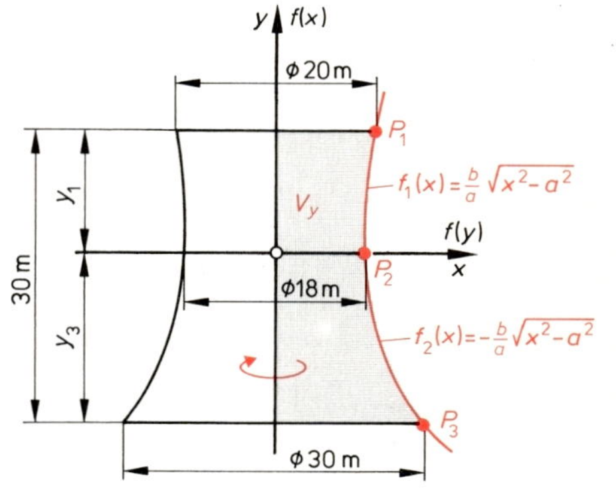

Aus den Maßen des Kühlturmes ergeben sich die wichtigen Punkte P_1, P_2 und P_3 mit folgenden Koordinaten:

$$P_1 \left\langle \frac{20}{2}, y_1 \right\rangle \text{ bzw. } P_1 \langle 10, y_1 \rangle$$

$$P_2 \left\langle \frac{18}{2}, 0 \right\rangle \text{ bzw. } P_2 \langle 9, 0 \rangle$$

$$P_3 \left\langle \frac{30}{2}, y_3 \right\rangle \text{ bzw. } P_3 \langle 15, y_3 \rangle$$

In eine Funktionsgleichung der Hyperbel werden zunächst die Koordinaten des Punktes $P_2 \langle 9, 0 \rangle$ eingesetzt und damit $a = 9$ bestimmt.

$$f_1(x_2) = \frac{b}{a} \sqrt{x_2^2 - a^2} \quad \blacktriangleright x_2 = 9, f_1(x_2) = 0$$

$$\Rightarrow 0 = \frac{b}{a} \sqrt{9^2 - a^2}$$

$$a^2 = 9^2$$

$$a = \underline{9}$$

Nach Einsetzen von $x_1 = 10$ und $a = 9$ in die Funktionsgleichung

$$f_1(x) = \frac{b}{a}\sqrt{x^2 - a^2}$$

erhält man eine Gleichung für $f_1(x_1)$ bzw. y_1.

$$f_1(x_1) = \frac{b}{a}\sqrt{x_1^2 - a^2} \quad \blacktriangleright x_1 = 10,\ a = 9$$

$$= \frac{b}{9}\sqrt{10^2 - 9^2}$$

$$= \underline{\frac{\sqrt{19}}{9}\, b = y_1}$$

Die Gleichung für y_3 ergibt sich analog durch Einsetzen von $x_3 = 15$ und $a = 9$ in die Funktionsgleichung

$$f_2(x) = -\frac{b}{a}\sqrt{x^2 - a^2}.$$

$$f_2(x_3) = -\frac{b}{a}\sqrt{x_3^2 - a^2} \quad \blacktriangleright x_3 = 15,\ a = 9$$

$$= -\frac{b}{9}\sqrt{15^2 - 9^2}$$

$$= \underline{-\frac{4}{3}\, b = y_3}$$

Aus der Gesamthöhe 30 m kann b bestimmt werden durch Einsetzen in die Gleichung $y_1 + |y_3| = 30$.

$$y_1 + |y_3| = 30 \quad \blacktriangleright y_1 = \frac{\sqrt{19}}{9}\, b;\ y_3 = -\frac{4}{3}\, b$$

$$\Rightarrow \frac{\sqrt{19}}{9}\, b + \frac{4}{3}\, b = 30 \Rightarrow b = \frac{270}{\sqrt{19} + 12}$$

$$= \underline{16{,}50478}$$

Durch Einsetzen von $b = \dfrac{270}{\sqrt{19} + 12}$ in die Gleichungen für y_1 und y_3 erhält man Zahlenwerte, die gleichzeitig Integrationsgrenzen sind.

$$y_1 = \frac{\sqrt{19}}{9} \cdot b \quad \blacktriangleright b = \frac{270}{\sqrt{19} + 12}$$

$$= \frac{\sqrt{19}}{9} \cdot \frac{270}{\sqrt{19} + 12}$$

$$= \underline{7{,}99363}$$

$$y_3 = -\frac{4}{3}\, b \quad \blacktriangleright b = \frac{270}{\sqrt{19} + 12}$$

$$= -\frac{4}{3} \cdot \frac{270}{\sqrt{19} + 12}$$

$$= -\underline{22{,}00637}$$

Das Volumen des Kühlturms ergibt sich als Summe der beiden Rotationsvolumen aus den Funktionen f_1 mit

$$f_1(x) = \frac{b}{a}\sqrt{x^2 - a^2}$$

$$V_y = \pi \cdot \int_0^{y_1} [f_1(y)]^2\, dy + \pi \cdot \int_{y_3}^{0} [f_2(y)]^2\, dy$$

$$f_1(x) = \frac{b}{a}\sqrt{x^2 - a^2} \quad \Rightarrow f_1(y) = \frac{a}{b}\sqrt{y^2 + b^2}$$

$$\Rightarrow [f_1(y)]^2 = \frac{a^2}{b^2}\,(y^2 + b^2)$$

und f_2 mit $f_2(x) = -\frac{b}{a}\sqrt{x^2 - a^2}$.

$$f_2(x) = -\frac{b}{a}\sqrt{x^2 - a^2} \quad \Rightarrow f_2(y) = -\frac{a}{b}\sqrt{y^2 + b^2}$$

Aus beiden Funktionsgleichungen bildet man $f_1(y)$ und $f_2(y)$ sowie die Quadrate $[f_1(y)]^2$ und $[f_2(y)]^2$.

$$\Rightarrow [f_2(y)]^2 = \frac{a^2}{b^2}(y^2 + b^2)$$

$$V_y = \pi \frac{a^2}{b^2} \int_0^{y_1} (y^2 + b^2)\,\mathrm{d}y + \pi \frac{a^2}{b^2} \int_{y_3}^{0} (y^2 + b^2)\,\mathrm{d}y$$

Da beim Quadrieren das Minuszeichen fortfällt, sind beide Integranden gleich, so daß sofort in den Grenzen y_1 bis y_3 integriert werden kann.

$$= \frac{\pi a^2}{b^2} \int_{y_3}^{y_1} (y^2 + b^2)\,\mathrm{d}y$$

$$= \frac{\pi a^2}{b^2} \left[\frac{y^3}{3} + b^2 y\right]_{y_3}^{y_1}$$

► $a = 9$; $b = 16{,}50478$

► $y_1 = 7{,}99363$; $y_3 = -22{,}00637$

$$= \frac{\pi a^2}{b^2} \left[\left(\frac{y_1^3}{3} + b^2 y_1\right) - \left(\frac{y_3^3}{3} + b^2 y_3\right)\right]$$

Das Volumen des Kühlturms beträgt demnach 11111,599 m³.

$$= \underline{\underline{11111{,}599}}$$

Beispiel: Berechnen Sie das Volumen des Rotationskörpers im Intervall $\left[0, \frac{3}{2}\pi\right]$ für die Funktion $f = \langle x \mapsto \cos x\rangle$ bei Rotation und die x-Achse.

Aus der Zeichnung ist die Form des Körpers vorstellbar. Im Integrationsintervall befindet sich eine Nullstelle bei $x = \frac{\pi}{2}$, so daß der Körper aus zwei Teilen besteht.

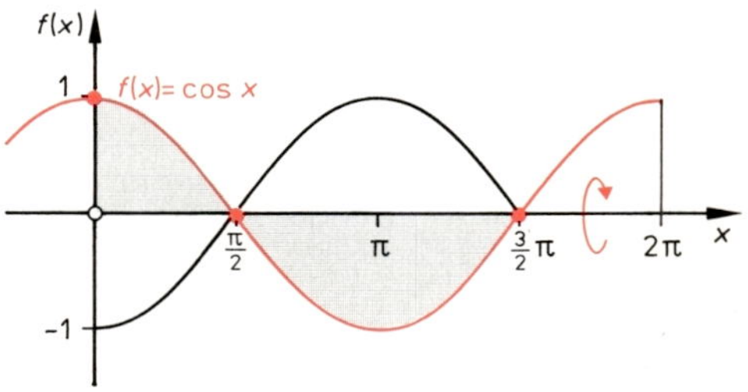

Obwohl die Funktion im Integrationsintervall eine Nullstelle hat und damit Flächen oberhalb und unterhalb der x-Achse um diese rotieren, kann in einem Zuge von $x = 0$ bis $x = \frac{3}{2}\pi$ integriert werden. In der Formel für das Volumen erscheint nämlich das Quadrat der Funktionsgleichung, so daß negative Vorzeichen ohne Einfluß sind.

$$V_x = \pi \cdot \int_a^b [f(x)]^2\,\mathrm{d}x \quad ► f(x) = \cos x$$

$$\Rightarrow [f(x)]^2 = \cos^2 x$$

$$► a = 0,\ b = \frac{3}{2}\pi$$

$$= \pi \cdot \int_0^{\frac{3}{2}\pi} \cos^2 x\,\mathrm{d}x$$

$$= \pi \left[\frac{x}{2} + \frac{1}{4}\sin(2x)\right]_0^{\frac{3}{2}\pi}$$

$$= \pi \left[\left(\frac{3}{4}\pi + \frac{1}{4}\sin(3\pi)\right) - \left(0 + \frac{1}{4}\sin 0\right)\right]$$

$$= \underline{\underline{7{,}4022}}$$

Beispiel: Bestimmen Sie die Gleichung für das Volumen der Kugel, wenn die Kreisfunktion in rechtwinklichen Koordinaten, in Polarkoordinaten und in Parameterform gegeben ist.

Funktionsgleichung bei rechtwinkligen Koordinaten:

$$f(x) = \sqrt{r^2 - x^2}$$

Funktionsgleichung bei Polarkoordinaten:

$$r = f(\varphi) \Rightarrow r = \text{const.}$$

Funktionsgleichungen in Parameterform:

$$x = r \cdot \cos t; \; y = r \cdot \sin t$$

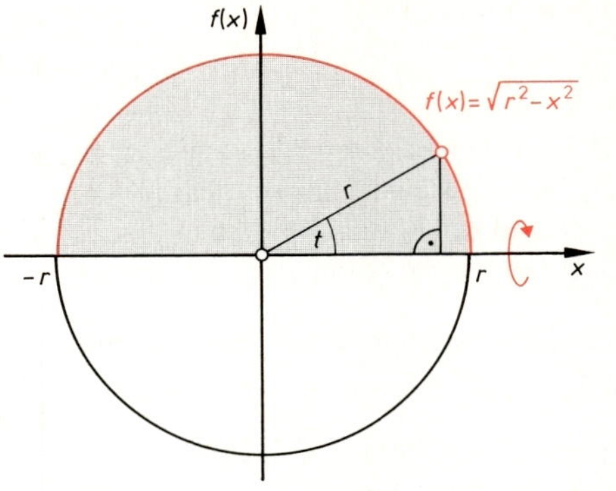

● In die Formel für das Rotationsvolumen wird die Kreisgleichung bei rechtwinkligen Koordinaten eingesetzt.
Die Integration im Intervall $[-r, r]$ führt auf die bekannte Gleichung für das Volumen der Kugel.

$$V_x = \pi \cdot \int_a^b [f(x)]^2 \,\mathrm{d}x \blacktriangleright f(x) = \sqrt{r^2 - x^2}$$

$$\Rightarrow [f(x)]^2 = r^2 - x^2$$

$$\blacktriangleright a = -r, \; b = r$$

$$= \pi \cdot \int_{-r}^{r} (r^2 - x^2) \,\mathrm{d}x$$

$$= \pi \left[x \cdot r^2 - \frac{x^3}{3} \right]_{-r}^{r}$$

$$= \pi \left[\left(r \cdot r^2 - \frac{r^3}{3} \right) - \left(-r \cdot r^2 - \frac{(-r^3)}{3} \right) \right]$$

$$= \underline{\underline{\frac{4}{3} \pi r^3}}$$

● In die Formel für das Rotationsvolumen V_x bei Polarkoordinatendarstellung der Funktion wird die Gleichung des Kreises $f(\varphi) = r$ eingesetzt.

$$V_x = \pi \cdot \int_{\varphi_1}^{\varphi_2} [f(\varphi)]^2 \cdot \sin^2 \varphi \cdot [f'(\varphi) \cdot \cos \varphi - f(\varphi) \cdot \sin \varphi] \,\mathrm{d}\varphi \quad \blacktriangleright f(\varphi) = r \Rightarrow f'(\varphi) = 0$$

$$\varphi_1 = 0, \; \varphi_2 = \pi$$

$$V_x = \pi \cdot \int_0^{\pi} r^2 \cdot \sin^2 \varphi \cdot [0 \cdot \cos \varphi - r \cdot \sin \varphi] \,\mathrm{d}\varphi$$

Das Integral $\int \sin^3 x \,\mathrm{d}x$ wurde bereits früher gelöst, und zwar

$$\int \sin^3 x \,\mathrm{d}x = -\frac{1}{3} \cos x \cdot (2 + \sin^2 x) + c$$

$$= -\pi r^3 \cdot \int_0^{\pi} \sin^3 \varphi \,\mathrm{d}\varphi$$

$$= -\pi r^3 \left[-\frac{1}{3} \cdot \cos \varphi \cdot (2 + \sin^2 \varphi) \right]_0^{\pi}$$

Integriert man von 0° bis 180°, d.h. von 0 bis π so erhält man die bekannte Formel für das Kugelvolumen.

$$V_x = \frac{\pi}{3} r^3 [2 \cdot \cos\pi + \cos\pi \cdot \sin^2\pi) - (2 \cdot \cos 0 + \cos 0 \cdot \sin^2 0)]$$

$$= \frac{\pi}{3} r^3 [(2 \cdot (-1) + (-1) \cdot 0) - (2 \cdot 1 + 1 \cdot 0)]$$

$$= \underline{\underline{-\frac{4}{3} \pi r^3}} \Rightarrow \underline{\underline{V = \frac{4}{3} \pi r^3}}$$

● Die Parameterdarstellung des Kreises lautet:

$$x = r \cdot \cos t; \; y = r \cdot \sin t$$

Diese beiden Gleichungen werden als $f_1(t)$ und $f_2(t)$ in die Integralformel für das Rotationsvolumen V_x bei Parameterdarstellung der Funktion eingesetzt.
Die Lösung führt auf das gleiche Integral wie bei dem vorherigen Beispiel in Polarkoordinatendarstellung, so daß auch hier die Formel für das Kugelvolumen das Ergebnis ist.

$$V_x = \pi \cdot \int_{t_1}^{t_2} [f_2(t)]^2 \cdot f_1'(t)\,dt$$

► $f_1(t) = r \cdot \cos t \Rightarrow f_1'(t) = r \cdot (-\sin t)$

► $f_2(t) = r \cdot \sin t \Rightarrow [f_2(t)]^2 = r^2 \cdot \sin^2 t$

► $t_1 = 0, \; t_2 = \pi$

$$V_x = \pi \cdot \int_0^{\pi} r^2 \cdot \sin^2 t \cdot r \cdot (-\sin t)\,dt$$

$$= -\pi r^3 \int_0^{\pi} \sin^3 t\,dt$$

$$= -\pi r^3 \left[-\frac{1}{3} \cos t \cdot (2 + \sin^2 t) \right]_0^{\pi}$$

$$= -\frac{4}{3} \pi r^3 \Rightarrow \underline{\underline{V = \frac{4}{3} \pi r^3}}$$

3.7 Oberflächen

Problem: Entwickeln Sie eine Gleichung zur Berechnung der Oberfläche von Rotationskörpern unter Verwendung der Erkenntnisse bei der Berechnung von Bogenlängen.

Zur Berechnung der Bogenlänge betrachtet man ein Bogenteilstück Δl.

Ist dieses Bogenteilstück sehr klein, so kann es als Strecke aufgefaßt werden. Es ist damit Hypotenuse des rechtwinkligen Dreiecks mit den Katheten $\Delta f(x)$ und Δx.

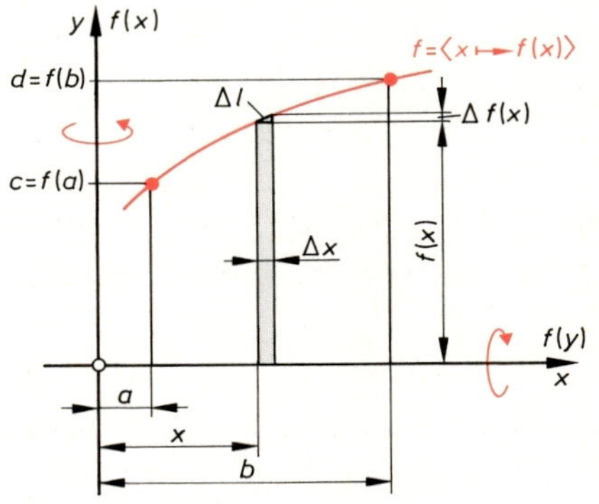

Mit Hilfe des pythagoreischen Lehrsatzes läßt sich der Teilbogen Δl berechnen.

$$\Delta l = \sqrt{(\Delta x)^2 + [\Delta f(x)]^2}$$

Die Mantelfläche eines kegelstumpfähnlichen Körpers läßt sich mit der Gleichung

$$A_M = 2 \cdot r_m \cdot \pi \cdot s$$

berechnen mit $r_m \triangleq f(x)$ und $s \triangleq \Delta l$.

Bei gekrümmter Mantelfläche kann man die Gesamtfläche als Summe unendlich vieler Kegelstumpfmäntel betrachten.

Wird Δx unendlich klein, d.h. $\Delta x \to 0$, so wird bei der Grenzwertbildung ΔA_M zu dA_M.

$$2 \cdot f(x) \cdot \pi \cdot \Delta l = 2 \cdot f(x) \cdot \pi \cdot \sqrt{(\Delta x)^2 + [\Delta f(x)]^2}$$

$$\Delta A_{M_x} = 2\pi \cdot f(x) \cdot \sqrt{(\Delta x)^2 + [\Delta f(x)]^2}$$

$$dA_{M_x} = \lim_{\Delta x \to 0} \left[2\pi \cdot f(x) \cdot \sqrt{(\Delta x)^2 + [\Delta f(x)]^2}\right]$$

$$= 2\pi \cdot f(x) \cdot \sqrt{(dx)^2 + [df(x)]^2}$$

$$= 2\pi \cdot f(x) \cdot \sqrt{(dx)^2 \cdot \left[1 + \frac{[df(x)]^2}{(dx)^2}\right]}$$

$$= 2\pi \cdot f(x) \cdot dx \cdot \sqrt{1 + \left[\frac{df(x)}{dx}\right]^2}$$

► $\left[\frac{df(x)}{dx}\right] = f'(x)$

$$dA_{M_x} = 2\pi \cdot f(x) \cdot \sqrt{1 + [f'(x)]^2}\, dx$$

Die gesamte Oberfläche des Mantels wird dann durch das bestimmte Integral $A_M = \int_a^b dA_M$ dargestellt.

$$A_{M_x} = \int_a^b dA_{M_x}$$

$$= 2\pi \cdot \int_{x=a}^{x=b} f(x) \cdot \sqrt{1 + [f'(x)]^2}\, dx$$

Die weitere Berechnung erfolgt analog dem Lösungsgang bei der Bogenlänge eines Funktionsgraphen.

Bei Rotation des Graphen um die $f(x)$-Achse (y-Achse) folgt die Lösungsformel aus der entsprechenden Rechnung.

$$A_{M_y} = 2\pi \cdot \int_{y=c}^{y=d} f(y) \cdot \sqrt{1 + [f'(y)]^2}\, dy$$

$$= 2\pi \cdot \int_{y=c}^{y=d} x \cdot \sqrt{1 + \left[\frac{dx}{dy}\right]^2}\, dy$$

Merke:

Rotiert ein Funktionsgraph um die x-Achse bzw. um die $f(x)$-Achse (y-Achse), so erzeugt er die Mantelfläche eines Rotationskörpers. Die Größe der Mantelfläche A_{M_x} bzw. A_{M_y} ergibt sich wie folgt:

- **Funktion in rechtwinkligen Koordinaten**

$$y = f(x) \Rightarrow A_{M_x} = 2\pi \cdot \int_{x=a}^{x=b} f(x) \cdot \sqrt{1 + [f'(x)]^2}\, dx$$

$$x = f(y) \Rightarrow A_{M_y} = 2\pi \cdot \int_{y=c}^{y=d} x \cdot \sqrt{1 + \left[\frac{dx}{dy}\right]^2}\, dy = 2\pi \cdot \int_{y=c}^{y=d} f(y) \cdot \sqrt{1 + [f'(y)]^2}\, dy$$

$$y = f(x) \Rightarrow A_{M_y} = 2\pi \cdot \int_{x=a}^{x=b} x \cdot \sqrt{1 + [f'(x)]^2}\, dx$$

- **Funktion in Polarkoordinatendarstellung**

$$r = f(\varphi) \Rightarrow A_{M_x} = 2\pi \cdot \int_{\varphi_1}^{\varphi_2} f(\varphi) \cdot \sin\varphi \cdot \sqrt{[f(\varphi)]^2 + [f'(\varphi)]^2}\, d\varphi$$

$$\Rightarrow A_{M_y} = 2\pi \cdot \int_{\varphi_1}^{\varphi_2} f(\varphi) \cdot \cos\varphi \cdot \sqrt{[f(\varphi)]^2 + [f'(\varphi)]^2}\, d\varphi$$

- **Funktion in Parameterform**

$$x = f_1(t);\ y = f_2(t) \Rightarrow A_{M_x} = 2\pi \cdot \int_{t_1}^{t_2} f_2(t) \cdot \sqrt{[f_1'(t)]^2 + [f_2'(t)]^2}\, dt$$

$$\Rightarrow A_{M_y} = 2\pi \cdot \int_{t_1}^{t_2} f_1(t) \cdot \sqrt{[f_1'(t)]^2 + [f_2'(t)]^2}\, dt$$

Beispiel: Berechnen Sie den Mantel des Kegels, der durch die Rotation der Geraden $f = \left\langle x \mapsto -\frac{4}{3}x + 5 \right\rangle$ um die x-Achse und um die y-Achse zwischen den Schnittpunkten der Geraden mit den Koordinatenachsen entsteht. Kontrollieren Sie das Ergebnis mit der Kegelmantelformel.

Zunächst werden die Integrationsintervalle bestimmt.

Bei Rotation um die y-Achse wird von $y = 0$ bis $y = 5$ integriert.

Bei Rotation um die x-Achse muß zunächst der Schnittpunkt des Graphen mit der x-Achse, d.h. die Nullstelle von $f = \left\langle x \mapsto -\frac{4}{3}x + 5 \right\rangle$ bestimmt werden.

Damit ergeben sich die Integrationsgrenzen $x = 0$ bis $x = \frac{15}{4} = 3{,}75$.

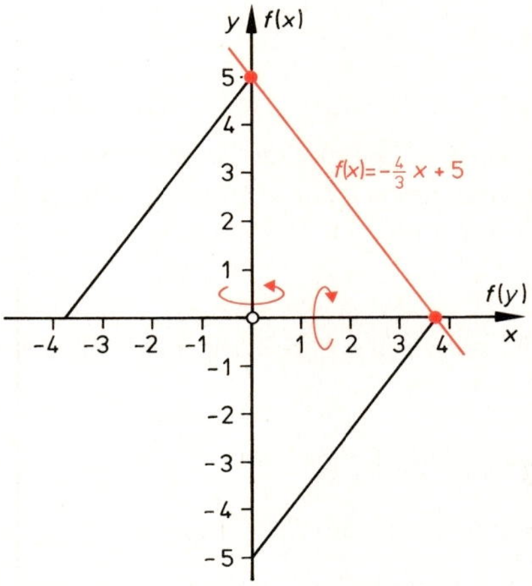

In die Gleichung für die Rotationsmantelfläche A_{M_x} werden die Funktionsgleichung $f(x) = -\frac{4}{3}x + 5$ sowie deren quadrierte Ableitung eingesetzt.

$$A_{M_x} = 2\pi \cdot \int_a^b f(x) \cdot \sqrt{1 + [f'(x)]^2}\, \mathrm{d}x$$

$$\blacktriangleright f(x) = -\frac{4}{3}x + 5 \Rightarrow f'(x) = -\frac{4}{3}$$

$$\Rightarrow [f'(x)]^2 = \frac{16}{9}$$

$$\blacktriangleright a = 0,\ b = 3{,}75$$

$$A_{M_x} = 2\pi \cdot \int_0^{3,75} \left(-\frac{4}{3}x + 5\right) \sqrt{1 + \frac{16}{9}}\, \mathrm{d}x$$

$$= \frac{10}{3}\pi \cdot \int_0^{3,75} \left(-\frac{4}{3}x + 5\right) \mathrm{d}x$$

Die Integration ergibt eine Mantelfläche von 98,17477 Flächeneinheiten.

$$= \frac{10}{3}\pi \left[-\frac{2}{3}x^2 + 5x\right]_0^{3,75}$$

$$= \frac{10}{3}\pi \left[-\frac{2}{3} \cdot 3{,}75^2 + 5 \cdot 3{,}75 - 0\right]$$

$$= \underline{\underline{98{,}17477}}$$

Zur Kontrolle wird mit der Kegelmantelformel $A_M = \pi \cdot r \cdot s$ nachgerechnet.

$r = 5$, $s = \sqrt{5^2 + 3{,}75^2} = 6{,}25$

$A_M = \pi \cdot 5 \cdot 6{,}25 = \underline{\underline{98{,}17477}}$

In die Gleichung für den Rotationsmantel bei Rotation um die $f(x)$-Achse (y-Achse) wird $[f'(x)]^2$ eingesetzt und in den Grenzen von $x = 0$ bis $x = 3{,}75$ integriert. Das Ergebnis wird wie vorher mit $A_M = \pi \cdot r \cdot s$ kontrolliert.

$$A_{M_y} = 2\pi \cdot \int_{x=a}^{x=b} x \cdot \sqrt{1 + [f'(x)]^2}\, dx$$

$$\blacktriangleright f(x) = -\frac{4}{3}x + 5 \Rightarrow [f'(x)]^2 = \frac{16}{9}$$

$$\blacktriangleright a = 0,\ b = 3{,}75$$

$$A_{M_y} = 2\pi \cdot \int_0^{3,75} x \cdot \sqrt{1 + \frac{16}{9}}\, dx$$

$$= \frac{10}{3}\pi \cdot \int_0^{3,75} x\, dx$$

$$= \frac{10}{3}\pi \left[\frac{x^2}{2}\right]_0^{3,75}$$

$$= \frac{10 \cdot \pi \cdot 3{,}75^2}{3 \cdot 2}$$

$$= \underline{\underline{73{,}63108}}$$

$r = 3{,}75,\ s = 6{,}25$

$A_M = \pi \cdot 3{,}75 \cdot 6{,}25 = \underline{\underline{73{,}63108}}$

Zur Demonstration wird auch die zweite Gleichung zur Berechnung der Mantelfläche bei Rotation um die y-Achse angewendet. Hierbei sind x sowie $\left(\frac{dx}{dy}\right)^2$ zu berechnen und einzusetzen.

$$A_{M_y} = 2\pi \cdot \int_{y=c}^{y=d} x \cdot \sqrt{1 + \left(\frac{dx}{dy}\right)^2}\, dy$$

$$\blacktriangleright y = -\frac{4}{3}x + 5 \Rightarrow x = -\frac{3}{4}y + \frac{15}{4}$$

$$\Rightarrow \frac{dx}{dy} = -\frac{3}{4} \Rightarrow \left(\frac{dx}{dy}\right)^2 = \frac{9}{16}$$

$$\blacktriangleright c = 0,\ d = 5$$

$$A_{M_y} = 2\pi \cdot \int_0^5 \left(-\frac{3}{4}y + \frac{15}{4}\right)\sqrt{1 + \frac{9}{16}}\, dy$$

$$= \frac{10}{4}\pi \cdot \int_0^5 \left(-\frac{3}{4}y + \frac{15}{4}\right) dy$$

$$= \frac{10}{4}\pi \cdot \left[-\frac{3}{8}y^2 + \frac{15}{4}y\right]_0^5$$

$$= \underline{\underline{73{,}63108}}$$

Die Integration in den Grenzen $y = 0$ bis $y = 5$ führt zum gleichen Ergebnis wie vorher.

Beispiel: Berechnen Sie die Oberfläche des Rotationskörpers, der durch eine um die y-Achse rotierende Normalparabel in den Grenzen $y = 0$ und $y = 10$ entsteht.

Die Oberfläche des Körpers besteht aus der Mantelfläche A_{M_y} und der Deckfläche A_D, so daß gilt:

$$A_O = A_M + A_D$$

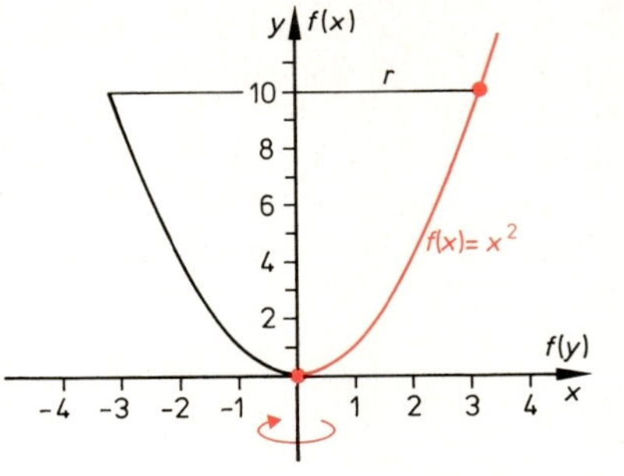

$$A_{M_y} = 2\pi \cdot \int\limits_{y=c}^{y=d} x \cdot \sqrt{1 + \left(\frac{dx}{dy}\right)^2}\, dy$$

Die Deckfläche A_D ist ein Kreis mit $A_D = \pi \cdot r^2$. Aus der Gleichung $f(x) = x^2$ wird für $f(x) = 10$ der Radius der Deckfläche bestimmt.

$$\blacktriangleright y = x^2 \Rightarrow x = \sqrt{y} \Rightarrow \frac{dx}{dy} = \frac{1}{2\sqrt{y}}$$

$$\Rightarrow \left(\frac{dx}{dy}\right)^2 = \frac{1}{4y}$$

$$f(x) = x^2 \blacktriangleright f(x) = 10 \Rightarrow x^2 = 10$$

$$\Rightarrow x = \sqrt{10} = r$$

$$A_D = \pi \cdot (\sqrt{10})^2 = \underline{\underline{31{,}41593}}$$

$$\blacktriangleright c = 0,\ d = 10$$

Die Mantelfläche A_{M_y} ergibt sich durch Einsetzen von $x = \sqrt{y}$ und $\left(\frac{dx}{dy}\right)^2 = \frac{1}{4y}$ in die Formel zur Berechnung der Mantelfläche bei Rotation um die y-Achse und Integration in den Grenzen $y = 0$ bis $y = 10$. Das Integral $\int \sqrt{x + a}\, dx$ wurde bereits früher durch Substitution gelöst:

$$\int \sqrt{x + a}\, dx = \frac{2}{3} \sqrt{(x + a)^3} + c$$

$$A_{M_y} = 2\pi \cdot \int\limits_0^{10} \sqrt{y} \cdot \sqrt{1 + \frac{1}{4y}}\, dy$$

$$= 2\pi \cdot \int\limits_0^{10} \sqrt{y + \frac{1}{4}}\, dy$$

$$= \frac{4}{3} \pi \cdot \left[\sqrt{\left(y + \frac{1}{4}\right)^3}\,\right]_0^{10}$$

$$= \frac{4}{3} \pi \cdot (\sqrt{10{,}25^3} - \sqrt{0{,}25^3})$$

$$= \underline{\underline{136{,}93579}}$$

Zum Schluß addiert man Mantelfläche und Deckfläche.

$$A_O = 136{,}93579 + 31{,}41593 = \underline{\underline{168{,}35172}}$$

Beispiel: Entwickeln Sie die Formel für die Oberfläche der Kugel mit Hilfe der Integralrechnung.

Läßt man den Graphen der Kreisfunktion mit der Gleichung $f(x) = \sqrt{r^2 - x^2}$ im Intervall $[-r, r]$ um die x-Achse rotieren, so beschreibt der Graph bei einer Umdrehung eine Kugeloberfläche. Die Oberfläche ist identisch mit der Mantelfläche.

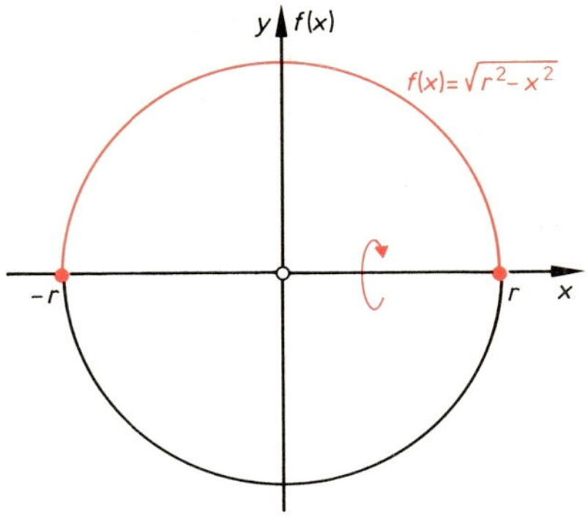

Man berechnet aus der Kreisgleichung $f(x) = \sqrt{r^2 - x^2}$ die Werte für $f'(x)$ und $[f'(x)]^2$.

$$A_O = 2\pi \cdot \int_{-r}^{r} f(x) \cdot \sqrt{1 + [f'(x)]^2}\, dx$$

$$\blacktriangleright f(x) = \sqrt{r^2 - x^2} \Rightarrow f'(x) = \frac{-x}{\sqrt{r^2 - x^2}}$$

$$\Rightarrow [f'(x)]^2 = \frac{x^2}{r^2 - x^2}$$

Nach Einsetzen in die Lösungsformel und Integration in den Grenzen $x = -r$ bis $x = r$ erhält man die bekannte Formel für den Inhalt der Kugeloberfläche. Der Integrand läßt sich durch Umformen auf den Hauptnenner $r^2 - x^2$ unter der Wurzel durch Kürzen erheblich vereinfachen.

$$A_O = 2\pi \cdot \int_{-r}^{r} \sqrt{r^2 - x^2} \sqrt{1 + \frac{x^2}{r^2 - x^2}}\, dx$$

$$= 2\pi \cdot \int_{-r}^{r} \sqrt{r^2 - x^2} \cdot \sqrt{\frac{r^2 - x^2 + x^2}{r^2 - x^2}}\, dx$$

$$= 2\pi \cdot \int_{-r}^{r} \sqrt{r^2 - x^2}\, \frac{\sqrt{r^2 - x^2 + x^2}}{\sqrt{r^2 - x^2}}\, dx$$

$$= 2\pi \cdot \int_{-r}^{r} r\, dx$$

$$= 2\pi \cdot r\,[x]_{-r}^{r}$$

$$= 2\pi \cdot r\,[r - (-r)]$$

$$= \underline{\underline{4 \cdot \pi \cdot r^2}}$$

Beispiel: Berechnen Sie die Mantelfläche des Körpers, der entsteht, wenn der Graph der Funktion f mit der Gleichung $f(x) = y = \cosh x$ um die y-Achse rotiert, und zwar in den Grenzen $y = 1$ bis $y = 4{,}5$.

Der Graph von f mit $y = \cosh x$ beschreibt bei Rotation um die y-Achse einen kelchförmigen Körper, dessen Mantelfläche im Intervall $y = 1$ bis $y = 4{,}5$ bestimmt werden soll.

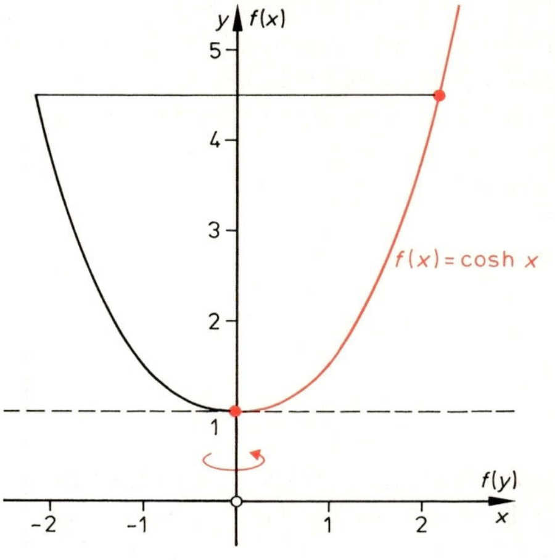

Da die Gleichung

$$A_{M_y} = 2 \cdot \pi \cdot \int_{x=a}^{x=b} x \cdot \sqrt{1 + [f'(x)]^2}\, dx$$

verwendet wird, müssen die Grenzen entsprechend transformiert werden. Es gilt:

$y = \cosh x \Rightarrow x = \text{Arcosh}\, y$

$y = 1 \quad \Rightarrow x = \text{Arcosh}\, 1 \quad \Rightarrow x = 0$

$y = 4{,}5 \Rightarrow x = \text{Arcosh}\, 4{,}5 \Rightarrow x = 2{,}185$

Wegen $1 + \sinh^2 x = \cosh^2 x$ kann der Integrand auf ein bekanntes Integral zurückgeführt werden:

$$\int x \cdot \cosh x\, dx = x \cdot \sinh x - \cosh x + c$$

Nach Integration und Einsetzen der Grenzen erhält man die gesuchte Mantelfläche.

$$A_{M_y} = \pi \cdot \int_{x=a}^{x=b} x \cdot \sqrt{1 + [f'(x)]^2}\, dy$$

▶ $f(x) = \cosh x \Rightarrow f'(x) = \sinh x$

$\Rightarrow [f'(x)]^2 = \sinh^2 x$

▶ $a = 0,\ b = 2{,}185$

$$= 2\pi \cdot \int_0^{2{,}185} x \cdot \sqrt{1 + \sinh^2 x}\, dx$$

$$= 2\pi \cdot \int_0^{2{,}185} x \cdot \cosh x\, dx$$

$$= 2\pi \cdot [x \cdot \sinh x - \cosh x]_0^{2{,}185}$$

$$= 2\pi[(2{,}185 \cdot \sinh 2{,}185 - \cosh 2{,}185) + \\ - (0 \cdot \sinh 0 - \cosh 0)]$$

$$= 2\pi[(9{,}5902 - 4{,}5016) - (0 - 1)]$$

$$= \underline{\underline{38{,}256}}$$

Beispiel: Entwickeln Sie eine Formel zur Berechnung der Oberfläche eines Rotationsellipsoids.

Durch Rotation des Funktionsgraphen mit der Gleichung $f(x) = \frac{b}{a}\sqrt{a^2 - x^2}$ um die x-Achse wird die Mantelfläche, d.h. die Oberfläche des Ellipsoids erzeugt.

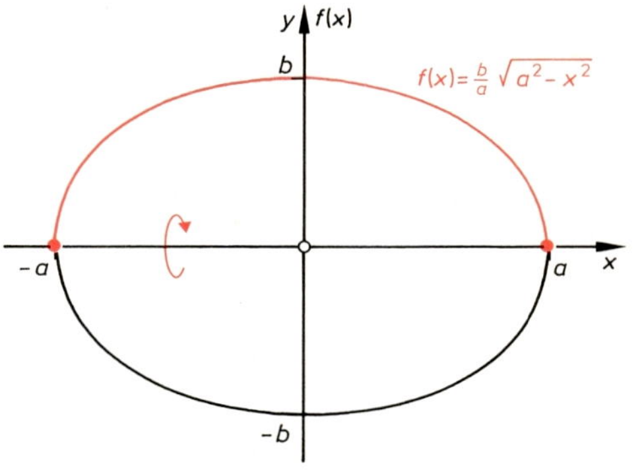

In die Gleichung für die Rotationsmantelfläche bezogen auf die x-Achse werden die Terme für $f(x)$ und $[f'(x)]^2$ eingesetzt.

$$A_{O_x} = 2\pi \cdot \int_{-a}^{a} f(x)\sqrt{1 + [f'(x)]^2}\,\mathrm{d}x$$

$$\blacktriangleright f(x) = \frac{b}{a}\sqrt{a^2 - x^2} \Rightarrow f'(x) = \frac{-bx}{a\sqrt{a^2 - x^2}}$$

$$[f'(x)]^2 = \frac{b^2x^2}{a^2(a^2 - x^2)}$$

$$1 + [f'(x)]^2 = \frac{a^4 - a^2x^2 + b^2x^2}{a^2(a^2 - x^2)}$$

Durch Ausklammern führt man den Radikand auf die Form $\sqrt{z^2 - x^2}$ zurück und damit auf ein Integral, das bereits gelöst wurde.

$$\int \sqrt{z^2 - x^2}\,\mathrm{d}x = \frac{x}{2}\sqrt{z^2 - x^2} + \frac{z^2}{2}\,\mathrm{Arcsin}\,\frac{x}{z} + c$$

$$A_{O_x} = 2\pi \cdot \int_{-a}^{a} \frac{b}{a}\sqrt{a^2 - x^2} \cdot \sqrt{\frac{a^4 - a^2x^2 + b^2x^2}{a^2(a^2 - x^2)}}\,\mathrm{d}x$$

$$= \frac{2b\pi}{a^2} \cdot \int_{-a}^{a} \sqrt{a^4 - a^2x^2 + b^2x^2}\,\mathrm{d}x$$

$$= \frac{2\pi b\sqrt{a^2 - b^2}}{a^2} \int_{-a}^{a} \sqrt{\frac{a^4}{a^2 - b^2} - x^2}\,\mathrm{d}x$$

$$\blacktriangleright \frac{a^4}{a^2 - b^2} = z^2.$$

$$= \frac{2\pi b\sqrt{a^2 - b^2}}{a^2} \int_{-a}^{a} \sqrt{z^2 - x^2}\,\mathrm{d}x$$

Man integriert in den Intervallgrenzen $x = -a$ bis $x = a$ und vereinfacht anschließend. Dabei findet man oft eine Schreibweise, bei der $\frac{\sqrt{a^2 - b^2}}{a} = \mathrm{e}$ gesetzt wird.

$$A_{O_x} = \frac{2\pi b\sqrt{a^2 - b^2}}{a^2} \int_{-a}^{a} \sqrt{z^2 - x^2}\,\mathrm{d}x$$

$$= \frac{2\pi b\sqrt{a^2 - b^2}}{a^2}\left[\frac{x}{2}\sqrt{z^2 - x^2} + \frac{z^2}{2}\,\mathrm{Arcsin}\,\frac{x}{z}\right]_{-a}^{a} \qquad \blacktriangleright\ z^2 = \frac{a^4}{a^2 - b^2} \Rightarrow z = \frac{a^2}{\sqrt{a^2 - b^2}}$$

$$= \frac{2\pi b\sqrt{a^2 - b^2}}{a^2}\left[\frac{x}{2}\sqrt{\frac{a^4}{a^2 - b^2} - x^2} + \frac{a^4}{2(a^2 - b^2)}\,\mathrm{Arcsin}\,\frac{x\sqrt{a^2 - b^2}}{a^2}\right]_{-a}^{a}$$

$$= \frac{2\pi b\sqrt{a^2 - b^2}}{a^2}\left[\left(\frac{a}{2}\sqrt{\frac{a^4}{a^2 - b^2} - a^2} + \frac{a^4}{2(a^2 - b^2)}\,\mathrm{Arcsin}\,\frac{a\sqrt{a^2 - b^2}}{a^2}\right) - \right.$$

$$\left. + \left(-\frac{a}{2}\sqrt{\frac{a^4}{a^2 - b^2} - a^2} + \frac{a^4}{2(a^2 - b^2)}\,\mathrm{Arcsin}\,\frac{-a\sqrt{a^2 - b^2}}{a^2}\right)\right]$$

$$\blacktriangleright\ \mathrm{Arcsin}\,(-x) = -\mathrm{Arcsin}\,x \Rightarrow \frac{a^4}{2(a^2 - b^2)}\,\mathrm{Arcsin}\,\frac{-a\sqrt{a^2 - b^2}}{a^2} = -\frac{a^4}{2(a^2 - b^2)}\,\mathrm{Arcsin}\,\frac{a\sqrt{a^2 - b^2}}{a^2}$$

$$A_{O_x} = \frac{2\pi b\sqrt{a^2 - b^2}}{a^2}\left[\left(\frac{a}{2}\sqrt{\frac{a^4}{a^2 - b^2} - a^2} + \frac{a^4}{2(a^2 - b^2)}\,\mathrm{Arcsin}\,\frac{a\sqrt{a^2 - b^2}}{a^2}\right) + \right.$$

$$\left. + \left(\frac{a}{2}\sqrt{\frac{a^4}{a^2 - b^2} - a^2} + \frac{a^4}{2(a^2 - b^2)}\,\mathrm{Arcsin}\,\frac{a\sqrt{a^2 - b^2}}{a^2}\right)\right]$$

$$= \frac{2\pi b\sqrt{a^2 - b^2}}{a^2}\left(a \cdot \sqrt{\frac{a^4}{a^2 - b^2} - a^2} + \frac{a^4}{a^2 - b^2}\,\mathrm{Arcsin}\,\frac{\sqrt{a^2 - b^2}}{a}\right)$$

$$\blacktriangleright\ \sqrt{\frac{a^4}{a^2 - b^2} - a^2} = \sqrt{\frac{a^4 - a^4 + a^2 b^2}{a^2 - b^2}} = \frac{ab}{\sqrt{a^2 - b^2}}$$

$$= \frac{2\pi b\sqrt{a^2 - b^2}}{a^2} \cdot \frac{a \cdot a \cdot b}{\sqrt{a^2 - b^2}} + \frac{2\pi \cdot b\sqrt{a^2 - b^2}}{a^2} \cdot \frac{a^4}{a^2 - b^2}\,\mathrm{Arcsin}\,\frac{\sqrt{a^2 - b^2}}{a}$$

$$= 2\pi \cdot b^2 + \frac{2\pi a^2 b}{\sqrt{a^2 - b^2}}\,\mathrm{Arcsin}\,\frac{\sqrt{a^2 - b^2}}{a}$$

$$= 2\pi \cdot b\left(b + \frac{a^2}{\sqrt{a^2 - b^2}}\,\mathrm{Arcsin}\,\frac{\sqrt{a^2 - b^2}}{a}\right) \qquad \blacktriangleright\ \frac{\sqrt{a^2 - b^2}}{a} = \mathrm{e}$$

$$= 2\pi b\left(b + \frac{a}{\mathrm{e}}\,\mathrm{Arcsin}\,\mathrm{e}\right)$$

► e ist hier nicht die Eulersche Zahl

3.8 Schwerpunkte und Drehmomente

Die Berechnung von Schwerpunkten ist aus der Mechanik und Physik bekannt.

Die beiden Koordinaten zum Beispiel eines Flächenschwerpunktes und damit seine Lage bezogen auf Bezugslinien ergeben sich aus der Gleichung:

„Das Moment der Gesamtfläche ist gleich der Summe der Momente der Teilflächen."

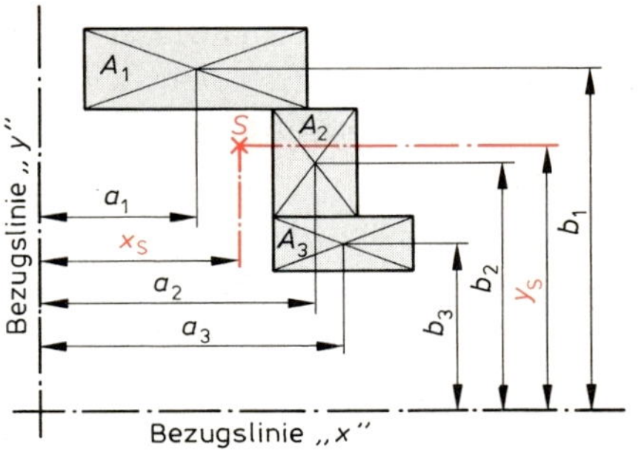

Die gesuchten Koordinaten x_S und y_S lassen sich leicht durch Umstellung der Momentengleichungen ermitteln.

$$M_x = A_{ges} \cdot y_S = A_1 \cdot b_1 + A_2 \cdot b_2 + A_3 \cdot b_3$$

$$y_S = \frac{A_1 \cdot b_1 + A_2 \cdot b_2 + A_3 \cdot b_3}{A_1 + A_2 + A_3}$$

$$M_y = A_{ges} \cdot x_S = A_1 \cdot a_1 + A_2 \cdot a_2 + A_3 \cdot a_3$$

$$x_S = \frac{A_1 \cdot a_1 + A_2 \cdot a_2 + A_3 \cdot a_3}{A_1 + A_2 + A_3}$$

In Naturwissenschaft und Technik wird nicht nur die Lage von Flächenschwerpunkten, sondern auch die von Linien- und Körperschwerpunkten berechnet. Da nur Massen Schwerpunkte haben, ist die vorstehende Rechnung nicht ganz korrekt, da dort die Größe der Flächen mit Masse gleichgesetzt wird.

Bei der exakten Ableitung von Regeln für die Berechnung der Lage von Schwerpunkten muß daher von „linienförmigen" und „flächenförmigen" Massen sowie von Körpermassen ausgegangen werden.

Die Integralrechnung bietet dabei die Möglichkeit, die Schwerpunktslage auch von unregelmäßig geformten Massen zu berechnen.

Hängt man an die Enden eines im Punkt S unterstützten „gewichtslosen" Hebels die Punktmassen m_1 und m_2, so bleibt der Hebel nur dann im Gleichgewicht, wenn die beiden Drehmomente $M_1 = F_1 \cdot r_1$ und $M_2 = F_2 \cdot r_2$ gleich sind. Für eine Masse m ist dabei die Gewichtskraft F_G gegeben durch $F_G = m \cdot g$ mit der Erdbeschleunigung $g = 9{,}81\ \mathrm{m/s^2}$.

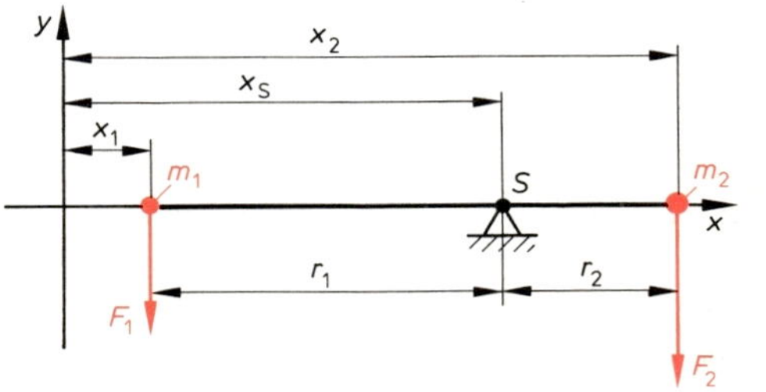

Man stellt die Momentengleichung für M_1 und M_2 auf, die im Gleichgewichtsfall gleichgesetzt werden können. F_1 und F_2 können durch das Produkt aus Masse und Erdbeschleunigung ersetzt werden. Anschließend wird durch g dividiert.

$$M_1 = F_1 \cdot r_1 \; ; \; M_2 = F_2 \cdot r_2$$

$$M_1 = M_2$$

$$\Rightarrow F_1 \cdot r_1 = F_2 \cdot r_2 \quad \blacktriangleright F = m \cdot g$$

$$m_1 \cdot g \cdot r_1 = m_2 \cdot g \cdot r_2$$

Bezieht man die Momente nicht auf den Drehpunkt S, sondern auf eine andere Bezugsachse, z. B. die y-Achse, so ergibt sich die Schwerpunktskoordinate x_S durch Substitution von $r_1 = x_S - x_1$ bzw. $r_2 = x_2 - x_S$ und Umstellen nach x_S.

$$m_1 \cdot r_1 = m_2 \cdot r_2 \quad \blacktriangleright r_1 = x_S - x_1$$

$$r_2 = x_2 - x_S$$

$$m_1 \cdot (x_S - x_1) = m_2 \cdot (x_2 - x_S)$$

$$m_1 \cdot x_S - m_1 \cdot x_1 = m_2 \cdot x_2 - m_2 \cdot x_S$$

$$m_1 \cdot x_S + m_2 \cdot x_S = m_2 \cdot x_2 + m_1 \cdot x_1$$

$$x_S = \frac{m_1 \cdot x_1 + m_2 \cdot x_2}{m_1 + m_2}$$

Sind nicht wie im Beispiel zwei Massen, sondern n Massen vorhanden, so berechnet sich x_S entsprechend.

$$x_S = \frac{\sum\limits_{k=1}^{n} (m_k \cdot x_k)}{\sum\limits_{k=1}^{n} m_k}$$

Liegen die gedachten punktförmigen Massen nicht auf einer Achse, sondern sind sie im Raum verteilt, so gilt für die anderen Schwerpunktskoordinaten y_S und z_S eine analoge Berechnung.

$$y_S = \frac{\sum\limits_{k=1}^{n} (m_k \cdot y_k)}{\sum\limits_{k=1}^{n} m_k} \; ; \quad z_S = \frac{\sum\limits_{k=1}^{n} (m_k \cdot z_k)}{\sum\limits_{k=1}^{n} m_k}$$

Nun besteht ein Körper aber nicht aus gedachten punktförmigen Massen m_k, sondern ist als ein homogener starrer Körper aufzufassen, den man in kleine Quader mit dem Volumen $\Delta V = \Delta x \cdot \Delta y \cdot \Delta z$ und mit der Masse Δm_k aufteilen kann.
Entsprechend den drei Dimensionen sind bei der Berechnung des Schwerpunktes auch drei Schwerpunktskoordinaten zu bestimmen, nämlich x_S bezogen auf die Ebene yz, y_S bezogen auf die Ebene xz sowie z_S bezogen auf die Ebene xy.

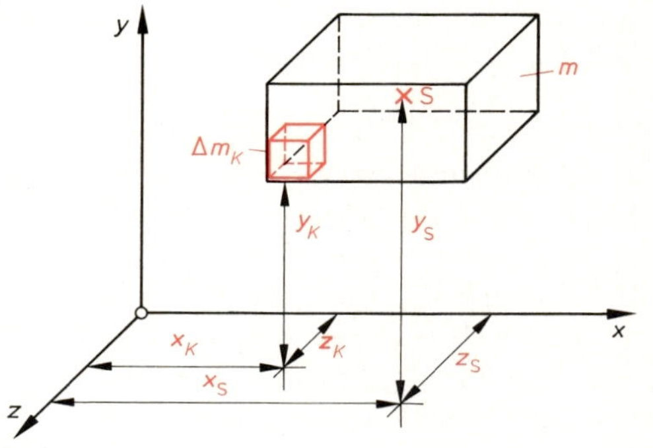

Für ein solches Massenelement Δm_k ist das Drehmoment, bezogen auf die Ebene yz, gegeben durch ΔM_{yz_k}, bezogen auf die anderen Ebenen, entsprechend durch die Momente ΔM_{xz_k}, bzw. ΔM_{xy_k}.

$$\Delta M_{yz_k} = \Delta m_k \cdot g \cdot (x_k - x_S)$$

$$\Delta M_{xz_k} = \Delta m_k \cdot g \cdot (y_k - y_S)$$

$$\Delta M_{xy_k} = \Delta m_k \cdot g \cdot (z_k - z_S)$$

Will man das gesamte Drehmoment, bezogen auf eine Ebene, berechnen, so muß man alle entsprechenden Teilmomente addieren.

$$M_{yz} = \sum_{k=1}^{n} [g \cdot (x_k - x_S) \cdot \Delta m_k]$$

$$M_{xz} = \sum_{k=1}^{n} [g \cdot (y_k - y_S) \cdot \Delta m_k]$$

$$M_{xy} = \sum_{k=1}^{n} [g \cdot (z_k - z_S) \cdot \Delta m_k]$$

Verläuft die Drehachse durch den Schwerpunkt der Masse, so ist die Summe der jeweiligen Drehmomente gleich Null.

$$M_{yz} = 0 \Rightarrow 0 = \sum_{k=1}^{n} [g \cdot (x_k - x_S) \cdot \Delta m_k]$$

$$0 = \sum_{k=1}^{n} (g \cdot x_k \cdot \Delta m_k) - \sum_{k=1}^{n} (g \cdot x_S \cdot \Delta m_k)$$

$$0 = g \cdot \sum_{k=1}^{n} (x_k \cdot \Delta m_k) - g \cdot x_S \cdot \sum_{k=1}^{n} \Delta m_k$$

$$x_S \cdot \sum_{k=1}^{n} \Delta m_k = \sum_{k=1}^{n} (x_k \cdot \Delta m_k)$$

Die Schwerpunktskoordinaten x_S, y_S und z_S erhält man durch Umstellen und Dividieren der Gleichungen für

$$M_{yz} = 0,\; M_{xz} = 0 \text{ und } M_{xy} = 0.$$

$$\Rightarrow x_S = \frac{\sum_{k=1}^{n} (x_k \cdot \Delta m_k)}{\sum_{k=1}^{n} \Delta m_k}$$

$$\Rightarrow y_S = \frac{\sum_{k=1}^{n} (y_k \cdot \Delta m_k)}{\sum_{k=1}^{n} \Delta m_k}; \quad z_S = \frac{\sum_{k=1}^{n} (z_k \cdot \Delta m_k)}{\sum_{k=1}^{n} \Delta m_k}$$

Verkleinert man nun die Masseteilchen Δm, d.h. führt man den Grenzübergang $\lim\limits_{\Delta V \to 0} \Delta m = \mathrm{d}m$, so erhält man eine neue Form der Schwerpunktskoordinaten x_S, y_S und z_S. $\int\limits_m \mathrm{d}m = m$ bedeutet dabei die Integration über alle Masseelemente.

$$x_S = \frac{\int_m x\,\mathrm{d}m}{\int_m \mathrm{d}m}, \quad y_S = \frac{\int_m y\,\mathrm{d}m}{\int_m \mathrm{d}m}, \quad z_S = \frac{\int_m z\,\mathrm{d}m}{\int_m \mathrm{d}m}$$

Die vorstehenden Erkenntnisse werden anschließend für die Ermittlung der Lage von Linien-, Flächen- und Körperschwerpunkten angewendet.

- **Linienschwerpunkte**

Problem: Leiten Sie allgemeine Beziehungen zur Berechnung der Schwerpunktskoordinaten eines Funktionsgraphen her.

Zum Verständnis des Problems muß man sich die Masse m gleichmäßig auf dem Graphen mit der Länge l im Intervall $[a;b]$ verteilt denken. Man spricht auch von einer konstanten Längendichte σ mit der Einheit $\frac{\text{kg}}{\text{m}}$.

Damit ist die Masse des Kurvenstücks

$$m = \sigma \cdot l \quad \text{bzw.} \quad \Delta m_k = \sigma \cdot \Delta l_k$$

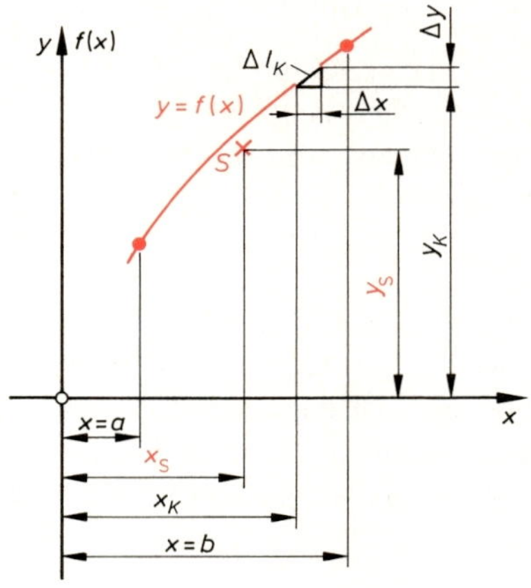

Das entsprechende Drehmoment bezogen auf die y-Achse ergibt sich durch Multiplikation der Kraft $\Delta m_k \cdot g$ mit dem zugehörigen Hebelarm $(x_k - x_S)$.

$$\Delta M_{y_k} = \Delta m_k \cdot g \cdot (x_k - x_S) \quad \blacktriangleright \Delta m_k = \sigma \cdot \Delta l_k$$
$$= \sigma \cdot \Delta l_k \cdot g \cdot (x_k - x_S)$$

Für $\Delta l_k \to \mathrm{d}l$ ergibt sich eine Gleichung, in der man $\mathrm{d}l = \sqrt{1 + [f'(x)]^2}\,\mathrm{d}x$ setzen kann entsprechend den Entwicklungen im Kapitel Bogenlängen.

Die Schwerpunktskoordinate x_S läßt sich damit allgemein bestimmen. Für y_S gilt die analoge Entwicklung.

$$x_S = \frac{\int_m x\,\mathrm{d}m}{\int_m \mathrm{d}m} \quad \blacktriangleright \mathrm{d}m = \sigma \cdot \mathrm{d}l$$

$$= \frac{\int_a^b x \cdot \sigma\,\mathrm{d}l}{\int_a^b \sigma\,\mathrm{d}l}$$

$$= \frac{\int_a^b x\,\mathrm{d}l}{\int_a^b \mathrm{d}l} \quad \blacktriangleright \mathrm{d}l = \sqrt{1 + [f'(x)]^2} \cdot \mathrm{d}x$$

$$= \frac{\int_a^b x\sqrt{1 + [f'(x)]^2}\,\mathrm{d}x}{\int_a^b \sqrt{1 + [f'(x)]^2}\,\mathrm{d}x} = \frac{\int_a^b x\sqrt{1 + [f'(x)]^2}\,\mathrm{d}x}{l}$$

Ist die Länge l bekannt oder leicht zu errechnen, so verwendet man sinnvoll die Formel

$$x_S = \frac{\int_a^b x\sqrt{1 + [f'(x)]^2}\,\mathrm{d}x}{l}$$

Die Gleichung für die Berechnung der Schwerpunktskoordinate y_S wird analog entwickelt.

$$y_S = \frac{\int_a^b f(x)\sqrt{1 + [f'(x)]^2}\,\mathrm{d}x}{\int_a^b \sqrt{1 + [f'(x)]^2}\,\mathrm{d}x} = \frac{\int_a^b f(x)\sqrt{1 + [f'(x)]^2}\,\mathrm{d}x}{l}$$

Die Koordinaten des Schwerpunktes lassen sich auch als Quotient von Moment und Gewichtskraft ausdrücken.

$$x_S = \frac{\int_a^b x\sqrt{1+[f'(x)]^2}\,dx}{\int_a^b \sqrt{1+[f'(x)]^2}\,dx} \quad \blacktriangleright \int_a^b \sqrt{1+[f'(x)]^2}\,dx = l$$

$$= \frac{\sigma \cdot g \cdot \int_a^b x\sqrt{1+[f'(x)]^2}\,dx}{\sigma \cdot g \cdot l} \quad \blacktriangleright \sigma \cdot g \cdot l = F_G$$

$$\Rightarrow x_S = \frac{M_y}{F_G}; \quad y_S = \frac{M_x}{F_G}$$

Die Größen M_x und M_y heißen Drehmoment eines ebenen, homogenen Kurvenstücks bezogen auf die x-Achse bzw. die y-Achse.

$$\Rightarrow M_x = \sigma \cdot g \cdot \int_a^b f(x) \cdot \sqrt{1+[f'(x)]^2}\,dx$$

$$\Rightarrow M_y = \sigma \cdot g \cdot \int_a^b x\sqrt{1+[f'(x)]^2}\,dx$$

Merke:

Für die Schwerpunktskoordinaten und Drehmomente eines ebenen, homogenen Kurvenstücks einer Funktion, bezogen auf ein rechtwinkliges Koordinatensystem, gilt:

$$x_S = \frac{M_y}{F_G}; \quad y_S = \frac{M_x}{F_G} \quad \blacktriangleright F_G = \sigma \cdot g \cdot l \left(\sigma \text{ in } \frac{\text{kg}}{\text{m}}\right) \begin{array}{l} \Rightarrow M_x = \sigma \cdot g \cdot l \cdot y_S; \\ \Rightarrow M_y = \sigma \cdot g \cdot l \cdot x_S; \end{array}$$

● **Funktion in rechtwinkligen Koordinaten [$y = f(x)$]**

$$M_x = \sigma \cdot g \cdot \int_{x=a}^{x=b} f(x) \cdot \sqrt{1+[f'(x)]^2}\,dx; \quad M_y = \sigma \cdot g \cdot \int_{x=a}^{x=b} x \cdot \sqrt{1+[f'(x)]^2}\,dx$$

für $l = \int_{x=a}^{x=b} \sqrt{1+[f'(x)]^2}\,dx$ folgt $y_S = \frac{\int_{x=a}^{x=b} f(x) \cdot \sqrt{1+[f'(x)]^2}\,dx}{\int_{x=a}^{x=b} \sqrt{1+[f'(x)]^2}\,dx}; \; y_S = \frac{\int_{x=a}^{x=b} f(x) \cdot \sqrt{1+[f'(x)]^2}\,dx}{l}$

$$x_S = \frac{\int_{x=a}^{x=b} x \cdot \sqrt{1+[f'(x)]^2}\,dx}{\int_{x=a}^{x=b} \sqrt{1+[f'(x)]^2}\,dx}; \quad x_S = \frac{\int_{x=a}^{x=b} x \cdot \sqrt{1+[f'(x)]^2}\,dx}{l}$$

- **Funktion in Polarkoordinatendarstellung $[r = f(\varphi)]$**

$$M_x = \sigma \cdot g \cdot \int_{\varphi_1}^{\varphi_2} f(\varphi) \cdot \sin\varphi \cdot \sqrt{[f(\varphi)]^2 + [f'(\varphi)]^2}\, \mathrm{d}\varphi$$

$$M_y = \sigma \cdot g \cdot \int_{\varphi_1}^{\varphi_2} f(\varphi) \cdot \cos\varphi \cdot \sqrt{[f(\varphi)]^2 + [f'(\varphi)]^2}\, \mathrm{d}\varphi$$

für $l = \int_{\varphi_1}^{\varphi_2} \sqrt{[f(\varphi)]^2 + [f'(\varphi)]^2}\, \mathrm{d}\varphi$ folgt $y_S = \dfrac{\int_{\varphi_1}^{\varphi_2} f(\varphi) \cdot \sin\varphi \cdot \sqrt{[f(\varphi)]^2 + [f'(\varphi)]^2}\, \mathrm{d}\varphi}{\int_{\varphi_1}^{\varphi_2} \sqrt{[f(\varphi)]^2 + [f'(\varphi)]^2}\, \mathrm{d}\varphi}$

$$x_S = \frac{\int_{\varphi_1}^{\varphi_2} f(\varphi) \cdot \cos\varphi \cdot \sqrt{[f(\varphi)]^2 + [f'(\varphi)]^2}\, \mathrm{d}\varphi}{\int_{\varphi_1}^{\varphi_2} \sqrt{[f(\varphi)]^2 + [f'(\varphi)]^2}\, \mathrm{d}\varphi}$$

- **Funktion in Parameterform $[x = f_1(t);\ y = f_2(t)]$**

$$M_x = \sigma \cdot g \cdot \int_{t_1}^{t_2} f_2(t) \cdot \sqrt{[f_1'(t)]^2 + [f_2'(t)]^2}\, \mathrm{d}t; \quad M_y = \sigma \cdot g \cdot \int_{t_1}^{t_2} f_1(t) \cdot \sqrt{[f_2'(t)]^2 + [f_1'(t)]^2}\, \mathrm{d}t$$

für $l = \int_{t_1}^{t_2} \sqrt{[f_1'(t)]^2 + [f_2'(t)]^2}\, \mathrm{d}t$ folgt $y_S = \dfrac{\int_{t_1}^{t_2} f_2(t) \cdot \sqrt{[f_1'(t)]^2 + [f_2'(t)]^2}\, \mathrm{d}t}{\int_{t_1}^{t_2} \sqrt{[f_1'(t)]^2 + [f_2'(t)]^2}\, \mathrm{d}t}$

$$x_S = \frac{\int_{t_1}^{t_2} f_1(t) \cdot \sqrt{[f_1'(t)]^2 + [f_2'(t)]^2}\, \mathrm{d}t}{\int_{t_1}^{t_2} \sqrt{[f_1'(t)]^2 + [f_2'(t)]^2}\, \mathrm{d}t}$$

Beispiel: Bestimmen Sie die Schwerpunktskoordinaten eines Parabelbogens mit der Gleichung $y = \dfrac{x^2}{2}$ in den Grenzen $x_1 = -\dfrac{4}{3}$ und $x_2 = \dfrac{4}{3}$.

Da der Parabelbogen symmetrisch zur y-Achse liegt, muß lediglich die Schwerpunktskoordinate y_S bestimmt werden.

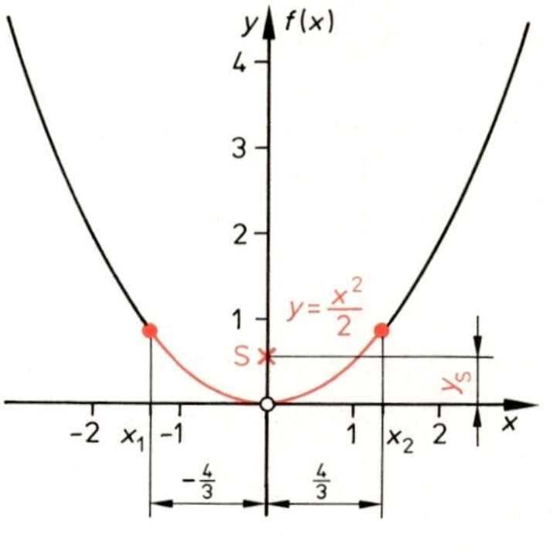

In die entwickelte Formel werden die Terme für $f(x)$ und $[f'(x)]^2$ eingesetzt.

$$y_S = \frac{\int_{x_1}^{x_2} f(x)\cdot\sqrt{1+[f'(x)]^2}\,dx}{\int_{x_1}^{x_2}\sqrt{1+[f'(x)]^2}\,dx} \qquad \blacktriangleright\; y = f(x) = \frac{x^2}{2}$$

$$\Rightarrow f'(x) = x$$

$$\Rightarrow [f'(x)]^2 = x^2$$

Es entstehen im Zähler und Nenner Integrale, die bereits früher durch Substitution gelöst wurden.

$$= \frac{\int_{x_1}^{x_2} \frac{x^2}{2}\sqrt{1+x^2}\,dx}{\int_{x_1}^{x_2}\sqrt{1+x^2}\,dx} \qquad \blacktriangleright\; x_1 = -\frac{4}{3};\; x_2 = \frac{4}{3}$$

Die Integration erfolgt in den Grenzen $x_1 = \frac{4}{3}$ und $x_2 = -\frac{4}{3}$.

$$= \frac{\left[\frac{x}{16}(2x^2+1)\sqrt{x^2+1} - \frac{1}{16}\ln|x+\sqrt{x^2+1}|\right]_{-\frac{4}{3}}^{\frac{4}{3}}}{\left[\frac{x}{2}\sqrt{x^2+1} + \frac{1}{2}\ln|x+\sqrt{x^2+1}|\right]_{-\frac{4}{3}}^{\frac{4}{3}}}$$

Aus Gründen der Symmetrie des Integranden kann zur Vereinfachung das doppelte Integral in den Grenzen von $x_1 = 0$ bis $x_2 = \frac{4}{3}$ berechnet werden.

$$= \frac{\left[(2x^3+x)\sqrt{x^2+1} - \ln|x+\sqrt{x^2+1}|\right]_0^{\frac{4}{3}}}{\left[8x\sqrt{x^2+1} + 8\ln|x+\sqrt{x^2+1}|\right]_0^{\frac{4}{3}}}$$

$$= \frac{\left(\frac{2\cdot 64}{27}+\frac{4}{3}\right)\sqrt{\frac{16}{9}+1} - \ln\left(\frac{4}{3}+\sqrt{\frac{16}{9}+1}\right)}{\frac{4}{3}\cdot 8\sqrt{\frac{16}{9}+1} + 8\ln\left(\frac{4}{3}+\sqrt{\frac{16}{9}+1}\right)}$$

$$= \frac{\frac{820}{81} - \ln 3}{\frac{160}{9} + 8\cdot\ln 3}$$

$$= \underline{\underline{0{,}3397}}$$

Der Schwerpunkt des Parabelbogens liegt also 0,3397 Längeneinheiten vom Scheitelpunkt der Parabel entfernt.

Beispiel: Entwickeln Sie eine Formel zur Berechnung der Schwerpunktskoordinaten eines Kreisbogens. Wo liegt der Schwerpunkt eines Halbkreises?

Der Kreisbogen wird zweckmäßig symmetrisch zur y-Achse angeordnet. Damit entfällt die Berechnung der Koordinate x_S.
Das Problem wird mit der entwickelten Formel für Funktionen in Polarkoordinatendarstellung gelöst, da die Kreisgleichung in Polarkoordinaten mit $f(\varphi) = r$ sehr einfach ist.

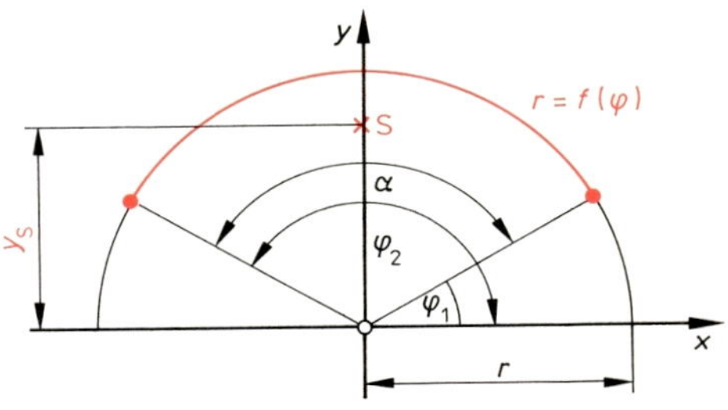

In die entwickelte Formel für y_S wird $f(\varphi) = r$ eingesetzt.

$$f(\varphi) = r \Rightarrow f'(\varphi) = 0 \Rightarrow [f'(\varphi)]^2 = 0$$

$$y_S = \frac{\int\limits_{\varphi_1}^{\varphi_2} f(\varphi) \cdot \sin\varphi \cdot \sqrt{[f(\varphi)]^2 + [f'(\varphi)]^2}\, d\varphi}{\int\limits_{\varphi_1}^{\varphi_2} \sqrt{[f(\varphi)]^2 + [f'(\varphi)]^2}\, d\varphi}$$

$$= \frac{\int\limits_{\varphi_1}^{\varphi_2} r \cdot \sin\varphi \cdot \sqrt{r^2 + 0}\, d\varphi}{\int\limits_{\varphi_1}^{\varphi_2} \sqrt{r^2 + 0}\, d\varphi}$$

$$= \frac{r^2 \cdot \int\limits_{\varphi_1}^{\varphi_2} \sin\varphi\, d\varphi}{r \cdot \int\limits_{\varphi_1}^{\varphi_2} d\varphi}$$

$$= \frac{r^2 [-\cos\varphi]_{\varphi_1}^{\varphi_2}}{r \cdot [\varphi]_{\varphi_1}^{\varphi_2}}$$

Da die Maße des Kreisbogens in der Regel durch den Radius r und den Winkel α angegeben sind, müssen φ_1 und φ_2 durch α ausgedrückt werden.

$$\left.\begin{aligned} \varphi_1 + \varphi_2 &= \pi \\ \varphi_2 - \varphi_1 &= \alpha \end{aligned}\right\} \Rightarrow \varphi_1 = \frac{\pi}{2} - \frac{\alpha}{2}$$

$$\varphi_2 = \frac{\pi}{2} + \frac{\alpha}{2}$$

$$= \frac{r(-\cos\varphi_2 + \cos\varphi_1)}{\varphi_2 - \varphi_1} \quad \blacktriangleright\ \varphi_1 = \frac{\pi}{2} - \frac{\alpha}{2}, \quad \varphi_2 = \frac{\pi}{2} + \frac{\alpha}{2}$$

$$= \frac{r}{\alpha}\left[\cos\left(\frac{\pi}{2} - \frac{\alpha}{2}\right) - \cos\left(\frac{\pi}{2} + \frac{\alpha}{2}\right)\right]$$

$$= \frac{r}{\alpha} \cdot \left(\sin\frac{\alpha}{2} + \sin\frac{\alpha}{2}\right)$$

$$= \underline{\underline{\frac{2 \cdot r}{\alpha} \cdot \sin\frac{\alpha}{2}}} \quad \blacktriangleright\ \alpha \mathrel{\hat{=}} \hat{\alpha} = \frac{2 \cdot \pi \cdot \alpha^\circ}{360^\circ}$$

Der Winkel α wird dabei in Grad angegeben, so daß eine entsprechende Umrechnung sinnvoll ist.

$$360^\circ : 2\pi = \alpha^\circ : \hat{\alpha} \Rightarrow \hat{\alpha} = \frac{2 \cdot \pi \cdot \alpha^\circ}{360^\circ}$$

$$y_S = \underline{\underline{\frac{360^\circ \cdot r \cdot \sin\frac{\alpha}{2}}{\pi \cdot \alpha^\circ}}}$$

Zur Berechnung der Schwerpunktslage im Halbkreis setzt man $\alpha = 180^\circ$ ein. Wegen $360^\circ \mathrel{\hat{=}} 2\pi$, $180^\circ \mathrel{\hat{=}} \pi$ und $\sin 90^\circ = 1$ kann man kürzen.

$$\alpha = 180^\circ \Rightarrow y_S = \frac{360^\circ \cdot r \cdot \sin 90^\circ}{\pi \cdot 180^\circ}$$

$$= \frac{2\pi \cdot r \cdot 1}{\pi \cdot \pi}$$

$$= \underline{\underline{\frac{2 \cdot r}{\pi}}}$$

● **Flächenschwerpunkte**

Problem: Leiten Sie allgemeine Beziehungen zur Berechnung der Schwerpunktskoordinaten der Fläche unter einem Funktionsgraphen her.

Zur Lösung des Problems muß man sich die Masse m gleichmäßig über die Fläche A unter dem Graphen im Intervall $[a, b]$ verteilt vorstellen. Man spricht dabei von einer konstanten Flächendichte $\tau = \frac{m}{A}$ mit der Einheit $\frac{\text{kg}}{\text{m}^2}$, so daß die Masse der Fläche A mit $m = \tau \cdot A$, die des Flächenstücks ΔA_k mit $\Delta m_k = \tau \cdot \Delta A_k$ angegeben werden kann.

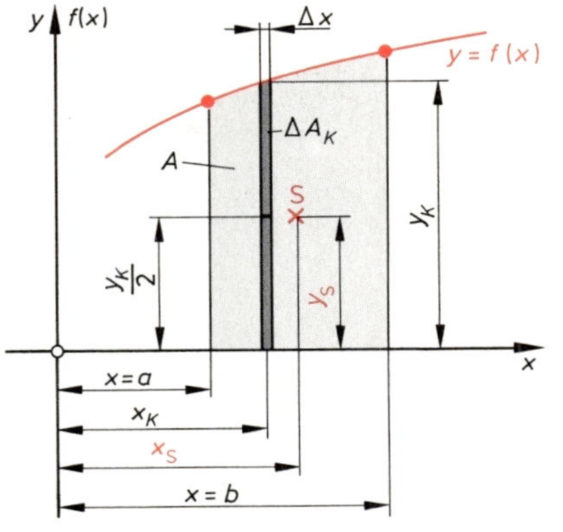

Das entsprechende Drehmoment, bezogen auf die y-Achse, ergibt sich durch Multiplikation der Kraft $\Delta m_k \cdot g$ mit dem Hebelarm $x_k - x_S$.

$$M = m \cdot g \cdot l$$

$$\Delta M_{y_k} = \Delta m_k \cdot g \cdot (x_k - x_S) \quad \blacktriangleright \Delta m_k = \tau \cdot \Delta A_k$$
$$= \tau \cdot \Delta A_k \cdot g \cdot (x_k - x_S)$$

Unter Verwendung der abgeleiteten Gleichungen für x_S und y_S kann man durch Einsetzen von $\mathrm{d}m = \tau \cdot \mathrm{d}A$ die Koordinaten der Flächenschwerpunkte berechnen. Durch Grenzwertbildung $\lim\limits_{\Delta x \to 0} \Delta A_k = \mathrm{d}A$ kann in beiden Integralen $\mathrm{d}m$ ersetzt werden.

$$x_S = \frac{\int\limits_m x \,\mathrm{d}m}{\int\limits_m \mathrm{d}m} \quad \blacktriangleright \mathrm{d}m = \tau\,\mathrm{d}A$$

$$= \frac{\int\limits_a^b x \cdot \tau\,\mathrm{d}A}{\int\limits_a^b \tau\,\mathrm{d}A}$$

$$= \frac{\int\limits_a^b x\,\mathrm{d}A}{\int\limits_a^b \mathrm{d}A} \quad \blacktriangleright \Delta A_k = y_k \cdot \Delta x$$

Der Flächenstreifen $\mathrm{d}A$ kann auch durch seine Länge y und seine Breite $\mathrm{d}x$ mit $\mathrm{d}A = y \cdot \mathrm{d}x$ bzw. $\mathrm{d}A = f(x) \cdot \mathrm{d}x$ angegeben werden. Ist die Fläche A bekannt oder leicht zu errechnen, so verwendet man sinnvoll die Formel

$$x_S = \frac{\int\limits_a^b x \cdot f(x)\,\mathrm{d}x}{A}.$$

$$\Rightarrow \mathrm{d}A = y \cdot \mathrm{d}x$$
$$= f(x) \cdot \mathrm{d}x$$

$$= \underline{\underline{\frac{\int\limits_a^b x \cdot f(x)\,\mathrm{d}x}{\int\limits_a^b f(x)\,\mathrm{d}x}}} = \underline{\underline{\frac{\int\limits_a^b x \cdot f(x)\,\mathrm{d}x}{A}}}$$

Die Berechnung von y_S erfolgt analog, jedoch ist zu beachten, daß, bezogen auf die x-Achse, der Schwerpunkt der Fläche ΔA_k die Koordinaten x_k und $\frac{1}{2} y_k$ hat.

$$\Delta M_{y_k} = \tau \cdot \Delta A_k \cdot g \cdot \left(\frac{1}{2} y_k - y_S\right)$$

$$\Rightarrow y_S = \frac{\int_a^b \frac{1}{2} \cdot y \cdot \tau \,\mathrm{d}A}{\int_a^b \tau \,\mathrm{d}A} \qquad \blacktriangleright \mathrm{d}A = y \cdot \mathrm{d}x, \quad y = f(x)$$

$$= \frac{\frac{1}{2} \int_a^b [f(x)]^2 \,\mathrm{d}x}{\int_a^b f(x) \,\mathrm{d}x}$$

Ist die Fläche A leicht bestimmbar, so rechnet man auch hier besser mit der Formel $y_S = \dfrac{\frac{1}{2} \int_a^b [f(x)]^2 \,\mathrm{d}x}{A}$

$$= \frac{\frac{1}{2} \int_a^b [f(x)]^2 \,\mathrm{d}x}{A}$$

$$x_S = \frac{M_y}{F_G}; \quad y_S = \frac{M_x}{F_G} \qquad \blacktriangleright F_G = \tau \cdot g \cdot A$$

Die Drehmomente M_x und M_y ergeben sich bei Einsetzen von $F_G = \tau \cdot g \cdot A$ entsprechend.

$$\Rightarrow M_x = \frac{1}{2} \cdot \tau \cdot g \cdot \int_a^b [f(x)]^2 \,\mathrm{d}x$$

$$M_y = \tau \cdot g \cdot \int_a^b x \cdot f(x) \,\mathrm{d}x$$

Merke:

Für die Schwerpunktskoordinaten und Drehmomente eines ebenen, homogenen Flächenstückes unter dem Graphen einer Funktion $f = \langle x \mapsto f(x) \rangle$ im Intervall $[a, b]$ gilt:

$$x_S = \frac{M_y}{F_G}; \quad y_S = \frac{M_x}{F_G} \quad \blacktriangleright F_G = \tau \cdot g \cdot A \left(\tau \text{ in } \frac{\mathrm{kg}}{\mathrm{m}^2}\right) \begin{array}{l} \Rightarrow M_x = \tau \cdot g \cdot A \cdot y_S \\ \Rightarrow M_y = \tau \cdot g \cdot A \cdot x_S \end{array}$$

$$M_x = \frac{1}{2} \cdot \tau \cdot g \cdot \int_{x=a}^{x=b} [f(x)]^2 \,\mathrm{d}x \Rightarrow y_S = \frac{\frac{1}{2} \int_{x=a}^{x=b} [f(x)]^2 \,\mathrm{d}x}{\int_{x=a}^{x=b} f(x) \,\mathrm{d}x}; \quad y_S = \frac{\frac{1}{2} \int_{x=a}^{x=b} [f(x)]^2 \,\mathrm{d}x}{A}$$

$$M_y = \tau \cdot g \cdot \int_{x=a}^{x=b} x \cdot f(x) \,\mathrm{d}x \quad \Rightarrow x_S = \frac{\int_{x=a}^{x=b} x \cdot f(x) \,\mathrm{d}x}{\int_{x=a}^{x=b} f(x) \,\mathrm{d}x}; \quad x_S = \frac{\int_{x=a}^{x=b} x \cdot f(x) \,\mathrm{d}x}{A}$$

Beispiel: Ermitteln Sie die Koordinaten des Schwerpunktes in einem rechtwinkligen Dreieck.

Das Dreieck wird durch den Graphen der Funktion $f=\left\langle x \mapsto \frac{b}{l}x \right\rangle$ im Intervall $[0, l]$, die Gerade mit $x = l$ und die x-Achse begrenzt.

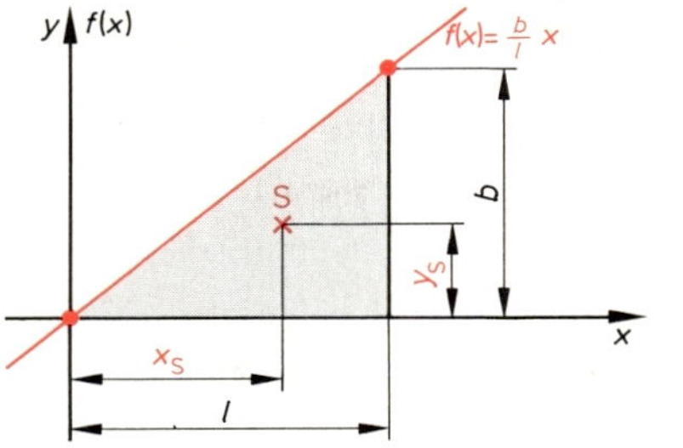

Die Werte für $f(x)$, A, a und c werden in die entwickelten Gleichungen für y_S bzw. x_S eingesetzt.

$$y_S = \frac{\frac{1}{2}\int\limits_a^c [f(x)]^2\,dx}{A} \quad ► f(x) = \frac{b}{l}x \Rightarrow [f(x)]^2 = \frac{b^2}{l^2}x^2$$

$$A = \frac{1}{2}\cdot l\cdot b$$

$$a = 0,\ c = l$$

Nach Integration im Intervall $[0, l]$ erhält man den gesuchten Schwerpunktsabstand y_S von der x-Achse.

$$= \frac{\frac{1}{2}\int\limits_0^l \frac{b^2}{l^2}x^2\,dx}{\frac{1}{2}\cdot l\cdot b}$$

$$= \frac{b}{l^3}\left[\frac{x^3}{3}\right]_0^l$$

$$= \frac{b}{l^3}\cdot\frac{l^3}{3}$$

$$= \frac{b}{3}$$

Der Abstand x_S des Schwerpunktes von der y-Achse wird mit der entsprechenden Gleichung ermittelt.

$$x_S = \frac{\int\limits_a^c x\cdot f(x)\,dx}{A} \quad ► f(x) = \frac{b}{l}x;\ A = \frac{1}{2}\cdot l\cdot b$$

$$a = 0;\ c = l$$

Die Integration im Intervall $[0, l]$ ergibt den Schwerpunktsabstand $x_S = \frac{2}{3}\,l$.

$$= \frac{\int\limits_0^l x\cdot\frac{b}{l}x\,dx}{\frac{1}{2}\cdot l\cdot b}$$

$$= \frac{\frac{b}{l}\left[\frac{x^3}{3}\right]_0^l}{\frac{1}{2}\cdot l\cdot b}$$

$$= \frac{2}{l^2}\cdot\frac{l^3}{3} = \frac{2}{3}l$$

Beispiel: Berechnen Sie den Schwerpunktsabstand x_S für die Fläche zwischen den Graphen der Funktionen $f_1 = \langle x \mapsto \sqrt{2px} \rangle$ und $f_2 = \langle x \mapsto -\sqrt{2px} \rangle$ im Intervall $[0, l]$.

Die Fläche liegt zwischen den Graphen der gegebenen Funktionen mit den Funktionsgleichungen $f_1(x) = \sqrt{2px}$ und $f_2(x) = -\sqrt{2px}$ im Intervall $[0, l]$.

Da Symmetrie zur x-Achse besteht, liegt der Schwerpunkt S für beide Teilflächen auf der Geraden im Abstand x_S von der $f(x)$-Achse.

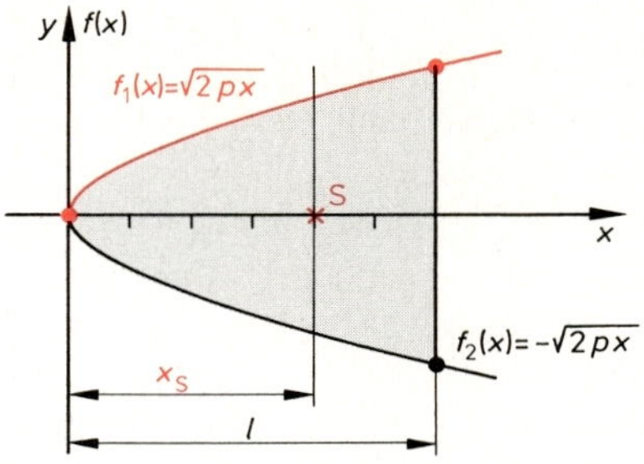

Daher muß nur eine der beiden Funktionen in die Gleichung für x_S eingesetzt werden.

$$x_S = \frac{\int_a^b x \cdot f(x)\,\mathrm{d}x}{\int_a^b f(x)\,\mathrm{d}x} \qquad \blacktriangleright f(x) \mathrel{\hat{=}} f_1(x) = \sqrt{2px}$$

$$a = 0;\ b = l$$

Gewählt wurde $f_1(x) = \sqrt{2px}$. Nach Einsetzen und Integrieren kann die Konstante $\sqrt{2p}$ gekürzt werden, d.h. sie hat keinen Einfluß auf die Lage des Schwerpunktes.

$$= \frac{\sqrt{2p} \int_0^l \sqrt{x^3}\,\mathrm{d}x}{\sqrt{2p} \int_0^l \sqrt{x}\,\mathrm{d}x}$$

$$= \frac{\frac{3}{2}\left[x^{\frac{5}{2}}\right]_0^l}{\frac{5}{2}\left[x^{\frac{3}{2}}\right]_0^l} = \frac{\frac{3}{2} \cdot l^{\frac{5}{2}}}{\frac{5}{2} \cdot l^{\frac{3}{2}}}$$

Der Schwerpunkt x_S einer Parabelfläche liegt daher immer im Abstand $\frac{3}{5} l$ vom Scheitelpunkt entfernt.

$$= \underline{\underline{\frac{3}{5} l}}$$

Beispiel: Bestimmen Sie die Lage des Schwerpunktes der Fläche unter dem Graphen der Funktion $f = \left\langle x \mapsto \frac{1}{2} \mathrm{e}^x \right\rangle$ im Intervall $[1, 3]$.

In die entwickelten Gleichungen für x_S bzw. y_S wird die Funktionsgleichung $f(x) = \frac{1}{2} \mathrm{e}^x$ eingesetzt.

Nach Integration im Intervall $[1, 3]$ erhält man die Lage des Schwerpunktes.

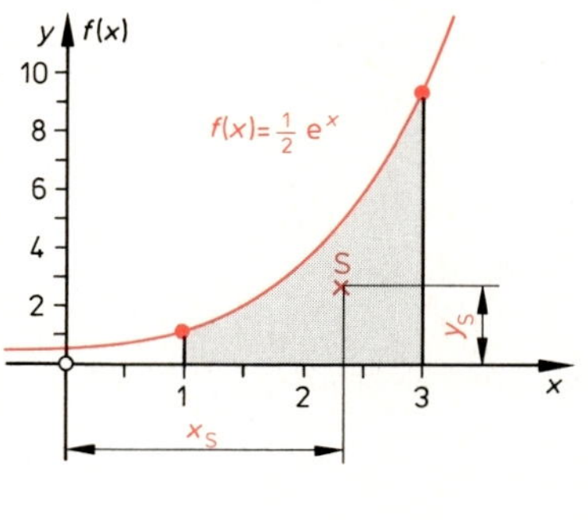

$$x_S = \frac{\int_a^b x \cdot f(x)\,dx}{\int_a^b f(x)\,dx} \qquad \blacktriangleright f(x) = \frac{1}{2}e^x \quad a = 1,\ b = 3$$

$$= \frac{\frac{1}{2}\int_1^3 x \cdot e^x\,dx}{\frac{1}{2}\int_1^3 e^x\,dx}$$

$$= \frac{[e^x(x-1)]_1^3}{[e^x]_1^3}$$

$$= \frac{e^3(3-1)}{e^3 - e} = \underline{\underline{2{,}31}}$$

$$y_S = \frac{\frac{1}{2}\int_a^b [f(x)]^2\,dx}{\int_a^b f(x)\,dx} \qquad \blacktriangleright f(x) = \frac{1}{2}e^x \Rightarrow [f(x)]^2 = \frac{1}{4}e^{2x} \quad a = 1,\ b = 3$$

$$= \frac{\frac{1}{8}\int_1^3 e^{2x}\,dx}{\frac{1}{2}\int_1^3 e^x\,dx}$$

$$= \frac{\frac{1}{8}\left[\frac{e^{2x}}{2}\right]_1^3}{\frac{1}{2}\left[e^x\right]_1^3}$$

$$= \frac{1}{8}\cdot\frac{e^6 - e^2}{e^3 - e^1} = \underline{\underline{2{,}85}}$$

Beispiel: Wo liegt der Schwerpunkt einer halbkreisförmigen Fläche?

Der Schwerpunkt liegt auf der Symmetrieachse, d.h. die Schwerpunktskoordinate x_s ist gleich Null.

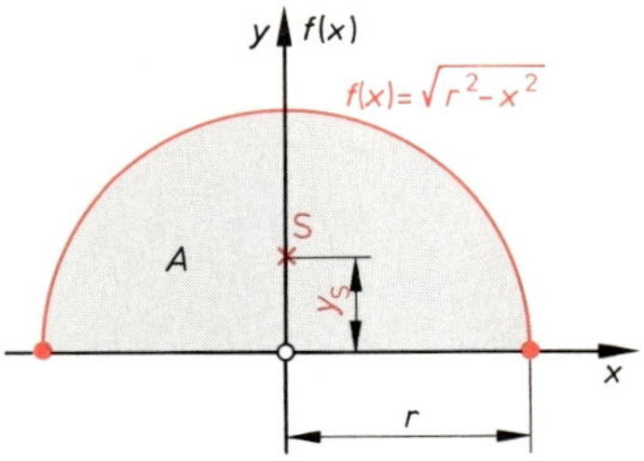

Man setzt die Kreisgleichung $f(x) = \sqrt{r^2 - x^2}$ in die Formel für y_S ein und integriert im Intervall $[-r, r]$.

$\blacktriangleright f(x) = \sqrt{r^2 - x^2} \Rightarrow [f(x)]^2 = r^2 - x^2$

$a = -r,\ b = r$

$A = \frac{r^2\pi}{2}$

$$y_S = \frac{\frac{1}{2}\int_a^b [f(x)]^2\,dx}{A}$$

$$= \frac{\int_{-r}^{r} (r^2 - x^2)\,dx}{r^2\pi}$$

$$= \frac{\left[r^2x - \frac{x^3}{3}\right]_{-r}^{r}}{r^2\pi}$$

$$= \frac{1}{r^2\pi}\left[\left(r^3 - \frac{r^3}{3}\right) - \left(-r^3 + \frac{r^3}{3}\right)\right]$$

$$= \underline{\underline{\frac{4}{3\pi}\,r}}$$

Der Schwerpunkt liegt bei $y_S = \frac{4}{3\pi}\,r$.

Beispiel: Ermitteln Sie den Abstand y_S des Schwerpunktes S von der x-Achse für die Fläche zwischen dem Graphen der Funktion $f = \langle x \mapsto \sin^2 x \rangle$ und der x-Achse im Intervall $[0, \pi]$.

Die Fläche unter dem Graphen ist im Intervall $[0, \pi]$ symmetrisch zur Geraden $x = \frac{\pi}{2}$, so daß nur noch der Schwerpunktsabstand y_S von der x-Achse zu bestimmen ist.

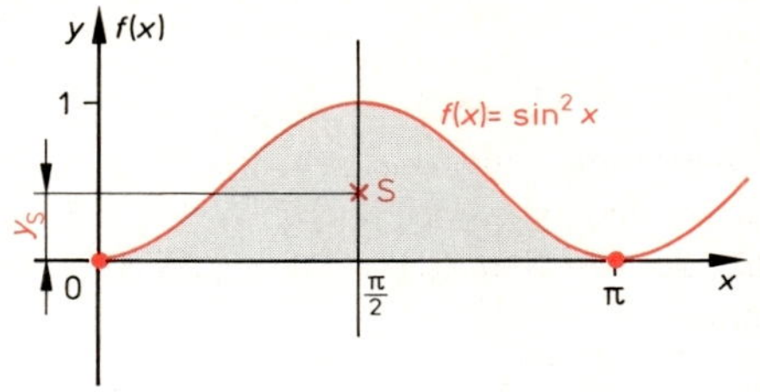

Man setzt die Funktionsgleichung $f(x) = \sin^2 x$ in die Formel für y_S ein und integriert im Intervall $[0, \pi]$.

$$y_S = \frac{\frac{1}{2}\int\limits_a^b [f(x)]^2\,dx}{\int\limits_a^b f(x)\,dx}$$

► $f(x) = \sin^2 x$

$\Rightarrow [f(x)]^2 = \sin^4 x$

$a = 0, b = \pi$

Die Integrale wurden bereits früher gelöst, und zwar:

$$\int \sin^2 x\,dx = \frac{x}{2} - \frac{1}{4}\sin(2x) + c$$

$$\int \sin^4 x\,dx = -\frac{1}{4}\sin^3 x \cdot \cos x + \frac{3}{8}x + \frac{3}{16}\sin(2x) + c$$

$$= \frac{\frac{1}{2}\int\limits_0^\pi \sin^4 x\,dx}{\int\limits_0^\pi \sin^2 x\,dx}$$

$$= \frac{\frac{1}{2}\left[-\frac{1}{4}\cdot\sin^3 x\cdot\cos x + \frac{3}{8}x - \frac{3}{16}\sin(2x)\right]_0^\pi}{\left[\frac{x}{2} - \frac{1}{4}\sin(2x)\right]_0^\pi}$$

Nach Integrieren in den Grenzen 0 bis π erhält man den gesuchten Schwerpunktsabstand y_S von der x-Achse mit $\frac{3}{8}$ Längeneinheiten.

$$y_S = \frac{\frac{1}{2}\left[\left(-\frac{1}{4}\cdot 0\cdot(-1) + \frac{3}{8}\pi - \frac{3}{16}\cdot 0\right) - \left(-\frac{1}{4}\cdot 0\cdot 1 + \frac{3}{8}\cdot 0 - \frac{3}{16}\cdot 0\right)\right]}{\left[\left(\frac{\pi}{2} - \frac{1}{4}\cdot 0\right) - \left(0 - \frac{1}{4}\cdot 0\right)\right]}$$

$$= \frac{\frac{1}{2}\cdot\frac{3}{8}\pi}{\frac{\pi}{2}} = \underline{\underline{\frac{3}{8}}}$$

● **Körperschwerpunkte**

Problem: Leiten Sie allgemeine Beziehungen zur Berechnung der Schwerpunktskoordinaten eines Körpers, insbesondere eines Rotationskörpers, her.

Ein Körper hat drei Dimensionen. Bei der Bestimmung der Lage des Schwerpunktes sind daher auch drei Schwerpunktskoordinaten x_S, y_S und z_S zu bestimmen.

Diese Koordinaten geben den Abstand des Schwerpunktes von den Bezugsebenen an, und zwar

x_S ▶ Ebene $y - z$

y_S ▶ Ebene $x - z$

z_S ▶ Ebene $x - y$

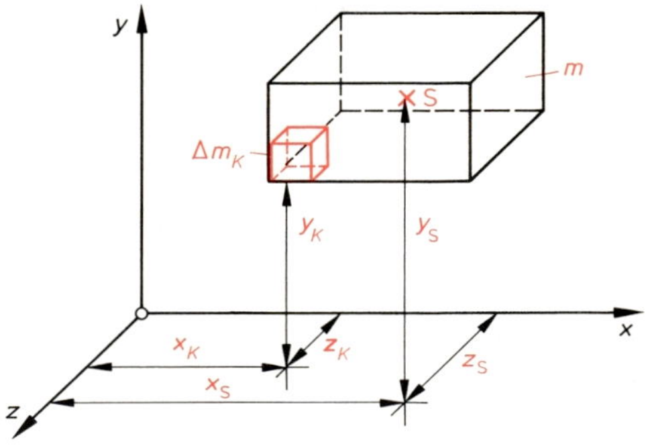

Entsteht der Körper durch die Rotation eines Funktionsgraphen z. B. um die x-Achse, so sind die beiden Koordinaten $y_S = z_S = 0$.

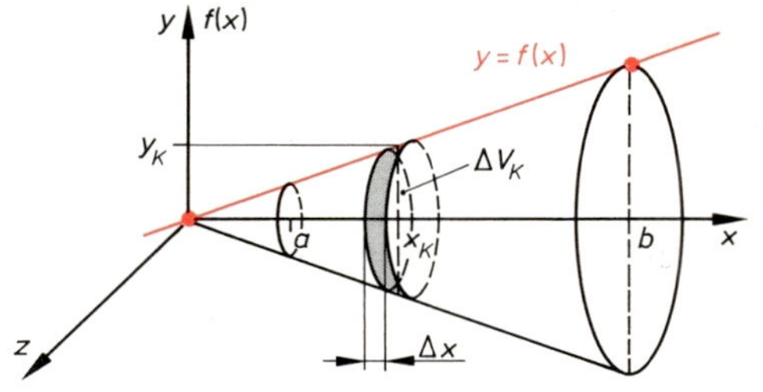

Zerlegt man den Rotationskörper in dünne Zylinder der Höhe Δx parallel zur y-z-Ebene, so gilt für das Volumen des k-ten Zylinders die Beziehung:

$$\Delta V_k = \pi \cdot y_k^2 \cdot \Delta x \quad \blacktriangleright \quad \lim_{\Delta x \to 0} \Delta V = \mathrm{d}V$$

$$\Rightarrow \mathrm{d}V = \pi \cdot y^2 \cdot \mathrm{d}x$$

$$= \pi \cdot [f(x)]^2 \cdot \mathrm{d}x$$

Das entsprechende Drehmoment, z. B. bezogen auf die $y - z$-Ebene, ergibt sich durch Multiplikation der Kraft $\Delta m_k \cdot g$ mit dem Hebelarm $x_k - x_S$.

$$M = m \cdot g \cdot l$$

$$\Delta M_{yz_k} = \Delta m_k \cdot g \cdot (x_k - x_S) \quad \blacktriangleright \quad \Delta m_k = \varrho \cdot \Delta V_k$$

$$= \varrho \cdot \Delta V_k \cdot g \cdot (x_k - x_S)$$

Zu Beginn dieses Kapitels wurden die Schwerpunktskoordinaten für den allgemeinen Körper bereits berechnet.

$$x_S = \frac{\int_m x \,\mathrm{d}m}{\int_m \mathrm{d}m}, \quad y_S = \frac{\int_m y \,\mathrm{d}m}{\int_m \mathrm{d}m}, \quad z_S = \frac{\int_m z \,\mathrm{d}m}{\int_m \mathrm{d}m}$$

Mit der konstanten Dichte ϱ gilt die Beziehung: $m = \varrho \cdot V$ bzw. $\mathrm{d}m = \varrho \cdot \mathrm{d}V$.

$$x_S = \frac{\int\limits_m x\,\mathrm{d}m}{\int\limits_m \mathrm{d}m} \quad \blacktriangleright\ \mathrm{d}m = \varrho \cdot \mathrm{d}V$$

Für $\mathrm{d}m = \varrho \cdot \mathrm{d}V$ und $\mathrm{d}V = \pi \cdot y^2 \cdot \mathrm{d}x$ läßt sich der Schwerpunktsabstand x_S berechnen.

$$= \frac{\int\limits_V x \cdot \varrho\,\mathrm{d}V}{\int\limits_V \varrho\,\mathrm{d}V} \quad \blacktriangleright\ \mathrm{d}V = \pi \cdot [f(x)]^2 \cdot \mathrm{d}x$$

Da $\int\limits_V \mathrm{d}V = V$ ist, kann bei bekanntem Volumen eine vereinfachte Formel angewendet werden:

$$x_S = \frac{\pi \cdot \int\limits_a^b x \cdot [f(x)]^2\,\mathrm{d}x}{V}$$

$$= \frac{\int\limits_a^b x \cdot \varrho \cdot \pi \cdot [f(x)]^2\,\mathrm{d}x}{\int\limits_a^b \varrho \cdot \pi \cdot [f(x)]^2\,\mathrm{d}x}$$

$$= \frac{\int\limits_a^b x \cdot [f(x)]^2\,\mathrm{d}x}{\int\limits_a^b [f(x)]^2\,\mathrm{d}x} = \frac{\pi \cdot \int\limits_a^b x \cdot [f(x)]^2\,\mathrm{d}x}{V}$$

Die Lösung für x_S wird auf y_S und z_S übertragen.

Merke:

Entsteht ein Körper durch die Rotation eines Graphen um eine Achse, so gilt für seine Schwerpunktskoordinaten und Drehmomente:

$$M_{yz} = F_G \cdot x_S \Rightarrow M_{yz} = g \cdot \varrho \cdot \pi \cdot \int\limits_{x=a}^{x=b} x \cdot [f(x)]^2\,\mathrm{d}x; \quad y_S = 0,\ z_S = 0$$

$$\Rightarrow x_S = \frac{\int\limits_{x=a}^{x=b} x \cdot [f(x)]^2\,\mathrm{d}x}{\int\limits_{x=a}^{x=b} [f(x)]^2\,\mathrm{d}x} = \frac{\pi \cdot \int\limits_{x=a}^{x=b} x \cdot [f(x)]^2\,\mathrm{d}x}{V}$$

$$M_{xz} = F_G \cdot y_S \Rightarrow M_{xz} = g \cdot \varrho \cdot \pi \cdot \int\limits_{y=c}^{y=d} y \cdot [f(y)]^2\,\mathrm{d}y; \quad x_S = 0;\ z_S = 0$$

$$\Rightarrow y_S = \frac{\int\limits_{y=c}^{y=d} y \cdot [f(y)]^2\,\mathrm{d}y}{\int\limits_{y=c}^{y=d} [f(y)]^2\,\mathrm{d}y} = \frac{\pi \cdot \int\limits_{y=c}^{y=d} y \cdot [f(y)]^2\,\mathrm{d}y}{V}$$

$$M_{xy} = F_G \cdot z_S \Rightarrow M_{xy} = g \cdot \varrho \cdot \pi \cdot \int\limits_{z=e}^{z=f} z \cdot [f(z)]^2\,\mathrm{d}z; \quad x_S = 0;\ y_S = 0$$

$$\Rightarrow z_S = \frac{\int\limits_{z=e}^{z=f} z \cdot [f(z)]^2\,\mathrm{d}z}{\int\limits_{z=e}^{z=f} [f(z)]^2\,\mathrm{d}z} = \frac{\pi \cdot \int\limits_{z=e}^{z=f} z \cdot [f(z)]^2\,\mathrm{d}z}{V}$$

Beispiel: Berechnen Sie die Lage des Schwerpunktes in einer Halbkugel bei Rotation des Graphen von $f = \langle x \mapsto \sqrt{r^2 - x^2} \rangle$ um die x-Achse und um die y-Achse.

Bei Rotation um die x-Achse legt man die Halbkugel so, daß y_S und z_S gleich Null werden. Es ist also vom Moment M_{yz} auszugehen.

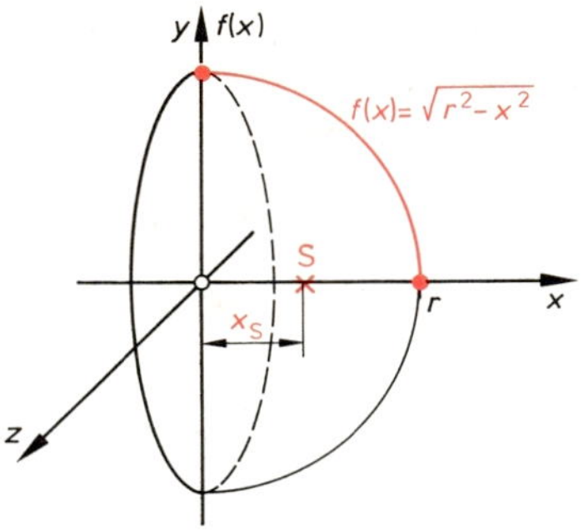

$$x_S = \frac{\pi \cdot \int_a^b x \cdot [f(x)]^2 \,dx}{V}$$

Man setzt in die Formel für x_S die Funktionsgleichung $f(x) = \sqrt{r^2 - x^2}$, das Volumen der Halbkugel $V = \frac{2}{3} \cdot \pi \cdot r^3$ und die Grenzen $a = 0$ und $b = r$ ein.

► $f(x) = \sqrt{r^2 - x^2} \Rightarrow [f(x)]^2 = r^2 - x^2$

► $V = \frac{2}{3} \cdot \pi \cdot r^3;\ a = 0, b = r$

$$= \frac{\pi \cdot \int_0^r x \cdot (r^2 - x^2) \,dx}{\frac{2}{3} \cdot \pi \cdot r^3}$$

$$= \frac{3}{2r^3} \left(r^2 \int_0^r x \,dx - \int_0^r x^3 \,dx \right)$$

$$= \frac{3}{2 \cdot r^3} \left(r^2 \left[\frac{x^2}{2} \right]_0^r - \left[\frac{x^4}{4} \right]_0^r \right)$$

$$= \frac{3}{2 \cdot r^3} \left(\frac{r^4}{2} - \frac{r^4}{4} \right)$$

Die Integration ergibt den Schwerpunktsabstand von der yz-Ebene mit $x_S = \frac{3}{8} r$.

$$= \underline{\underline{\frac{3}{8} r}};\ y_S = 0;\ z_S = 0$$

Legt man die Kreisfläche der Halbkugel in die xz-Ebene, so ist y_S zu bestimmen, während x_S und z_S gleich Null werden.

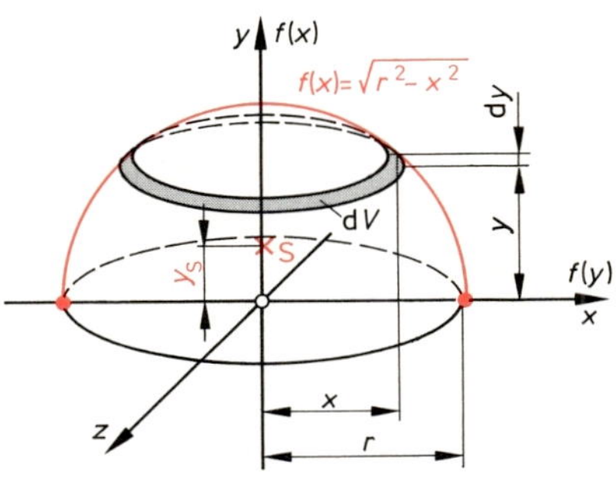

Man wählt die Formel für y_S und integriert in den Grenzen $y = 0$ bis $y = r$.

Aus der Gleichung $f(x) = \sqrt{r^2 - x^2}$ wird $f(y) = \sqrt{r^2 - y^2}$ ermittelt und in das Integral eingesetzt.

$$y_S = \frac{\pi \cdot \int\limits_c^d y \cdot [f(y)]^2 \, dy}{V}$$

► $f(y) = \sqrt{r^2 - y^2} \Rightarrow [f(y)]^2 = r^2 - y^2$

► $V = \frac{2}{3} \cdot \pi \cdot r^3$; $c = 0, d = r$

$$= \frac{\pi \cdot \int\limits_0^r y(r^2 - y^2) \, dy}{\frac{2}{3} \cdot \pi \cdot r^3}$$

$$= \frac{3}{2 \cdot r^3} \left(r^2 \int\limits_0^r y \, dy - 8^r\!\int^0 y^3 \, dy \right)$$

$$= \frac{3}{2 \cdot r^3} \left(r^2 \cdot \left[\frac{y^2}{2} \right]_0^r - \left[\frac{y^4}{4} \right]_0^r \right)$$

$$= \frac{3}{2 \cdot r^3} \left(\frac{r^4}{2} - \frac{r^4}{4} \right)$$

Beide Berechnungen führen zum gleichen Ergebnis.

$$= \underline{\underline{\frac{3}{8} r}}; \; x_S = 0, \; z_S = 0$$

Beispiel: Berechnen Sie die Schwerpunktskoordinaten eines Kreiskegels, der durch die Rotation einer Geraden um die y-Achse entsteht und die Höhe h hat.

Der Kegel liegt symmetrisch zur y-Achse, d.h. x_S und z_S sind gleich Null. Nur y_S ist zu bestimmen.

Die Gleichung der Geraden gewinnt man durch Aufstellen einer Proportion:

$$\frac{d}{2x} = \frac{h}{h - y} \Rightarrow y = -\frac{2h}{d} x + h$$

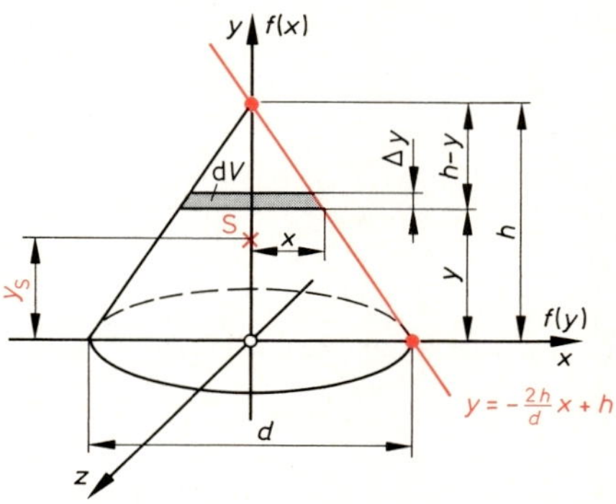

$$y_S = \frac{\pi \cdot \int\limits_c^d y \cdot [f(y)]^2 \, dy}{V} \quad ► \; V = \frac{1}{12} d^2 \pi h$$

► $c = 0, d = h$

Der Term $f(y)$ bzw. $[f(y)]^2$ läßt sich durch Umstellen der Funktionsgleichung $y = -\frac{2h}{d} x + h$ nach x und anschließendes Quadrieren berechnen.

► $y = -\frac{2h}{d} x + h \Rightarrow x = \frac{d(h - y)}{2h} = f(y)$

$$\Rightarrow x^2 = \frac{d^2 (h - y)^2}{4h^2} = [f(y)]^2$$

In die Gleichung für y_S wird $[f(y)]^2$ eingesetzt und in den Grenzen von $c = 0$ bis $d = h$ integriert.

$$y_S = \frac{\frac{\pi d^2}{4h^2} \int_0^h (h^2 y - 2hy^2 + y^3)\,dy}{\frac{1}{12} d^2 \pi h}$$

$$= \frac{3}{h^3}\left[\frac{h^2y^2}{2} - \frac{2hy^3}{3} + \frac{y^4}{4}\right]_0^h$$

$$= \frac{3}{h^3}\left(\frac{h^4}{2} - \frac{2}{3}h^4 + \frac{h^4}{4}\right)$$

$$= \underline{\underline{\frac{h}{4}}}$$

Der Schwerpunkt eines Kegels liegt also $\frac{h}{4}$ von der Grundfläche entfernt.

Beispiel: Wo liegt der Schwerpunkt eines Rotationsparaboloids mit der Funktionsgleichung $f(x) = \sqrt{x}$ und der Höhe h?

Die x-Achse wird als Rotationsachse gewählt. Damit ist x_S zu bestimmen während y_S und z_S Null werden.

Zur Auflösung muß hier auch das Volumen V mit Hilfe der Integralrechnung ermittelt werden, da eine elementare Berechnungsformel fehlt.

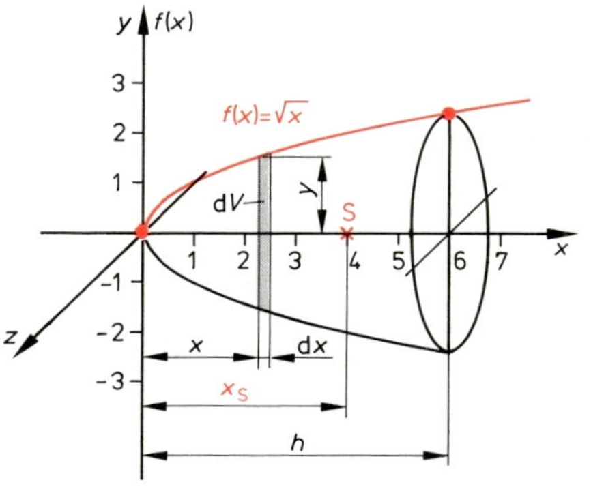

Aus der Funktionsgleichung $f(x) = \sqrt{x}$ ermittelt man $[f(x)]^2$ und setzt in die Gleichung für x_S ein.

$$x_S = \frac{\int_a^b x \cdot [f(x)]^2\,dx}{\int_a^b [f(x)]^2\,dx} \qquad \blacktriangleright f(x) = \sqrt{x} \Rightarrow [f(x)]^2 = x$$

$$a = 0,\ b = h$$

$$= \frac{\int_0^h x^2\,dx}{\int_0^h x\,dx} = \frac{\left[\frac{x^3}{3}\right]_0^h}{\left[\frac{x^2}{2}\right]_0^h} = \frac{\frac{h^3}{3}}{\frac{h^2}{2}}$$

Die Integration im Intervall $[0, h]$ führt zum Ergebnis $x_S = \frac{2}{3}h$.

$$= \underline{\underline{\frac{2}{3}h;\ y_S = 0, z_S = 0}}$$

Beispiel: Das Rotationsparaboloid des vorangegangenen Beispiels erhält eine Bohrung von 30 mm Durchmesser und 25 mm Tiefe. Ermitteln Sie die Lage des neuen Schwerpunktes.

V_P = Volumen des Paraboloids

x_P = zugehöriger Schwerpunktsabstand

V_Z = Volumen des Zylinders

x_Z = zugehöriger Schwerpunktsabstand

$V = V_P - V_Z$ ► Volumen des neuen Körpers

x_S = gesuchter Schwerpunktsabstand

h_P = Höhe des Paraboloids

h_Z = Höhe des Zylinders

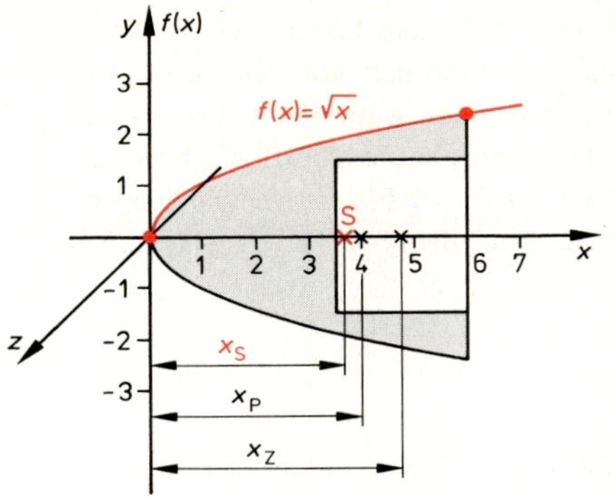

Die Summe aller Momente ist gleich Null. Durch Umstellung erhält man den gesuchten Abstand.

$$\sum M = 0$$

$$V \cdot \varrho \cdot x_S = V_P \cdot \varrho \cdot x_P - V_Z \cdot \varrho \cdot x_Z$$

$$x_S = \frac{V_P \cdot x_P - V_Z \cdot x_Z}{V}$$

Man berechnet das Volumen des Rotationsparaboloids mit Hilfe der entsprechenden Formel und setzt die Funktionsgleichung $f(x) = \sqrt{x}$ ein.

$$V_P = \pi \cdot \int_a^b [f(x)]^2 \, dx \blacktriangleright f(x) = \sqrt{x} \Rightarrow [f(x)]^2 = x$$

$$a = 0,\ b = 6\,\text{cm}$$

$$= \pi \cdot \int_0^6 x \, dx$$

$$= \pi \left[\frac{x^2}{2}\right]_0^6 = \underline{56{,}549\,\text{cm}^3}$$

$$x_P = \frac{2}{3} h \quad \blacktriangleright h = 6\,\text{cm} \Rightarrow x_P = \underline{4\,\text{cm}}$$

Die Volumen V_Z und V sowie die Schwerpunktsabstände x_P und x_Z werden elementar berechnet und in die umgestellte Momentgleichung für x_S eingesetzt.

$$V_Z = \frac{d^2 \cdot \pi \cdot h_Z}{4} \quad \blacktriangleright d = 3\,\text{cm},\ h_Z = 2{,}5\,\text{cm}$$

$$= \frac{3^2 \cdot \pi \cdot 2{,}5}{4} = \underline{17{,}671\,\text{cm}^3}$$

$$x_Z = h_P - \frac{h_Z}{2} \quad \blacktriangleright h_P = 6\,\text{cm};\ h_Z = 2{,}5\,\text{cm}$$

$$= 6 - \frac{2{,}5}{2} = \underline{4{,}75\,\text{cm}}$$

$$V = V_P - V_Z \blacktriangleright V_P = 56{,}549\,\text{cm}^3,\ V_Z = 17{,}671\,\text{cm}^3$$

$$= 56{,}549\,\text{cm}^3 - 17{,}671\,\text{cm}^3 = \underline{38{,}878\,\text{cm}^3}$$

Der neue Schwerpunkt ist 36,59 mm vom Scheitel des Paraboloids entfernt.

$$x_S = \frac{56{,}549 \cdot 4 - 17{,}671 \cdot 4{,}75}{38{,}878} = \underline{\underline{3{,}659\,\text{cm}}}$$

3.9 Guldinsche Regeln

Die Guldinschen Regeln sind bereits aus der Geometrie bekannt.

Mit diesen Regeln lassen sich Oberflächen und Volumen von Rotationskörpern berechnen, wenn der Schwerpunkt der Linie, welche die Oberfläche bzw. der Schwerpunkt der Fläche, welche das Volumen durch Rotation erzeugt, bekannt ist.

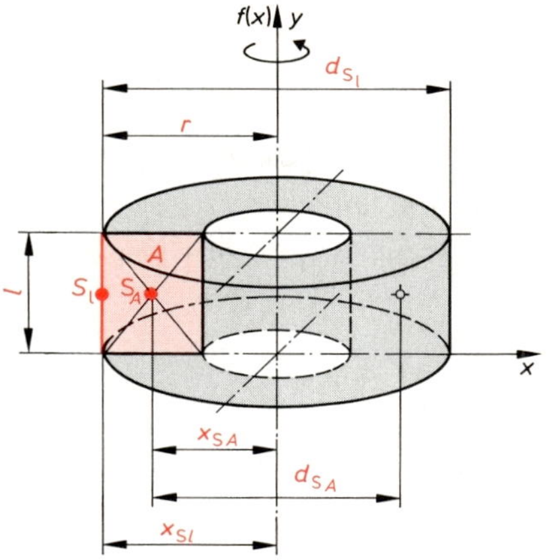

Die Oberfläche bzw. der Mantel eines Rotationskörpers ist gleich der Länge der bewegten Linie, multipliziert mit dem Weg ihres Schwerpunktes um die Drehachse.

$$A_M = l \cdot 2 \cdot x_{Sl} \cdot \pi$$

$$= l \cdot d_{Sl} \cdot \pi$$ ▶ Rotationsfläche (Mantelfläche)

Das Volumen eines Rotationskörpers ist gleich dem Inhalt der bewegten Fläche, multipliziert mit dem Weg ihres Schwerpunktes um die Drehachse.

$$V = A \cdot 2 \cdot x_{SA} \cdot \pi$$

$$= A \cdot d_{SA} \cdot \pi$$ ▶ Rotationsvolumen

Sowohl eine rotierende Linie und ihr Schwerpunkt als auch eine rotierende Fläche und ihr Schwerpunkt können oft nur mit Hilfe der Integralrechnung bestimmt werden. Längen von Linien, Inhalte von Flächen sowie Schwerpunkte von Linien und Flächen wurden bereits bestimmt, so daß die Ergebnisse nur in die bekannten elementaren Guldinschen Regeln eingesetzt werden müssen.

● Guldinsche Regel für Rotationsflächen

Bei Rotation um die y-Achse muß der Schwerpunktsabstand x_{Sl} und die Länge l in die elementare Guldinsche Regel eingesetzt werden.

$$A_y = 2\pi \cdot x_{Sl} \cdot l$$

▶ $$x_{Sl} = \frac{\int\limits_{x=a}^{x=b} x\sqrt{1 + [f'(x)]^2}\,\mathrm{d}x}{\int\limits_{x=a}^{x=b} \sqrt{1 + [f'(x)]^2}\,\mathrm{d}x}$$

▶ $$l = \int\limits_{x=a}^{x=b} \sqrt{1 + [f'(x)]^2}\,\mathrm{d}x$$

Da zwei Integrale durch Kürzen wegfallen, erhält man eine relativ einfache Gleichung.

$$\Rightarrow A_y = 2\pi \cdot \frac{\int\limits_{x=a}^{x=b} x\sqrt{1+[f'(x)]^2}\,\mathrm{d}x}{\int\limits_{x=a}^{x=b} \sqrt{1+[f'(x)]^2}\,\mathrm{d}x} \cdot \int\limits_{x=a}^{x=b} \sqrt{1+[f'(x)]^2}\,\mathrm{d}x$$

$$= 2\pi \cdot \int\limits_a^b x\sqrt{1+[f'(x)]^2}\,\mathrm{d}x$$

Für die x-Achse als Rotationsachse gilt die entsprechende Berechnung.

$$A_x = 2\pi \cdot \int\limits_{x=a}^{x=b} f(x)\sqrt{1+[f'(x)]^2}\,\mathrm{d}x$$

Merke:

$$A_x = 2\pi \cdot \int\limits_{x=a}^{x=b} f(x)\sqrt{1+[f'(x)]^2}\,\mathrm{d}x;\quad A_y = 2\pi \cdot \int\limits_{x=a}^{x=b} x\sqrt{1+[f'(x)]^2}\,\mathrm{d}x$$ ► Guldinsche Regel für Rotationsflächen

Beispiel: Überprüfen Sie die Formel zur Berechnung der Kugeloberfläche mit Hilfe der Guldinschen Regel.

Läßt man einen Halbkreis um eine Achse rotieren, so erzeugt er eine Kugeloberfläche.

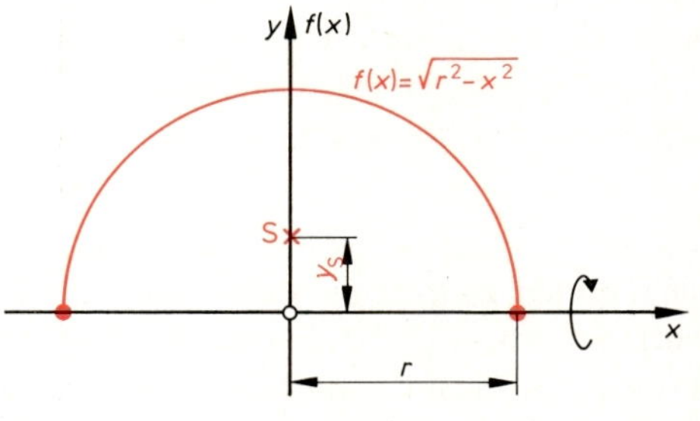

In die Gleichung für A_x setzt man die Kreisgleichung ein und integriert nach Umwandlung im Intervall $[-r, r]$.

$$A_x = 2\pi \cdot \int\limits_{x=a}^{x=b} f(x)\sqrt{1+[f'(x)]^2}\,\mathrm{d}x$$

► $f(x) = \sqrt{r^2 - x^2} \Rightarrow f'(x) = -\dfrac{x}{\sqrt{r^2-x^2}}$

$$\Rightarrow [f'(x)]^2 = \frac{x^2}{r^2-x^2}$$

► $a = -r;\ b = r$

$$= 2\pi \cdot \int\limits_{-r}^{r} \sqrt{r^2-x^2}\,\sqrt{1+\frac{x^2}{r^2-x^2}}\,\mathrm{d}x$$

Man erweitert 1 mit $r^2 - x^2$ und ermöglicht so ein Kürzen von $\sqrt{r^2 - x^2}$. Es verbleibt lediglich $\sqrt{r^2}\,\mathrm{d}x$ als Integrand.

$$A_x = 2\pi \cdot \int_{-r}^{r} \sqrt{r^2 - x^2}\, \frac{\sqrt{r^2 - x^2 + x^2}}{\sqrt{r^2 - x^2}}\, \mathrm{d}x$$

$$= 2\pi \cdot \int_{-r}^{r} r\, \mathrm{d}x$$

$$= 2\pi r [x]_{-r}^{r}$$

Das Ergebnis entspricht der bekannten Formel für die Berechnung der Kugeloberfläche.

$$= 2\pi r [r - (-r)]$$

$$= \underline{\underline{4\pi r^2}}$$

Beispiel: Berechnen Sie die Mantelfläche eines Rotationsparaboloids mit der Funktionsgleichung $f(x) = \frac{1}{2}x^2$ im Intervall $[2, 4]$ bei Rotation um die y-Achse und unter Verwendung der Guldinschen Regel.

Die Mantelfläche entsteht durch Rotation eines Parabelbogens um die y-Achse.

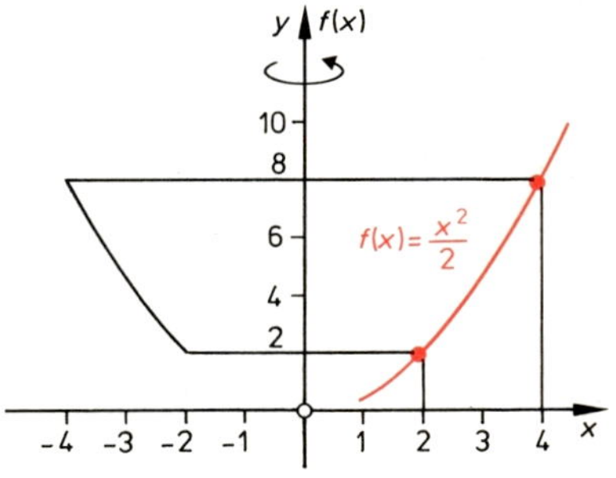

Man setzt die Gleichung $f(x) = \frac{1}{2}x^2$ in die Formel für A_y ein und integriert im Intervall $[2, 4]$.

$$A_y = 2\pi \cdot \int_{x=a}^{x=b} x\sqrt{1 + [f'(x)]^2}\, \mathrm{d}x$$

► $f(x) = \frac{x^2}{2} \Rightarrow f'(x) = x \Rightarrow [f'(x)]^2 = x^2$

► $a = 2,\ b = 4$

$$= 2\pi \cdot \int_{2}^{4} x \cdot \sqrt{1 + x^2}\, \mathrm{d}x$$

$$= 2\pi\, \frac{1}{3} \left[\sqrt{(1 + x^2)^3}\right]_2^4$$

$$= \underline{\underline{123{,}39}}$$

- **Guldinsche Regel für Rotationskörper**

Bei der Berechnung des Volumens von Rotationskörpern mit der Guldinschen Regel lassen sich vier Fälle unterscheiden.

Der erste Rotationskörper entsteht durch Rotation der Fläche zwischen Graph und x-Achse bei Rotation um die x-Achse, der zweite ergibt sich, wenn die gleiche Fläche um die y-Achse rotiert. Die Volumen erhält man mit den Gleichungen:

$$V_{xx} = 2\pi \cdot y_{SAx} \cdot [A]_a^b$$

$$V_{xy} = 2\pi \cdot x_{SAx} \cdot [A]_a^b$$

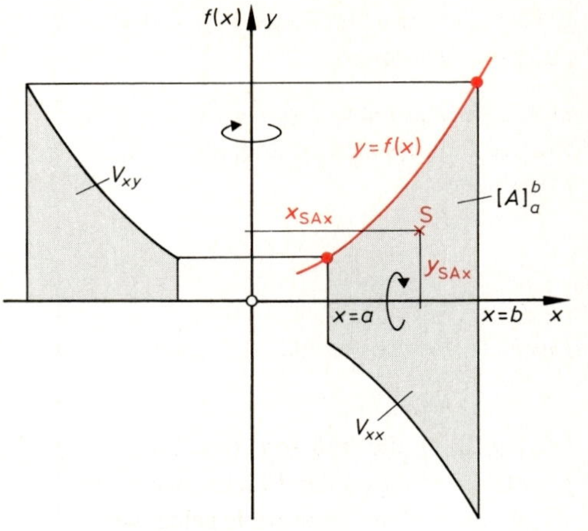

Im Kapitel Schwerpunkte wurden die Schwerpunktskoordinaten x_{SAx} und y_{SAx} in Bezug auf eine Fläche A_x zwischen Graph und x-Achse berechnet. Die Fläche $[A]_a^b$ wurde ebenfalls früher bestimmt.

Nach Einsetzen von y_{SAx} und $[A]_a^b$ kann das Integral $\int\limits_{x=a}^{x=b} f(x)\,dx$ gekürzt werden.

$$y_{SAx} = \frac{\frac{1}{2}\int\limits_{x=a}^{x=b} [f(x)]^2\,dx}{\int\limits_{x=a}^{x=b} f(x)\,dx}; \quad [A]_a^b = \int\limits_{x=a}^{x=b} f(x)\,dx$$

$$V_{xx} = 2\pi \cdot y_{SAx} \cdot [A]_a^b$$

$$= 2\pi \cdot \frac{\frac{1}{2}\int\limits_{x=a}^{x=b} [f(x)]^2\,dx}{\int\limits_{x=a}^{x=b} f(x)\,dx} \cdot \int\limits_{x=a}^{x=b} f(x)\,dx =$$

$$= \pi \cdot \int\limits_{x=a}^{x=b} [f(x)]^2\,dx$$

Rotiert die gleiche Fläche $[A]_a^b$ um die y-Achse, so ist der Schwerpunktsabstand x_{SAx} maßgebend.

$$x_{SAx} = \frac{\int\limits_{x=a}^{x=b} x \cdot f(x)\,dx}{\int\limits_{x=a}^{x=b} f(x)\,dx}; \quad [A]_a^b = \int\limits_{x=a}^{x=b} f(x)\,dx$$

$$V_{xy} = 2\pi \cdot x_{SAx} \cdot [A]_a^b$$

$$= 2\pi \cdot \frac{\int\limits_{x=a}^{x=b} x \cdot f(x)\,dx}{\int\limits_{x=a}^{x=b} f(x)\,dx} \cdot \int\limits_{x=a}^{x=b} f(x)\,dx$$

$$= 2\pi \cdot \int\limits_{x=a}^{x=b} x \cdot f(x)\,dx$$

Merke:

$V_{xx} = \pi \cdot \int\limits_{x=a}^{x=b} [f(x)]^2\,dx$	$V_{xy} = 2\pi \cdot \int\limits_{x=a}^{x=b} x \cdot f(x)\,dx$

Zwei weitere Rotationskörper entstehen, wenn die Fläche zwischen Graph und y-Achse um die x-Achse bzw. um die y-Achse rotiert. Es gelten dann die folgenden Guldinschen Regeln zur Berechnung des Volumens.

$$V_{yx} = 2\pi \cdot y_{SAy} \cdot [A]_c^d$$

$$V_{yy} = 2\pi \cdot x_{SAy} \cdot [A]_c^d$$

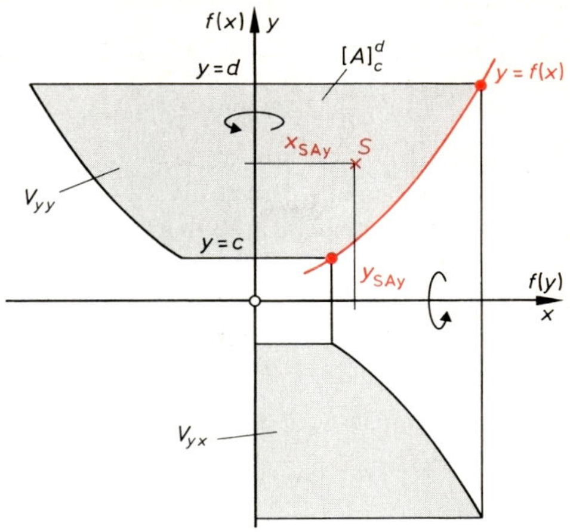

In diesem Falle müssen die Schwerpunktskoordinaten der Fläche zwischen y-Achse und Graph zugrunde gelegt werden, und zwar x_{SAy} und y_{SAy}, die man analog zu x_{SAx} und y_{SAx} erhält.

$$V_{yx} = 2\pi \cdot y_{SAy} \cdot [A]_c^d$$

$$\blacktriangleright\ y_{SAy} = \frac{\int\limits_{y=c}^{y=d} y \cdot f(y)\,\mathrm{d}y}{\int\limits_{y=c}^{y=d} f(y)\,\mathrm{d}y}\,; \quad [A]_c^d = \int\limits_{y=c}^{y=d} f(y)\,\mathrm{d}y$$

Nach Einsetzen kann die Fläche $\int\limits_{y=c}^{y=d} f(y)\,\mathrm{d}y$ gekürzt werden.

$$V_{yx} = 2\pi \cdot \frac{\int\limits_{y=c}^{y=d} y \cdot f(y)\,\mathrm{d}y}{\int\limits_{y=c}^{y=d} f(y)\,\mathrm{d}y} \cdot \int\limits_{y=c}^{y=d} f(y)\,\mathrm{d}y$$

$$= 2\pi \cdot \int\limits_{y=c}^{y=d} y \cdot f(y)\,\mathrm{d}y$$

Das Rotationsvolumen für die Fläche zwischen Graph und y-Achse bei Rotation um die y-Achse ergibt sich analog nach Einsetzen der Terme für x_{SAy} und $[A]_c^d$.

$$V_{yy} = 2\pi \cdot x_{SAy} \cdot [A]_c^d$$

$$\blacktriangleright\ x_{SAy} = \frac{\frac{1}{2}\int\limits_{y=c}^{y=d} [f(y)]^2\,\mathrm{d}y}{\int\limits_{y=c}^{y=d} f(y)\,\mathrm{d}y}\,; \quad [A]_c^d = \int\limits_{y=c}^{y=d} f(y)\,\mathrm{d}y$$

$$V_{yy} = 2\pi \cdot \frac{\frac{1}{2}\int\limits_{y=c}^{y=d} [f(y)]^2\,\mathrm{d}y}{\int\limits_{y=c}^{y=d} f(y)\,\mathrm{d}y} \cdot \int\limits_{y=c}^{y=d} f(y)\,\mathrm{d}y$$

$$= \pi \cdot \int\limits_{y=c}^{y=d} [f(y)]^2\,\mathrm{d}y$$

Merke:

$V_{yy} = \pi \cdot \int\limits_{y=c}^{y=d} [f(y)]^2 \, dy$	$V_{yx} = 2\pi \cdot \int\limits_{y=c}^{y=d} y \cdot f(y) \, dy$

Beispiel: Überprüfen Sie die Formel für das Volumen einer Kugel mit Hilfe der Guldinschen Regel.

Eine um eine Achse rotierende Halbkreisfläche erzeugt das Volumen einer Kugel.

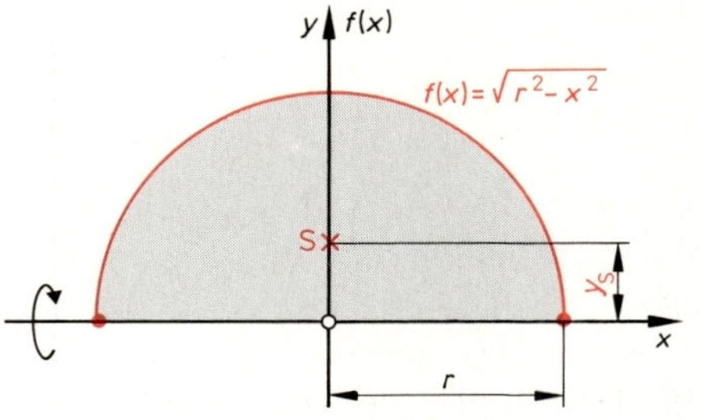

Man setzt die Kreisgleichung $f(x) = \sqrt{r^2 - x^2}$ in die entwickelte Formel für V_x ein und integriert in den Grenzen $a = -r$ bis $b = r$.

$$V_x = \pi \cdot \int\limits_{x=a}^{x=b} [f(x)]^2 \, dx \quad \blacktriangleright f(x) = \sqrt{r^2 - x^2}$$

$$\Rightarrow [f(x)]^2 = r^2 - x^2$$

$$a = -r; \; b = r$$

$$= \pi \cdot \int\limits_{-r}^{r} (r^2 - x^2) \, dx$$

$$= \pi \cdot \int\limits_{-r}^{r} r^2 \, dx - \pi \cdot \int\limits_{-r}^{r} x^2 \, dx$$

$$= \pi r^2 [x]_{-r}^{r} - \pi \left[\frac{x^3}{3}\right]_{-r}^{r}$$

$$= \pi \left(2r^3 - \frac{2}{3} r^3\right)$$

Die ermittelte Formel für das Kugelvolumen ist richtig.

$$= \underline{\underline{\frac{4}{3} \pi r^3}}$$

Wendet man die Formel für das Rotationsvolumen bei Rotation um die y-Achse analog an, so erhält man das gleiche Ergebnis für das Kugelvolumen.

$$V_y = \pi \cdot \int\limits_{y=c}^{y=d} [f(y)]^2 \, dy \quad \blacktriangleright f(y) = \sqrt{r^2 - y^2}$$

$$\Rightarrow [f(y)]^2 = r^2 - y^2$$

$$c = -r; \; d = r$$

$$= \pi \cdot \int\limits_{-r}^{r} (r^2 - y^2) \, dy$$

$$= \pi r^2 [y]_{-r}^{r} - \pi \left[\frac{y^3}{3}\right]_{-r}^{r}$$

$$= \underline{\underline{\frac{4}{3} \pi r^3}}$$

Beispiel: Berechnen Sie das Volumen des Rotationskörpers, der entsteht, wenn der Graph von $f = \langle x \mapsto 2 \cdot \ln x \rangle$ im Intervall $[2, 6]$ um die x-Achse rotiert.

Zur Berechnung benötigt man die Guldinsche Regel bei Rotation um die x-Achse.

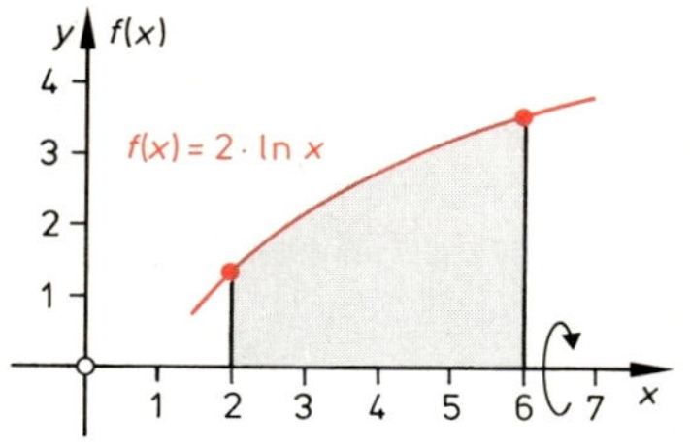

Man setzt $f(x) = 2 \cdot \ln x$ ein und erhält ein Integral, das bereits früher gelöst wurde.

$$\int \ln^2 x \, dx = x \cdot \ln^2 x - 2x \cdot \ln x + 2x + c$$

$$V_x = \pi \int_a^b [f(x)]^2 \, dx \quad \blacktriangleright f(x) = 2 \cdot \ln x$$

$$\Rightarrow [f(x)]^2 = 4 \cdot \ln^2 x$$

$$a = 2; \; b = 6$$

$$= \pi \cdot 4 \cdot \int_2^6 \ln^2 x \, dx$$

$$= 4\pi [x \cdot \ln^2 x - 2x \cdot \ln x + 2x]_2^6$$

Die Integration im Intervall $[2, 6]$ ergibt 95,165 Volumeneinheiten.

$$= 4\pi (6 \ln^2 6 - 12 \ln 6 + 12 - 2 \ln^2 2 + 4 \ln 2 - 4)$$

$$= \underline{\underline{95{,}165}}$$

3.10 Trägheitsmomente

Befestigt man an den Enden eines im Punkte P unterstützten masselosen Hebels die Punktmassen m_1 bzw. m_2, so wird sich der Hebel drehen, falls die Drehmomente $M_1 = m_1 \cdot g \cdot r_1$ und $M_2 = m_2 \cdot g \cdot r_2$ verschieden sind.

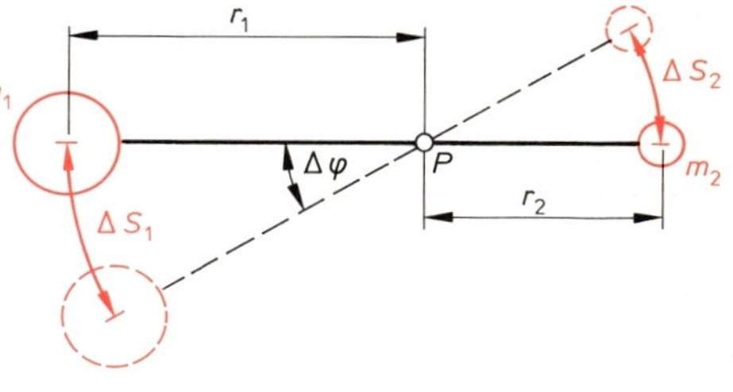

Dreht sich die Masse m_1 mit der Geschwindigkeit v_1 und m_2 mit v_2, so kann man die kinetische Energie E_1 bzw. E_2 beider Massen berechnen.

$$E_{1_{\text{kin}}} = \frac{1}{2} m_1 v_1^2 \quad \blacktriangleright v_1 = \frac{\Delta s_1}{\Delta t}$$

$$E_{2_{\text{kin}}} = \frac{1}{2} m_2 v_2^2 \quad \blacktriangleright v_2 = \frac{\Delta s_2}{\Delta t}$$

Die Wege Δs_1 und Δs_2 der Massen entsprechen den Kreisbögen um den Drehpunkt P mit den Radien r_1 bzw. r_2 und dem für beide Massen gleichen Winkel $\Delta\varphi$.
Da beide Massen starr miteinander verbunden sind, beschreiben sie in einer Zeiteinheit den gleichen Winkel, d.h. ihre Winkelgeschwindigkeit ω ist gleich.

$$v_1 = \frac{\Delta s_1}{\Delta t} \quad \blacktriangleright \; \Delta s_1 = r_1 \Delta\varphi; \; \frac{\Delta\varphi}{\Delta t} = \omega$$

$$\Rightarrow v_1 = r_1 \omega$$

$$v_2 = \frac{\Delta s_2}{\Delta t} \quad \blacktriangleright \; \Delta s_2 = r_2 \Delta\varphi; \; \frac{\Delta\varphi}{\Delta t} = \omega$$

$$\Rightarrow v_2 = r_2 \omega$$

Die Bewegungsenergie E_{kin} der beiden Massen m_1 und m_2 läßt sich also in Abhängigkeit vom Abstand r_1 bzw. r_2 und von der Winkelgeschwindigkeit ω darstellen.

$$E_{1_{\text{kin}}} = \frac{1}{2} m_1 (r_1\omega)^2 = \frac{1}{2} m_1 r_1^2 \omega^2$$

$$E_{2_{\text{kin}}} = \frac{1}{2} m_2 (r_2\omega)^2 = \frac{1}{2} m_2 r_2^2 \omega^2$$

Rotieren nun nicht wie im Beispiel zwei Massen um einen Punkt P sondern n Massenteilchen Δm_k einer Gesamtmasse m, so errechnet man die kinetische Energie dieser Masseteilchen entsprechend.

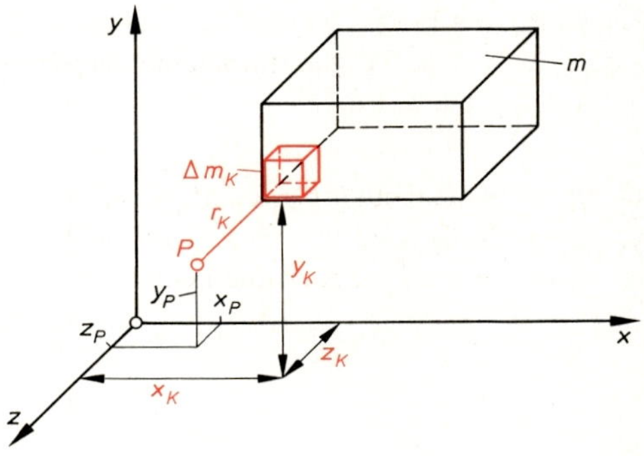

Addiert man die Anteile jedes Masseelementes zur kinetischen Energie E_{kin}, so erhält man die der gesamten Masse. Dabei ist r_k der Abstand des Elementes Δm_k von der Achse durch den Punkt P.

$$E_{\text{kin}} = \sum_{k=1}^{n} E_{k_{\text{kin}}} = \sum_{k=1}^{n} \frac{1}{2} m_k r_k^2 \omega^2$$

$$= \frac{1}{2} \omega^2 \cdot \sum_{k=1}^{n} m_k r_k^2$$

Der Abstand r_k läßt sich mit Hilfe des pythagoräischen Lehrsatzes durch die Koordinaten x_k, x_p, y_k, y_p, z_k und z_p ausdrücken.

$$r_k^2 = (x_k - x_p)^2 + (y_k - y_p)^2 + (z_k - z_p)^2$$

Liegt die Drehachse im Ursprung, d.h. werden x_p, y_p und z_p gleich Null, so ergibt sich eine vereinfachte Schreibweise für r_k.

$$x_p = y_p = z_p = 0$$

$$\Rightarrow r_k^2 = x_k^2 + y_k^2 + z_k^2$$

Verkleinert man die Masseelemente Δm_k immer mehr, d.h. bildet man den Grenzwert $\lim_{\Delta V \to 0} \Delta m = \mathrm{d}m$, so erhält man eine Gleichung für die kinetische Energie E_{kin} der Gesamtmasse m im Abstand r vom Drehpunkt.

$$E_{\text{kin}} = \frac{1}{2}\,\omega^2 \sum_{k=1}^{n} m_k r_k^2$$

$$\Rightarrow E_{\text{kin}} = \frac{1}{2}\,\omega^2 \cdot \int_m r^2\,\mathrm{d}m$$

Merke:

> Der Term $\int_m r^2\,\mathrm{d}m = I$ wird als Trägheitsmoment einer Masse m bezeichnet. Die Einheit des Trägheitsmomentes lautet [kg m²].

Je nach Art der Drehung einer Masse um einen Punkt, eine Achse oder eine Fläche unterscheidet man verschiedene Trägheitsmomente derselben Masse.

Bezieht man die Rotation einer Masse m auf einen Punkt, den Pol P, so spricht man vom polaren Trägheitsmoment I_p.

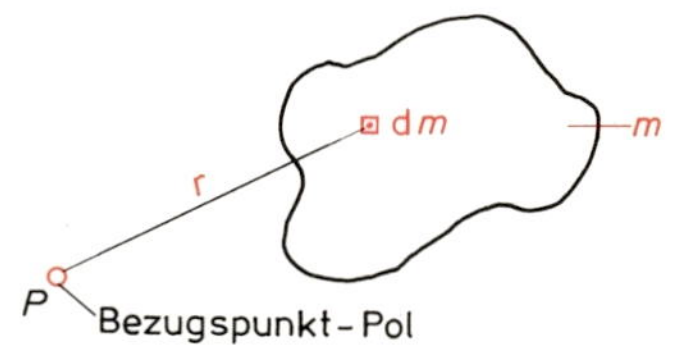

$I_p = \int_m r^2\,\mathrm{d}m$ ▶ polares Trägheitsmoment

Wegen $r^2 = x^2 + y^2 + z^2$ erhält man zu jeder der drei Koordinatenachsen ein sogenanntes axiales Trägheitsmoment I_x, I_y oder I_z.

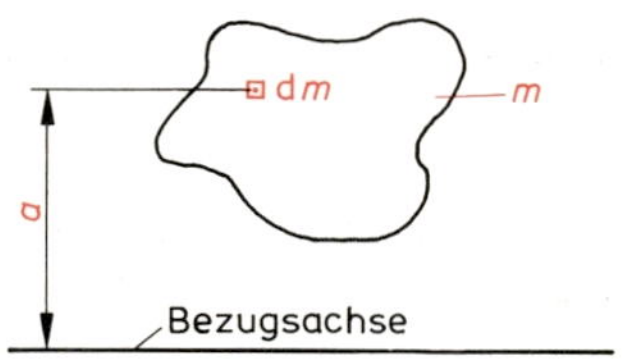

$x = 0 \Rightarrow r^2 = y^2 + z^2$ | $I_x = \int_m (y^2 + z^2)\,\mathrm{d}m$

$y = 0 \Rightarrow r^2 = x^2 + z^2$ | $I_y = \int_m (x^2 + z^2)\,\mathrm{d}m$

$z = 0 \Rightarrow r^2 = x^2 + y^2$ | $I_z = \int_m (x^2 + y^2)\,\mathrm{d}m$

} axiale Trägheitsmomente

Außerdem gibt es zu jeder der drei zueinander senkrecht im Raum stehenden Ebenen ein sogenanntes planares Trägheitsmoment.

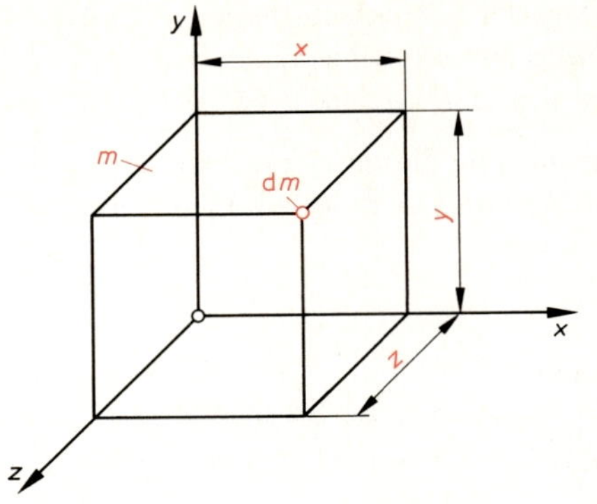

$r^2 = x^2 + y^2 + z^2$ ▶ $y = z = 0 \Rightarrow r^2 = x^2$

▶ $x = z = 0 \Rightarrow r^2 = y^2$

▶ $x = y = 0 \Rightarrow r^2 = z^2$

$$\left.\begin{aligned} I_{yz} &= \int_m x^2 \,\mathrm{d}m \\ I_{xz} &= \int_m y^2 \,\mathrm{d}m \\ I_{xy} &= \int_m z^2 \,\mathrm{d}m \end{aligned}\right\}$$ planare Trägheitsmomente

Merke:

$I_p = \int_m r^2 \,\mathrm{d}m$	▶ polares Trägheitsmoment
$I_x = \int_m (y^2 + z^2)\,\mathrm{d}m;\ I_y = \int_m (x^2 + z^2)\,\mathrm{d}m;\ I_z = \int_m (x^2 + y^2)\,\mathrm{d}m$	▶ axiale Trägheitsmomente
$I_{yz} = \int_m x^2 \,\mathrm{d}m;\ I_{xz} = \int_m y^2 \,\mathrm{d}m;\ I_{xy} = \int_m z^2 \,\mathrm{d}m$	▶ planare Trägheitsmomente

● **Trägheitsmomente linienförmiger Massen**

Problem: Ermitteln Sie das polare Trägheitsmoment I_p und die axialen Trägheitsmomente I_x und I_y für linienförmige homogene Massen entlang dem Graphen einer Funktion $f = \langle x \mapsto f(x) \rangle$ im Intervall $[a, b]$.

Wie bei der Berechnung der Linienschwerpunkte geht man von einer konstanten Längendichte $\sigma = \dfrac{m}{l}$ in $\dfrac{\text{kg}}{\text{m}}$ aus. Damit ist die Masse des Kurvenstücks $m = l \cdot \sigma$ bzw. $\Delta m_k = \Delta l_k \cdot \sigma$.

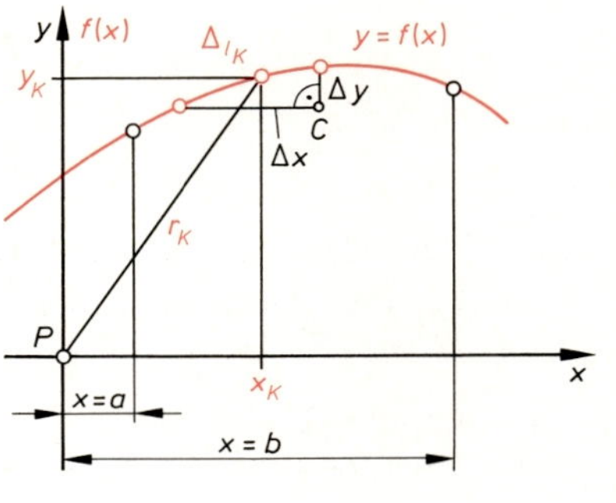

Das polare Trägheitsmoment erhält man, wenn man dm durch $\sigma \cdot \mathrm{d}l$ ersetzt.

$$I_p = \int_m r^2 \,\mathrm{d}m \quad \blacktriangleright\ \mathrm{d}m = \sigma \cdot \mathrm{d}l$$

$$= \int_a^b r^2 \cdot \sigma \,\mathrm{d}l$$

$$= \sigma \cdot \int_a^b r^2 \,\mathrm{d}l \quad \blacktriangleright \text{ polares Trägheitsmoment}$$

Aus der Beziehung $r^2 = x^2 + y^2$ ergeben sich die axialen Trägheitsmomente I_x und I_y, wenn man $x = 0$ bzw. $y = 0$ setzt.

$$I_p = \sigma \cdot \int_a^b r^2 \,\mathrm{d}l \quad \blacktriangleright\ r^2 = x^2 + y^2$$

$$= \sigma \cdot \int_a^b (x^2 + y^2) \,\mathrm{d}l$$

$$x = 0 \Rightarrow I_x = \sigma \cdot \int_a^b y^2 \,\mathrm{d}l$$

$$y = 0 \Rightarrow I_y = \sigma \cdot \int_a^b x^2 \,\mathrm{d}l$$

Gleichzeitig kann man erkennen, daß das polare Trägheitsmoment gleich der Summe von zwei axialen Trägheitsmomenten ist.

$$I_p = \sigma \cdot \int_a^b (x^2 + y^2) \,\mathrm{d}l$$

$$= \sigma \cdot \int_a^b x^2 \,\mathrm{d}l + \sigma \cdot \int_a^b y^2 \,\mathrm{d}l$$

$$= \quad I_y \quad + I_x$$

Merke:

Linienförmig entlang einem Funktionsgraphen angeordnete homogene Massen mit konstanter Längendichte $\sigma = \frac{m}{l}$ [kg m^{-1}] haben folgende Trägheitsmomente:

$$I_p = \sigma \cdot \int_a^b r^2 \,\mathrm{d}l \quad \blacktriangleright \text{ polares Trägheitsmoment}$$

$$I_x = \sigma \cdot \int_a^b y^2 \,\mathrm{d}l; \; I_y = \sigma \cdot \int_a^b x^2 \,\mathrm{d}l \quad \blacktriangleright \text{ axiale Trägheitsmomente}$$

$\blacktriangleright$ $\mathrm{d}l = \sqrt{1 + [f'(x)]^2}\,\mathrm{d}x$ (siehe Kapitel „Bogenlängen“)

Merke:

Das polare Trägheitsmoment ist gleich der Summe der entsprechenden axialen Trägheitsmomente:

$$I_p = I_x + I_y$$

Beispiel: Berechnen Sie polare und axiale Trägheitsmomente des Graphen mit $f(x) = 2x$ im Intervall $[0, 1]$.

In die Gleichung für das axiale Trägheitsmoment I_x wird für dl der Term $\sqrt{1 + [f'(x)]^2}\,dx$ eingesetzt, der aus der Berechnung von Bogenlängen bekannt ist.

$$I_x = \sigma \cdot \int_a^b y^2\,dl \quad \blacktriangleright\ dl = \sqrt{1 + [f'(x)]^2}\,dx$$

$$= \sigma \cdot \int_a^b y^2 \sqrt{1 + [f'(x)]^2}\,dx$$

$$\blacktriangleright\ y = f(x) = 2x \Rightarrow f'(x) = 2 \Rightarrow [f'(x)]^2 = 4$$

$$\blacktriangleright\ a = 0; b = 1$$

$$= \sigma \cdot \int_0^1 4x^2 \sqrt{1 + 4}\,dx$$

$$= \sigma \cdot 4\sqrt{5} \int_0^1 x^2\,dx$$

Nach Einsetzen von y^2, dl, a und b erhält man das gesuchte Trägheitsmoment, in das dann der jeweilige Wert für die Längendichte σ einzusetzen ist.

$$= \sigma \cdot 4\sqrt{5} \left[\frac{x^3}{3}\right]_0^1$$

$$= \underline{\underline{\frac{4}{3}\sqrt{5} \cdot \sigma}}$$

In gleicher Weise wird das axiale Trägheitsmoment I_y berechnet.

$$I_y = \sigma \cdot \int_a^b x^2\,dl$$

$$= \sigma \cdot \int_a^b x^2 \cdot \sqrt{1 + [f'(x)]^2}\,dx$$

$$\blacktriangleright\ f(x) = 2x \Rightarrow f'(x) = 2 \Rightarrow [f'(x)]^2 = 4$$

$$\blacktriangleright\ a = 0; b = 1$$

$$= \sigma \cdot \int_0^1 x^2 \cdot \sqrt{5}\,dx$$

$$= \sigma \cdot \sqrt{5} \cdot \left[\frac{x^3}{3}\right]_0^1$$

$$= \underline{\underline{\frac{1}{3}\sqrt{5} \cdot \sigma}}$$

$$I_p = I_x + I_y$$

$$= \frac{4}{3}\sqrt{5} \cdot \sigma + \frac{1}{3}\sqrt{5} \cdot \sigma$$

Die Summe der beiden axialen Trägheitsmomente ergibt das polare Trägheitsmoment I_p.

$$= \underline{\underline{\frac{5}{3}\sqrt{5} \cdot \sigma}}$$

Beispiel: Berechnen Sie die Trägheitsmomente einer dünnen, homogenen Stange mit der Masse m und der Länge l für folgende Fälle:

a) Die Drehachse verläuft senkrecht durch den Mittelpunkt.
b) Die Drehachse verläuft senkrecht durch das Ende der Stange.

a) Man legt die Drehachse in den Ursprung und die Stange entlang der x-Achse.

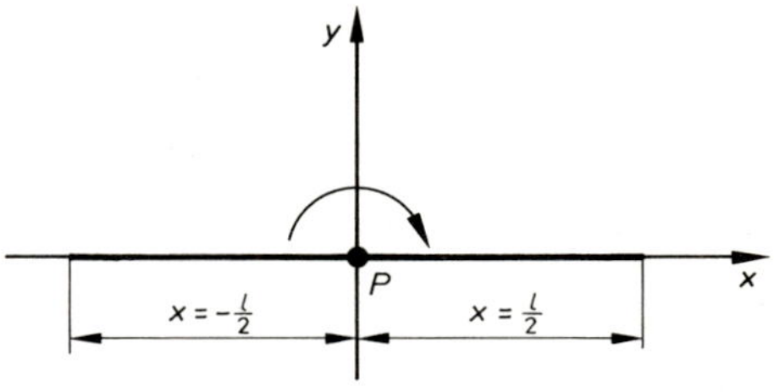

Damit wird das Trägheitsmoment $I_x = 0$ und folglich $I_y = I_p$.
Nach Einsetzen von σ und Integration erhält man das gesuchte Trägheitsmoment.

$$I_x = 0 \Rightarrow I_y = I_p = \sigma \cdot \int_{-\frac{l}{2}}^{\frac{l}{2}} x^2\,dx \quad \blacktriangleright \sigma = \frac{m}{l}$$

$$= \frac{m}{l}\left[\frac{x^3}{3}\right]_{-\frac{l}{2}}^{\frac{l}{2}}$$

$$= \underline{\underline{\frac{1}{12}\,ml^2}}$$

b) Legt man die Drehachse an das Ende der homogenen Stange, so ergibt sich ein größeres Trägheitsmoment, da mehr Masseteilchen von der Drehachse entfernt liegen und somit die kinetische Energie größer wird. Das Trägheitsmoment wächst nämlich mit dem Quadrat des Abstandes der Masseteilchen von der Drehachse.

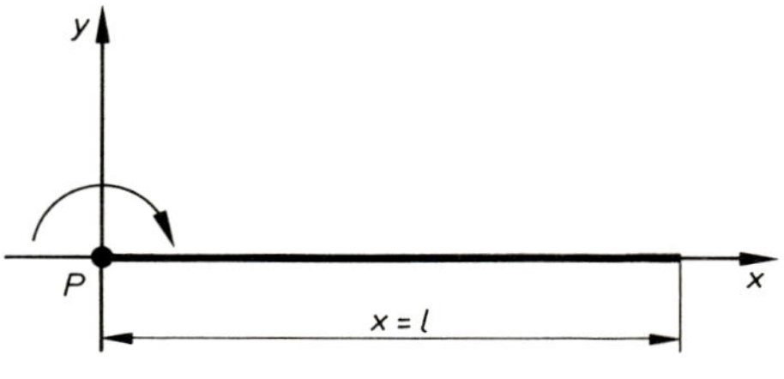

$$I_x = 0 \Rightarrow I_y = I_p = \sigma \cdot \int_{-\frac{l}{2}}^{\frac{l}{2}} x^2\,dx \quad \blacktriangleright \sigma = \frac{m}{l}$$

$$I_x = 0 \Rightarrow I_y = I_p = \sigma \cdot \int_{0}^{l} x^2\,dx \quad \blacktriangleright \sigma = \frac{m}{l}$$

$$= \frac{m}{l}\left[\frac{x^3}{3}\right]_{0}^{l}$$

$$= \underline{\underline{\frac{1}{3}\,ml^2}}$$

● **Trägheitsmomente flächenförmiger Massen**

Problem: Entwickeln Sie die Trägheitsmomente für gleichmäßig über die Fläche unter einem Graphen verteilte Massen.

Zur Lösung des Problems muß man sich die Masse m gleichmäßig über die Fläche A unter dem Graphen im Intervall $[a, b]$ verteilt vorstellen. Man spricht dabei von einer konstanten Flächendichte $\tau = \frac{m}{A}$ mit der Einheit $\frac{\text{kg}}{\text{m}^2}$, so daß die Masse der Fläche A mit $m = \tau \cdot A$, die des Flächenstücks ΔA_K mit $\Delta m_K = \tau \cdot \Delta A_K$ angegeben werden kann.

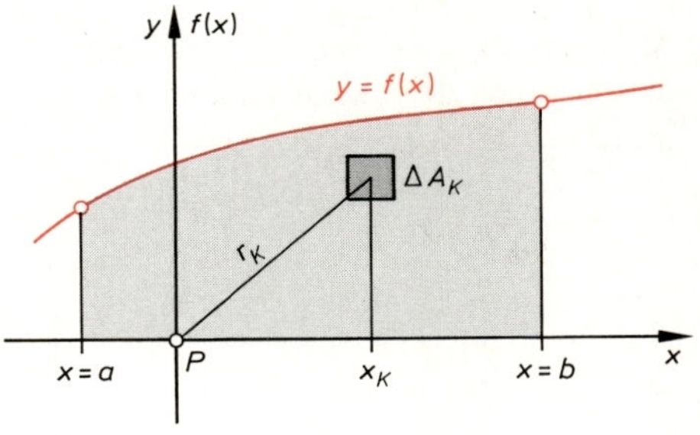

Durch Einsetzen von $\mathrm{d}m = \tau \cdot \mathrm{d}A$ erhält man die gesuchten Trägheitsmomente, nämlich I_p, I_x und I_y.

$$I_p = \int_m r^2 \,\mathrm{d}m \blacktriangleright \mathrm{d}m = \tau \cdot \mathrm{d}A$$

$$= \int_A r^2 \cdot \tau \,\mathrm{d}A$$

$$= \tau \cdot \int_A r^2 \,\mathrm{d}A \blacktriangleright \text{polares Trägheitsmoment}$$

$$\left.\begin{aligned} \Rightarrow I_x &= \tau \cdot \int_A y^2 \,\mathrm{d}A \\ I_y &= \tau \cdot \int_A x^2 \,\mathrm{d}A \end{aligned}\right\} \text{axiale Trägheitsmomente}$$

Merke:

Eine gleichmäßig über die Fläche A unter einem Funktionsgraphen verteilte homogene Masse mit konstanter Flächendichte $\tau = \frac{m}{A}$ [kg m^{-2}] hat folgende Trägheitsmomente:

$$I_p = \tau \cdot \int_A r^2 \,\mathrm{d}A \blacktriangleright \text{polares Trägheitsmoment}$$

$$I_x = \tau \cdot \int_A y^2 \,\mathrm{d}A;\; I_y = \tau \cdot \int_A x^2 \,\mathrm{d}A \blacktriangleright \text{axiale Trägheitsmomente}$$

Zur Berechnung von $\mathrm{d}A$ ▶ siehe Kapitel „Flächeninhalt ebener Flächen".

Beispiel: Berechnen Sie die axialen Trägheitsmomente eines Rechtecks bezogen auf beide Symmetrieachsen bzw. auf eine Rechteckseite.

Zur Lösung der Aufgabe wird einmal die Fläche symmetrisch zum Koordinatenkreuz angeordnet, zum anderen wird die Seite l mit der y-Achse, die Seite b mit der x-Achse zur Deckung gebracht.

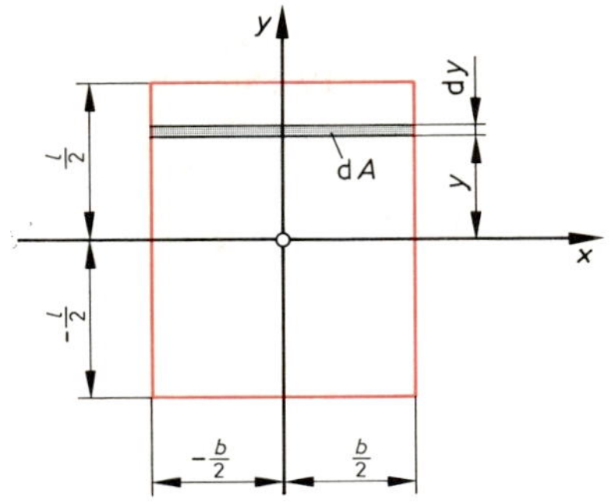

Die Fläche unter dem Graphen mit $y = \frac{l}{2}$ im Intervall $\left[-\frac{b}{2}, \frac{b}{2}\right]$ errechnet sich mit $dA = b \cdot dy$. Nach Einsetzen und Integrieren ergibt sich I_x.

$$I_x = \tau \cdot \int_A y^2 \, dA \quad \blacktriangleright \, dA = b \cdot dy$$

$$= \tau \cdot \int_{-\frac{l}{2}}^{\frac{l}{2}} y^2 \cdot b \, dy$$

$$= \tau b \left[\frac{y^3}{3}\right]_{-\frac{l}{2}}^{\frac{l}{2}}$$

Das Trägheitsmoment I_y ergibt sich analog indem man l und b vertauscht.

$$= \underline{\underline{\frac{\tau b l^3}{12}}} \Rightarrow I_y = \underline{\underline{\frac{\tau b^3 l}{12}}} \quad \blacktriangleright \, \tau = \frac{m}{A}$$

$$A = l \cdot b$$

$$\Rightarrow \; I_x = \frac{l^2}{12} m; \; I_y = \frac{b^2}{12} m$$

Wird als Bezugslinie des Rechtecks die Seite b gewählt, so ändern sich lediglich die Integrationsgrenzen.

$$I_{x_b} = \tau \cdot \int_0^l y^2 \cdot b \, dy \quad \blacktriangleright \, \tau = \frac{m}{A} = \frac{m}{l \cdot b}$$

$$= \frac{mb}{lb} \left[\frac{y^3}{3}\right]_0^l$$

$$= \underline{\underline{\frac{1}{3} l^2 m}}$$

Beispiel: Bestimmen Sie das axiale und das polare Trägheitsmoment eines Kreises.

Die Kreisfläche wird in Flächenstreifen dA mit der Länge $2x$ und der Breite dy zerlegt. Multipliziert man diese Flächenstreifen jeweils mit dem Quadrat ihres Abstandes von der Bezugsachse und addiert diese Produkte, so erhält man das Trägheitsmoment der Kreisfläche.

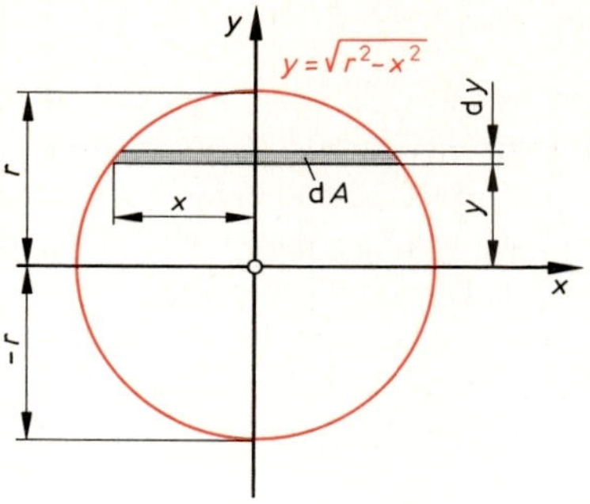

dA wird durch $2x \cdot \mathrm{d}y$ ersetzt.

$$I_x = \tau \cdot \int_{-r}^{r} y^2 \,\mathrm{d}A \quad \blacktriangleright \mathrm{d}A = 2x \cdot \mathrm{d}y$$

Die Kreisgleichung $y = \sqrt{r^2 - x^2}$ wird nach x umgestellt und eingesetzt.

$$= 2\tau \cdot \int_{-r}^{r} y^2 x \,\mathrm{d}y \quad \blacktriangleright x = \sqrt{r^2 - y^2}$$

Das nebenstehende Integral wurde bereits gelöst.

$$= 2\tau \cdot \int_{-r}^{r} y^2 \sqrt{r^2 - y^2} \,\mathrm{d}y$$

$$\int x^2 \sqrt{a^2 - x^2} \,\mathrm{d}x = -\frac{x}{4}\sqrt{(a^2 - x^2)^3} + \frac{a^2 x}{8}\sqrt{a^2 - x^2} - \frac{a^4}{8} \operatorname{Arcsin} \frac{x}{a}$$

$$= \tau \cdot \left[\frac{y}{2}\sqrt{r^2 - y^2} \cdot (2y^2 - r^2) + \frac{y^4}{4} \operatorname{Arcsin} \frac{y}{r}\right]_{-r}^{r}$$

$$= \tau \left(\frac{r^4}{4} \operatorname{Arcsin} \frac{r}{r} - \frac{r^4}{4} \operatorname{Arcsin} \frac{-r}{r}\right)$$

$$= \tau \cdot \frac{r^4}{2} \operatorname{Arcsin} 1 \quad \blacktriangleright \operatorname{Arcsin} 1 = \frac{\pi}{2}$$

$$= \tau \cdot \frac{r^4 \cdot \pi}{4} \quad \blacktriangleright \tau = \frac{m}{A} = \frac{m}{\pi r^2}$$

Wegen der Symmetrie des Kreises ist $I_x = I_y$.

$$\underline{\underline{I_x = \frac{1}{4} m r^2}} \Rightarrow \underline{\underline{I_y = \frac{1}{4} m r^2}}$$

Bei der Ermittlung des polaren Trägheitsmomentes wird der Kreis in kreisringförmige Flächenstreifen der Breite dϱ zerlegt.

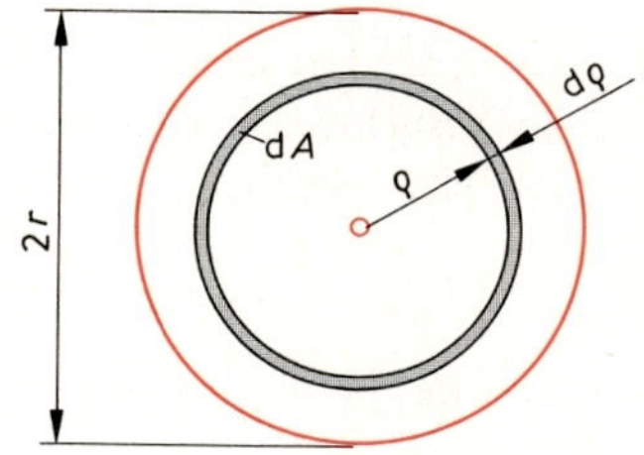

Diese Flächen dA werden mit dem Quadrat ihres Abstandes ϱ vom Pol multipliziert und die Produkte addiert.

$$I_p = \tau \cdot \int_A r^2\,dA \quad \blacktriangleright dA = 2\pi \cdot \varrho \cdot d\varrho, \quad r = \varrho$$

$$= \tau \cdot \int_0^r \varrho^2 \cdot 2\pi \cdot \varrho\, d\varrho$$

$$= \tau \cdot 2\pi \cdot \int_0^r \varrho^3\, d\varrho \quad \blacktriangleright \tau = \frac{m}{A} = \frac{m}{r^2\pi}$$

$$= \frac{m \cdot 2\pi}{r^2\pi}\left[\frac{\varrho^4}{4}\right]_0^r$$

Das polare Trägheitsmoment der Kreisfläche ist doppelt so groß wie das axiale Trägheitsmoment.

$$= \frac{1}{2} mr^2$$

Beispiel: Berechnen Sie das axiale Trägheitsmoment eines gleichschenkligen Dreiecks bezogen auf die Basis.

Die Beziehungen zwischen l, y, b und x_b ergeben sich aus der Ähnlichkeit der Dreiecke.

$$x_b : b = (l - y) : l$$

$$\frac{x_b}{b} = \frac{l-y}{l}$$

$$x_b = \frac{b(l-y)}{l}$$

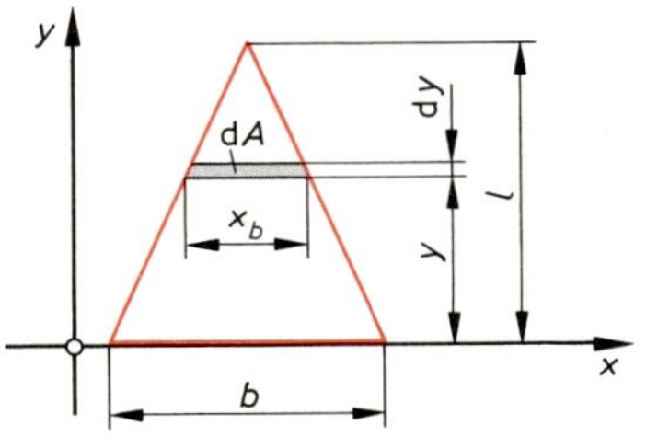

$$I_x = \tau \cdot \int_0^l y^2\,dA \quad \blacktriangleright dA = dy \cdot x_b$$

$$= \tau \cdot \int_0^l y^2\, x_b\, dy \quad \blacktriangleright x_b = \frac{b(l-y)}{l}$$

$$= \tau \cdot \frac{b}{l}\int_0^l y^2 (l-y)\, dy$$

Nach dem Einsetzen ergeben sich zwei leicht lösbare Integrale.

$$= \tau \cdot \mathrm{b} \cdot \int_0^l y^2\, dy - \tau \cdot \frac{b}{l}\int_0^l y^3\, dy$$

$$= \tau \cdot b\left[\frac{y^3}{3}\right]_0^l - \tau\,\frac{b}{l}\left[\frac{y^4}{4}\right]_0^l$$

Die Integration in den Grenzen $y = 0$ bis $y = l$ führt zum gesuchten Trägheitsmoment des Dreiecks, nachdem für die Flächendichte $\tau = \frac{m}{A}$ und für A die Fläche des Dreiecks $A = \frac{l \cdot b}{2}$ eingesetzt wurde.

$$= \tau \cdot \frac{bl^3}{3} - \tau \cdot \frac{bl^3}{4}$$

$$= \tau \cdot \frac{bl^3}{12} \quad \blacktriangleright \tau = \frac{m}{A} = \frac{2m}{lb}$$

$$= \frac{1}{6} ml^2$$

● **Trägheitsmomente körperförmiger Massen**

Problem: Entwickeln Sie die Trägheitsmomente für einen Körper homogener Masse.

Rotieren Körper um Pole, Achsen oder Flächen, so lassen sich wie bereits mehrfach gezeigt auch hier polare, axiale und planare Trägheitsmomente ableiten.

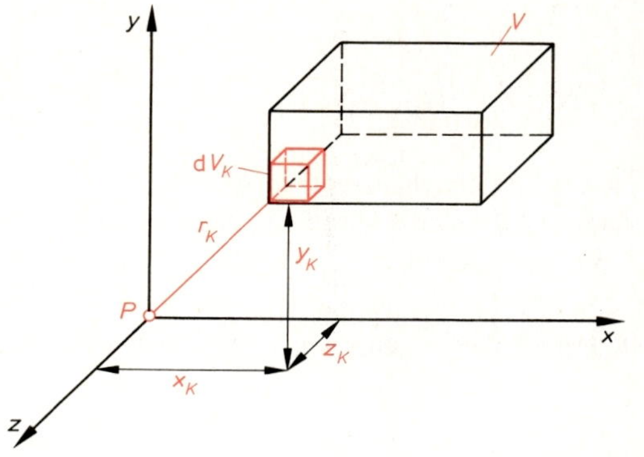

Setzt man $r^2 = x^2 + y^2 + z^2$, so erhält man die allgemeine Gleichung für das polare Trägheitsmoment.

$$I_p = \int_m r^2 \, dm \quad \blacktriangleright \; dm = \varrho \cdot dV$$

$$= \int_V r^2 \cdot \varrho \, dV$$

$$= \varrho \cdot \int_V r^2 \, dV$$

$$= \varrho \cdot \int_V (x^2 + y^2 + z^2) \, dV \quad \blacktriangleright \; \text{polares Trägheitsmoment}$$

Analog ergeben sich die axialen und planaren Trägheitsmomente, wenn man jeweils dm gleich $\varrho \cdot dV$ setzt.

$$\left.\begin{aligned} I_x &= \varrho \cdot \int_V (y^2 + z^2) \, dV \\ I_y &= \varrho \cdot \int_V (x^2 + z^2) \, dV \\ I_z &= \varrho \cdot \int_V (x^2 + y^2) \, dV \end{aligned}\right\} \text{axiale Trägheitsmomente}$$

$$\left.\begin{aligned} I_{yz} &= \varrho \cdot \int_V x^2 \, dV \\ I_{xz} &= \varrho \cdot \int_V y^2 \, dV \\ I_{xy} &= \varrho \cdot \int_V z^2 \, dV \end{aligned}\right\} \text{planare Trägheitsmomente}$$

Aus den vorstehenden Gleichungen lassen sich Beziehungen untereinander ableiten.

$$I_x = I_{xy} + I_{xz}$$

$$I_y = I_{xy} + I_{yz}$$

$$I_z = I_{xz} + I_{yz}$$

$$\Rightarrow I_p = I_{xy} + I_{xz} + I_{yz}$$

$$\Rightarrow I_p = \frac{1}{2} (I_x + I_y + I_z)$$

Merke:

Ein Körper homogener Masse mit der Dichte $\varrho = \frac{m}{V}$ [kg m^{-3}] hat folgende Trägheitsmomente:

$I_p = \varrho \cdot \int_V r^2 \, \mathrm{d}V = \varrho \cdot \int_V (x^2 + y^2 + z^2) \, \mathrm{d}V$ ► polares Trägheitsmoment

$I_x = \varrho \cdot \int_V (y^2 + z^2) \, \mathrm{d}V$; $I_y = \varrho \cdot \int_V (x^2 + z^2) \mathrm{d}V$; $I_z = \varrho \cdot \int_V (x^2 + y^2) \mathrm{d}V$ ► axiale Trägheitsmomente

$I_{yz} = \varrho \cdot \int_V x^2 \, \mathrm{d}V$; $I_{xz} = \varrho \cdot \int_V y^2 \, \mathrm{d}V$; $I_{xy} = \varrho \cdot \int_V z^2 \, \mathrm{d}V$ ► planare Trägheitsmomente

Merke:

$$I_x = I_{xy} + I_{xz}\,;\; I_y = I_{xy} + I_{yz}\,;\; I_z = I_{xz} + I_{yz}$$

$$I_p = I_{xy} + I_{xz} + I_{yz} \Rightarrow I_p = \frac{1}{2}(I_x + I_y + I_z)$$

Beispiel: Bestimmen Sie das axiale Trägheitsmoment eines Zylinders in bezug auf seine Rotationsachse.

Die Zylinderachse entspricht der z-Achse. Mittelpunkt der kreisförmigen Grundfläche ist der Koordinatenursprung.

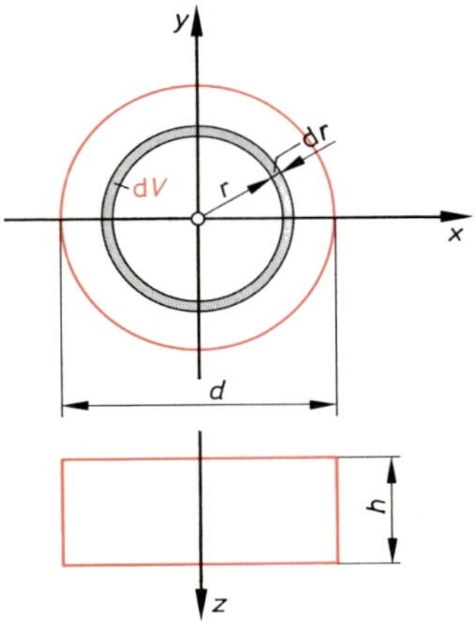

Man geht von der Gleichung für das axiale Trägheitsmoment I_z aus.

$I_z = \varrho \cdot \int_V (x^2 + y^2) \, \mathrm{d}V$ ► $\mathrm{d}V = 2 \cdot r \cdot \pi \cdot \mathrm{d}r \cdot h$

$x^2 + y^2 = r^2$

Für $\mathrm{d}V$ kann das Volumen des Hohlzylinders mit dem Radius r und der Höhe h eingesetzt werden.

$$I_z = \varrho \cdot \int_0^{\frac{d}{2}} r^2 \cdot 2 \cdot r \cdot \pi \cdot \mathrm{d}r \cdot h$$

$$= \varrho \cdot 2\pi h \cdot \int_0^{\frac{d}{2}} r^3 \,\mathrm{d}r$$

$$= \varrho \cdot 2\pi h \left[\frac{r^4}{4}\right]_0^{\frac{d}{2}}$$

$$= \varrho \cdot 2\pi h \frac{d^4}{64} \quad \blacktriangleright \varrho = \frac{m}{V} \quad \blacktriangleright V = \frac{d^2\pi h}{4}$$

$$\varrho = \frac{4m}{d^2\pi h}$$

In den Grenzen 0 bis $\frac{d}{2}$ integriert, erhält man das axiale Trägheitsmoment des Zylinders, bezogen auf seine Drehachse.

$$= \frac{4m \cdot 2\pi h d^4}{d^2\pi h \cdot 64}$$

$$= \underline{\underline{\frac{md^2}{8}}} = \underline{\underline{\frac{mr^2}{2}}}$$

Beispiel: Berechnen Sie für die Kugel ein planares, ein axiales und das polare Trägheitsmoment.

Es soll das planare Trägheitsmoment I_{xz}, das axiale Trägheitsmoment I_x und das polare Trägheitsmoment I_p berechnet werden.

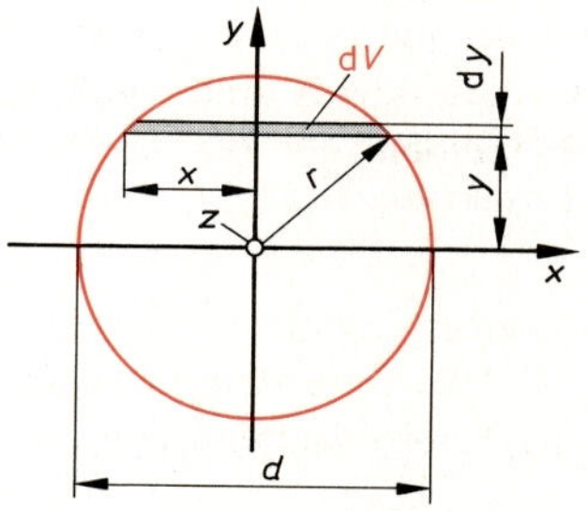

$\mathrm{d}V$ entspricht dem Volumen der zylindrischen Scheibe mit dem Radius x und der Höhe $\mathrm{d}y$.

$$I_{xz} = \varrho \cdot \int_{-r}^{r} y^2 \,\mathrm{d}V \quad \blacktriangleright \mathrm{d}V = x^2 \cdot \pi \cdot \mathrm{d}y$$

x^2 läßt sich durch $r^2 - y^2$ ersetzen aus $r^2 = x^2 + y^2$. Statt von $-r$ bis r wird von 0 bis r integriert und das Ergebnis verdoppelt.

$$= \varrho \cdot 2\pi \cdot \int_0^r y^2 x^2 \,\mathrm{d}y \quad \blacktriangleright x^2 = r^2 - y^2$$

$$= \varrho \cdot 2\pi \cdot \int_0^r y^2 (r^2 - y^2) \,\mathrm{d}y$$

Beide Integrale sind leicht zu lösen.

$$= \varrho \cdot 2\pi r^2 \cdot \int_0^r y^2 \,\mathrm{d}y - \varrho \cdot 2\pi \cdot \int_0^r y^4 \,\mathrm{d}y$$

$$= \varrho \cdot \left[\frac{2}{3}\pi r^2 y^3\right]_0^r - \varrho \cdot \left[\frac{2}{5}\pi y^5\right]_0^r$$

Nach Einsetzen des Kugelvolumens $V = \frac{4}{3}\pi r^3$ erhält man das planare Trägheitsmoment für die Bezugsebene „xz“.

$$I_{xz} = \varrho \frac{4}{15}\pi r^5 \blacktriangleright \varrho = \frac{m}{V} \blacktriangleright V = \frac{4}{3}\pi r^3$$

$$\varrho = \frac{3m}{4\pi r^3}$$

$$= \frac{3 \cdot m \cdot 4 \cdot \pi \cdot r^5}{4 \cdot \pi \cdot r^3 \cdot 15}$$

$$= \frac{1}{5} mr^2$$

Für die Kugel sind alle planaren Trägheitsmomente gleich, d.h. I_{xy} und I_{yz} müssen nicht mehr berechnet werden.

$$\Rightarrow I_{xz} = I_{xy} = I_{yz}$$

Da bei der Kugel alle auf die Koordinatenebenen bezogenen planaren Trägheitsmomente gleich sind, ist I_{xz} lediglich zu verdoppeln.

Das axiale Körperträgheitsmoment ist gleich der Summe zweier planarer Trägheitsmomente.

$$I_x = I_{xz} + I_{xy}$$

$$= 2 \cdot I_{xz}$$

$$= \frac{2}{5} mr^2$$

Das polare Trägheitsmoment ist gleich der Summe der planaren Trägheitsmomente. Da diese gleich sind, muß I_{xz} verdreifacht werden.

$$I_p = I_{xz} + I_{xy} + I_{yz}$$

$$= 3 \cdot I_{xz}$$

$$= \frac{3}{5} mr^2$$

Problem: Leiten Sie eine Formel für die Berechnung des axialen Trägheitsmomentes von Rotationskörpern her.

Man zerlegt den Rotationskörper in zylindrische Scheiben mit dem Radius y und der Höhe dx. Das Trägheitsmoment eines Zylinders wurde bereits bestimmt. Zur Berechnung des axialen Trägheitsmomentes eines Rotationskörpers muß man also lediglich die Trägheitsmomente der einzelnen Zylinder addieren, d.h. die entwickelte Gleichung integrieren.

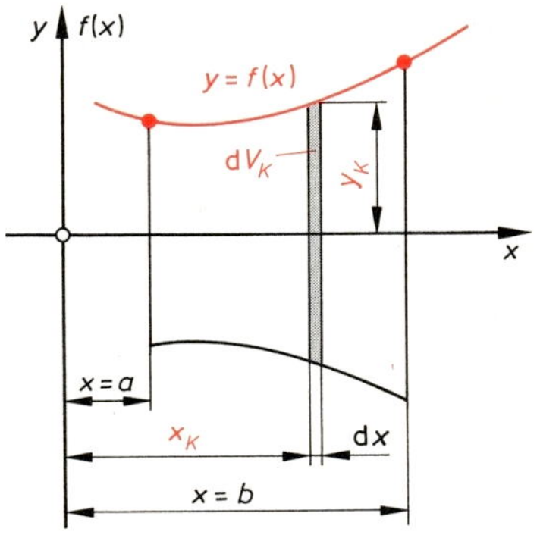

Das Trägheitsmoment für den Zylinder mit dem Volumen $\mathrm{d}V_k$ ergibt sich aus der bereits ermittelten Formel $I_{x\mathrm{Zyl}} = \frac{1}{2} m r^2$.

$$I_{xk\mathrm{Zyl}} = \frac{1}{2} \mathrm{d}m_k r_k^2 \blacktriangleright \mathrm{d}m_k = \varrho \cdot \mathrm{d}V_k$$

$$r_k = y_k$$

$$= \frac{1}{2} \varrho \, \mathrm{d}V_k y_k^2 \blacktriangleright \mathrm{d}V_k = y_k^2 \pi \, \mathrm{d}x$$

$$= \frac{1}{2} \varrho \pi y_k^4 \, \mathrm{d}x$$

Integriert man über das ganze Intervall $[a, b]$, so erhält man die Summe der Trägheitsmomente aller Zylinder mit dem Volumen $\mathrm{d}V_k$.

$$I_{x\mathrm{Zyl}} = \frac{\pi}{2} \varrho \cdot \int_{x=a}^{x=b} y^4 \, \mathrm{d}x \blacktriangleright \varrho = \frac{m}{V}$$

Setzt man die früher entwickelte Gleichung für Rotationsvolumen ein, so erhält man die gesuchte Gleichung zur Berechnung des axialen Trägheitsmomentes von Rotationskörpern.

$$= \frac{\pi m}{2V} \cdot \int_{x=a}^{x=b} y^4 \, \mathrm{d}x \blacktriangleright V = \pi \cdot \int_{x=a}^{x=b} y^2 \, \mathrm{d}x$$

$$= \frac{m}{2} \cdot \frac{\int_{x=a}^{x=b} y^4 \, \mathrm{d}x}{\int_{x=a}^{x=b} y^2 \, \mathrm{d}x}$$

Merke:

Das axiale Trägheitsmoment eines durch Rotation des Graphen mit $y = f(x)$ um die x-Achse im Intervall $[a, b]$ erzeugten Rotationskörpers konstanter Dichte ϱ lautet:

$$I_x = \frac{\pi}{2} \varrho \cdot \int_{x=a}^{x=b} y^4 \, \mathrm{d}x \blacktriangleright \varrho = \frac{m}{V_x}; \; V_x = \pi \cdot \int_{x=a}^{x=b} y^2 \, \mathrm{d}x$$

$$\Rightarrow I_x = \frac{m}{2} \cdot \frac{\int_{x=a}^{x=b} y^4 \, \mathrm{d}x}{\int_{x=a}^{x=b} y^2 \, \mathrm{d}x} = \frac{m}{2} \cdot \frac{\int_{x=a}^{x=b} [f(x)]^4 \, \mathrm{d}x}{\int_{x=a}^{x=b} [f(x)]^2 \, \mathrm{d}x}$$

Beispiel: Berechnen Sie das axiale Trägheitsmoment eines Rotationshyperboloids.

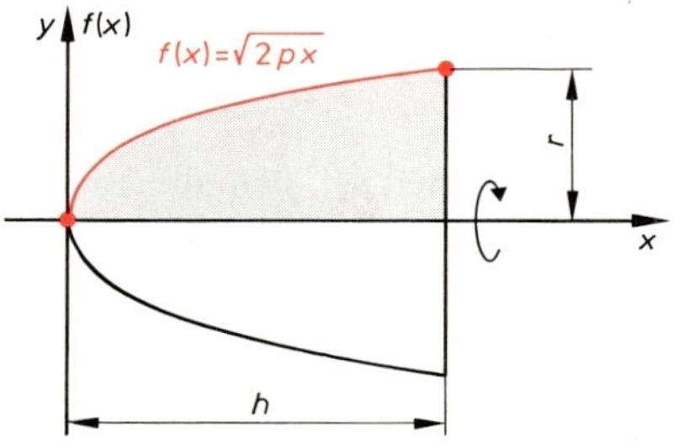

In die abgeleitete Formel für das axiale Trägheitsmoment wird die Funktionsgleichung der Parabel $f(x) = \sqrt{2px}$ eingesetzt.

$$I_x = \frac{m}{2} \cdot \frac{\int\limits_{x=a}^{x=b} [f(x)]^4 \, dx}{\int\limits_{x=a}^{x=b} [f(x)]^2 \, dx}$$

► $f(x) = \sqrt{2px}$

$\Rightarrow [f(x)]^2 = 2px$

$\Rightarrow [f(x)]^4 = 4p^2x^2$

► $a = 0, \; b = h$

$$= \frac{m}{2} \cdot \frac{\int\limits_0^h 4p^2x^2 \, dx}{\int\limits_0^h 2px \, dx}$$

Für $x = h$ wird $f(x) = r$, so daß der Parameter p für diesen Fall mit $p = \frac{r^2}{2h}$ bestimmt und eingesetzt werden kann.

$$= mp \frac{\int\limits_0^h x^2 \, dx}{\int\limits_0^h x \, dx}$$

► $[f(x)]^2 = 2px$

$$\Rightarrow p = \frac{[f(x)]^2}{2x}$$

► $x = h$

$\Rightarrow f(x) = r$

$$p = \frac{r^2}{2h}$$

$$= \frac{mr^2}{2h} \cdot \frac{\left[\frac{x^3}{3}\right]_0^h}{\left[\frac{x^2}{2}\right]_0^h}$$

Nach Einsetzen von p und Integration in den Grenzen 0 bis h erhält man das gesuchte axiale Trägheitsmoment.

$$= \frac{m \cdot r^2 \cdot h^3 \cdot 2}{2 \cdot h \cdot 3 \cdot h^2}$$

$$= \frac{1}{3} mr^2$$

Beispiel: Berechnen Sie das Trägheitsmoment eines Stahlkegels – $\varrho_{\text{Stahl}} = 7850\,\frac{\text{kg}}{\text{m}^3}$ – mit der Höhe $h = 100$ mm und mit einem Grundkreisradius $r = 40$ mm.

Zur Lösung verwendet man die entwickelte Formel für das Trägheitsmoment, in der ϱ nicht durch $\frac{m}{V}$ ersetzt ist.

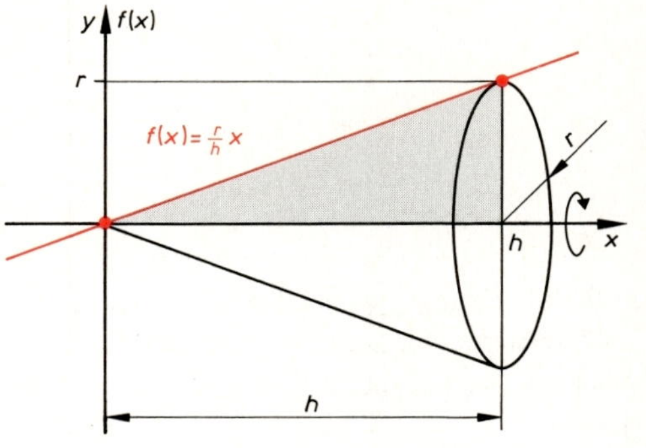

Aus der Proportion $f(x):x = h:r$ gewinnt man die Gleichung der Geraden $f(x) = \frac{r}{h}x$, die eine Mantellinie des Kegels bildet.

$$I_x = \frac{\pi}{2}\varrho \cdot \int_a^b [f(x)]^4\,\mathrm{d}x \quad \blacktriangleright f(x) = \frac{r}{h}x$$

$$a = 0;\, b = h$$

$$= \frac{\pi}{2}\varrho\,\frac{r^4}{h^4}\int_0^h x^4\,\mathrm{d}x$$

$$= \frac{\pi\varrho r^4}{2h^4}\left[\frac{x^5}{5}\right]_0^h$$

$$= \frac{\pi\varrho r^4}{2h^4}\left(\frac{h^5}{5} - 0\right)$$

$$= \frac{\pi}{10}\varrho h r^4 \quad \blacktriangleright \varrho = 7850\,\frac{\text{kg}}{\text{m}^3}$$

$$h = 0{,}1\ \text{m}$$

$$r = 0{,}04\ \text{m}$$

Nach der Integration setzt man die gegebenen Werte ein und erhält das gesuchte axiale Massenträgheitsmoment.

$$I_x = \frac{\pi}{10}\cdot 7850 \cdot 0{,}1 \cdot 0{,}04^4\ \text{kg}\,\text{m}^2$$

$$= \underline{\underline{6{,}31334 \cdot 10^{-4}\ \text{kg}\,\text{m}^2}}$$

Beispiel: Berechnen Sie das axiale Massenträgheitsmoment eines Zylinders. Trägheitsachse ist die x-Achse, die senkrecht zur Rotationsachse und durch den Schwerpunkt des Zylinders verläuft.

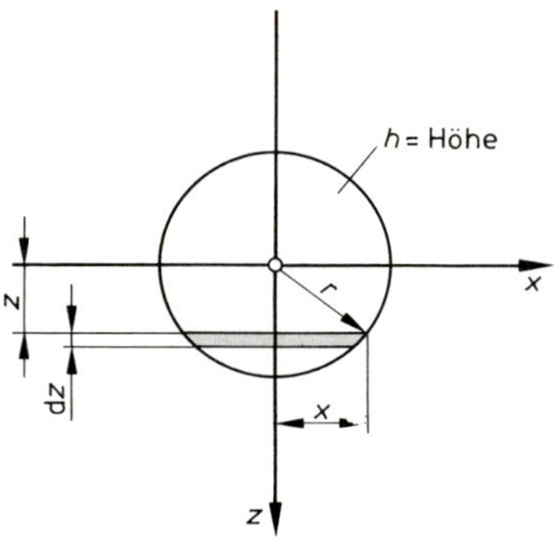

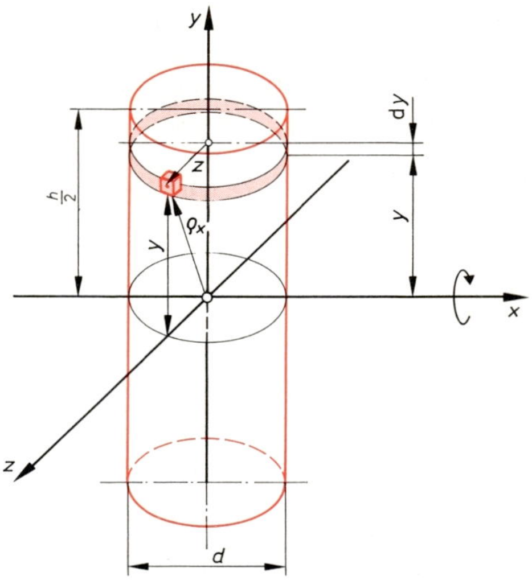

Zur Bestimmung des gesuchten axialen Trägheitsmomentes muß die Summe der beiden planaren Trägheitsmomente I_{xz} und I_{xy} gebildet werden.

$$I_x = \varrho \cdot \int \varrho_x^2 \, \mathrm{d}V \quad \blacktriangleright \varrho_x^2 = y^2 + z^2$$

$$= \varrho \cdot \int y^2 \, \mathrm{d}V + \varrho \cdot \int z^2 \, \mathrm{d}V$$

$$= I_{xz} \qquad + \qquad I_{xy}$$

Beim Moment, bezogen auf die xz-Ebene wird das Produkt aus den zylinderförmigen Scheiben $\mathrm{d}V$ und dem Quadrat des Abstandes von der xz-Ebene gebildet.

Man integriert in den Grenzen von $-\frac{h}{2}$ bis $\frac{h}{2}$.

$$I_{xz} = \varrho \cdot \int_{-\frac{h}{2}}^{\frac{h}{2}} y^2 \, \mathrm{d}V \quad \blacktriangleright \mathrm{d}V = \frac{d^2\pi}{4} \mathrm{d}y$$

$$= \frac{\varrho d^2 \pi}{4} \int_{-\frac{h}{2}}^{\frac{h}{2}} y^2 \, \mathrm{d}y$$

$$= \left[\frac{\varrho \cdot d^2 \cdot \pi \cdot y^3}{4 \cdot 3} \right]_{-\frac{h}{2}}^{\frac{h}{2}}$$

Im Ergebnis wird V durch m ersetzt, und man erhält eine Komponente des gesuchten Massenträgheitsmomentes.

$$= \frac{\varrho d^2 \pi h^3}{48} \quad \blacktriangleright \frac{d^2 \pi h}{4} = V$$

$$= \frac{\varrho h^2}{12} V \quad \blacktriangleright V = \frac{m}{\varrho}$$

$$= \underline{\underline{\frac{1}{12} m h^2}}$$

Die zweite Komponente des gesuchten Trägheitsmomentes ist auf die xy-Ebene bezogen (siehe obige Schnittzeichung). Hier wird $\mathrm{d}V$ als prismenförmiges Teilchen mit der Grundfläche $2x \cdot \mathrm{d}z$ und der Höhe h mit dem Quadrat des Abstandes z von der zugehörigen xy-Ebene multipliziert.

$$I_{xy} = \varrho \cdot \int_{-r}^{r} z^2 \,\mathrm{d}V \blacktriangleright \mathrm{d}V = 2x\,\mathrm{d}z\,h$$

$$= 2\varrho h \cdot \int_{-r}^{r} xz^2 \,\mathrm{d}z \quad \blacktriangleright x = \sqrt{r^2 - z^2}$$

$$= 2\varrho h \cdot \int_{-r}^{r} z^2 \sqrt{r^2 - z^2} \,\mathrm{d}z$$

Das Integral $\int z^2 \sqrt{r^2 - z^2} \,\mathrm{d}z$ wurde bereits früher gelöst.

$$= 2\varrho h \left[\frac{z}{8}\sqrt{r^2 - z^2}\,(2z^2 - r^2) + \frac{r^4}{8} \operatorname{Arcsin} \frac{z}{r}\right]_{-r}^{r}$$

$$= 2\varrho h \frac{r^4}{8}\pi \quad \blacktriangleright \pi r^2 h = V$$

Nach Ersetzen von V durch m erhält man das Massenträgheitsmoment, bezogen auf die xy-Ebene.

$$= \varrho V \frac{r^2}{4} \quad \blacktriangleright V = \frac{m}{\varrho}$$

$$= \underline{\underline{\frac{1}{4} mr^2}}$$

Das gesuchte axiale Trägheitsmoment ist die Summe der beiden planaren Trägheitsmomente.

$$I_x = I_{xy} + I_{xz}$$

$$= \frac{1}{4} mr^2 + \frac{1}{12} mh^2$$

$$= \underline{\underline{\frac{m}{4}\left(r^2 + \frac{h^2}{3}\right)}}$$

Übungen

3. Anwendungen der Integralrechnung

3.1 Flächeninhalt ebener Flächen

Berechnen Sie die Größe der Flächen, die durch die folgenden Integrale ausgedrückt werden.

1. $\int_{0}^{4} 2\,\mathrm{d}x$ **2.** $\int_{-2}^{3} (x^2 + 1)\,\mathrm{d}x$ **3.** $\int_{-2}^{2} \frac{4x^2}{5}\,\mathrm{d}x$

4. $\int_{-8}^{5} (x^3 + 4)\,\mathrm{d}x$ **5.** $\int_{-2}^{3} (t^2 - t - 1)\,\mathrm{d}t$ **6.** $\int_{2}^{4} \frac{1}{3x}\,\mathrm{d}x$

7. $\int_{0}^{5} \sqrt{5x}\,\mathrm{d}x$ **8.** $\int_{-5}^{3} (x^4 - 2x^2)\,\mathrm{d}x$ **9.** $\int_{0}^{2} \frac{4}{\sqrt{u}}\,\mathrm{d}u$

10. $\int_{-4}^{3} (z^3 + 2z^2 - z)\,dz$ **11.** $\int_{-2}^{\sqrt{2}} (4x^2 - 2x^4)\,dx$ **12.** $\int_{-1}^{5} \frac{x^2 - 3x - 4}{x + 2}\,dx$

13. $\int_{1}^{3} \frac{2x}{1 + x^2}\,dx$ **14.** $\int_{-1}^{1} (x^2 \pm \sqrt{2 - x^2})\,dx$ **15.** $\int_{1,5}^{4} \frac{x - 2}{x - 1}\,dx$

16. $\int_{-2}^{3} \sqrt{2 + x}\,dx$ **17.** $\int_{-2}^{\sqrt{6}} 3\sqrt{6 - x^2}\,dx$ **18.** $\int_{0}^{3} \frac{2}{3}\sqrt{9 - x^2}\,dx$

19. $\int_{5}^{6} \sqrt{x^2 + 9}\,dx$ **20.** $\int_{0}^{4} \sqrt{x^3}\,dx$ **21.** $\int_{-2}^{4} \sqrt{x^2 - x - 4}\,dx$

22. $\int_{1}^{4} \sqrt{12x}\,dx$ **23.** $\int_{0}^{1} \frac{1}{1 + x^2}\,dx$ **24.** $\int_{0,5}^{1} \frac{1}{\sqrt{1 - x^2}}\,dx$

25. $\int_{-4}^{4} e^{-\frac{1}{x^2}}\,dx$ **26.** $\int_{0,5}^{4} \ln|x|\,dx$ **27.** $\int_{1}^{2} \ln|x - 1|\,dx$

28. $\int_{0}^{\pi} \cos(2x)\,dx$ **29.** $\int_{0}^{\frac{\pi}{4}} \tan x\,dx$ **30.** $\int_{0}^{\frac{2\pi}{3}} e^{-2x} \cdot \sin(3x)\,dx$

31. $\int_{0}^{\pi} \operatorname{Arcsin}(\sin x)\,dx$ **32.** $\int_{0}^{3} \operatorname{Arctan}\frac{1}{x}\,dx$ **33.** $\int_{1}^{5} \tanh x\,dx$

Berechnen Sie die Flächen, die von der x-Achse und den Graphen mit den folgenden Funktionsgleichungen eingeschlossen werden.

34. $f(x) = 3x^2 - 4$ **35.** $f(x) = \frac{x^3 - 9x}{5}$ **36.** $f(x) = \frac{x^4}{4} - 10$

37. $f(x) = \frac{x^4 + 10x}{4}$ **38.** $f(x) = x(x - 1)(x - 4)(x - 5)$ **39.** $f(x) = 2x - 2 + \frac{1}{x + 1}$

40. $f(x) = \frac{1}{4}\sqrt{9 - x^2}$ **41.** $f(x) = -(x^2 + 3x - 4)$ **42.** $f(x) = \frac{x^3 - 8x + 2}{10}$

43. $f(x) = 10 - x^2$ **44.** $f(x) = \frac{x^2 - x - 2}{x - 2}$ **45.** $f(x) = 2 - \frac{9}{x} + \frac{9}{x^2}$

46. $f(x) = x + \frac{3}{x} - 4$ **47.** $f(x) = 2\cos x \cdot \sin x$ **48.** $f(x) = x \cdot \sin\frac{1}{x}$

49. $f(x) = \cos\frac{x}{2}$ **50.** $f(x) = \operatorname{Arccos}(\cos x)$ **51.** $f(x) = x^2 \cdot \ln|x|$

52. $f(x) = x^2\sqrt{x - 1}$ **53.** $f(x) = \cos^3 x$ **54.** $f(x) = 1 + \sin x$

Welchen Flächeninhalt schließen die durch die folgenden Funktionsgleichungen beschriebenen Graphen ein?

55. $f_1(x) = x^2 + 1$

$f_2(x) = 6$

56. $f_1(x) = x^2 - 4$

$f_2(x) = \frac{x}{2} + 2$

57. $f_1(x) = \frac{x}{x-1}$

$f_2(x) = -x + 10$

58. $f_1(x) = x + \frac{1}{x}$

$f_2(x) = 8$

59. $f_1(x) = \frac{x^4 + 3x}{5}$

$f_2(x) = 3x$

60. $f_1(x) = \frac{1}{1-x^2}$

$f_2(x) = \frac{x^2}{10} + 4$

61. $f_1(x) = \sqrt{x-2}$

$f_2(x) = -\sqrt{x-2}$

$f_3(x) = \frac{x}{2} - 4$

62. $f_1(x) = \frac{1}{2}\sqrt{x^2 - 1}$

$f_2(x) = -\frac{1}{2}\sqrt{x^2 - 1}$

$f_3(x) = x - 2$

63. $f_1(x) = \sqrt[4]{x^3}$

$f_2(x) = -\sqrt[4]{x^3}$

$f_3(x) = \sqrt{2-x}$

$f_4(x) = -\sqrt{2-x}$

64. $f_1(x) = \mathrm{e}^{-x^2}$

$f_2(x) = \frac{1}{\mathrm{e}}$

65. $f_1(x) = \sin x$

$f_2(x) = \frac{1}{2}x$

66. $f_1(x) = 10 - x^2$

$f_2(x) = \sqrt{4-x}$

67. $f_1(x) = x^2$

$f_2(x) = x + 4$

$f_3(x) = -x + 5$

68. $f_1(x) = x + 5$

$f_2(x) = -x + 1$

$f_3(x) = 4x - 5$

69. $f_1(x) = x^3 - 9x$

$f_2(x) = x$

$f_3(x) = -(x-3)$

Bestimmen Sie den Flächeninhalt der folgenden in Polarkoordinatendarstellung gegebenen Funktionsgleichungen in den angegebenen Grenzen.

70. $r = -2 \cdot \sin\varphi \blacktriangleright \varphi_1 = \pi$

$\varphi_2 = 2\pi$

71. $r = \cos(2\varphi) \blacktriangleright \varphi_1 = 0$

$\varphi_2 = \frac{\pi}{4}$

72. $r = 4\varphi \blacktriangleright \varphi_1 = 0$

$\varphi_2 = 4\pi$

73. $r = \mathrm{e}^{2\varphi} \blacktriangleright \varphi_1 = \pi$

$\varphi_2 = 2\pi$

74. $r = 1 + \sin\varphi \blacktriangleright \varphi_1 = 0$

$\varphi_2 = 2\pi$

75. $r = 1 - \cos\varphi \blacktriangleright \varphi_1 = \pi$

$\varphi_2 = 2\pi$

76. $r = e^{\varphi} - e^{-\varphi} \blacktriangleright \varphi_1 = 0$, $\varphi_2 = \frac{\pi}{2}$

77. $r = \tan^2 \varphi \blacktriangleright \varphi_1 = 0$, $\varphi_2 = \frac{\pi}{4}$

78. $r = \sqrt{\sin \varphi \cdot \cos \varphi} \blacktriangleright \varphi_1 = 0$, $\varphi_2 = \frac{\pi}{2}$

79. $r = \tanh \varphi \blacktriangleright \varphi_1 = 0$, $\varphi_2 = 2\pi$

3.2 Numerische Integration

1. In welchen Fällen erweist sich eine numerische Integration als zweckmäßig?

2. Welche Vor- und Nachteile haben Rechteckregel, Trapezregel, Tangentenregel und Simpsonsche Regel?

Lösen Sie die folgenden Integrale mit Hilfe der behandelten Näherungsverfahren. Vergleichen Sie die Ergebnisse untereinander und mit der exakten Lösung.

3. $\int_2^5 (x - 2x^2)\,dx$

4. $\int_0^{\pi} \sin x\,dx$

5. $\int_{\pi}^{2\pi} \cos x\,dx$

6. $\int_0^4 (4x + 5)\,dx$

7. $\int_0^3 (x^3 + x^2 - x + 1)\,dx$

8. $\int_2^4 \frac{1}{x}\,dx$

9. $\int_{0,5}^{2} \ln|x|\,dx$

10. $\int_3^4 e^x\,dx$

11. $\int_2^3 \tan x\,dx$

Lösen Sie die folgenden Integrale mit Hilfe der Simpsonschen Näherungsformel.

12. $\int_1^2 9x^5\,dx$

13. $\int_{0,8}^{4} \frac{3}{x^4}\,dx$

14. $\int_1^3 \frac{dx}{\sqrt{x}}$

15. $\int_0^1 \frac{x\sqrt{x}}{\sqrt[3]{x}}\,dx$

16. $\int_0^{2\pi} \cos(2x)\,dx$

17. $\int_2^4 \frac{dx}{x+1}$

18. $\int_0^{\frac{\pi}{4}} 3 \cdot \tan^5 x\,dx$

19. $\int_1^2 \frac{e^x}{x^2}\,dx$

20. $\int_{\frac{\pi}{6}}^{\frac{\pi}{3}} \frac{\tan x}{x}\,dx$

21. $\int_1^3 \frac{\ln|x|}{x^2}\,dx$

22. $\int_{\frac{\pi}{3}}^{\frac{\pi}{2}} \frac{\sin x}{\ln|x|}\,dx$

23. $\int_1^2 \frac{\cos x}{e^x \sqrt{x}}\,dx$

3.3 Graphische Integration

1. Was versteht man unter graphischer Integration?

2. In welchen Fällen ist eine graphische Integration zweckmäßig?

Lösen Sie die folgenden Integrale mit Hilfe des beschriebenen graphischen Verfahrens.

3. $\int_{-3}^{4} x^3 \, dx$

4. $\int_{1}^{3} \sqrt{x} \, dx$

5. $\int_{-1}^{4} \frac{1}{x+2} \, dx$

6. $\int_{3}^{4} \frac{x+1}{x-1} \, dx$

7. $\int_{0}^{\frac{1}{2}} \frac{dx}{\sqrt{1-x^3}}$

8. $\int_{-1}^{3} \frac{dx}{1+x^2}$

9. $\int_{1}^{4} \frac{e^x}{x} \, dx$

10. $\int_{0}^{\frac{\pi}{2}} \frac{\sin x}{x} \, dx$

11. $\int_{\frac{\pi}{4}}^{\frac{\pi}{2}} \frac{\cos x}{x} \, dx$

12. $\int_{2}^{3} \frac{dx}{\ln |x|}$

13. $\int_{2}^{4} \frac{e^x}{\ln |x|} \, dx$

14. $\int_{1}^{3} \frac{\sinh x}{x} \, dx$

15. $\int_{0}^{\frac{\pi}{4}} \sin^2 x \, dx$

16. $\int_{2}^{4} \frac{\operatorname{Arsinh} x}{x} \, dx$

17. $\int_{1}^{3} \frac{\cosh x}{x^2} \, dx$

18. $\int_{-1}^{1} \sinh^2 x \, dx$

19. $\int_{\frac{\pi}{4}}^{\frac{\pi}{2}} \frac{e^{2x}}{\sin x} \, dx$

20. $\int_{-2}^{2} \sqrt{4-x^2} \, dx$

3.4 Uneigentliche Integrale

1. Was versteht man unter *uneigentlichen* Integralen?

Untersuchen Sie die Lösungsmöglichkeiten der nachstehenden Integrale.

2. $\int_{a}^{\infty} \frac{1}{x^2} \, dx$

3. $\int_{-\infty}^{0} e^x \, dx$

4. $\int_{0}^{2} \ln |x| \, dx$

5. $\int_{0}^{3} \frac{dx}{\sqrt{x}}$

6. $\int_{-3}^{3} \frac{x}{\sqrt{9-x^2}} \, dx$

7. $\int_{0}^{1} \frac{dx}{\sqrt{1-x}}$

8. $\int_{0}^{\infty} x \cdot e^{-x} \, dx$

9. $\int_{0}^{\infty} \sin x \, dx$

10. $\int_{-\infty}^{\infty} \frac{dx}{1+x^2}$

3.5 Bogenlängen

Bestimmen Sie die Längen der folgenden durch ihre Funktionsgleichung gegebenen Graphen in den angegebenen Grenzen:

1. $f(x) = 2x \blacktriangleright x_1 = -6$
$x_2 = 4$

2. $f(x) = 4x^2 + 2 \blacktriangleright x_1 = 0$
$x_2 = 2$

3. $f(x) = x\sqrt{x} \blacktriangleright x_1 = 4$
$x_2 = 9$

4. $f(x) = 2\sqrt{x} + 1 \blacktriangleright x_1 = 0$
$x_2 = 1$

5. $f(x) = (x+1)^3 \blacktriangleright x_1 = 1$
$x_2 = 3$

6. $f(x) = \frac{x^2}{4} \blacktriangleright x_1 = -2$
$x_2 = 4$

7. $f(x) = \ln|x| \blacktriangleright x_1 = 1$
$x_2 = 2$

8. $f(x) = \frac{1}{2}(e^x + e^{-x}) \blacktriangleright x_1 = -2$
$x_2 = 4$

9. $f(x) = \sin x \blacktriangleright x_1 = 0$
$x_2 = \frac{\pi}{2}$

10. $f(x) = \cos(2x) \blacktriangleright x_1 = \pi$
$x_2 = 2\pi$

11. $f(x) = 2 \cdot \sinh x \blacktriangleright x_1 = -1$
$x_2 = 1$

12. $f(x) = 2 \cdot \ln\cos\frac{x}{2} \blacktriangleright x_1 = 0$
$x_2 = 2$

13. $f(x) = \sqrt{2px} \blacktriangleright x_1 = 0$
$x_2 = a$

14. $f(x) = \sqrt{16 - x^2} \blacktriangleright x_1 = 0$
$x_2 = 3$

15. $r = 1 + \cos\varphi \blacktriangleright \varphi_1 = 0$
$\varphi_2 = 2\pi$

16. $r = 1 + \sin\varphi \blacktriangleright \varphi_1 = 0$
$\varphi_2 = \pi$

17. $r = a \cdot \varphi \blacktriangleright \varphi_1 = 0$
$\varphi_2 = 10\pi$

18. $r = 3 \cdot e^{2\varphi} \blacktriangleright \varphi_1 = 0$
$\varphi_2 = 4\pi$

19. $r = \sin\varphi \blacktriangleright \varphi_1 = 0$
$\varphi_2 = \pi$

20. $r = \cos\varphi \blacktriangleright \varphi_1 = 0$
$\varphi_2 = \frac{\pi}{2}$

21. $x = 2t$, $y = 0{,}5t$ $\blacktriangleright t_1 = 0; t_2 = 10$

22. $x = t^2$, $y = \frac{1}{2}t$ $\blacktriangleright t_1 = 0; t_2 = 1$

23. $x = \cos t$, $y = 2t$ $\blacktriangleright t_1 = 0; t_2 = \pi$

24. $x = c + r \cdot \cos t$, $y = d + r \cdot \sin t$ $\blacktriangleright t_1 = 0; t_2 = 2\pi$

Lösen Sie die beiden folgenden Aufgaben allgemein mit t_1 und t_2.

25. $x = a \cdot \cos t$
$y = b \cdot \sin t$

26. $x = a \cdot \cosh t$
$y = b \cdot \sinh t$

3.6 Volumen

Berechnen Sie das Volumen der durch die Rotation der Graphen mit den folgenden Funktionsgleichungen entstehenden Rotationskörper.

Rotationsachse = x-Achse

1. $f(x) = \frac{1}{3}x - 8 \blacktriangleright x_1 = 4$
$x_2 = 9$

2. $-3x - y = \frac{9}{10} \blacktriangleright y = f(x);\ x_1 = -12$
$x_2 = -\frac{1}{2}$

3. $f(x) = x^2 - 7 \blacktriangleright x_1 = -3$
$x_2 = 4$

4. $x^3 - 2y = x^2 \blacktriangleright y = f(x);\ x_1 = -4$
$x_2 = 10$

5. $f(x) = \sqrt{x^3} \blacktriangleright x_1 = 0$
$x_2 = 5$

6. $f(x) = \sin x \blacktriangleright x_1 = 0$
$x_2 = \pi$

7. $f(x) = 1 + \cos x \blacktriangleright x_1 = \frac{\pi}{2}$
$x_2 = \pi$

8. $\frac{x^2}{a^2} + \frac{y^2}{b^2} = 1 \blacktriangleright y = f(x);\ x_1 = -a$
$x_2 = a$

9. $f(x) = \frac{b}{a}\sqrt{x^2 - a^2} \blacktriangleright x_1 = a$
$x_2 = 3a$

10. $f(x) = \sqrt{16 - x^2} \blacktriangleright x_1 = 0$
$x_2 = 4$

Rotationsachse = y-Achse

11. $y = -8x + 12 \blacktriangleright x = f(y);\ y_1 = -3$
$y_2 = 6$

12. $f(y) = \sqrt[3]{y} \blacktriangleright y_1 = -4$
$y_2 = 4$

13. $y - x^2 = -4 + x^2 \blacktriangleright x = f(y);\ y_1 = 0$
$y_2 = 6$

14. $y = \frac{4}{3}\sqrt{x^2 + 9} \blacktriangleright x = f(y);\ y_1 = 4$
$y_2 = 6$

15. $f(y) = 3 \blacktriangleright y_1 = -5$
$y_2 = 10$

16. $y = \frac{1}{x^2 - 1} \blacktriangleright x = f(y);\ y_1 = 1$
$y_2 = 2$

17. $y = \operatorname{Arccos} x$ ▶ $x = f(y)$; $y_1 = 0$
$y_2 = \pi$

18. $y = e^{-\frac{x^2}{3}}$ ▶ $x = f(y)$; $y_1 = 0{,}1$
$y_2 = 0{,}4$

19. $y = \operatorname{Arcosh} x$ ▶ $x = f(y)$; $y_1 = 0$
$y_2 = 10$

20. $y = \operatorname{Arcsin} \frac{x}{2}$ ▶ $x = f(y)$; $y_1 = 0$
$y_2 = 5$

Rotationsachse = x-Achse

21. $r = 3e^2$ ▶ $[0\,;\pi]$

22. $r = \sin\varphi$ ▶ $[0\,;2\pi]$

23. $r = \frac{1}{\sin\varphi}$ ▶ $\left[\frac{\pi}{6};\frac{\pi}{2}\right]$

Rotationsachse = y-Achse

24. $r = \cos\varphi$ ▶ $[0\,;2\pi]$

25. $r = \frac{1}{\cos\varphi}$ ▶ $\left[0\,;\frac{\pi}{6}\right]$

Rotationsachse = x-Achse

26. $x = 2t$, $y = 3t$ ▶ $[0;10]$

27. $x = t^2$, $y = 2t$ ▶ $[0;1]$

28. $x = \cos t$, $y = 2t$ ▶ $\left[0;\frac{\pi}{2}\right]$

29. $x = c + r\cdot\cos t$, $y = d + r\cdot\sin t$ ▶ $[0;2\pi]$

Rotationsachse = y-Achse

30. $x = a\cdot\cosh t$, $y = b\cdot\sinh t$ ▶ $[-3\,;3]$

31. $x = a\cdot\cos t$, $y = b\cdot\sin t$ ▶ $[0\,;1]$

32. $x = \sqrt{t}$, $y = \ln|t|$ ▶ $[1\,;2]$

33. $x = 2t^2$, $y = \ln|t|$ ▶ $[1\,;2]$

34. Entwickeln Sie die Volumenformel für einen Kugelabschnitt mit der Höhe h.

35. Mit Hilfe der Integralrechnung ist eine Formel für das Volumen der Kugelschicht zu entwickeln.

36. Beweisen Sie die Volumenformel des Kegelstumpfes mit Hilfe der Integralrechnung.

37. Berechnen Sie das Volumen eines Fasses, dessen Form durch Rotation eines Teils einer Ellipse entsteht; $d_1 = 50\,\text{cm}$, $d_2 = 70\,\text{cm}$, $h = 120\,\text{cm}$.

38. Ein Ankerspill aus Stahl ($\varrho = 7{,}85\,\text{kg/dm}^3$) hat die Form eines Rotationshyperboloids; $d_1 = 200\,\text{mm}$, $d_2 = 400\,\text{mm}$.
Berechnen Sie das Gewicht bei $h = 400\,\text{mm}$.

3.7 Oberflächen

Berechnen Sie die Oberfläche der Rotationskörper, die durch Rotation der Graphen mit den folgenden Funktionsgleichungen in den angegebenen Grenzen entstehen.

Rotationsachse = x-Achse

1. $f(x) = -\frac{7}{2}x + 5$ ▶ $x_1 = -1$, $x_2 = 0$

2. $f(x) = \sqrt{2x}$ ▶ $x_1 = 0$, $x_2 = 8$

3. $f(x) = x^3$ ▶ $x_1 = 0$, $x_2 = 10$

4. $f(x) = \sin x$ ▶ $x_1 = 0$, $x_2 = \frac{\pi}{2}$

5. $f(x) = \frac{1}{x}$ ▶ $x_1 = 3$, $x_2 = 7$

6. $f(x) = \sqrt{1 - x^2}$ ▶ $x_1 = 0{,}5$, $x_2 = 1$

Rotationsachse = y-Achse

7. $y = \frac{2}{3}\sqrt{9 - x^2}$ ▶ $x = f(y)$; $y_1 = 0$, $y_2 = 2$

8. $y = \sqrt{x^2 + 1}$ ▶ $x = f(y)$; $y_1 = 1$, $y_2 = 10$

9. $y = \sqrt{x^2 - 1}$ ▶ $x = f(y)$; $y_1 = 0$, $y_2 = 5$

10. $y = x\sqrt{x}$ ▶ $x = f(y)$; $y_1 = 0$, $y_2 = 4$

11. $y = e^x$ ▶ $x = f(y)$; $y_1 = 1$, $y_2 = 6$

12. $y = 4^x$ ▶ $x = f(y)$; $y_1 = 1$, $y_2 = 5$

13. Ermitteln Sie eine Formel zur Berechnung der Oberfläche einer Kugelzone.

14. Welche Rotationsfläche beschreibt die Parabel $[f(x)]^2 = ax^3$ bei Rotation um die x-Achse in den Grenzen $x_1 = 0$ und $x_2 = 5$?

Berechnen Sie die Oberflächen der Körper, die durch Rotation der Graphen der Funktionen mit den nachstehenden Funktionsgleichungen um die x-Achse und um die y-Achse in den angegebenen Grenzen entstehen:

15. $y = \ln|x + 1|$ ▶ a) $y = f(x)$; $x_1 = 0$; $x_2 = 4$
b) $x = f(y)$; $y_1 = 0$; $y_2 = 1$

16. $y = \sinh x$ ▶ a) $y = f(x)$; $x_1 = 1$; $x_2 = 3$
b) $x = f(y)$; $y_1 = 0$; $y_2 = 4$

17. $y = \cosh x$ ▶ a) $y = f(x)$; $x_1 = 0$; $x_2 = 2$
b) $x = f(y)$; $y_1 = 1$; $y_2 = 6$

18. $y = \operatorname{Arsinh} x$ ▶ a) $y = f(x)$; $x_1 = 0$; $x_2 = 5$
b) $x = f(y)$; $y_1 = 1$; $y_2 = 3$

19. $y = \tan x$ ▶ a) $y = f(x)$; $x_1 = 0$; $x_2 = \frac{\pi}{2}$
b) $x = f(y)$; $y_1 = 0$; $y_2 = 4$

20. $y = \operatorname{Arcsin} x$ ▶ a) $y = f(x)$; $x_1 = 0$; $x_2 = 0{,}5$
b) $x = f(y)$; $y_1 = 0$; $y_2 = \pi$

3.8 Schwerpunkte und Drehmomente

● Linienschwerpunkte

Bestimmen Sie die Schwerpunktskoordinaten x_S und y_S der Graphen bzw. der linienförmigen Massen, die durch die Funktionsgleichungen und Grenzen definiert sind.

1. $f(x) = 3x - 4$ ▶ $x_1 = 3$; $x_2 = 7$

2. $f(x) = -x + 2$ ▶ $x_1 = 0$; $x_2 = 10$

3. $f(x) = 3x^2$ ▶ $x_1 = 2$; $x_2 = 4$

4. $f(x) = \sqrt{x}$ ▶ $x_1 = 0$; $x_2 = 7$

5. $f(x) = \sqrt{2 + x}$ ▶ $x_1 = -2$; $x_2 = 2$

6. $f(x) = \sqrt{9 - x^2}$ ▶ $x_1 = 1$; $x_2 = 3$

7. $f(x) = \sqrt{16 - 4x^2}$ ▶ $x_1 = -1$; $x_2 = 1$

8. $f(x) = \sqrt{x^2 + 1}$ ▶ $x_1 = -2$; $x_2 = 2$

9. $f(x) = \sqrt{x^2 - 1}$ ▶ $x_1 = 1$; $x_2 = 4$

10. $f(x) = x\sqrt{x}$ ▶ $x_1 = 0$; $x_2 = 3$

Bestimmen Sie den Schwerpunktsabstand y_S folgender Kreisbögen:

11. $\alpha = 270°$; $r = 100\,\text{mm}$

12. $\alpha = 50°$; $r = 6\,\text{cm}$

13. $\alpha = \frac{3}{2}\pi$; $r = 4\,\text{cm}$

14. $\alpha = \frac{\pi}{6}$; $r = 20\,\text{cm}$

Berechnen Sie die Schwerpunktskoordinaten x_S und y_S der durch ihre Funktionsgleichung gegebenen Graphen, und zwar für das von der x-Achse und von der y-Achse begrenzte Stück.

15. $f(x) = 2x + 4$

16. $f(x) = x^2 - 2$

17. $f(x) = x^2 + \frac{1}{2}x - 3$

18. $f(x) = \frac{2}{3}x - 2$

Bestimmen Sie die Schwerpunktskoordinaten der vier Kreisbögen, die durch die Schnittpunkte mit x-Achse und y-Achse gegeben sind, bezogen auf den Koordinatenursprung.

19. $(x + 2{,}5)^2 + (y - 2)^2 = 16$

20. $(x - 3)^2 + (y + 1)^2 = 16$

● Flächenschwerpunkte

21. Bestimmen Sie die Lage des Schwerpunktes im Trapez.

22. Beweisen Sie, daß der Schwerpunkt eines Rechtecks im Schnittpunkt der Diagonalen liegt.

Wo liegen die Schwerpunkte der Flächen unter den Parabeln in den angegebenen Grenzen?

23. $f(x) = x^3$ ▶ $x_1 = 0$; $x_2 = 4$

24. $f(x) = 3x^2$ ▶ $x_1 = -4$; $x_2 = 2$

25. $f(x) = x^4 - 2x^2$ ▶ $x_1 = 0$; $x_2 = \sqrt{2}$

26. $f(x) = \sqrt{2 + x}$ ▶ $x_1 = -2$; $x_2 = 2$

Bestimmen Sie die Schwerpunkte folgender Flächen in den angegebenen Grenzen zwischen x-Achse und Funktionsgraphen mit den gegebenen Funktionsgleichungen.

27. $f(x) = \frac{1}{2}\sqrt{x^3 + 2x^2}$ ▶ $x_1 = -2;\ x_2 = 2$

28. $f(x) = x\sqrt{x}$ ▶ $x_1 = 0;\ x_2 = 10$

29. $f(x) = \sqrt{\frac{1-x}{1+x}}$ ▶ $x_1 = 0;\ x_2 = 1$

30. $f(x) = 3^x$ ▶ $x_1 = 0;\ x_2 = 2$

31. $f(x) = 2^x + 2^{-x}$ ▶ $x_1 = -2;\ x_2 = 2$

32. $f(x) = \ln|x+1|$ ▶ $x_1 = 0;\ x_2 = 4$

33. $f(x) = \cosh x$ ▶ $x_1 = -1;\ x_2 = 1$

34. $f(x) = \operatorname{Arsinh} x$ ▶ $x_1 = 0;\ x_2 = 5$

Berechnen Sie den Schwerpunkt der Fläche, die von der x-Achse und dem durch die Funktionsgleichung gegebenen Graphen begrenzt wird.

35. $f(x) = x^2 + \frac{x}{2} - 3$

36. $f(x) = \frac{x^2 - 1}{x - 2}$

37. $f(x) = \sin x$

38. $f(x) = 4x^2 - 2x^4$

Bestimmen Sie den Schwerpunkt der Fläche, die von der y-Achse und dem durch die Funktionsgleichung gegebenen Graphen begrenzt wird.

39. $f_1(x) = x^2 + \sqrt{2 - x^2};\ f_2(x) = x^2 - \sqrt{2 - x^2}$

40. $f_1(x) = \sqrt{9 + x};\ f_2(x) = -\sqrt{9 + x}$

41. $f_1(x) = \sqrt{25 - x^2};\ f_2(x) = -\sqrt{25 - x^2}$

42. $f_1(x) = \sqrt{4 - x};\ f_2(x) = -\sqrt{4 - x}$

● Körperschwerpunkte

Berechnen Sie die Schwerpunkte folgender Körper.

43. quadratische Pyramide

44. Tetraeder

45. Kegelstumpf

46. Kugelabschnitt

47. Kugelausschnitt

48. Kugelschicht

49. Pyramidenstumpf mit quadratischer Grundfläche

Bestimmen Sie die Schwerpunkte der Körper, die durch Rotation der nachstehenden durch ihre Funktionsgleichung gegebenen Graphen um die x-Achse entstehen.

50. $f(x) = \sqrt{9 - x^2}$ ▶ $x_1 = 0;\ x_2 = 2$

51. $f(x) = \sqrt{x^2 - 16}$ ▶ $x_1 = 4;\ x_2 = 5$

52. $f(x) = x\sqrt{x} \blacktriangleright x_1 = 0;\ x_2 = 3$

53. $f(x) = \frac{1}{2}\sqrt{x^3 + 2x^2} \blacktriangleright x_1 = -2;\ x_2 = 0$

54. $f(x) = \sin x \blacktriangleright x_1 = 0;\ x_2 = \pi$

55. $f(x) = \tanh x \blacktriangleright x_1 = 0;\ x_2 = 2$

Ermitteln Sie die Schwerpunktskoordinaten der Körper, die durch Rotation der Graphen mit den folgenden Funktionsgleichungen um die y-Achse entstehen.

56. $y = \sqrt{x^2 - 1} \blacktriangleright x = f(y);\ y_1 = 0;\ y_2 = 4$

57. $y = x\sqrt{x} \blacktriangleright x = f(y);\ y_1 = 0;\ y_2 = 5$

58. $y = \sinh x \blacktriangleright x = f(y);\ y_1 = 0;\ y_2 = 3$

59. $f(x) = \cosh x \blacktriangleright x_1 = 0;\ x_2 = 2$

Ermitteln Sie die Schwerpunkte der folgenden Rotationskörper:

60.

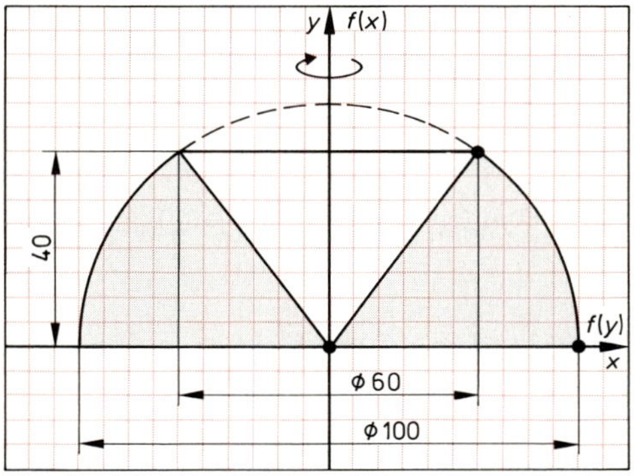

61.

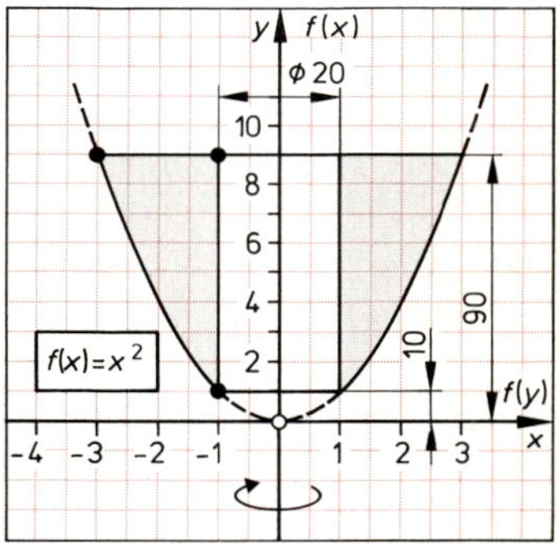

62.

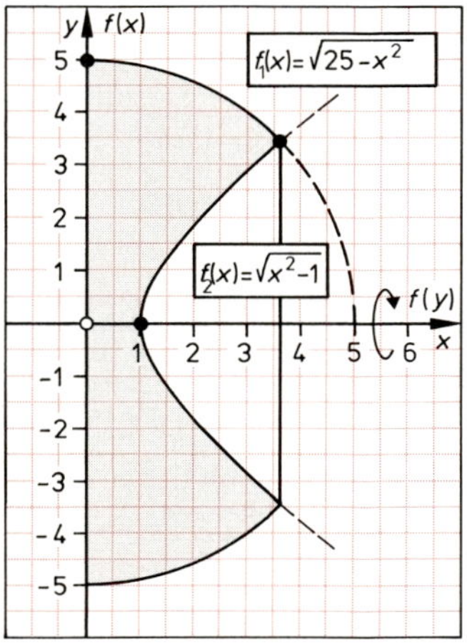

3.9 Guldinsche Regeln

● Rotationsflächen

Berechnen Sie mit Hilfe der Guldinschen Regel die Oberflächen folgender Rotationskörper:

1.

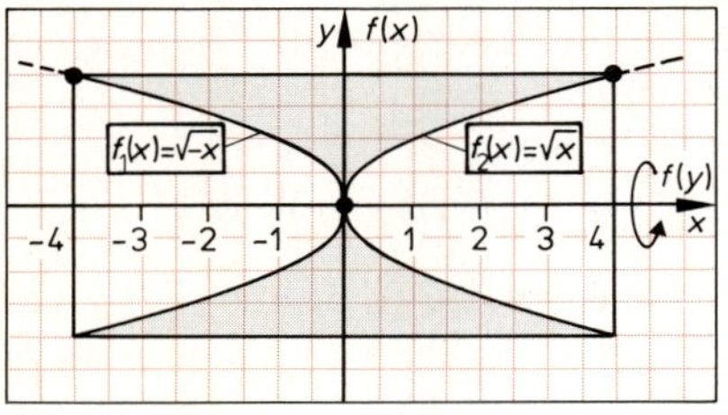

2.

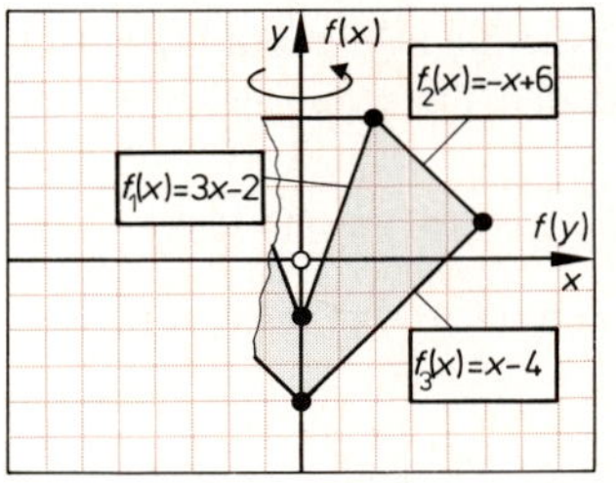

3.

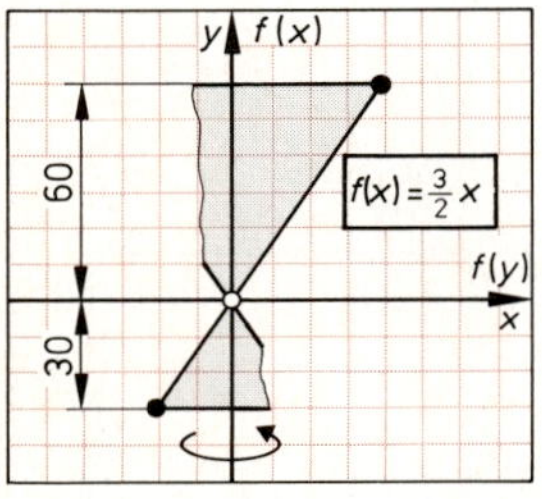

4.

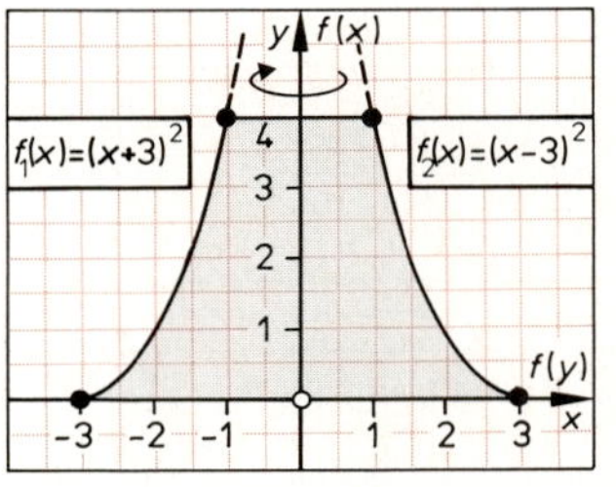

5. Berechnen Sie die Oberfläche eines Parabolspiegels ($f_1(x) = \sqrt{2px}$; $f_2(x) = -\sqrt{2px}$) mit einem Durchmesser von 100 mm und einer Höhe von 120 mm. Am Parabelscheitel befindet sich eine Bohrung von 30 mm Durchmesser.

● Rotationsvolumen

Bestimmen Sie das Volumen folgender Rotationskörper mit Hilfe der Guldinschen Regeln:

6.

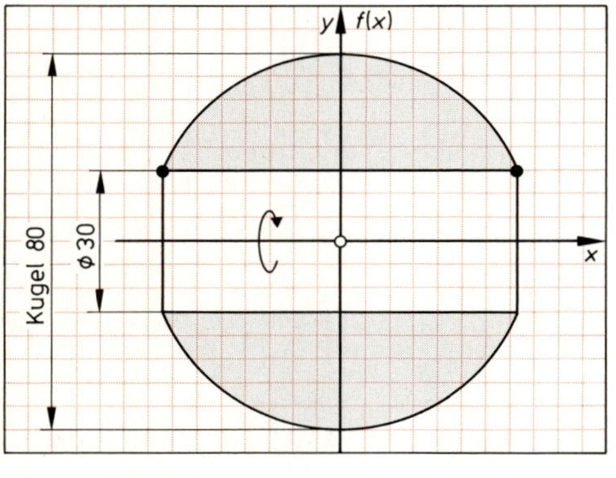

7.

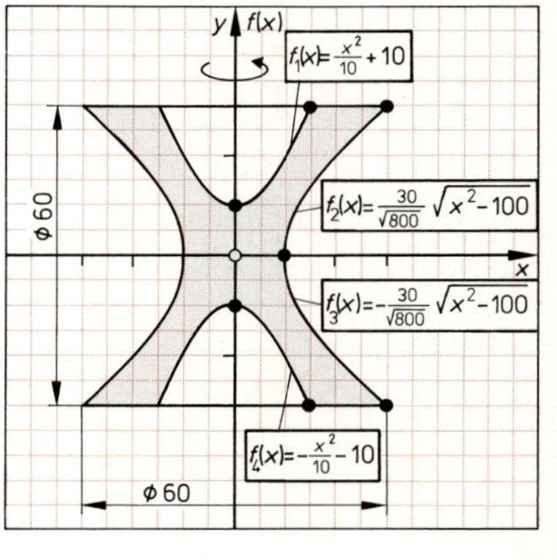

8.

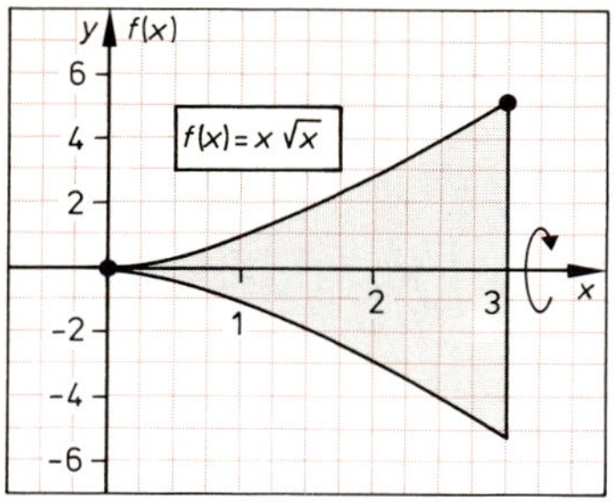

9.

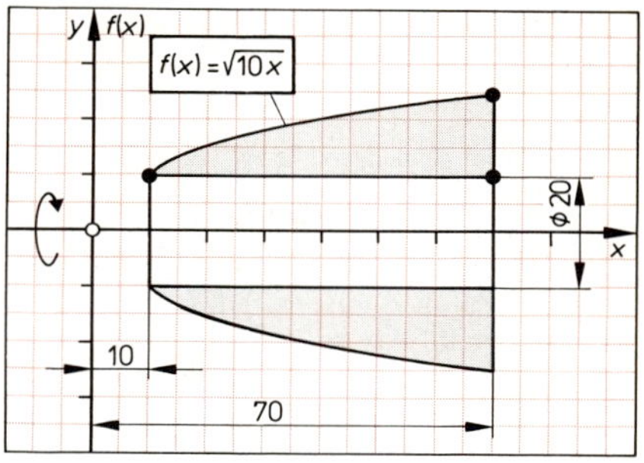

10.

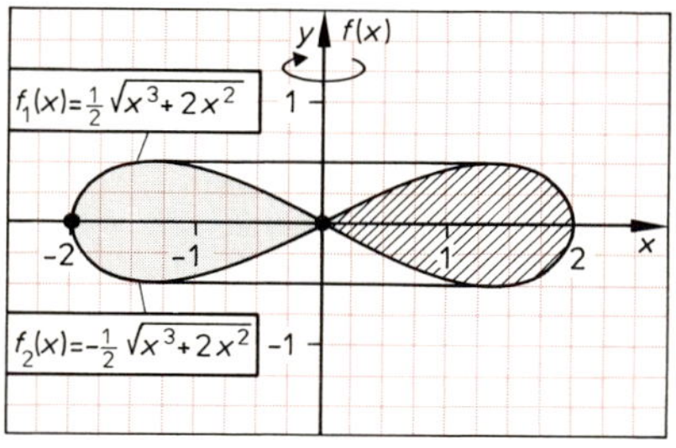

3.10 Trägheitsmomente

● Linienförmige Massen

Bestimmen Sie polare und axiale Trägheitsmomente linienförmiger homogener Massen entlang der Graphen mit folgenden Funktionsgleichungen:

1. $f(x) = 3x + 7$ ► $x_1 = 2; x_2 = 8$

2. $f(x) = \cosh x$ ► $x_1 = 0;\ x_2 = 0{,}5$

3. $f(x) = \sqrt{16 - x^2}$ ► $x_1 = 1;\ x_2 = 4$

4. $f(x) = x\sqrt{x}$ ► $x_1 = 1;\ x_2 = 4$

5. $f(x) = \frac{1}{2}e^x$ ► $x_1 = 1;\ x_2 = 3$

6. $f(x) = \sinh x$ ► $x_1 = 0;\ x_2 = 0{,}5$

7. $f(x) = mx + n$ ► $x_1 = a;\ x_2 = b$

8. $f(y) = \sqrt{y} + 3$ ► $y_1 = 0;\ y_2 = 4$

● Flächenförmige Massen

Bestimmen Sie die Trägheitsmomente folgender flächenförmiger Massen. Wählen Sie als Bezugsachse eine Symmetrieachse.

9. Quadrat

10. Gleichseitiges Dreieck

11. Regelmäßiges Sechseck

12. Rhombus

13. Halbkreis

14. Kreisausschnitt

Berechnen Sie die Trägheitsmomente der flächenförmigen Massen unter den Graphen mit den Funktionsgleichungen in den angegebenen Grenzen. Wählen Sie als Bezugsachse die x- und y-Achse.

15. $f(x) = x^2$ ▶ $x_1 = 2;\ x_2 = -2$

16. $f(x) = 2x - 4$ ▶ $x_1 = -2;\ x_2 = 0$

17. $y = \sqrt{x^2 + 1}$ ▶ $x = f(y);\ y_1 = 1;\ y_2 = 5$

18. $f(x) = \frac{2}{3}\sqrt{9 - x^2}$ ▶ $x_1 = -3;\ x_2 = 3$

19. $f(x) = \sin x$ ▶ $x_1 = 0;\ x_2 = \pi$

20. $y = e^x$ ▶ $x = f(y);\ y_1 = 1;\ y_2 = 9$

● Körperförmige Massen

Ermitteln Sie die Trägheitsmomente folgender Rotationskörper, wobei die Rotationsachse Bezugsachse sei:

21. Hohlzylinder

22. Zylindrischer Kreisring

23. Kugelausschnitt

24. Ellipsoid

Berechnen Sie alle Trägheitsmomente der folgenden durch die Funktionsgleichungen festgelegten Rotationskörper in den angegebenen Grenzen:

x-Achse = Rotationsachse

25. $f(x) = x\sqrt{x}$ ▶ $x_1 = 0;\ x_2 = 3$

26. $f(x) = \ln|x|$ ▶ $x_1 = 1;\ x_2 = 4$

27. $f(x) = \sin x$ ▶ $x_1 = 0;\ x_2 = \pi$

28. $f(x) = \tanh x$ ▶ $x_1 = 0;\ x_2 = 2$

y-Achse = Rotationsachse

29. $f(x) = \sqrt{x^2 - 1}$ ▶ $x_1 = -5;\ x_2 = 5$

30. $f(x) = x\sqrt{x}$ ▶ $x_1 = 0;\ x_2 = 4$

31. $f(x) = e^x$ ▶ $x_1 = 0;\ x_2 = 2$

32. $f(x) = \cosh x$ ▶ $x_1 = -2;\ x_2 = 2$

4. Differentialgleichungen

Die bisher bekannten Gleichungen enthielten Variable in z. T. verschiedenen Potenzen wie x, y, z^2, a^3 usw.

Sind diese Variablen einer Gleichung Funktionen und deren Ableitungen, so spricht man von Differentialgleichungen. Viele Probleme der Technik führen bei ihrer Lösung auf solche Differentialgleichungen. Das Lösen dieser Gleichungen ist schwierig, in vielen Fällen rechnerisch unmöglich.

Im Rahmen dieses Buches kann nur eine Einführung unter Darstellung einiger wichtiger Anwendungen in der Technik gegeben werden.

4.1 Grundbegriffe

4.1.1 Definitionen

Bisher wurden folgende Gleichungen unterschieden:	**Beispiele:**
● **Bestimmungsgleichungen**	
– algebraisch rationale Gleichungen	$2x^2 + 5x - 7 = x^2 - 3$
– algebraisch irrationale Gleichungen	$\sqrt{3x^2 - 1} = x^2$
– transzendente Gleichungen	$x = \sin x$; $e^{2x+1} = 2x$
● **Funktionsgleichungen**	
Jedem $x \in D(f)$ wird eindeutig ein $y \in \mathbb{R}$ zugeordnet.	$y = 2x^2 + 5x - 7 \blacktriangleright y = f(x)$ $\Rightarrow f = \langle x \mapsto f(x) \rangle$
In einer Differentialgleichung tritt die Variable als Funktion und deren Ableitungen auf.	$y + 2x = y' \cdot x^2 - y''$ $\Rightarrow f = \langle x \mapsto f(x), f'(x), f''(x) \rangle$ $\Rightarrow y = f(x, y', y'')$
Differentialgleichungen, in denen neben der abhängigen Variablen y nur noch die unabhängigen Variablen x und Ableitungen wie $\frac{dy}{dx} = y'$; $\frac{d^2y}{dx^2} = y''$; ... vorkommen, heißen *gewöhnliche Differentialgleichungen.*	● $y = 3y' + 2x \cdot y'' + 4$ ● $y'^2 + x \cdot y^2 = 4$ ● $y''' + y'' + y' = e^x$ ● $x \cdot y' = y'' \cdot y$ ● $x \cdot y + x \cdot y' + x \cdot y'' + x \cdot y''' = 0$

Man unterscheidet Differentialgleichungen 1., 2., ..., n-ter Ordnung.
Dabei gibt der höchste in der Differentialgleichung vorkommende Differentialquotient die Ordnung an.

$4y - y' + y^2 = 0$ ▶ 1. Ordnung

$3x^2 + y^2 = y''$ ▶ 2. Ordnung

$y''' - 3y = y'' + y'$ ▶ 3. Ordnung

Eine weitere Unterscheidungsmöglichkeit ist im Grad der Differentialgleichung gegeben.
Der Exponent des Terms, dessen Ableitung von höchster Ordnung ist, bestimmt den Grad der Differentialgleichung.

$y''' - 3x^2 + y$ ▶ 1. Grad

$x^4 \cdot y' \cdot y''^2 + y - x^2 = 0$ ▶ 2. Grad

$y' \cdot y''^3 + y'' \cdot x^8 = y$ ▶ 3. Grad

$y - y^2 \cdot y''^4 - y' = 0$ ▶ 4. Grad

Gewöhnliche Differentialgleichung 1. Ordnung und 3. Grades

$4x^5y^2 + 2y \cdot y'^3 \cdot \cos x - 5y + 7 = 0$

Gewöhnliche Differentialgleichung 2. Ordnung und 1. Grades

$y \cdot y'' + 4x \cdot y' - y = 0$

4.1.2 Lösungen von Differentialgleichungen

Die Lösung einer Differentialgleichung ist eine Funktion und wird oft auch Integral der Differentialgleichung genannt, weil die Beseitigung der Ableitungen grundsätzlich durch Integration erfolgt.

Aus der Funktionsgleichung $y = f(x)$ erhält man die Lösungsfunktion f.

Beispiel:

$\frac{x}{2} - y' = x$ ▶ Differentialgleichung

$$y' = -\frac{x}{2}$$

$$y = -\frac{1}{2}\int x\,dx$$

$$y = -\frac{1}{4}x^2 + c;\ c \in \mathbb{R}$$

$$\underline{\underline{f = \left\langle x \mapsto -\frac{1}{4}x^2 + c \right\rangle}}$$

Bildet man aus der Gleichung der Lösungsfunktion $y = -\frac{1}{4}x^2 + c$ die erste Ableitung $y' = -\frac{x}{2}$ und setzt den Term für y' zur Probe in die Ausgangs-Differentialgleichung ein, so wird diese zu einer identischen Gleichung für alle Elemente des Definitionsbereiches der Funktion.

Probe:

$\frac{x}{2} - y' = x$ ▶ $y = -\frac{1}{4}x^2 + c$

$$\Rightarrow y' = -\frac{1}{4} \cdot 2x = -\frac{x}{2}$$

$$\Rightarrow \frac{x}{2} - \left(-\frac{x}{2}\right) = x$$

$$x = x$$

Die Lösungen von Differentialgleichungen können in drei Gruppen eingeteilt werden:

1. Allgemeine Lösungen

Bei der Lösung einer Differentialgleichung entsteht wie bei jeder Integration eine Integrationskonstante c.

Wird in der Lösung einer Differentialgleichung die Integrationskonstante nicht näher bestimmt, so nennt man die ermittelte Lösungsfunktion die *allgemeine* Lösung oder das allgemeine Integral dieser Differentialgleichung.

Beispiel:

$y' = \frac{1}{2}$ ▶ Differentialgleichung

$\Rightarrow y = \frac{1}{2} \int dx$

$= \frac{1}{2} x + c$

$f = \left\langle x \mapsto \frac{1}{2} x + c \mid c \in \mathbb{R} \right\rangle$ ▶ *allgemeine Lösung*

Die allgemeine Lösung einer Differentialgleichung läßt sich als eine Schar von Graphen darstellen.

Es sind unendlich viele Lösungen möglich, da die Konstante c jeden beliebigen Wert annehmen kann.

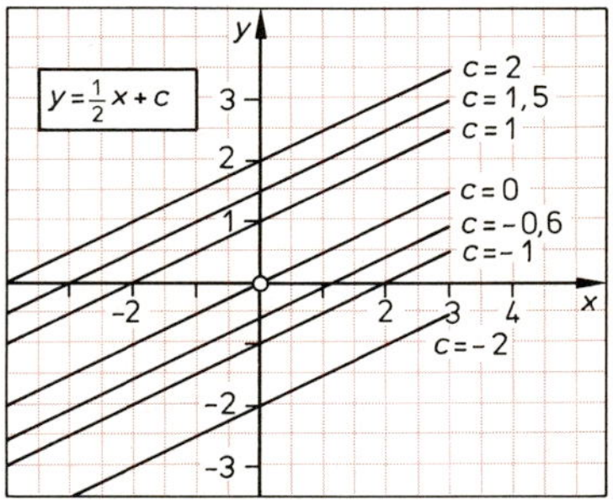

2. Partikuläre Lösungen

Sind zu der gegebenen Differentialgleichung bestimmte zusätzliche Bedingungen gegeben, so läßt sich die Integrationskonstante c berechnen.

Beispiel:

$y' = \frac{1}{2}$ ▶ *Differentialgleichung*

$\Rightarrow f = \left\langle x \mapsto \frac{1}{2} x + c \mid c \in \mathbb{R} \right\rangle$ ▶ *allgemeine Lösungsfunktion*

$\Rightarrow y = \frac{1}{2} x + c;\ c \in \mathbb{R}$ ▶ *allgemeine Lösungsgleichung*

Zur Berechnung von c setzt man die gegebenen zusätzlichen Bedingungen $x_1 = 1$ und $y_1 = 2$ in die allgemeine Lösungsgleichung ein.

$y_1 = \frac{1}{2} x_1 + c$ ▶ $x_1 = 1;\ y_1 = 2$

$\Rightarrow 2 = \frac{1}{2} \cdot 1 + c \Rightarrow c = 1{,}5$

Mit $c = 1{,}5$ erhält man aus der *allgemeinen* Lösungsfunktion f die *partikuläre* Lösungsfunktion f_1.

$f_1 = \left\langle x \mapsto \frac{1}{2} x + 1{,}5 \right\rangle$ ▶ *partikuläre Lösungsfunktion*

Die graphische Darstellung der partikulären Lösung zeigt eine bestimmte Gerade aus der Schar der Geraden für den Fall $c = 1{,}5$.

Bei technischen Problemen wird meistens die partikuläre Lösung einer Differentialgleichung benötigt.

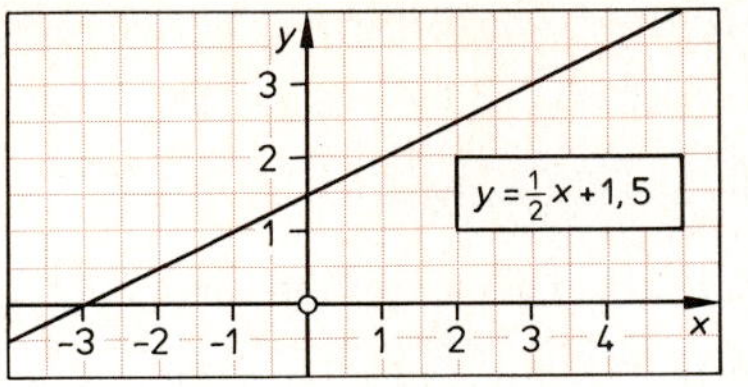

3. Singuläre Lösungen

Die Differentialgleichung $y^2 + y'^2 = 1$ wird erfüllt, wenn man als Lösung $y = \sin(x + c)$ annimmt. Diese Lösung kann man nicht durch eine algebraische Rechnung finden.

Die Probe bestätigt aber die Richtigkeit der angenommenen Lösung.

Beispiel:

$y^2 + y'^2 = 1$ ▶ *Differentialgleichung*

$f = \langle x \mapsto \sin(x + c) | c \in \mathbb{R} \rangle$ ▶ *angenommene allgemeine Lösungsfunktion*

$\Rightarrow y = \sin(x + c)$

Probe:

$$y = \sin(x + c) \Rightarrow y^2 = \sin^2(x + c)$$

$$\Rightarrow y' = \cos(x + c) \Rightarrow y'^2 = \cos^2(x + c)$$

$$y^2 + y'^2 = 1$$

$$\Rightarrow \sin^2(x + c) + \cos^2(x + c) = 1$$

Manche Differentialgleichungen haben neben der allgemeinen Lösung weitere Lösungen, die zwar die gegebene Differentialgleichung erfüllen, die aus der ermittelten allgemeinen Lösung jedoch nicht ableitbar sind.

Neben der allgemeinen Lösung $y = \sin(x + c)$ wird die Differentialgleichung nämlich auch durch die Funktionen $f_1 = \langle x \mapsto 1 \rangle$ und $f_2 = \langle x \mapsto -1 \rangle$ erfüllt.

Diese Lösungen nennt man *singuläre* Lösungen. Sie stellen geometrisch Hüllkurven der Kurvenschar einer allgemeinen Lösung dar.

$$y^2 + y'^2 = 1$$

$$y_1 = 1;\ y_1' = 0 \Rightarrow 1^2 + (0)^2 = 1$$

$$y_2 = -1;\ y_2' = 0 \Rightarrow (-1)^2 + (0)^2 = 1$$

$$\Rightarrow \left.\begin{array}{l} f_1 = \langle x \mapsto 1 \rangle \\ f_2 = \langle x \mapsto -1 \rangle \end{array}\right\}$$ *singuläre Lösungen*

Die geometrische Darstellung der beiden singulären Lösungen zeigt diese als zwei Geraden parallel zur x-Achse, welche die allgemeine Lösung $y = \sin(x + c)$ einhüllen.

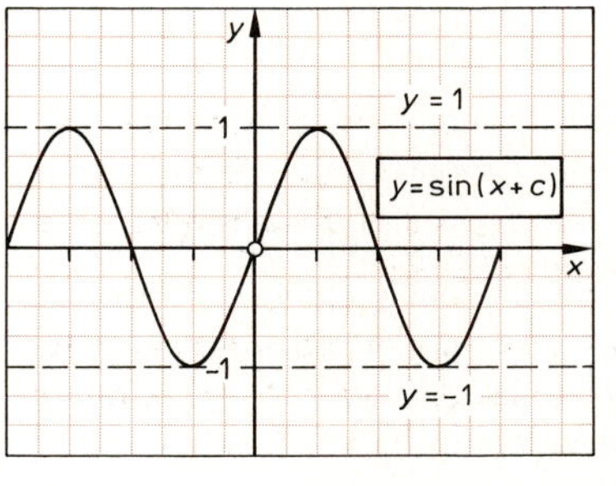

Lösungsmethoden

Das Lösen von Differentialgleichungen erfolgt grundsätzlich mit Hilfe der Integralrechnung. Mit den folgenden Beispielen soll eine erste Vorstellung von den möglichen Lösungswegen vermittelt werden.

Beispiele: Bestimmen Sie die allgemeinen Lösungsgleichungen folgender Differentialgleichungen.

1. Ist nur ein Differentialquotient erster Ordnung vorhanden, so ergibt sich die allgemeine Lösung durch eine unbestimmte Integration.

$$y' = 4x$$

$$y = 4 \cdot \int x \, dx$$

$$= 2x^2 + c; \; c \in \mathbb{R}$$

$$\Rightarrow f = \underline{\underline{\langle x \mapsto 2x^2 + c \mid c \in \mathbb{R} \rangle}}$$

2. Ergeben sich mehrere Integrale, so faßt man die Integrationskonstanten c_1 und c_2 zu einer Konstanten c zusammen.

$$y' = 8x^3 - 2x^2$$

$$y = 8 \cdot \int x^3 \, dx - 2 \cdot \int x^2 \, dx$$

$$= 2x^4 + c_1 - \frac{2}{3} x^3 + c_2$$

$$= 2x^4 - \frac{2}{3} x^3 + c; \; c \in \mathbb{R}$$

$$\Rightarrow f = \underline{\underline{\left\langle x \mapsto 2x^4 - \frac{2}{3} x^3 + c \mid c \in \mathbb{R} \right\rangle}}$$

3. Bei einer gewöhnlichen Differentialgleichung 2. Ordnung findet man die Lösung durch zweifache Integration.

$$y'' = x^2 \Rightarrow (y')' = x^2$$

$$y' = \int x^2 \, dx$$

$$= \frac{x^3}{3} + c_1; \; c_1 \in \mathbb{R}$$

$$y = \frac{1}{3} \int x^3 \, dx + c_1 \cdot \int dx$$

$$= \frac{x^4}{12} + c_1 x + c_2; \; c_2 \in \mathbb{R}$$

Die beiden Konstanten c_1 und c_2 müßten bei einer partikulären Lösung nach den gegebenen Bedingungen bestimmt werden.

$$\Rightarrow f = \underline{\underline{\left\langle x \mapsto \frac{1}{12} x^4 + c_1 x + c_2 \right\rangle}}$$

4. In der Differentialgleichung wird $y' = \frac{dy}{dx}$ gesetzt und dann mit dx multipliziert.

$$y \cdot y' = \cos x$$
$$y \cdot \frac{dy}{dx} = \cos x$$
$$y \cdot dy = \cos x \cdot dx$$

Die umgeformte Gleichung wird auf beiden Seiten integriert.

$$\int y\,dy = \int \cos x\,dx$$
$$\frac{y^2}{2} + c_1 = \sin x + c_2$$

Beide Integrationskonstanten c_1 und c_2 werden nach der Umstellung zusammengefaßt zu $2(c_2 - c_1) = c$.

$$y^2 = 2 \cdot \sin x + 2(c_2 - c_1) \blacktriangleright 2(c_2 - c_1) = c$$
$$y = \pm\sqrt{2 \cdot \sin x + c};\; c \in \mathbb{R}$$
$$\Rightarrow f = \langle x \mapsto \sqrt{2 \cdot \sin x + c} \mid c \in \mathbb{R} \rangle$$

5. Man setzt $y' = \frac{dy}{dx}$ und multipliziert die Differentialgleichung mit dx.

$$y' \cdot y = y' + x$$
$$\frac{dy}{dx} \cdot y = \frac{dy}{dx} + x$$
$$y \cdot dy = dy + x \cdot dx$$

Beide Seiten der Differentialgleichung werden integriert.

$$\int y\,dy = \int dy + \int x\,dx$$
$$\frac{y^2}{2} + c_1 = y + c_2 + \frac{x^2}{2} + c_3$$

Die Konstanten c_1, c_2 und c_3 werden zu einer Konstanten c zusammengefaßt.

$$y^2 - 2y = x^2 + 2 \cdot (c_2 + c_3 - c_1)$$
$$\blacktriangleright 2 \cdot (c_2 + c_3 - c_1) = c$$
$$y^2 - 2y = x^2 + c$$

Addiert man auf beiden Seiten der Gleichung die quadratische Ergänzung 1, so läßt sich y berechnen.

$$y^2 - 2y + 1 = x^2 + c + 1$$
$$(y-1)^2 = x^2 + c + 1$$
$$y - 1 = \sqrt{x^2 + c + 1}$$
$$y = \sqrt{x^2 + c + 1} + 1;\; c \in \mathbb{R}$$

f ist die *allgemeine* Lösungsfunktion.

$$\Rightarrow f = \langle x \mapsto \sqrt{x^2 + c + 1} + 1 \mid c \in \mathbb{R} \rangle$$

Merke:

- Differentialgleichungen haben allgemeine, partikuläre und gegebenenfalls singuläre Lösungen.
- Differentialgleichungen lassen sich nach entsprechenden rechnerischen Behandlungen in vielen Fällen durch Integration lösen.
- Oft muß jedoch eine Lösung angenommen werden und diese Lösung durch Probe auf ihre Richtigkeit untersucht werden.

Übungen

4.1 Grundbegriffe

Lösen Sie die nachstehenden einfachen Differentialgleichungen:

1. $y'' = x \cdot e^x$	**2.** $y'' - x = 0$	**3.** $2y' - \cos x = 0$
4. $x \cdot y'' = 3y'$	**5.** $y \cdot \ln x = x \cdot y'$	**6.** $y' \cdot y + y' + x = 0$
7. $y' - x^2 = 3e^x$	**8.** $\sin x - e^x = y'$	**9.** $y \cdot y' = x + 1$
10. $y' \cdot y^2 = y' - x^2$	**11.** $\frac{dy}{dx} - 3x = e^x$	**12.** $y' - x^2 = x^2 - y'$
13. $\frac{dy}{dx} + \cos x = 1$	**14.** $y^3 \cdot y' = \sqrt{x^2 - 1}$	**15.** $x^2 \cdot y' = x^4 - x^2$
16. $e^x \cdot y' = y$	**17.** $y'' = 7x^3$	**18.** $\frac{d^2y}{dx^2} = \sin x$
19. $3x - y'' = a$	**20.** $y'' = y'$	**21.** $y'' = x \cdot \cos x$

4.2 Differentialgleichungen erster Ordnung

Differentialgleichungen erster Ordnung sind dadurch gekennzeichnet, daß nur die erste Ableitung y' oder Potenzen von y', wie z. B. y'^2, y'^3, ... auftreten. Daneben können x und y sowie deren Potenzen vorkommen.

Beispiele:

- $y' + x^2 = 3y^2 + 3y$
- $y \cdot y' = y'^2 - x^2 + x - 1$

allgemein: $y' = f(x, y)$

Je nach Vorhandensein und Anordnung der Variablen y', y und x unterscheidet man verschiedene Arten von Differentialgleichungen erster Ordnung. Es sollen hier nur die wichtigsten kurz besprochen werden.

4.2.1 Differentialgleichungen mit getrennten Variablen

Als Differentialgleichungen mit getrennten Variablen werden solche Gleichungen bezeichnet, bei denen es möglich ist, die Variablen dy, $g(y)$ sowie dx, $f(x)$ auf je einer Seite zu isolieren.

Nach dieser Umstellung läßt sich die Gleichung auf beiden Seiten integrieren.

Beispiel:

$$y' \cdot y^4 = x^2 \cdot y$$

$$\frac{dy}{dx} \cdot y^4 \cdot \frac{1}{y} = x^2$$

$$dy \cdot y^3 = x^2 \cdot dx \quad \blacktriangleright\ y^3 = g(y);\ x^2 = f(x)$$

$$\int y^3\, dy = \int x^2\, dx$$

Beispiele:

1. Die Differentialgleichung wird mit y^2 und mit dx multipliziert.

$$\frac{\mathrm{d}y}{\mathrm{d}x} = \frac{x^2}{y^2} \blacktriangleright x^2 = f(x);\; y^2 = g(y)$$

$$y^2 \cdot \mathrm{d}y = x^2 \cdot \mathrm{d}x$$

Dann kann man beide Seiten der Gleichung integrieren.

$$\int y^2\,\mathrm{d}y = \int x^2\,\mathrm{d}x$$

$$\frac{y^3}{3} + c_1 = \frac{x^3}{3} + c_2$$

Bei der Auflösung der Gleichung nach y^3 faßt man die Konstanten $3 \cdot (c_2 - c_1)$ zu der Konstanten c zusammen.

$$y^3 = x^3 + 3(c_2 - c_1) \blacktriangleright 3(c_2 - c_1) = c$$

$$y^3 = x^3 + c$$

$$y = \sqrt[3]{x^3 + c}$$

f ist die gesuchte Lösungsfunktion.

$$\Rightarrow f = \underline{\underline{\langle x \mapsto \sqrt[3]{x^3 + c} \mid c \in \mathbb{R} \rangle}}$$

2. Die Differentialgleichung wird mit dx multipliziert und durch x^2 dividiert, um die Zusammenfassung von dy mit $g(y) = y - 4$ und von dx mit $f(x) = x^2$ zu erreichen.

$$x^2 \cdot \frac{\mathrm{d}y}{\mathrm{d}x} - y + 4 = 0$$

$$x^2 \cdot \mathrm{d}y - y \cdot \mathrm{d}x + 4 \cdot \mathrm{d}x = 0$$

$$\mathrm{d}y - \frac{y \cdot \mathrm{d}x}{x^2} + \frac{4 \cdot \mathrm{d}x}{x^2} = 0$$

$$\mathrm{d}y - \frac{\mathrm{d}x}{x^2}(y - 4) = 0$$

$$\frac{\mathrm{d}y}{y-4} - \frac{\mathrm{d}x}{x^2} = 0$$

Damit werden dy und $g(y)$ sowie dx und $f(x)$ auf je einer Seite isoliert, wobei dx und dy im Zähler stehen müssen.

$$\frac{\mathrm{d}y}{y-4} = \frac{\mathrm{d}x}{x^2}$$

$$\int \frac{\mathrm{d}y}{y-4} = \int \frac{\mathrm{d}x}{x^2}$$

Beide Seiten der Gleichung werden integriert. Die Integrationskonstanten c_1 und c_2 faßt man zu c_3 zusammen.

$$\Rightarrow \ln|y - 4| + c_1 = -\frac{1}{x} + c_2 \quad \blacktriangleright c_2 - c_1 = c_3$$

$$y - 4 = \mathrm{e}^{c_3 - \frac{1}{x}}$$

Die entstandene Funktionsgleichung wird nach y aufgelöst. Für e^{c_3} wird c gesetzt.

$$y = \mathrm{e}^{c_3} \cdot \mathrm{e}^{-\frac{1}{x}} + 4 \quad \blacktriangleright \mathrm{e}^{c_3} = c$$

$$y = c \cdot \mathrm{e}^{-\frac{1}{x}} + 4$$

f ist die *allgemeine* Lösung der Differentialgleichung.

$$\Rightarrow f = \underline{\underline{\langle x \mapsto c \cdot \mathrm{e}^{-\frac{1}{x}} + 4 \mid c \in \mathbb{R} \rangle}}$$

Differentialgleichungen mit getrennten Variablen lassen sich in folgende Gruppen von Gleichungen gliedern:

1. Gleichungen der Form $y' = f(x)$

Diese Form entspricht der üblichen Aufgabenstellung bei der Lösung unbestimmter Integrale.

f ist die *allgemeine* Lösung.

Beispiel:

$$y' = x^2$$

$$y = \int x^2 \, dx$$

$$y = \frac{x^3}{3} + c; \; c \in \mathbb{R}$$

$$\Rightarrow f = \left\langle x \mapsto \frac{x^3}{3} + c \,\middle|\, c \in \mathbb{R} \right\rangle$$

2. Gleichungen der Form $y' = g(y)$

Die Variablen dy und $g(y) = 3y^2 + 1$ sowie dx werden auf je einer Seite der Gleichung isoliert.

Die beiden Seiten der Gleichung werden integriert, wobei das Integral der Form $\int \frac{dz}{z^2+1}$ bereits früher gelöst wurde.

Man isoliert $\ln \left|\frac{3y+\sqrt{3}}{3y-\sqrt{3}}\right|$ auf der linken Seite, indem man die Integrationskonstante auf die rechte Seite bringt und die Gleichung mit $2 \cdot \sqrt{3}$ multipliziert.

Durch Auflösen des Logarithmus erhält man auf der rechten Seite eine Exponentialfunktion, die in ein Produkt zerlegt werden kann.

Zur Vereinfachung wählt man

$$c = e^{2\sqrt{3}(c_2 - c_1)}.$$

Man multipliziert mit $(3y - \sqrt{3})$ und bringt anschließend die Glieder mit y auf die linke Seite sowie $\sqrt{3}$ auf die rechte Seite.

Beispiel:

$$y' = 3y^2 + 1$$

$$\frac{dy}{dx} = 3y^2 + 1$$

$$\frac{dy}{3y^2+1} = dx$$

$$\int \frac{dy}{3y^2+1} = \int dx$$

$$\frac{1}{2 \cdot \sqrt{3}} \ln \left|\frac{3y+\sqrt{3}}{3y-\sqrt{3}}\right| + c_1 = x + c_2$$

$$\ln \left|\frac{3y+\sqrt{3}}{3y-\sqrt{3}}\right| = 2 \cdot \sqrt{3} \cdot x + 2\sqrt{3}(c_2 - c_1)$$

$$\frac{3y+\sqrt{3}}{3y-\sqrt{3}} = e^{2\sqrt{3} \cdot x + 2\sqrt{3}(c_2 - c_1)}$$

$$\frac{3y+\sqrt{3}}{3y-\sqrt{3}} = e^{2\sqrt{3} \cdot x} \cdot e^{2\sqrt{3}(c_2 - c_1)} \blacktriangleright e^{2\sqrt{3}(c_2 - c_1)} = c$$

$$\frac{3y+\sqrt{3}}{3y-\sqrt{3}} = e^{2\sqrt{3} \cdot x} \cdot c$$

$$3y + \sqrt{3} = (3y - \sqrt{3}) \cdot e^{2\sqrt{3} \cdot x} \cdot c$$

$$3y + \sqrt{3} = 3y \cdot e^{2\sqrt{3} \cdot x} \cdot c - \sqrt{3} \cdot e^{2\sqrt{3} \cdot x} \cdot c$$

Nach Ausklammern von y erhält man die Funktionsgleichung der allgemeinen Lösung der Differentialgleichung.

$$3y - 3y \cdot e^{2\sqrt{3}\cdot x} \cdot c = -\sqrt{3} \cdot e^{2\sqrt{3}\cdot x} \cdot c - \sqrt{3}$$

$$3y(1 - e^{2\sqrt{3}\cdot x} \cdot c) = -\sqrt{3}(e^{2\sqrt{3}\cdot x} \cdot c + 1)$$

$$y = \frac{\sqrt{3}}{3} \cdot \frac{e^{2\sqrt{3}\cdot x} \cdot c + 1}{e^{2\sqrt{3}\cdot x} \cdot c - 1}; \; c \in \mathbb{R}$$

3. Gleichungen der Form $y' = f(x) \cdot g(y)$

Die Differentialgleichung wird nach der Trennung der Variablen integriert.

Beispiel:

$$y' = 4x^2 \cdot y$$

$$\frac{dy}{y} = 4x^2 \cdot dx$$

$$\int \frac{dy}{y} = 4 \int x^2 \, dx$$

$$\ln|y| + c_1 = \frac{4}{3} x^3 + c_2$$

$$y = e^{\frac{4}{3}x^3 + (c_2 - c_1)}$$

Nach der Auflösung nach y setzt man $e^{c_2 - c_1} = c$.

$$y = e^{\frac{4}{3}x^3} \cdot e^{c_2 - c_1} \blacktriangleright e^{c_2 - c_1} = c$$

$$y = c \cdot e^{\frac{4}{3}x^3}$$

f ist die *allgemeine* Lösung.

$$\Rightarrow f = \langle x \mapsto c \cdot e^{\frac{4}{3}x^3} | c \in \mathbb{R} \rangle$$

4. Gleichungen der Form $y' = \dfrac{f(x)}{g(y)}$

Die Variablen dy, y und dx, x werden beidseitig isoliert.

Beispiel:

$$y' = \frac{x}{y}$$

$$\frac{dy}{dx} = \frac{x}{y}$$

Die beiden Seiten der Gleichung werden integriert; dann löst man die Gleichung nach y auf.

$$y \cdot dy = x \, dx$$

$$\int y \, dy = \int x \, dx$$

$$\frac{1}{2} y^2 + c_1 = \frac{1}{2} x^2 + c_2$$

Man setzt $2(c_2 - c_1) = c$.

$$y^2 = x^2 + 2(c_2 - c_1) \blacktriangleright 2(c_2 - c_1) = c$$

$$y = \sqrt{x^2 + c}$$

f ist die *allgemeine* Lösung der Differentialgleichung.

$$\Rightarrow f = \langle x \mapsto \sqrt{x^2 + c} | c \in \mathbb{R} \rangle$$

5. Gleichungen der Form $y' = \dfrac{g(y)}{f(x)}$

Die Variablen $\mathrm{d}y$, y und $\mathrm{d}x$, x werden auf beiden Seiten isoliert. Anschließend integriert man beide Seiten der Gleichung und löst nach y auf.

Beispiel:

$$y' = \frac{y}{x}$$

$$\frac{\mathrm{d}y}{\mathrm{d}x} = \frac{y}{x}$$

$$\int \frac{\mathrm{d}y}{y} = \int \frac{\mathrm{d}x}{x}$$

$$\ln|y| + c_1 = \ln|x| + c_2$$

Man setzt für die Integrationskonstanten: $c_2 - c_1 = \ln|c|$.

$$\ln|y| = \ln|x| + c_2 - c_1 \blacktriangleright c_2 - c_1 = \ln|c|$$

$$\ln|y| = \ln|x| + \ln|c|$$

$$\ln|y| = \ln|x \cdot c|$$

$$y = x \cdot c$$

f ist die *allgemeine* Lösung.

$$\Rightarrow f = \langle x \mapsto x \cdot c | c \in \mathbb{R} \rangle$$

Beispiele:

1. $y' - 3x = 4x^2$

$$\frac{\mathrm{d}y}{\mathrm{d}x} = 4x^2 + 3x$$

$$y = 4 \cdot \int x^2\,\mathrm{d}x + 3 \cdot \int x\,\mathrm{d}x$$

Aus $c_1 + c_2$ wird c gebildet

$$y = \frac{4}{3}x^3 + c_1 + \frac{3}{2}x^2 + c_2$$

$$\Rightarrow f = \left\langle x \mapsto \frac{4}{3}x^3 + \frac{3}{2}x^2 + c \right\rangle$$

2. $\sin x - y' = \cos x + y'$

$$\sin x - \frac{\mathrm{d}y}{\mathrm{d}x} = \cos x + \frac{\mathrm{d}y}{\mathrm{d}x}$$

$$2\,\mathrm{d}y = \sin x \cdot \mathrm{d}x - \cos x \cdot \mathrm{d}x$$

$$y = \frac{1}{2}\int \sin x\,\mathrm{d}x - \frac{1}{2}\int \cos x\,\mathrm{d}x$$

Man faßt $c_1 + c_2$ zu c zusammen.

$$y = -\frac{1}{2}\cos x + c_1 - \frac{1}{2}\sin x + c_2$$

$$\Rightarrow f = \left\langle x \mapsto -\frac{1}{2}\cos x - \frac{1}{2}\sin x + c \right\rangle$$

3. $2y' = 2y^2 + 8y - 2$

Die Gleichung wird durch quadratische Ergänzung auf die Form $(z+a)^2 - b^2$ gebracht.

$$y^2 + 4y - 1 = (y^2 + 4y + 4) - 4 - 1$$
$$= (y+2)^2 - (\sqrt{5})^2$$

Das Integral $\int \frac{dz}{(z+a)^2 - b^2}$ wurde bereits gelöst.

$$\frac{dy}{dx} = y^2 + 4y - 1$$
$$\frac{dy}{dx} = (y+2)^2 - (\sqrt{5})^2$$
$$\frac{dy}{(y+2)^2 - (\sqrt{5})^2} = dx$$
$$\int \frac{dy}{(y+2)^2 - (\sqrt{5})^2} = \int dx$$
$$\frac{1}{2\sqrt{5}} \ln \left| \frac{y+2-\sqrt{5}}{y+2+\sqrt{5}} \right| + c_1 = x + c_2$$
$$\ln \left| \frac{y+2-\sqrt{5}}{y+2+\sqrt{5}} \right| = 2\sqrt{5} \cdot x + 2\sqrt{5}(c_2 - c_1)$$

$\ln z = a \Leftrightarrow z = e^a$

$$\Rightarrow \frac{y+2-\sqrt{5}}{y+2+\sqrt{5}} = e^{2\sqrt{5} \cdot x} \cdot e^{2\sqrt{5} \cdot (c_2 - c_1)}$$

Man setzt $e^{2\sqrt{5} \cdot (c_2 - c_1)} = c$. Dann multipliziert man mit $y + 2 + \sqrt{5}$, bringt die Glieder mit y auf eine Seite der Gleichung, klammert y aus, löst nach y auf und erhält die *allgemeine* Lösung.

$$y = \frac{(2+\sqrt{5}) \cdot c \cdot e^{2\sqrt{5} \cdot x} + \sqrt{5} - 2}{1 - c \cdot e^{2\sqrt{5} \cdot x}}$$
$$\Rightarrow f = \underline{\underline{\left\langle x \mapsto \frac{(2+\sqrt{5}) \cdot c \cdot e^{2\sqrt{5} \cdot x} + \sqrt{5} - 2}{1 - c \cdot e^{2\sqrt{5} \cdot x}} \right\rangle}}$$

4. $y' = y$

Zusätzliche Bedingungen:

für $x_1 = 0$ ist $y_1 = e$

Die Größen dy und $g(y)$ werden auf einer Seite der Gleichung isoliert. Anschließend werden beide Seiten integriert.

$$\frac{dy}{dx} = y$$
$$\frac{dy}{y} = dx$$
$$\int \frac{dy}{y} = \int dx$$
$$\ln|y| + c_1 = x + c_2$$
$$\ln|y| = x + (c_2 - c_1) \blacktriangleright c_2 - c_1 = c$$
$$\ln|y| = x + c$$
$$y = e^{x+c}$$

Die Auflösung nach y ergibt die *allgemeine* Lösung f.

$$\Rightarrow f = \underline{\underline{\langle x \mapsto e^{x+c} \rangle}}$$

$$c = \ln|y_1| - x_1$$
$$= \ln e - 0$$
$$= 1$$

Die Konstante c ergibt sich aus den Bedingungen $x_1 = 0$ und $y_1 = e$. Es ist $c = 1$ und f_1 die *partikuläre* Lösung.

$$\Rightarrow f_1 = \underline{\underline{\langle x \mapsto e^{x+1} \rangle}}$$

5. $x\sqrt{y'} = x - 1$

Zusätzliche Bedingungen:

für $x_1 = 2$ ist $y_1 = 10$

Die Differentialgleichung wird nach $\mathrm{d}y$ umgestellt und der Bruch durch Division in einzelne Teilbrüche zerlegt. Nach Integration dieser Teilbrüche ergibt sich die *allgemeine* Lösung der Differentialgleichung.

$$c_1 + c_2 + c_3 = c$$

$$x \cdot \sqrt{\frac{\mathrm{d}y}{\mathrm{d}x}} = x - 1$$

$$\frac{\mathrm{d}y}{\mathrm{d}x} = \frac{(x-1)^2}{x^2}$$

$$\mathrm{d}y = \left(\frac{x^2}{x^2} - \frac{2x}{x^2} + \frac{1}{x^2}\right) \cdot \mathrm{d}x$$

$$\int \mathrm{d}y = \int \mathrm{d}x - 2 \cdot \int \frac{1}{x}\,\mathrm{d}x + \int \frac{1}{x^2}\,\mathrm{d}x$$

$$y = x + c_1 - 2 \cdot \ln|x| + c_2 - \frac{1}{x} + c_3$$

$$y = x - 2 \cdot \ln|x| - \frac{1}{x} + c$$

$$\Rightarrow f = \left\langle x \mapsto x - 2 \cdot \ln|x| - \frac{1}{x} + c \right\rangle$$

Die Konstante c wird durch Einsetzen der Bedingungen $x_1 = 2$, $y_1 = 10$ errechnet.

$$c = y_1 - x_1 + 2 \cdot \ln|x_1| + \frac{1}{x_1} \quad \blacktriangleright \; x_1 = 2, \; y_1 = 10$$

$$= 10 - 2 + 2 \cdot \ln 2 + \frac{1}{2}$$

$$= 9{,}8863$$

Man setzt den Wert für c in die allgemeine Lösung ein und erhält die gesuchte *partikuläre* Lösung.

$$\Rightarrow f_1 = \left\langle x \mapsto x - 2 \cdot \ln|x| - \frac{1}{x} + 9{,}8863 \right\rangle$$

6. $y'^2 = 1 - x^2$

Zusätzliche Bedingungen:

für $x_1 = 1$ ist $y_1 = 0$

Die Differentialgleichung wird radiziert und nach $\mathrm{d}y$ umgestellt.

$$\left(\frac{\mathrm{d}y}{\mathrm{d}x}\right)^2 = 1 - x^2$$

$$\frac{\mathrm{d}y}{\mathrm{d}x} = \sqrt{1 - x^2}$$

$$\mathrm{d}y = \sqrt{1 - x^2} \cdot \mathrm{d}x$$

Das Integral $\int \sqrt{1 - x^2}\,\mathrm{d}x$ wurde bereits früher gelöst.

$$\int \mathrm{d}y = \int \sqrt{1 - x^2}\,\mathrm{d}x$$

$$y = \frac{x}{2}\sqrt{1 - x^2} + \frac{1}{2}\,\mathrm{Arcsin}\,x + c$$

Die Integration führt auf die *allgemeine* Lösungsfunktion.

$$\Rightarrow f = \left\langle x \mapsto \frac{x}{2}\sqrt{1 - x^2} + \frac{1}{2}\,\mathrm{Arcsin}\,x + c \right\rangle$$

Die Konstante c wird durch Einsetzen der Bedingungen $x_1 = 1$ und $y_1 = 0$ errechnet. Setzt man $c = -\frac{\pi}{4}$ in f ein, so erhält man die *partikuläre* Lösung f_1.

$$c = y_1 - \frac{x_1}{2}\sqrt{1 - x_1^2} - \frac{1}{2}\,\text{Arcsin}\,x_1 \blacktriangleright x_1 = 1$$
$$y_1 = 0$$

$$c = 0 - 0 - \frac{1}{2}\cdot\frac{\pi}{2}$$

$$c = -\frac{\pi}{4}$$

$$\Rightarrow f_1 = \left\langle x \mapsto \frac{x}{2}\sqrt{1 - x^2} + \frac{1}{2}\,\text{Arcsin}\,x - \frac{\pi}{4}\right\rangle$$

7. $y' = y \cdot \frac{x}{x^2 + 1}$

dy, y und dx, $f(x) = \frac{x}{x^2 + 1}$ werden auf beiden Seiten der Differentialgleichung isoliert. Beide Seiten der Gleichung werden integriert, und es wird nach y aufgelöst.

$$\frac{dy}{dx} = y \cdot \frac{x}{x^2 + 1}$$

$$\frac{dy}{y} = \frac{x}{x^2 + 1}\cdot dx$$

$$\int \frac{dy}{y} = \int \frac{x}{x^2 + 1}\,dx$$

Die Zusammenfassung der beiden Integrationskonstanten c_1 und c_2 zu

$$c_2 - c_1 = \ln|c|$$

ist sinnvoll.

$$\ln|y| + c_1 = \frac{1}{2}\ln(x^2 + 1) + c_2$$

$$\ln|y| = \ln\sqrt{x^2 + 1} + (c_2 - c_1) \blacktriangleright c_2 - c_1 = \ln|c|$$

$$\ln|y| = \ln\sqrt{x^2 + 1} + \ln|c|$$

$$\ln|y| = \ln|\sqrt{x^2 + 1}\cdot c|$$

$$y = \sqrt{x^2 + 1}\cdot c$$

f ist die *allgemeine* Lösungsfunktion.

$$\Rightarrow f = \langle x \mapsto c\sqrt{x^2 + 1}\rangle$$

8. $y' = \frac{x^2 - 4}{x^2}\cdot\sqrt{1 - y^2}$

Zusätzliche Bedingungen:

für $x_1 = 1$ ist $y_1 = 1$

dy, $g(y)$ und dx, $f(x)$ werden auf beiden Seiten der Gleichung isoliert.

$$\frac{dy}{dx} = \frac{(x^2 - 4)\sqrt{1 - y^2}}{x^2}$$

$$\frac{dy}{\sqrt{1 - y^2}} = \frac{(x^2 - 4)\cdot dx}{x^2}$$

$$\int \frac{dy}{\sqrt{1 - y^2}} = \int dx - 4\cdot\int \frac{dx}{x^2}$$

Die beiden Seiten der Gleichung werden integriert, die Summe der einzelnen Integrationskonstanten $c_2 - c_1 - 4c_3$ wird gleich c gesetzt.

$$\operatorname{Arcsin} y + c_1 = x + c_2 - 4\left(-\frac{1}{x} + c_3\right)$$

$$\operatorname{Arcsin} y = \frac{x^2+4}{x} + c$$

$$y = \sin\left(\frac{x^2+4}{x} + c\right)$$

Damit ergibt sich die *allgemeine* Lösung f.

$$\Rightarrow f = \left\langle x \mapsto \sin\left(\frac{x^2+4}{x} + c\right)\right\rangle$$

Die Konstante c wird aus den gegebenen Bedingungen ermittelt, indem x_1 und y_1 in die Funktionsgleichung der allgemeinen Lösung eingesetzt werden.

$$c = \operatorname{Arcsin} y_1 - \frac{x_1^2+4}{x_1} \quad \blacktriangleright\ x_1 = 1,\ y_1 = 1$$

$$= \operatorname{Arcsin} 1 - \frac{1^2+4}{1}$$

$$= \frac{\pi}{2} - 5$$

Man findet so die *partikuläre* Lösung f_1.

$$\Rightarrow f_1 = \left\langle x \mapsto \sin\left(\frac{x^2+4}{x} + \frac{\pi}{2} - 5\right)\right\rangle$$

9. $x^3 \cdot y^2 + y^2 + x \cdot y^3 \cdot y' = x \cdot y \cdot y'$

Die Differentialgleichung wird mit $\mathrm{d}x$ multipliziert und durch $x \cdot y^2$ dividiert.

$$x^3 \cdot y^2 + y^2 + x \cdot y^3 \cdot \frac{\mathrm{d}y}{\mathrm{d}x} - x \cdot y \cdot \frac{\mathrm{d}y}{\mathrm{d}x} = 0$$

$$x^3 \cdot y^2 \cdot \mathrm{d}x + y^2 \cdot \mathrm{d}x + x \cdot y^3 \cdot \mathrm{d}y - x \cdot y \cdot \mathrm{d}y = 0$$

$$x^2 \cdot \mathrm{d}x + \frac{\mathrm{d}x}{x} + y \cdot \mathrm{d}y - \frac{\mathrm{d}y}{y} = 0$$

Die Glieder mit x, $\mathrm{d}x$ werden auf der einen Seite, die mit y, $\mathrm{d}y$ auf der anderen Seite isoliert. Die Integration ergibt als Lösung eine implizite Funktionsgleichung, die sich nicht explizit darstellen läßt.

$$x^2 \cdot \mathrm{d}x + \frac{\mathrm{d}x}{x} = \frac{\mathrm{d}y}{y} - y \cdot \mathrm{d}y$$

$$\int x^2\,\mathrm{d}x + \int \frac{\mathrm{d}x}{x} = \int \frac{\mathrm{d}y}{y} - \int y\,\mathrm{d}y$$

$$\frac{x^3}{3} + c_1 + \ln|x| + c_2 = \ln|y| + c_3 - \frac{y^2}{2} + c_4$$

$c_4 + c_3 - c_2 - c_1 = c$

$$\frac{x^3}{3} + \frac{y^2}{2} + \ln\left|\frac{x}{y}\right| + c = 0$$

10. $dx - dy = \frac{dy}{y} + \frac{4 \cdot dx}{4+x}$.

Nach Isolierung von x, dx und y, dy werden beide Seiten der Differentialgleichung integriert. Die Integrationskonstanten können zusammengefaßt werden. Die Lösung läßt sich nicht explizit darstellen.

$$dx - \frac{4 \cdot dx}{4+x} = \frac{dy}{y} + dy$$

$$\int dx - 4\int \frac{dx}{4+x} = \int \frac{dy}{y} + \int dy$$

$$x + c_1 - 4 \cdot \ln|4+x| + c_2 = \ln|y| + c_3 + y + c_4$$

$$\blacktriangleright\ c_4 + c_3 - c_2 - c_1 = c$$

$$\underline{\underline{x - 4\ln|4+x| = \ln|y| + y + c}}$$

4.2.2 Differentialgleichungen mit homogenen Variablen

Differentialgleichungen mit homogenen Variablen enthalten in jedem Glied ein Differential dx oder dy. Die Summe der Exponenten beider Variablen x und y ist in jedem Glied der Gleichung gleich groß.

$$x^2 \quad + y^2 \quad + x \cdot y \cdot y' = 0$$

$$\frac{x^2 \cdot dx}{dx} + \frac{y^2 \cdot dx}{dx} + \frac{x \cdot y \cdot dy}{dx} = 0$$

$$\underbrace{x^2 \cdot dx}_{n=2} + \underbrace{y^2 \cdot dx}_{n=2} + \underbrace{x \cdot y \cdot dy}_{n=2} = 0$$

Differentialgleichungen mit homogenen Veränderlichen lassen sich durch Substitution lösen, indem man $y = x \cdot z$ setzt, wobei z eine Funktion von x ist.
Die Substitution führt dann auf eine Gleichung mit getrennten Variablen.

Man setzt $y = x \cdot z \blacktriangleright z = f(x)$

$$\Rightarrow \frac{dy}{dx} = 1 \cdot z + x \cdot \frac{dz}{dx}$$

$$dy = z \cdot dx + x \cdot dz$$

Beispiel:

Man substituiert in der gegebenen Gleichung $y = x \cdot z$ und entsprechend $y^2 = x^2 \cdot z^2$. Für dy kann man dann den Term $z \cdot dx + x \cdot dz$ setzen, wenn man den Term $y = x \cdot z$ mit der Produktregel differenziert.

$$x^2 \cdot dx + y^2 \cdot dx + x \cdot y \cdot dy = 0$$

$$\blacktriangleright\ y = x \cdot z \Rightarrow y^2 = x^2 \cdot z^2$$

$$x^2 \cdot dx + x^2 \cdot z^2 \cdot dx + x \cdot x \cdot z \cdot dy = 0$$

$$\blacktriangleright\ dy = z \cdot dx + x \cdot dz$$

$$x^2 \cdot dx + x^2 \cdot z^2 \cdot dx + x \cdot x \cdot z(z \cdot dx + x \cdot dz) = 0$$

$$x^2 \cdot dx + x^2 \cdot z^2 \cdot dx + x^2 \cdot z^2 \cdot dx + x^3 \cdot z \cdot dz = 0$$

Die neu entstandene Gleichung wird in die Form der „Differentialgleichung mit getrennten Variablen“ gebracht, indem man durch x^2 dividiert und die Glieder mit x, dx bzw. z, dz durch Umformung isoliert.

$$x^2 \cdot dx + 2x^2 \cdot z^2 \cdot dx + x^3 \cdot z \cdot dz = 0$$

$$dx + 2z^2 \cdot dx + x \cdot z \cdot dz = 0$$

$$dx(1 + 2z^2) = -x \cdot z \cdot dz$$

$$\frac{dx}{x} = -\frac{z \cdot dz}{1 + 2z^2}$$

Nach Trennung der Variablen werden beide Seiten der Gleichung integriert. Das Integral $\int \frac{x\,dx}{a^2 + x^2} = \frac{1}{2} \ln (a^2 + x^2)$ ist bereits früher gelöst worden.

$$\int \frac{dx}{x} = -\int \frac{z}{1 + 2z^2}\,dz$$

$$\int \frac{dx}{x} = -\frac{1}{2} \int \frac{z}{\frac{1}{2} + z^2}\,dz$$

$$\ln|x| + c_1 = -\frac{1}{4} \ln\left(\frac{1}{2} + z^2\right) + c_2 \blacktriangleright z^2 = \frac{y^2}{x^2}$$

Man bringt die Integrationskonstanten auf eine Seite und setzt für z^2 wieder $\frac{y^2}{x^2}$ ein.

$$\ln|x| + \ln \sqrt[4]{\frac{1}{2} + \frac{y^2}{x^2}} = c_2 - c_1$$

Aus der Summe der Logarithmen bildet man den Logarithmus eines Produktes und schreibt die logarithmische Gleichung als Exponentialgleichung.

$$\ln\left| x \cdot \sqrt[4]{\frac{0{,}5 \cdot x^2 + y^2}{x^2}} \right| = c_2 - c_1$$

$$x \cdot \sqrt[4]{\frac{0{,}5 \cdot x^2 + y^2}{x^2}} = e^{c_2 - c_1}$$

x wird unter die Wurzel gebracht und die Gleichung mit 4 potenziert.

$$\sqrt[4]{0{,}5 \cdot x^4 + x^2 \cdot y^2} = e^{c_2 - c_1}$$

$$0{,}5 \cdot x^4 + x^2 \cdot y^2 = e^{4(c_2 - c_1)} \blacktriangleright e^{4(c_2 - c_1)} = c$$

Setzt man nun für $e^{4(c_2 - c_1)} = c$, so läßt sich y leicht isolieren.

$$0{,}5 \cdot x^4 + x^2 \cdot y^2 = c$$

$$x^2 \cdot y^2 = c - 0{,}5x^4$$

$$y^2 = \frac{1}{x^2}(c - 0{,}5x^4)$$

$$y = \frac{1}{x}\sqrt{c - 0{,}5x^4}$$

f ist die allgemeine Lösungsfunktion der Differentialgleichung.

$$\Rightarrow f = \left\langle x \mapsto \frac{1}{x}\sqrt{c - 0{,}5x^4} \right\rangle$$

Beispiele:

1. $x + y = y' \cdot x$

Man substituiert $y = x \cdot z$, bildet $\frac{dy}{dx}$ mit der Produktregel und setzt $dy = z \cdot dx + x \cdot dz$ ein. Dann isoliert man durch Umformung der Gleichung x, dx bzw. dz auf je einer Seite der Gleichung.

$$x + y = \frac{dy}{dx} \cdot x \quad \blacktriangleright y = x \cdot z$$

$$\Rightarrow \frac{dy}{dx} = 1 \cdot z + x \cdot \frac{dz}{dx}$$

$$dy = z \cdot dx + x \cdot dz$$

$$x + x \cdot z = \frac{x}{dx} \cdot (z \cdot dx + x \cdot dz)$$

$$x \cdot dx + x \cdot z \cdot dx = x \cdot z \cdot dx + x^2 \cdot dz$$

Nach Trennung der Variablen werden beide Seiten der Gleichung integriert.

$$x \cdot dx = x^2 \cdot dz$$

$$\int \frac{dx}{x} = \int dz$$

Die Integrationskonstanten werden zusammengefaßt.

$$\ln|x| + c_1 = z + c_2 \quad \blacktriangleright c_1 - c_2 = c$$

z wird durch $\frac{y}{x}$ ersetzt

$$\ln|x| + c = z \quad \blacktriangleright z = \frac{y}{x}$$

$$y = x(\ln|x| + c)$$

f ist die allgemeine Lösung der Differentialgleichung.

$$\Rightarrow f = \langle x \mapsto x(\ln|x| + c)\rangle$$

2. $(x^2 + y^2)\,dx = x \cdot y \cdot dy$

Man substituiert $y = x \cdot z$ und $y^2 = x^2 \cdot z^2$, bildet $\frac{dy}{dx}$ mit der Produktregel, setzt $dy = z \cdot dx + x \cdot dz$ ein und isoliert durch Umformung der Gleichung x, dx bzw. z, dz auf beiden Seiten.

$$(x^2 + y^2)\,dx = x \cdot y \cdot dy$$

$$x^2 \cdot dx + y^2 \cdot dx = x \cdot y \cdot dy$$

$$\blacktriangleright y = x \cdot z \Rightarrow y^2 = x^2 \cdot z^2$$

$$\Rightarrow dy = z \cdot dx + x \cdot dz$$

$$x^2 \cdot dx + x^2 \cdot z^2 \cdot dx = x \cdot x \cdot z(z \cdot dx + x \cdot dz)$$

$$dx + z^2 \cdot dx = z^2 \cdot dx + z \cdot x \cdot dz$$

$$\frac{dx}{x} = z \cdot dz$$

Nach Trennung der Variablen werden beide Seiten der Gleichung integriert.

$$\int \frac{dx}{x} = \int z\,dz$$

$$\ln|x| + c_1 = \frac{z^2}{2} + c_2$$

z^2 wird durch $\frac{y^2}{x^2}$ ersetzt, für $2(c_2 - c_1)$ setzt man c.

$$2 \cdot \ln|x| + 2c_1 - 2c_2 = z^2 \quad \blacktriangleright z^2 = \frac{y^2}{x^2}$$

$$2c_1 - 2c_2 = c$$

$$2 \cdot \ln|x| + c = \frac{y^2}{x^2}$$

$$y^2 = x^2(2 \cdot \ln|x| + c)$$

$$y = x\sqrt{2 \cdot \ln|x| + c}$$

f ist die allgemeine Lösung der Differentialgleichung.

$$\Rightarrow f = \langle x \mapsto x\sqrt{2 \cdot \ln|x| + c}\rangle$$

3. $y' = \frac{y}{x} - \frac{y^2}{x^2}$

$$\frac{dy}{dx} = \frac{y}{x} - \frac{y^2}{x^2}$$

Man substituiert $y = x \cdot z$ und $y^2 = x^2 \cdot z^2$, bildet $\frac{dy}{dx}$ mit der Produktregel, setzt $dy = z \cdot dx + x \cdot dz$ und isoliert durch Umformung der Gleichung x, dx bzw. z, dz auf beiden Seiten.

► $y = x \cdot z \Rightarrow y^2 = x^2 \cdot z^2$
$\Rightarrow dy = z \cdot dx + x \cdot dz$

$$\frac{z \cdot dx + x \cdot dz}{dx} = \frac{x \cdot z}{x} - \frac{x^2 \cdot z^2}{x^2}$$

$$z + \frac{x \cdot dz}{dx} = z - z^2$$

$$-\frac{dz}{z^2} = \frac{dx}{x}$$

Nach Trennung der Variablen werden beide Seiten der Gleichung integriert.

$$-\int \frac{dz}{z^2} = \int \frac{dx}{x}$$

Man setzt für z wieder $\frac{y}{x}$ ein und faßt die Integrationskonstanten zusammen.

$$\frac{1}{z} + c_1 = \ln|x| + c_2 \quad ► z = \frac{y}{x}$$

$$c_2 - c_1 = c$$

$$\frac{x}{y} = \ln|x| + c$$

$$y = \frac{x}{\ln|x| + c}$$

Die Auflösung der Gleichung nach y führt zur *allgemeinen* Lösung f.

$$\Rightarrow f = \left\langle x \mapsto \frac{x}{\ln|x| + c} \right\rangle$$

4. $y'(y - x) = y$

$$dy(y - x) = y \cdot dx$$

Man substituiert $y = x \cdot z$, bildet $\frac{dy}{dx}$ mit der Produktregel und setzt $dy = z \cdot dx + x \cdot dz$ ein. Durch Umformung der Gleichung werden x, dx bzw. z, dz auf beiden Seiten isoliert.

► $y = x \cdot z$
$\Rightarrow dy = z \cdot dx + x \cdot dz$

$$(z \cdot dx + x \cdot dz)(x \cdot z - x) = x \cdot z \cdot dx$$

$$x \cdot z^2 \cdot dx - x \cdot z \cdot dx + x^2 \cdot z \cdot dz - x^2 \cdot dz - x \cdot z \cdot dx = 0$$

$$z^2 \cdot dx - z \cdot dx + x \cdot z \cdot dz - x \cdot dz - z \cdot dx = 0$$

$$dx(z^2 - 2z) + x \cdot dz(z - 1) = 0$$

Nach Trennung der Variablen werden beide Seiten der Gleichung integriert. Dabei gilt:

$$\int \frac{f'(x)}{f(x)} dx = \ln|f(x)| + c$$

$$\int \frac{dx}{x} + \int \frac{z - 1}{z^2 - 2z} dz = 0$$

$$\int \frac{dx}{x} + \frac{1}{2} \int \frac{2z - 2}{z^2 - 2z} dz = 0$$

$$\ln|x| + c_1 + \frac{1}{2}\ln|z^2 - 2z| + c_2 = 0$$

$$2\cdot\ln|x| + \ln|z^2 - 2z| = 2(-c_1 - c_2)$$

$$\ln x^2 + \ln|z^2 - 2z| = -2(c_1 + c_2)$$

Die Substitution $y = x\cdot z$ wird rückgängig gemacht durch Einsetzen von $z = \frac{y}{x}$.

$$\blacktriangleright\ y = x\cdot z \quad \Rightarrow z = \frac{y}{x}$$

$$\ln\left|x^2\left(\frac{y^2}{x^2} - 2\frac{y}{x}\right)\right| = -2(c_1 + c_2)$$

$$\ln|y^2 - 2xy| = -2(c_1 + c_2)$$

$$y^2 - 2xy = e^{-2(c_1 + c_2)}$$

Die weitere Auflösung führt zu einer Funktionsgleichung, die sich nur implizit darstellen läßt.

$$\blacktriangleright\ e^{-2(c_1 + c_2)} = c$$

$$\underline{\underline{y^2 - 2xy = c}}$$

4.2.3 Lineare Differentialgleichungen

Unter linearen Differentialgleichungen erster Ordnung versteht man solche, die y und y' im ersten Grade, d.h. linear enthalten.
Diese Bedingung gilt nicht für die Variable x.
$F(x)$ und $f(x)$ sind Funktionen von x oder Konstanten.

allgemein: $\frac{dy}{dx} + y\cdot f(x) = F(x)$

Beispiele:
- $y' - y\cdot\frac{2}{x} = \frac{x+1}{x}$
- $y'\cdot x = x\cdot\sin x - y$
- $y' + x^2 = x^4\cdot y$

Zur Lösung der linearen Differentialgleichungen können verschiedene gleichwertige Methoden angewendet werden.

● Lösung nach der Methode von Bernoulli

1. Man substituiert $y = u(x)\cdot v(x)$. Daraus ergibt sich y' nach der Produktregel.

$$y' - y\cdot\frac{2}{x} = \frac{x+1}{x}$$

$$\blacktriangleright\ y = u(x)\cdot v(x)$$

$$\Rightarrow y' = u(x)\,\frac{dv}{dx} + v(x)\,\frac{du}{dx}$$

Die Werte für y und y' werden in die Differentialgleichung eingesetzt.

$$\Rightarrow u(x)\frac{dv}{dx} + v(x)\frac{du}{dx} - u(x)\cdot v(x)\frac{2}{x} = \frac{x+1}{x}$$

2. $u(x)$ bzw. $v(x)$ wird ausgeklammert.

$$u(x)\left[\frac{\mathrm{d}v}{\mathrm{d}x}-\frac{2}{x}v(x)\right]+v(x)\frac{\mathrm{d}u}{\mathrm{d}x}=\frac{x+1}{x}$$

3. Für $u(x)$ bzw. $v(x)$ wird mittels Nebenrechnung ein Term gesucht, der den Klammerterm $\left[\frac{\mathrm{d}v}{\mathrm{d}x}-\frac{2}{x}v(x)\right]$ und damit den Faktor von $u(x)$ Null werden läßt.

$$\frac{\mathrm{d}v}{\mathrm{d}x}-\frac{2}{x}v(x)=0$$

$$\frac{\mathrm{d}v}{v(x)}=\frac{2\,\mathrm{d}x}{x}$$

$$\int\frac{\mathrm{d}v}{v(x)}=2\cdot\int\frac{\mathrm{d}x}{x}$$

$$\ln|v(x)|+c_1=2\cdot\ln|x|+c_2$$

$$\ln|v(x)|=\ln x^2+c_2-c_1$$

Dies ist für $v(x)=x^2$ der Fall unter der Voraussetzung, daß $c_2-c_1=0$ ist.

$$v(x)=x^2\cdot\mathrm{e}^{c_2-c_1} \blacktriangleright c_2-c_1=0$$

$$v(x)=x^2$$

Der ermittelte Wert für $v(x)$, d.h. x^2, wird in die Gleichung eingesetzt. Da mit $v(x)=x^2$ das Produkt $u(x)\left[\frac{\mathrm{d}v}{\mathrm{d}x}-\frac{2}{x}v(x)\right]$ gleich Null wird, ergibt sich eine Restgleichung, bei der $\mathrm{d}u$ bzw. x, $\mathrm{d}x$ auf beiden Seiten isoliert werden können.

$$u(x)\left[\frac{\mathrm{d}v}{\mathrm{d}x}-\frac{2}{x}v(x)\right]+v(x)\frac{\mathrm{d}u}{\mathrm{d}x}=\frac{x+1}{x} \blacktriangleright v(x)=x^2$$

$$u(x)\cdot\quad 0\quad+x^2\frac{\mathrm{d}u}{\mathrm{d}x}=\frac{x+1}{x}$$

$$\frac{\mathrm{d}u}{\mathrm{d}x}=\frac{x+1}{x^3}$$

4. Aus dieser Restgleichung wird $u(x)$ durch Integration bestimmt.

$$\int\mathrm{d}u=\int\frac{x+1}{x^3}\,\mathrm{d}x$$

$$\int\mathrm{d}u=\int\frac{1}{x^2}\,\mathrm{d}x+\int\frac{1}{x^3}\,\mathrm{d}x$$

$$u(x)=-\frac{1}{x}+c_1-\frac{1}{2x^2}+c_2 \quad\blacktriangleright c_1+c_2=c$$

$$=-\frac{1}{x}-\frac{1}{2x^2}+c$$

5. In die Ausgangsgleichung $y=u(x)\cdot v(x)$ werden die ermittelten Werte eingesetzt, und zwar:

$$u(x)=-\frac{1}{x}-\frac{1}{2x^2}+c;\; v(x)=x^2$$

Das Ergebnis ist die *allgemeine* Lösung der gegebenen Differentialgleichung.

$$y=\quad u(x)\quad\cdot v(x)$$

$$=\left(-\frac{1}{x}-\frac{1}{2x^2}+c\right)\cdot x^2$$

$$=-x-\frac{1}{2}+cx^2;\; c\in\mathbb{R}$$

$$\Rightarrow f=\left\langle x\mapsto cx^2-x-\frac{1}{2}\,\middle|\, c\in\mathbb{R}\right\rangle$$

- **Lösung nach der Methode von Lagrange**

Das gleiche Beispiel wird nun mit der zweiten Methode nach Lagrange durch gerechnet.

$$y' - y \cdot \frac{2}{x} = \frac{x+1}{x}$$

$$y' - y \cdot f(x) = F(x) \blacktriangleright F(x) = 0$$

1. Man setzt $F(x) = 0$ und löst die verbleibende Restgleichung

$$y' - y \cdot f(x) = 0$$

nach der schon bekannten Methode durch Trennung der Variablen.

$$\Rightarrow \frac{dy}{dx} - y \cdot \frac{2}{x} = 0$$

$$\frac{dy}{y} = \frac{2\,dx}{x}$$

$$\int \frac{dy}{y} = 2 \cdot \int \frac{dx}{x}$$

$$\ln|y| + c_1 = 2 \cdot \ln|x| + c_2$$

Als Integrationskonstante wählt man zweckmäßig den Logarithmus der Konstante, da dann alle Logarithmen wegfallen, und zwar $c_2 - c_1 = \ln|c|$. c ist in der abgekürzten homogenen Gleichung $y' - y \cdot f(x) = 0$ keine Konstante, sondern eine Funktion von x, d.h. $c = c(x)$.

$$\ln|y| = \ln x^2 + c_2 - c_1 \blacktriangleright c_2 - c_1 = \ln|c|$$

$$\ln|y| = \ln x^2 + \ln|c|$$

$$\ln|y| = \ln|x^2 \cdot c|$$

$$y = x^2 \cdot c \Rightarrow c = c(x)$$

$$= u(x) \cdot v(x)$$

2. Die erhaltene Funktion wird differenziert unter Verwendung der Produktregel.

$$u(x) = x^2 \Rightarrow u'(x) = 2x$$

$$v(x) = c(x) \Rightarrow v'(x) = \frac{dc(x)}{dx}$$

$$\Rightarrow y' = 2x \cdot c(x) + x^2 \frac{dc(x)}{dx}$$

3. Die beiden Teillösungen für y und y' werden in die Ausgangsgleichung eingesetzt und die Gleichung nach $\frac{dc(x)}{dx}$ aufgelöst.

$$y' - y \cdot \frac{2}{x} = \frac{x+1}{x}$$

$$2x \cdot c(x) + x^2 \frac{dc(x)}{dx} - x^2 \cdot c(x) \cdot \frac{2}{x} = \frac{x+1}{x}$$

$$\Rightarrow \frac{dc(x)}{dx} = \frac{1}{x^2} + \frac{1}{x^3} + \frac{2}{x} \cdot c(x) - \frac{2}{x} \cdot c(x)$$

4. Durch Integration wird der Funktionsterm für $c(x)$ ermittelt.

$$\int dc(x) = \int \frac{dx}{x^2} + \int \frac{dx}{x^3}$$

$$c(x) + k_1 = -\frac{1}{x} + k_2 - \frac{1}{2x^2} + k_3 \blacktriangleright k_2 + k_3 - k_1 = k$$

$$c(x) = -\frac{1}{x} - \frac{1}{2x^2} + k;\ k \in \mathbb{R}$$

5. In die Gleichung $y = x^2 \cdot c(x)$ wird der Wert für $c(x)$ eingesetzt und die Gleichung vereinfacht.

$$y = x^2 \cdot c(x)$$

$$= x^2 \cdot \left(-\frac{1}{x} - \frac{1}{2x^2} + k\right)$$

Das Ergebnis ist die gleiche *allgemeine* Lösung, wie sie vorher nach der Methode von Bernoulli ermittelt wurde.

$$y = -x - \frac{1}{2} + k \cdot x^2;\ k \in \mathbb{R}$$

$$\Rightarrow f = \left\langle x \mapsto kx^2 - x - \frac{1}{2} \middle| k \in \mathbb{R} \right\rangle$$

Beispiel: Berechnen Sie die lineare Differentialgleichung 1. Ordnung $y' - ay = x$ nach den Methoden von Bernoulli und Lagrange.

1. Nach Bernoulli substituiert man $y = u(x) \cdot v(x)$ und die entsprechende Ableitung $y' = u(x)\frac{\mathrm{d}v}{\mathrm{d}x} + v(x)\frac{\mathrm{d}u}{\mathrm{d}x}$

$$y' - ay = x \blacktriangleright y = u(x) \cdot v(x)$$

$$u(x)\frac{\mathrm{d}v}{\mathrm{d}x} + v(x)\frac{\mathrm{d}u}{\mathrm{d}x} - a \cdot u(x) \cdot v(x) = x$$

2. $u(x)$ wird ausgeklammert.

$$u(x)\left[\frac{\mathrm{d}v}{\mathrm{d}x} - a \cdot v(x)\right] + v(x)\frac{\mathrm{d}u}{\mathrm{d}x} = x$$

3. Der Term in der Klammer soll Null werden, damit das Produkt aus $u(x)$ und der Klammer Null wird.
Durch Integration wird $v(x)$ bestimmt.
Für $c = 0$ wird $v(x) = \mathrm{e}^{ax}$. Für diesen Wert von $v(x)$ wird der Klammerterm gleich Null.

$$\frac{\mathrm{d}v}{\mathrm{d}x} - a \cdot v(x) = 0$$

$$\int \frac{\mathrm{d}v}{v(x)} = a \cdot \int \mathrm{d}x$$

$$\ln|v(x)| + c_1 = ax + c_2$$

$$\ln|v(x)| = ax + c_2 - c_1$$

$$v(x) = \mathrm{e}^{ax + c_2 - c_1}$$

$$= \mathrm{e}^{ax} \cdot \mathrm{e}^{c_2 - c_1} \blacktriangleright c_2 - c_1 = 0$$

$$= \mathrm{e}^{ax}$$

4. Der ermittelte Term für $v(x)$ wird eingesetzt und $u(x)$ durch Integration ermittelt. Die Lösung des Integrals erfolgt durch partielle Integration.

$$u(x) \cdot [0] + \mathrm{e}^{ax} \cdot \frac{\mathrm{d}u}{\mathrm{d}x} = x$$

$$\int \mathrm{d}u = \int \frac{x}{\mathrm{e}^{ax}}\,\mathrm{d}x$$

$$u(x) = -\frac{ax + 1}{a^2 \cdot \mathrm{e}^{ax}} + c$$

5. Die ermittelten Werte werden in die Gleichung $y = u(x) \cdot v(x)$ eingesetzt.

$$y = u(x) \cdot v(x) = \left(-\frac{ax + 1}{a^2 \cdot \mathrm{e}^{ax}} + c\right) \cdot \mathrm{e}^{ax}$$

$$y = -\frac{x}{a} - \frac{1}{a^2} + c \cdot \mathrm{e}^{ax}$$

Das Ergebnis ist die *allgemeine* Lösung nach Bernoulli.

$$\Rightarrow f = \left\langle x \mapsto c \cdot \mathrm{e}^{ax} - \frac{x}{a} - \frac{1}{a^2} \right\rangle$$

1. Nach Lagrange setzt man die rechte Seite gleich Null und isoliert dx bzw. y, dy auf beiden Seiten.

$$y' - a \cdot y = x \blacktriangleright x = 0$$

$$\Rightarrow \frac{\mathrm{d}y}{\mathrm{d}x} - a \cdot y = 0$$

$$\frac{\mathrm{d}y}{y} = a \cdot \mathrm{d}x$$

Die Restgleichung $\frac{\mathrm{d}y}{y} = a \cdot \mathrm{d}x$ wird integriert, nach y umgeformt und $c_2 - c_1 = \ln|c(x)|$ gesetzt.

$$\int \frac{\mathrm{d}y}{y} = a \cdot \int \mathrm{d}x$$

$$\ln|y| + c_1 = ax + c_2 \quad \blacktriangleright c_2 - c_1 = \ln|c(x)|$$

$$\ln|y| = ax + \ln|c(x)|$$

$$y = \mathrm{e}^{ax} \cdot \mathrm{e}^{\ln|c(x)|}$$

2. Die Gleichung für y wird unter Verwendung der Produktregel differenziert.

$$= \mathrm{e}^{ax} \cdot c(x) = u(x) \cdot v(x)$$

$$y' = \mathrm{e}^{ax} \cdot \frac{\mathrm{d}c(x)}{\mathrm{d}x} + c(x) \cdot a \cdot \mathrm{e}^{ax}$$

3. Die Teillösungen für y und y' werden in die Ausgangsgleichung eingesetzt. Die so entwickelte Gleichung löst man nach d$c(x)$ auf. Dabei fällt $a \cdot \mathrm{e}^{ax} c(x)$ weg.

$$y' \qquad - a \cdot y \qquad = x$$

$$\mathrm{e}^{ax} \cdot \frac{\mathrm{d}c(x)}{\mathrm{d}x} + c(x) \cdot a \cdot \mathrm{e}^{ax} - a \cdot \mathrm{e}^{ax} \cdot c(x) = x$$

$$\mathrm{e}^{ax} \cdot \frac{\mathrm{d}c(x)}{\mathrm{d}x} = x$$

4. Durch Integration gewinnt man $c(x)$.

$$\int \mathrm{d}c(x) = \int \frac{x}{\mathrm{e}^{ax}} \, \mathrm{d}x$$

$$c(x) + k_1 = -\frac{ax+1}{a^2 \cdot \mathrm{e}^{ax}} + k_2 \blacktriangleright k_2 - k_1 = k$$

$$c(x) = -\frac{ax+1}{a^2 \cdot \mathrm{e}^{ax}} + k; \; k \in \mathbb{R}$$

5. Die ermittelten Werte werden in die Gleichung $y = u(x) \cdot v(x) = \mathrm{e}^{ax} \cdot c(x)$ eingesetzt.

$$y = \mathrm{e}^{ax} \cdot c(x)$$

$$= \mathrm{e}^{ax} \cdot \left(-\frac{ax+1}{a^2 \cdot \mathrm{e}^{ax}} + k \right)$$

$$= -\frac{x}{a} - \frac{1}{a^2} + k \cdot \mathrm{e}^{ax}; \; k \in \mathbb{R}$$

Das Ergebnis ist die *allgemeine* Lösung nach Lagrange. Sie stimmt mit dem Ergebnis nach Bernoulli überein.

$$\Rightarrow f = \underline{\underline{\left\langle x \mapsto k \cdot \mathrm{e}^{ax} - \frac{x}{a} - \frac{1}{a^2} \,\middle|\, k \in \mathbb{R} \right\rangle}}$$

Beispiel: Lösen Sie die Differentialgleichung $y' + \frac{y}{x} = \sin x$ nach der Methode von Bernoulli.

Man substituiert $y = u(x) \cdot v(x)$ und setzt y und y' in die Differentialgleichung ein.

$$y' + \frac{y}{x} = \sin x$$

$$\blacktriangleright\ y = u(x) \cdot v(x)$$

$$\Rightarrow y' = u(x)\,\frac{\mathrm{d}v}{\mathrm{d}x} + v(x)\,\frac{\mathrm{d}u}{\mathrm{d}x}$$

$$u(x)\,\frac{\mathrm{d}v}{\mathrm{d}x} + v(x)\,\frac{\mathrm{d}u}{\mathrm{d}x} + \frac{u(x) \cdot v(x)}{x} = \sin x$$

$$u(x) \cdot \left(\frac{\mathrm{d}v}{\mathrm{d}x} + \frac{v(x)}{x}\right) + v(x)\,\frac{\mathrm{d}u}{\mathrm{d}x} = \sin x$$

Man setzt den Klammerterm gleich 0 und berechnet $v(x)$.

Die verbleibende Restgleichung lautet:

$v(x)\,\frac{\mathrm{d}u}{\mathrm{d}x} = \sin x$

$$\frac{\mathrm{d}v}{\mathrm{d}x} + \frac{v(x)}{x} = 0 \Rightarrow v(x)\,\frac{\mathrm{d}u}{\mathrm{d}x} = \sin x$$

$$\int \frac{\mathrm{d}v}{v(x)} = -\int \frac{\mathrm{d}x}{x}$$

$$\ln|v(x)| + c_1 = -\ln|x| + c_2 \quad \blacktriangleright\ c_2 - c_1 = \ln|c|$$

$$\ln|v(x)| = \ln|x^{-1}| + \ln|c|$$

Wegen $c = 0$ folgt $v(x) = \frac{1}{x}$.

$$v(x) = \frac{1}{x} \cdot \mathrm{e}^c \ \blacktriangleright\ c = 0$$

$$\Rightarrow v(x) = \frac{1}{x}$$

Aus der Restgleichung bestimmt man $u(x)$ durch Integration.

$$v(x)\,\frac{\mathrm{d}u}{\mathrm{d}x} = \sin x$$

$$\frac{1}{x} \cdot \frac{\mathrm{d}u}{\mathrm{d}x} = \sin x$$

$$\int \mathrm{d}u = \int x \cdot \sin x \,\mathrm{d}x$$

$$u(x) + k_1 = \sin x - x \cdot \cos x + k_2 \ \blacktriangleright\ k_2 - k_1 = k$$

$$u(x) = \sin x - x \cdot \cos x + k;\ k \in \mathbb{R}$$

In $y = u(x) \cdot v(x)$ werden die ermittelten Werte für $u(x)$ und $v(x)$ eingesetzt.

$$y = u(x) \cdot v(x)$$

$$= (\sin x - x \cdot \cos x + k) \cdot \frac{1}{x}$$

$$= \frac{\sin x}{x} - \cos x + \frac{k}{x}$$

Das Ergebnis ist die *allgemeine* Lösung der gegebenen Gleichung nach Bernoulli.

$$\Rightarrow f = \left\langle x \mapsto \frac{\sin x}{x} - \cos x + \frac{k}{x} \,\middle|\, k \in \mathbb{R} \right\rangle$$

Beispiel: Lösen Sie die Differentialgleichung $y' + y = e^{-x}$ nach der Methode von Lagrange.

Man setzt $F(x) = e^{-x} = 0$ und löst die verbleibende Restgleichung durch Trennung der Variablen.	$y' + y = e^{-x} \quad \blacktriangleright e^{-x} = 0$ $\frac{dy}{dx} + y = 0$ $\int \frac{dy}{y} = -\int dx$
Als Integrationskonstante setzt man $c_2 - c_1 = \ln\lvert c(x)\rvert$ und bestimmt y.	$\ln\lvert y\rvert + c_1 = -x + c_2 \quad \blacktriangleright c_2 - c_1 = \ln\lvert c(x)\rvert$ $\ln\lvert y\rvert = -x + \ln\lvert c(x)\rvert$
Man berechnet y' mit der Produktregel.	$y = e^{-x} \cdot c(x)$ $= u(x) \cdot v(x)$ $y' = \frac{dc(x)}{dx} \cdot e^{-x} - c(x) \cdot e^{-x}$
Die Teillösungen für y und y' werden in die Ausgangsgleichung eingesetzt, $c(x) \cdot e^{-x}$ und e^{-x} fallen weg.	$y' \quad + \quad y \quad = e^{-x}$ $\frac{dc(x)}{dx} \cdot e^{-x} - c(x) \cdot e^{-x} + e^{-x} \cdot c(x) = e^{-x}$
Durch Integration wird $c(x)$ ermittelt.	$\int dc(x) = \int dx$ $c(x) + k_1 = x + k_2 \quad \blacktriangleright k_2 - k_1 = k$ $c(x) = x + k;\ k \in \mathbb{R}$
In die Gleichung $y = e^{-x} \cdot c(x)$ wird $c(x)$ eingesetzt. Das Ergebnis ist die *allgemeine* Lösung nach Lagrange.	$y = e^{-x} \cdot c(x) \quad \blacktriangleright c(x) = x + k$ $= e^{-x}(x + k);\ k \in \mathbb{R}$ $\Rightarrow f = \langle x \mapsto e^{-x}(x + k) \mid k \in \mathbb{R} \rangle$

Übungen

4.2 Differentialgleichungen erster Ordnung

4.2.1 Differentialgleichungen mit getrennten Variablen

Geben Sie die allgemeine Lösung für folgende Differentialgleichungen an:

1. $y' = \frac{y}{2a}$ **2.** $y' = axy$ **3.** $y' - 1 = x^2 + x^4$

4. $y' - x^3 = y - x^3$ **5.** $\frac{y'}{2x} = y^2$ **6.** $y' = \frac{y^2}{x^2}$

7. $2xy^2 = y'$

8. $y' = \dfrac{b^2 x}{a^2 y}$

9. $y' = \dfrac{2}{\sqrt{a^2 + x^2}}$

10. $x^2 + 2x = y'$

11. $xy' = y \cdot \ln y$

12. $(1 - x^2)\,dy + xy \cdot dx = 0$

13. $y' = \dfrac{\sin x - \cos x}{\sin x + \cos x}$

14. $y' = e^x y$

15. $\sqrt{y'} = y'x$

16. $y' = (yy')^2$

17. $dy = \dfrac{dx}{x(x^2 + 2x + 1)}$

18. $y' = \dfrac{x^2 \sqrt{x^2 + 4}}{y^2 \sqrt{y^2 + 9}}$

19. $yx \cdot \sin(2x) = y'$

20. $\dfrac{dx}{dy} = \ln y$

21. $dx(e^y + e^{-y}) = dy(e^x + e^{-x})$

22. $\left(\dfrac{dy}{dx}\right)^3 = x^2 y^3$

23. $(x + y)^2 = y'$

24. $y'^2 y = x^2 y' - y'$

25. $y'^2 - 2x - x^2 = 0$

26. $y' \cdot \operatorname{Arcsin} y = x^2$

27. $x \cdot e^{x^2} = y' \cdot e^y$

28. $y \cdot \ln x = y'$

29. $x \cdot \sinh x = y' \cdot \cosh y$

30. $\dfrac{\operatorname{Arsinh} x}{\operatorname{Arcosh} y} = y'$

4.2.2 Differentialgleichungen mit homogenen Variablen

Lösen Sie nachstehende Differentialgleichungen:

1. $y'x = -(x + y)$

2. $y'x = y$

3. $y' = \dfrac{x + y}{x}$

4. $y'x^2 - yx = x^2 + y^2$

5. $y'xy = y^2 - x^2$

6. $\dfrac{x}{y} + \dfrac{y}{x} = y'$

7. $dy \cdot x = (y - x)\,dx$

8. $y' - \dfrac{y}{x} = \tan \dfrac{y}{x}$

9. $(x + y)\,dx - (x - y)\,dy = 0$

10. $x^2 + xy + y^2 = x^2 y'$

11. $y' = \dfrac{2xy}{3x^2 - y^2}$

12. $y' = \dfrac{y}{x} \ln \dfrac{y}{x}$

13. $x \cdot dy - y \cdot dx = y \cdot dy$

14. $y^2 + (x^2 - xy)\,y' = 0$

15. $y^2 \cdot dx - 3x^2 \cdot dx + 2xy \cdot dy = 0$

16. $xy' = y + \sqrt{y^2 - x^2}$

17. $xy' = y(\ln y - \ln x)$

18. $y \cdot dx + \sqrt{4xy} \cdot dy = x \cdot dy$

19. $\dfrac{2y(y - x)}{x^2 - 2xy + y^2} = y'$

20. $y' = \dfrac{y}{x} + \sqrt{1 + \left(\dfrac{y}{x}\right)^2}$

4.2.3 Lineare Differentialgleichungen

Lösen Sie nachstehende Differentialgleichungen nach den beiden Methoden von Bernoulli **und** Lagrange:

1. $y' + 2xy = \frac{x}{e^{x^2}}$	**2.** $y' = e^x - y$	**3.** $y' - y = x^2 - 1$
4. $y' = e^{3x} - 2y$	**5.** $y'x = y + x^2 \cdot \sin x$	**6.** $y'x = x \cdot \sin x - y$
7. $y' + y + \cos x - e^{2x} = 0$	**8.** $y' + ay = b \cdot e^{cx}$	**9.** $y' + ay - b \cdot \sin(cx) = 0$
10. $y' = \frac{y}{x} + \frac{1}{\ln x}$	**11.** $y' = a + bx + cy$	**12.** $xy' + 1 = e^x + y$
13. $y'(1 - x^2) + xy = 1$	**14.** $\frac{y'}{\sin x} - y = 1 - \cos x$	**15.** $y' + y \cdot \cos x = \frac{1}{2} \sin(2x)$
16. $y' - y \cdot x = x^2 - 1$	**17.** $y'x^2 + y = x$	**18.** $y' + \frac{1}{1+x} y + x^2 = 0$
19. $y' + y \cdot \cos x = e^{-\sin x}$	**20.** $y' + y \cdot \tan x = \sin(2x)$	**21.** $y' - 2y = 3 - x$

4.3 Differentialgleichungen zweiter Ordnung

Unter Differentialgleichungen zweiter Ordnung versteht man Gleichungen, die $y'' = \frac{d^2y}{dx^2}$ als höchsten Differentialquotienten enthalten, daneben können $y' = \frac{dy}{dx}$, x und y auftreten.

Im Rahmen dieser Einführung in die Differentialgleichungen kann nur kurz auf einige Differentialgleichungen zweiter Ordnung und deren Anwendungen eingegangen werden.

● **Differentialgleichungen der Form $y'' = f(x)$**

Lösungsgang:	**Beispiel:**
Prinzip der Lösung ist die mehrfache Integration zur Beseitigung der Ableitungen.	$y'' = -\sin x$
1. Beide Seiten der Gleichung integrieren	$\int y''\,dx = \int -\sin x\,dx$ $y' = \cos x + c_1;\ c_1 \in \mathbb{R}$
2. Entstandene Differentialgleichung erneut integrieren	$\int y'\,dx = \int \cos x\,dx + c_1 \cdot \int dx$
3. Gegebenenfalls aus Bedingungen c_1 und c_2 bestimmen	$y = \underline{\underline{\sin x + c_1 x + c_2;\ c_2 \in \mathbb{R}}}$ $\Rightarrow f = \underline{\underline{\langle x \mapsto \sin x + c_1 x + c_2 \mid c_1;\ c_2 \in \mathbb{R}\rangle}}$

Beispiele:

1. $y'' = \frac{1}{1+x^2}$

Durch die erste Integration erhält man y'.
Durch die Integration von y' erhält man y und damit die *allgemeine* Lösungsfunktion f.

$$\int y''\,dx = \int \frac{dx}{1+x^2}$$

$$y' = \operatorname{Arctan} x + c_1$$

$$\int y'\,dx = \int \operatorname{Arctan} x\,dx + c_1 \cdot \int dx$$

$$y = x \cdot \operatorname{Arctan} x - \frac{1}{2}\ln(1+x^2) + c_3 + c_1 x + c_4$$

$$\blacktriangleright\ c_3 + c_4 = c_2$$

$$\Rightarrow f = \left\langle x \mapsto x \cdot \operatorname{Arctan} x - \frac{1}{2}\ln(1+x^2) + c_1 x + c_2 \right\rangle$$

2. $y'' = x^2 + x + 1$

Die erste Integration ergibt y'.
Die Konstanten c_3, c_4, c_5 werden zur Integrationskonstanten c_1 zusammengefaßt.

Die zweite Integration ergibt y.
Die Konstanten c_6, c_7, c_8, c_9 werden zur Integrationskonstanten c_2 zusammengefaßt.

f ist die *allgemeine* Lösungsfunktion.

$$\int y''\,dx = \int x^2\,dx + \int x\,dx + \int dx$$

$$y' = \frac{x^3}{3} + c_3 + \frac{x^2}{2} + c_4 + x + c_5$$

$$= \frac{x^3}{3} + \frac{x^2}{2} + x + c_1$$

$$\int y'\,dx = \frac{1}{3}\int x^3\,dx + \frac{1}{2}\int x^2\,dx + \int x\,dx + c_1 \cdot \int dx$$

$$y = \frac{x^4}{12} + c_6 + \frac{x^3}{6} + c_7 + \frac{x^2}{2} + c_8 + c_1 x + c_9$$

$$= \frac{x^4}{12} + \frac{x^3}{6} + \frac{x^2}{2} + c_1 x + c_2$$

$$\Rightarrow f = \left\langle x \mapsto \frac{x^4}{12} + \frac{x^3}{6} + \frac{x^2}{2} + c_1 x + c_2 \right\rangle$$

3. $y'' = x \cdot e^x = u(x) \cdot v'(x)$

$$\int u(x) \cdot v'(x)\,dx = u(x) \cdot v(x) - {}$$
$$+ \int u'(x) \cdot v(x)\,dx$$

$$\int x \cdot e^x\,dx = x \cdot e^x - \int e^x\,dx$$
$$= x \cdot e^x - e^x + c_1$$

f ist die *allgemeine* Lösungsfunktion.

$$\int y''\,dx = \int x \cdot e^x\,dx = \int u(x) \cdot v'(x)\,dx$$

$$y' = x \cdot e^x - e^x + c_1$$

$$\int y'\,dx = \int x \cdot e^x\,dx - \int e^x\,dx + c_1 \cdot \int dx$$

$$y = x \cdot e^x - e^x + c_3 - e^x + c_4 + c_1 x + c_5$$

$$\blacktriangleright\ c_3 + c_4 + c_5 = c_2$$

$$= e^x(x-2) + c_1 x + c_2$$

$$\Rightarrow f = \langle x \mapsto e^x(x-2) + c_1 x + c_2 \rangle$$

Gelegentlich lassen sich Differentialgleichungen höherer Ordnung entsprechend lösen.

4. $y^{(4)} = x$

$$\int y^{(4)}\,\mathrm{d}x = \int x\,\mathrm{d}x$$

Die erste Integration ergibt y''', die zweite y'', die dritte y', und mit der vierten Integration erhält man y.

$$y''' = \frac{x^2}{2} + c_1$$

$$\int y'''\,\mathrm{d}x = \frac{1}{2}\int x^2\,\mathrm{d}x + c_1 \cdot \int \mathrm{d}x$$

$$y'' = \frac{x^3}{6} + c_2 + c_1 x + c_3$$

$$\int y''\,\mathrm{d}x = \frac{1}{6}\int x^3\,\mathrm{d}x + c_1 \cdot \int x\,\mathrm{d}x + (c_2 + c_3)\int \mathrm{d}x$$

$$y' = \frac{x^4}{24} + c_4 + \frac{1}{2}c_1 x^2 + c_5 + (c_2 + c_3)x + c_6$$

$$\int y'\,\mathrm{d}x = \frac{1}{24}\int x^4\,\mathrm{d}x + \frac{1}{2}c_1 \cdot \int x^2\,\mathrm{d}x + $$

$$+ (c_2 + c_3)\int x\,\mathrm{d}x + (c_4 + c_5 + c_6)\int \mathrm{d}x$$

Die entstehenden Integrationskonstanten faßt man zusammen:

$k_1 = c_1$

$k_2 = c_2 + c_3$

$k_3 = c_4 + c_5 + c_6$

$k_4 = c_7 + c_8 + c_9 + c_{10}$

$k_1\,;\,k_2\,;\,k_3\,;\,k_4 \in \mathbb{R}$

$$y = \frac{x^5}{120} + c_7 + \frac{x^3}{6}c_1 + c_8 + (c_2 + c_3)\frac{x^2}{2} + c_9 + $$

$$+ (c_4 + c_5 + c_6)x + c_{10}$$

$$= \frac{x^5}{120} + k_1\frac{x^3}{6} + k_2\frac{x^2}{2} + k_3 x + k_4$$

f ist die *allgemeine* Lösungsfunktion.

$$\Rightarrow f = \left\langle x \mapsto \frac{x^5}{120} + k_1\frac{x^3}{6} + k_2\frac{x^2}{2} + k_3 x + k_4 \right\rangle$$

Beispiel: Berechnen Sie die Durchbiegung y eines einseitig eingespannten Trägers von der Länge l bei einer punktförmig wirkenden Kraft F.

Aus der Mechanik ist die Gleichung zur Berechnung der Durchbiegung y bekannt. Es handelt sich um die abgekürzte Gleichung, die für die in der Technik üblichen kleinen Durchbiegungen gilt.

Das Biegemoment M an einer beliebigen Stelle a ist gleich $-F\,(l - x)$.

M = Biegemoment

E = Elastizitätsmodul

I = Flächenträgheitsmoment

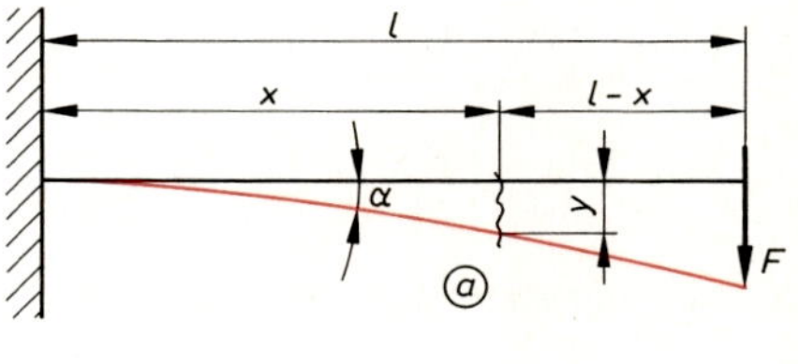

Die Gleichung für y'' wird durch Integration auf y' zurückgeführt.

$$y'' = -\frac{M}{E \cdot I} \qquad \blacktriangleright M = -F(l-x)$$

$$= \frac{F(l-x)}{E \cdot I}$$

Vor der zweiten Integration wird die Konstante c_1 aus den vorliegenden Bedingungen des Belastungsfalles berechnet. An der Stelle $x = 0$ ist die Steigung y' auch gleich Null, d.h. $c_1 = 0$.

$$y' = \frac{F}{E \cdot I} \int (l-x)\,\mathrm{d}x$$

$$= \frac{F}{E \cdot I}\left(lx - \frac{x^2}{2}\right) + c_1$$

für $x = 0 \Rightarrow y' = 0 \Rightarrow c_1 = 0$

Die zweite Integration führt zur Lösung der Differentialgleichung.

$$y = \frac{F \cdot l}{E \cdot I} \int x\,\mathrm{d}x - \frac{F}{2 \cdot E \cdot I} \int x^2\,\mathrm{d}x$$

$$= \frac{F}{E \cdot I}\left(\frac{lx^2}{2} - \frac{x^3}{6}\right) + c_2$$

Auch die Konstante c_2 ist gleich Null, da die Durchbiegung y an der Stelle $x = 0$ gleich Null ist.

für $x = 0 \Rightarrow y = 0 \Rightarrow c_2 = 0$

$$\underline{\underline{y = \frac{F}{E \cdot I}\left(\frac{lx^2}{2} - \frac{x^3}{6}\right)}}$$

$$\Rightarrow \underline{\underline{f = \left\langle x \mapsto \frac{F}{E \cdot I}\left(\frac{lx^2}{2} - \frac{x^3}{6}\right)\right\rangle}}$$

Die maximale Durchbiegung liegt bei $x = l$ vor. Man erhält $y_{\max}$ durch Einsetzen von $x = l$.

für $x = l \Rightarrow y_{\max} = \underline{\underline{\frac{F}{E \cdot I} \cdot \frac{l^3}{3}}}$

Beispiel: Berechnen Sie die maximale Durchbiegung eines Trägers auf zwei Stützen mit der Streckenlast q.

Man stellt die Momentengleichung an einer beliebigen Stelle a des Balkens auf. Da die Last gleichmäßig verteilt ist, entsprechen die Auflagekräfte A und B je der Hälfte der Gesamtlast.

$$A = B = \frac{q \cdot l}{2} = \frac{F}{2}$$

$$M = \frac{q \cdot l}{2}\,x - q \cdot x \cdot \frac{x}{2}$$

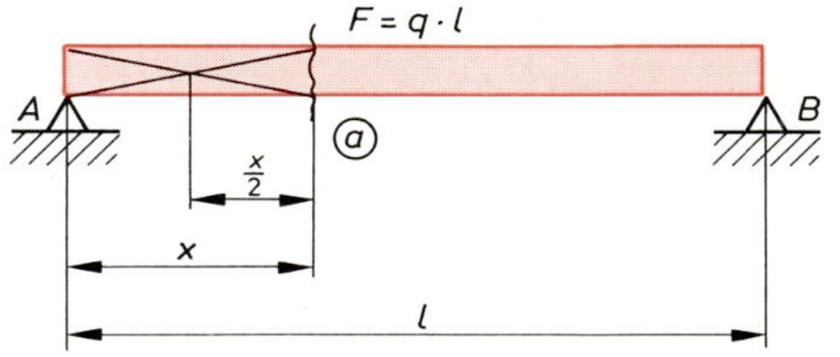

Die Momentengleichung

$$M = \frac{q \cdot l}{2} x - \frac{q}{2} x^2$$

wird in die Differentialgleichung eingesetzt.

$$y'' = -\frac{M}{E \cdot I} \quad \blacktriangleright M = \frac{q \cdot l}{2} x - \frac{q}{2} x^2$$

$$= -\frac{q \cdot l}{2 \cdot E \cdot I} x + \frac{q}{2 \cdot E \cdot I} x^2$$

Die Gleichung für y'' wird durch Integration auf y' zurückgeführt.

$$y' = -\frac{q \cdot l}{2 \cdot E \cdot I} \int x \, \mathrm{d}x + \frac{q}{2 \cdot E \cdot I} \int x^2 \, \mathrm{d}x$$

$$= -\frac{q \cdot l \cdot x^2}{4 \cdot E \cdot I} + \frac{q \cdot x^3}{6 \cdot E \cdot I} + c_1$$

An der Stelle $x = \frac{l}{2}$ liegt die größte Durchbiegung vor, d.h. an dieser Stelle verläuft die Tangente der Biegelinie waagerecht, die Steigung y' ist daher gleich Null.

für $x = \frac{l}{2}$ wird $y' = 0$

$$\Rightarrow 0 = -\frac{q \cdot l^3}{16 \cdot E \cdot I} + \frac{q \cdot l^3}{48 \cdot E \cdot I} + c_1$$

$$c_1 = 0 - \frac{q \cdot l^3}{48 \cdot E \cdot I} + \frac{q \cdot l^3}{16 \cdot E \cdot I}$$

$$= \frac{q \cdot l^3}{24 \cdot E \cdot I}$$

Der ermittelte Wert für c_1 wird in die Gleichung für y' eingesetzt.

$$y' = \frac{q \cdot x^3}{6 \cdot E \cdot I} - \frac{q \cdot l \cdot x^2}{4 \cdot E \cdot I} + \frac{\cdot l^3}{24 \cdot E \cdot I}$$

Die Gleichung für y' wird durch Integration auf y zurückgeführt.

$$= \frac{q}{6 \cdot E \cdot I} \int x^3 \, \mathrm{d}x - \frac{q \cdot l}{4 \cdot E \cdot I} \int x^2 \, \mathrm{d}x + \frac{q \cdot l^3}{24 \cdot E \cdot I} \int \mathrm{d}x$$

$$y = \frac{q \cdot x^4}{24 \cdot E \cdot I} - \frac{q \cdot l \cdot x^3}{12 \cdot E \cdot I} + \frac{q \cdot l^3 \cdot x}{24 \cdot E \cdot I} + c_2$$

An der Stelle $x = 0$ ist die Durchbiegung $y = 0$. Damit wird die Konstante $c_2 = 0$.

für $x = 0$ wird auch $y = 0 \Rightarrow c_2 = 0$

$$\Rightarrow y = \frac{q}{24 \cdot E \cdot I} (x^4 - 2 \cdot l \cdot x^3 + l^3 \cdot x)$$

Die größte Durchbiegung y_{max} liegt bei $x = \frac{l}{2}$, so daß man durch Einsetzen von $\frac{l}{2}$ eine Formel zur Berechnung der maximalen Durchbiegung erhält.

$$x = \frac{l}{2} \Rightarrow y_{max} = \frac{q}{24 \cdot E \cdot I} \left(\frac{l^4}{16} - \frac{l^4}{4} + \frac{l^4}{2} \right)$$

$$= \underline{\underline{\frac{5 \cdot q \cdot l^4}{384 \cdot E \cdot I}}}$$

● Differentialgleichungen der Form $y'' = f(y)$

Lösungsgang:

1. Man setzt $y' = \frac{dy}{dx} = z$, so daß gilt:

$$y'' = \frac{dy'}{dx} = \frac{dz}{dx}$$

Multipliziert man mit $\frac{dy}{dy}$, so erhält man: $\frac{dz}{dx} \cdot \frac{dy}{dy} = \frac{dz}{dy} \cdot \frac{dy}{dx} = \frac{dz}{dy} z$

2. Die Gleichung wird integriert und z berechnet.

3. Man rechnet weiter nach der Methode der getrennten Variablen.

Als Lösung erhält man eine implizite Funktionsgleichung.

Beispiel:

$$y'' = ay \quad \blacktriangleright y' = \frac{dy}{dx} = z \Rightarrow y'' = \frac{dz}{dx}$$

$$\Rightarrow \frac{dz}{dx} = ay \quad \blacktriangleright \frac{dz}{dx} = \frac{dz}{dy} z$$

$$\frac{dz}{dy} z = ay$$

$$z \cdot dz = a \cdot y \cdot dy$$

$$\int z\,dz = a \cdot \int y\,dy$$

$$\frac{z^2}{2} + c_1 = \frac{ay^2}{2} + c_2$$

$$z^2 = ay^2 + 2(c_2 - c_1) \quad \blacktriangleright 2(c_2 - c_1) = c_3$$

$$z = \sqrt{ay^2 + c_3} \quad \blacktriangleright z = \frac{dy}{dx}$$

$$dx = \frac{dy}{\sqrt{ay^2 + c_3}}$$

$$\int dx = \int \frac{dy}{\sqrt{ay^2 + c_3}}$$

$$\underline{\underline{x + c_4 = \frac{1}{\sqrt{a}} \ln \left| y + \sqrt{y^2 + \frac{c_3}{a}} \right| + c_5}}$$

Beispiele:

1. $y'' = \frac{a}{2}$

$$y'' = \frac{dy'}{dx} = \frac{a}{2} \quad \blacktriangleright y' = z$$

Man multipliziert $\frac{dz}{dx}$ mit $\frac{dy}{dy}$, so daß gilt:

$$\frac{dz}{dx} \cdot \frac{dy}{dy} = \frac{dz}{dy} \cdot \frac{dy}{dx} = \frac{dz}{dy} z$$

$$\Rightarrow \frac{dz}{dx} = \frac{a}{2} \quad \blacktriangleright \frac{dz}{dx} = \frac{dz}{dy} z$$

$$\frac{dz}{dy} z = \frac{a}{2}$$

$$\int z\,dz = \frac{a}{2} \int dy$$

Nach Integration der Gleichung wird z berechnet.

$$\frac{z^2}{2} + c_1 = \frac{a}{2} y + c_2$$

$$z^2 = ay + 2(c_2 - c_1) \quad \blacktriangleright 2(c_2 - c_1) = c_3$$

$$z = \sqrt{ay + c_3} \quad \blacktriangleright z = \frac{\mathrm{d}y}{\mathrm{d}x}$$

Man rechnet weiter nach der Methode der getrennten Variablen.

$$\int \mathrm{d}x = \int \frac{\mathrm{d}y}{\sqrt{ay + c_3}}$$

$$x + c_4 = \frac{2}{a} \sqrt{ay + c_3} + c_5 \quad \blacktriangleright c_4 - c_5 = c_6$$

$$(x + c_6)^2 = \frac{4}{a^2} (ay + c_3)$$

$$\frac{a^2}{4} (x + c_6)^2 - c_3 = ay$$

$$\Rightarrow y = \frac{a}{4} (x + c_6)^2 - \frac{c_3}{a}$$

f ist die allgemeine Lösungsfunktion.

$$\Rightarrow f = \left\langle x \mapsto \frac{1}{a} \left[\frac{a^2}{4} (x + c_6)^2 - c_3 \right] \right\rangle$$

2. $y'' = -\frac{1}{2} \sin y$

$$y'' = \frac{\mathrm{d}y'}{\mathrm{d}x} = -\frac{1}{2} \sin y \quad \blacktriangleright y' = z$$

$$\frac{\mathrm{d}z}{\mathrm{d}x} = -\frac{1}{2} \sin y \quad \blacktriangleright \frac{\mathrm{d}z}{\mathrm{d}x} = \frac{\mathrm{d}z}{\mathrm{d}y} z$$

$$\int z \, \mathrm{d}z = -\frac{1}{2} \int \sin y \, \mathrm{d}y$$

$$\frac{z^2}{2} + c_1 = \frac{1}{2} \cos y + c_2$$

$$z^2 = \cos y + 2(c_2 - c_1) \quad \blacktriangleright 2(c_2 - c_1) = c_3$$

$$z = \sqrt{\cos y + c_3} \quad \blacktriangleright z = \frac{\mathrm{d}y}{\mathrm{d}x}$$

$$\mathrm{d}x = \frac{\mathrm{d}y}{\sqrt{\cos y + c_3}}$$

Die Lösung der Differentialgleichung führt auf ein hier nicht lösbares Integral.

$$x + c_4 = \int \frac{\mathrm{d}y}{\sqrt{\cos y + c_3}}$$

● Differentialgleichungen der Form $y'' = f(y')$

Lösungsgang:

1. Man führt $y' = \frac{dy}{dx} = z$ und daraus folgend $y'' = \frac{dz}{dx}$ ein.

2. Die entstandene Gleichung wird integriert und anschließend nach z umgestellt.

3. Man löst z auf, integriert abermals und erhält die allgemeine Lösung der Differentialgleichung.

Beispiel:

$$y'' = ay' \quad \blacktriangleright y' = z \Rightarrow y'' = \frac{dz}{dx}$$

$$\Rightarrow \frac{dz}{dx} = a \cdot z$$

$$\frac{dz}{z} = a \cdot dx$$

$$\int \frac{dz}{z} = a \cdot \int dx$$

$$\ln z + c_1 = ax + c_2$$

$$\ln z = ax + c_2 - c_1 \quad \blacktriangleright c_2 - c_1 = c_3$$

$$z = e^{ax + c_3} \quad \blacktriangleright z = \frac{dy}{dx}$$

$$\int dy = \int e^{ax + c_3} dx$$

$$\underline{\underline{y = \frac{1}{a} e^{ax + c_3} + c_4}} \quad \blacktriangleright e^{c_3} = c_5$$

$$\Rightarrow f = \underline{\underline{\left\langle x \mapsto \frac{1}{a} c_5 \cdot e^{ax} + c_4 \right\rangle}}$$

Beispiele:

1. $y'' = y'^2$

$$y'' = y'^2 \blacktriangleright y' = z \Rightarrow y'' = \frac{dz}{dx}$$

$$\frac{dz}{dx} = z^2$$

$$\int \frac{dz}{z^2} = \int dx$$

$$-\frac{1}{z} + c_1 = x + c_2 \quad \blacktriangleright z = \frac{dy}{dx}$$

$$c_2 - c_1 = c_3$$

$$-\int \frac{dx}{x + c_3} = \int dy$$

$$-\ln|x + c_3| + c_4 = y + c_5 \quad \blacktriangleright c_4 - c_5 = c_6$$

$$\Rightarrow y = \underline{\underline{c_6 - \ln|x + c_3|}}$$

f ist die allgemeine Lösungsfunktion.

$$\Rightarrow f = \underline{\underline{\langle x \mapsto c_6 - \ln|x + c_3| \rangle}}$$

2. $y'' = 1 - y'^2$

$$y'' = 1 - y'^2 \blacktriangleright y' = z \Rightarrow y'' = \frac{dz}{dx}$$

$$\frac{dz}{dx} = 1 - z^2$$

$$\int \frac{dz}{1 - z^2} = \int dx$$

$$\operatorname{Artanh} z + c_1 = x + c_2 \quad \blacktriangleright c_2 - c_1 = c_3$$

$$z = \tanh(x + c_3) \quad \blacktriangleright z = \frac{dy}{dx}$$

$$\int dy = \int \tanh(x + c_3)\, dx$$

$$y + c_4 = \ln|\cosh(x + c_3)| + c_5 \quad \blacktriangleright c_5 - c_4 = c_6$$

$$\underline{\underline{y = c_6 + \ln|\cosh(x + c_3)|}}$$

f ist die allgemeine Lösungsfunktion.

$$\Rightarrow f = \underline{\underline{\langle x \mapsto c_6 + \ln|\cosh(x + c_3)|\rangle}}$$

Übungen

4.3 Differentialgleichungen zweiter Ordnung

Lösen Sie folgende Differentialgleichungen:

1. $y'' = \frac{1}{x}$

2. $\frac{d^2y}{dx^2} = f(x)$

3. $y'' - x^3 = 0$

4. $y'' = x + \sin x$

5. $y'' = \frac{1}{\sqrt{1 + x^2}}$

6. $y'' = \tan x$

7. $y'' = \sinh x$

8. $y'' = e^{x^2}$

9. $y^{(4)} = \cos x$

10. $y''' = e^x$

11. $y^{(4)} = \sinh(2x)$

12. $y^{(5)} = \cosh(ax)$

Ermitteln Sie die Gleichung der Biegelinie und die maximale Durchbiegung für folgende Belastungsfälle:

13.

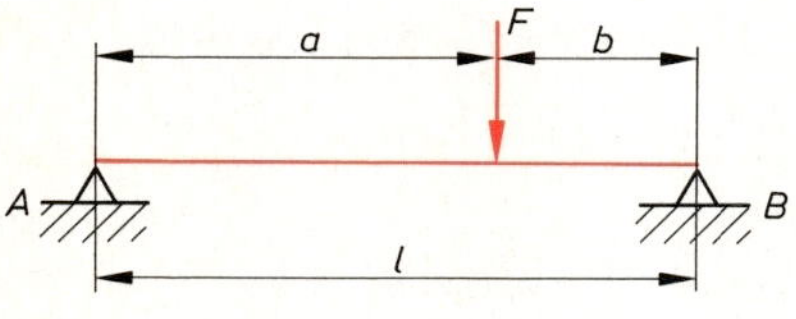

14.

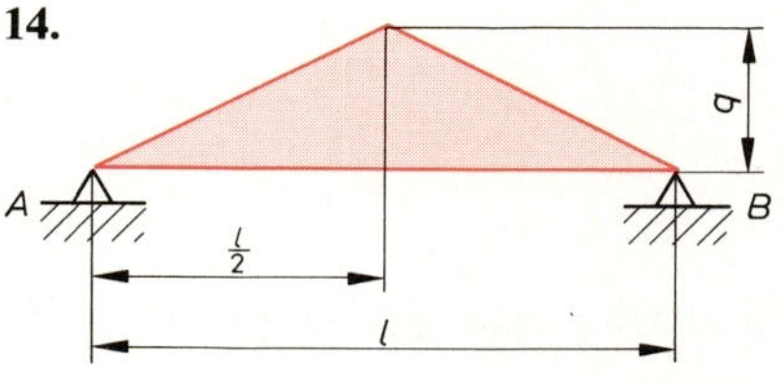

15.

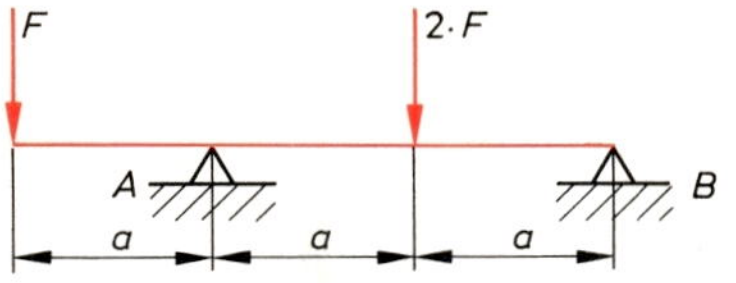

16.

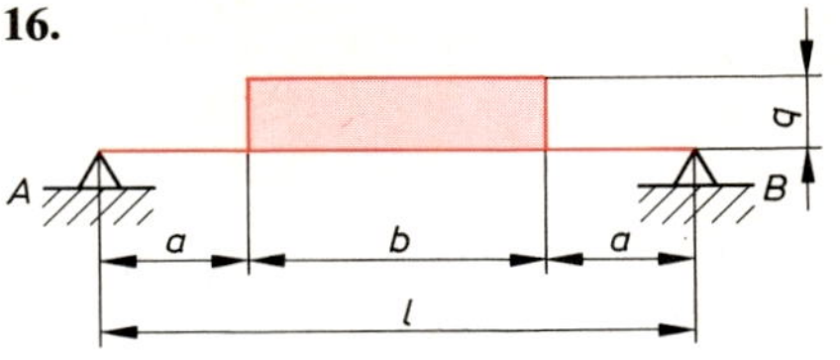

17.

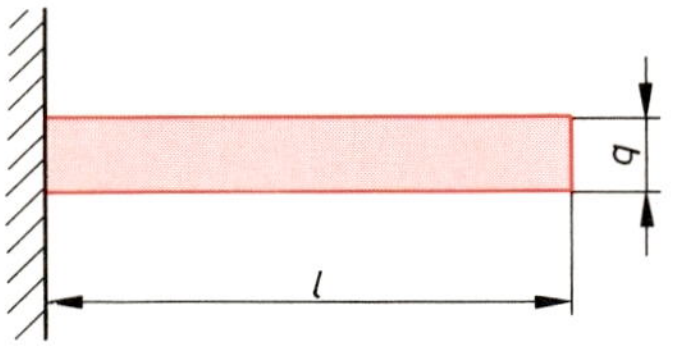

18.

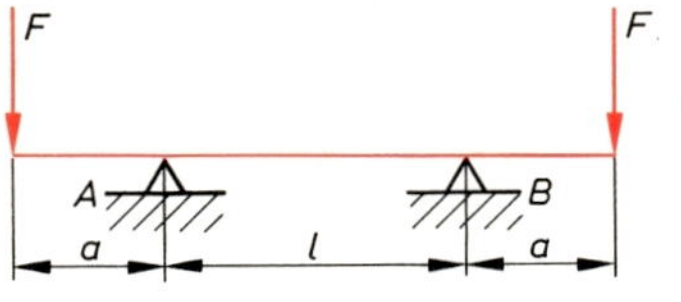

Lösen Sie nachstehende Differentialgleichungen:

19. $y'' = \frac{1}{\sqrt{y}}$

20. $y'' = a \cdot e^y$

21. $y^4 - y^3 y'' = 1$

22. $y'' = \frac{1}{y}$

23. $y^2 = k^2 y''$

24. $y'' = y^2$

25. $y^2 \cdot y'' = a$

26. $y'' = 6y - 4$

27. $y'' = 1 + y'^2$

28. $y''^2 = 1 + y'^2$

29. $y'' = e^{y'}$

30. $y'' = y'^3$

31. $y'^2 - 3y''^2 = 0$

32. $y''' + y''^2 = 0$

33. $xy'^2 = y$

5. Zusammenstellung wichtiger Funktionen, Reihen und Integrale

5.1 Funktionen

Algebraische Funktionen und Relationen	
Ganze rationale Funktion n-ten Grades	$f = \langle x \mapsto a_n \cdot x^n + a_{n-1} \cdot x^{n-1} + \cdots + a_2 \cdot x^2 + a_1 \cdot x + a_0 \rangle$ ► $n \in \mathbb{N}$, $a_0, \cdots, a_n \in \mathbb{R}$, $a_n \neq 0$ für $n \neq 0$
Ganze rationale Funktion 1. Grades (Lineare Funktion) Gleichung der Geraden	$f = \langle x \mapsto a_1 \cdot x + a_0 \rangle \Rightarrow f(x) = a_1 \cdot x + a_0$
Normalform der Geraden	$y = m \cdot x + b$ ► $m = \tan\alpha$ ► Steigung der Geraden b: Schnittpunkt mit der y-Achse
Abschnittsform der Geraden	$\frac{x}{a} + \frac{y}{b} = 1$ ► a: Schnittpunkt mit der x-Achse b: Schnittpunkt mit der y-Achse
Punkt-Steigungsform der Geraden	$y - y_1 = m(x - x_1)$
Zwei-Punkte-Form der Geraden	$\frac{y - y_1}{x - x_1} = \frac{y_2 - y_1}{x_2 - x_1}$
Ganze rationale Funktion 2. Grades (Parabel 2. Grades)	$f = \langle x \mapsto a_2 \cdot x^2 + a_1 \cdot x + a_0 \rangle \Rightarrow f(x) = a_2 \cdot x^2 + a_1 \cdot x + a_0$
Gebrochene rationale Funktionen $m < n$ ► echt gebrochen $m \geq n$ ► unecht gebrochen	$f = \left\langle x \mapsto \frac{a_m \cdot x^m + a_{m-1} \cdot x^{m-1} + \cdots + a_2 \cdot x^2 + a_1 \cdot x + a_0}{b_n \cdot x^n + b_{n-1} \cdot x^{n-1} + \cdots + b_2 \cdot x^2 + b_1 \cdot x + b_0} \right\rangle; f = \left\langle x \mapsto \frac{q_m(x)}{q_n(x)} \right\rangle$ ► $a_m, \cdots, a_0 \in \mathbb{R}$; $b_m, \cdots, b_0 \in \mathbb{R}$; $m, n \in \mathbb{N}$; $q_n(x) \in \mathbb{R} \setminus \{0\}$
Hyperbelfunktion	$f = \left\langle x \mapsto \frac{a}{x^n} \right\rangle \Rightarrow f(x) = \frac{a}{x^n}$ ► $a, x \in \mathbb{R}^*$; $n \in \mathbb{N}^*$
Wurzelfunktionen	$f = \langle x \mapsto \sqrt[2n]{x} \rangle$, $f = \langle x \mapsto -\sqrt[2n]{x} \rangle$ ► $x \in \mathbb{R}_+$; $n \in \mathbb{N}^*$ $f = \langle x \mapsto \sqrt[2n-1]{x} \rangle$ ► $x \in \mathbb{R}$; $n \in \mathbb{N}^*$
Gleichung des Kreises	$x^2 + y^2 = r^2 \Rightarrow y = \pm\sqrt{r^2 - x^2}$ ► $(r^2 - x^2) \in \mathbb{R}_+$ $(x-a)^2 + (y-b)^2 = r^2 \Rightarrow y = b \pm \sqrt{r^2 - (x-a)^2}$ ► $[r^2 - (x-a)^2] \in \mathbb{R}_+$

Algebraische Funktionen und Relationen	
Gleichung der Ellipse	$\frac{x^2}{a^2} + \frac{y^2}{b^2} = 1 \Rightarrow y = \pm\frac{b}{a}\sqrt{a^2 - x^2}$ ▶ $(a^2 - x^2) \in \mathbb{R}_+$
Gleichung der Hyperbel	$\frac{x^2}{a^2} - \frac{y^2}{b^2} = 1 \Rightarrow y = \pm\frac{b}{a}\sqrt{x^2 - a^2}$ ▶ $(x^2 - a^2) \in \mathbb{R}_+$
Gleichung der Parabel	$y^2 = 2px \Rightarrow y = \pm\sqrt{2px}$ ▶ $2px \in \mathbb{R}_+$
Exponentialfunktionen	
Allgemeine Exponentialfunktion	$f = \langle x \mapsto a^x \rangle \Rightarrow f(x) = a^x$ ▶ $D(f) = \mathbb{R}$; $W(f) = \mathbb{R}_+^*$; $a \in \mathbb{R}_+^* \setminus \{1\}$
$a = \mathrm{e} = 2{,}718281828459$	$f = \langle x \mapsto \mathrm{e}^x \rangle \Rightarrow f(x) = \mathrm{e}^x$ ▶ $D(f) = \mathbb{R}$; $\mathrm{W(f)} = \mathbb{R}_+^*$
$a = x$	$f = \langle x \mapsto x^x \rangle \Rightarrow f(x) = x^x$ ▶ $D(f) = \mathbb{R}^*$; $W(f) = \mathbb{R}_+^*$
Logarithmusfunktionen	
Allgemeine Logarithmusfunktion	$f = \langle x \mapsto \log_a x \rangle \Rightarrow f(x) = \log_a x$ ▶ $D(f) = \mathbb{R}_+^*$; $W(f) = \mathbb{R}$; $a \in \mathbb{R}_+^* \setminus \{1\}$
Dekadische Logarithmusfunktion	$a = 10 \Rightarrow f = \langle x \mapsto \lg x \rangle \Rightarrow f(x) = \lg x$ ▶ $D(f) = \mathbb{R}_+^*$; $W(f) = \mathbb{R}$
Natürliche Logarithmusfunktion	$a = \mathrm{e} \Rightarrow f = \langle x \mapsto \ln x \rangle \Rightarrow f(x) = \ln x$ ▶ $D(f) = \mathbb{R}_+^*$; $W(f) = \mathbb{R}$
Binäre Logarithmusfunktion	$a = 2 \Rightarrow f = \langle x \mapsto \mathrm{lb}\, x \rangle \Rightarrow f(x) = \mathrm{lb}\, x$ ▶ $D(f) = \mathbb{R}_+^*$; $W(f) = \mathbb{R}$
Beziehung zwischen Exponential- und Logarithmusfunktion	$y = \log_a x \Leftrightarrow x = a^y \Rightarrow y = \lg x \Leftrightarrow x = 10^y$ $y = \ln x \Leftrightarrow x = \mathrm{e}^y$ $y = \mathrm{lb}\, x \Leftrightarrow x = 2^y$
Umrechnungen zwischen Logarithmensystemen	$\ln x \doteq 2{,}3026 \cdot \lg x \Rightarrow \lg x = 0{,}4343 \cdot \ln x$ $\mathrm{lb}\, x = 3{,}3219 \cdot \lg x \Rightarrow \lg x = 0{,}3010 \cdot \mathrm{lb}\, x$ $\ln x = 0{,}6931 \cdot \mathrm{lb}\, x \Rightarrow \mathrm{lb}\, x = 1{,}4427 \cdot \ln x$
Logarithmengesetze	$\log_a (x \cdot y) = \log_a x + \log_a y$ $\log_a \frac{x}{y} = \log_a x - \log_a y$ $\log_a x^n = n \cdot \log_a x$ $\log_a \sqrt[n]{x} = \frac{1}{n} \cdot \log_a x$

Trigonometrische Funktionen

Sinusfunktion	$f = \langle x \mapsto \sin x \rangle \Rightarrow f(x) = \sin x$ ▶ $D(f) = \mathbb{R};\ W(f) = [-1;1]$
Kosinusfunktion	$f = \langle x \mapsto \cos x \rangle \Rightarrow f(x) = \cos x$ ▶ $D(f) = \mathbb{R};\ W(f) = [-1;1]$
Tangensfunktion	$f = \langle x \mapsto \tan x \rangle \Rightarrow f(x) = \tan x$ ▶ $D(f) = \mathbb{R} \setminus \left\{\pm \frac{1}{2}\pi;\ \pm \frac{3}{2}\pi;\ \pm \frac{5}{2}\pi; \cdots \right\};\ W(f) = \mathbb{R}$
Kotangensfunktion	$f = \langle x \mapsto \cot x \rangle \Rightarrow f(x) = \cot x$ ▶ $D(f) = \mathbb{R} \setminus \{0;\ \pm\pi;\ \pm 2\pi; \cdots\};\ W(f) = \mathbb{R}$

Vorzeichen der trigonometrischen Funktionswerte in den Quadranten I . . .IV

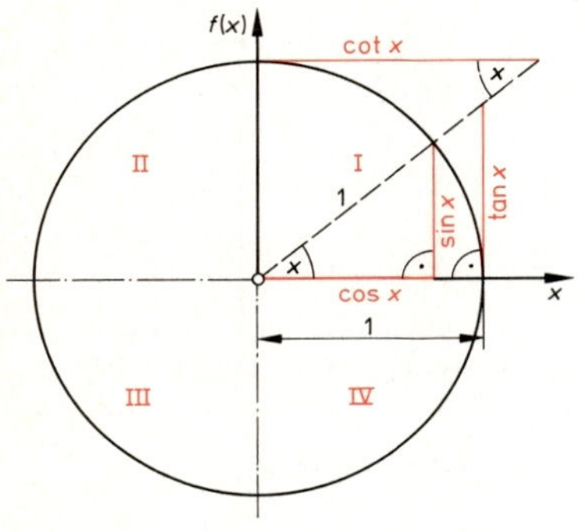

Einheitskreis 426

Quadrant	I	II	III	IV
Argument	$0° < x < 90°$	$90° < x < 180°$	$180° < x < 270°$	$270° < x < 360°$
	$0 < x < \frac{\pi}{2}$	$\frac{\pi}{2} < x < \pi$	$\pi < x < \frac{3}{2}\pi$	$\frac{3}{2}\pi < x < 2\pi$
$\sin x$	+	+	−	−
$\cos x$	+	−	−	+
$\tan x$	+	−	+	−
$\cot x$	+	−	+	−

Funktionswerte der trigonometrischen Funktionen in den Quadranten

Argument	$z = 90° \pm x°$	$z = 180° \pm x°$	$z = 270° \pm x°$	$z = 360° \pm x°$
	$z = \frac{\pi}{2} \pm x$	$z = \pi \pm x$	$z = \frac{3}{2}\pi \pm x$	$z = 2\pi \pm x$
$\sin z$	$+\cos x$	$\mp \sin x$	$-\cos x$	$\pm \sin x$
$\cos z$	$\mp \sin x$	$-\cos x$	$\pm \sin x$	$+\cos x$
$\tan z$	$\mp \cot x$	$\pm \tan x$	$\mp \cot x$	$\pm \tan x$
$\cot z$	$\mp \tan x$	$\pm \cot x$	$\mp \tan x$	$\pm \cot x$

Funktionswerte negativer Winkel

$\sin(-x) = -\sin x$	$\tan(-x) = -\tan x$
$\cos(-x) = +\cos x$	$\cot(-x) = -\cot x$

Umrechnung von Winkeln: Gradmaß ⇄ Bogenmaß												
Gradmaß	360°	270°	180°	90°	60°	45°	30°	22,5°	20°	15°	10°	57° 17′ 45″
Bogenmaß in rad	2π	$\frac{3}{2}\pi$	π	$\frac{\pi}{2}$	$\frac{\pi}{3}$	$\frac{\pi}{4}$	$\frac{\pi}{6}$	$\frac{\pi}{8}$	$\frac{\pi}{9}$	$\frac{\pi}{12}$	$\frac{\pi}{18}$	1

Funktionswerte wichtiger Winkel											
$\hat{x}$	0	$\frac{\pi}{12}$	$\frac{\pi}{10}$	$\frac{\pi}{6}$	$\frac{\pi}{5}$	$\frac{\pi}{4}$	$\frac{\pi}{3}$	$\frac{\pi}{2}$	π	$\frac{3}{2}\pi$	2π
x°	0°	15°	18°	30°	36°	45°	60°	90°	180°	270°	360°
$\sin x$	0	$\frac{1}{2}\sqrt{2-\sqrt{3}}$	$\frac{1}{4}(\sqrt{5}-1)$	$\frac{1}{2}$	$\frac{1}{4}\sqrt{10-2\sqrt{5}}$	$\frac{\sqrt{2}}{2}$	$\frac{\sqrt{3}}{2}$	1	0	-1	0
$\cos x$	1	$\frac{1}{2}\sqrt{2+\sqrt{3}}$	$\frac{1}{4}\sqrt{10+2\sqrt{5}}$	$\frac{\sqrt{3}}{2}$	$\frac{1}{4}(\sqrt{5}+1)$	$\frac{\sqrt{2}}{2}$	$\frac{1}{2}$	0	-1	0	1
$\tan x$	0	$2-\sqrt{3}$	$\frac{1}{5}\sqrt{25-10\sqrt{5}}$	$\frac{\sqrt{3}}{3}$	$\sqrt{5+2\sqrt{5}}$	1	$\sqrt{3}$	–	0	–	0
$\cot x$	$\pm\infty$	$2+\sqrt{3}$	$\sqrt{5+2\sqrt{5}}$	$\sqrt{3}$	$\frac{1}{5}\sqrt{25+10\sqrt{5}}$	1	$\frac{\sqrt{3}}{3}$	0	–	0	–

Beziehungen zwischen Funktionswerten trigonometrischer Funktionen

$$\tan x = \frac{\sin x}{\cos x}$$

$$\cot x = \frac{\cos x}{\sin x}$$

$$\sin^2 x + \cos^2 x = 1$$

$$\frac{1}{\sin^2 x} = 1 + \cot^2 x$$

$$\tan x \cdot \cot x = 1$$

$$\frac{1}{\cos^2 x} = 1 + \tan^2 x$$

$\sin x =$	$\cos x =$	$\tan x =$	$\cot x =$
$\sqrt{1-\cos^2 x}$	$\sqrt{1-\sin^2 x}$	$\frac{\sin x}{\sqrt{1-\sin^2 x}}$	$\frac{\sqrt{1-\sin^2 x}}{\sin x}$
$\frac{\tan x}{\sqrt{1+\tan^2 x}}$	$\frac{1}{\sqrt{1+\tan^2 x}}$	$\frac{\sqrt{1-\cos^2 x}}{\cos x}$	$\frac{\cos x}{\sqrt{1-\cos^2 x}}$
$\frac{1}{\sqrt{1+\cot^2 x}}$	$\frac{\cot x}{\sqrt{1+\cot^2 x}}$	$\frac{1}{\cot x}$	$\frac{1}{\tan x}$
$\sin^2 x =$	$\cos^2 x =$	$\tan^2 x =$	$\cot^2 x =$
$1-\cos^2 x$	$1-\sin^2 x$	$\frac{\sin^2 x}{1-\sin^2 x}$	$\frac{1-\sin^2 x}{\sin^2 x}$
$\frac{\tan^2 x}{1+\tan^2 x}$	$\frac{1}{1+\tan^2 x}$	$\frac{1-\cos^2 x}{\cos^2 x}$	$\frac{\cos^2 x}{1-\cos^2 x}$
$\frac{1}{1+\cot^2 x}$	$\frac{\cot^2 x}{1+\cot^2 x}$	$\frac{1}{\cot^2 x}$	$\frac{1}{\tan^2 x}$

Funktionswerte von Vielfachen eines Winkels

$$\sin(2x) = 2 \cdot \sin x \cdot \cos x$$

$$\cos(2x) = \cos^2 x - \sin^2 x$$

$$= 2 \cdot \cos^2 x - 1$$

$$= 1 - 2 \cdot \sin^2 x$$

$$\sin(3x) = 3 \cdot \sin x - 4 \cdot \sin^3 x$$

$$\cos(3x) = 4 \cdot \cos^3 x - 3 \cdot \cos x$$

$$\tan(2x) = \frac{2 \cdot \tan x}{1 - \tan^2 x}$$

$$\cot(2x) = \frac{\cot^2 x - 1}{2 \cdot \cot x}$$

$$\tan(3x) = \frac{3 \cdot \tan x - \tan^3 x}{1 - 3 \cdot \tan^2 x}$$

$$\cot(3x) = \frac{\cot^3 x - 3 \cdot \cot x}{3 \cdot \cot^2 x - 1}$$

$$\sin(nx) = n \cdot \sin x \cdot \cos^{n-1} x - \binom{n}{3} \cdot \sin^3 x \cdot \cos^{n-3} x + \binom{n}{5} \cdot \sin^5 x \cdot \cos^{n-5} x - + \cdots$$

$$\cos(nx) = \cos x - \binom{n}{2} \cdot \sin^2 x \cdot \cos^{n-2} x + \binom{n}{4} \cdot \sin^4 x \cdot \cos^{n-4} x - + \cdots$$

$$\sin x = \sqrt{\frac{1 - \cos(2x)}{2}}$$

$$\cos x = \sqrt{\frac{1 + \cos(2x)}{2}}$$

$$\cos x + \sin x = \sqrt{1 + \sin(2x)}$$

$$\cos x - \sin x = \sqrt{1 - \sin(2x)}$$

$$\tan x = \sqrt{\frac{1 - \cos(2x)}{1 + \cos(2x)}}$$

$$\tan x = \frac{\sin(2x)}{1 + \cos(2x)}$$

$$\cot x + \tan x = \frac{2}{\sin(2x)}$$

$$\cot x - \tan x = 2 \cdot \cot(2x)$$

Funktionswerte von Teilen eines Winkels

$$\sin \frac{x}{2} = \sqrt{\frac{1 - \cos x}{2}}$$

$$\cos \frac{x}{2} = \sqrt{\frac{1 + \cos x}{2}}$$

$$\sin x = 2 \cdot \sin \frac{x}{2} \cos \frac{x}{2}$$

$$\cos x = \cos^2 \frac{x}{2} - \sin^2 \frac{x}{2}$$

$$2 \cdot \sin^2 \frac{x}{2} = 1 - \cos x$$

$$2 \cdot \cos^2 \frac{x}{2} = 1 + \cos x$$

$$\tan \frac{x}{2} = \sqrt{\frac{1 - \cos x}{1 + \cos x}}$$

$$\tan \frac{x}{2} = \frac{1 + \cos x}{\sin x}$$

$$\tan \frac{x}{2} = \frac{\sin x}{1 + \cos x}$$

$$\tan x = \frac{2 \cdot \tan \frac{x}{2}}{1 - \tan^2 \frac{x}{2}}$$

$$\cot x = \frac{\cot^2 \frac{x}{2} - 1}{2 \cdot \cot \frac{x}{2}}$$

Funktionswerte für zwei Winkel	
$\sin(\alpha \pm \beta) = \sin\alpha \cdot \cos\beta \pm \cos\alpha \cdot \sin\beta$	$\tan(\alpha \pm \beta) = \dfrac{\tan\alpha \pm \tan\beta}{1 \mp \tan\alpha \cdot \tan\beta}$
$\cos(\alpha \pm \beta) = \cos\alpha \cdot \cos\beta \mp \sin\alpha \cdot \sin\beta$	$\cot(\alpha \pm \beta) = \dfrac{\cot\alpha \cdot \cot\beta \mp 1}{\cot\beta \pm \cot\alpha}$
$\sin\alpha + \sin\beta = 2 \cdot \sin\dfrac{\alpha+\beta}{2} \cdot \cos\dfrac{\alpha-\beta}{2}$	$\tan\alpha + \tan\beta = \dfrac{\sin(\alpha+\beta)}{\cos\alpha \cdot \cos\beta}$
$\sin\alpha - \sin\beta = 2 \cdot \cos\dfrac{\alpha+\beta}{2} \cdot \sin\dfrac{\alpha-\beta}{2}$	$\tan\alpha - \tan\beta = \dfrac{\sin(\alpha-\beta)}{\cos\alpha \cdot \cos\beta}$
$\cos\alpha + \cos\beta = 2 \cdot \cos\dfrac{\alpha+\beta}{2} \cdot \cos\dfrac{\alpha-\beta}{2}$	$\cot\alpha + \cot\beta = \dfrac{\sin(\alpha+\beta)}{\sin\alpha \cdot \sin\beta}$
$\cos\alpha - \cos\beta = -2 \cdot \sin\dfrac{\alpha+\beta}{2} \cdot \sin\dfrac{\alpha-\beta}{2}$	$\cot\alpha - \cot\beta = -\dfrac{\sin(\alpha-\beta)}{\sin\alpha \cdot \sin\beta}$

Arkusfunktionen

Hauptwerte der Arkusfunktionen

Funktion	Umkehrfunktion		$D(f^{-1})$	$W(f^{-1})$
$f = \langle x \mapsto \sin x \rangle$	Arkussinusfunktion	$f^{-1} = \langle x \mapsto \text{Arcsin}\, x \rangle$	$[-1, 1]$	$\left[-\dfrac{\pi}{2}, \dfrac{\pi}{2}\right]$
$f = \langle x \mapsto \cos x \rangle$	Arkuskosinusfunktion	$f^{-1} = \langle x \mapsto \text{Arccos}\, x \rangle$	$[-1, 1]$	$[0, \pi]$
$f = \langle x \mapsto \tan x \rangle$	Arkustangensfunktion	$f^{-1} = \langle x \mapsto \text{Arctan}\, x \rangle$	$\mathbb{R}$	$\left(-\dfrac{\pi}{2}; \dfrac{\pi}{2}\right)$
$f = \langle x \mapsto \cot x \rangle$	Arkuskotangensfunktion	$f^{-1} = \langle x \mapsto \text{Arccot}\, x \rangle$	$\mathbb{R}$	$(0, \pi)$

Beziehungen zwischen Funktionswerten der Arkusfunktionen

$\text{Arcsin}(-x) = -\text{Arcsin}\, x$	$\text{Arccos}(-x) = \pi - \text{Arccos}\, x$
$\text{Arctan}(-x) = -\text{Arctan}\, x$	$\text{Arccot}(-x) = \pi - \text{Arccot}\, x$

$\text{Arcsin}\, x =$	$\text{Arccos}\, x =$	$\text{Arctan}\, x =$	$\text{Arccot}\, x =$
$\text{Arccos}\sqrt{1-x^2}$	$\text{Arcsin}\sqrt{1-x^2}$	$\text{Arcsin}\dfrac{x}{\sqrt{1+x^2}}$	$\text{Arcsin}\dfrac{1}{\sqrt{1+x^2}}$
$\text{Arctan}\dfrac{x}{\sqrt{1-x^2}}$	$\text{Arctan}\dfrac{\sqrt{1-x^2}}{x}$	$\text{Arccos}\dfrac{1}{\sqrt{1+x^2}}$	$\text{Arccos}\dfrac{x}{\sqrt{1+x^2}}$
$\text{Arccot}\dfrac{\sqrt{1-x^2}}{x}$	$\text{Arccot}\dfrac{x}{\sqrt{1-x^2}}$	$\text{Arccot}\dfrac{1}{x}$	$\text{Arctan}\dfrac{1}{x}$

Hyperbelfunktionen	
Hyperbelsinusfunktion	$f = \langle x \mapsto \sinh x \rangle \Leftrightarrow f = \left\langle x \mapsto \frac{1}{2}(e^x - e^{-x}) \right\rangle$ ► $D(f) = \mathbb{R}$; $W(f) = \mathbb{R}$
Hyperbelkosinusfunktion	$f = \langle x \mapsto \cosh x \rangle \Leftrightarrow f = \left\langle x \mapsto \frac{1}{2}(e^x + e^{-x}) \right\rangle$ ► $D(f) = \mathbb{R}$; $W(f) = [1; \infty]$
Hyperbeltangensfunktion	$f = \langle x \mapsto \tanh x \rangle \Leftrightarrow f = \left\langle x \mapsto \frac{e^x - e^{-x}}{e^x + e^{-x}} \right\rangle$ ► $D(f) = \mathbb{R}$; $W(f) = (-1; 1)$
Hyperbelkotangensfunktion	$f = \langle x \mapsto \coth x \rangle \Leftrightarrow f = \left\langle x \mapsto \frac{e^x + e^{-x}}{e^x - e^{-x}} \right\rangle$ ► $D(f) = \mathbb{R}^*$; $W(f) = \mathbb{R} \setminus (-1; 1)$

Beziehungen zwischen Hyperbelfunktionen	
$\tanh x = \frac{\sinh x}{\cosh x}$ $\coth x = \frac{\cosh x}{\sinh x}$	$\cosh^2 x - \sinh^2 x = 1$ $\cosh x + \sinh x = e^x$ $\cosh x - \sinh x = e^{-x}$ $\tanh x \cdot \coth x = 1$
$\sinh(2x) = 2 \cdot \sinh x \cdot \cosh x$ $\cosh(2x) = \sinh^2 x + \cosh^2 x$	$\tanh(2x) = \frac{2 \cdot \tanh x}{1 + \tanh^2 x}$ $\coth(2x) = \frac{1 + \coth^2 x}{2 \cdot \coth x}$
$\sinh \frac{x}{2} = \sqrt{\frac{\cosh x - 1}{2}} = \frac{\sinh x}{\sqrt{2(\cosh x + 1)}}$ $\cosh \frac{x}{2} = \sqrt{\frac{\cosh x + 1}{2}} = \frac{\sinh x}{\sqrt{2(\cosh x - 1)}}$	$\tanh \frac{x}{2} = \frac{\sinh x}{\cosh x + 1} = \frac{\cosh x - 1}{\sinh x} = \sqrt{\frac{\cosh x - 1}{\cosh x + 1}}$ $\coth \frac{x}{2} = \frac{\sinh x}{\cosh x - 1} = \frac{\cosh x + 1}{\sinh x} = \sqrt{\frac{\cosh x + 1}{\cosh x - 1}}$

Areahyperbelfunktionen

Funktion	Umkehrfunktion		$D(f^{-1})$	$W(f^{-1})$
$f = \langle x \mapsto \sinh x \rangle$	Areahyperbel-sinusfunktion	$f^{-1} = \langle x \mapsto \operatorname{Arsinh} x \rangle$	$\mathbb{R}$	$\mathbb{R}$
$f = \langle x \mapsto \cosh x \rangle$	Areahyperbel-kosinusfunktion	$f^{-1} = \langle x \mapsto \operatorname{Arcosh} x \rangle$	$[1, \infty)$	$\mathbb{R}_+$
$f = \langle x \mapsto \tanh x \rangle$	Areahyperbel-tangensfunktion	$f^{-1} = \langle x \mapsto \operatorname{Artanh} x \rangle$	$(-1, 1)$	$\mathbb{R}$
$f = \langle x \mapsto \coth x \rangle$	Areahyperbel-kotangensfunktion	$f^{-1} = \langle x \mapsto \operatorname{Arcoth} x \rangle$	$\mathbb{R} \setminus [-1, 1]$	$\mathbb{R}^*$

$\operatorname{Arsinh} x \Leftrightarrow \ln(x+\sqrt{x^2+1})$ ► $x \in \mathbb{R}$	$\operatorname{Arcosh} x \Leftrightarrow \ln(x+\sqrt{x^2-1})$ ► $x \in [1, \infty)$
$\operatorname{Artanh} x \Leftrightarrow \frac{1}{2} \ln \frac{1+x}{1-x}$ ► $x \in (-1, 1)$	$\operatorname{Arcoth} x \Leftrightarrow \frac{1}{2} \ln \frac{x+1}{x-1}$ ► $x \in \mathbb{R} \setminus [-1, 1]$

$\operatorname{Arsinh} x =$	$\operatorname{Arcosh} x =$	$\operatorname{Artanh} x =$	$\operatorname{Arcoth} x =$
$\pm \operatorname{Arcosh} \sqrt{x^2+1}$	$\pm \operatorname{Arsinh} \sqrt{x^2-1}$	$\operatorname{Arsinh} \frac{x}{\sqrt{1-x^2}}$	$\operatorname{Arsinh} \frac{1}{\sqrt{x^2-1}}$
$\operatorname{Artanh} \frac{x}{\sqrt{x^2+1}}$	$\pm \operatorname{Artanh} \frac{\sqrt{x^2-1}}{x}$	$\pm \operatorname{Arcosh} \frac{1}{\sqrt{1-x^2}}$	$\pm \operatorname{Arcosh} \frac{x}{\sqrt{x^2-1}}$
$\operatorname{Arcoth} \frac{\sqrt{x^2+1}}{x}$	$\pm \operatorname{Arcoth} \frac{x}{\sqrt{x^2-1}}$	$\operatorname{Arcoth} \frac{1}{x}$	$\operatorname{Artanh} \frac{1}{x}$

Differentiationsregeln für Funktionen

	$g(x)$	$g'(x)$
Potenzregel	x^n	$n \cdot x^{n-1}$
Konstantenregel (Faktorregel)	$a \cdot f(x)$	$a \cdot f'(x)$
	a	0
Summenregel	$f_1(x) \pm f_2(x) \pm \cdots \pm f_n(x)$	$f_1'(x) \pm f_2'(x) \pm \cdots \pm f_n'(x)$
Produktregel	$u(x) \cdot v(x)$	$u'(x) \cdot v(x) + u(x) \cdot v'(x)$
	$u(x) \cdot v(x) \cdot w(x)$	$u'(x) \cdot v(x) \cdot w(x) + u(x) \cdot v'(x) \cdot w(x) + u(x) \cdot v(x) \cdot w'(x)$
		$u(x) \cdot v(x) \cdot w(x) \cdot \left[\frac{u'(x)}{u(x)} + \frac{v'(x)}{v(x)} + \frac{w'(x)}{w(x)}\right]$
Quotientenregel	$\frac{u(x)}{v(x)}$	$\frac{u'(x) \cdot v(x) - u(x) \cdot v'(x)}{[v(x)]^2}$
Kehrwertregel	$\frac{1}{f(x)}$	$-\frac{f'(x)}{[f(x)]^2}$
Kettenregel	$f[\varphi(x)]$	$f'[\varphi(x)] \cdot \varphi'(x)$
Logarithmische Differentiation	$[f(x)]^{\varphi(x)}$	$[f(x)]^{\varphi(x)} \cdot \left[\frac{\varphi(x)}{f(x)} \cdot f'(x) + \varphi'(x) \cdot \ln f(x)\right]$
	$x^{\varphi(x)}$	$x^{\varphi(x)} \cdot \left[\frac{\varphi(x)}{x} + \varphi'(x) \cdot \ln x\right]$

	Ausgangsfunktion f	Umkehrfunktion f^{-1}	Ableitung von f^{-1}
Umkehrregel	$f = \langle x \mapsto f(x) \rangle$ $f(x)$	$f^{-1} = \langle x \mapsto f^{-1}(x) \rangle$ $f^{-1}(x)$	$(f^{-1})' = \left\langle x \mapsto \frac{1}{f'[f^{-1}(x)]} \right\rangle$ $[f^{-1}(x)]' = \frac{1}{f'[f^{-1}(x)]}$

	$f(x)$	$f'(x)$
Exponentialfunktionen	b^x	$b^x \cdot \ln b$
	b^{ax}	$a \cdot b^{ax} \cdot \ln b$
	e^x	e^x
	e^{ax}	$a \cdot e^{ax}$
	x^x	$x^x \cdot (1 + \ln x)$
Logarithmische Funktionen	$\log_b x$	$\frac{1}{x \cdot \ln b}$
	$\log_b (ax)$	$\frac{1}{x \cdot \ln b}$
	$\ln x$	$\frac{1}{x}$
	$\ln (ax)$	$\frac{1}{x}$
Trigonometrische Funktionen	$\sin x$	$\cos x$
	$\cos x$	$-\sin x$
	$\tan x$	$\frac{1}{\cos^2 x} = 1 + \tan^2 x$
	$\cot x$	$-\frac{1}{\sin^2 x} = -(1 + \cot^2 x)$
	$a \cdot \sin (bx)$	$ab \cdot \cos (bx)$
	$a \cdot \cos (bx)$	$-ab \cdot \sin (bx)$
	$a \cdot \tan (bx)$	$\frac{ab}{\cos^2 (bx)} = ab \cdot [1 + \tan^2 (bx)]$
	$a \cdot \cot (bx)$	$-\frac{ab}{\sin^2 (bx)} = -ab \cdot [1 + \cot^2 (bx)]$
	$\sin^n x$	$n \cdot \sin^{n-1} x \cdot \cos x$
	$\cos^n x$	$(-n) \cdot \cos^{n-1} x \cdot \sin x$
	$\tan^n x$	$n \cdot \tan^{n-1} x \cdot (1 + \tan^2 x)$
	$\cot^n x$	$(-n) \cdot \cot^{n-1} x \cdot (1 + \cot^2 x)$

	$f(x)$	$f'(x)$
Arkusfunktionen	$\operatorname{Arcsin} x$	$\dfrac{1}{\sqrt{1-x^2}}$
	$\operatorname{Arccos} x$	$-\dfrac{1}{\sqrt{1-x^2}}$
	$\operatorname{Arctan} x$	$\dfrac{1}{1+x^2}$
	$\operatorname{Arccot} x$	$-\dfrac{1}{1+x^2}$
Hyperbelfunktionen	$\sinh x$	$\cosh x$
	$\cosh x$	$\sinh x$
	$\tanh x$	$1-\tanh^2 x=\dfrac{1}{\cosh^2 x}$
	$\coth x$	$1-\coth^2 x=-\dfrac{1}{\sinh^2 x}$
Areahyperbelfunktionen	$\operatorname{Arsinh} x$	$\dfrac{1}{\sqrt{x^2-1}}$
	$\operatorname{Arcosh} x$	$\dfrac{1}{\sqrt{x^2-1}}$
	$\operatorname{Artanh} x$	$\dfrac{1}{1-x^2}$
	$\operatorname{Arcoth} x$	$\dfrac{1}{1-x^2}$
Funktionen in Parameterdarstellung	$y=f(x)$ ► $x=f_1(t);\ y=f_2(t)$	$f'(x)=\dfrac{f_2'(t)}{f_1'(t)}$ $f''(x)=\dfrac{f_2''(t)\cdot f_1'(t)-f_1''(t)\cdot f_2'(t)}{[f_1'(t)]^2}$
Funktionen in Polarkoordinaten-darstellung	$r=f(\varphi)$	$f'(\varphi)=\dfrac{\mathrm{d}r}{\mathrm{d}\varphi}=f(\varphi)\cdot\cot\alpha=r\cdot\cot\alpha=\dfrac{r}{\tan\alpha}$ $\Rightarrow \tan\alpha=\dfrac{f(\varphi)}{f'(\varphi)}$ $\varphi+\alpha=\tau \Rightarrow \tan\tau=\dfrac{f'(\varphi)\cdot\tan\varphi+f(\varphi)}{f'(\varphi)-f(\varphi)\cdot\tan\varphi}$
	$y=f(x)$ ► $x=r\cdot\cos\varphi$ $=f(\varphi)\cdot\cos\varphi$ ► $y=r\cdot\sin\varphi$ $=f(\varphi)\cdot\sin\varphi$	$f'(x)=\dfrac{f'(\varphi)\cdot\sin\varphi+f(\varphi)\cdot\cos\varphi}{f'(\varphi)\cdot\cos\varphi-f(\varphi)\cdot\sin\varphi}$ $f''(x)=\dfrac{[f(\varphi)]^2+2[f'(\varphi)]^2-f(\varphi)\cdot f''(\varphi)}{[f'(\varphi)\cdot\cos\varphi-f(\varphi)\cdot\sin\varphi]^3}$

Potenzreihen von algebraischen Funktionen		
$f(x)$	Potenzreihe	Konvergenzbereich
$(1 \pm x)^n$	$1 \pm \binom{n}{1} \cdot x + \binom{n}{2} \cdot x^2 \pm \binom{n}{3} \cdot x^3 + \binom{n}{4} \cdot x^4 \pm + \cdots$	$\|x\| < 1$; $n \in \mathbb{R}$
$(a \pm x)^n$	durch Umformen auf $a^n \cdot \left(1 \pm \frac{x}{a}\right)^n$ gewinnt man die Binomischen Reihen, indem man im Term $(1 + x)^n$ die Variable x durch $\frac{x}{a}$ ersetzt	$\|x\| \leq a$; $n \in \mathbb{R}^*_+$ $\|x\| < a$; $n \in \mathbb{R}^*_-$
$(1 \pm x)^{\frac{1}{2}}$	$1 \pm \frac{1}{2}x - \frac{1 \cdot 1}{2 \cdot 4}x^2 \pm \frac{1 \cdot 1 \cdot 3}{2 \cdot 4 \cdot 6}x^3 - \frac{1 \cdot 1 \cdot 3 \cdot 5}{2 \cdot 4 \cdot 6 \cdot 8}x^4 \pm - \cdots$	$\|x\| \leq 1$
$(1 \pm x)^{\frac{1}{3}}$	$1 \pm \frac{1}{3}x - \frac{1 \cdot 2}{3 \cdot 6}x^2 \pm \frac{1 \cdot 2 \cdot 5}{3 \cdot 6 \cdot 9}x^3 - \frac{1 \cdot 2 \cdot 5 \cdot 8}{3 \cdot 6 \cdot 9 \cdot 12}x^4 \pm - \cdots$	$\|x\| \leq 1$
$(1 \pm x)^{\frac{1}{4}}$	$1 \pm \frac{1}{4}x - \frac{1 \cdot 3}{4 \cdot 8}x^2 \pm \frac{1 \cdot 3 \cdot 7}{4 \cdot 8 \cdot 12}x^3 - \frac{1 \cdot 3 \cdot 7 \cdot 11}{4 \cdot 8 \cdot 12 \cdot 16}x^4 \pm - \cdots$	$\|x\| \leq 1$
$(1 \pm x)^{-1}$	$1 \mp x + x^2 \mp x^3 + x^4 \mp + \cdots$	$\|x\| < 1$
$(1 \pm x)^{-\frac{1}{2}}$	$1 \mp \frac{1}{2}x + \frac{1 \cdot 3}{2 \cdot 4}x^2 \mp \frac{1 \cdot 3 \cdot 5}{2 \cdot 4 \cdot 6}x^3 + \frac{1 \cdot 3 \cdot 5 \cdot 7}{2 \cdot 4 \cdot 6 \cdot 8}x^4 \mp + \cdots$	$\|x\| < 1$
$(1 \pm x)^{-\frac{1}{3}}$	$1 \mp \frac{1}{3}x + \frac{1 \cdot 4}{3 \cdot 6}x^2 \mp \frac{1 \cdot 4 \cdot 7}{3 \cdot 6 \cdot 9}x^3 + \frac{1 \cdot 4 \cdot 7 \cdot 10}{3 \cdot 6 \cdot 9 \cdot 12}x^4 \mp + \cdots$	$\|x\| < 1$
$(1 \pm x)^{-\frac{1}{4}}$	$1 \mp \frac{1}{4}x + \frac{1 \cdot 5}{4 \cdot 8}x^2 \mp \frac{1 \cdot 5 \cdot 9}{4 \cdot 8 \cdot 12}x^3 + \frac{1 \cdot 5 \cdot 9 \cdot 13}{4 \cdot 8 \cdot 12 \cdot 16}x^4 \mp + \cdots$	$\|x\| < 1$
$(1 \pm x)^{\frac{3}{2}}$	$1 \pm \frac{3}{2}x + \frac{3 \cdot 1}{2 \cdot 4}x^2 \mp \frac{3 \cdot 1 \cdot 1}{2 \cdot 4 \cdot 6}x^3 + \frac{3 \cdot 1 \cdot 1 \cdot 3}{2 \cdot 4 \cdot 6 \cdot 8}x^4 \mp \cdots$	$\|x\| \leq 1$
$(1 \pm x)^{\frac{5}{2}}$	$1 \pm \frac{5}{2}x + \frac{5 \cdot 3}{2 \cdot 4}x^2 \pm \frac{5 \cdot 3 \cdot 1}{2 \cdot 4 \cdot 6}x^3 - \frac{5 \cdot 3 \cdot 1 \cdot 1}{2 \cdot 4 \cdot 6 \cdot 8}x^4 \mp \cdots$	$\|x\| \leq 1$
$(1 \pm x)^{-\frac{3}{2}}$	$1 \mp \frac{3}{2}x + \frac{3 \cdot 5}{2 \cdot 4}x^2 \mp \frac{3 \cdot 5 \cdot 7}{2 \cdot 4 \cdot 6}x^3 + \frac{3 \cdot 5 \cdot 7 \cdot 9}{2 \cdot 4 \cdot 6 \cdot 8}x^4 \mp \cdots$	$\|x\| < 1$
$(1 \pm x)^{-2}$	$1 \mp 2x + 3x^2 \mp 4x^3 + 5x^4 \mp \cdots$	$\|x\| < 1$
$(1 \pm x)^{-\frac{5}{2}}$	$1 \mp \frac{5}{2}x + \frac{5 \cdot 7}{2 \cdot 4}x^2 \mp \frac{5 \cdot 7 \cdot 9}{2 \cdot 4 \cdot 6}x^3 + \frac{5 \cdot 7 \cdot 9 \cdot 11}{2 \cdot 4 \cdot 6 \cdot 8}x^4 \mp \cdots$	$\|x\| < 1$
$(1 \pm x)^{-3}$	$1 \mp \frac{1}{1 \cdot 2}(2 \cdot 3x \mp 3 \cdot 4x^2 + 4 \cdot 5x^3 \mp 5 \cdot 6x^4 + \cdots)$	$\|x\| < 1$
$(1 \pm x)^{-4}$	$1 \mp \frac{1}{1 \cdot 2 \cdot 3}(2 \cdot 3 \cdot 4x \mp 3 \cdot 4 \cdot 5x^2 + 4 \cdot 5 \cdot 6x^3 \mp 5 \cdot 6 \cdot 7x^4 + \cdots)$	$\|x\| < 1$
$(1 \pm x)^{-5}$	$1 \mp \frac{1}{1 \cdot 2 \cdot 3 \cdot 4}(2 \cdot 3 \cdot 4 \cdot 5x \mp 3 \cdot 4 \cdot 5 \cdot 6x^2 + 4 \cdot 5 \cdot 6 \cdot 7x^3 \mp 5 \cdot 6 \cdot 7 \cdot 8x^4 + \cdots)$	$\|x\| < 1$

Potenzreihen von Exponentialreihen		
$f(x)$	Potenzreihe	Konvergenzbereich
e^x	$1+\frac{x}{1!}+\frac{x^2}{2!}+\frac{x^3}{3!}+\cdots+\frac{x^n}{n!}+\cdots$	$\lvert x\rvert < \infty$
$a^x = e^{x \ln a}$	$1+\frac{x\cdot\ln a}{1!}+\frac{(x\cdot\ln a)^2}{2!}+\frac{(x\cdot\ln a)^3}{3!}+\cdots+\frac{(x\cdot\ln a)^n}{n!}+\cdots$	$\lvert x\rvert < \infty$
$\frac{1}{2}(e^x+e^{-x})$	$1+\frac{x^2}{2!}+\frac{x^4}{4!}+\frac{x^6}{6!}+\frac{x^8}{8!}+\cdots$	$\lvert x\rvert < \infty$
$\frac{1}{2}(e^x-e^{-x})$	$x+\frac{x^3}{3!}+\frac{x^5}{5!}+\frac{x^7}{7!}+\frac{x^9}{9!}+\cdots$	$\lvert x\rvert < \infty$
$e^{i\cdot x}$	$1+\frac{i\cdot x}{1!}-\frac{x^2}{2!}-\frac{i\cdot x^3}{3!}+\frac{x^4}{4!}+\frac{i\cdot x^5}{5!}-+\cdots$	$\lvert x\rvert < \infty$
$e^{-i\cdot x}$	$1-\frac{i\cdot x}{1!}-\frac{x^2}{2!}+\frac{i\cdot x^3}{3!}+\frac{x^4}{4!}-+\cdots$	$\lvert x\rvert < \infty$

Potenzreihen von logarithmischen Funktionen		
$f(x)$	Potenzreihe	Konvergenzbereich
$\ln x$	$2\left[\frac{x-1}{x+1}+\frac{1}{3}\left(\frac{x-1}{x+1}\right)^3+\frac{1}{5}\left(\frac{x-1}{x+1}\right)^5+\cdots\right]$	$x>0$
$\ln x$	$\frac{x-1}{1}-\frac{(x-1)^2}{2}+\frac{(x-1)^3}{3}-+\cdots$	$0<x\leq 2$
$\ln x$	$\frac{x-1}{x}+\frac{(x-1)^2}{2x^2}+\frac{(x-1)^3}{3x^3}+\cdots$	$x>\frac{1}{2}$
$\ln(a+x)$	$\ln a+\left[\frac{x}{2a+x}+\frac{1}{3}\left(\frac{x}{2a+x}\right)^3+\frac{1}{5}\left(\frac{x}{2a+x}\right)^5+\cdots\right]$	$a>0$ $x>-a$
$\ln(1+x)$	$x-\frac{x^2}{2}+\frac{x^3}{3}-\frac{x^4}{4}+-\cdots$	$-1<x\leq 1$
$\ln(1-x)$	$-\left(x+\frac{x^2}{2}+\frac{x^3}{3}+\frac{x^4}{4}+\cdots\right)$	$-1\leq x<1$
$\ln\frac{1+x}{1-x}$	$2\left[x+\frac{x^3}{3}+\frac{x^5}{5}+\frac{x^7}{7}+\cdots\right]$	$\lvert x\rvert<1$
$\ln\frac{x+1}{x-1}$	$2\left[\frac{1}{x}+\frac{1}{3x^3}+\frac{1}{5x^5}+\frac{1}{7x^7}+\cdots\right]$	$\lvert x\rvert>1$

Potenzreihen von trigonometrischen Funktionen		
$f(x)$	Potenzreihe	Konvergenzbereich
$\sin x$	$\frac{x}{1!}-\frac{x^3}{3!}+\frac{x^5}{5!}-\frac{x^7}{7!}+-\cdots$	$\|x\|<\infty$
$\cos x$	$1-\frac{x^2}{2!}+\frac{x^4}{4!}-\frac{x^6}{6!}+-\cdots$	$\|x\|<\infty$
$\tan x$	$x+\frac{1}{3}x^3+\frac{2}{15}x^5+\frac{17}{315}x^7+\frac{62}{2835}x^9+\cdots$	$\|x\|<\frac{\pi}{2}$
$\cot x$	$\frac{1}{x}-\frac{1}{3}x-\frac{1}{45}x^3-\frac{2}{945}x^5-\frac{1}{4725}x^7-\cdots$	$0<\|x\|<\pi$
$\sin(x+a)$	$\sin a+x\cdot\cos a-\frac{x^2\cdot\sin a}{2!}-\frac{x^3\cdot\cos a}{3!}+\frac{x^4\cdot\sin a}{4!}+\cdots$	$\|x\|<\infty$
$\cos(x+a)$	$\cos a-x\cdot\sin a-\frac{x^2\cdot\operatorname{cis} a}{2!}+\frac{x^3\cdot\sin a}{3!}+\frac{x^4\cdot\cos a}{4!}-\cdots$	$\|x\|<\infty$
$\frac{1}{\cos x}$	$1+\frac{1}{2}x^2+\frac{5}{24}x^4+\frac{61}{720}x^6+\frac{277}{8064}x^8+\cdots$	$\|x\|<\frac{\pi}{2}$
$\frac{1}{\sin x}$	$\frac{1}{x}+\frac{1}{6}x+\frac{7}{360}x^3+\frac{31}{15120}x^5+\frac{127}{604800}x^7+\cdots$	$0<\|x\|<\pi$
$\ln(\sin x)$	$\ln x-\frac{x^2}{6}-\frac{x^4}{180}-\frac{x^6}{2835}-\cdots-$	$0<\|x\|<\pi$
$\ln(\cos x)$	$-\frac{x^2}{2}-\frac{x^4}{12}-\frac{x^6}{45}-\frac{17}{2520}x^8-\cdots-$	$\|x\|<\frac{\pi}{2}$
$\ln(\tan x)$	$\ln x+\frac{1}{3}x^2+\frac{7}{90}x^4+\frac{62}{2835}x^6+\cdots+$	$0<\|x\|<\frac{\pi}{2}$

Potenzreihen von Arkusfunktionen		
$f(x)$	Potenzreihe	Konvergenzbereich
Arsinh x	$x+\frac{1}{2\cdot 3}x^3+\frac{1\cdot 3}{2\cdot 4\cdot 5}x^5+\frac{1\cdot 3\cdot 5}{2\cdot 4\cdot 6\cdot 7}x^7+\cdots+\frac{1\cdot 3\cdot 5\cdots(2n-1)x^{2n+1}}{2\cdot 4\cdot 6\cdots(2n)(2n+1)}+\cdots$	$\|x\|<1$
Arcosh x	$\frac{\pi}{2}-\left[x+\frac{1}{2\cdot 3}x^3+\frac{1\cdot 3}{2\cdot 4\cdot 5}x^5+\frac{1\cdot 3\cdot 5}{2\cdot 4\cdot 6\cdot 7}x^7+\cdots+\frac{1\cdot 3\cdot 5\cdots(2n-1)x^{2n+1}}{2\cdot 4\cdot 6\cdots(2n)(2n+1)}+\cdots\right]$	$\|x\|<1$

$f(x)$	Potenzreihe	Konvergenzbereich
Arctan x	$x-\frac{x^3}{3}+\frac{x^5}{5}-\frac{x^7}{7}+\cdots+(-1)^n\frac{x^{2n+1}}{2n+1}\pm\cdots$	$\lvert x\rvert<1$
Arccot x	$\frac{\pi}{2}-\left[x-\frac{x^3}{3}+\frac{x^5}{5}-\frac{x^7}{7}+\cdots+(-1)^n\frac{x^{2n+1}}{2n+1}\pm\cdots\right]$	$\lvert x\rvert>1$
Potenzreihen von Hyperbelfunktionen		
sinh x	$x+\frac{x^3}{3!}+\frac{x^5}{5!}+\frac{x^7}{7!}+\cdots+\frac{x^{2n+1}}{(2n+1)!}+\cdots$	$\lvert x\rvert<\infty$
cosh x	$1+\frac{x^2}{2!}+\frac{x^4}{4!}+\frac{x^6}{6!}+\cdots+\frac{x^{2n}}{(2n)!}+\cdots$	$\lvert x\rvert<\infty$
tanh x	$x-\frac{1}{3}x^3+\frac{2}{15}x^5-\frac{17}{315}x^7+\frac{62}{2835}x^9-\cdots$	$\lvert x\rvert<\frac{\pi}{2}$
coth x	$\frac{1}{x}+\frac{x}{3}-\frac{x^3}{45}+\frac{2x^5}{945}-\frac{x^7}{4725}+\cdots$	$0<\lvert x\rvert<\pi$
Potenzreihen von Areahyperbelfunktionen		
Arcsin x	$x-\frac{1}{2\cdot3}x^3+\frac{1\cdot3}{2\cdot4\cdot5}x^5-\frac{1\cdot3\cdot5}{2\cdot4\cdot6\cdot7}x^7+\cdots$ $+(-1)^n\cdot\frac{1\cdot3\cdot5\cdots(2n-1)}{2\cdot4\cdot6\cdot\cdots2n(2n+1)}x^{2n+1}\pm\cdots$	$\lvert x\rvert<1$
Arccos x	$\ln(2x)-\frac{1}{2\cdot2x^2}-\frac{1\cdot3}{2\cdot4\cdot4x^4}-\frac{1\cdot3\cdot5}{2\cdot4\cdot6\cdot6x^6}-\cdots$	$x>1$
Artanh x	$x+\frac{x^3}{3}+\frac{x^5}{5}+\frac{x^7}{7}+\cdots+\frac{x^{2n+1}}{2n+1}+\cdots$	$\lvert x\rvert<1$
Arcoth x	$\frac{1}{x}+\frac{1}{3x^3}+\frac{1}{5x^5}+\frac{1}{7x^7}+\cdots+\frac{1}{(2n+1)x^{2n+1}}+\cdots$	$\lvert x\rvert>1$

Summenwerte numerischer Reihen

$\frac{1}{4}=\frac{1}{1\cdot2\cdot3}+\frac{1}{2\cdot3\cdot4}+\cdots+\frac{1}{n(n+1)(n+2)}+\cdots$	$2=1+\frac{1}{2}+\frac{1}{4}+\frac{1}{8}+\cdots+\frac{1}{2^n}+\cdots$
$\frac{1}{2}=\frac{1}{1\cdot3}+\frac{1}{3\cdot5}+\frac{1}{5\cdot7}+\cdots+\frac{1}{(2n-1)(2n+1)}+\cdots$	$\frac{\pi}{4}=1-\frac{1}{3}+\frac{1}{5}-\frac{1}{7}+\frac{1}{9}-\cdots\pm\frac{1}{2n-1}\mp\cdots$
$\frac{2}{3}=1-\frac{1}{2}+\frac{1}{4}-\frac{1}{8}+\cdots\pm\frac{1}{2^n}\mp\cdots$	$\mathrm{e}=1+\frac{1}{1!}+\frac{1}{2!}+\frac{1}{3!}+\cdots+\frac{1}{n!}+\cdots$
$\frac{3}{4}=\frac{1}{1\cdot3}+\frac{1}{2\cdot4}+\frac{1}{3\cdot5}+\cdots+\frac{1}{(n-1)(n+1)}+\cdots$	$\frac{1}{\mathrm{e}}=1-\frac{1}{1!}+\frac{1}{2!}-\frac{1}{3!}+\cdots\pm\frac{1}{n!}\mp\cdots$
$1=\frac{1}{1\cdot2}+\frac{1}{2\cdot3}+\frac{1}{3\cdot4}+\cdots+\frac{1}{n(n+1)}+\cdots$	$\ln2=1-\frac{1}{2}+\frac{1}{3}-\frac{1}{4}+\cdots\pm\frac{1}{n}\mp\cdots$

5.3 Integrale

Integrationsregeln	
Integranden mit konstantem Faktor	$\int k \cdot f(x)\,dx = k \cdot \int f(x)\,dx + c$
Integration algebraischer Summen	$\int [f_1(x) + f_2(x) + f_3(x) + \cdots]\,dx = \int f_1(x)\,dx + \int f_2(x)\,dx + \int f_3(x)\,dx + \cdots$
Integration durch Substitution	$\int f[\varphi(x)]\,dx$ ► $\varphi(x) = z \Rightarrow \int \frac{f(z)}{\varphi'(x)}\,dz$
	$\int f(x) \cdot f'(x)\,dx = \frac{1}{2}\,[f(x)]^2 + c$
	$\int \frac{f'(x)}{f(x)}\,dx = \ln\|f(x)\| + c$
Partielle Integration	$\int u(x) \cdot v'(x)\,dx = u(x) \cdot v(x) - \int u'(x) \cdot v(x)\,dx$ ► $v(x) = \int v'(x)\,dx$

Integrale von rationalen Funktionen	
$f(x)$	$\int f(x)\,dx = F(x) + c$ ► Die Integrationskonstante c ist weggelassen
x^n	$\frac{1}{n+1}\,x^{n+1}$ ► $n \neq -1$
$\frac{1}{x} = x^{-1}$	$\ln\|x\|$
$\frac{1+x}{1-x}$	$-x - 2 \cdot \ln\|1-x\|$
$\frac{1-x}{1+x}$	$-x + 2 \cdot \ln\|1+x\|$
$\frac{x-1}{x+1}$	$x - 2 \cdot \ln\|x+1\|$
$\frac{x-a}{x+a}$	$x - 2a \cdot \ln\|x+a\|$
$\frac{x+a}{x-a}$	$x + 2a \cdot \ln\|x-a\|$
$\frac{a-x}{a+x}$	$2a \cdot \ln\|a+x\| - x$
$\frac{1}{a+x}$	$\ln\|a+x\|$
$\frac{1}{a-x}$	$\ln\|a-x\|$
$\frac{1}{(x+a)(x+b)}$	$-\frac{2x+a+b}{(x^2+ax+bx+ab)^2}$

$f(x)$	$\int f(x)\,\mathrm{d}x = F(x) + c$ ▶ Die Integrationskonstante c ist weggelassen
$\frac{x}{1+x}$	$x - \ln\lvert 1+x\rvert$
$\frac{1+x}{x}$	$x + \ln\lvert x\rvert$
$\frac{x^2}{1+x}$	$\frac{x^2}{2} - x + \ln\lvert 1+x\rvert$
$\frac{x^2}{1-x}$	$-\frac{x^2}{2} - x - \ln\lvert 1-x\rvert$
$\frac{1+x}{x^2}$	$-\frac{1}{x} + \ln\lvert x\rvert$
$\frac{1-x}{x^2}$	$-\frac{1}{x} - \ln\lvert x\rvert$
Integrale, die Terme vom Typ $a + bx$ enthalten	
$(a+bx)^n$	$\frac{1}{b}\cdot\frac{1}{n+1}(a+bx)^{n+1}$ ▶ $n \neq -1$
$\frac{b}{a+bx}$	$\ln\lvert a+bx\rvert$
$\frac{1}{a+bx}$	$\frac{1}{b}\ln\lvert a+bx\rvert$
$x^m\cdot(a+b\cdot x^{m+1})^n$	$\frac{1}{b}\cdot\frac{1}{m+1}\cdot\frac{1}{n+1}(a+b\cdot x^{m+1})^{n+1}$ ▶ $n \neq -1$
$\frac{x^m}{a+b\cdot x^{m+1}}$	$\frac{1}{b}\cdot\frac{1}{m+1}\ln\lvert a+b\cdot x^{m+1}\rvert$
$\frac{x}{a+bx}$	$\frac{x}{b} - \frac{a}{b^2}\ln\lvert a+bx\rvert$
$\frac{x}{(a+bx)^n}$	$-\frac{1}{b^2}\cdot\frac{1}{n-2}\cdot\frac{1}{(a+bx)^{n-2}} + \frac{1}{b^2}\cdot\frac{1}{n-1}\cdot\frac{a}{(a+bx)^{n-1}}$ ▶ $n \neq 1;\ n \neq 2$
$\frac{1}{(a+bx)^n}$	$\frac{1}{(1-n)\cdot b}(a+bx)^{1-n}$
$\frac{x^2}{a+bx}$	$\frac{1}{2b^3}(a+bx)^2 - \frac{2a}{b^3}(a+bx) + \frac{a^2}{b^3}\ln\lvert a+bx\rvert$
$\frac{x^2}{(a+bx)^n}$	$-\frac{1}{b^3}\cdot\frac{1}{n-3}\cdot\frac{1}{(a+bx)^{n-3}} + \frac{2a}{b^3}\cdot\frac{1}{n+2}\cdot\frac{1}{(a+bx)^{n-2}} - \frac{a^2}{b^3}\cdot\frac{1}{n-1}\cdot\frac{1}{(a+bx)^{n-1}}$ ▶ $n \in \mathbb{R}\setminus\{1,2,3\}$
$x^m\cdot(a+bx)^n$	$\frac{1}{m+1}x^{m+1}\cdot(a+bx)^n - \frac{bn}{m+1}\int x^{m+1}\cdot(a+bx)^{n-1}\,\mathrm{d}x$ ▶ $m \neq -1$
	$\frac{1}{(n+1)b}x^m\cdot(a+bx)^{n+1} - \frac{m}{(n+1)b}\int x^{m-1}\cdot(a+bx)^{n+1}\,\mathrm{d}x$ ▶ $n \neq -1$
$\frac{1}{x(a+bx)}$	$\frac{1}{a}\ln\left\lvert\frac{x}{(a+bx)}\right\rvert$

$f(x)$	$\int f(x)\,dx = F(x) + c$ ▶ Die Integrationskonstante c ist weggelassen
$\frac{1}{x(a+bx)^2}$	$\frac{1}{a}\cdot\frac{1}{a+bx}+\frac{1}{a^2}\ln\left\lvert\frac{x}{a+bx}\right\rvert$
$\frac{1}{x^2(a+bx)}$	$-\frac{1}{a}\cdot\frac{1}{x}-\frac{b}{a^2}\ln\left\lvert\frac{x}{a+bx}\right\rvert$
$\frac{1}{x^2(a+bx)^2}$	$-\frac{b}{a^2}\cdot\frac{1}{a+bx}-\frac{1}{a^2}\cdot\frac{1}{x}-\frac{2b}{a^3}\cdot\ln\left\lvert\frac{x}{a+bx}\right\rvert$
$\frac{1}{x^3(a+bx)}$	$\frac{b^2}{a^3}\ln\left\lvert\frac{x}{a+bx}\right\rvert+\frac{b}{a^2x}-\frac{1}{2a}\cdot\frac{1}{x^2}$
$\frac{1}{x^3(a+bx)^2}$	$\frac{3b^2}{a^4}\ln\left\lvert\frac{x}{a+bx}\right\rvert+\frac{b^2}{a^3}\cdot\frac{1}{a+bx}+\frac{2b}{a^3}\cdot\frac{1}{x}-\frac{1}{2a^2}\cdot\frac{1}{x^2}$
Integrale, die Terme vom Typ ax^2+bx+c enthalten	
$\frac{1}{ax^2+bx+c}$	$\frac{2}{\sqrt{4ac-b^2}}\operatorname{Arctan}\frac{2ax+b}{\sqrt{4ac-b^2}}$ ▶ $4ac-b^2>0$
	$-\frac{2}{\sqrt{b^2-4ac}}\operatorname{Arctan}\frac{2ax+b}{\sqrt{b^2-4ac}}=\frac{1}{\sqrt{b^2-4ac}}\ln\left\lvert\frac{2ax+b-\sqrt{b^2-4ac}}{2ax+b+\sqrt{b^2-4ac}}\right\rvert$ ▶ $4ac-b^2<0$
$\frac{1}{(ax^2+bx+c)^2}$	$\frac{2ax+b}{(4ac-b^2)(ax^2+bx+c)}+\frac{2a}{4ac-b^2}\int\frac{1}{ax^2+bx+c}\,dx$
$\frac{x}{ax^2+bx+c}$	$\frac{1}{2a}\ln\lvert ax^2+bx+c\rvert-\frac{b}{2a}\int\frac{1}{ax^2+bx+c}\,dx$
$\frac{x}{(ax^2+bx+c)^2}$	$-\frac{bx+2c}{(4ac-b^2)(ax^2+bx+c)}-\frac{b}{4ac-b^2}\int\frac{1}{ax^2+bx+c}\,dx$
$\frac{x^2}{ax^2+bx+c}$	$\frac{x}{a}-\frac{b}{2a^2}\ln\lvert ax^2+bx+c\rvert+\frac{b^2-2ac}{2a^2}\int\frac{1}{ax^2+bx+c}\,dx$
$\frac{x^2}{(ax^2+bx+c)^2}$	$\frac{(b^2-2ac)x+bc}{a(4ac-b^2)\cdot(ax^2+bx+c)}+\frac{2c}{4ac-b^2}\int\frac{1}{ax^2+bx+c}\,dx$
$\frac{1}{x(ax^2+bx+c)}$	$\frac{1}{2c}\ln\left\lvert\frac{x^2}{ax^2+bx+c}\right\rvert-\frac{b}{2a}\int\frac{1}{ax^2+bx+c}\,dx$
$\frac{1}{x^2(ax^2+bx+c)}$	$\frac{b}{2c^2}\ln\left\lvert\frac{ax^2+bx+c}{x^2}\right\rvert-\frac{1}{cx}+\left(\frac{b^2}{2c^2}-\frac{a}{c}\right)\cdot\int\frac{1}{ax^2+bx+c}\,dx$
Integrale, die Terme vom Typ a^2+x^2 enthalten	
$\frac{1}{a^2+x^2}$	$\frac{1}{a}\operatorname{Arctan}\frac{x}{a}$
$\frac{1}{1+x^2}$	$\operatorname{Arctan} x$
$\frac{1}{c+bx^2}$	$\frac{1}{\sqrt{bc}}\operatorname{Arctan}\left(\sqrt{\frac{b}{c}}\cdot x\right)$ ▶ $bc>0$

$f(x)$	$\int f(x)\,\mathrm{d}x = F(x) + c$ ▶ Die Integrationskonstante c ist weggelassen
$\frac{1}{b + x^2}$	$\frac{1}{\sqrt{b}}$ Arctan $\frac{x}{\sqrt{b}}$
$\frac{x}{a^2 + x^2}$	$\frac{1}{2}\ln(a^2 + x^2)$
$\frac{x}{(b + x)^2}$	$\ln\lvert b + x\rvert - \frac{x}{b + x}$
$\frac{b + x^2}{b + x}$	$\frac{x^2}{2} - bx + (b^2 + b)\cdot\ln\lvert b + x\rvert$
$\frac{x^2}{a^2 + x^2}$	$x - a\cdot$ Arctan $\frac{x}{a}$
$\frac{1}{(1 + x^2)^2}$	$\frac{x}{2(1 + x^2)} + \frac{1}{2}$ Arctan x
$\frac{1}{(b + x)^2 + c^2}$	$\frac{1}{c}$ Arctan $\frac{b + x}{c}$
$\frac{1}{(b + x)^2 - c^2}$	$\frac{1}{2c}\ln\left\lvert\frac{x + b - c}{x + b + c}\right\rvert$
$\frac{x}{(1 + x^2)^n}$	$-\frac{1}{2(n - 1)(1 + x^2)^{n-1}}$
$\frac{1}{(a^2 + x^2)^2}$	$\frac{1}{2a^2}\cdot\frac{x}{a^2 + x^2} + \frac{1}{2a^3}$ Arctan $\frac{x}{a}$
$\frac{1}{(a^2 + x^2)^3}$	$\frac{1}{4a^2}\cdot\frac{x}{(a^2 + x^2)^2} + \frac{3}{8a^4}\cdot\frac{x}{a^2 + x^2} + \frac{3}{8a^5}$ Arctan $\frac{x}{a}$
$\frac{x}{(a^2 + x^2)^2}$	$-\frac{1}{2}\cdot\frac{1}{a^2 + x^2}$
$\frac{x}{(a^2 + x^2)^3}$	$-\frac{1}{4}\cdot\frac{1}{(a^2 + x^2)^2}$
$\frac{x^2}{(a^2 + x^2)^2}$	$-\frac{1}{2}\cdot\frac{x}{a^2 + x^2} + \frac{1}{2a}$ Arctan $\frac{x}{a}$
$\frac{x^2}{(a^2 + x^2)^3}$	$-\frac{1}{4}\cdot\frac{x}{(a^2 + x^2)^2} + \frac{1}{8a^2}\cdot\frac{x}{a^2 + x^2} + \frac{1}{8a^3}$ Arctan $\frac{x}{a}$
$\frac{x^3}{a^2 + x^2}$	$\frac{x^2}{2} - \frac{1}{2}a^2\cdot\ln(a^2 + x^2)$
$\frac{x^3}{(a^2 + x^2)^2}$	$\frac{a^2}{2}\cdot\frac{1}{a^2 + x^2} + \frac{1}{2}\ln(a^2 + x^2)$
$\frac{x^3}{(a^2 + x^2)^3}$	$-\frac{1}{2}\cdot\frac{1}{a^2 + x^2} + \frac{a^2}{4}\cdot\frac{1}{(a^2 + x^2)^2}$
$\frac{1}{x(a^2 + x^2)}$	$\frac{1}{2a^2}\ln\frac{x^2}{a^2 + x^2}$
$\frac{1}{x(a^2 + x^2)^2}$	$\frac{1}{2a^2}\cdot\frac{1}{a^2 + x^2} + \frac{1}{2a^4}\ln\frac{x^2}{a^2 + x^2}$

$f(x)$	$\int f(x)\,dx = F(x) + c$ ▶ Die Integrationskonstante c ist weggelassen
$\frac{1}{x(a^2+x^2)^3}$	$\frac{1}{4a^2}\cdot\frac{1}{(a^2+x^2)^2}+\frac{1}{2a^5}\cdot\frac{1}{a^2+x^2}+\frac{1}{2a^6}\ln\frac{x^2}{a^2+x^2}$
$\frac{1}{x^2(a^2+x^2)}$	$-\frac{1}{a^2}\cdot\frac{1}{x}-\frac{1}{a^3}\operatorname{Arctan}\frac{x}{a}$
$\frac{1}{x^2(a^2+x^2)^2}$	$-\frac{1}{a^4}\cdot\frac{1}{x}-\frac{1}{2a^4}\cdot\frac{x}{a^2+x^2}-\frac{3}{2a^5}\operatorname{Arctan}\frac{x}{a}$
$\frac{1}{x^2(a^2+x^2)^3}$	$-\frac{1}{a^6}\cdot\frac{1}{x}-\frac{1}{4a^4}\cdot\frac{x}{(a^2+x^2)^2}-\frac{7}{8a^6}\cdot\frac{x}{a^2+x^2}-\frac{15}{8a^7}\operatorname{Arctan}\frac{x}{a}$
$\frac{1}{x^3\cdot(a^2+x^2)}$	$-\frac{1}{2a^2}\cdot\frac{1}{x^2}-\frac{1}{2a^4}\ln\frac{x^2}{a^2+x^2}$
$\frac{1}{x^3\cdot(a^2+x^2)^2}$	$-\frac{1}{2a^4}\cdot\frac{1}{x^2}-\frac{1}{2a^4}\cdot\frac{1}{a^2+x^2}-\frac{1}{a^6}\ln\frac{x^2}{a^2+x^2}$
$\frac{1}{x^3\cdot(a^2+x^2)^3}$	$-\frac{1}{2a^6}\cdot\frac{1}{x^2}-\frac{1}{a^6}\cdot\frac{1}{a^2+x^2}-\frac{1}{4a^4}\cdot\frac{1}{(a^2+x^2)^2}-\frac{3}{2a^8}\ln\frac{x^2}{a^2+x^2}$
Integrale, die Terme vom Typ $a^2 - x^2$ enthalten	
$\frac{1}{a^2-x^2}$	$\frac{1}{a}\cdot\frac{1}{2}\ln\left\|\frac{a+x}{a-x}\right\|$ ▶ $\|x\| < a$
	$\frac{1}{a}\cdot\frac{1}{2}\ln\left\|\frac{x+a}{x-a}\right\|$ ▶ $\|x\| > a$
$\frac{1}{(a^2-x^2)^2}$	$\frac{1}{2a^2}\cdot\frac{x}{a^2-x^2}+\frac{1}{2a^3}\cdot\frac{1}{2}\ln\left\|\frac{a+x}{a-x}\right\|$ ▶ $\|x\| < a$
	$\frac{1}{2a^2}\cdot\frac{x}{a^2-x^2}+\frac{1}{2a^3}\cdot\frac{1}{2}\ln\left\|\frac{x+a}{x-a}\right\|$ ▶ $\|x\| > a$
$\frac{x}{a^2-x^2}$	$-\frac{1}{2}\ln\|a^2-x^2\|$
$\frac{x^2}{a^2-x^2}$	$-x+a\cdot\frac{1}{2}\ln\left\|\frac{a+x}{a-x}\right\|$ ▶ $\|x\| < a$
	$-x+a\cdot\frac{1}{2}\ln\left\|\frac{x+a}{x-a}\right\|$ ▶ $\|x\| > a$
$\frac{x^3}{a^2-x^2}$	$-\frac{x^2}{2}-\frac{a^2}{2}\ln\|a^2-x^2\|$
$\frac{1}{x(a^2-x^2)}$	$\frac{1}{2a^2}\ln\left\|\frac{x^2}{a^2-x^2}\right\|$
$\frac{1}{x^2(a^2-x^2)}$	$-\frac{1}{a^2}\cdot\frac{1}{x}-\frac{1}{a^3}\cdot\frac{1}{2}\ln\left\|\frac{a+x}{a-x}\right\|$ ▶ $\|x\| < a$
	$-\frac{1}{a^2}\cdot\frac{1}{x}-\frac{1}{a^3}\cdot\frac{1}{2}\ln\left\|\frac{x+a}{x-a}\right\|$ ▶ $\|x\| > a$

$f(x)$	$\int f(x)\,\mathrm{d}x = F(x) + c$ ▶ Die Integrationskonstante c ist weggelassen
$\frac{1}{x^3(a^2-x^2)^2}$	$-\frac{1}{2a^4}\cdot\frac{1}{x^2}+\frac{1}{2a^4}\cdot\frac{1}{a^2-x^2}+\frac{1}{a^6}\ln\left\|\frac{x^2}{a^2-x^2}\right\|$
$\frac{1}{1-x^2}$	$\frac{1}{2}\ln\left\|\frac{1+x}{1-x}\right\| = \operatorname{Artanh} x$ ▶ $\|x\| < 1$
$\frac{1}{x^2-1}$	$\frac{1}{2}\ln\left\|\frac{x-1}{x+1}\right\| = -\operatorname{Arcoth} x$ ▶ $\|x\| > 1$
$\frac{1}{a-bx^2}$	$\frac{1}{\sqrt{ab}}\operatorname{Artanh}\left(x\sqrt{\frac{b}{a}}\right) = \frac{1}{2\sqrt{ab}}\ln\left\|\frac{\sqrt{ab}+bx}{\sqrt{ab}-bx}\right\|$ ▶ $ab > 0$
$\frac{1}{ax^2-b}$	$\frac{1}{2\sqrt{ab}}\ln\left\|\frac{ax-\sqrt{ab}}{ax+\sqrt{ab}}\right\|$ ▶ $ab > 0$
$\frac{1}{(x^2-1)^2}$	$-\frac{1}{2}\cdot\frac{x}{x^2-1}-\frac{1}{4}\ln\left\|\frac{x-1}{x+1}\right\|$
$\frac{1}{x(x^2-1)}$	$\ln\left\|\frac{\sqrt{x^2-1}}{x}\right\|$
$\frac{1}{x(1-x^2)}$	$\ln\left\|\frac{x}{\sqrt{1-x^2}}\right\|$
$\frac{1}{1-x^4}$	$\frac{1}{2}\operatorname{Arctan} x + \frac{1}{4}\ln\left\|\frac{1+x}{1-x}\right\|$
$\frac{1}{x^4-1}$	$\frac{1}{4}\ln\left\|\frac{x-1}{x+1}\right\| - \frac{1}{2}\operatorname{Arctan} x$
$\frac{x^2-a^2}{x}$	$\frac{x^2}{2} - a^2\cdot\ln\|x\|$
$\frac{x^2-a^2}{x^2}$	$\frac{x^2+a^2}{x}$
$\frac{x^2}{(x^2-1)^2}$	$\frac{1}{4}\ln\left\|\frac{x-1}{x+1}\right\| - \frac{1}{2}\cdot\frac{x}{x^2-1}$
$\frac{x}{a-bx^2}$	$-\frac{1}{2b}\ln\|ab-b^2x^2\| + \frac{1}{b}$
Integrale, die Terme vom Typ $a^3 \pm x^3$ enthalten	
$\frac{1}{a^3\pm x^3}$	$\pm\frac{1}{6a^2}\ln\left\|\frac{(a\pm x)^2}{a^2\mp ax+x^2}\right\| + \frac{\sqrt{3}}{3a^2}\operatorname{Arctan}\frac{2x\mp a}{\sqrt{3}\cdot a}$
$\frac{1}{(a^3\pm x^3)^2}$	$\frac{1}{3a^3}\cdot\frac{x}{a^3\pm x^3}+\frac{2}{3a^3}\int\frac{1}{a^3\pm x^3}\,\mathrm{d}x$
$\frac{x}{a^3\pm x^3}$	$\frac{1}{6a}\ln\left\|\frac{a^2\mp ax+x^2}{(a\pm x)^2}\right\| + \frac{1}{\sqrt{3}\cdot a}\operatorname{Arctan}\frac{2x\mp a}{\sqrt{3}\cdot a}$
$\frac{x^2}{a^3\pm x^3}$	$\pm\frac{1}{3}\ln\|a^3\pm x^3\|$

$f(x)$	$\int f(x)\,dx = F(x) + c$ ▶ Die Integrationskonstante c ist weggelassen
$\frac{x^2}{(a^3 \pm x^3)^2}$	$\mp \frac{1}{3} \cdot \frac{1}{a^3 \pm x^3}$
$\frac{1}{x(a^3 \pm x^3)}$	$\frac{1}{3a^3} \ln \left\lvert \frac{x^3}{a^3 \pm x^3} \right\rvert$
$\frac{1}{x(a^3 \pm x^3)^2}$	$\frac{1}{3a^3} \cdot \frac{1}{a^3 \pm x^3} + \frac{1}{3 \cdot a^6} \ln \left\lvert \frac{x^3}{a^3 \pm x^3} \right\rvert$
$\frac{1}{x^2(a^3 \pm x^3)^2}$	$-\frac{1}{a^6} \cdot \frac{1}{x} \mp \frac{1}{3a^6} \cdot \frac{x^2}{a^3 \pm x^3} \mp \frac{4}{3a^6} \int \frac{x}{a^3 \pm x^3}\,dx$
Integrale, die Terme vom Typ $a^4 + x^4$ enthalten	
$\frac{1}{a^4 + x^4}$	$\frac{1}{4\sqrt{2} \cdot a^3} \ln \left\lvert \frac{x^2 + a\sqrt{2} \cdot x + a^2}{x^2 - a\sqrt{2} \cdot x + a^2} \right\rvert + \frac{1}{2\sqrt{2} \cdot a^3} \operatorname{Arctan} \frac{a\sqrt{2} \cdot x}{a^2 - x^2}$
$\frac{x}{a^4 + x^4}$	$\frac{1}{2a^2} \operatorname{Arctan} \frac{x^2}{a^2}$
$\frac{x^2}{a^4 + x^4}$	$-\frac{1}{4\sqrt{2} \cdot a} \ln \left\lvert \frac{x^2 + a\sqrt{2} \cdot x + a^2}{x^2 - a\sqrt{2} \cdot x + a^2} \right\rvert + \frac{1}{2\sqrt{2} \cdot a} \operatorname{Arctan} \frac{a\sqrt{2} \cdot x}{a^2 - x^2}$
$\frac{x^3}{a^4 + x^4}$	$\frac{1}{4} \ln (a^4 + x^4)$
Integrale, die Terme vom Typ $a^4 - x^4$ enthalten	
$\frac{1}{a^4 - x^4}$	$\frac{1}{4a^3} \ln \left\lvert \frac{a + x}{a - x} \right\rvert + \frac{1}{2a^3} \operatorname{Arctan} \frac{x}{a}$
$\frac{x}{a^4 - x^4}$	$\frac{1}{4a^3} \ln \left\lvert \frac{a^2 + x^2}{a^2 - x^2} \right\rvert$
$\frac{x^2}{a^4 - x^4}$	$\frac{1}{4a} \ln \left\lvert \frac{a + x}{a - x} \right\rvert - \frac{1}{2a} \operatorname{Arctan} \frac{x}{a}$
$\frac{x^3}{a^4 - x^4}$	$-\frac{1}{4} \ln \lvert a^4 - x^4 \rvert$
Integrale von irrationalen Funktionen	
$\sqrt{x} = x^{\frac{1}{2}}$	$\frac{2}{3} x^{\frac{3}{2}} = \frac{2}{3} \sqrt[2]{x^3}$
$\sqrt[n]{x} = x^{\frac{1}{n}}$	$\left(\frac{1}{n} + 1\right) \cdot x^{\frac{1}{n}+1} = \frac{n}{n+1} \cdot x^{\frac{n+1}{n}} = \frac{n}{n+1} \sqrt[n]{x^{n+1}}$
$\frac{1}{\sqrt{x}}$	$2 \cdot \sqrt{x}$
$\frac{1}{\sqrt{x-1}}$	$2 \cdot \sqrt{x-1}$

$f(x)$	$\int f(x)\,\mathrm{d}x = F(x) + c$ ▶ Die Integrationskonstante c ist weggelassen
$\sqrt{\frac{1+x}{1-x}}$	$\operatorname{Arcsin} x - \sqrt{1-x^2}$
$\sqrt{\frac{1-x}{1+x}}$	$\operatorname{Arcsin} x + \sqrt{1-x^2}$
$\frac{x}{\sqrt{x-1}}$	$\frac{2}{3}(x+2)\cdot\sqrt{x-1}$
$\frac{1}{\sqrt{1\pm x}}$	$\pm 2\cdot\sqrt{1\pm x}$
$\frac{x}{\sqrt{1\pm x}}$	$\frac{2}{3}(\pm x - 2)\cdot\sqrt{1\pm x}$
$\frac{1}{\sqrt{x}\cdot(1+x)}$	$2\cdot\operatorname{Arctan}\sqrt{x}$
$\frac{\sqrt{x+1}}{x}$	$2\cdot\sqrt{x+1} + \ln\left\lvert\frac{\sqrt{x+1}-1}{\sqrt{x+1}+1}\right\rvert$
$\frac{x}{\sqrt{a-x}}$	$-\frac{2}{3}\sqrt{a-x}\cdot(x+2a)$
$\frac{x}{\sqrt[3]{a-x}}$	$-\frac{3}{10}\cdot(2x+3a)\cdot\sqrt[3]{(a-x)^2}$
$\frac{1+\sqrt{x}}{\sqrt{x}}$	$x + 2\cdot\sqrt{x}$
$\frac{1+\sqrt{x}}{1-\sqrt{x}}$	$x - 4\sqrt{x} - 4\cdot\ln\lvert 1-\sqrt{x}\rvert$
$\frac{\sqrt{x}}{1+\sqrt{x}}$	$x - 2\cdot\sqrt{x} + 2\cdot\ln(1+\sqrt{x})$
$\frac{1-\sqrt{x}}{\sqrt{x}}$	$2\cdot\sqrt{x} - x$
$\frac{\sqrt{x}}{1-\sqrt{x}}$	$-x - 2\cdot\sqrt{x} - 2\cdot\ln\lvert 1-\sqrt{x}\rvert$
Integrale, die Terme vom Typ $\sqrt{ax+b}$ enthalten	
$\sqrt{ax+b}$	$\frac{2}{3a}\sqrt{(ax+b)^3}$
$\sqrt[n]{ax+b}$	$\frac{n}{(n+1)a}\cdot\sqrt[n]{(ax+b)^{n+1}}$
$\sqrt{(ax+b)^n}$	$\frac{2}{(n+2)b}\cdot(a+bx)^{\frac{n+2}{2}}$

$f(x)$	$\int f(x)\,\mathrm{d}x = F(x) + c$ ▶ Die Integrationskonstante c ist weggelassen
$x \cdot \sqrt{ax+b}$	$\frac{2}{15a^2} \cdot (3ax - 2b) \cdot \sqrt{(ax+b)^3}$
$x^2 \cdot \sqrt{ax+b}$	$\frac{2}{105a^3} \cdot (15a^2x^2 - 12abx + 8b^2) \cdot \sqrt{(ax+b)^3}$
$\frac{1}{\sqrt{ax+b}}$	$\frac{2}{a}\sqrt{ax+b}$
$\frac{1}{\sqrt[n]{ax+b}}$	$\frac{n}{(n-1)a} \cdot \frac{ax+b}{\sqrt[n]{ax+b}}$
$\frac{x}{\sqrt{ax+b}}$	$\frac{2}{3a^2}(ax - 2b) \cdot \sqrt{ax+b}$
$\frac{x^2}{\sqrt{ax+b}}$	$\frac{2}{15a^3}(3a^2x^2 - 4abx + 8b^2) \cdot \sqrt{ax+b}$
$\frac{1}{x \cdot \sqrt{ax+b}}$	$-\frac{2}{\sqrt{b}} \operatorname{Artanh} \sqrt{\frac{ax+b}{b}} - \frac{1}{\sqrt{b}} \ln \left\lvert \frac{\sqrt{ax+b} - \sqrt{b}}{\sqrt{ax+b} + \sqrt{b}} \right\rvert$ ▶ $b > 0$
	$\frac{2}{\sqrt{-b}} \operatorname{Arctan} \sqrt{\frac{ax+b}{-b}}$ ▶ $b < 0$
$\frac{\sqrt{ax+b}}{x}$	$2 \cdot \sqrt{ax+b} + b \cdot \int \frac{1}{x \cdot \sqrt{ax+b}}\,\mathrm{d}x$
$\frac{1}{x^2 \cdot \sqrt{ax+b}}$	$-\frac{\sqrt{ax+b}}{bx} - \frac{a}{2b} \int \frac{1}{x \cdot \sqrt{ax+b}}\,\mathrm{d}x$
$\frac{\sqrt{ax+b}}{x^2}$	$-\frac{\sqrt{ax+b}}{x} + \frac{a}{2} \int \frac{1}{x \cdot \sqrt{ax+b}}\,\mathrm{d}x$
$\sqrt{(ax+b)^3}$	$\frac{2}{5a}\sqrt{(ax+b)^5}$
$x \cdot \sqrt{(ax+b)^3}$	$\frac{2}{35a^2}[2 \cdot \sqrt{(ax+b)^7} - 7b \cdot \sqrt{(ax+b)^5}]$
$x^2 \cdot \sqrt{(ax+b)^3}$	$\frac{2}{a^3}\left(\frac{1}{9}\sqrt{(ax+b)^9} - \frac{2}{7} b \cdot \sqrt{(ax+b)^7} + \frac{1}{5} b^2 \cdot \sqrt{(ax+b)^5}\right)$
$\frac{\sqrt{(ax+b)^3}}{x}$	$\frac{2}{3}\sqrt{(ax+b)^3} + 2b \cdot \sqrt{ax+b} + b^2 \cdot \int \frac{1}{x \cdot \sqrt{ax+b}}\,\mathrm{d}x$
$\frac{x}{\sqrt{(ax+b)^3}}$	$\frac{2}{a^2}\left(\sqrt{ax+b} + \frac{b}{\sqrt{ax+b}}\right)$
$\frac{x^2}{\sqrt{(ax+b)^3}}$	$\frac{2}{3a^3}\sqrt{(ax+b)^3} - \frac{4b}{a^3}\sqrt{ax+b} - \frac{2b^2}{a^3} \cdot \frac{\sqrt{ax+b}}{ax+b}$
$\frac{1}{x \cdot \sqrt{(ax+b)^3}}$	$\frac{2}{b} \cdot \frac{\sqrt{ax+b}}{ax+b} + \frac{1}{b} \int \frac{1}{x \cdot \sqrt{ax+b}}\,\mathrm{d}x$

Integrale, die Terme vom Typ $\sqrt{a^2 - x^2}$ enthalten	
$f(x)$	$\int f(x)\,\mathrm{d}x = F(x) + c$ ▶ Die Integrationskonstante c ist weggelassen
$\sqrt{a^2 - x^2}$	$\frac{x}{2}\sqrt{a^2 - x^2} + \frac{a^2}{2}\operatorname{Arcsin}\frac{x}{a}$
$x \cdot \sqrt{a^2 - x^2}$	$-\frac{1}{3}\sqrt{(a^2 - x^2)^3}$
$x^2 \cdot \sqrt{a^2 - x^2}$	$-\frac{x}{4}\sqrt{(a^2 - x^2)^3} + \frac{a^2}{8}\left(x \cdot \sqrt{a^2 - x^2} + a^2 \cdot \operatorname{Arcsin}\frac{x}{a}\right)$
$x^3 \cdot \sqrt{a^2 - x^2}$	$\frac{1}{5}\sqrt{(a^2 - x^2)^5} - \frac{a^2}{3}\sqrt{(a^2 - x^2)^3}$
$\frac{\sqrt{a^2 - x^2}}{x}$	$-a \cdot \ln\left\lvert\frac{a + \sqrt{a^2 - x^2}}{x}\right\rvert + \sqrt{a^2 - x^2}$
$\frac{\sqrt{a^2 - x^2}}{x^2}$	$-\frac{\sqrt{a^2 - x^2}}{x} - \operatorname{Arcsin}\frac{x}{a}$
$\frac{\sqrt{a^2 - x^2}}{x^3}$	$\frac{1}{2}\left[\frac{1}{a}\ln\left\lvert\frac{a + \sqrt{a^2 - x^2}}{x}\right\rvert - \frac{\sqrt{a^2 - x^2}}{x^2}\right]$
$\frac{1}{\sqrt{a^2 - x^2}}$	$\operatorname{Arcsin}\frac{x}{a}$
$\frac{x}{\sqrt{a^2 - x^2}}$	$-\sqrt{a^2 - x^2}$
$\frac{x^2}{\sqrt{a^2 - x^2}}$	$-\frac{x}{2}\sqrt{a^2 - x^2} + \frac{a^2}{2}\operatorname{Arcsin}\frac{x}{a}$
$\frac{x^3}{\sqrt{a^2 - x^2}}$	$\frac{1}{3}\sqrt{(a^2 - x^2)^3} - a^2 \cdot \sqrt{a^2 - x^2}$
$\frac{1}{x \cdot \sqrt{a^2 - x^2}}$	$-\frac{1}{a}\ln\left\lvert\frac{a + \sqrt{a^2 - x^2}}{x}\right\rvert$
$\frac{1}{x^2 \cdot \sqrt{a^2 - x^2}}$	$-\frac{1}{a^2} \cdot \frac{1}{x}\sqrt{a^2 - x^2}$
$\frac{1}{x^3 \cdot \sqrt{a^2 - x^2}}$	$-\frac{1}{2a^2} \cdot \frac{1}{x^2}\sqrt{a^2 - x^2} - \frac{1}{2a^3}\ln\left\lvert\frac{a + \sqrt{a^2 - x^2}}{x}\right\rvert$
$\sqrt{(a^2 - x^2)^3}$	$\frac{x}{4}\sqrt{(a^2 - x^2)^3} + \frac{3}{8}a^2 x \cdot \sqrt{a^2 - x^2} + \frac{3}{8}a^4 \cdot \operatorname{Arcsin}\frac{x}{a}$
$x \cdot \sqrt{(a^2 - x^2)^3}$	$-\frac{1}{5}\sqrt{(a^2 - x^2)^5}$
$\frac{\sqrt{(a^2 - x^2)^3}}{x}$	$\frac{1}{3}\sqrt{(a^2 - x^2)^3} + a^2 \cdot \sqrt{a^2 - x^2} - a^3 \cdot \ln\left\lvert\frac{a + \sqrt{a^2 - x^2}}{x}\right\rvert$
$\frac{1}{\sqrt{(a^2 - x^2)^3}}$	$\frac{x}{a^2} \cdot \frac{\sqrt{a^2 - x^2}}{a^2 - x^2}$

$f(x)$	$\int f(x)\,dx = F(x) + c$ ► Die Integrationskonstante c ist weggelassen
$\frac{x}{\sqrt{(a^2-x^2)^3}}$	$\frac{\sqrt{a^2-x^2}}{a^2-x^2}$
$\frac{x^2}{\sqrt{(a^2-x^2)^3}}$	$\frac{x}{\sqrt{a^2-x^2}} - \operatorname{Arcsin}\frac{x}{a}$
$\frac{1}{x\cdot\sqrt{(a^2-x^2)^3}}$	$\frac{1}{a^2}\cdot\frac{\sqrt{a^2-x^2}}{a^2-x^2} - \frac{1}{a^3}\ln\left\|\frac{a+\sqrt{a^2-x^2}}{x}\right\|$
$\frac{1}{x^2\cdot\sqrt{(a^2-x^2)^3}}$	$\frac{1}{a^4}\left(-\frac{\sqrt{a^2-x^2}}{x} + \frac{x}{\sqrt{a^2-x^2}}\right)$
Integrale, die Terme vom Typ $\sqrt{x^2+a^2}$ enthalten	
$\sqrt{x^2+a^2}$	$\frac{x}{2}\sqrt{x^2+a^2} + \frac{a^2}{2}\operatorname{Arsinh}\frac{x}{a}$
	$\frac{x}{2}\sqrt{x^2+a^2} + \frac{a^2}{2}\ln\|x+\sqrt{x^2+a^2}\|$
$x\cdot\sqrt{x^2+a^2}$	$\frac{1}{3}\sqrt{(x^2+a^2)^3}$
$x^2\cdot\sqrt{x^2+a^2}$	$\frac{x}{4}\sqrt{(x^2+a^2)^3} - \frac{a^2x}{8}\sqrt{x^2+a^2} - \frac{a^4}{8}\operatorname{Arsinh}\frac{x}{a}$
	$\frac{x}{4}\sqrt{(x^2+a^2)^3} - \frac{a^2x}{8}\sqrt{x^2+a^2} - \frac{a^4}{8}\ln\|x+\sqrt{x^2+a^2}\|$
$\frac{\sqrt{x^2+a^2}}{x}$	$\sqrt{x^2+a^2} - a\cdot\ln\left\|\frac{a+\sqrt{x^2+a^2}}{x}\right\|$
$\frac{\sqrt{x^2+a^2}}{x^2}$	$-\frac{1}{x}\sqrt{x^2+a^2} + \operatorname{Arsinh}\frac{x}{a}$
	$-\frac{1}{x}\sqrt{x^2+a^2} + \ln\|x+\sqrt{x^2+a^2}\|$
$\frac{1}{\sqrt{x^2+a^2}}$	$\operatorname{Arsinh}\frac{x}{a} = \ln\|x+\sqrt{x^2+a^2}\|$
$\frac{1}{\sqrt{a+bx^2}}$	$\frac{\sqrt{b}}{b}\ln\|bx+\sqrt{b}\cdot\sqrt{a+bx^2}\|$
$\frac{1}{\sqrt{a-bx^2}}$	$\frac{\sqrt{b}}{b}\operatorname{Arcsin}\left(x\cdot\sqrt{\frac{b}{a}}\right)$
$\frac{x}{\sqrt{x^2+a^2}}$	$\sqrt{x^2+a^2}$
$\frac{x^2}{\sqrt{x^2+a^2}}$	$\frac{x}{2}\sqrt{x^2+a^2} - \frac{a^2}{2}\operatorname{Arsinh}\frac{x}{a}$
	$\frac{x}{2}\sqrt{x^2+a^2} - \frac{a^2}{2}\ln\|x+\sqrt{x^2+a^2}\|$

$f(x)$	$\int f(x)\,dx = F(x) + c$ ▶ Die Integrationskonstante c ist weggelassen
$\frac{1}{x\cdot\sqrt{x^2+a^2}}$	$-\frac{1}{a}\ln\left\|\frac{a+\sqrt{x^2+a^2}}{x}\right\|$
$\frac{1}{x^2\cdot\sqrt{x^2+a^2}}$	$-\frac{1}{a^2}\cdot\frac{1}{x}\cdot\sqrt{x^2+a^2}$
$\sqrt{(x^2+a^2)^3}$	$\frac{x}{4}\sqrt{(x^2+a^2)^3}+\frac{3}{8}a^2x\cdot\sqrt{x^2+a^2}+\frac{3}{8}a^4\cdot\operatorname{Arsinh}\frac{x}{a}$
	$\frac{x}{4}\sqrt{(x^2+a^2)^3}+\frac{3}{8}a^2x\cdot\sqrt{x^2+a^2}+\frac{3}{8}a^4\cdot\ln\|x+\sqrt{x^2+a^2}\|$
$x\cdot\sqrt{(x^2+a^2)^3}$	$\frac{1}{5}\sqrt{(x^2+a^2)^5}$
$\frac{\sqrt{(x^2+a^2)^3}}{x}$	$\frac{1}{3}\sqrt{(x^2+a^2)^3}+a^2\cdot\sqrt{x^2+a^2}-a^3\cdot\ln\left\|\frac{a+\sqrt{x^2+a^2}}{x}\right\|$
$\frac{\sqrt{(x^2+a^2)^3}}{x^2}$	$-\frac{1}{x}\sqrt{(x^2+a^2)^3}+\frac{3}{2}x\cdot\sqrt{x^2+a^2}+\frac{3}{2}a^2\cdot\operatorname{Arsinh}\frac{x}{a}$
	$-\frac{1}{x}\sqrt{(x^2+a^2)^3}+\frac{3}{2}x\cdot\sqrt{x^2+a^2}+\frac{3}{2}a^2\cdot\ln\|x+\sqrt{x^2+a^2}\|$
$\frac{1}{\sqrt{(x^2+a^2)^3}}$	$\frac{x}{a^2}\cdot\frac{\sqrt{(x^2+a^2)}}{x^2+a^2}$
$\frac{x}{\sqrt{(x^2+a^2)^3}}$	$-\frac{\sqrt{x^2+a^2}}{x^2+a^2}=-\frac{1}{\sqrt{x^2+a^2}}$
$\frac{1}{x\cdot\sqrt{(x^2+a^2)^3}}$	$\frac{1}{a^2}\cdot\frac{1}{\sqrt{x^2+a^2}}-\frac{1}{a^3}\ln\left\|\frac{a+\sqrt{x^2+a^2}}{x}\right\|$
Integrale, die Terme vom Typ $\sqrt{x^2-a^2}$ enthalten	
$\sqrt{x^2-a^2}$	$\frac{x}{2}\sqrt{x^2-a^2}-\frac{a^2}{2}\operatorname{Arcosh}\frac{x}{a}$
	$\frac{x}{2}\sqrt{x^2-a^2}-\frac{a^2}{2}\ln\|x+\sqrt{x^2-a^2}\|$
$x\cdot\sqrt{x^2-a^2}$	$\frac{1}{3}\sqrt{(x^2-a^2)^3}$
$x^2\cdot\sqrt{x^2-a^2}$	$\frac{x}{4}\sqrt{(x^2-a^2)^3}+\frac{a^2x}{8}\sqrt{x^2-a^2}-\frac{a^4}{8}\operatorname{Arcosh}\frac{x}{a}$
	$\frac{x}{4}\sqrt{(x^2-a^2)^3}+\frac{a^2x}{8}\sqrt{x^2-a^2}-\frac{a^4}{8}\ln\|x+\sqrt{x^2-a^2}\|$
$\frac{\sqrt{x^2-a^2}}{x}$	$\sqrt{x^2-a^2}-a\cdot\operatorname{Arccos}\frac{a}{x}$

$f(x)$	$\int f(x)\,\mathrm{d}x = F(x) + c$ ▶ Die Integrationskonstante c ist weggelassen
$\frac{\sqrt{x^2-a^2}}{x^2}$	$-\frac{1}{x}\sqrt{x^2-a^2} + \operatorname{Arcosh}\frac{x}{a}$
	$-\frac{1}{x}\sqrt{x^2-a^2} + \ln\lvert x+\sqrt{x^2-a^2}\rvert$
$\frac{1}{\sqrt{x^2-a^2}}$	$\operatorname{Arcosh}\frac{x}{a} = \ln\lvert x+\sqrt{x^2-a^2}\rvert$
$\frac{1}{(x-b)\sqrt{x^2-a^2}}$	$-\frac{1}{\sqrt{x^2-a^2}}\operatorname{Arcsin}\frac{bx-a^2}{ax-ab}$
$\frac{x}{\sqrt{x^2-a^2}}$	$\sqrt{x^2-a^2}$
$\frac{x^2}{\sqrt{x^2-a^2}}$	$\frac{x}{2}\sqrt{x^2-a^2} + \frac{a^2}{2}\operatorname{Arcosh}\frac{x}{a}$
	$\frac{x}{2}\sqrt{x^2-a^2} + \frac{a^2}{2}\ln\lvert x+\sqrt{x^2-a^2}\rvert$
$\frac{1}{x\cdot\sqrt{x^2-a^2}}$	$\frac{1}{a}\operatorname{Arccos}\frac{a}{x}$
$\frac{1}{x^2\cdot\sqrt{x^2-a^2}}$	$\frac{1}{a^2}\cdot\frac{1}{x}\sqrt{x^2-a^2}$
$\sqrt{(x^2-a^2)^3}$	$\frac{x}{4}\sqrt{(x^2-a^2)^3} - \frac{3}{8}a^2x\cdot\sqrt{x^2-a^2} + \frac{3}{8}a^4\cdot\operatorname{Arcosh}\frac{x}{a}$
	$\frac{x}{4}\sqrt{(x^2-a^2)^3} - \frac{3}{8}a^2x\cdot\sqrt{x^2-a^2} + \frac{3}{8}a^4\cdot\ln\lvert x+\sqrt{x^2-a^2}\rvert$
$x\cdot\sqrt{(x^2-a^2)^3}$	$\frac{1}{5}\sqrt{(x^2-a^2)^5}$
$\frac{\sqrt{(x^2-a^2)^3}}{x}$	$\frac{1}{3}\sqrt{(x^2-a^2)^3} - a^2\cdot\sqrt{x^2-a^2} + a^3\cdot\operatorname{Arccos}\frac{a}{x}$
$\frac{1}{\sqrt{(x^2-a^2)^3}}$	$-\frac{1}{a^2}\cdot x\cdot\frac{1}{\sqrt{x^2-a^2}}$
$\frac{x}{\sqrt{(x^2-a^2)^3}}$	$-\frac{1}{\sqrt{x^2-a^2}}$
$\frac{x^2}{\sqrt{(x^2-a^2)^3}}$	$-x\cdot\frac{1}{\sqrt{x^2-a^2}} + \operatorname{Arcosh}\frac{x}{a}$
	$-x\cdot\frac{1}{\sqrt{x^2-a^2}} + \ln\lvert x+\sqrt{x^2-a^2}\rvert$
$\frac{1}{x\cdot\sqrt{(x^2-a^2)^3}}$	$-\frac{1}{a^2}\cdot\frac{1}{\sqrt{x^2-a^2}} - \frac{1}{a^2}\operatorname{Arccos}\frac{a}{x}$
$\frac{1}{x^2\cdot\sqrt{(x^2-a^2)^3}}$	$-\frac{1}{a^4}\cdot\frac{1}{x}\sqrt{x^2-a^2} - \frac{x}{a^4}\cdot\frac{1}{\sqrt{x^2-a^2}}$

Integrale, die Terme vom Typ $\sqrt{ax^2+bx+c}$ enthalten	
$f(x)$	$\int f(x)\,\mathrm{d}x = F(x) + c$ ▶ Die Integrationskonstante c ist weggelassen
$\frac{1}{\sqrt{ax^2+bx+c}}$	$\frac{1}{\sqrt{a}} \ln\lvert 2\cdot\sqrt{a(ax^2+bx+c)} + 2ax + b\rvert$ ▶ $a>0$
	$\frac{1}{\sqrt{a}} \operatorname{Arsinh} \frac{2ax+b}{\sqrt{4ac-b^2}}$ ▶ $a>0;\ (4ac-b^2)>0$
	$\frac{1}{\sqrt{a}} \ln\lvert 2ax+b\rvert$ ▶ $a>0;\ (4ac-b^2)=0$
	$-\frac{1}{\sqrt{\lvert a\rvert}} \operatorname{Arcsin} \frac{2ax+b}{\sqrt{\lvert b^2-4ac\rvert}}$ ▶ $a<0;\ (4ac-b^2)<0$
$\frac{1}{(ax^2+bx+c)\cdot\sqrt{ax^2+bx+c}}$	$\frac{2(2ax+b)}{(4ac-b^2)\sqrt{ax^2+bx+c}}$
$\sqrt{ax^2+bx+c}$	$\frac{(2ax+b)\cdot\sqrt{ax^2+bx+c}}{4a} + \frac{4ac-b^2}{8a}\int\frac{1}{\sqrt{ax^2+bx+c}}\,\mathrm{d}x$
$\frac{x}{\sqrt{ax^2+bx+c}}$	$\frac{1}{a}\cdot\sqrt{ax^2+bx+c} - \frac{b}{2a}\int\frac{1}{\sqrt{ax^2+bx+c}}\,\mathrm{d}x$
$\frac{1}{x\sqrt{ax^2+bx+c}}$	$-\frac{1}{\sqrt{c}} \ln\left\lvert \frac{2\sqrt{c(ax^2+bx+c)}}{x} + \frac{2c}{x} + b\right\rvert$ ▶ $c>0$
	$-\frac{1}{\sqrt{c}} \operatorname{Arsinh} \frac{bx+2c}{x\sqrt{4ac-b^2}}$ ▶ $c>0;\ (4ac-b^2)>0$
	$-\frac{1}{\sqrt{c}} \ln\left\lvert\frac{bx+2c}{x}\right\rvert$ ▶ $c>0;\ (4ac-b^2)=0$
	$\frac{1}{\sqrt{\lvert c\rvert}} \operatorname{Arcsin} \frac{bx+2c}{x\sqrt{\lvert b^2-4ac\rvert}}$ ▶ $c<0;\ (4ac-b^2)<0$
$\frac{1}{x^2\cdot\sqrt{ax^2+bx+c}}$	$-\frac{\sqrt{ax^2+bx+c}}{cx} - \frac{b}{2c}\int\frac{1}{x\cdot\sqrt{ax^2+bx+c}}\,\mathrm{d}x$
$\frac{\sqrt{ax^2+bx+c}}{x}$	$\sqrt{ax^2+bx+c} - \frac{b}{2}\int\frac{1}{\sqrt{ax^2+bx+c}}\,\mathrm{d}x + c\cdot\int\frac{1}{x\cdot\sqrt{ax^2+bx+c}}\,\mathrm{d}x$
$\frac{\sqrt{ax^2+bx+c}}{x^2}$	$-\frac{1}{x}\sqrt{ax^2+bx+c} + a\cdot\int\frac{1}{\sqrt{ax^2+bx+c}}\,\mathrm{d}x + \frac{b}{2}\int\frac{1}{x\cdot\sqrt{ax^2+bx+c}}\,\mathrm{d}x$

Integrale von Exponentialfunktionen	
$f(x)$	$\int f(x)\,dx = F(x) + c$ ▶ Die Integrationskonstante c ist weggelassen
a^x	$\frac{a^x}{\ln a}$
$x \cdot a^x$	$\frac{a^x(x \cdot \ln\lvert a\rvert - 1)}{\ln^2 \lvert a\rvert}$
$x^2 \cdot a^x$	$\frac{a^x}{\ln^3 \lvert a\rvert}\,[(x \cdot \ln\lvert a\rvert)^2 - 2x \cdot \ln\lvert a\rvert + 2]$
$\frac{a^x}{a^x - 1}$	$\frac{1}{\ln\lvert a\rvert}\,\ln\lvert e^{x \cdot \ln\lvert a\rvert} - 1\rvert$
$\frac{1}{a^x + a^{-x}}$	$\frac{1}{\ln\lvert a\rvert}\,\mathrm{Arctan}\,a^x$
e^x	e^x
$x \cdot e^x$	$e^x(x - 1)$
$x^2 \cdot e^x$	$e^x(x^2 - 2x + 2)$
$e^{\pm x^2}$	$x \pm \frac{x^3}{3 \cdot 1!} + \frac{x^5}{5 \cdot 2!} \pm \frac{x^7}{7 \cdot 3!} + \frac{x^9}{9 \cdot 4!} + \cdots$
$x \cdot e^{x^2}$	$\frac{1}{2}\,e^{x^2}$
e^{ax}	$\frac{1}{a}\,e^{ax}$
$x \cdot e^{ax}$	$\frac{1}{a^2}\,e^{ax}(ax - 1)$
$x^2 \cdot e^{ax}$	$e^{ax}\left(\frac{x^2}{a} - \frac{2x}{a^2} + \frac{2}{a^3}\right)$
$x^n \cdot e^{ax}$	$\frac{1}{a}\,x^n \cdot e^{ax} - \frac{n}{a}\int x^{n-1} \cdot e^{ax}\,dx$
$\frac{e^{ax}}{x}$	$\ln\lvert x\rvert + \frac{ax}{1 \cdot 1!} + \frac{(ax)^2}{2 \cdot 2!} + \frac{(ax)^3}{3 \cdot 3!} + \cdots$
$\frac{e^{ax}}{x^n}$	$\frac{1}{n-1}\left(-\frac{e^{ax}}{x^{n-1}} + a \cdot \int \frac{e^{ax}}{x^{n-1}}\,dx\right)$ ▶ $n \neq 1$
$\frac{1}{1 + e^x}$	$x - \ln\lvert 1 + e^x\rvert$
$\frac{1}{1 + e^{ax}}$	$\frac{1}{a}\ln\left\lvert\frac{e^{ax}}{1 + e^{ax}}\right\rvert$
$e^{ax} \cdot \ln\lvert x\rvert$	$\frac{1}{a}\,e^{ax} \cdot \ln\lvert x\rvert - \frac{1}{a}\int \frac{e^{ax}}{x}\,dx$
$\frac{1}{e^x + e^{-x}}$	$\mathrm{Arctan}\,e^x$

$f(x)$	$\int f(x)\,\mathrm{d}x = F(x) + c$ ► Die Integrationskonstante c ist weggelassen
$\frac{e^x+1}{e^x+x}$	$\ln\lvert e^x+1\rvert$
$\frac{e^x+1}{e^x-1}$	$\ln\lvert e^x-2-e^{-x}\rvert$
$e^x(2+x)$	$e^x(1+x)$
$e^x(x-1)^2$	$e^x(x^2-4x+5)$
$\frac{1}{\sqrt{1+e^x}}$	$\ln\frac{\sqrt{1+e^x}-1}{\sqrt{1+e^x}+1}$
$\frac{1}{b+c\cdot e^{ax}}$	$\frac{x}{b}-\frac{1}{ab}\ln\lvert b+c\cdot e^{ax}\rvert$
$\frac{e^{ax}}{b+c\cdot e^{ax}}$	$\frac{1}{a\cdot c}\cdot\ln\lvert b+c\cdot e^{ax}\rvert$
$\frac{1}{b\cdot e^{ax}+c\cdot e^{-ax}}$	$\frac{1}{a\cdot\sqrt{b\cdot c}}\operatorname{Arctan}\left(e^{ax}\cdot\sqrt{\frac{b}{c}}\right)$ ► $bc>0$
	$\frac{1}{2a\cdot\sqrt{-bc}}\ln\left\lvert\frac{c+e^{ax}\cdot\sqrt{-bc}}{c-e^{ax}\cdot\sqrt{-bc}}\right\rvert$ ► $bc<0$
$\frac{x\cdot e^{ax}}{(1+ax)^2}$	$\frac{e^{ax}}{a^2+a^3x}$
$e^{ax}\cdot\ln\lvert x\rvert$	$\frac{1}{a}\cdot e^{ax}\cdot\ln\lvert x\rvert-\frac{1}{a}\int\frac{e^{ax}}{x}\,\mathrm{d}x$
$\sqrt{b+c\cdot e^{ax}}$	$\frac{2}{a}\sqrt{b+c\cdot e^{ax}}-\frac{\sqrt{b}}{a}\ln\left\lvert\frac{\sqrt{b}+\sqrt{b+c\cdot e^{ax}}}{\sqrt{b}-\sqrt{b+c\cdot e^{ax}}}\right\rvert$ ► $b>0$
	$\frac{2}{a}\sqrt{b+c\cdot e^{ax}}-\frac{2\cdot\sqrt{-b}}{a}\operatorname{Arctan}\sqrt{\frac{b+c\cdot e^{ax}}{-b}}$ ► $b<0$
$e^x\cdot\sin x$	$\frac{e^x}{2}(\sin x-\cos x)$
$e^x\cdot\cos x$	$\frac{e^x}{2}(\sin x+\cos x)$
$e^x\cdot\cos e^x$	$\sin e^x$
$e^{ax}\cdot\sin(bx)$	$\frac{a}{a^2+b^2}e^{ax}\cdot\sin(bx)-\frac{b}{a^2+b^2}e^{ax}\cdot\cos(bx)$
$e^{ax}\cdot\sin^n x$	$\frac{a}{a^2+n^2}e^{ax}\cdot\sin^n x-\frac{n}{a^2+n^2}e^{ax}\cdot\sin^{n-1}x\cdot\cos x+\frac{n(n-1)}{a^2+n^2}\int e^{ax}\cdot\sin^{n-2}x\,\mathrm{d}x$
$e^{ax}\cdot\cos(bx)$	$\frac{a}{a^2+b^2}e^{ax}\cdot\cos(bx)+\frac{b}{a^2+b^2}\cdot e^{ax}\cdot\sin(bx)$
$e^{ax}\cdot\cos^n x$	$\frac{a}{a^2+n^2}e^{ax}\cdot\cos^n x+\frac{n}{a^2+n^2}e^{ax}\cdot\cos^{n-1}x\cdot\sin x+\frac{n(n-1)}{a^2+n^2}\int e^{ax}\cdot\cos^{n-2}x\,\mathrm{d}x$

$f(x)$	$\int f(x)\,dx = F(x) + c$ ▶ Die Integrationskonstante c ist weggelassen
$x \cdot e^{ax} \cdot \sin(bx)$	$\frac{x \cdot e^{ax}}{a^2+b^2}[a \cdot \sin(bx) - b \cdot \cos(bx)] - \frac{a^2-b^2}{(a^2+b^2)^2} e^{ax} \cdot \sin(bx) + \frac{2ab}{(a^2+b^2)^2} e^{ax} \cdot \cos(bx)$
$x \cdot e^{ax} \cdot \cos(bx)$	$\frac{x \cdot e^{ax}}{a^2+b^2}[a \cdot \cos(bx) + b \cdot \sin(bx)] - \frac{a^2-b^2}{(a^2+b^2)^2} e^{ax} \cdot \cos(bx) - \frac{2ab}{(a^2+b^2)^2} e^{ax} \cdot \sin(bx)$
$e^{ax} \cdot \sinh(bx)$	$\frac{a}{a^2-b^2} e^{ax} \cdot \sinh(bx) - \frac{b}{a^2-b^2} \cdot e^{ax} \cdot \cosh(bx)$ ▶ $a^2 \neq b^2$
$e^{ax} \cdot \sinh(ax)$	$\frac{1}{4a} \cdot e^{2ax} - \frac{1}{2} x$
$e^{ax} \cdot \cosh(bx)$	$\frac{a}{a^2-b^2} e^{ax} \cdot \cosh(bx) - \frac{b}{a^2-b^2} e^{ax} \cdot \sinh(bx)$ ▶ $a^2 \neq b^2$
$e^{ax} \cdot \cosh(ax)$	$\frac{1}{4a} e^{2ax} + \frac{1}{2} x$
	Integrale von logarithmischen Funktionen
$\ln\lvert x\rvert$	$x \cdot \ln\lvert x\rvert - x = x \cdot (\ln\lvert x\rvert - 1)$
$\ln\lvert ax\rvert$	$x \cdot \ln\lvert ax\rvert - x = x \cdot (\ln\lvert ax\rvert - 1)$
$\ln\lvert a+bx\rvert$	$\frac{1}{b}(a+bx) \cdot (\ln\lvert a+bx\rvert - 1)$
$(\ln\lvert x\rvert)^2$	$x \cdot (\ln\lvert x\rvert)^2 - 2x \cdot \ln\lvert x\rvert + 2x$
$(\ln\lvert x\rvert)^3$	$x \cdot (\ln\lvert x\rvert)^3 - 3x \cdot (\ln\lvert x\rvert)^2 + 6x \cdot \ln\lvert x\rvert - 6x$
$(\ln\lvert x\rvert)^n$	$x \cdot (\ln\lvert x\rvert)^n - n \cdot \int (\ln\lvert x\rvert)^{n-1}\,dx$ ▶ $n \neq -1$
$\frac{1}{\ln\lvert x\rvert}$	$\ln\lvert\ln x\rvert + \ln\lvert x\rvert + \frac{(\ln\lvert x\rvert)^2}{2 \cdot 2!} + \frac{(\ln\lvert x\rvert)^3}{3 \cdot 3!} + \cdots$ $\left(\int_0^x \frac{dt}{\ln\lvert t\rvert} = \mathrm{Li}(x)\right.$ ▶ Integral-Logarithmus$\left.\right)$
$\ln(x^2+a^2)$	$x \cdot \ln(x^2+a^2) + 2a \cdot \mathrm{Arctan}\,\frac{x}{a} - 2x$
$\frac{1}{(\ln\lvert x\rvert)^n}$	$-\frac{x}{(n-1)(\ln\lvert x\rvert)^{n-1}} + \frac{1}{n-1}\int \frac{dx}{(\ln\lvert x\rvert)^{n-1}}$ ▶ $n \neq 1$
$x \cdot \ln\lvert x\rvert$	$\frac{1}{2} x^2 \cdot \ln\lvert x\rvert - \frac{1}{4} x^2$
$x^2 \cdot \ln\lvert x\rvert$	$\frac{1}{3} x^3 \cdot \ln\lvert x\rvert - \frac{1}{9} x^3$
$x^n \cdot \ln\lvert x\rvert$	$\frac{1}{n+1} \cdot x^{n+1} \cdot \ln\lvert x\rvert - \frac{1}{(n+1)^2} \cdot x^{n+1}$ ▶ $n \neq -1$
$\frac{\ln\lvert x\rvert}{x^n}$	$-\frac{1}{n-1} x^{1-n} \cdot \ln\lvert x\rvert - \frac{1}{(n-1)^2} \cdot x^{1-n}$ ▶ $n \neq 1$

$f(x)$	$\int f(x)\,\mathrm{d}x = F(x) + c$ ▶ Die Integrationskonstante c ist weggelassen
$\sqrt{x} \cdot \ln\lvert x\rvert$	$\frac{2}{3} x^{\frac{3}{2}} \left(\ln\lvert x\rvert - \frac{2}{3}\right)$
$\frac{1}{x \cdot \ln\lvert x\rvert}$	$\ln\lvert\ln x\rvert$
$\frac{1}{x \cdot (\ln\lvert x\rvert)^n}$	$\frac{-1}{(n-1)(\ln\lvert x\rvert)^{n-1}}$ ▶ $n \neq 1$
$\sin(\ln\lvert x\rvert)$	$\frac{1}{2} x \cdot \sin(\ln\lvert x\rvert) - \frac{1}{2} x \cdot \cos(\ln\lvert x\rvert)$
$\cos(\ln\lvert x\rvert)$	$\frac{1}{2} x \cdot \sin(\ln\lvert x\rvert) + \frac{1}{2} x \cdot \cos(\ln\lvert x\rvert)$
$\frac{1 - \ln\lvert x\rvert}{x}$	$\ln\lvert x\rvert - \frac{1}{2} (\ln\lvert x\rvert)^2$
Integrale von trigonometrischen Funktionen	
$\sin x$	$-\cos x$
$\sin(ax)$	$-\frac{1}{a} \cos(ax)$
$\sin^2(ax)$	$\frac{1}{2} x - \frac{1}{4a} \sin(2ax)$
$\sin^3(ax)$	$-\frac{1}{a} \cos(ax) + \frac{1}{3a} \cos^3(ax)$
$\sin^4(ax)$	$\frac{3}{8} x - \frac{1}{4a} \sin(2ax) + \frac{1}{32a} \sin(4ax)$
$\sin^n(ax)$	$-\frac{1}{an} \sin^{n-1}(ax) \cdot \cos(ax) + \frac{n-1}{n} \int \sin^{n-2}(ax)\,\mathrm{d}x$ ▶ $n \in \mathbb{N}^*$
$x \cdot \sin(ax)$	$\frac{1}{a^2} \sin(ax) - \frac{x}{a} \cos(ax)$
$x^2 \cdot \sin(ax)$	$\frac{2x}{a^2} \cdot \sin(ax) - \frac{x^2}{a} \cos(ax) + \frac{2}{a^3} \cos(ax)$
$x^3 \cdot \sin(ax)$	$\frac{3}{a^2} x^2 \cdot \sin(ax) - \frac{6}{a^4} \sin(ax) - \frac{x^3}{a} \cos(ax) + \frac{6}{a^3} x \cdot \cos(ax)$
$x^n \cdot \sin(ax)$	$-\frac{x^n}{a} \cos(ax) + \frac{n}{a} \int x^{n-1} \cdot \cos(ax)\,\mathrm{d}x$ ▶ $n > 0$
$\frac{\sin(ax)}{x}$	$ax - \frac{(ax)^3}{3 \cdot 3!} + \frac{(ax)^5}{5 \cdot 5!} - \frac{(ax)^7}{7 \cdot 7!} + \cdots$ $\left(\int_0^x \frac{\sin t}{t}\,\mathrm{d}t = \mathrm{Si}(x) = x - \frac{x^3}{3 \cdot 3!} + \frac{x^5}{5 \cdot 5!} - \frac{x^7}{7 \cdot 7!} + \frac{x^9}{9 \cdot 9!} \mp \cdots\right.$ ▶ Integral-Sinus)
$\frac{\sin(ax)}{x^2}$	$-\frac{\sin(ax)}{x} + a \cdot \int \frac{\cos(ax)}{x}\,\mathrm{d}x$

$f(x)$	$\int f(x)\,\mathrm{d}x = F(x) + c$ ▶ Die Integrationskonstante c ist weggelassen
$\frac{\sin(ax)}{x^n}$	$-\frac{1}{n-1}\cdot\frac{\sin(ax)}{x^{n-1}}+\frac{a}{n-1}\int\frac{\cos(ax)}{x^{n-1}}\,\mathrm{d}x$
$\frac{1}{\sin(ax)}$	$\frac{1}{a}\ln\left\|\tan\frac{ax}{2}\right\|=\frac{1}{a}\ln\left\|\frac{1}{\sin(ax)}-\cot(ax)\right\|$
$\frac{1}{\sin^2(ax)}$	$-\frac{1}{a}\cot(ax)$
$\frac{1}{\sin^3(ax)}$	$-\frac{1}{2a}\cdot\frac{\cos(ax)}{\sin^2(ax)}+\frac{1}{2a}\ln\left\|\tan\frac{ax}{2}\right\|$
$\frac{1}{\sin^n(ax)}$	$-\frac{1}{(n-1)a}\cdot\frac{\cos(ax)}{\sin^{n-1}(ax)}+\frac{n-2}{n-1}\int\frac{1}{\sin^{n-2}(ax)}\,\mathrm{d}x$ ▶ $n>1$
$\frac{x}{\sin(ax)}$	$\frac{1}{a^2}\left[ax+\frac{(ax)^3}{3\cdot 3!}+\frac{7(ax)^5}{3\cdot 5\cdot 5!}+\frac{31(ax)^7}{3\cdot 7\cdot 7!}+\frac{127(ax)^9}{3\cdot 5\cdot 9!}+\cdots\right]$
$\frac{x}{\sin^2(ax)}$	$-\frac{x}{a}\cot(ax)+\frac{1}{a^2}\ln\|\sin(ax)\|$
$\frac{x}{\sin^n(ax)}$	$-\frac{1}{(n-1)a}\,x\cdot\frac{\cos(ax)}{\sin^{n-1}(ax)}-\frac{1}{(n-1)(n-2)a^2}\cdot\frac{1}{\sin^{n-2}(ax)}-\frac{n-2}{n-1}\int\frac{x}{\sin^{n-2}(ax)}\,\mathrm{d}x$ ▶ $n>2$
$\frac{1}{1+\sin(ax)}$	$-\frac{1}{a}\tan\left(\frac{\pi}{4}-\frac{ax}{2}\right)$
$\frac{1}{1-\sin(ax)}$	$\frac{1}{a}\tan\left(\frac{\pi}{4}+\frac{ax}{2}\right)$
$\frac{x}{1+\sin(ax)}$	$-\frac{x}{a}\tan\left(\frac{\pi}{4}-\frac{ax}{2}\right)+\frac{2}{a^2}\ln\left\|\cos\frac{\pi}{4}-\frac{ax}{2}\right\|$
$\frac{x}{1-\sin(ax)}$	$\frac{x}{a}\cot\left(\frac{\pi}{4}-\frac{ax}{2}\right)+\frac{2}{a^2}\ln\left\|\sin\left(\frac{\pi}{4}-\frac{ax}{2}\right)\right\|$
$\frac{\sin(ax)}{1\pm\sin(ax)}$	$\pm x+\frac{1}{a}\tan\left(\frac{\pi}{4}\mp\frac{ax}{2}\right)$
$\frac{1}{\sin(ax)[1\pm\sin(ax)]}$	$\frac{1}{a}\tan\left(\frac{\pi}{4}\mp\frac{ax}{2}\right)+\frac{1}{a}\ln\left\|\tan\frac{ax}{2}\right\|$
$\frac{1}{[1+\sin(ax)]^2}$	$-\frac{1}{2a}\tan\left(\frac{\pi}{4}-\frac{ax}{2}\right)-\frac{1}{6a}\tan^3\left(\frac{\pi}{4}-\frac{ax}{2}\right)$
$\frac{1}{[1-\sin(ax)]^2}$	$\frac{1}{2a}\cot\left(\frac{\pi}{4}-\frac{ax}{2}\right)+\frac{1}{6a}\cot^3\left(\frac{\pi}{4}-\frac{ax}{2}\right)$
$\frac{\sin(ax)}{[1+\sin(ax)]^2}$	$-\frac{1}{2a}\tan\left(\frac{\pi}{4}-\frac{ax}{2}\right)+\frac{1}{6a}\tan^3\left(\frac{\pi}{4}-\frac{ax}{2}\right)$
$\frac{\sin(ax)}{[1-\sin(ax)]^2}$	$-\frac{1}{2a}\cot\left(\frac{\pi}{4}-\frac{ax}{2}\right)+\frac{1}{6a}\cot^3\left(\frac{\pi}{4}-\frac{ax}{2}\right)$

$f(x)$	$\int f(x)\,\mathrm{d}x = F(x) + c$ ► Die Integrationskonstante c ist weggelassen
$\frac{1}{1 + \sin^2(ax)}$	$\frac{\sqrt{2a}}{4a} \operatorname{Arcsin}\left[\frac{3\sin^2(ax) - 1}{\sin^2(ax) + 1}\right]$
$\frac{1}{1 - \sin^2(ax)} = \frac{1}{\cos^2(ax)}$	$\frac{1}{a}\tan(ax)$
$\sin(ax)\cdot\sin(bx)$	$\frac{\sin[(a-b)x]}{2(a-b)} - \frac{\sin[(a+b)x]}{2(a+b)}$ ► $\lvert a\rvert \neq \lvert b\rvert$
$\frac{1}{b + c\cdot\sin(ax)}$	$\frac{2\cdot\sqrt{b^2 - c^2}}{a(b^2 - c^2)} \operatorname{Arctan} \frac{b\cdot\tan\frac{ax}{2} + c}{\sqrt{b^2 - c^2}}$ ► $b^2 > c^2$
	$\frac{\sqrt{c^2 - b^2}}{a(c^2 - b^2)} \ln\left\lvert\frac{b\cdot\tan\frac{ax}{2} + c - \sqrt{c^2 - b^2}}{b\cdot\tan\frac{ax}{2} + c + \sqrt{c^2 - b^2}}\right\rvert$ ► $b^2 < c^2$
$\frac{\sin(ax)}{b + c\cdot\sin(ax)}$	$\frac{x}{c} - \frac{b}{c}\int\frac{1}{b + c\cdot\sin(ax)}\,\mathrm{d}x$
$\frac{1}{\sin(ax)\cdot[b + c\cdot\sin(ax)]}$	$\frac{1}{ab}\ln\left\lvert\tan\frac{ax}{2}\right\rvert - \frac{c}{b}\int\frac{1}{b + c\cdot\sin(ax)}\,\mathrm{d}x$
$\frac{1}{[b + c\cdot\sin(ax)]^2}$	$\frac{c}{a(b^2 - c^2)}\cdot\frac{\cos(ax)}{b + c\cdot\sin(ax)} + \frac{c}{b^2 - c^2}\int\frac{1}{b + c\cdot\sin(ax)}\,\mathrm{d}x$
$\frac{\sin(ax)}{[b + c\cdot\sin(ax)]^2}$	$\frac{b}{a(c^2 - b^2)}\cdot\frac{\cos(ax)}{b + c\cdot\sin(ax)} + \frac{c}{c^2 - b^2}\int\frac{1}{b + c\cdot\sin(ax)}\,\mathrm{d}x$
$\frac{1}{b^2 + c^2\cdot\sin^2(ax)}$	$\frac{\sqrt{b^2 + c^2}}{ab(b^2 + c^2)} \operatorname{Arctan}\left[\frac{\sqrt{b^2 + c^2}}{b}\cdot\tan(ax)\right]$ ► $b > 0$
$\frac{1}{b^2 - c^2\cdot\sin^2(ax)}$	$\frac{\sqrt{b^2 - c^2}}{ab(b^2 - c^2)} \operatorname{Arctan}\left[\frac{\sqrt{b^2 - c^2}}{b}\cdot\tan(ax)\right]$ ► $b^2 > c^2 \wedge b > 0$
	$\frac{\sqrt{c^2 - b^2}}{2ab(c^2 - b^2)} \ln\left\lvert\frac{\sqrt{c^2 - b^2}\cdot\tan(ax) + b}{\sqrt{c^2 - b^2}\cdot\tan(ax) - b}\right\rvert$ ► $c^2 > b^2 \wedge b > 0$
$\cos x$	$\sin x$
$\cos(ax)$	$\frac{1}{a}\sin(ax)$
$\cos^2(ax)$	$\frac{x}{2} + \frac{1}{4a}\sin(2ax)$
$\cos^3(ax)$	$\frac{1}{2}\sin(ax) - \frac{1}{3a}\sin^3(ax)$

$f(x)$	$\int f(x)\,\mathrm{d}x = F(x) + c$ ▶ Die Integrationskonstante c ist weggelassen
$\cos^4(ax)$	$\frac{3}{8}x + \frac{1}{4a}\sin(2ax) + \frac{1}{32a}\sin(4ax)$
$\cos^n(ax)$	$\frac{1}{an}\cos^{n-1}(ax)\cdot\sin(ax) + \frac{n-1}{n}\int\cos^{n-2}(ax)\,\mathrm{d}x$
$x\cdot\cos(ax)$	$\frac{1}{a^2}\cos(ax) + \frac{x}{a}\sin(ax)$
$x^2\cdot\cos(ax)$	$\frac{2}{a^2}\cos(ax) + \frac{x^2}{a}\sin(ax) - \frac{2}{a^3}\sin(ax)$
$x^3\cdot\cos(ax)$	$\frac{3}{a^2}x^2\cdot\cos(ax) - \frac{6}{a^4}\cos(ax) + \frac{x^3}{a}\sin(ax) - \frac{6}{a^3}x\cdot\sin(ax)$
$x^n\cdot\cos(ax)$	$\frac{1}{a}x^n\cdot\sin(ax) - \frac{n}{a}\int x^{n-1}\cdot\sin(ax)\,\mathrm{d}x$
$\frac{\cos(ax)}{x}$	$\ln\lvert ax\rvert - \frac{(ax)^2}{2\cdot 2!} + \frac{(ax)^4}{4\cdot 4!} - \frac{(ax)^6}{6\cdot 6!} + \cdots$
	$\left(-\int\limits_x^\infty \frac{\cos t}{t}\,\mathrm{d}t = \mathrm{Ci}(x)\right.$ ▶ Integral-Kosinus$\left.\right)$
$\frac{\cos(ax)}{x^2}$	$-\frac{\cos(ax)}{x} - a\cdot\int\frac{\sin(ax)}{x}\,\mathrm{d}x$
$\frac{\cos(ax)}{x^n}$	$-\frac{1}{n-1}\cdot\frac{\cos(ax)}{x^{n-1}} - \frac{a}{n-1}\int\frac{\sin(ax)}{x^{n-1}}\,\mathrm{d}x$ ▶ $n \neq 1$
$\frac{1}{\cos(ax)}$	$\frac{1}{a}\ln\left\lvert\tan\left(\frac{ax}{2} + \frac{\pi}{4}\right)\right\rvert$
$\frac{1}{\cos^2(ax)}$	$\frac{1}{a}\tan(ax)$
$\frac{1}{\cos^3(ax)}$	$\frac{1}{2a}\cdot\frac{\sin(ax)}{\cos^2(ax)} + \frac{1}{2a}\ln\left\lvert\tan\left(\frac{\pi}{4} + \frac{ax}{2}\right)\right\rvert$
$\frac{1}{\cos^n(ax)}$	$\frac{1}{(n-1)a}\cdot\frac{\sin(ax)}{\cos^{n-1}(ax)} + \frac{n-2}{n-1}\int\frac{1}{\cos^{n-2}(ax)}\,\mathrm{d}x$ ▶ $n > 1$
$\frac{x}{\cos(ax)}$	$\frac{1}{a^2}\left[\frac{(ax)^2}{2} + \frac{(ax)^4}{4\cdot 2!} + \frac{5(ax)^6}{6\cdot 4!} + \frac{61(ax)^8}{8\cdot 6!} + \frac{1385(ax)^{10}}{10\cdot 8!} + \cdots\right]$
$\frac{x}{\cos^2(ax)}$	$\frac{x}{a}\tan(ax) + \frac{1}{a^2}\ln\lvert\cos(ax)\rvert$

$f(x)$	$\int f(x)\,\mathrm{d}x = F(x) + c$ ► Die Integrationskonstante c ist weggelassen
$\frac{x}{\cos^n(ax)}$	$\frac{1}{(n-1)a}\cdot x\cdot\frac{\sin(ax)}{\cos^{n-1}(ax)} - \frac{1}{(n-1)(n-2)a^2}\cdot\frac{1}{\cos^{n-2}(ax)} + \frac{n-2}{n-1}\int\frac{x}{\cos^{n-2}(ax)}\,\mathrm{d}x$ ► $n > 2$
$\frac{1}{1+\cos(ax)}$	$\frac{1}{a}\tan\frac{ax}{2}$
$\frac{1}{1-\cos(ax)}$	$-\frac{1}{a}\cot\frac{ax}{2}$
$\frac{x}{1+\cos(ax)}$	$\frac{1}{a}\cdot x\cdot\tan\frac{ax}{2} + \frac{2}{a^2}\ln\left\|\cos\frac{ax}{2}\right\|$
$\frac{x}{1-\cos(ax)}$	$-\frac{x}{a}\cot\frac{ax}{2} + \frac{2}{a^2}\ln\left\|\sin\frac{ax}{2}\right\|$
$\frac{\cos(ax)}{1+\cos(ax)}$	$x - \frac{1}{a}\tan\frac{ax}{2}$
$\frac{\cos(ax)}{1-\cos(ax)}$	$-x - \frac{1}{a}\cot\frac{ax}{2}$
$\frac{1}{\cos(ax)[1+\cos(ax)]}$	$\frac{1}{a}\ln\left\|\tan\left(\frac{\pi}{4}+\frac{ax}{2}\right)\right\| - \frac{1}{a}\tan\frac{ax}{2}$
$\frac{1}{\cos(ax)[1-\cos(ax)]}$	$\frac{1}{a}\ln\left\|\tan\left(\frac{\pi}{4}+\frac{ax}{2}\right)\right\| - \frac{1}{a}\cot\frac{ax}{2}$
$\frac{1}{[1+\cos(ax)]^2}$	$\frac{1}{2a}\tan\frac{ax}{2} + \frac{1}{6a}\tan^3\frac{ax}{2}$
$\frac{1}{[1-\cos(ax)]^2}$	$-\frac{1}{2a}\cot\frac{ax}{2} - \frac{1}{6a}\cot^3\frac{ax}{2}$
$\frac{\cos(ax)}{[1+\cos(ax)]^2}$	$\frac{1}{2a}\tan\frac{ax}{2} - \frac{1}{6a}\tan^3\frac{ax}{2}$
$\frac{\cos(ax)}{[1-\cos(ax)]^2}$	$\frac{1}{2a}\cot\frac{ax}{2} - \frac{1}{6a}\cot^3\frac{ax}{2}$
$\frac{1}{1+\cos^2(ax)}$	$\frac{\sqrt{2a}}{4a}\,\mathrm{Arcsin}\,\frac{1-3\cos^2(ax)}{1+\cos^2(ax)}$
$\frac{1}{1-\cos^2(ax)} = \frac{1}{\sin^2(ax)}$	$-\frac{1}{a}\cot(ax)$
$\cos(ax)\cdot\cos(bx)$	$\frac{1}{2(a-b)}\sin[(a-b)x] + \frac{1}{2(a+b)}\sin[(a+b)x]$ ► $\|a\| \neq \|b\|$

$f(x)$	$\int f(x)\,\mathrm{d}x = F(x) + c$ ▶ Die Integrationskonstante c ist weggelassen
$\frac{1}{b + c \cdot \cos(ax)}$	$\frac{2\sqrt{b^2 - c^2}}{a(b^2 - c^2)} \operatorname{Arctan} \frac{(b-c) \cdot \tan \frac{ax}{2}}{\sqrt{b^2 - c^2}}$ ▶ $b^2 > c^2$
	$\frac{\sqrt{c^2 - b^2}}{a(c^2 - b^2)} \ln \left\lvert \frac{(c-b) \cdot \tan \frac{ax}{2} + \sqrt{c^2 - b^2}}{(c-b) \cdot \tan \frac{ax}{2} - \sqrt{c^2 - b^2}} \right\rvert$ ▶ $b^2 < c^2$
$\frac{\cos(ax)}{b + c \cdot \cos(ax)}$	$\frac{x}{c} - \frac{b}{c} \int \frac{1}{b + c \cdot \cos(ax)}\,\mathrm{d}x$
$\frac{1}{\cos(ax)\,[b + c \cdot \cos(ax)]}$	$\frac{1}{ab} \ln \left\lvert \tan\left(\frac{ax}{2} + \frac{\pi}{4}\right) \right\rvert - \frac{c}{b} \int \frac{1}{b + c \cdot \cos(ax)}\,\mathrm{d}x$
$\frac{1}{[b + c \cdot \cos(ax)]^2}$	$\frac{c}{a \cdot (c^2 - b^2)} \cdot \frac{\sin(ax)}{b + c \cdot \cos(ax)} - \frac{b}{c^2 - b^2} \int \frac{1}{b + c \cdot \cos(ax)}\,\mathrm{d}x$
$\frac{\cos(ax)}{[b + c \cdot \cos(ax)]^2}$	$\frac{b}{a(b^2 - c^2)} \cdot \frac{\sin(ax)}{b + c \cdot \cos(ax)} - \frac{c}{b^2 - c^2} \int \frac{1}{b + c \cdot \cos(ax)}\,\mathrm{d}x$
$\frac{1}{b^2 + c^2 \cdot \cos^2(ax)}$	$\frac{\sqrt{b^2 + c^2}}{ab(b^2 + c^2)} \operatorname{Arctan} \frac{b \cdot \tan(ax)}{\sqrt{b^2 + c^2}}$ ▶ $b > 0$
$\frac{1}{b^2 - c^2 \cdot \cos^2(ax)}$	$\frac{\sqrt{b^2 - c^2}}{ab(b^2 - c^2)} \operatorname{Arctan} \frac{b \cdot \tan(ax)}{\sqrt{b^2 - c^2}}$ ▶ $b^2 > c^2 \wedge b > 0$
	$\frac{\sqrt{c^2 - b^2}}{2ab(c^2 - b^2)} \ln \left\lvert \frac{b \cdot \tan(ax) - \sqrt{c^2 - b^2}}{b \cdot \tan(ax) + \sqrt{c^2 - b^2}} \right\rvert$ ▶ $c^2 > b^2 \wedge b > 0$
$\sin(ax) \cdot \cos(ax)$	$\frac{1}{2a} \sin^2(ax)$
$\sin^2(ax) \cdot \cos^2(ax)$	$\frac{x}{8} - \frac{1}{32a} \sin(4ax)$
$\sin^n(ax) \cdot \cos(ax)$	$\frac{1}{(n+1)a} \sin^{n+1}(ax)$ ▶ $n \neq -1$
$\sin(ax) \cdot \cos^n(ax)$	$-\frac{1}{(n+1)a} \cos^{n+1}(ax)$ ▶ $n \neq -1$
$\frac{1}{\sin(ax) \cdot \cos(ax)}$	$\frac{1}{a} \ln \lvert \tan(ax) \rvert$
$\frac{1}{\sin^2(ax) \cdot \cos(ax)}$	$\frac{1}{a} \left[\ln \left\lvert \tan\left(\frac{\pi}{4} + \frac{ax}{2}\right) \right\rvert - \frac{1}{\sin(ax)} \right]$
$\frac{1}{\sin(ax) \cdot \cos^2(ax)}$	$\frac{1}{a} \left(\ln \left\lvert \tan \frac{ax}{2} \right\rvert + \frac{1}{\cos(ax)} \right)$

$f(x)$	$\int f(x)\,\mathrm{d}x = F(x) + c$ ▶ Die Integrationskonstante c ist weggelassen
$\dfrac{1}{\sin^3(ax)\cdot\cos(ax)}$	$\dfrac{1}{a}\left(\ln\lvert\tan(ax)\rvert - \dfrac{1}{2\cdot\sin^2(ax)}\right)$
$\dfrac{1}{\sin(ax)\cdot\cos^3(ax)}$	$\dfrac{1}{a}\left(\ln\lvert\tan(ax)\rvert + \dfrac{1}{2\cdot\cos^2(ax)}\right)$
$\dfrac{1}{\sin^2(ax)\cdot\cos^2(ax)}$	$-\dfrac{2}{a}\cot(2ax)$
$\dfrac{1}{\sin^2(ax)\cdot\cos^3(ax)}$	$\dfrac{1}{a}\left[\dfrac{1}{2}\cdot\dfrac{\sin(ax)}{\cos^2(ax)} - \dfrac{1}{\sin(ax)} + \dfrac{3}{2}\ln\left\lvert\tan\left(\dfrac{\pi}{4}+\dfrac{ax}{2}\right)\right\rvert\right]$
$\dfrac{1}{\sin^3(ax)\cdot\cos^2(ax)}$	$\dfrac{1}{a}\left[\dfrac{1}{\cos(ax)} - \dfrac{1}{2}\cdot\dfrac{\cos(ax)}{\sin^2(ax)} + \dfrac{3}{2}\ln\left\lvert\tan\dfrac{ax}{2}\right\rvert\right]$
$\dfrac{\sin(ax)}{\cos^2(ax)}$	$\dfrac{1}{a}\cdot\dfrac{1}{\cos(ax)}$
$\dfrac{\sin(ax)}{\cos^3(ax)}$	$\dfrac{1}{2a}\cdot\dfrac{1}{\cos^2(ax)} = \dfrac{1}{2a}\tan^2(ax)$
$\dfrac{\sin(ax)}{\cos^n(ax)}$	$\dfrac{1}{(n-1)a}\cdot\dfrac{1}{\cos^{n-1}(ax)}$
$\dfrac{\sin^2(ax)}{\cos(ax)}$	$-\dfrac{1}{a}\sin(ax) + \dfrac{1}{a}\ln\left\lvert\tan\left(\dfrac{\pi}{4}+\dfrac{ax}{2}\right)\right\rvert$
$\dfrac{\sin^2(ax)}{\cos^3(ax)}$	$\dfrac{1}{a}\left[\dfrac{1}{2}\cdot\dfrac{\sin(ax)}{\cos^2(ax)} - \dfrac{1}{2}\ln\left\lvert\tan\left(\dfrac{\pi}{4}+\dfrac{ax}{2}\right)\right\rvert\right]$
$\dfrac{\sin^2(ax)}{\cos^n(ax)}$	$\dfrac{1}{(n-1)a}\cdot\dfrac{\sin(ax)}{\cos^{n-1}(ax)} - \dfrac{1}{n-1}\int\dfrac{1}{\cos^{n-2}(ax)}\,\mathrm{d}x$ ▶ $n \neq 1$
$\dfrac{\sin^3(ax)}{\cos(ax)}$	$-\dfrac{1}{2a}\sin^2(ax) - \dfrac{1}{a}\ln\lvert\cos(ax)\rvert$
$\dfrac{\sin^3(ax)}{\cos^2(ax)}$	$\dfrac{1}{a}\cos(ax) + \dfrac{1}{a}\cdot\dfrac{1}{\cos(ax)}$
$\dfrac{\sin^3(ax)}{\cos^n(ax)}$	$\dfrac{1}{a}\left[\dfrac{1}{n-1}\cdot\dfrac{1}{\cos^{n-1}(ax)} - \dfrac{1}{n-3}\cdot\dfrac{1}{\cos^{n-3}(ax)}\right]$ ▶ $n \neq 1;\ n \neq 3$
$\dfrac{\sin^n(ax)}{\cos(ax)}$	$-\dfrac{1}{(n-1)a}\sin^{n-1}(ax) + \int\dfrac{\sin^{n-2}(ax)}{\cos(ax)}\,\mathrm{d}x$ ▶ $n \neq 1$
$\dfrac{\cos(ax)}{\sin^2(ax)}$	$-\dfrac{1}{a}\cdot\dfrac{1}{\sin(ax)}$

$f(x)$	$\int f(x)\,\mathrm{d}x = F(x) + c$ ► Die Integrationskonstante c ist weggelassen
$\frac{\cos(ax)}{\sin^3(ax)}$	$-\frac{1}{2a}\cdot\frac{1}{\sin^2(ax)} = -\frac{1}{2a}\cot^2(ax)$
$\frac{\cos(ax)}{\sin^n(ax)}$	$-\frac{1}{(n-1)a}\cdot\frac{1}{\sin^{n-1}(ax)}$
$\frac{\cos^2(ax)}{\sin(ax)}$	$\frac{1}{a}\cos(ax) + \frac{1}{a}\ln\left\lvert\tan\frac{ax}{2}\right\rvert$
$\frac{\cos^2(ax)}{\sin^3(ax)}$	$-\frac{1}{2a}\cdot\frac{\cos(ax)}{\sin^2(ax)} + \frac{1}{2a}\ln\left\lvert\tan\frac{ax}{2}\right\rvert$
$\frac{\cos^2(ax)}{\sin^n(ax)}$	$-\frac{1}{(n-1)a}\cdot\frac{\cos(ax)}{\sin^{n-1}(ax)} - \frac{1}{n-1}\int\frac{1}{\sin^{n-2}(ax)}\,\mathrm{d}x$ ► $n \neq 1$
$\frac{\cos^3(ax)}{\sin(ax)}$	$\frac{1}{2a}\cos^2(ax) + \frac{1}{a}\ln\lvert\sin(ax)\rvert$
$\frac{\cos^3(ax)}{\sin^2(ax)}$	$-\frac{1}{a}\sin(ax) - \frac{1}{a}\cdot\frac{1}{\sin(ax)}$
$\frac{\cos^3(ax)}{\sin^n(ax)}$	$\frac{1}{(n-3)a}\cdot\frac{1}{\sin^{n-3}(ax)} - \frac{1}{(n-1)a}\cdot\frac{1}{\sin^{n-1}(ax)}$ ► $n \neq 1;\ n \neq 3$
$\frac{\cos^n(ax)}{\sin(ax)}$	$\frac{1}{(n-1)a}\cdot\cos^{n-1}(ax) + \int\frac{\cos^{n-2}(ax)}{\sin(ax)}\,\mathrm{d}x$ ► $n \neq 1$
$\frac{1}{\sin(ax)\cdot[1\pm\cos(ax)]}$	$\pm\frac{1}{2a}\cdot\frac{1}{1\pm\cos(ax)} + \frac{1}{2a}\ln\left\lvert\tan\frac{ax}{2}\right\rvert$
$\frac{1}{\cos(ax)\cdot[1\pm\sin(ax)]}$	$\mp\frac{1}{2a}\cdot\frac{1}{1\pm\sin(ax)} + \frac{1}{2a}\ln\left\lvert\tan\left(\frac{\pi}{4}+\frac{ax}{2}\right)\right\rvert$
$\frac{\sin(ax)}{\cos(ax)\cdot[1\pm\cos(ax)]}$	$\frac{1}{a}\ln\left\lvert\frac{1\pm\cos(ax)}{\cos(ax)}\right\rvert$
$\frac{\cos(ax)}{\sin(ax)\cdot[1\pm\sin(ax)]}$	$-\frac{1}{a}\ln\left\lvert\frac{1\pm\sin(ax)}{\sin(ax)}\right\rvert$
$\frac{\sin(ax)}{\cos(ax)\cdot[1\pm\sin(ax)]}$	$\frac{1}{2a}\cdot\frac{1}{1\pm\sin(ax)} \pm \frac{1}{2a}\ln\left\lvert\tan\left(\frac{\pi}{4}+\frac{ax}{2}\right)\right\rvert$
$\frac{\cos(ax)}{\sin(ax)\cdot[1\pm\cos(ax)]}$	$-\frac{1}{2a}\cdot\frac{1}{1\pm\cos(ax)} \pm \frac{1}{2a}\ln\left\lvert\tan\frac{ax}{2}\right\rvert$
$\frac{\sin(ax)}{\sin(ax)\pm\cos(ax)}$	$\frac{x}{2} \mp \frac{1}{2a}\ln\lvert\sin(ax)\pm\cos(ax)\rvert$

$f(x)$	$\int f(x)\,\mathrm{d}x = F(x) + c$ ► Die Integrationskonstante c ist weggelassen
$\dfrac{\cos(ax)}{\sin(ax) \pm \cos(ax)}$	$\pm\dfrac{x}{2} + \dfrac{1}{2a}\ln\lvert\sin(ax) \pm \cos(ax)\rvert$
$\dfrac{1}{\sin(ax) \pm \cos(ax)}$	$\dfrac{\sqrt{2}}{2a}\ln\left\lvert\tan\dfrac{ax}{2} \pm \dfrac{\pi}{8}\right\rvert$
$\dfrac{1}{1 + \cos(ax) \pm \sin(ax)}$	$\pm\dfrac{1}{a}\ln\left\lvert 1 \pm \tan\dfrac{ax}{2}\right\rvert$
$\dfrac{\sin(ax)}{b + c\cdot\cos(ax)}$	$-\dfrac{1}{ac}\ln\lvert b + c\cdot\cos(ax)\rvert$
$\dfrac{\cos(ax)}{b + c\cdot\sin(ax)}$	$\dfrac{1}{ac}\ln\lvert b + c\cdot\sin(ax)\rvert$
$\dfrac{1}{b^2\cdot\cos^2(ax) + c^2\cdot\sin^2(ax)}$	$\dfrac{1}{abc}\operatorname{Arctan}\left[\dfrac{c}{b}\tan(ax)\right]$
$\dfrac{1}{b^2\cdot\cos^2(ax) - c^2\cdot\sin^2(ax)}$	$\dfrac{1}{2abc}\ln\left\lvert\dfrac{c\cdot\tan(ax) + b}{c\cdot\tan(ax) - b}\right\rvert$
$\sin(ax)\cdot\cos(bx)$	$-\dfrac{1}{2(a+b)}\cdot\cos[(a+b)x] - \dfrac{1}{2(a-b)}\cdot\cos[(a-b)x]$
$\tan x = \dfrac{\sin x}{\cos x}$	$-\ln\lvert\cos x\rvert$
$\tan(ax)$	$-\dfrac{1}{a}\ln\lvert\cos ax\rvert$
$\tan^2(ax)$	$\dfrac{1}{a}\tan(ax) - x$
$\tan^3(ax)$	$\dfrac{1}{2a}\tan^2(ax) + \dfrac{1}{a}\ln\lvert\cos ax)\rvert$
$\tan^n(ax)$	$\dfrac{1}{(n-1)a}\tan^{n-1}(ax) - \int\tan^{n-2}(ax)\,\mathrm{d}x$
$x\cdot\tan(ax)$	$\dfrac{ax^3}{3} + \dfrac{a^3x^5}{15} + \dfrac{2a^5x^7}{105} + \dfrac{17a^7x^9}{2835} + \cdots$
$\dfrac{\tan(ax)}{x}$	$ax + \dfrac{(ax)^3}{9} + \dfrac{2(ax)^5}{75} + \dfrac{17(ax)^7}{2205} + \cdots$
$\dfrac{\tan^n(ax)}{\cos^2(ax)}$	$\dfrac{1}{(n+1)a}\tan^{n+1}(ax)$ ► $n \neq -1$

$f(x)$	$\int f(x)\,\mathrm{d}x = F(x) + c$ ► Die Integrationskonstante c ist weggelassen
$\frac{1}{\tan(ax) \pm 1}$	$\pm \frac{x}{2} + \frac{1}{2a} \ln \lvert \sin(ax) \pm \cos(ax) \rvert$
$\frac{\tan(ax)}{\tan(ax) \pm 1}$	$\frac{x}{2} \mp \frac{1}{2a} \ln \lvert \sin(ax) \pm \cos(ax) \rvert$
$\cot x = \frac{\cos x}{\sin x}$	$\ln \lvert \sin x \rvert$
$\cot(ax)$	$\frac{1}{a} \ln \lvert \sin(ax) \rvert$
$\cot^2(ax)$	$-\frac{1}{a} \cot(ax) - x$
$\cot^3(ax)$	$-\frac{1}{2a} \cot^2(ax) - \frac{1}{a} \ln \lvert \sin(ax) \rvert$
$\cot^n(ax)$	$-\frac{1}{(n-1)a} \cot^{n-1}(ax) - \int \cot^{n-2}(ax)\,\mathrm{d}x$ ► $n \neq 1$
$\frac{\cot^n(ax)}{\sin^2(ax)}$	$-\frac{1}{(n-1)a} \cot^{n+1}(ax)$ ► $n \neq -1$
$\frac{1}{1 \pm \cot(ax)}$	$\frac{x}{2} \mp \frac{1}{2a} \ln \lvert \sin(ax) \pm \cos(ax) \rvert$
Integrale von Arkusfunktionen	
$\operatorname{Arcsin} x$	$x \cdot \operatorname{Arcsin} x + \sqrt{1 - x^2}$
$\operatorname{Arcsin} \frac{x}{a}$	$x \cdot \operatorname{Arcsin} \frac{x}{a} + \sqrt{a^2 - x^2}$
$x \cdot \operatorname{Arcsin} \frac{x}{a}$	$\frac{x^2}{2} \operatorname{Arcsin} \frac{x}{a} - \frac{a^2}{4} \operatorname{Arcsin} \frac{x}{a} + \frac{x}{4} \sqrt{a^2 - x^2}$
$x^2 \cdot \operatorname{Arcsin} \frac{x}{a}$	$\frac{x^3}{3} \operatorname{Arcsin} \frac{x}{a} + \frac{2a^2}{9} \sqrt{a^2 - x^2} + \frac{x^2}{9} \sqrt{a^2 - x^2}$
$\frac{\operatorname{Arcsin} \frac{x}{a}}{x}$	$\frac{x}{a} + \frac{1}{2 \cdot 3 \cdot 3} \cdot \left(\frac{x}{a}\right)^3 + \frac{1 \cdot 3}{2 \cdot 4 \cdot 5 \cdot 5} \cdot \left(\frac{x}{a}\right)^5 + \frac{1 \cdot 3 \cdot 5}{2 \cdot 4 \cdot 6 \cdot 7 \cdot 7} \cdot \left(\frac{x}{a}\right)^7 + \cdots$
$\frac{\operatorname{Arcsin} \frac{x}{a}}{x^2}$	$-\frac{1}{x} \operatorname{Arcsin} \frac{x}{a} - \frac{1}{a} \ln \left\lvert \frac{a + \sqrt{a^2 - x^2}}{x} \right\rvert$

$f(x)$	$\int f(x)\,\mathrm{d}x = F(x) + c$ ▶ Die Integrationskonstante c ist weggelassen
$\operatorname{Arccos} x$	$x \cdot \operatorname{Arccos} x - \sqrt{1-x^2}$
$\operatorname{Arccos}\frac{x}{a}$	$x \cdot \operatorname{Arccos}\frac{x}{a} - \sqrt{a^2-x^2}$
$x \cdot \operatorname{Arccos}\frac{x}{a}$	$\frac{x^2}{2}\operatorname{Arccos}\frac{x}{a} - \frac{a^2}{4}\operatorname{Arccos}\frac{x}{a} - \frac{x}{4}\sqrt{a^2-x^2}$
$x^2 \cdot \operatorname{Arccos}\frac{x}{a}$	$\frac{x^3}{3}\operatorname{Arccos}\frac{x}{a} - \frac{2a^2}{9}\sqrt{a^2-x^2} - \frac{x^2}{9}\sqrt{a^2-x^2}$
$\frac{\operatorname{Arccos}\frac{x}{a}}{x}$	$\frac{\pi}{2}\ln x - \frac{x}{a} - \frac{1}{2\cdot3\cdot3}\cdot\left(\frac{x}{a}\right)^3 - \frac{1\cdot3}{2\cdot4\cdot5\cdot5}\left(\frac{x}{a}\right)^5 - \frac{1\cdot3\cdot5}{2\cdot4\cdot6\cdot7\cdot7}\left(\frac{x}{a}\right)^7 - \cdots$
$\frac{\operatorname{Arccos}\frac{x}{a}}{x^2}$	$-\frac{1}{x}\operatorname{Arccos}\frac{x}{a} + \frac{1}{a}\ln\left\lvert\frac{a+\sqrt{a^2-x^2}}{x}\right\rvert$
$\operatorname{Arctan} x$	$x \cdot \operatorname{Arctan} x - \frac{1}{2}\ln(1+x^2)$
$\operatorname{Arctan}\frac{x}{a}$	$x \cdot \operatorname{Arctan}\frac{x}{a} - \frac{a}{2}\ln(a^2+x^2)$
$x \cdot \operatorname{Arctan}\frac{x}{a}$	$\frac{1}{2}(a^2+x^2)\operatorname{Arctan}\frac{x}{a} - \frac{a}{2}x$
$x^2 \cdot \operatorname{Arctan}\frac{x}{a}$	$\frac{x^3}{3}\operatorname{Arctan}\frac{x}{a} - \frac{a}{6}x^2 + \frac{a^3}{6}\ln(a^2+x^2)$
$x^n \cdot \operatorname{Arctan}\frac{x}{a}$	$\frac{1}{n+1}x^{n+1}\cdot\operatorname{Arctan}\frac{x}{a} - \frac{a}{n+1}\int\frac{x^{n+1}}{a^2+x^2}\,\mathrm{d}x$ ▶ $n \neq -1$
$\frac{\operatorname{Arctan}\frac{x}{a}}{x}$	$\frac{x}{a} - \frac{1}{3^2}\left(\frac{x}{a}\right)^3 + \frac{1}{5^2}\left(\frac{x}{a}\right)^5 - \frac{1}{7^2}\left(\frac{x}{a}\right)^7 + \cdots$ ▶ $\lvert x\rvert < \lvert a\rvert$
$\frac{\operatorname{Arctan}\frac{x}{a}}{x^2}$	$-\frac{1}{x}\operatorname{Arctan}\frac{x}{a} - \frac{1}{2a}\ln\frac{a^2+x^2}{x^2}$
$\frac{\operatorname{Arctan}\frac{x}{a}}{x^n}$	$-\frac{1}{n-1}\cdot\frac{1}{x^{n-1}}\operatorname{Arctan}\frac{x}{a} + \frac{a}{n-1}\int\frac{1}{x^{n-1}\cdot(a^2+x^2)}\,\mathrm{d}x$ ▶ $n \neq 1$

$f(x)$	$\int f(x)\,\mathrm{d}x = F(x) + c$ ▶ Die Integrationskonstante c ist weggelassen
$\operatorname{Arccot} x$	$x \cdot \operatorname{Arccot} x + \frac{1}{2} \ln(1 + x^2)$
$\operatorname{Arccot} \frac{x}{a}$	$x \cdot \operatorname{Arccot} \frac{x}{a} + \frac{a}{2} \ln(a^2 + x^2)$
$x \cdot \operatorname{Arccot} \frac{x}{a}$	$\frac{1}{2}(a^2 + x^2) \cdot \operatorname{Arccot} \frac{x}{a} + \frac{a}{2} x$
$x^2 \cdot \operatorname{Arccot} \frac{x}{a}$	$\frac{x^3}{3} \operatorname{Arccot} \frac{x}{a} + \frac{a}{6} x^2 - \frac{a^3}{6} \ln(a^2 + x^2)$
$x^n \cdot \operatorname{Arccot} \frac{x}{a}$	$\frac{1}{n+1} x^{n+1} \cdot \operatorname{Arccot} \frac{x}{a} + \frac{a}{n+1} \int \frac{x^{n+1}}{a^2 + x^2}\,\mathrm{d}x$ ▶ $n \neq -1$
$\frac{\operatorname{Arccot} \frac{x}{a}}{x}$	$\frac{\pi}{2} \ln x - \frac{x}{a} + \frac{1}{3^2}\left(\frac{x}{a}\right)^3 - \frac{1}{5^2}\left(\frac{x}{a}\right)^5 + \frac{1}{7^2}\left(\frac{x}{a}\right)^7 - \cdots$
$\frac{\operatorname{Arccot} \frac{x}{a}}{x^2}$	$-\frac{1}{x} \operatorname{Arccot} \frac{x}{a} + \frac{1}{2a} \ln\left(\frac{a^2 + x^2}{x^2}\right)$
$\frac{\operatorname{Arccot} \frac{x}{a}}{x^n}$	$-\frac{1}{n-1} \cdot \frac{1}{x^{n-1}} \operatorname{Arccot} \frac{x}{a} - \frac{a}{n-1} \int \frac{1}{x^{n-1} \cdot (a^2 + x^2)}\,\mathrm{d}x$ ▶ $n \neq 1$
Integrale von Hyperbelfunktionen	
$\sinh x = \frac{1}{2}(\mathrm{e}^x - \mathrm{e}^{-x})$	$\cosh x$
$\sinh(ax)$	$\frac{1}{a} \cosh(ax)$
$\sinh^2(ax)$	$\frac{1}{2a} \sinh(ax) \cdot \cosh(ax) - \frac{x}{2}$
$\sinh^n(ax)$	$\frac{1}{na} \sinh^{n-1}(ax) \cdot \cosh(ax) - \frac{n-1}{n} \int \sinh^{n-2}(ax)\,\mathrm{d}x$ ▶ $n > 0$
$\frac{1}{\sinh(ax)}$	$\frac{1}{a} \ln\left\lvert \tanh \frac{ax}{2} \right\rvert$
$x \cdot \sinh(ax)$	$\frac{x}{a} \cosh(ax) - \frac{1}{a^2} \sinh(ax)$
$\sinh(ax) \cdot \sinh(bx)$	$\frac{1}{a^2 - b^2}[a \cdot \sinh(bx) \cdot \cosh(ax) - b \cdot \cosh(bx) \cdot \sinh(ax)]$ ▶ $a^2 \neq b^2$

$f(x)$	$\int f(x)\,\mathrm{d}x = F(x) + c$ ► Die Integrationskonstante c ist weggelassen
$\cosh x = \frac{1}{2}(\mathrm{e}^x + \mathrm{e}^{-x})$	$\sinh x$
$\cosh(ax)$	$\frac{1}{a}\sinh(ax)$
$\cosh^2(ax)$	$\frac{1}{2a}\sinh(ax)\cdot\cosh(ax) + \frac{x}{2}$
$\cosh^n(ax)$	$\frac{1}{na}\sinh(ax)\cdot\cosh^{n-1}(ax) + \frac{n-1}{n}\int\cosh^{n-2}(ax)\,\mathrm{d}x$ ► $n > 0$
$\frac{1}{\cosh(ax)}$	$\frac{2}{a}\,\mathrm{Arctan}\,\mathrm{e}^{ax}$
$x\cdot\cosh(ax)$	$\frac{x}{a}\sinh(ax) - \frac{1}{a^2}\cosh(ax)$
$\cosh(ax)\cdot\cosh(bx)$	$\frac{1}{a^2-b^2}[a\cdot\sinh(ax)\cdot\cosh(bx) - b\cdot\sinh(bx)\cdot\cosh(ax)]$ ► $a^2 \neq b^2$
$\sinh(ax)\cdot\cos(ax)$	$\frac{1}{2a}[\cosh(ax)\cdot\cos(ax) + \sinh(ax)\cdot\sin(ax)]$
$\cosh(ax)\cdot\sin(ax)$	$\frac{1}{2a}[\sinh(ax)\cdot\sin(ax) - \cosh(ax)\cdot\cos(ax)]$
$\sinh(ax)\cdot\sin(ax)$	$\frac{1}{2a}[\cosh(ax)\cdot\sin(ax) - \sinh(ax)\cdot\cos(ax)]$
$\cosh(ax)\cdot\cos(ax)$	$\frac{1}{2a}[\sinh(ax)\cdot\cos(ax) + \cosh(ax)\cdot\sin(ax)]$
$\cosh(ax)\cdot\sinh(bx)$	$\frac{1}{a^2-b^2}[a\cdot\sinh(bx)\cdot\sinh(ax) - b\cdot\cosh(bx)\cdot\cosh(ax)]$ ► $a^2 \neq b^2$
$\tanh x = \frac{\sinh x}{\cosh x}$	$\ln(\cosh x)$
$\tanh(ax)$	$\frac{1}{a}\ln[\cosh(ax)]$
$\tanh^2(ax)$	$x - \frac{1}{a}\tanh(ax)$
$\tanh^n x$	$-\frac{1}{n-1}\cdot\tanh^{n-1}x + \int\tanh^{n-2}x\,\mathrm{d}x$ ► $n > 1$

$f(x)$	$\int f(x)\,dx = F(x) + c$ ▶ Die Integrationskonstante c ist weggelassen
$\coth x = \frac{\cosh x}{\sinh x}$	$\ln\lvert\sin x\rvert$
$\coth(ax)$	$\frac{1}{a}\ln\lvert\sinh(ax)\rvert$
$\coth^2(ax)$	$x - \frac{1}{a}\coth(ax)$
$\coth^n x$	$-\frac{1}{n-1}\coth^{n-1} x + \int \coth^{n-2} x\,dx$ ▶ $n > 1$
Integrale von Areahyperbelfunktionen	
$\operatorname{Arsinh} x$	$x \cdot \operatorname{Arsinh} x - \sqrt{x^2+1}$
$\operatorname{Arsinh} \frac{x}{a}$	$x \cdot \operatorname{Arsinh} \frac{x}{a} - \sqrt{x^2+a^2}$
$x \cdot \operatorname{Arsinh} x$	$\frac{x^2}{2}\operatorname{Arsinh} x + \frac{1}{4}\operatorname{Arsinh} x - \frac{x}{4}\sqrt{x^2+1}$
$x^n \cdot \operatorname{Arsinh} x$	$\frac{1}{n+1} x^{n+1}\operatorname{Arsinh} x - \frac{1}{n+1}\int \frac{x^{n+1}}{\sqrt{x^2+1}}\,dx$ ▶ $n \neq -1$
$\frac{1}{x^n}\operatorname{Arsinh} x$	$-\frac{1}{n-1}\cdot\frac{1}{x^{n-1}}\operatorname{Arsinh} x + \frac{1}{n-1}\int \frac{1}{x^{n-1}\cdot\sqrt{x^2+1}}\,dx$ ▶ $n \neq 1$
$\frac{\operatorname{Arsinh} x}{x}$	$x - \frac{1}{2\cdot 3^2}x^3 + \frac{3}{2\cdot 4\cdot 5^2}x^5 - \frac{3\cdot 5}{2\cdot 4\cdot 6\cdot 7^2}x^7 \pm \cdots$ ▶ $\lvert x\rvert < 1$
	$\frac{1}{2}[\ln(2x)]^2 - \frac{1}{2^3}x^{-2} + \frac{3}{2\cdot 4^3}x^{-4} - \frac{3\cdot 5}{2\cdot 4\cdot 6^3}x^{-6} \pm \cdots$ ▶ $\lvert x\rvert > 1$
$\operatorname{Arcosh} x$	$x \cdot \operatorname{Arcosh} x - \sqrt{x^2-1}$
$\operatorname{Arcosh} \frac{x}{a}$	$x \cdot \operatorname{Arcosh} \frac{x}{a} - \sqrt{x^2-a^2}$
$x \cdot \operatorname{Arcosh} x$	$\frac{x^2}{2}\operatorname{Arcosh} x - \frac{1}{4}\operatorname{Arcosh} x - \frac{x}{4}\sqrt{x^2-1}$
$x^n \cdot \operatorname{Arcosh} x$	$\frac{1}{n+1} x^{n+1}\cdot\operatorname{Arcosh} x - \frac{1}{n+1}\int \frac{x^{n+1}}{\sqrt{x^2-1}}\,dx$ ▶ $n \neq -1$
$\frac{1}{x^n}\operatorname{Arcosh} x$	$-\frac{1}{n-1}\cdot\frac{1}{x^{n-1}}\operatorname{Arcosh} x + \frac{1}{n-1}\int \frac{1}{x^{n-1}\cdot\sqrt{x^2-1}}\,dx$ ▶ $n \neq 1$
$\frac{\operatorname{Arcosh} x}{x}$	$\frac{1}{2}[\ln(2x)]^2 + \frac{1}{2^3}x^{-2} + \frac{3}{2\cdot 4^3}x^{-4} + \frac{3\cdot 5}{2\cdot 4\cdot 6^3}x^{-6} + \cdots$ ▶ $x \geqslant 1$

$f(x)$	$\int f(x)\,\mathrm{d}x = F(x) + c$ ▶ Die Integrationskonstante c ist weggelassen
$\operatorname{Artanh} x$	$x \cdot \operatorname{Artanh} x + \frac{1}{2} \ln\lvert 1 - x^2\rvert$ ▶ $\lvert x\rvert < 1$
$\operatorname{Artanh} \frac{x}{a}$	$x \cdot \operatorname{Artanh} \frac{x}{a} + \frac{a}{2} \ln\lvert a^2 - x^2\rvert$
$x \cdot \operatorname{Artanh} x$	$-\frac{1}{2} \operatorname{Artanh} x + \frac{x^2}{2} \operatorname{Artanh} x + \frac{x}{2}$
$x^n \cdot \operatorname{Artanh} x$	$\frac{1}{n+1}\, x^{n+1} \operatorname{Artanh} x - \frac{1}{n+1} \int \frac{x^{n+1}}{1 - x^2}\,\mathrm{d}x$ ▶ $n \neq -1$
$\frac{1}{x^n} \cdot \operatorname{Artanh} x$	$-\frac{1}{n-1} \cdot \frac{1}{x^{n-1}} \operatorname{Artanh} x + \frac{1}{n-1} \int \frac{1}{x^{n-1} \cdot (1 - x^2)}\,\mathrm{d}x$ ▶ $n \neq 1$
$\frac{\operatorname{Artanh} x}{x}$	$x + \frac{x^3}{3^2} + \frac{x^5}{5^2} + \frac{x^7}{7^2} + \cdots$ ▶ $\lvert x\rvert < 1$
$\operatorname{Arcoth} x$	$x \cdot \operatorname{Arcoth} x + \frac{1}{2} \ln\lvert x^2 - 1\rvert$ ▶ $\lvert x\rvert > 1$
$\operatorname{Arcoth} \frac{x}{a}$	$x \cdot \operatorname{Arcoth} \frac{x}{a} + \frac{a}{2} \ln\lvert x^2 - a^2/$
$x \cdot \operatorname{Arcoth} x$	$\frac{x^2}{2} \operatorname{Arcoth} x - \frac{1}{2} \operatorname{Arcoth} x + \frac{x}{2}$
$x^n \cdot \operatorname{Arcoth} x$	$\frac{1}{n+1} \cdot x^{n+1} \cdot \operatorname{Arcoth} x + \frac{1}{n+1} \int \frac{x^{n+1}}{x^2 - 1}\,\mathrm{d}x$ ▶ $n \neq 1$; $\lvert x\rvert > 1$
$\frac{1}{x} \cdot \operatorname{Arcoth} x$	$-\frac{1}{x} - \frac{1}{3^2}\, x^{-3} - \frac{1}{5^2}\, x^{-5} - \frac{1}{7^2}\, x^{-7} - \cdots$ ▶ $\lvert x\rvert > 1$
$\frac{1}{x^n} \cdot \operatorname{Arcoth} x$	$-\frac{1}{n-1} \cdot \frac{1}{x^{n-1}} \cdot \operatorname{Arcoth} x + \frac{1}{n-1} \int \frac{1}{x^{n-1} \cdot (x^2 - 1)}\,\mathrm{d}x$ ▶ $n \neq 1$

Stichwortverzeichnis

Mathematische Zeichen und Symbole nach DIN 1302, 5473		
Zeichen (Symbol)	Bedeutung; Sprechweise	Beispiel, Erläuterung, Verwendung
$+$	plus, und	$3+4=7$
$-$	minus, weniger	$5-3=2$
$\cdot$; $\times$	multipliziert, mal	$2\cdot 6=12$; $2\times 6=12$
$/$; $-$; $:$	dividiert, geteilt durch	$^{12}/_{3}=4$; $\frac{12}{3}=4$; $12:3=4$
$\sqrt[n]{\ }$	n-te Wurzel aus ($n=2$: Quadratwurzel aus)	$\sqrt[5]{243}=3$
$=$	gleich	$11=3+8$
$\neq$	ungleich, nicht gleich	$6\neq 4$
$=_{\text{def}}$; $\underset{\text{def}}{=}$; $:=$	definitionsmäßig gleich	$x =_{\text{def}} \begin{cases} x \text{ für } x\geq 0 \\ -x \text{ für } x<0 \end{cases}$
$\approx$	ungefähr, nahezu gleich	$\frac{1}{3}\approx 0{,}33$
$\equiv$	identisch	$f(x)\equiv 1$, d.h. die Funktion f ist für jedes x gleich 1.
$<$	kleiner als	$5<8$
$>$	größer als	$6>2$
$\leq$	kleiner als oder gleich	$4\leq 5$; $4\leq 4$
$\geq$	größer als oder gleich	$5\geq 4$; $5\geq 5$
$\hat{=}$	entspricht	$1\,\text{cm} \hat{=} 500\,\text{kg}$ (z. B. in einer Zeichnung)
$\sim$	proportional zu	$h\sim g$
$\Rightarrow$	daraus folgt; aus … folgt …; folglich ist …	$A=\{1,2,3\}\Rightarrow 2\in A$
$\Leftrightarrow$	… gilt genau dann, wenn …; … ist äquivalent mit …; … ist gleichwertig mit …	$3x=6\Leftrightarrow x=2$
$\wedge$	Konjunktion, und; sowohl als auch	$x\in\mathbb{N}\wedge x<2\Rightarrow x\in\{0,1\}$
$\vee$	Adjunktion, oder	$x^2=4\Rightarrow x=2\vee x=-2$
$\neg$; $-$	Negation, nicht	$\neg x$; $\bar{x}$ (nicht x)
p, q	Aussagen	Aussage p: $2+3=5$; Aussage q: $2<5$
$p(x)$	p von x	Aussageform $p(x)$: $2x+4=10$
$q(x, y)$	q von x und y	Aussageform $q(x,y)$: $x^2+3y=25$
A, B, C	Namen (Symbole) für Mengen	$A=\{2;3;7,8\}$
L	Lösungsmenge	$x^2=2$ ▶ $L=\{\sqrt{2}, -\sqrt{2}\}$
M	Grundmenge	Grundmenge kann jede Menge sein.
D	Definitionsmenge, Definitionsbereich	$D=\{0;2\}$ $D=\mathbb{R}\setminus\{4\}$
$D(G)$	D von G	Definitionsmenge einer Gleichung (Ungleichung)
T	Term	$T=2ab$
$\{a, b, c\}$	Menge mit den Elementen a, b, c	$A=\{1,2,3\}$

Mathematische Zeichen und Symbole nach DIN 1302, 5473

Zeichen (Symbol)	Bedeutung; Sprechweise	Beispiel, Erläuterung, Verwendung
$\{x \mid \ldots\}$	Menge aller x, für die gilt:	$\{x \mid x \in \mathbb{R} \wedge x^2 - 9 = 0\} = \{3, -3\}$
$\mathbb{N}$	Menge der natürlichen Zahlen; Doppelstrich-N	$\mathbb{N} = \{0, 1, 2, 3, \ldots\}$
$\mathbb{N}^*$	Menge der natürlichen Zahlen ohne die Zahl Null; Doppelstrich-N-Stern	$\mathbb{N}^* = \{1, 2, 3, \ldots\}$
$\mathbb{Z}$	Menge der ganzen Zahlen; Doppelstrich-Z	$\mathbb{Z} = \{\ldots, -2, -1, 0, 1, 2, \ldots\}$
$\mathbb{Z}_+^*$	Menge der positiven ganzen Zahlen; Doppelstrich-Z-Stern-plus	$\mathbb{Z}_+^* = \{1, 2, 3, \ldots\} = \mathbb{N}^*$
$\mathbb{Z}_+$	Menge der nicht negativen ganzen Zahlen; Doppelstrich-Z-unten-plus	$\mathbb{Z}_+ = \{0, 1, 2, 3, \ldots\} = \mathbb{N}$
$\mathbb{Z}_-^*$	Menge der negativen ganzen Zahlen; Doppelstrich-Z-Stern-minus	$\mathbb{Z}_-^* = \{-1, -2, -3, \ldots\}$
$\mathbb{Z}_-$	Menge der nicht positiven ganzen Zahlen; Doppelstrich-Z-unten-minus	$\mathbb{Z}_- = \{0, -1, -2, -3, \ldots\}$
$\mathbb{Q}$	Menge der rationalen Zahlen; Doppelstrich-Q	$\mathbb{Q} = \left\{\frac{a}{b} \middle\| a, b \in \mathbb{Z}; b \neq 0\right\}$
$\mathbb{Q}_+$, $\mathbb{Q}_+^*$, $\mathbb{Q}_-$, $\mathbb{Q}_-^*$	Teilmengen der rationalen Zahlen	
$\mathbb{R}$	Menge der reellen Zahlen; Doppelstrich-R	
$\mathbb{R}_+$, $\mathbb{R}_+^*$, $\mathbb{R}_-$, $\mathbb{R}_-^*$	Teilmengen der reellen Zahlen	
$\mathbb{C}$	Menge der komplexen Zahlen; Doppelstrich-C	$\mathbb{C} = \{(a, b) \mid a \in \mathbb{R}, b \in \mathbb{R}\}$
$\emptyset$ oder $\{\ \}$	leere Menge	Die leere Menge hat kein Element
T_a	Teilermenge von a	$T_{12} = \{1, 2, 3, 4, 6, 12\}$
V_a	Vielfachenmenge von a	$V_4 = \{4, 8, 12, 16, \ldots\}$
$\in$	ist Element von	$5 \in \mathbb{N}$
$\notin$	ist nicht Element von	$0{,}5 \notin \mathbb{Z}$
$\subset$	ist Teilmenge von	$\mathbb{N} \subset \mathbb{R}$
$\not\subset$	ist nicht Teilmenge von	$\mathbb{Z} \not\subset \mathbb{N}$
$\cup$	vereinigt mit, Vereinigung	$\mathbb{Z}_+ \cup \mathbb{Z}_- = \mathbb{Z}$
$\cap$	geschnitten mit, Durchschnitt	$\mathbb{Z}_+ \cap \mathbb{Z}_- = \{0\}$
$\setminus$	Differenzmenge; ohne	$\mathbb{Z} \setminus \mathbb{Z}_+^* = \mathbb{Z}_-$
$[a, b]$	abgeschlossenes Intervall von a bis b	$[a, b] = \{x \mid a \le x \le b\}$
(a, b)	offenes Intervall von a bis b	$(a, b) = \{x \mid a < x < b\}$
$(a, b]$	linksseitig offenes und rechtseitig abgeschlossenes Intervall von a bis b	$(a, b] = \{x \mid a < x \le b\}$
$[a, b)$	rechtseitig offenes und linksseitig abgeschlossenes Intervall von a bis b	$[a, b) = \{x \mid a \le x < b\}$
$(-\infty, b]$	abgeschlossenes unbeschränktes Intervall bis b	$(-\infty, b] = \{x \mid -\infty < x \le b\}$

Mathematische Zeichen und Symbole nach DIN 1302, 5473

Zeichen (Symbol)	Bedeutung; Sprechweise	Beispiel, Erläuterung, Verwendung
$\langle a, b\rangle$; (a, b); $(a\mid b)$	geordnetes Zahlenpaar mit den Zahlen a und b	$\langle -5; 3\rangle$; $(-8; 5)$; $(2\mid 4)$
$P\langle x, y\rangle$; $P(x, y)$; $P(x\mid y)$	Punkt der reellen Zahlenebene mit den Koordinaten x und y	$P\langle 3; 4\rangle$; $P(x, y)$; $P(-3\mid 4)$
$D(T)$	Definitionsmenge des Terms T	$D(T) = \mathbb{R}^*$
R	Relation	$R = \{(x, y)\mid y^2 = 2x; x, y \in \mathbb{R}\}$
R^{-1}	Umkehrrelation zu R; R hoch minus eins	$R^{-1} = \left\{(x, y)\mid y = \frac{x^2}{2}; x, y \in \mathbb{R}\right\}$
f	Funktion	$f \quad = \{(x, y)\mid x \in D \wedge y \in W\}$
f^{-1}	Umkehrfunktion zu f; f hoch minus eins	$f^{-1} = \{(x, y)\mid x \in W \wedge y \in D\}$
$D(f)$	Definitionsbereich von f; D von f	$D(f) = \mathbb{R}$; $D(f) = [-3; \infty)$
$W(f)$	Wertebereich von f; W von f	$W(f) = \mathbb{R}_+^*$; $W(f) = [e; 5,2]$
$\langle \mapsto \rangle$	Funktionsbildungsoperator; wird abgebildet auf	$f: x \mapsto 2x^2$ ist die Funktion, die jedes x auf das zugehörige $2x^2$ abbildet.
$\langle \mapsto \mid \rangle$	Eingeschränkter Funktionsbildungsoperator; wird abgebildet auf, ..., wobei gilt	$f = \langle x \mapsto 2x^2 \mid x \in \mathbb{N}\rangle$; $D(f)$ ist eingeschränkt auf $x \in \mathbb{N}$.
$f: f(x) = 3x^2$	Funktion mit der Funktionsgleichung $f(x) = 3x^2$	$f: f(x) = x^2 \cdot \sin(ax)$
$f(x) = \ln x^2$	Funktionsgleichung mit dem Funktionsterm $\ln x^2$	$f(x) = e^x \cdot \sqrt{x}$
$f = g \circ h$	Verkettung der Funktionen g und h; g nach h	$f = g \circ h \Rightarrow f(x) = g[h(x)]$
$\mathbb{G}(f)$	$\mathbb{G}$ von f	Graph von f (Punktmenge): $\mathbb{G}(f) = \{P(x, y)\mid y = f(x)\}$
$a_n = f(n)$	Bildungsvorschrift einer Folge; a_n gleich f von n	$a_n = n^2 - 5$
$\langle a_n\rangle$	Folge a_n	$\langle a_n\rangle: a_1, a_2, a_3, \ldots$
$U_\varepsilon(g)$	ε-Umgebung von g	$U_\varepsilon(g) = \{x\mid x \in (g - \varepsilon, g + \varepsilon)\}$ $= \{x\mid \lvert x - g\rvert < \varepsilon\}$
$\to$	gegen, nähert sich, konvergiert nach	$x \to a$; $a \in \mathbb{R}$ oder a ist ∞ bzw. $-\infty$
lim	Limes, Grenzwert; limes $f(x)$ für x gegen a	$\lim\limits_{x \to a} f(x) = b$
$\lvert\ \rvert$	absoluter Betrag; Betrag von	$\lvert x\rvert := \begin{cases} x, \text{ wenn } x \geq 0 \\ -x, \text{ wenn } x < 0 \end{cases}$; $\Rightarrow \lvert 5\rvert = 5$, $\Rightarrow \lvert -5\rvert = 5$
sgn	Signum von x	$\operatorname{sgn} x := \begin{cases} 1, \text{ wenn } x > 0 & \Rightarrow \operatorname{sgn} 3 = 1 \\ 0, \text{ wenn } x = 0; & \Rightarrow \operatorname{sgn} 0 = 0 \\ -1, \text{ wenn } x < 0 & \Rightarrow \operatorname{sgn}(-7) = -1 \end{cases}$
[ ]	Integerfunktion; größte ganze Zahl kleiner oder gleich	$[2{,}718] = 2$; $[-5{,}31] = -6$
Re	Realteil von	$Re(4 - 3i) = 4$
Im	Imaginärteil von	$Im(8 + 6i) = 6i$

Mathematische Zeichen und Symbole nach DIN 1302, 5473		
Zeichen (Symbol)	Bedeutung; Sprechweise	Beispiel, Erläuterung, Verwendung
Φ	Heavysidefunktion	$\Phi(x) := \begin{cases} 1, \text{ wenn } x > 0 \\ 0, \text{ wenn } x \leq 0 \end{cases}; \quad \begin{matrix} \Rightarrow \Phi(37) = 1 \\ \Rightarrow \Phi(-4{,}58) = 0 \end{matrix}$
$n!$	n Fakultät	$n! = 1 \cdot 2 \cdots n$; $5! = 1 \cdot 2 \cdot 3 \cdot 4 \cdot 5 = 120$
$\binom{n}{p}$	Binomialkoeffizient; n über p	$\binom{n}{p} = \frac{n \cdot (n-1) \cdots (n-p+1)}{p!}$
$\sum\limits_{k=1}^{n} x_k$	Summe über x_k von $k=1$ bis n	$\sum\limits_{k=1}^{n} x_k = x_1 + \cdots + x_n$;
$\prod\limits_{k=1}^{n} x_k$	Produkt über x_k von $k=1$ bis n	$\prod\limits_{k=1}^{n} x^k = x^1 \cdot x^2 \cdot x^3 \cdot \cdots \cdot x^n$
i, j	imaginäre Einheit	$\mathrm{i}^2 = -1$; 3i; 7j
π	pi, kleinste positive Nullstelle der Funktion sin	$\pi = 3{,}14159\ldots$
e	Basis der natürlichen Logarithmen	$\mathrm{e} = 2{,}71828\ldots$
∞	unendlich	$\mathbb{R} = (-\infty; \infty)$